荆楚文庫

〔乾隆十七年〕廣濟縣志

〔清〕虞學灝 纂修

〔乾隆五十八年〕廣濟縣志

〔清〕黄塏 修 〔清〕陳詩 纂

荆楚文庫編纂出版委員會
武漢大學出版社

荆楚文庫

〔乾隆十七年〕廣濟縣志

QIANLONG SHIQINIAN GUANGJI XIANZHI

〔乾隆五十八年〕廣濟縣志

QIANLONG WUSHIBANIAN GUANGJI XIANZHI

圖書在版編目（CIP）數據

〔乾隆十七年〕廣濟縣志/〔清〕虞學灝纂修.

〔乾隆五十八年〕廣濟縣志/〔清〕黄塏修；〔清〕陳詩纂.

—武漢：武漢大學出版社，2023.5

ISBN 978-7-307-23434-5

Ⅰ.①乾…　②乾…

Ⅱ.①虞…　②黄…　③陳…

Ⅲ.武穴—地方志—清代

Ⅳ.K296.34

中國版本圖書館 CIP 數據核字（2022）第 210085 號

責任編輯：李　程

整體設計：范漢成　曾顯惠　思　蒙

責任校對：李孟瀟

出版發行：武漢大學出版社（中國・武漢）

地址：武昌珞珈山

電話：（027）87215822　　郵政編碼：430072

録排：武漢恒清圖文菲林輸出工作室

印刷：湖北新華印務有限公司

開本：787mm×1092mm　1/16

印張：45.5　插頁：6

版次：2023 年 5 月第 1 版　2023 年 5 月第 1 次印刷

定價：179.00 元

ISBN 978-7-307-23434-5

9 787307 234345

《荆楚文庫》工作委員會

主　　任：王蒙徽

副 主 任：李榮燦　許正中

成　　員：韓　進　張世偉　丁　輝　鄧務貴　黄劍雄　李述永　趙淩雲　謝紅星　劉仲初

辦公室

主　　任：鄧務貴

副 主 任：趙紅兵　陶宏家　周百義

《荆楚文庫》編纂出版委員會

主　　任：王蒙徽

副 主 任：李榮燦　許正中

總 編 輯：馮天瑜

副總編輯：熊召政　鄧務貴

編委（以姓氏筆畫爲序）：朱　英　邱久欽　何曉明　周百義　周國林　周積明　宗福邦　郭齊勇　陳　偉　陳　鋒　張建民　陽海清　彭南生　湯旭巖　趙德馨　劉玉堂

《荆楚文庫》編輯部

主　　任：周百義

副 主 任：周鳳榮　周國林　胡　磊

成　　員：李爾鋼　鄒華清　蔡夏初　王建懷　鄒典佐　梁瑩雪　丁　峰

美術總監：王開元

出版説明

湖北乃九省通衢，北學南學交會融通之地，文明昌盛，歷代文獻豐厚。守望傳統，編纂荆楚文獻，湖北淵源有自。清同治年間設立官書局，以整理鄉邦文獻爲旨趣。光緒年間張之洞督鄂後，以崇文書局推進典籍集成，湖北鄉賢身體力行之，編纂《湖北文徵》，集元明清三代湖北先哲遺作，收兩千七百餘作者文八千餘篇，洋洋六百萬言。盧氏兄弟輯録湖北先賢之作而成《湖北先正遺書》。至當代，武漢多所大學、圖書館在鄉邦典籍整理方面亦多所用力。爲傳承和弘揚優秀傳統文化，湖北省委、省政府决定編纂大型歷史文獻叢書《荆楚文庫》。

《荆楚文庫》以『搶救、保護、整理、出版』湖北文獻爲宗旨，分三編集藏。

甲、文獻編。收録歷代鄂籍人士著述，長期寓居湖北人士著述，省外人士探究湖北著述。包括傳世文獻、出土文獻和民間文獻。

乙、方志編。收録歷代省志、府縣志等。

丙、研究編。收録今人研究評述荆楚人物、史地、風物的學術著作和工具書及圖册。

文獻編、方志編録籍以一九四九年爲下限。

研究編簡體横排，文獻編繁體横排，方志編影印或點校出版。

《荆楚文庫》編纂出版委員會

二〇一五年十一月

總目録

荊楚文庫

〔乾隆十七年〕廣濟縣志

〔清〕虞學灝 纂修

《荆楚文庫·方志編》編纂組

組　　長：劉偉成　陽海清（執行）

副 組 長：劉傑民（執行）　王　濤　謝春枝　郝　敏　嚴繼東

參編人員（以姓氏筆畫爲序）：

王　濤　李云超　宋澤宇　范志毅　郝　敏　柳　巍　馬盛南　陳建勛

夏漢群　梅　琳　陽海清　彭余焕　彭筱溦　楊愛華　雷　静　劉水清

劉偉成　劉傑民　謝春枝　戴　波　嚴繼東

編　　審：周　榮

顧　　問：沈乃文　李國慶　吴　格

前言

《(乾隆十七年)廣濟縣志》二十二卷首一卷，清虞學灝纂修，清乾隆十七年(一七五二)刻、五十四年(一七八九)重修本。牌記鐫：『乾隆己酉年新訂 金壇虞學灝重修 錢塘黃塏訂修 廣濟縣志 本衙藏版』。虞學灝，字欽元，清江蘇金壇人，乾隆六年(一七四一)舉人，賜進士，官刑部四川司主事，欽差監督户部海運倉，乾隆十二年(一七四七)任廣濟知縣。

邑志前修於康熙六年(一六六七)，其後近九十年未有再修，前志所載樸而不詳，後之事跡又多散逸未續。乾隆十七年，廣濟衆鄉紳以志事請於縣令虞學灝，並主動捐資。學灝乃纂修志書，同年付梓。至乾隆五十四年黃塏任上，清廷以舊志需行避諱之因，下令改修。黃塏遂與劉午橋相互參訂校閲，剷削舊版，復行刊印。

志分二十二卷，共十綱：地理、建置、賦役、學校、秩官、選舉、人物、列女、藝文、外志。卷首列序、目録、凡例、圖攷，圖後有文，記載邑中人士捐助志事事跡及名單，另有《附刻請修縣志原呈》。正文每卷卷端鐫：『知廣濟縣事金壇虞學灝重修，教諭孝感龔佐龍、訓導鄖縣陳景行仝校』，表述偶有變化。

前志有目無綱，是志則更改體例，各目分門别類，並加以順序上的調整，不致混亂失次。如前志『公署』『學校』『寺觀』等十二個子目皆在同一卷中，是志單獨設『學校』一綱，其餘子目則分别歸入『建置志』與『外志』内。前志有所遺漏者，是志增補之。如前志『秩官表』下僅有文職，而無武職，是志增添武職内容。前志無『藩封』，是志增添一目。『藝文』一綱，雖於原目録上没有體現，實有依照體裁細分子目。其内容有延續前志者，有新增者，總體原則爲『善善之道，寧長勿短，傳後之事，有信無疑』。其中『人物』與『藝文』增添最多，佔據全書約半數篇幅。

據《中國地方志聯合目録》，是志有清乾隆十七年刻本，藏於上海圖書館。另有乾隆五十四年重修本，藏於故宫博物院。本次據乾隆五十四年重修本影印。該刻本存在多處漫漶缺字等現象。(彭筱溦)

目録

卷之二十二　外志

乾隆巳酉年新訂

金匱虞學灝重修
錢塘黄　塏訂修

廣濟縣志

本衙藏版

序

皇上御極之十有六年余從京師歸十月來署中道將有事於黔楚撲三千里黃塵退而共友人訂荊楚山川人物殊觸曠朗精抱軼濯清風江上煙霞入歸襟袖備所謂旋車理舊業至老忘新機者哉未幾卷分門定學博嬰子請曰是役也刷拭封閉翠巖幽艷潛魚浮淵光我里井醫師再起慈雲手彖世其亦弁之以言余燕塞禿綴卷婁娵姝闇而內憖綴旒之徒贅外苦嚶鳴之不休毫纖指收心辭口脫序之無他所云

序一

吾家本寒儉菽麥瓜壺不敷武達農畔對之可以飽而處而郊野也向者倫位曹司詰姦抑暴令父子相依於此邦四境和寧不見纏擾心嘗樂之吏庭寂靜讀書追古何異林泉石室使天下而盡皆如是秋官亦優游閒暇耳豈有他焉人之樸愿自將者以之廣國家德意勢乃無邑志者傳昔不傳今修者撫今而追昔瀕子溯弼無能述之風剛克柔克兩無所處而民安共之時人才稱盛澆漓未免今之時遡古遠甚輯睦攸嘉夫而後當有志否則不志而爭志益爭防

是戒諱語盈城構端滿野敍求並作罔行取困奈之
何歟夫且挾知狂議鄙識私驚必然之理也然則始
之未可而今之可有次第焉夫何懼而不爲此客有
問者曰傳昔不傳今何也余應之曰生者不爲立傳
志法也蓋棺論定之謂其孝子節婦節孝成矣不分
令昔焉守節凡三十歲之內者得與寬而不過所取
錄人品大率類然客又問曰志之取舍存乎縣官某
某任某某襄不詳及姓氏何歟曰異縣之人不肯也
姓氏者令於斯鐸於斯生長於斯也互異縣之人必

不肯也謙讓之道也故從之有爭競必未能盡消除漸泯者其亦當觀感而與起矣

賜進士出身刑部四川司主事

欽差監督戶部海運倉金壇虞欽元書於縣署之醉鶴軒

廣濟縣志目録

廣濟縣志凡例

志之設也所以為政治之源將以善化民之道而封疆井里山水人物燦布其間文章經綸錯綜其下凡此盛世之光華乾坤之圖繪古今同運綱紀畢張小大咸備懲勸微而顯繁簡得而彰一邑鼓吹千秋照耀顧可忽諸書既成標例數則於左

一地之於天卑高也崇垣覆被脉絡貫通非卑高之能隔雖海渠而必應者迹象固異於神明變動誠分于寂感歷象專家定然不爽其窺測遂沿而為之說要之會悟

空虛蹄諸實理或當求諸藝成以上易曰天地定位山澤通氣雷風相薄水火不相射論入卦也列星下土何莫不然蓋配合以宜五行各有攸當五行之內有坎又有兌有離火又有震雷有巽木又有震木義類廣則取於下者可思而不可執或亦於遠近别者斆則翼軫分野固有之也

一純駁者天事也教化者人功也積習可為而難返天事有主而亦遷動靜分陰陽水土惟一定其稟地氣而成必不能改易故人有美惡遷有汙隆皆上旋轉之機[illegible]

得秀靈於[illegible]間淡於林泉者歷久常貞為風俗之[illegible]骨云隨[illegible]而降不遐什之二三耳

一修造大[illegible]人欲誇其產植之鄉遂在昔情之恒有托諸詩言文字愈鋪揚前軌為籓封者大共也似[illegible]然[illegible]傳疑傳信斷非無因由其歸藏不[illegible]始封建之義苟在方隅晴古士樂為稱道之非桑梓[illegible]霞乎

一設方為圓壞古法以從時非禮也改舊圖新抗前人以立異非法也原志創自名流府志成諸哲匠依倣揣合

則從宜况明代劉清水諸先輩風雅之宗莫可繼美異之無能異同之未能同通此知源流利弊情形景物亦惟所生長之熟稔胸臆來者縱習久而不如故而只畧殊是闕筆墨體段意蓋步趨為主

一讀史者必學士文人史與經並垂理取古茂典則與爾扶疎以定一朝之章物志之為言志也史有是名同實異者也記載分明耳目[illegible]邑中父老子弟稍識句讀者盡得解說傳語[illegible]野鄉愚農夫婦豎知所向方則倣其大地造設[illegible]故事亦從而勝其心思耳目

[illegible]其品節制度感君王逮下之仁勵氓庶服勞之志乃親民之使作宜民之書學史法則失其寺爲采色辨音反歷於監固人才而稱之梭古而標式之人詩篇而點綴之彼此各有取不知者可以闕而弗講差勝者觀其大意

一事辭稱者事勝辭辭勝事者各窮其致而無可嘗爲名跡雅匾造物原以俟人之染采林木寺觀樓堂殿閣未足包流峙精英也有其地定有其人以副之惜乎卷帙篇章來於前者分遲早遐厥葩腴後將剖爨如瀛洲之珠玉寶不勝收豈亦有數焉以存乎其間者耶

一賦詩斷章不可拘泥浮渡石靈山異景劉千里先生作記峭嶒之筆也無歌詩爲憾事且其詩之入山川古蹟者少故浮玉璣一篇有足取焉掩映圖球隔水越山情什景化矣

一板聖費聖自鶴石港靈氣霍躍於茲嘉祥叠起仙女非一山之有湖波成兩浸之觀從而分錦類佩物惟其偕以首

一鳳凰巢阿閣麒麟遊苑囿休祥畢至聖代僅有勞人婦孝子忠臣處困極之遭遂行其真懸歷風霜永宜生死不移者與鐘斗旂常僅邪環佩匹美於時大化之端也况才人學士陸離璀璨一隅之士美不勝收乎廣濟種種品題較之他縣殊爲生色標姿俊乂賢能知其默豫道上闈中節概無不委折流瓊令人想木蘭啣啣盤中娓娓不置志之成也羅珍列鮮嘆此邦餉遺荊州之貢無常物

一詩賦傳記即以濟言濟昔人所云本地風光言景言人莫非是焉使外之所能言都邈謝居今日考之同郡名流風韵臭味猶將讓一頭地耳

一龜卜蓍筮以前民用數能奪理知命者爲君子賢學道於造化蕤追岐伯詎以技能少之哉濟之人博涉詩書雅善吟誦慈仁爲質以行之不得專以藝士目之也顯所長而別列云

一李長吉應玉樓千載但悼此之類長吉者何一再而三也鮮秀餐霞酣爭飽德生之奇也逢數之銜昔日嫌爲鬼才天則奪之今日旡爲吉士而不永其年每讀其詩掩卷長嘆

一經濟七政日月五星堯授人時先論中星中星者二十
八經星天度之鈐識人時之驗徵也昏旦某居中以天
體隨時改易故四時中星不同而星不自爲其政隨天
以轉旋於此可悟地理矣川谷城郭者地之經星官吏
民物者地之緯星濟邑城郭居室不啟川谷秀靈名勝
固已如星有大小多寡也地脉有變遷川谷有消長建
置有盛衰民物與爲符應列星與爲感通今人追蹤於
古人非地之殊歟望而鬱蓊浩淼者勃舉汪洋何必不
轉而日以新讀古蹟山川二卷悠乎各得其本真自符

斷不濟卽如建設署院作天上星垣觀藏修其間所斗
魁中人也定然詩書義理浹洽入必來益想見者昊既
遷動靜機樞經緯交資欲到於前人不難矣
一成袠製錦業爲一書追琢刮磨均茲良玉溫潤縝密廉
劌精神求而愈有各不相掩大都雜糅而融層變體以
歸純非敢謂孟堅取龍門司馬參列國而陶冶依乎天
鈞稽書期於克肖
一善善之道寧長勿短傳後之事有信無疑閱時幾及百
年矣或僻遠鄉愚或子孫凋落安保無掛漏於意[illegible]

考核無苟庶免不詳不備遺憾後人
一任職而動者天也節制惟禮者人也貫三才彌六合者
道也一端最重一言可法者待中人之宜濟不過乎物
不淆於辭者推人巳之大公也近來作志裝裹渲染雖
多奚爲徒爲有識者笑枯梗瘦條分量得焉人事不離
天則時簡府繁豈有心於方幅者哉
一易卦曰漸以女歸象之學問之道升降出入變化萬千
然後有定大學云知止有定知之功至不可以幾也誠
能知便能行是故致知無究竟郡誥恆言驟卽之無他

漸求之而不盡者卒萬殊也是編乃文獻之邦聚精英
而納雅馴儘攜挈之不倦文章典贍人品呈露事蹟整
著撰述秉除後人奉爲楷模本末兼該紬繹聖賢善學
者終身以之優游浸漬以漸而進夫豈有限量哉非志
之獨殊也廣濟之爲廣濟殊而志因之者也

圖攷

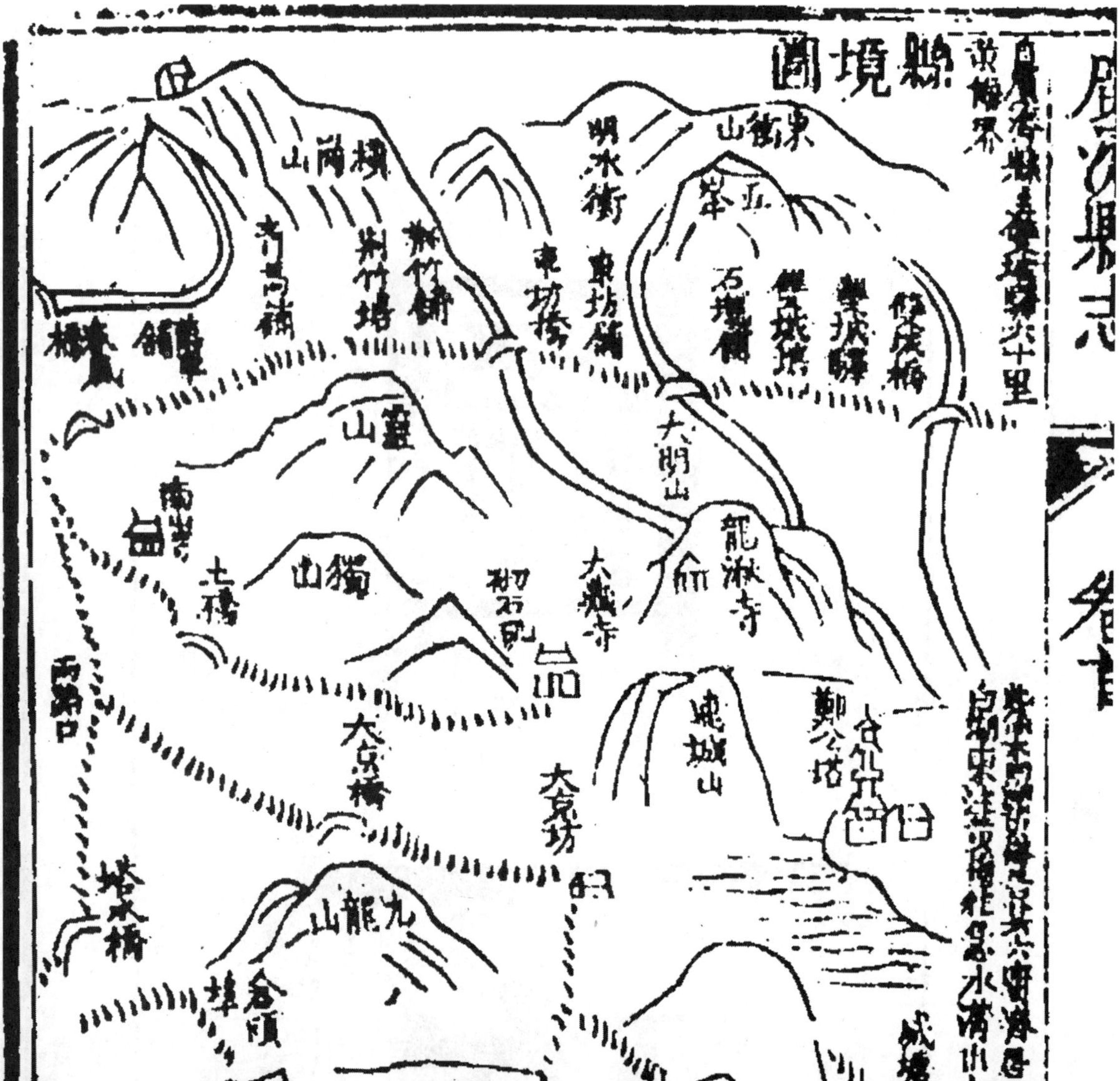
縣境圖
東衢山
明水衢
五峰
橫岡山
大明山
龍湫寺
南岩
獨山
大京橋
大京坊
九龍山
塔水橋
鄭公塔
武山墩
武湖
月塘
中廟塘
五里舖
書院
大江
嚴家洲

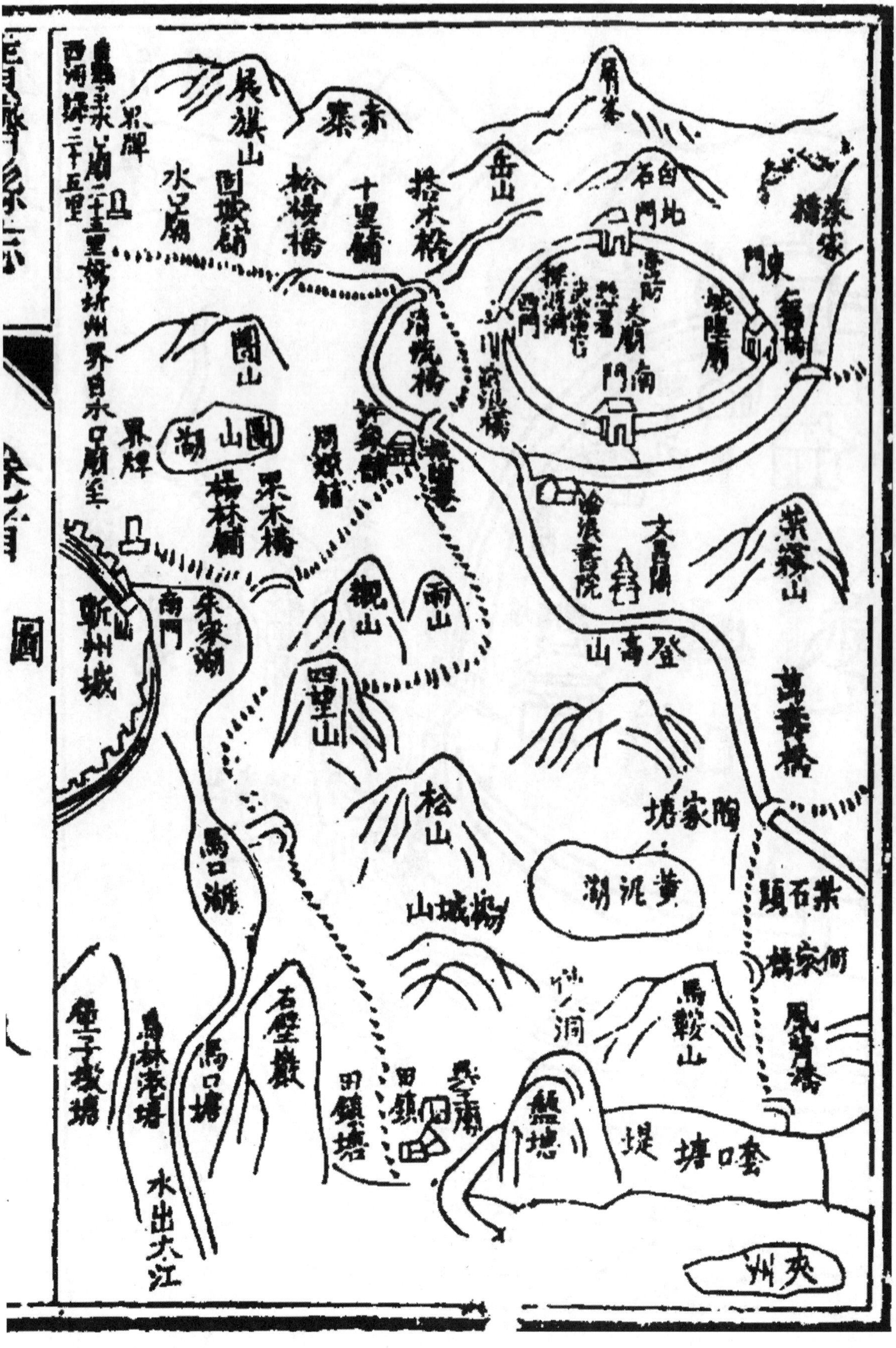
展旗山
赤寨
岳山
十里舖
搭木橋
水口廟
東門
南門
城隍廟
文廟
圖山
圖山湖
界牌
楊林舖
果木橋
蘄州城
南門
朱家湖
雨山
四望山
登高山
陶家塘
松山
黃泥湖
馬口湖
萬壽橋
馬鞍山
石壁巖
馬口塘
田鎮塘
田鎮
堤
套口塘
水出大江
夾洲

縣治圖

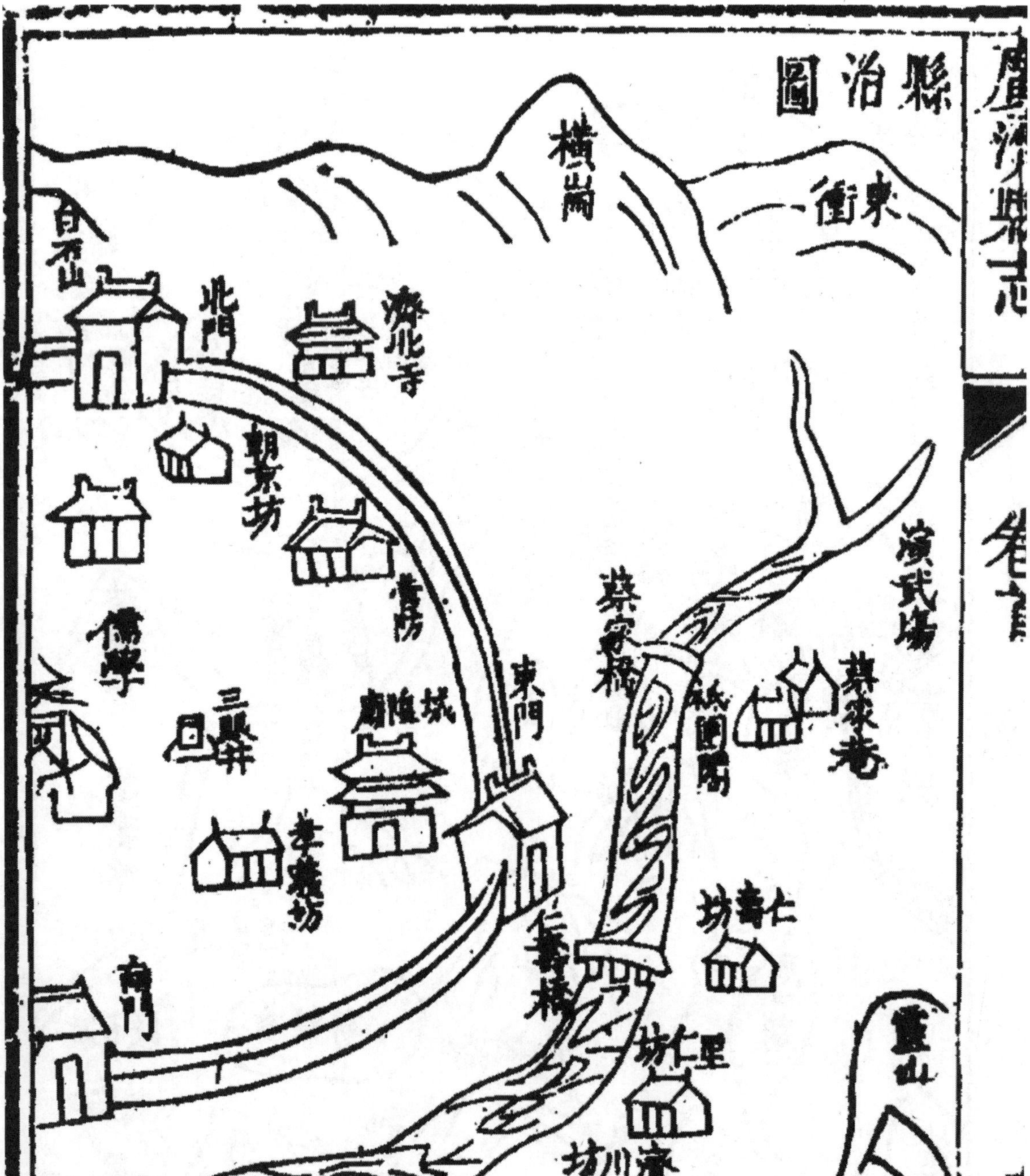

銀旗山
白上嶺
探源洞
武當宮
西門
徐家街
三官殿
搭水橋
武聖宮
文昌閣

學宮圖

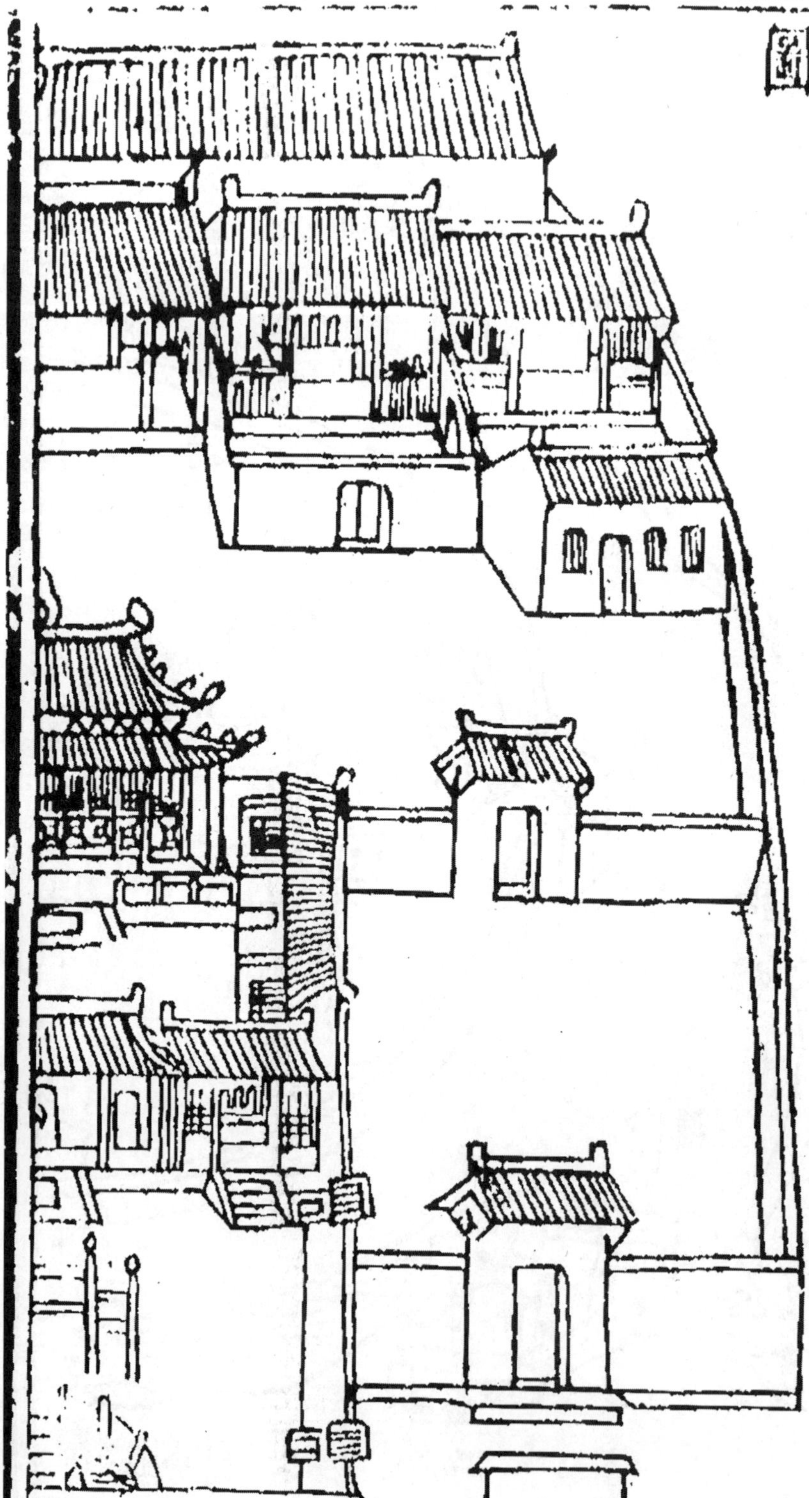

[illegible] 府署圖 上

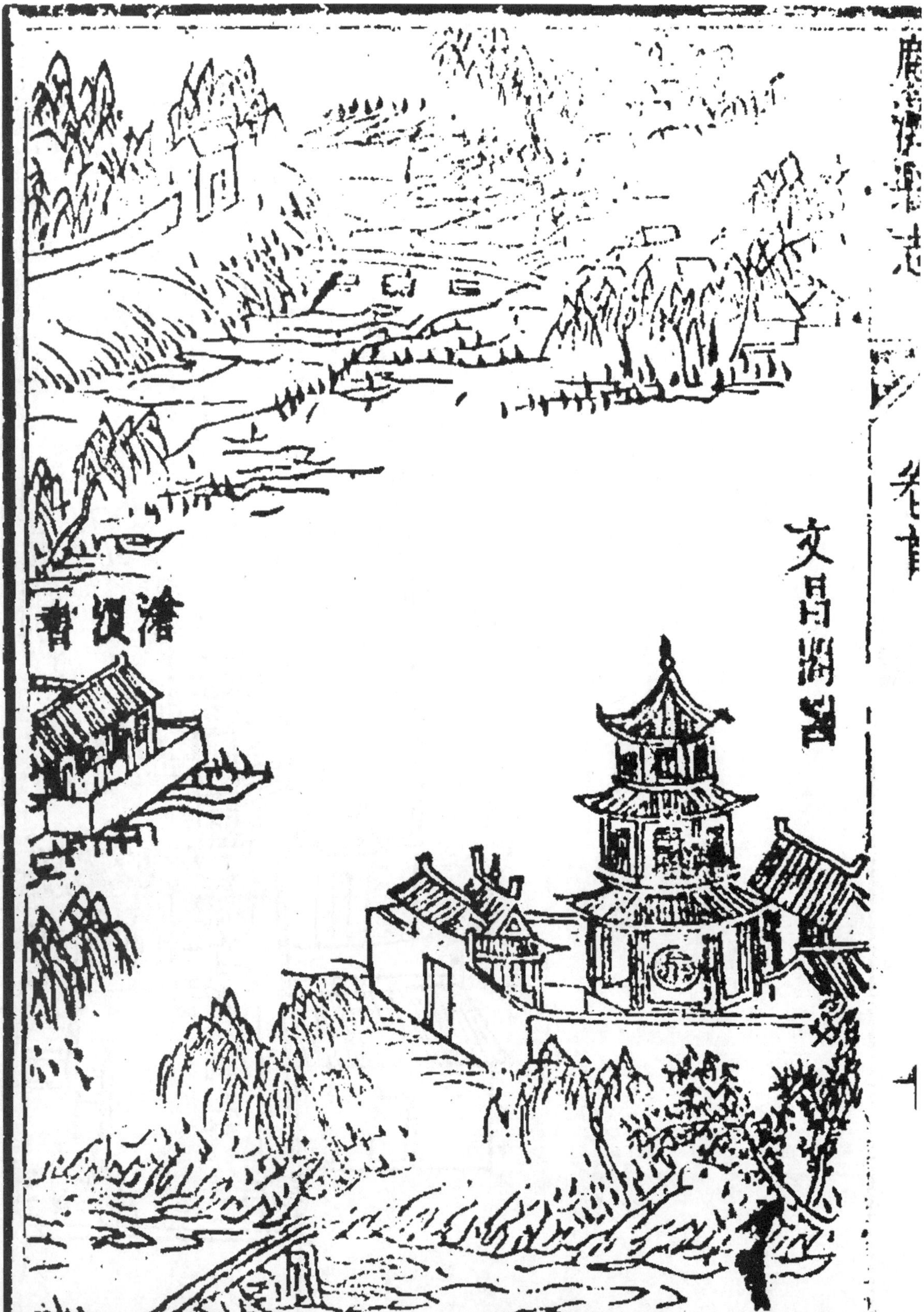
文昌湖閣

院
圖

素問庭訓抑三復崔母盧氏誡子之言矢廉慎執趣操所謂從官之子貧乏不能存是耶非耶廣濟瘠薄我貧故邑志之役樂于捐輸無吝色我益甚樂其相與有成雖多寡別惟力是視不容沒其美也甄書于圖之後俾表是志所由成倡者率先應者接踵而亦以為異日之急公者勸　廣學灝

朱本績　楊承綜　徐天球　張壯國　劉洪傑

劉洪佑　劉洪烱　劉洪徽　吳世鑑　田　炳　朱光烈　朱光炯

于鳳元　陳文光　彭士高　夏時謨　吳世煕

陳洪朗　周曰進　藍朝均　劉斌　吳淳

張濂源　陳洪榮　魏洪賓　陳常　張淳梁

李大謨　李澤禮　熊如浩　李廷柱　陳本桂

程梯槐　王楚山　向 上志 瑠　張源濂　周之冕　周林馥

附刻請修縣志原呈

中部縣知縣候陞中書舍人朱本續呈爲邑乘之殘缺宜修事古者郡國有圖方物有記今郡邑之志其義例蓋取諸此所以備一方之文獻存歷代之典章也濟邑自順治庚子邑侯漢崖黃公留心典籍命邑人士珥筆

於下而秉厥成維時始克有志閱今九十餘年矣前之記載既樸而不詳後之嘉言懿行復多散軼而未續閱者病之今　老父母以名孝廉出宰梅川蒞政五年百廢具舉惟是縣志一書久經殘缺屢欲聘禮名儒編摩搜輯以新一邑觀瞻而費用浩繁必資羣力莫爲之應用阻盛懷續承乏中部片長莫展今雖待

命田園而心旌北向無日不以民社爲念矧維桑與梓凡一切公事何忍置之膜外情願捐輸叁百金以爲之倡竊思人之欲善誰不如我更祈與諸紳士會議量捐成

盛舉恐有不敷續再籌湊終事以供剞劂　老父母留心文獻不墜典章之至意激切上呈　俯賜裁奪

廣濟縣志卷之一

知廣濟縣事金增廣學灝纂修
教諭李盛龔佐龍
訓導鄖縣陳槼行 仝校

地理志

圖說

志從縣，從原有縣斯有志，縣從地也，有是地設是縣，縣乃環聚而舉處焉，政治行焉，故角民徵事，皆原本於君建官臣受職，宮商相應，以守茲土，地地有象，因而爲之圖，圖之所不能傳者，因而爲之說。

約幅員於掌上，山川之拱向環繞，封疆之牙錯地輪之廣俠，形勢之標舉，壯麗開卷瞭然，左圖右史之義也。全楚據勝粤上游，崇山巨川，名勝罕匹，廣濟隸黄州之域，在府東二百五十里，廣一百里，袤一百二十里，至武昌四百三十里，東至黄梅界六十里，南至江西瑞昌縣界七十里，西至蘄州二十里，北至蘄州五十里，東南至黄梅界七十里，西南至蘄州界七十里，東北至黄梅界三十里，西北至□界三十里，横岡蹲其北，太江經其南，羣峯雄峙，西□

志喚東有大符烏鴉之□，誠吴楚之要地也。東衡横岡□邑之鎮山，山自嵩少來，汝上走英霍，由灊太逆行，火欲昇嶺而後盤礴聳削，拔出數百里，自是氤氲分數支，東雙峯北湯泉高峯樂家山，西盡於廣濟，又盡於蘄南，盡於莎蘿嘴，又南起五峯爲頭陀，西峯頂有三菴，曰白雲，又爲大安洞，爲南林河，其盡於廣濟者，輪廣近百里，田地六千餘頃，湖豬半之，名山錯錯，嶽嶽縣當西南二十里，依林麓而居之，横岡諸山之水繞注焉，水次可田也，皆田之，其地高平可陂塘也，陂塘之，其地窪下可池港也，池港之，其間爲佳

景者十，曰東衡積雪，曰横岡聳翠，曰白石堆瑶，曰靈山浮渡，曰梅浦清流，曰古洞靈泉，曰積布漁磯，曰龍湫夜雨，曰武湖明月，曰鳳港波濤，凡此皆圖之所藏，而可以備擬者也。生斯長斯，沐浴鈞陶，曷其有極，固不待太師陳詩，而司納價而人心好尚得之於披覽之餘者矣。但邑東西當京省郵驛要道，供億頗煩，距江七十里，宵小每出没爲濟患，至今承平日久，而防控宜嚴，羣巒之參錯，東接黄梅，有石塘諸坡，然小徑旁通，深入諸山腹内，西接於蘄，惟有青山展旗，龍頂諸峯，而河口一帶，岐徑猶多，王公設□□

其國濟非蘄黃東南之屏障也哉

沿革

論事者必溯其源考古者當從其朔聖人量地以置邑度地以居民參相得也歷代廢置隨時郡縣屢易雖無關於政治而版章有自疆域攸依凡恭敬桑梓省方覲民者不可不求其原委也故沿革重焉

廣濟蓋禹貢荆州之域漢爲蘄春東境漢分南郡立江夏郡蘄春屬焉後漢世祖徙陳俊子浮爲蘄春侯三國時蘄屬吳爲蘄春郡晉太康元年廢郡爲縣屬弋陽郡惠帝分

弋陽爲西陽國蘄春屬焉南渡後西陽王羕以罪廢國除爲西陽郡晉孝武太元時改蘄春爲蘄陽於九江王英布舊城立南新蔡郡以蘄陽隸焉晉以後參差互更宋仍爲西陽郡元嘉二十五年以豫州蠻民置蘄水浠水等十八縣屬西陽則有蘄水之名蘄水乃漢之軑縣地非蘄春也孝寧八年以蘄春還西陽蕭齊以西陽郡隸郢州永明四年改蘄陽縣爲齊昌設齊昌郡並析置永興[illegible]州自是蘄春始自爲郡不復隸西陽矣梁析[illegible]縣設義郡立義州於浠水縣設永安郡立[illegible]州[illegible]

立北江州高齊天保元年廢南新蔡郡改北江州爲羅州於齊安郡立衡州陳太建五年地入於陳遂歷十一年地入於周仍立衡州隋開皇三年改衡州曰黃州黃州之名所自昉於蘄州設總管府改齊昌縣爲蘄春九年府廢仍爲蘄州大業初改爲蘄春郡唐武德四年平朱粲改蘄爲州領蘄春蘄水羅田黃梅浠水五縣其年省蘄水入蘄春又分蘄春立永寧天寶元年又爲蘄春郡改永寧爲廣濟屬蘄自是始名廣濟[illegible]以前北周置胡孟培云開皇四年分蘄爲永寧則是自隋置見文獻通考楚舊志又云

周宇文氏始置縣今以唐書爲正乾元初仍爲蘄州隸淮南西道唐末楊行密據淮南地屬吳後屬南唐周顯德三年征淮南五年李景盡獻江北地遂屬周宋以蘄州爲防禦州屬淮西西路元改州爲路明初爲蘄州府後廢府爲州廣濟屬蘄州

國朝初仍屬蘄州今屬黃州府

星野

經星定位於天辨方於地故史志有十二宮垣分野乃天文家言周天一百七萬一千里二千三百九十二里

爲一吏州郡撮土遥邈雖豬泥一邑乎歷代推步互有異同惟酌準先民無失戴高知應下土從星之意云爾

春秋緯云自大别以東至雷澤九江荆州屬衡星廣雅云荆屬衡星春秋元命苞云軫星散爲荆州史記云翼軫荆州蔡邕月令章句起張十二度至軫六度爲荆州晉書云翼軫楚荆州南陽入翼六度南郡入翼十度江夏入翼十二度又云自氐五度至尾九度爲大火於辰在卯宋之分野入豫州潁州入房一度汝南入房二度沛郡入房四度梁國入房五度淮陽入心一度楚國入房四度按此魏文

帝分汝南立弋陽郡治西陽濟應入房二度唐書淮南道蓋古揚州之域爲星紀分安黄申光蘄爲鶉尾分翼軫鶉尾也初張十五度餘千七百九十五杪二十二太中翼十二度終軫九度又云角亢壽星也初軫十度餘七十八杪十四少中角八度終氐一度隨申光皆豫州之分宜屬鶉火古陳蔡許息江黄道柏沈賴蓼須頓胡防弦厲之國明史張十六度至軫九度鶉尾之次也湖廣之武昌府興國州荆州府歸夷陵荆門三州黄州府蘄州襄陽德安二府安陸沔陽二州皆翼軫分湖廣通志以黄州入翼十二度益本晉書蘄州舊志曰蘄在春秋戰國屬楚秦屬南郡兩漢屬江夏郡入翼十二度又從晉書蘄與廣濟居楚之一隅皆翼分野曰房曰氐尾豫而遊於荆也曰軫曰角亢曰鶉火則楚之全而遊於豫矣曰星紀則楚尾吴頭之說也

藩封

齊何封乎爾處今日而談封建如封球圖禹祖古初洪物矣翳昔巡衡輯玉底貢三邪君國南鄉天方投袂虞夏商周之世蔚置弗深考漢之在荆揚域者爲江夏郡爲蘄春爲西陽晉改西陽國齊改齊昌梁析齊昌置縣

設郡府改齊昌爲蘄春雖時隸其疆者皆封土也唐名廣濟至明代猶傳封號不居其土系其名尊故可思江黄蓼六依然去人未遠今存之

後漢

蘄春侯陳浮　陳俊傳　建武十三年增俊邑定封祝阿侯二十三年卒子浮嗣徙封蘄春侯浮卒子專諸嗣專諸卒子篤嗣

晉

西陽王司馬羕　汝南王亮傳　亮有五子粹矩羕宗熙

字延年太康末封西陽縣公亮之被害也羕時年八
歲鎮南將軍裴楷與之親姻竊之以逃一夜八遷故
得免及瑋誅進爵為王元康初進封郡王永興初以
長沙王乂黨廢為庶人惠帝還復舊封以汝南期
思西陵益其國永嘉初[illegible]之咸和初坐
弟南頓王宗免官降為弋陽縣王及蘇峻作亂羕詣
峻稱述其勳峻矯詔復羕爵位峻平賜死國除

宋

西陽王劉子尚與沈休文善孝建三年封

西陽縣侯蕭道成元嘉二十九年以討賊功封後為齊
高帝

南齊

西陽王蕭子明 武十七王傳 子明字雲光世祖第十子
蔡婕妤所生永明元年封武昌王三年失國璽改封
西陽建武二年誅蕭諶諶子明及弟子罕子貞與諶
同謀見害年十七

西陽王蕭子文 武十七王傳 子文字雲儒世祖第十七
子庾昭容所生永明七年封蜀郡王建武中改封西
陽王永泰元年見殺年十四

梁

西陽王蕭大鈞 太宗十一王傳 大鈞字仁輔包昭華所
生性厚重年七歲高祖嘗問讀何書對曰學詩因命
諷誦音韻清雅因賜王羲之書一卷大寶元年封西
陽郡王二年為侯景所害年十三

西陽王蕭圓滿武陵王紀第二子後與紀俱死

陳

西陽王陳叔穆 高宗二十九王傳 叔穆字子和高宗第

二十三子楊姬所生至德元年立為西陽王正明三
年入關卒於長安

魏

西陽郡公樊子鵠 北史本傳 子鵠代郡平城人也以功
累封至西陽郡公後為兗州刺史孝武帝入關子鵠
據城為應齊神武遣婁昭等討之左右斬子鵠以降

按魏書作南陽郡公恐誤

隋

蘄春郡公達奚長儒 本傳 長儒字富仁代人也[illegible]

禪進位上大將軍封蘄春郡公累陣至荊州總管參
謚曰威 北史作蘄郡公

明

荊憲王瞻堈 諸王傳仁宗第六子永樂二十二年封宜
德四年就藩建昌正統十年徙蘄州景泰四年子靖
王祁鎬嗣天順五年子見瀟嗣以罪賜死宏治七年
以見瀟弟見溥子祐橺嗣為荊和王十七年子端王
厚烇嗣嘉靖三十二年厚烇薨子永定王載墭已前
卒其子恭王翊鉅嗣隆慶四年子敬王常泠嗣萬曆

四年薨無子弟康王常㳂由安成王嗣萬曆二十五
年子定王由樊嗣天啟二年子慈煑嗣崇正十六年
正月張獻忠陷蘄州慈煑先一月薨
廣濟王定燦漢川康定王譽榛子嘉靖三十六年封萬
歷二十七年薨子幹墭未受封卒無子國除
蘄國公康茂才 本傳字壽卿蘄人元末兵亂結義兵保
鄉里太祖克集慶路乃率所部兵降洪武元年從大
將軍征定西取興元還軍道卒追封蘄國公子鐸以
父功封蘄春侯從征南將軍傳友德征雲南卒於軍
追封蘄國公子淵幼未襲授散騎舍人以坐事革冠
服歉居山西遂不得嗣

廣濟縣志之一終

[illegible]志卷之二

知廣濟縣事金壇虞學灝重修

教諭孝感龔佐龍

訓導鄖縣陳景行　仝校

地理志

山川

川嶽之靈蔚爲人文而其餘及於百物東坡飲食夢寐
不忘黃州所云山水淸遠廣濟備美矣乃績學高才人
地兩勝詠歌題述者骨還父肉還母無藉手於他邦相得

而彰熙染山川非常生色

黃鵠山縣治後特高處爲玉枕遠二里許爲白石十餘里
爲層峯又十餘里爲蓮花峯輔其左腋曰東衛曰橫岡
右腋曰嶽山曰馬鞍山靈山以雙巒揷其左而前則獨
山與靈山相聯絡銅鼓山以平峯峙其右而前則覩山
與銅鼓相起伏四山環衛一川旋繞縣治因建於此

白石山縣北里許多石望之磊磊若瓔張佐成詩山多大石故名
疑是東西分兩溪鱗次羅阡陌山幽夥如織乎縈[illegible]
頂上數落星疊捲寒光白銚鐺兼鐙鋪[illegible]

[illegible]亦雜採班班汲羽射每當芳草時艷陽謗主客酒甜
蹤風鳶駿騅遊仙宅山城亂春華溪水布瑶席四野矣
雨與石氣白鞭策晟白號白石山人

觀山縣西山麓有南北二泉

多雲山在南佑山無雲而此山晨起多雲饒嘉樹詩某載多雲
山欲雨先出雲有風洞投石其中卽風起水出此山流
入羅州界又多雲山多石窟遠望五色雲見中具模樣
殿閣人馬獅象予不可名狀迫視之嵐氣耳後乃脈羅
披懷此地與可乘興其至於今猶未知處夏君者號系
雲于索
余題詩東衛背到飽恭頂是處遊人更不聞風雨煙嵐
封白石樓臺海色墮紅裙故山身隱空秋老別號天開

與夏君莫向羅州西界問尊前相對是多雲

獨山縣東南三里許衆山環擁而一峯孤迥若髻丁丑冠
亂居民倚爲石壘近萬人防守最嚴賊騎馳山下山若
稱能堅持者獨山爲最

靈山在縣東慧日白雲雙巒疊起饒嘉元靈山春眺詩云
巖霜步寒崖日晏藹春嶠浩蕩接鴻濛紆曲領神妙獨
丞杳藹煙翠暈輝銜照危石立層巒孤松紫微鳥虛嵐
度寘鴻片雲下飛鶴萬象欣咸若幽人黙相召登頓豁
曠懷徙倚展清眺悠悠妙悟言挽履獨長嘯又靈山道

上沱壓蹬壑兩三家冉冉松陰菊始華蒼蘚綴衣時漸
續白雲扶殷月横斜樽前嘯石經秋老畫裏看山得月
往綠緲鐘聲知近遠危巢天際簇歸鴉傍有掛雪溪上
有眺遠臺下有卧雲橋又下有多羅菴而鷲嶺諸信白
雲諸菴環列山半山下有浮渡石劉醇驥遊浮渡石記
曰邑治東二里許古有石當靈山之麓幅廣數丈硯起
岸立半之每春雨泉漲作勢下石當其衝輙跳擲不肯
休歲久水力碓投石老怯不忍遂讓之去而漪焉因以
益大遠望巖半亘水上如斧鑿者古稱天梁或稱浮渡

實其狀云傳云水非石鑽漸靡使然乃波濤行其腑次
驚奔布曳騖若河漢而人又在泉上若鞭虹泛槎然以
是爲獰龍姤其行水不没因雷雨中拔斷徑去夫其餘
者猶留待遊人也春間會蜀僧來能琴與詩因約爲一
日遊兒抱琴隨著山下居蘇郎命其僧導綏步數而石
在足也石上題縣月瑩雅甚字亦古前令劉湑水文人
優吏治邑中山谷題詠無暇日此其一然使爲鬱林公
者恐不不爲吾輩有矣語盡坐徙倚乃水氣襲人聲若
雷皷谷風篇之欲推人不得動而不則與雖奇崄岑潤

澗陋隤咫尺具江海之奇勢杯水坳堂竄得一芥遊之
似此身不栗矣僧趺坐爲彈一曲水石與絲爭鬧聽亦
不了矣起行循谿東上而石磊磊出一步一倚人在石
上石又在人上俯而聽昂而望跂踞而就與語交足而
欲行莫可力物惟土人但相傳笄者舩者前箭許則一
石壁挺蒼松破腹而出幾可巢鶴夫木生於土此物生
於石耶其巔有字余猿攀覩之卒不能真必非碑銘或
詑遊耳則固有先我而至者矣或曰非沉醉苦人今閱
此數百輩寧無一堪醒酒乎又曰若在元魏吾邑有龍

門山矣然而浮渡石爲最著故記之詩云鷺濤雲崩楚
山裂洪流努力當不能斷州地老抱幽石直走江心佐
欲飛砰磅突現黿鼉背軒昂微摸虎豹膚巧匠鑿天靈
壞壑水府一夜空中升更疑海上六鰲蹶竊移銀闕波
虛凌楚槀瀾狂磯作拄聯綿往往皆斤斧黃鵠西塞相
望奔風鈴激轉神鞭舞浮玉之磯更孤特根如鐵樹形
覆盆四周受月貯寒門雙流劈道騫雲土停舟憩涉采
芙蓉對岸分聲人鐘鼓今夕何夕江陽瀕經葛衫綸
作巾側身欲渡不得渡者兕黑蛟何太騶孥旌虹旆光

漂泊君俺忽來東巡噫嘻北離宮侯館羌愈思兮
入　金德嘉詩云雁石宮泉作水溢濫泉脈脈沃泉鳥山
藏僧客惟天獼谷口何人歎一聲劉子杜詩云携酒來
橋上涼風八月天高陵紅日暗幽抱白雲眠辟穀終辭
漢亭津可得仙只今遊覽處蹤跡石苔鮮又劉醇驥春
日遊靈山三章幽意谷泉落相將任往回誰持犀汲石
移近雨花臺人坐翠微笑鳥邀春色來山僧有新約曾
許寺門開數轉煙蘿入微茫山氣中陰晴半壑樹鐘磬
午天風飯供行廚白香分寶座紅無能隨遠社猿鶴偶

然通孤峯削化城迢遞俯餘清客借登臨興談多感慨
生園林疑岳色衣帶有江聲豫楚連風壤春雲百里平
張仁熙雙峯寺詩云疊巘敞幽平雙峯泐化城門臨千
嶂迴徑入萬松清古鉢傳東晉高幢揭有明鼓鐘青靄
靄鈴鐸語琤琤入室香千座拈花笑一莖法筵燈遠近
寶筆樹逢迎細雨東山翠微巒破額晴春檻留怪石遺
棟識神堯峻谷風煙連平池歲月領岩花春鳥色潤綠
自雲聲茗凍猿啼老莎青雁迹横衣裳新露絕花向谿
峥嶸捫葛探龍象坪蔓共鹿麋紫蘚徐滿古[illegible]

更生上秀登雙峯云梅子多年熟雙峯獨擅奇老藤僧
樹曲絕澗跨虹垂石洞曾傳法蘭舟早賦詩置身嵐嶂
上長嘯與雲知張佳胤靈山詩云僻逕聞啼鳥谷口日
色紛忽過仙橋樹蓊鬱覆遊魚旁立大石船黃綠度新
畬遙望靈巖上雙峯摩太虛垠塄淨可數松杉儼旛旗
暫憩招提境心神已容與觸目還獨詣遠景含林築是
日晴煙霽四山欲吹噓楚天蒼鶴背滄江碧樹餘遂得
寫胸臆誓將結茅居倘徉歸鳥路暝色上村廬同坐縣
月臺毫空月到初饒嘉元靈山瀑布勝跡何人到飛泉

萬木肩細紋輝石色漪骨壯山靈日靜涵金鏡天清瀉
玉瓶祗疑洞壑裏今古雨冥冥礎滑真能險苔平似欲
軟亂峯排碧落孤壑轉潺湲抉石常君蟹攀藤忽跳麋
巖面向出奇蹤石徑穿岩竹僧房下谷松奔流和響梵
山花紅映日事事稱探奇阮景登靈山絕頂兩峯相對
雄樹散幽錦日霽江湖入林深煙霧濃饒嘉元夜酌縣
月臺聽滂渡石泉聲紫萸黃菊佳晨促碧澗蒼巖涼月
寬公子俱停金齒屐使君也着竹皮冠不舒鯨背懸溪
瀑泉帶鶴聲入座寒勝地天留今夕醉新詩代作古人

看金德嘉縣月臺縣令劉侯燕及舅棠督學山書院碑潮通米海嶽侯管言破額前標何非書狀爆者從游有劉寬伯玉大猷甘忠甫陳伯光謝涵培陸孟思饒仁倩吳幼慶諸名士俱題名崗歷甲寅九日也縣月臺前一片石怒雷笑電古龍湫使君手把如椽筆不遣人書碧玉流張仁熙遊浮渡石詩云十里仙橋路飛濤没石根峽雲驚不落絕壁冷徒蹲野老蕪秋色神龍過雨痕石橫溪上一夕雷雨擘其半去古臺明月在常照老僧門張佳晟靈谷溪口大石橫渡懸瀑十丈一夕忽雷雨拔其半餘尚浮不墜前令劉淯永題曰縣月臺谷口溪聲咽松風喜相擊石橋懸千秋安渡無曲折得非巨靈劈造物生忌刻雷雨夜鬧爭長虹中斷絕練光

得喬飛十丈照寒雪浮玉最稱奇蠟屐長躄躠長吏載酒來每坐山月白木濕月還留臺上看縣月

東衝山縣東三十里重巒疊翠冬春積雪不消幽崖洞窟爲逸士所棲辟谷者多託焉舒漸鴻入東衝詩云一村穿林入幽行路未賒寺深山色合徑轉石頭斜瘦谷飛秋葉懸崖足暮花從來蹤懶意隨處可爲家晟薇平若蘚鐘聲出上方尙松啼鸛鶴自草瘦牛羊泉瀉千溪雨煙凋一夜霜五峯峯頂月清冷照衣裳又登東衝宿牧石菴幽恬少出戸眷僕一行遊蹊入松雲宵行隨澗水淺遠從脩竹裏重過此山頭林下高僧任心期信宿留又東衝第一峯眺紫雲諸山身居飛鳥上不與衆峯羣天地成一色毫末皆可分歷歷數秋嶂磊若屯千軍甲胄森相向旗旆何繽紛遂使心神悄有懷無所聞臨風發長嘯諸天生白雲饒嘉元東衝望餘雪欲縱登樓目東衝繞畫闌郎非崑崙照眷作雪山看杉歲風煙苦高峯日夜寒春來從蠟屐徙倚在雲端上有鮑照讀書臺上數百步大石突東下臨無際方廣數丈石下小洞容六七人旁立大石數仞山之巒麓縈錯於臺之兩旁五

峯當雨煙月蔽虧江湖之流匯者雲翔玉照周旋明没

臺下十里雲瀑潭張佳晟詩云大壑含幽景潭光儼自升下削虛無底中抱百尺冰雲氣之所出神物之所憑板頭湧靈响龍鱗幻同登夜雨頻驚訖禱祠儼肯忝巖石多斑駁跬步礙蘿藤莫窺蛟宮險但聞雲雷與人間音沾濡雲瀑名斯稱此潭邇板聖龍公廟側之潭而尙人遊者以雲瀑名之或曰舊有板自潭浮出莫知所自或取而藏之以覆鷄鷄輒不鳴怪而視之有字曰龍因以板畫龍公狀旱禱館應張仁熙記云山水之奇陰幽

險巇者則神物宅焉雲瀑潭者板聖龍公廟側之潭而
余以雲瀑名之者也邑之沾濡者數矣予俯而揣仰清
肅而覘其側峪峽巇而陰寒而毅瑟然以幽黯以雨霾
赤日掩苒殆若無天者虬枝蔓草轇轕碕磔蜿蜿蜒蜒
靈怪萬條予以是知昏黑與哭神之所宅而都焉者也
易之文言曰或躍在淵无咎或之者疑之也故无咎物
至於疑而神矣其為龍也信哉或曰東山九龍板聖其
一又馬峪記曰山游鴻山東南溪上可二里許曰馬峪
兩石陜坎繩斲刻削東河類四寸帛三折而奔急投為

廣濟縣志　卷之二　山川　九

淵大盈尺許類汔者黝深不測雖跬步至不可跳越已
又穴出數丈外聲汩汩如有蓄泄稍下石林碍類大嶌
跡者四俗傳有仙去者遺馬跡焉所謂馬峪者也如柄
孔者一立如斗者如案者平如牀者安可坐而茗者步
武錯迮觸類詭狀方石束水而下也聲如琴磬然水碓
離立又如鐘琴响相亂也已而相答山隈不可上雨溪
雜花竹篁縟縟濃娟色清碧照溜雪益明潔泌減杳杳
幽幽故不可近清風靜嚴視聽愈苦柳子厚所稱極其
與者也客曰是殆雪峽與因把筆作雪峽字記馬峪志

僭也王衍治東山石門巷八景詩（石門）石門原不屬長松
生巷隙崖嶺有遊人誰是謝公屐（豹巖）雲山多豹隱雙蹤
綠隙中君凈琴臺澗高歌眺遠岑（月臺）玉塔與金波昔人
詠新月畢竟是銀缸三更光愈發（松坪）崗平餘數畝萬仞
出雲端喬松真列戟吳楚坐中看（石洞）劍石成山洞門開
俯夕暉携朋相對語不覺薜蘿衣（荷池）紆折鑿山殿池水
清如鏡芙蕖搖可會風凉足游源（竹[illegible]）[illegible]竹高林夏日
長從倚肖與七賢遊聊云摩詰[illegible]尤石劍孤峯蒼茫
立曉風匡廬與太白[illegible]

廣濟縣志　卷之二　山川　十

横崗山縣東北二十五里梅川之水源也勢借東衛西聯
層峯赤寨諸山[illegible]翠擁[illegible]互集豎若積圓霄上崖立
峭峯壁岸無階左側有措身嵓石竇多魚雌雄四趾頂
有真武殿甚佳麗詩云滄浣八百里蜿蜒浙江流中途
自隤蒲崗岩上垂樓屏開何峭精白日忽沉幽勢如太
華削瀑如谷簾物風雨閃靈秘颼颼走龍蚪儼然旌旆
樹諸天列上頭我力艱窮陟矯首賦清秋城郭渺煙蒸
江濤咫尺愁念茲騰騫意萬派靡全收金德嘉横岡詩
天柱峯巍然卓立邑之望也而山巒鍾毓嶄實頓之何
泉石岩峽招提精舍龍宫鳥道之奇書不勝書矣

代仙公跨赤龍中天萬仞削芙蓉紫宮濤霍來年到且
踏橫岡第一峯阮文茂山起濤之天柱漢武封爲南嶽今天池龍湫凌霄樹現在也古
赫蘇氏亦托跡焉歷老寺東衡以萃於橫岡蓋天柱歸
宿處也與鄂郡豫章作千里會於濟山爲獨尊也苛以
之祖橫巒獨起插高空遙望高空有化工南嶽派分天柱
聳江流襟帶匡廬穹凝寒噴雪三千丈積翠參天九齊
崇鄰桂窮吟跡謝屐多遺雁宕楚山中巨靈手劈絕塔
級崧巒齊晉千丈奇吳楚衣冠呈[illegible][illegible][illegible][illegible]衮冕啓龍
義身崖變現授吳猛石寶高昇躍鬼魁韓愈投書應有
泣透蛇到處盡堪詩舒漸鴻橫岡山放歌贈吳同平云

橫岡巑岏入紫冥東觀彭蠡西洞庭迤邐後峯復霞舉
石港水滙虬龍形延陵世族居其下縹緲旗麾來驪馬
先朝帝子開明堂黃門丰采儔者寡閥下爭傳挺擊疏
詩壇自署香山社伯仲意氣皆如雲季也射策登承明
再除封事論臧否危辭激切無公卿拂衣歸卧五畝宅
著述長留千古名名家後輩迥無匹玉麈風流君第一
十載南濱鍛翮還三徑東籬抱高致溪橋雪霽咏詩行
邱[illegible]鶯花典衣醉策杖晴登百難山聽泉雨過龍池滸
登山聽雨真徜徉雙眼宵明髮未蒼縹緲羅列劍[illegible]鋒

場圃滌除豊稲粱宮門慵向摩銅狄探篋自有長生歷
蓬萊欣遇金井秋月上梧桐青露滴開筵詎羨紫騮封
充盤莽列紅蕖荷有酒盈尊甘且旨浩歌一曲白雲起
六龍馭日滄溟開元鶴翱翔大江水樓臺歷沓望中來
蓬萊天池等閒耳噫嘻橫岡之峯如丹邱石港之水有
龍湫吳生吳生百無憂振衣芙蓉巔濯足清溪流百年
同醉山中樽阮景望橫岡討途殊不遠攀躋已無期低
看江河小仰觀星斗夷朝曦雲外出夜雨月中澌謁禪
人來說戀岩石更奇

五峯山縣東三十里自荊竹河南上卓木高千仞緣巔行
陡壁上視其溪隱見石底如黑雲萬疊水噴高丈餘響
雜山上人語不得聞中有水碓碾具下望前嶂梯田百
坵如石鯨鱗甲卓木麓去五峯半里而近上五峯石磴
傾作苦攀躋百十步喘息難任行二三里過大石上可
坐千人高八九丈餘欲墜十之七覆出小徑十之三傴
僂方得度俗呼鷄婆石至頭陀寺皆林莽深密轉小[illegible]
過萬竹嶺逕禪院舒漸鴻五峯雨行紛紛風葉落[illegible][illegible]
路難分鐘韻危連雨人聲遠在雲步移平石[illegible][illegible]

松紋[illegible]虎豹群雪初霽過宿五峯[illegible]
鏍新[illegible]雲層薄暮扶筇杖五峯尋舊
竹窗松上月草閣夜深燈一枕寒江夢扁舟愧未[illegible]
日登五峯上寺期黄羽人不至五峯峯上起暄晴[illegible]
山田慶院行雨潰斷垣餘竹色鳥來高樹自春聲[illegible]
草沒殘僧少苔徑人稀細路更古石纍纍呼不起[illegible]
崖畔望初平五峯中秋懷胡存存曹子勉吟向秋巒下
遲廻意獨辛五峯今夕夢千里昔年人露濯孤螢盡風
吟老衲貧音書江漢隔海內孰爲鄰其下爲鳴水山張

佳晟詩云土門山下水雲中聲参錯小如琴磬幽大者
如鐘咢陰翠噴漩渦奔雷蕩㝠㝠沿溪夾茅茨水春聽
殢惡三月杜鵑紅鳥聲復牢落杖策一行歌雨岸鶯[illegible]
嶀溪深石影高飛濤去更卻馬峪關峻源石梁[illegible]層閣
上有馬峪石梁之勝皆水源也曲折十里長縮檍龍門鬃願剪[illegible]
山谷足窸窣
層峯山縣北十餘里峯自橫崗綿亘至此特聳秀[illegible]
上列嶂分脉爲縣來脉之祖旁有青着寺一塔矗[illegible]
僧從荆榛中得數石上鐫元祐四年造邑人張[illegible]

小損重建刹延僧居守西數里赤砦舊爲里人避兵處
白鶴龍王潭在白家園內兩山夾溪水數折而怒深注爲
潭龍王廟踞其上舒[illegible]鴻龍泉精舍詩斜陽山水好鐘
磬是東林喬木會雲無容庭棲夕陰僧歸蛇嶺路月照
虎溪心寂寞襄陽外芳塵不可尋俗傳潭上常有白鶴
現故云白鶴龍王每旱禱雨輒應張仁熙詩云深山長
幽溪山水常相厄上挂千尋岩下踞蛟龍宅危石遠遊
人威神恒屢皈元陰不掩陽龍隱淵聲湝雲雷此卷舒
激盪在咫尺巨湧既波濤細濺多霢霂深黝納諸谿水

石同蒼碧斷綆莫時施萬仞餘沉璧脩霧杳素林霜條
森劍戟庶谷晥自號水壑相潮汐如怨時悲吟如物相
解礫已具風雨咨況復當雷霹此時朔氣寒窈窕理魂
晩因思昔我聞霖澤神無斁何以蟄龖居便旋弄仙翮
日暮一瞻禮倉卒勞攷核我欲泛小艇屐石銘其嶺吁
嗟且獨還夕陽影歸客
費聖山縣東南有靈湫廣輿記云飛瀑奇絶上有費龍君
廟故名金德嘉明水山詩云明水峯頭石髮垂炎天歘
雪作冰池山靈潤絶康王谷不受徐凝一句詩舒潄[illegible]

龍湫碧潭空闊冷涵秋千尺遊絲螮蝀浮好待蟾[illegible]
出海照人垂釣上漁舟又寄龍湫僧我憶古龍[illegible]
不知着松竹蔭溪橋晴明走雷雨常欲携短筇扣[illegible]
雲塢况聞休上人深林結茅宇一鉢濟[illegible]月[illegible]
伍黃鳥共翩翩徙倚臨河滸胡楚瑛大明山大明山巻
洞偏寒匝地松陰覆古潭子[illegible]連湫雨散一燈常[illegible]
既鐘殘苔封龍窟花風滿藤擁僧歸鳥[illegible]安護國傳[illegible]
驅旱魃歲時香火集祠官
石港山側有龍窟與雲致雨里人望其氣即應立龍君廟詳祀事卷

大闉山一名咨婁縣東二十五里東橫兩山間有五峯其
中峯則胡篤生別業在焉嵓洞泉瀑尊樹皆枝履間物
金德嘉咨婁詩云削成嶄岁絕躋攀遂古鱗鱗嶙嶙蟠
萬變煙嵐眩銀海迂倪瘦洗寫蒼鄰天啓丙寅秋篤生
結二三霞友蠟屐扶藤佩奚囊裹糧極險緣勝題名云
自青蒿鄉舍入咨婁過岐背並澗行兩山夾澗水聲㶁
色爽人殊甚至五老峯峯有棲真菴舍嵓石磊砢欲[illegible]
不墜石洞山半上覆下延戀空遊勝莫可登陟石[illegible]
若柱若塔若老龍若象不可悉舉再轉爲大山[illegible]

瀑布飛灑震慴嵓壑秋杪縷縷挂石上若垂簾泌入[illegible]
石腹者汩汩若彈絲溪中累卵爲橋石柱五丈許每僧
聽之輙忘暮也再轉爲箕窩復左折石壁斜飛里許壁
益峻澗益陡石磴益險徒上巨石比比壑落爲嵓爲彌
陀爲大士仙茵蓮花皆谿谷嶄槃東行則過桃樹嶺北
轉兩山縮谷口磴道曲上忽開若戶闢闔若堂皇則咨
婁山也五峯環遶似墻宇壁立深半里許脩篁薇嶺杉
松蔭覆山田數畝半在戶內石泉出左峯之麓竹影潏
厨涓涓不息右爲美箭石爲鐵板障從是東則桃樹嵓

爲迎東衛第一尖矣而同中壁觀嵓梯坐嵓看瀑嵓獨
尊嵓猶爲幽奇陡絕隔凡嶺雨珠泉瓔珞泉寶蟾石礀
隱洞御風磴桃塢竹塢獅子窩名景不一從是西穿嶺
峽上里許則爲杵臼又上爲鷓鴣坪精舍曰蔭雲菴前
爲飛龍嶺亦曰罡風峽後曰海潮峯雷公洞在峯之背
深黑無底峽南再擁三峯最上則天柱峯巍然卓立矣
天柱飢橫同絕頂　張仁熙同萬峯上人登稱冏絕頂詩翠崿皆峯
渾欲連谿藤花雪挂流泉千村細綠香無地半壁空雨
壽有天日月照荒三古夢鼓鐘聲動四時煙漢唐僧佛

空洞數指點清風世外傳劉子杜登横岡絕頂諸山在
目披草尋雲步扶風細細生不知千嶂内能得幾峯明
攪袂新縣何登高舊有名竹床茗話盡雁過月初横又
劉[illegible]岡云開門何[illegible]見横岡當中天翠色起百
里[illegible]不前精氣秘杳藹異物挺貞堅矯首試攀躋
下[illegible]煙
今[illegible]二十里俗稱蜈蚣者謬山以余公玠墓在其
[illegible]
樂山縣東十里

大符山縣東四十里舊有庵曰朝陽即四祖再來僧擒虎
石壠坡縣東四十五里自東衝至此兩山夾峙石拔陡峭
東生銀腦有成相古刹
龍頭山縣東五十五里山龍象其盡處如龍首昂起兩石
屹立如角石下有泉俗呼龍眼東五里爲雙城驛南十
里爲冷水澗又十里塔兒砦七里爲鄭公塔鄭公昔嘗
任茲土捨地建塔寺曰禪居
鳳凰山縣[illegible]十五里山南爲禪姑山寺曰永興[illegible]
諸子遊鳳凰山鳳凰山勢高千丈前滙五溪一[illegible]

[illegible]空天然鳥跡杖頭破[illegible]
晶煙尤遠樹多指[illegible]萬里[illegible]回攜手望嵯峨
石壁山在靈山南其東爲石步嶺又南爲八斗嶺
靈龜山在白茅街左與九[illegible]村望山有幽居寺相傳四
祖卓錫此山夜聞龜聲[illegible]掘地得雲版上有靈龜山幽
居寺因名之永樂間藍敬忠茂忠爲開山檀越金德嘉
幽居寺詩云白茅衝裏幽居寺月滿空山寺轉幽山色
至今猶太古寒雲都入洗泉流嘉靖壬寅荆國卜永定
妃[illegible]蔣感異夢改地越十年命復其寺新之儲田若干

畝崇正中欲復爲王母藏感怪夢遂止順治十八年重
建改寺曰瓔珠
後峯山自石門數里南起爲後峯峯東爲大藏寺寺爲蔣
祖脩靜處祖席僧自暹羅來衆建寺居之山谷紆抱溪
流映帶前令劉清水嘗步洪源橋顧視上流一橋宛平
倍洪源作亭其上名杯度亭饒嘉元杯度亭成亭雲悠
悠雲氣清亭亭疊疊石泉平控壓天空海鯨伏移來夜
半山鬼鳴霜鐘應律十月至寒葉墮樹長風生把酒賦
詩獻時哲虎從驥附慙楚傖

大羅山自大藏寺而東過嶺爲大羅山四周皆山一水從
石港橫出寺當山隈日羅漢亦日慧雲
宗山嶺縣東南五十里其下爲橦梓牌或日童師排東出
爲雲興寺隔溪爲揚塢山卽釣魚臺又越溪爲李齊坂
坂與揚塢皆溪水環繞避亂者以是爲依焉過坂皆湖
其東爲黃巿砦爲沙湖
連城山臨連城湖元末邑人楊普銘砦此保井里後歸明
去數里爲伊家渡山北有玉石寺
太平山縣東南六十里傍有煉丹卯晉遠公卓錫於此後

入廬山去時笑露黃芽因寺名黃芽僉德嘉黃芽寺詩
云丹卯半竈煉丹砂白鶴青牛昔此家廬霍老僧緇貝
葉山門依舊額黃芽藍士秀黃牙寺詩云晉代招提古
高僧靜掩關但傳携杖去幾見掛瓢還日浴磯湖水雲
飛石港山堦前雙栢樹風雨老鱗斑西里許有松林百
十株拳曲青蒼若虬龍狀中有三大石矶然峯立名石
林自鄭塔而西距此有六石一名白鶴石一名銀青一
名鐵青一名紫金光一名火石一名劍鋒故地名六石
北四里許又有七石嶙峋特出比聚若星爲北斗七星

云
登高山縣南里許南行數里有橋日七里橋亭日山包亭
菴曰仰天菴西有爲銅管山赤土山
紫霧山縣南千里巒立如屏望之者皆見有霧騰空而紫
金德嘉詩云縣南十里巒立如屏有霧騰空而紫縣志云客言自有茲山谽谺歕湧如一日異哉
余應之日此易恆卦彖傳所謂恆久而不已者也山下
有明經胡若魁捷守爾大令建平致政歸一字紫山蓋
取諸此
紫霧山頭紫霧深天垂沆瀣鬱葱林崆峴晻藹無
冬夏一氣濛濛自古今山下二徑一自麓而南達武穴
一自麓東而南達龍坪有亭當其路曰兩路口南里許

爲石門亭爲師姑塔閔家山
嶽山縣西北七里巋然秀出或稱藥山張佳胤詩有序安樂
山卿舊傳有道者採藥其上與余居相對北郭望疎光兩峯忽天半煙霞自
逞回石黛亦璀璨左峯若削華石嶺如列幔幽尋樂竪
陰面向晴睥泮採藥者誰歟安樂舊里開所採如何濟
奇卉發陽岸下有藕陂居風雨共晉且過客時相從羨
紫峯頭爛爲我生顏色春風挾童冠緬想鹿門翁深意
足浩歎
展旗山縣西北二十里山自赤寨迤邐數里爲展旗又西

爲麻賁山上有寺僧元稜剏南爲四顧坪坪有菴臣早
登張旗詩云卓立倚穹蒼峣峨太白方陰蔽擬薄暮日
午看斜陽四望清空遠周遭煙火泬㵳難登絕頂身與
白雲齊
香雲山縣西二十餘里俗稱兆洸山頂日龍頂在縣西特
高其半爲碧雲菴東爲龍井澗有泉旱禱取水則雨立
至又東爲德勝殿祀太子神南峙爲仙姑山頂石若
許如高座有三女趺坐痕相傳爲仙姑修煉處也又南
爲雨山饒嘉乾過雨山寺詩云躡步芳煙裊空山埽黛

將峯攢藏破寺路疊帶孤堂林氣下高鳥風陰閙老樟
南天靈雨貯谷口湧雲光後唐創古建寺下爲龍泉塘
又二里爲黑石頭
四望山縣西南二十里有巨石植立如門
蘇家山縣西南五十里南數里爲白龍潭商平湖金德嘉
白龍潭詩云鬱鬱新篁簇古松白雲潭上白雲封雲與
七澤三湘雨望氣古星一老農左右長坂竹樹陰森中
菴德安王府建僧四弘講戒其處東際爲潘山又爲竹
隱山寺在衆山中竹脩脩夾寺左右又東爲松山多古

松雲深徑隱林樾古茂幽岩老石有人所不到者昔人
於此避難上有碑記云
金家山有寺雙泉啓祖於此脩靜東五里菖蒲山邑中諸
水入湖處
寅山詳物產志內　金德嘉詩有云明萬歷二十九年遣中官陳奉開採銀鑛大爲楚害廵道馮公應京疏論留中逮問奉指寅山爲銀山後以掘土無銀乃止牛肝磯駱口港水滸
浚秫園人家竹樹灣叢薄時清無鑛使大書此地是寅
山
長風山在縣南江浦水經注云江水東逕蘄春正東得銅

陵口右逕蝦蟆山北而東會海口水南東合臧口江浦
又左逕長風山南得長風口江浦也舒漸鴻長風山詩
云弭檝望江浦岸草何漫漫夕陽忽壓雨春水生波瀾
漁家在臧口迴向江南看
陽城山縣南六十餘里自馬口諸山西來屏障疊列雄峙
江上南有仙人洞在山之腰紆迴兩湖間高可百餘仞
入洞漸深大如庭堂可容千人吳亮思仙人洞詩云聞
說仙人洞探奇懶夙心玲瓏天地闢昏黑雨風深谷口
花將發桃源路可尋劉晨與阮肇惆悵幾知音又[illegible]

菴背洞開名刹清幽隔市喧泉聲流澗雨檐影插天門破衲山中老心經石上翻到來生靜趣吾意問歸根舒漸鴻仙人洞詩云白日洞中幽紅泉雲外落水底景觴巒岸上江南郭我欲探眞源秉炬窮陰壑相傳有道士數輩居此一道士年最老常蓬跣入上下屈曲不知幾里而最後聞江上櫓聲疑與隔江通人返從江底穴下行驚而出至今石塌石龜道士遺蹟尚存興國吳明卿黃岡王行甫把炬深入不得所爲搖櫓處而還吳明卿記詳藝文傍有仙洞菴迴江與五面磯相望又北爲王

屏山爲獅子山爲靈泉洞洞最幽古乳泉春夏多注冬日把炬入洞初小至二三洞可側身入華蓋几席丹灶悉具有石鼓石鐘擊之各得鐘鼓聲龍猊勢各奔騰一小石龜頭足儼然其他形崇積類神鬼設施者第九洞穴甚多而狹至六七孔鼈行蟹行不可入中洞廣丈有深潭不可越揚炬照之見其東盆空濶不可測而潭水深黑與人無從取道疑有龍蛇乃返萬歷中歲旱有潞法師者向中洞潭取水龍起水湧衆不及避法師身當之俟水止衆出而後去以是人益不敢至崇正末鄉人携雞犬入避寇者甚衆劉醇驥靈泉洞詩西南多奇巖洞古茲其尊幽僻絕來跡曠士獨相存始望筋骨蹙險險裂雲門泉流倒垂氣咫尺忘羣喧陰風斷六月北陸霜已繁鬼神鑿任怪石鬱子孫殊少苔蘚斜堅貞搖老魂警駭花浪鬬龍猊勢各奔崇積改駁犖垂倒久不翻青燈照地脈悄然非黃昏曲折俯頭角衣冠羞自敦依稀丹竈在尋之清目根風塵橫四海兵戈白日蕃苦與人煙近脫身逆卯契嘗携雞犬至旋栽桃樹源符漸鴻遊靈泉洞詩云山寺讀書倦幽尋越林麓峭壁忽中

開洞門雲簇簇林下同遊人列炬斷枯竹始入陽已微稍深徑轉曲天氣時鬱蒸肌膚起寒粟語響如遠鐘迴颸儼飛瀑石竇何所有爛熳羅百族劍戟相參差旌旛森重複獰若虎豹蹲蜿若蛟龍伏秀若芙蓉盆拙若松柏禿翩䙰若遊鴻分析若蝸卜溜乳凝古霜苔痕繡霧縠晝夜同陰森逶迤各出縮狹或傴僂行側足儳汙瀆或似出枝撑穹窿覆夏屋燎火照耀餘驚飛墮蝙蝠漸遠聞波濤彷彿通江腹伊昔亂離初雲騎競馳逐村人任此中陘覕背廩嗇鋒塞深流熇煙爍高木埽盪動

洪何洞口未傾覆百載守不廻賊罪屢摧刼既喜全妻
孥兼幸留牛犢鳥鼠有餘秋哀猿無夜哭往往風雨時
樵蘇拾遺鏃俛仰忽嘆興遂延怵心目日月不私明參
吳湖生育安得萬里山家周地軸倉卒避秦民遠近
均蒙福勿訝桃花源漫羡王官谷張仁熙靈泉洞記湖
上不饒於水而饒於石東南之間有山嶄嶄側肩睨目
逆與江鬬左瞰江右枕湖則惟石實踞石於足爲磯磯
爲石排爲牛肝爲上下山爲積布石於腹爲洞洞春夏
俯湖光出清泉以相響答秋冬湖涸短草離離耳洞爲

仙人爲陽城爲靈泉辛巳臘初予從石排渡石茭茭宛
中流若龍卧於江而見其爪甲也風雨煙波遂及沙村
友人王太生觴余詔亥年是夕里僧識如從海上扶千
步沙驚濤來夜半朔風凛栗潮出於吾余輩咸振衣起
如雪立因疾呼王君予十里羞一葦山洞而愧彼海上
僧爲詰朝不與雨渡者有如江詰朝渡江抵積布下僧
與焉積布石横理而縱之上數十丈嵌空隊倚欲下墜
人徘徊不能去過積布抵吳王廟行五六里至靈泉洞
側友人翟生壬朝夕是夕復雨余謂六七人者急闢荊

以我將飲酒而已朔雨爲詰朝食我麥羹而不得炬執
燭爲洞遊者如不渡江翌日雨霽王八縛十炬人持一
童子挾種火竟遊作靈泉詩東南有高峯奇雲鬱泱漭
鱗鱗石氣蒸蓄泄何深廣古洞含其陰雲龍夙所掌天
地窮窕居日月不能爽逆與江湖波隔壑答殊響拔扶
江雨來俗携海濤往側肩入永巷久曲達高敞雲光刻
削深觸類滋神長列炬觀鴻濛叢騷誰今曩旌蓋象馬
形幽室何擬彷數入接清泉涓涓靜魍魎風俗當旱雩
餘勺動歆享深知造化功窅然肅心想安知無大文千

古不可朗讀漸鴻詩天開古洞絲蘿封次第分明十二
重六月陰風生雨雪千年石勢長芙蓉經春隱見蛟龍
出列炬成行鳥鼠衝載酒來遊懷不淺隔山聽盡夕陽
鐘昔年雲擾大江東避亂居民盡此中窟近龍湫嘗晝
黑燈分魚眼射波紅莫教兒女聞寒角牘有牛羊牧晚
風不是桃源人不到當關原在一夫雄金德嘉陽城洞
詩云陽城山底故冰砰夜半嘗聞欬乃聲才子過江來
紀事紅泉洞口一吹笙張蔭晟詩林外聞泳响散步望
靈泉層峯凌石壁倚竹影娟娟沿澗得洞口兩炬烈乎

前挾我入麥與房竈爲我妍熱飼供餘閒端倪耿難詮
冰不聲相劃心神忽靜鐲微射日光盪盤渦陰火旋如
見蛟龍怒足力巳莫前獨念勺水靈四隣幸無偏何繇
造化力下界藏諸天
積布山縣南江浦水經注云江水又東逕積布山南俗云
積布磯又云積布蘄陽仲雍所謂高山也即此西陽尋
陽二郡界按西陽即蘄春晉改爲西陽尋陽即九江也
當時爲二郡界今專屬廣濟矣廻邏聳峙層積似布與
隔江下山磯對東江水其流甚狹下有石可坐釣金德

嘉積布磯詩云長風山口白雲飛月滿滄江積布磯盡
釣幾年魚不得江流脈脈送人歸舒漸鴻積布磯詩云
自既綴重嶺成就何分明貪子思剪裁對此空復情案
宵聽砧杵不是尋陽城張佳胤詩江勢日奔流山氣逾
靜肅山盤白日寒石纒靄煙束牛肝與石牌鱗鱗浮江
漾中有積布磯巉巖抱幽獨沉鐵萬丈立黿鼉下縮腑
怒濤曳歸雲風來牽蘿幔艨艟順莫前注眼望林麓
盤塘山縣南六十餘里自陽城北臺諸山恒起並立嶪
峭拔而或斷或聯中峙以深徑折煙迷崗連路塞矣最

高處爲笠兒腦其北馬口寺爲唐祖道場基倚雲巖形
似鳴鳳東大腦坡上有鹿池出石罅中與馬鞍山峽對
峙甚險南數里爲盤塘鎭
北臺山縣南七十里奇峰秀拔延袤相佐有觀音岩十八
疊流水坪下過石步嶺脩木麻仙谿二湖南爲鐵船山
有寺東過盤塘下爲龔家莊江滿去山麓遥遥自此始
築堤捍江水矣
僊姑山縣南六十五里相傳何陳許三仙女脩煉處元時
白晝雷雨乘雲而去故名其山以祠舒漸鴻詩云凌晨

馭紫煙入夜飲黄月不識自何年縹緲丹貝闕雲雨深
山中空見桃花發東南江浦爲武穴或云濱以前爲鄖
家閥人極悍有精兵號唐爲武家閥後名武穴
青林山縣南六十餘里水經江又東左得青林口注云東
陵鄉西南流水積爲湖湖西有青林山宋太始元年明
帝遣沈攸之西伐子勛伐柵青山靚一童子甚麗問伐
者取此何爲答欲討賊童子曰下旬當平何勞伐此在
衆中忽不見湖水西流謂青林水又西南歷尋陽分爲
二水一水東通大雷一水西南流注於江經謂利水右對

馬頭岸今屬瑞昌金德嘉青林山詩云青林山下水淙淙東注
大雷南九江禹跡坐羅桑鄙手一編晨夕此松牕舒嘯
鴻青林湖詩一葉隨輕風蕩漾青林水釣得鯽魚肥酣
酌雲波裏戰爭何時平我心方畫于又青林行東陵之
鄉青林水滙作平湖百餘里浩浩西南注大江水經載
江盡如此江濤怒逐迴風旋碎雷轉轂傾山顛沃野桑
麻委泥土築堤障塞虬龍淵霽虹蜿蜒勢綿邈俯仰陳
迹空茫然不返汲古搜奇士徒嗟陵谷皆變遷杖履欣
逢譜掌故歷世青林湖上住座間國史摭百城筆下六

韜騰三賦木奴列植孕風霜茨栢當軒飽歷雨午山如
鯉躍晴瀾一峯横互門前路月明芳草櫂歌鬧斜陽柹
岸漁舟聚我常問道此中遊指點江山日無數漢與江
闊滙浮東望之如雲浮太空左右琵琶與積石我家恰
住青林中五月六月湖水漲門開千頃臨青曠水面金
銀佛寺明波心隱現龍鼉壯靈飈忽吹激灩渾鱣鮪蛟
鰐不相讓憶昔放艇官橋隈秋風雨岸芙蓉開青衣攜
琴挈榼至先生長嘯登高臺酒酣落日在衣袖載得蓮
菜羽士廻自覺蒼茫萬古意至今往往從中來顯晦遥

櫂惟我輩歎浸瑶徙從平地黄河一線南北殊麻姑三
見滄桑易龍門司馬志河渠仲雍羅舍有江汜援稽牟
㵾湖水濱先生偶友千古人新成蘭若表舊蹟書題銀
牓看巇峒洞庭黄鶴若在眼底滄浪草堂相爲鄰昔者巍
巍禹功始江漢疏鑿百川歸瀚瀚吁嗟此水獨西流更
歷潯陽匯中判一水就下逼大雷青林右對馬頭岸又
青林籬雜感寒日暉暉遠自來柴門無主客還開秋瓜
已熟早除架楓葉經霜盡覆苔蛩響敝廬依破寵鳥鄉
餘粒上香臺閉身曾乞趺跏坐一到空門興轉哀氣稜

逢蓮白晝昏醆家舟楫此成村半程樓閣歸無路一水
鷗鳧日在門范蠡聊隨蝦菜美楊雄止賸尺書存迴思
百戶今何處老我龍鍾弟與兄百頃澄湖浸碧天瞻思
竹馬似生前扁舟笑采蓮千蒂羨煞閉窺史一編問字
師從巢勝老鏁絲我愧鬱林年臨流佛境依然在白髮
疏莖覆雨肩城頭平望隔湖堤草色蕭蕭路未迷路樹
葉稀沙鳥散頹垣煙靄夜烏啼人耕揪閑尋千豆僧汲
寒泉煎茯藜懸吊鼓刀屠狗事舞陽功業暮雲西東晉
高僧迹已陳石林精舍委荒蓁六時漏憶蓮花盂此日

忠憤星霧入落月野狐窺白骨寒烟山鬼吹青燐[illegible]
漫道迢終化粉黛香銷五十春原頭高冢近斜曛先代
名臣楚水濱亂後樵蘇無宰木貧來孫子有離羣孤忠
日月懸忝塞故里衣冠笑楚雲絮酒炙雞慚我輩幾曾
登陟一酬君青林湖水入江流白露蒼葭接素秋奉跡
按轡尋戰壘居人舉字說沉舟菱歌雨過猶遺憾魚美
波寒不上鈎莫倚孤蓬搔短鬢將軍伐柵此中遊路遶
前山已數登延陵馬鬣最高層豐碑遠藉名賢筆盼望
惟煩中表承擧兒松間瀟夜雨多靈月上嘯懸燈美門

世族與參落殊愧金棚物外僧當年爲客幾昏朝坐愛
湖光久沉瀞殘去仍携桑落酒洪迺同泛木蘭橈插花
席席臨前渚載笠歸僧過斷橋立谷南皮非往昔不堪
朋好慶詩瓢獨行僻徑倦相宜人外湖多景易移芽舍
午雞催飯早漁簑歷艇掛罾遲酸辛世味嘗將冷翻覆
交情短鬢知老去佯狂聊自遣沙鷗爲伴數吟詩張佳
胤詩九月採蓮龍十月鏡瑞藕愛此深波澄秋聲滿林
藪時見湖氣逼半負江雲吼水經迦岷峨青林隴江口
崩奔上楚山仰瀉滂堵堤深爲百頃湖瑤光如可掬湔

露荷香初暖雲荇蔓後居民兩岸多三五行相攜溪書
不摘花物理難苟荷那以充饑腸風土亦云厚饒嘉元
湖上詩云自我來湖上湖風盡日閒碧看天際樹青愛
水中山莽蒼春翻浪漁舟月上灣悠然多古意乘興不
思還湖邊瑛湖上納涼有感萍踪偶共柳條垂映日荷
花動水湄一坐薰風殘午夢故園寥落萬山悲
午山即武山縣南四十里在午湖中午湖即武山湖武山
危石峭壁週遭少可登處惟南一逕稱平者晏湖水瀰
漫山形如鯉浮水上瀾十餘里中有螺螄山亦稱螺墩

南岸爲圍山亂石一石扣之有聲叢岩若虎豹虬龍有
穴鷗時時浮出謂與湖潛通而東湖口逕破頭山南下
有瑀龍數騰雷雨劉醇駿秋湖行平時好山谷避害莽
趁湖湖光澹淡牽幽景長波側浪搖虛無岸旁竹陰茅
屋老人駁髮烏杖扶太古閉門有虞夏拱揖向人禮
法粗秋來湖水高數尺野鴈啣雲落沙白翁打菱藤婦
採蘩刈猪潤澤堪愛惜黃鷄啼罷鵝鴨喧斷續不雜鐘
鼓跡森釣夕陽秋釣月楊柳葉深魚影擲黃昏急雨骨
寒流蘘笠踏煙坐清氣小艇柚雲長似身狂風倒山[illegible]

作鄰無情花樹寧嗟老不見王侯豈厭貧兵戈數歲故
歌舞滿眼衣冠爭結親珍重身命屈腰背鷗鳧慣此窺
行人去冬天燥湖揚塵賊騎衡嶮天酸辛中秋水勢潤
如此干城方信勞波臣峽[illegible]星辨楚秦君不
見葶薺禾吐穧如髮蒨荷垂絲轉倏忽時來幸有清秋
骨張仁熙武湖荷花數里垂楊長堤映帶綠棹深處入
小剎風香磬晚望雨欲歸浣紗谿畔是耶非幾曲垂楊
臥翠微隔岸香　上度杯寒雨逆僧歸浮家艆晝
行天邏寶國金風入夢稀別浦採蓮鐘未歇不妨親切

菱荷衣繞嘉軌武湖舟晚一陣鶴飛過詩云暮色武山
下小船送人狂喜鶴翩翩趁連冬晚瓊枝現浮閒湖天
雪浪懸鳧鱗短衣參皓皎遊遊極目渺昏煙綠知落日
搗歸急笑伴雙傭不可眠舒漸鴻泛湖小艇荷花畔乘
風掛布衾峯林低水面樓閣動波心野鳥村村雪漁罾
岸岸陰菱敲深浦去忽見夕陽沉又遊湖遇雨深艇蓼
花肥波濤白鳥飛回風操急槳驟雨濕重衣岸迴逆村
樹天昏失釣磯魚龍爭出沒莫是洞庭歸張佳晟湖光
亘西南濟源四十里奔山匯白陂石東山煙紫蕩折青

水波然見武山起若謙風徹草浮嗛自迤邐淺澌漲青
冥赤日抱硯礓蓊匍野霄橫錯磨春草旖旎氛昔蔓延
居民築塹壘垂堂諺云安萬馬忽投筵波土耀旌旗波
底壓婦子至今陰雨悲慘色漫煙水地險不可恃怒濤
常月委阮景同子京子大[illegible]湖中水漲山頭遥望水迷
天一派湖光空際懸島嶼高漂猶見脊泥灘低沒已無
邊赤霞色映波中蓼白練風搖樹杪船安得乘舟兼載
酒悠然同泛滿湖[illegible]漸鴻入破額山詩葉須風不
生鶴鳴山更寂行行入秋嵐薜裳潤欲滴路盡度危橋

飛雪嗽寒壁夙志慕名山一朝得所遊到茲言談清塵
想淨如滌又大雨憩破額山中壓殘春意雨濛濛湖滿
群峯萬壑風隱几鳥來窺屬下遊山人在閉門中頻燒
茶竈偕僧語悵望林泉路不通藜杖入泥期未得題詩
落落暮雲東劉子杜再遊湖上時五日也烽烟偷詳武湖邊
乃在清明寒食前暴漲澹浮蹤檻月歸帆清徹一汀煙
虛將湖海供殘溺浪把絃歌學昔年寥落愁懷誰是侶
柳絲搖翠草芊芊
黃花山在湖北岸上有廟可望江南諸山水山麓荆林廟

又北鳳凰山獅子山則縣諸水出處踴躍相對大江縣南七十里自蘄春東得銅零口逕長風積蒸汝亭得青林口經龍坑而下龍坑[illegible]洲劉子杜[illegible]洲歸尋眺繼坝泉詩云故園花鳥在偶作舊時遊古樹插溪月寒風繫釣舟柳眠鶯喚莫花落兎銜秋似有桃園意扳藤未肯休阮景夜泊龍磯二首坐觀水色連天色卧聽風聲滋浪聲遠浦煙橫秋雁過孤城月落曉鐘鳴磯頭小艇輕如葉石上飛流迅似珊俯仰乾坤須着此莫教好景令虛生夜泊龍磯酒數杯江聲人語共徘

廣濟縣志　卷之二　山川　三十五

徊煙浮石壁連波動月照青山送翠來遠佑疑乘飛鳥過歸帆不借晚風催倘逢渭北磻溪叟好向磯頭起釣臺劉子杜別鴻瑠洲詩云悲秋不復濟江湄也似知心立別離此日涉江難作賦龍城山下問天隨民倚堤爲市東十里爲蔡山爲古佛寺於土中得石佛寺以供之故名舒芝生同王小資尋秋靈谷一杖經行處吳峯盡日閒小橋傍竹塢欹石亂松關月色偏空水秋光常在山黄花新釀熟相共白衣還採秋石佛嶺悵望白雲[illegible]石實穿流水濤聲遞遠鐘覓泉依曲路栽竹伴[illegible]

有平生意逢廻深淵中蔡山爲李皐破李希烈處出大龜至此則黄梅界矣金德嘉鴻腦洲記曰縣志龍坪舊曰龍阬古鴻腦洲也負連城山面大江襟帶太白太洋諸湖浸水經江又東左得青[illegible]水又左逕長風山南又東逕積布山南長風積布青林蓋鴻腦西壤東十里爲蔡山唐曹成王皐破李希烈處昌黎韓公叙皐戰功曰鏖蔡山踣之注云時希烈柵廣濟之蔡山杜佑通典云蔡山屬廣濟蓋鴻腦東壤今爲黄梅界矣元史地理志宋嘉熙兵亂廣濟徙治大江中洲中洲龍坪江

廣濟縣志　卷之二　山川　三十六

以南地也明興至成化宏治天下無事户口蕃息故老皆謂余言龍坪編户蓋三千七百有奇土著家累千金者不可勝數而遠方富商大賈舟車輻輳歷而浩穰亦蘄黄以東沃土也然是時士非積學善屬文不得補學官弟子富人子往往耕省祭儒士冠帶榮其身嘉靖隆慶間秀才知名者鄭宏綱黄白石金太和三先生者方巾大袞行里門里人坐肆者見之咸拱立歲時告人側致饋薪粲酒脯擔負案衛巷太和先生捷户謝使者歲事幸龐具勞苦鄉里撤登酒一觴益風俗之厚如此蓋

歷中我大父楚濱府君以詩鳴先大夫暨胡大僕用科名起家里中駸駸多文學士迨天啓崇正之際學官弟子踰百數矣丙子冬流賊陷黄[illegible]縣戒尉死事令跳山砦潰者胥走江上賊漸[illegible]掠江江上人逃江南中洲居爲壬午癸未賊愈熾左良玉兵躪沿江州縣縣有兇人聚黨倡亂書伍籍脇令鈐印令蜀人張登衙柩杖弓之印遂白晝殺人[illegible]大惴惴無人色倉卒立堡以禦之相持莫敢先發會賊退龍坪人渡江北還田里而亂人衷甲過江且殺人事露伏誅亂乃定當是時六

江自蘄口涯潯陽濟濩勢如海甲申馬阮亂政左良玉稱言興晉陽之甲順治乙酉三月由武昌放兵下金陵舳艫相屬五百里火兩岸民居光燭天夜如晝居人竄匿太白湖閬閬爲墟江干數百里灌莽長隄馬踏成阬塹而中洲亦灰燼矣丙戌丁亥里人伐竹誅茅爲廬生聚十年屋始用陶瓦時沿舊制豐稾饒加獨復士於是蒸蒸嚮學館穀有歲至百金者伏臘宴會彝曲洽比民俗歸仁焉南漕倉厫瀕江里胥因緣蠹食又鄉保千長僉點居民猾胥侵牟爲溪壑居民患苦之康熙甲子以後奉文散里甲易民允爲官兌又罷千夫長民稍安堵然江身東北遞秋冬財一衣帶狹不容舠市無商賈皆遷一遇歲祲則艱食者十室嘗四五比年宴日甚細民惰窳亡聊而操觚翰爲童子師者終年[illegible]不能滿千錢[illegible]闒如也傳曰[illegible]實然後知禮節民生可念哉舊郡志廣濟凡七鄉四鎮有黄岡入應府機夷傳毫而蔬簡編刊落四鎮書其二而龍坪北名逸矣後之人又安知所謂鴻腦洲乎連城港古通黃梅歲久堙塞明正統時濬之以行兩縣舟楫連城山

有砦元末盜起邑人楊普銘保聚鄉井後歸明南有女兒城或曰漢樊噲女築按登壇必究書載江防信地南岸自城子鎮起下至馬當北岸自龍坪鎮起下至泓營角巽時江湖羣盗如劉少溪輩過龍阬武穴輒就擒是地勢實爲吳楚要害然則曹成王立功於此蓋亦地勢便也

中洲在廣濟大江中元史地理志云宋嘉熙兵亂廣濟黄梅徙治大江中洲事平復舊明崇正末寇亂廣濟復徙治於此六七年始還舊治今新洲內老洲也

梅川源出横岡諸谿澗數里滙爲川下會層峯諸谿水爲
鐵河口西南行逕畢家坂東又逕演武場西北折而南
經春風橋會鹽山浮渡諸水北折而西出仁壽橋下遶
廻川㶁當縣治前凝秀〻[illegible]間令楊公阜塞
之溝水西折遶治右逕四高樓北爲滄浪橋始折而南
會淸流港水逕關聖祠前有劉公閘十里逕潜塔又十
餘里逕栢林東岡間又二十餘里入陶家塘經紫石頭
入武山湖金德嘉梅川詩有序云種川上梅自桐城劉
大令始斳王孫仲良以紅白梅各二本來旣大會賦詩

有百里肩梅種我樓之句葢種之樓前云梅川川上梅
花樹樹都從皖口來一夜初徵梁苑賦王孫筵向此
中開張佳晟梅浦詩云滄浨一水寒梅影嘗飛渡倒映
孤城陰樓閣引輕素晴煙驅犢早輕翠浣紗暮水竹淯
絕處晷約人自度
斤竹河縣東北源東衝山至明水懸崖數丈仞飛瀑直下
噴沫鳴雷冬日聽之多喜聲春夏則震怒如霆排擊不
測記所稱飛瀑奇絕者久旱無聲倏如雷音二三則數
日內必大雨下注爲潭潭隱深不可犯水溢西出經靑

牛院西數里逕五峯山側與梅水衝水會白土嶺諸水
西流爲荆竹河有橋當驛道十餘里會車坊河車坊亦
東衝其河水歷聖龍潭逕淸壑亭側亭直煬控壑旁列
樓閣壓肆彭伯子曾約名[illegible]勝下爲橋郎
車坊驛路十餘里與斥竹河共遶成相寺前又數里逕
猫山口爲閘頭河分而爲二至六石里坂同爲一河經
廖陞溪入赤磯湖又龍湫水逕株嶺會十八叠衆流爲
路家河歷花園[illegible]家河水遶太平山側入赤磯湖
張仁熙黃牛院記詳藝文乙未初春再過黃牛院詩云

別業寒崖上蒼苔覆舊題新雲重駐馬古樹更聞鷄花
影横留客茶香沸共溪十千興不淺頭白此山棲舒漸
鴉上黃牛院荒山餘落葉老樹帶斜曛頻見虎行跡杳
無人語聞崖衝春雨斷路過野田分竹裏僧廬出相迎
入白雲又逸公過黃牛院逸公西澗住歲晚有餘閒不
憚攀躋遠來過木石間溪雲寒入戶野燒夜明山衹此
爲供給應留數日還又黃牛院中秋月出衆山靜望我
嚴邊坐攬衣視天宇寒意生深竹時序嬰我懷何以慰
幽獨晨荷鄰翁情遠饋秋菱熟盈盤登淸冰分沾及遍

侯山田苦晚收甕釀之新漉洗恩征戍免衙湘接巴蜀
明月騎馬看舍倩遮歌哭誰能忽奮飛一逐中原鹿又
獨歸黄牛陂途中口號緑山舊路蹄痕暉岸幘徐徐看
梨微驅殘僧從盤折下游步ノ去右豕稀亂餘骨肉眞
難别望裹家園不易歸新結茅茨容小隱吾將詩酒學
忘機
大金河縣東南自白茅泼衝清水滙而南經鯉溝右太金
廟東又十餘里逕黄花山陰出羊蹄岙入白水塘又北
逕鳳凰山獅子山諸水滙赤磯連城二湖入於黄梅縣

之太白湖由急水溝入於江
黄花港
開山河出赤寨展旗諸山水十里爲松楊橋又爲石塔河
爲夏六官人橋逕秀雲山東爲開山河逕苦竹園數里
入圍山湖
楊林水
朱家湖在蘄城南門外屬廣濟地其水逕寅山北上下陽
門入馬口湖
馬口湖縣南六十里

黄泥湖東接武湖鳳巷橋其通處也下東湖上爲官橋渡
逕樊噲城南爲小港與塍塘湖諸水會西數里爲廣野
湖南爲蘇家坂數里爲伊　連城湖
善潭南北二泉在觀山東其湧溢大小有候舒芝生善潭
觀詩云喬木千章緑琳宫三徑幽蛟龍常隱窟鸞鳳每
來游數朶野花發一聲新鴈秋泉分南北注碑仍古今
留烈焰燃薪火　衣捫蘿登翠巘倚杖想冊卯
曠士饒清趣愁心坐自休
翻車水九江王英布於水北築翻車城隱朶集邑八景有翻

車軍壘見蘄花谷
琵琶山縣南七十里舒漸鴻詩云江上琵琶山山下琵琶
灣明月照淺渚白雲生其間夜憶楓香調空聽松風還
赤崖縣西北二十五里
桃家崁縣北二十里
富公洞縣北二十里
廣濟縣志卷之二終

廣濟縣志卷之三

知廣濟縣事金壇虞學灝重修
教諭孝感龔佐龍
景行 仝校

地理志

古蹟

地因人重所過斯欽物以人留所憇斯愛黃鶴赤壁楚邦最著濟雖偏[illegible]流徽後先照耀著迹亦富與山川互為經緯莫非拱璧之珍也

劉季峯在蘇家山南舊傳漢高祖為擒黥布嘗陟此既登故名竹葉細析如絲云漢祖匿山中取而剖之者傍有觀射臺走馬場金德嘉劉季峯詩云馬上桓桓隆準公功成垓下與關中龍門史已書高祖亭長猶名楚澤東

樊噲城在武山湖濱舊傳漢高祖命樊噲征九江王黥布築此屯兵

女兒城在蓮城山南相傳樊噲女築

魯肅府舊傳魯肅屯兵處府前有祭風臺基址宛然金德嘉魯肅灣詩孫吳屯兵處鐵船山下有魯肅府雪霽天空放白鷗遺鏃拾得草萊間武昌不得吳儂住楚樹蕭蕭烏肅灣漲佳晟琵琶湖詩云衆山青岩莽雲光忽奐衍下漾琵琶湖雲深蘆葉淺明滅出江帆遠搖風景鮮聞昔東吳時壁壘曾沉酒盤塘戰艦高陽山[illegible]魯肅府旌旗舒卷春沙飲萬馬秋草足雍獨長今夏日霾榛莽苦偃蹇曲折趍荒村秋色自冉冉紅樹落鴈多蒼波亦何極

鮑照讀書臺在東[illegible]仁熙記曰使邑有山盤旋周遭蜿蜒間厠抑揚隱躍迭迎錯愕有楓杉松竹樸樕之儷有奇石溜河嶼岩怪洞之樂其膏腴可高卑而田也其淵池韜涵濟漉可採汲而濯也浮屠羽客伏彩匿形之流孤笠而間至焉空其為隱逸所棲遲而文士墨客所偃仰朝夕而狎也而況乎志錄所紀載有六朝之秀如鮑明遠者讀書其上者耶然而徑斷野草屐蹬蒼苔荒惑於巉岏蒼芥蓋雲屯霧之中者幾數百載尚吝一亭祠又況乎狎而棲遲而朝夕者耶客曰顧野王臺在亭林在硤石和靖臺在虎邱昭明臺在招隱段文昌臺仲舒臺在南龍華在廣川皆濯濯列載籍茲明遠之

來斯臺也何晦也不可不悉而紀也發子曰噫難言哉夫明遠以文士顛倒顯晦中以至遇害而歿也史誌之矣傳稱明遠與妹令暉以逸才起東海尤長樂府冠絕一時既而以詩干臨川王爲秣陵令已[illegible]中書舍人帝好文多忌照[illegible]晦最後事臨海王子頊爲荆州叅軍頊敗明遠死今讀其行路難梅花落東門挽歌松栢諸篇悽斷哀怨有零落不偶之悲焉意其人頓挫沉憂類非知道者然紫陽稱明遠才健盡變選體爲太白諸詩祖腰鐮倚杖之語倔強不肯甘心而雜記

後云照作白頭吟自傷清直芬馥謗起鑠金意其人卽不聞道類不至於沈休文顏士遜者與夫其令秣陵官中書以迨叅軍荆州也皆有志載若夫仕於黃梅與夫卒葬於梅而讀書是臺也歲月誠不能以深辨然則照之于斯臺也蓋暫也雖然古人過一奇歷一境歲序山川皆雕繪不自秘惜今觀明遠一登大雷綱文骨肉風煙千里咫尺毫端而吾輩不能據紀載詢謏錄發幽與几席間又安在與野王和靖並列今古也哉夫明遠之于臺也暫而都人士又罔與狎而樓遲焉則臺之晦宜也故曰難言也劉餐徵遊東衙詩澗曲重岡隱印幽密樹交啼鷄啼竹塢松鼠落藤稍積蘚滋堦蘚方冬補景芋北風吹古木還擬孟城坳谷轉千崖圻谿盤萬壑長煙雲適杳靄節序判陰陽溽暑無青綠初[illegible]枯仍射獵庬雜[illegible]不羅網登獲兒蹲一乳虎獵兔下饑鷹斗澗捎禽落危岡[illegible]騰坐皮兼廟祭官吏此輸徵棟宇危仍置兒童許[illegible]豪持竿驅虎豹升樹提猿猱雪澗層氷合霜崖落木高往來輕險峻風土慣勤勞帝力君何有民風自古初老稀諳市井生號

見詩書酒熟陶甆酌租輕布粟餘近聞有陳姓三世世同居見說陰崖畔野人曾獲麟采霞垂犢尾紅雨落麕身郊藪遊無故山川覺有神犢時龍獻瑞應識士風淳竹裏頭陀寺開門對五峯抱崖深古雪亞石坼危松澗谷逢僧話氷雪印虎蹤登臨誰識喜雲卧聽晨鐘秋翠寒山曉流紅戰血名天陰聞鼓角樹老化精爽古蘚苔花蝕攢臺石竹生經過思哀亂樵牧荷昇平飽子讀書處危峯坐翠微六朝孤石老千載到人稀衙岳通元氣至山對落暉登臺重回首懷古一露衣積雪掩苔[illegible]

風洞鑿來屈蟠千仞起崧達萬山開落日頭陀寺晴雲
鮑照臺放歌叩騁望孤岫榭徘徊金德嘉詩云山雞啼
徹九天閶萬仞芙蓉五色雲臺下青青書帶草至今人
一識鮑參軍張佳胤讀書臺石臺傍日月孤高見幽情晴
窗饑鼠齧砌長杜蘅周遣書帶草猶聞夜讀聲參軍去
一空怨虛白低輿茀 十丈翻萬派泉光混翠靡
汲道遙有餘清又詩曰靈響空中出孤蹤肯肩日月
一不還山鬼時自驚我來荒亭上仰鑿俯逡巡一瓶老僧
一長懸樹江山欲滿亭石磴通寒翠泉聲洗滌醲會須開

一舊業終歲坐青冥阮文茂登鮑照讀書臺東衙來自天
一柱東漢皇曾作祝融宮一尖收盡諸尖秀諸尖羅立似
一兒童去地三十以里計離天尺五將無同赤龍未見時
假臥驂客非止謝屐從參軍高着擕萬卷精舍懸掛武
夷峯山海有經類在眼奇句驚呼逸帝聽江漢無聲流
漠漠吳州一氣渾濛濛百城俯窺如黃鵠三楚才俊只
一觀中迄今大讀梅花落俊逸應過杜甫公梅水詩篇驚
一海內一尖高唱有神工王衍治遊東衙八首之二乘興
一登臨極此巘振衣空澗攬平原江連吳楚澄如帶人在

雲霄薄欲偎咫尺扶桑窺白日百年長劍倚青天參軍
一去無消息臺畔秋風自颯然峯第一高峯明月接滄洲
巨石橫開瀉玉流似有書聲清遠壑却分秋 臺前
雙崖青裂藤蘿古四 可是臨川留記處
至今名蹟在山頭讀書臺在明月峯張璁基遊東衙山卜居山中
有一石寬平磐砥苔蘚斑駁棠郎鮑照讀書臺故址也擬築東山宅悠悠鳥獸羣臺
逢千載友石臥六朝雲儘飯田間婦療饑澗下芹欲知
吾道是淡泊付桐君
蘭城古溥陽治接積布山東鄢涯有蘭溪口與陽城山不

遠或即古蘭城歟見府志
盤塘港在縣南歐陽修貶夷陵時舟次其下見于役志
釣童山今田家鎮地金德嘉詩三國時孫吳戍守處野老江頭話戰
場江風颯颯水湯湯釣童汕北甘寧廟日日烏啼下夕
陽
西橫里在仙姑山北金德嘉詩蘇長公謫黃州時手書西橫世家以遺梅姓人爲梅
爲聖俞族也黃州城裏檜宜城熒星殷勤額閈閎小築雪堂
橫渠几澄心堂紙寫西橫東數里爲泉湖吳易菴講堂
蔡山江心寺金德嘉詩山隱埠即廬山李太白江心寺詩有手可摘星辰句云星辰

手摘江心寺隔岸平臨五老峯伏枕游人不成寐雞鳴
海日又曈曨胡篤生過蔡山寺詩舊識江心寺金山與
蔡山山朝匡嶽北寺隱竹林間白老詩碑古支公骨搭
殘故來尋勝蹟不畏北風寒[illegible]天祥謝公枋得陸[illegible]夫
[illegible]借弟應[illegible]也
梅宅金德嘉詩同[illegible]寶[illegible]
宋制進士凡十
甲錄今在梅宅大陵王氣晃銷盡不朽文[illegible]疊山最
喜滄桑留滄畏科名千古在人間負帝升遐陸秀夫當
年對策並魁梧荒村安得丹青手宋有三仁寫一圖
岳宅在鳳凰山南金德嘉詩忠武[illegible]鎮黃梅五郡關者名
震聞家難邑大河民間弟蹇

往從之檜憾未釋遂諱岳從封姓鄂其十一代孫沐陽
令全全五世孫文源當明萬歷初始復岳姓遺主廟祀
霆子三人念三念五在黃梅念
八孫萬三徙廣濟今爲岳喆族焚黃入廟祀忠武鄂姓
猶存岳姓身長跪中庸何許客頭顱鐵鑄大書秦
文宅在五里橋金德嘉詩天正信國兄也宋寶祐間鄉薦
署廣濟學諭傷信國之難隱居
不仕隸籍廣濟十世孫大才中嘉靖辛卯舉人崇正末
孫羽李當流賊躪城時用信國畫像絹素藏於緼袍背
以走亂定後乃出以告諸家　廟正氣歌殘鴻事已蕭然
後木長亦如之像至今存也
骨相尙青濂生平幸甚臚傳日十甲人中少夢炎
[illegible]節書金德嘉詩學使楊公書伍宅也公子文忠公廷
和孫修撰員公之官楚也乃念伍之
九代有知已思物色其子若孫爵墓修祠舉族之勝哀
有咸補學官弟子員古碑於是極亥公論移成化辛[illegible]

進士狀元宰相並新都先哲曾爲楚大夫灑翰山家留
壁光風卯璺鄰雲衢
讀書寺在府崖山旁宋學士余玠讀書處張仁熙記曰滑
黃之間古稱佛域南嶽氣塞中樞蜿蜒扶[illegible]
文離蟠息數百里維[illegible]在濯葉焉枕錫環
趺蔚爲禪望西山下蔓則六朝之英俯嶽僅垂俊逸而
廟寺蹟迎鐘鼓聞發惟是嶽石寒巉岡雲單峻辟登危
堞瞰江隍趾息不豐又數十里而寺基以坪著嚮舒約
縱輪如掌如周複以衍盤山靈低徊徜徉而宕旋如駐

也山有寺以濟著名不知始何代寺二泉一濟[illegible]濁唐
憲宗元和十三年高僧慧普樂濟而栖焉日誦涅槃經
經三十三載歿於山塔曰涅槃亦不知廢於何代熹宗
丙寅光孝廉與叔　爻召力僧而楹廡之予從撥草討
幽獲塔石四織佛撈跡如繡最後一石斷剝僅睹得數
十字則宋元祐七年建也里人稱宋淳祐時余公義夫
以邑產讀書寺側夫自元祐逆理宗百餘年間天下亦
云亟矣塞馬南馳江淮日沸而公以氣象整暇筆墨巔
嶽憶其時濟雖兵燹交訌塔寺固無恙耶夫公固嘗[illegible]

書白鹿洞矣又嘗幕趙葵淮東其入蜀也王夔以強悍桀驁之夫而畏其儒者卒能收二冉之策以全蜀還本朝其哺濡經濟不弟以介胄儈伍豪無疑也四百年來獨無一吊古而為公祠廟者豈闕一有之而與寺塔同委榛莽耶不然何里人之遺思鑿鑿也先君子嘗率予登坪而望慨然而嘆曰斯坪也泉可飲可濯可汲而園以瓮如故也檜栢簷葡可行可林可依以蔭檻以吟如故也囘者如壑沓者如疇敗著出茅柯可百一記可植而圃如故也吾之召力僧而楹廡者歷年而風雨之塔

石數百載而趺佛日新吾將卜其旁為公祠顏曰余公義夫讀書處此後死者責也未幾而先君子捐館舍矣猿虎啾嘯雀鴿嘷穿棟雪瓦風析桷爍墨間有至者朝而窺哭騎夕而栖涼雨勞者汗報急者莽伏曆宿火而炊之徒里人幾急地耶夫慈公固濟寓耳若夫醫師濟降余公邑產也得毋有龍象蹴踏如紫衣三詔繼大唐而至止者乎今天下日多故矣使邑里有大人得毋有占畢隣日月頌吟澄江淅楹筆橫戈十百倍昔遺以保鞏捍定鄉里者乎予仰企山靈俯睇編簡先君之思與懷古之恨未嘗不悄邑頑涕悲悽慨也金德嘉詩云昔著僧房夜聽鐘手提一劍下層巒釣魚山口功成日何不還山訪赤松張佳胤詩古寺名尚存創始憶元祐崩塔開龍象斷碣雜篆籀苦遭苔蝕侵青絲了不讀維昔余使公書齋猶存徒雅志學希文齏粥留清芬不謂六百年誰從訪遺構夜雨秘杉吳穠霧鎖堅難老俗出荷鋤百鳥欣來就土坪覆青荷層巒伏若鬪孔泉湧白雲朝暾低相倚法界終不磨翠色猶堪澈

江漢書院在龍坪金德嘉詩羅慕川九思萬歷癸酉舉人里居時有巡按御史學道疏

薦朝議徵翰林待詔不就御史為搆書院龍坪江上著書若干卷給俸米六十石書成進御書凡二十餘種續進今府志於科目下徵書存待詔誤矣聘君却聘此江干奉詔臯比坐講壇歲祿縣官同供奉著書鄉遞送長安李之經詩楚尾文淵接楚西昔賢壇坫此高樓負才抗節成師訟待詔還山粲璧奎祿予千鍾供白粲經繙五夜繼青藜繡衣行部開書院天下歸仁頌品題

仰瞻窩金德嘉詩張子遠復徽州休寧人為瞿門弟子勸却聘甚力先生壽七十賀客盈庭張生獨衰絰進曰洸物勞先生久矣息肩乎瞿先生頷之生居書院東偏顏曰仰瞻素冠上壽瞿夫子已謝東方眾一囊垂老莫登子雲閣滄江雲樹且相

羊
儒林嶺在太平山西南宋時陸姓兄季三人官學士居此
自署別野號儒林明時翰林陳氏朝富徙此
環翠樓在玉枕山下覽一縣勝槩
生春堂在縣治東知縣高偉建以延賢講藝金德嘉詩白
首諸生談往事寒風淅淅灑衣裳頹垣廢井冰霜裏記
得生春舊有堂
四高樓在縣西門外是文昌閣舊址韓令重建劉浦水葺
成之改今名東曰禮潛西曰乘鄂南曰幕岫北曰襟江

樓下爲梅浦植梅千樹隔浦構亭滄浪橋跨之與樓爲
犄角劉以政治暇輒登焉延知名士觴詠樓上僚佐畢
集飲酒樂甚自歌詩四章其禮潛曰樓之東摩天削出
青芙蓉下囤窮泉上薄日其氣魂魂光熊熊玉泥金檢
自何代軒轅副嶽元封封赫赫蹤跡禪德通衡南儲君
騎赤龍紫光繡衣翠官從我欲攬取樓之東其乘鄂曰
樓之西汀蘭渚蕙芳離離蘿嬰城東節度石二浦中分
經五圻紫髯未極連臺牌大姥先將豹虎施漢皐游女光
容儀明珠解璫[illegible]下來黃鶴磯我欲攬取

之西其幕岫曰樓之南層峯叠巘綠於藍發花旋飛繁
白練瑗基載桑開煙嵐夜半是風吹鐵尾虹蜺怒腸吞
長川仙人騎魚垂鬍髯朱鳳四趾雄雌[illegible]
匡山我欲攬取樓之南其襟江曰樓之北容山石穴東
浮國蝦蟆不躍長風沙琵琶夜彈積布川經營灝汗五
千里哦舟相隔鸎氣協新陽女兒衣羽翻青林童子嬉
且悅西勞將軍止伐栅我欲攬取樓之北張步雲亦作
歌四章曰我登樓之東去天不盈尺啓明未落鷄未啼
隱隱扶桑掛曉日曉日熒熒紅寬天樓上有人號摘仙

雄才一石書五車斗酒七步詩百篇詩百篇趣無邊東
方悅骨隱金馬太乙燒藜照錦箋吁嗟今樓東之高不
可攀幾能曳裾候清顏我望樓之西去地百餘丈層甍
飛棟揮雲表靈鷲嵯峨逈難上阿彌化作宰官身日開
慈筏度迷津元盛赤蟻香無跡白叟黃童俗爽神俗爽
神結良因長夜夜讀廬阿西坍朝朝駕雨輪吁嗟乎
樓西之高不可升幾能曳裾接芳塵我望樓之南隱隱
天中閶箕星垂曜光陸離火龍驅駕日躍蹤樓上仙人
奏舜紋南薰一曲凌碧煙雕梁紫燕調新語桑野青童

舞赤鞭舞赤鞭樂有年武昌明月供庾亮荆土鄉心憐
仲宣吁嗟兮樓南之高不可援幾能曳裾倚危欄我望
樓之北可仰亦可俯危欄百尺掛霄漢踈櫺千片吞風
雨樓上仙人歌且舞投壺散帖不停手
獨禹強立極坤維久坤維久廿自守北關恩綸拂宮柳
攀藏遮道爭奔走吁嗟兮樓北之高不可梲幾能曳裾
三叩首能嘉元和劉四章曰我欲攬取樓之東濤山突
兀摩青空煙嵐一帶裍作幪日月萬古光曈矓縹緲雲
生千尺松陰陰古殿吹回風自從綺牕開半壁赤龍騰

踏神鼇逞手探金檢踏晴虹我欲攬取樓之東我欲攬
取樓之西鄂渚負氣垂青霓屠睇白日相撐拄天倒歷
賊城欲低怒濤萬里蛟龍鬭恨無千年鸚鵡啼黃鶴仙
人已惆悵徙倚闌干歸路迷側身遥望白雲齊我欲攬
取樓之西我欲攬取樓之南朱欄畫楯岡巒參匡廬霧
雨霑眉黛參横松蘿襯蔚藍吐納元氣無今古突作樓
臺常烟嵐先皇親封五嶽冠異代名山書幾函天風泓
湫雲駕驂我欲攬取樓之南我欲攬取樓之北風濤烟
雨何悽惻長江天際日悠悠野戍潮來雲正黑宛轉航
檣看挖畫毀廻帶愁削窗倚闌下視見滄浪怳惚疑
權懸肘肋延楊時作汀洲色我欲攬取樓之北又與人
飲四高樓以我從彭政因君辨酒經醉來雙眼自小趨
半天青岸柳風過檻河橋水出亭偏於正
還停又張步雲新建四高樓側身遥望四高樓樓上仙
人五色裘遶檻水分千派遠開簾山送萬家秋登臨紹
影懸霄漢披拂琴聲入斗牛塊殺白頭人獨老難將病
骨一從遊王三聘九日招飲四高樓羞教白髮見黃花
野服綸巾竹徑斜閑鼓牙琴邀喚鶴頻敲洗韻開鳴鴉

一竿遨月尋眞隱兩槳穿雲入海崖宛似岳陽三醉倒
朗吹鐵笛度長沙金德嘉四高樓詩四高樓倚滄浪橋
呼吸星河影動搖雪裏探梅人去後何年有客夜吹簫
其序中載有袁素亮句云縣八須教制赤壁使君猶憶長西湖滄浪橋詩吳樹桃源客
醉鄉滄浪橋上月蒼涼濯纓只用單持水繞郭涓涓十
里長序有云花晨月夕劉使君輒在焉知名士六七人棄筆以從當是時邑大治矣又張步雲
滄浪橋詩滄浪橋下水偏清且晚臨風可濯纓自是濟
川功不淺何勞驅石力難成雕欄曉日開紋影華表輕
颸送鶴聲但恐漢廷徵詔下幽橋人去只留名張佳胤

步出郭門西一水衍滄浪層樓隱樹中村色邈難狀居
民八九家疏籬喜相向漁網挂晴雲菜花分繡壤城煙
瀧欲來山色自泱漭颯颯老樹鳴沄沄碧湍响恍疑雨
初過遊屐幾惆悵張仁熙重修四高樓記
在邑西南隅以鎮右輔也併爲文昌閣萬歷乙卯劉公
治水令濟爲易今名高甍朱提煥然天半或曰劉美於
文以爲觀也眉其四方曰禮濡曰乘鄂曰幕岫曰襟江
復植梅於浦者近千株亭橋映帶風晨月夕率僚佐登
爲飲酒賦詩邑人傳之至今云遞更兵燹樓頹而不隧

者十二三適邑侯東山潘公來蒞濟心惻然憫之越數
載乃出其蒞濟之贓賽割俍者以治樓數月而樓完以
備民之望之若魯靈光之巍然其舊而不復知公之植
之不啻手据而足蹐也邑人大喜醵金以賜公於樓而
顧謂仁熙記之張子曰若知公所以治濟哉夫世稱治
平世以文治多事以才彼侈耳目辨風華固無足論然
區區以才見其飾智驚愚往往炫於前而敗於後者誠
不足也夫濟自甲寅以來日調兵餉公宵旰衣食卒得
無匱禁旅頻臨威褒馴擾公豈區區以才見哉而我濟

之利賴則實深也公笑曰苟利於民吾何惜爲若夫植
梅造飲嘯月呼風此安石之絲竹晉公之松雪而吾不
暇爲也益公之誠於愛民者七年一日率類是至樓之
丁月日若何費多寡若何則生員楊某[illegible]
[illegible]滄浪橋步月孤亭夜色逐秋殘兩岸煙波漾月
冬[illegible]何昇除供几席人從水底倚闌干瓶令魚鳥能相
狎伊昔風雲慘不歡桃李漸嚴諸子坐菊梅長滄使君
深
[illegible]樹在橫岡山朔入叟讀書處亂松礎石萬山幽僻之

中
觀音山在後峯山前陳求吾讀書處
江上文昌閣餘觀生詩丁龍先生讀書處 凌虛高閣敞層霄深院
青堂自寂寥兩岸雲山淹日月二林風雨歷江潮澄湖
靜練懸帆影野浦清秋長麥苗七曲玉皇香案吏凭欄
應受百神朝太平詩句盛名圖酬唱龍江冠巨源聲價
一時齊白雪交游千古重平原晴雲黃葉朝朝雨漁火
蘆花岸岸村離亂尚餘三逕在風流今見菊猶存
二餘齋冠學海自題卜居無定業小築似蝸廬日夕散藤

牧水澄蜆澗魚落花人醉後種竹雨來初未敢追前躅
貧哉常晏如金德嘉詩云短褐蕭然劍蒯緱詩成咄咄
逼曹劉二餘齋裏騎驢出長揖西京王子侯藍朝棟過
冠山人故里并讀二餘詩集白石一片時江沚上鑄山
人之故里茲地倚假山人傳山人之詩可知矣下人讀
書匡廬山杜門不出長閑數年成詩絕匹偶浩歌狂
吟開心顏布衣奔走姓字赫公卿爭延爲上客而公落
落性轉偏侃欲交驩不可得散盡黃金意氣雄歌臺舞
樹醉春風倦遊歸老二餘室窮益甚今詩益工遺草讀

罷泪盈皆詞人出來多失意但使此集得長存千秋凜
凜有生氣卜本儒片石巋然太史鑄詩名海內久經傳
二餘遺稿今何在黃鶴樓頭月影懸

太僕藏書閣金德嘉詩太僕胡公士容購書萬卷庋閣上及官京師扃其閣卒後且塵封兩于寇警兵燹頭盧兒肱篋徙石低估鬻於市一歲都盡余嘗過其處作紀事長歌感慨繫之矣蟫蠹蟻
螂縈劃擬蟠蛸蠐頗奔橫斜書淫誰昔燎麻炬魂魄還
應到外家劉峻夜燎讀書時號書淫

清白堂金德嘉詩先大夫藏書老屋毀於賊久之購得手書目嘗編一部清白堂中
遺萬卷一椷剩得亂離餘傷心手澤涔涔淚只數劉宋

變櫝書

白石山房在縣北金德嘉詩劉太僕子秉鈐秉鈇讀書其上鈇才而豪於飲劉明府占無竟伯不樂也風流絕代公榮飲白石山房白石壘千仞只濕
雙不借敲聲都入鮑家壟

名山閣在縣東北河上金德嘉詩大參王公公子光祿寺署丞逢年以書法名於時河流活活草青青畢沼當年傍草亭插架縹囊
灰燼後傳家猶有換鵝經

栢樹下金德嘉詩饒秀才汝顯居也劉明府既刻三艮詩幷序汝顯待刪草云汝顯聞余來深喜得當于而疾疾綿遘不可作也賦詩補亡示其從子仁倩古栢林邊韻士居三間古

屋一牀書待刪草出三艮後不是相如賦子虛

書麓莊金德嘉詩饒秀才叔度先生諱嘉職績學強記著書多奇字人往往不能句時以書簏名其所居云稿項先生插架廬跌穿木榻注蟲魚隱囊方褥樓
居者消得人間幾卷書

史孝子邨史王明詳人物志金德嘉詩云負母備嘗奉母殘暑候
林樾朧迷瞰天荒草土鳥啼樹行路人知孝子邨

節姑渡在龍坪南匡之沙洲事詳人物志金德嘉詩云魂魄逍
遙烈火無蹤池松雲映冰壺人間塵土嘗禍廟何地清
芬稱去節姑

平章城徐興元舉賢良官平章蘄國公詳人物志金德嘉詩云
彈丸小聚亞夫軍鼙鼓闐闐百里聞磨盡𨻶糜書露布
何人册府載遺勳縣西二里許有徐家衕即故平章第
高山壘金德嘉詩廣濟無城崇正丙子流賊薄蘄州東偪縣河口典史魏時光以排兵三百人駐禦高山禦賊賊揭全營奄至圍高山數重時光擊殺十數人賊攻逾急時光罵賊死其兄收時光骨旋食數月死
高山尉死天荒荒益却桐棺兄又亡招得故人書
野戰雙刀匹馬魏時光楊晉悲高山詩云毒氣障天天
不雨中原白晝驅豺虎無賴少年好英武攙尉登壇建
旗鼓尉也膽氣本粗豪市金市馬如人高馬上結束青

絲縧左右馳擊雙寶刀搴旗斬將不足數眇視秦寇同
鴻毛軍中昨夜傳飛箭鐵騎西來亂如霰不聞犄角有
何營獨引鄉兵當一面健兒身手等閒強矢石未交先
怯戰衆寡相持大不如支吾日久情形見尉也膽氣眞
絕人夜叩壘門惟一身歸來笑擲人頭臥不知禍福如
轉輪亂流馬嘶侵曉度高山遥望寧知數竹筒一吹已
會圍纍斷孤軍歸去路此時拔劍怒衝冠翻身上馬突
圍看黄巾赤眉有羽翼有將無兵勢難測兜牟脫處戰
猶酣鞹帶斷時死不得可憐壯士在垓心援師望絕無

消息高牙大纛坐城中薄稱微官死山谷朝廷有事須
將才豈復下僚多屈抑高山燐火繞忠魂爲爾悲歌淚
沾臆
賜烏水砦金德嘉詩異時人不知兵寇警則上山結砦砦有破者有屠者有望[illegible]賊猫藥數十[illegible]有剐者刖者斷木[illegible]逆一人連坐同五有明[illegible]大[illegible]用山砦[illegible]向陽烏獨存則以瀕水故急則宵遁耳
掠柁開頭太白湖浮家泛宅狎鷗鳧
滄浪天際鴻濛水一幅瀟湘煙雨圖
刋水金德嘉詩武穴聚也水經注云對馬頭山明嘉歷初劉少孫之亂士人捍禦有功悠悠
刋水滌莎湄壘場鱗鱗足北芝一幅溪藤白描手好來

寫起馬頭時
清塋亭金德嘉詩車方衡之有清塋亭秀才彭伯子讀客地也康谷子劉敬伯養微有紀事長句過三江一韻邑人到今誦之亭當冠蓋孔道秀才章縫都雅盤辟爲禮須臾從星軺使者游往往與閩中朝掌故夫草莽布衣諸生而交游乃竊比於鄭莊谷永之倫何其幸也崇正末獻賊踰山城左良玉亂兵踵其後焚掠無虛日縣遂墟滄桑以來秀才後人田在草間稍貸以供徭賦家遂落亭子蕪沒矣余於一亭之興廢未嘗不揣屑太息也
清塋亭荒只有詩風流猶憶鄭當時山農不省
詞場事亭下牽牛唱竹枝
有道布衣盧金德嘉詩縣令劉儀手書也布衣陶之哲声母胡盡孝母年九十七終廬[illegible]前古松嘗有白雲聚其上
白雲樹裏一茆茨霜鬢兒如黄[illegible]

餘生羞麥飯麻衣穿到盍棺時

濱湖金德嘉詩 明羅文恭過龔家莊書於老人之屋 邂逅壺觴江浦去能跳

虎卧此湖濱煙霞歲月神仙骨殿上臚傳第一人

南山寺金德嘉詩 縣東古剎先大夫嘗讀書其中寺尚有唐朝物 南山古寺作蒼

蒼霜鬢老僧背夕陽指點舊遊先刺史題詩曾爲賛公

房

古塘一橫金德嘉詩 控引南江滸涵北藪星輝電燿激射櫓搖鴨闘魚跳喧歷籬落客來二仲

酒可三升進戶從風弗勞啓閉藥欄受雨奚掃苑枯兒仕爹老作葛洪稚記孫解句讀時抽衂向遺經當清

市而有聞人倍造物之無盡裁東望桑一宅令駕非遙稱撥轉口諸詩耻躬不逮也 水天一氣

俱滌漊荷葉田田二頃長醉着羊裘嘗釣瀨老夫已作

浣花莊

石牛在縣西二十里姚楚山詩云一卷怪石老山巔頭角

崢嶸幾百年毛長蒼苔春夜雨頭昂芳草夕陽天終宵

見月何曾喘盡日和煙自在眠惱殺牧童鞭不起一聲

長笛思悠然金德嘉詩在田安得龍爲友出谷已無木

與居骨相天成渾草昧紀年應溯燧人初藍士緣荒草

叢中卧石牛生成頭角豈無鴆風霜歷歷蒼苔滑恰似

蝸廬草不鋤

乾尤石金德嘉詩 石色如水晶峯巒秀絕山產也山名竹竹嶺劉侯嘗共邑中知名士席竹間把

酒邀月縱談雅謔劉寬伯秀才醉臥崖下侯作詩嘲之前朝士大夫風流豪邁如此 使君酒蓄竹

溪上名士詩瓢若耳中袍笏也應因石至不妨顛米笑

雷洞

碧玉流 劉介浦水祠費聖山記有何減破額山前碧玉流之語金德嘉曝月叢詩有不道人吾碧玉流之句

藍士緣詩瀑布匡廬勝今從碧玉遊奔濤追絕驥峭拔

擬黃牛鳥道爲魚道星流逐水流蛟龍疑穴處常見霧

煙浮

鹽井在鹽井寺昔祖初挂錫於此前有石井每日出鹽供

衆師後去馬口寺鹽遂止舒禁鴻詩云洗鉢汲井華水

竭沉甕白桑門去故山往蹟留空澤何如蜀地佳水火

在相得

浴佛井在縣門前四祖昔大師生時在衙舍取水於此浴

之名清淨井縣令劉允昌改名浴佛井正德間雙峯貞

身自黃梅感荊王鑄金像送寺道經井前井涸數十年

至是井水忽湧出香美異常張仁熙詩云妙潤連三葉

清泉出縣門沾濡非色相洗滌盡乾坤碧玉逝澆濡曹

溪合子孫宋唐波浪靜鄉色梗瓶尊甃篆文前哲井泐

卉翁鳥春流通白社秋月坐黃昏普向囂塵裏多生證法源浴佛井謠浴佛井中百尺水出向縣門清如泚斷續沉沉曉月空轆轤聲裏官人起二月街頭與賣絲公家鞭撻無間時佛井浴佛不浴俗明日公家更征粟劉洪佑遊四祖寺詩云種松人去景依然破額幽清別有天林寺門關紅葉裏石池泉浸白雲邊禪棲虛閣低霄漢野望平原漾雨煙乘興攀登寧辭步老僧共話老山巔

頭陀寺在五峯山舒漸鴻頭陀上寺山根古寺盡晴暉大

此從前更數園此外更無僧一箇久行惆悵舊禪扉下寺依蓋松篁曠古藤支撐瘦骨碧雲層日斜影落空階雨氣逢龍蛇見佛燈又頭陀寺雲公房步李子侯韻馳香舊與伴相求啼鳥深林一徑幽霹靂當空飛布下晴江夜色暮雲流分題草閣荷裳冷入夜松門雨氣秋頑雲[illegible]廿年情一宿英風吹袂欲還留周元麒詩雙柏頭陀古寺幽別一天僧貪猶入定客過許逃禪覆影惹雲濶流光智月圓忽來香撲鼻知是遠公蓮

馬祖寺在靈山東唐時道士一閘化江西遊此至今青苔白石宛有錫鉢間設繩坐疏斑之意有馬祖坐石石上尺跡儼然饒嘉元過馬祖寺詩云空山古寺夕陽斜隨意登臨緩駐車谷口秋深崖自舞枝頭煙裊菊初花御匙絕美胡麻飯浮琖還憐瑞草茶縹緲鶴林人不見杜鵑臺畔鬢堆鴉縣令劉允昌過馬祖菴詩云松間逶徑入林斜竹屋茅龕引鹿車野老能供田芋飯山僧解種海棠花香廚特設陶潛酒谷水重烹陸羽茶更向溪頭尋挂雪夕陽垂影散歸鴉

仙姑泉在靈山舊志舒芝生遊靈山記曰靈山去邑東五里

許一邑之遊觀在焉其道由澗而行澗多石谷口有大石橫亘其上而溪水洞其腹而出為浮渡石石上平衍可以流觴者為睇月臺臺則龍眼劃溜水之所劃也臺之上山麓有泉出地中深不可測僧以竹竿探之盡其竿而不窮盛雨時有青蝦蟆隱其中大如箕目熒熒有光捉之則不見以是名曰蝦蟆泉或曰麻姑泉井也溪行不數步有石橋置大石上為仙人橋石上有仙人履跡及馬足跡可見傍有石笋高數丈立溪上為風雷所折今其半尚存過此則田疇平曠無少異者而山間道

傍之不如白如笋如折圭如洗頭盆如纖月青松映帶皆自可人而遊人不暇顧者以觸目皆名勝妙境莫可殫述也登頂爲大王峯有廟覆其上爲大王廟其神靈皆不可考然亦任人呼之而已名山大川在數百里外者皆一盻而悉得之城郭輻輳如村落然其視下也若九萬里風斯在下矣峯後爲白雲菴女廧竹樹沿徑成谿而菴非至其門不見大石隨地布置有天然之態春晴幽鳥上下和鳴亦山中之絕境也緣溪而下爲慧日寮有池焉產紅白蓮紅魚萍藻浮遊水面翠竹幽蘭稜

郁林間主僧待客甚殷余以西山日落紫綠萬狀山雲宿鳥時相往來爲同遊所捉憩手巾石上笑歌而還

仙姑峯見山川卷舒漸鴻風雨入仙姑峯訪劉鼎卜詩云日色正亭午望此翠微巘風雨忽沉冥莫測山近遠濺濺下崩櫩尋溪屢迴轉雨臂衣半濡疲驢行復緩松徑入荒原得就故人館濯足炙我衣徐徐具茗盌美酒留夜談對案殘香飯殿上僧侶稀樓下琴聲滴登樓展幽矚雨餘日已晼晚墟里煙坐見湖光淺昔聞三女童采藥茲不返鸞鶴可追隨吾思學劉阮

長春菴在龍坪湖北岸亟修長春菴記曰余家龍江與之西北二里許先封公築涇瑩書屋之側有菴未甚著名余甫總角日夕遊焉而心知其地之靈時令濟者發章王公也公諱廷俊號秀源以公務來鎮將屬鎮之耆老申明聖化而苦未有清虛宣諭之處適公退之閒情父老曰有菴於此控江漢拱匡廬連城發菡萏之葩五湖帶漣漪之美其土豐而潤其地坦而平春可以凝愛日夏可以受薰風秋可以迎爽氣冬可以佩瓊容端四相見水月開光明掃蒙茸何必更羨乎五雲谷口玉宇

琳宫公不勝色喜爾時新斬荊棘刈蓬蒿率趨事之衆募好義之民圖所以恢廓之而一時大商巨賈若嶽民文東等僉爭爲功德旃檀鳩工展匠不彌月而儼然仙院矣自是公頻至鎮即頻止菴菴有道士謝青雲者兟山水工繪畫徒黃一善者持苦行有孝思是皆見稱當世公接以禮一日敲冰煮茗獻公公曰爾黃冠脩脩遠致獨不曉陸鴻漸法門乎道士悟曰唯愧無香白水耳江水遠而潰水汙將奈之何公曰爾不聞濟淨土有楊枝水乎行爲爾周視求之穿井取之乃精心密禱近菴

之南劍離得坎不數仞而泉沸取食之甘香特異吁嗟神助人耶理數之必通將事之或然耶公曰潤濟繁枯利益維水在吾儒爲清泠濟天下在道士爲法慈渡衆生安得周澤滙而世登香臺也號其井曰長春井因題其菴曰長春菴更悉其事泐之貞珉而菴之名著矣余先大夫封公以諸生付篆額之端猗歟休哉嗣是縉紳學士仙客幽人憇息縱遊其間而道士更能植修竹以護之購寶樹以綴之鐘發而莊嚴磬戛而清遠可以閱經可以鼓桀可以課元盛可以袪世棼渺矣天上不後

人間王公去碑文剝落余亦匏繫一官東南天角十餘年來於茲希濶爾以君艱遄讀禮之暇與方生東開者劇話往事報有道士叩門來請謁余曰得非住持長春菴者乎曰然得非有孝行而竭力救師者乎曰然亟與之見曰爾來何爲曰菴之碑歲久而敝將欲修之敢乞言於達官耳余謝曰守禮餘息何必及此道士曰封公寔書其端請以繼封公而因庇斯菴可乎余不覺泫然泣下方子曰君何悲之深也余曰悲先公之始篆此而今不逮也悲先公之手澤存而今將易也感斯人之能

又其師而余不禁風木之思也安得不悲刱菴則[illegible]余無不毀碑尚如此人何以堪撫今追昔感慨係之但以萬曆戊子建不三十年而毀今以萬曆庚申建安保不毀於數十年之后乎所幸先公親其始而余竊護其終則繼此修明永永不替者政有望於後之多[illegible]長春一菴與濟邑之南山明水鳳麓龍宮並峙角[illegible]無疆矣是爲記

鄭公塔見山川卷　監士絕詩

一塔猶今古孤危耐雨風湖山環領外煙月影籠中漁唱聞歸艇閒行數落鴻何年兼舍

利長此梵王宮二榜饒勝蹟塔影見虛空閱歷經唐晉周圍半槍松曉鐘飛宿羽清磬破愁容野老渾忘事猶然識鄭公

陵墓

禮曰過墓則式蓋幽明異路憑弔千秋敬之也抑悲之矣若馬坊夏屋石馬麒麟固所珍重而表傳之者乃寒煙斧鑿宿草凄然不念求其永長保哉如之何弗誌

隋吏部郎徐儉墓在惠山　考穆子官吏部從隨[illegible]任濟州　儉寓焉[illegible]八年卒塟本[illegible]　崇化鄉七都　一首惠止

宋學士張塡墓縣北五里

刺史王濟墓車防山濟刺史蘄州遂居廣濟安樂鄉魏山麓卒葬車防山彭宅腦其後代閣人卜葬鄧灣腦有墓碑文

安撫使余玠墓縣東余公山在青蒿舖朱史賈似道閥玠有圭幣發塚取之金

雨甸拜余學士墓詩云雪壑煙嵒學士墳青蒿郁裏

氣氤氳墓門歷歷過寒食宰樹蕭蕭倚夕曛華表當

年長唳鶴英風此日似停雲碑銘白石何人筆姓字

嶙峋代有聞郡守某至廣濟為伐石表其墓

修武郎王宗桌墓縣東

忠翊郎王翊墓縣東四十里

明荆端王朱厚烇墓楊門張家寢

荆莊王朱載墭墓楊門武家寢

永定王妃墓縣西南五十五里

康國公茂才墓相傳在宗山嶺釣魚臺金德嘉詩臺陽烏山畔土人相傳有康國公墓上無碑版不能定其為康公茂才也黄土山頭封馬鬣釣

魚臺下說康公蕭蕭風雨過寒食麥飰何如田舍翁

藍士秀詩荒臺臨水曲垂釣起鼙聞力戰消銅馬分

符讖篆文青天飛野鶴槑樹隱孤墳勝國酬功後王

秋日未曛

明高軒墓嶽山明初令濟遂家焉卒葬於嶽麓歸安姚翼表其墓

史孝子墓縣東南十里八斗嶺舊有砂亭墓田里名白砂

劉老人墳八斗嶺西老人名杲字明仲生元初好氣任

俠為里中所推歸年六十無子贅呂氏生子五人後

歿於明年百有九歲呂氏父即文煥文煥從襄樊失

利晚益遁迹嶺下數歲呂師夔來訊人始知之有女

及笄未字杲求之夫人不之許也煥竟許之而忘其

年杲初晨往呂氏以墨付鬢時雨雪撲面門未啓杲

戲曰啓之八斗嶺下老子呂有子受四族竄於此

冠山人墓縣東五里山人樞停江濟萬歷中劉令名昌

讀山人詩愛之扦葬五里坡臧驄從至山人新塚再

揖三歎碑題有明詞人寇巨源墓道其詞曰巨源爲

學海少慕魯連鄭生之俠蒯緱不辭家入燕遊諸公

卿亡所知名退而下帷盤山三年學詩一篇諸名公

卿爭購之聲價出貴倨上乃走秦晉齊魯遼左九邊

以及東南詞賦家半得交懽嗟乎數千金不難一朝

散之窮後遊倦旋里家加貧詩加富不假令廣濟讀

其詩裒諸集刻之幾十卷竟亦尚在淺士爲遷其骨
瘞畢四橫表茲墓道庶幾交巨源千秋萬歷四十二
年秋九月謁金德嘉詩前朝好事劉明府異代文章
信有神手把殘編過丙夜詰朝起楚寇山人庫世曆
過寇學海墓詩歎馬萬車舖可人復可人風騷難滅
没碑版自嶙峋百骨亭邊月四高樓外春當年韓信
廟同此一沾巾

吳太常卿亮嗣母墓在葫蘆山 嗣幼弟亮思廬墓其廬至今尚存

山梅衙金德嘉詩 光塋在焉松柏皆數百年物 五河滸沆一山衙十

里千峯復萬峯梅隱前朝無沒蓋亭亭祗有歲寒松

附存

樊噲墓

朱老墳

張丫娘墳

廣濟縣志卷之三終

廣濟縣志卷之四

知廣濟縣事金壇虞學灝重修

教諭孝感龔佐龍

訓導鄖縣陳景行　仝校

地理志

風俗 物產

君陳篇曰爾唯風下民唯草爲政可弗戒哉濟在楚疆
風聲播於遐邇文教使然下民從而鼓動詩曰民之質
矣日用飲食其理有可參觀者歟

風俗者因天而乘地天有寒煖燥濕地有輕重剛柔大川
廣谷生於其間習尚殊異採訪分岐此其本根也王制曰
脩其教不易其俗齊其政不易其宜徐而導之因而善之
耳已黄州一郡俗樸儉好儉約見隋志民寡求而不爭士
靜而文樸而不陋尊德樂道異於他邦則有蘇文忠跋韓
魏公詩淮南名區風氣和平爭訟稀少則有秦觀謝表昔
者文王德化暨於汝墳江漢時會代遷遞相升降其風俗
猶爲賢士大夫所褒許推重而淳厚敦龐廣濟最爲[illegible]
其先不無任氣好俠之一二長民者[illegible]而[illegible]

詩書作教閭閻□□□之靈毓亦鍾斯人□□□□□發以孝友爲先樸茂爲本茲土之大凡而椎魯咸知率德足嘉也況濟邑禮樂淵源斯文宗主故家舊族餘韵猶存鼓吹休明之輩或隱於山林或登於朝右振興淬厲澤流閭里非川嶽之鍾靈毓秀化其鄉人而垂諸奕葉者乎其所爲輔司徒民牧以節性坊淫道同風一由來遠矣且夫俗之淳漓觀乎時地之盛衰消長考元史宋嘉熙兵亂廣濟徙治中洲是時室家不保遑論其他至成化宏治休養生息風俗稱善重師儒周貧乏今所未有也明末流離散

亡中洲灰燼闤闠爲墟丙戌丁亥稍稍生聚則又伏臘燕會洽比隣曲其歸仁讓衣食足然後興禮義不其然歟然遇水凋年祲塾中一童子奉不能滿千錢今幸當重熙累洽盈寧庶繁歲月漸摩教養稠叠愈翕然嚮道雍容成俗矣是故富者食田貧者食力勤苦質寔地不近舟楫末業少而本務多臨江三市商賈雜處鱗集輻輳武穴俗名小漢口其土人所貿易鹽爲大外無過日用所必需絕浮華奇巧及黨同爭競之習庶民知氣節而重廉耻士循禮法而敬長上□行鄉飲酒禮拜至拜既洗斝孝悌尊高年有德歲舉二次後廢久今復行有讀法禮每鄉擇約長二人每月朔望聚其鄉之父老子弟恪聆

聖諭務俾人思砥礪婚嫁遵古禮日月告廟酒食召鄉黨行媒厚别婿迎於門合卺而飲夙興見舅姑納采問名以節資送粧奩有經冠禮醮子於客位加冠而字之士大夫之家猶有行之者治喪用浮屠鼓樂娛尸近來不隨俗者僅矣或惑於形家言悠期不葬其稱家有無附身附棺哀痛誠摯有餘於文則德厚祭禮士夫立家廟辨昭穆明長幼執爵以宗子奉近祖之主於中堂潔蠲豆思嗜薦歆凡四時

節序以及忌日皆有祭於社則歛錢市牲醴禮土神祭畢羣飲如鄉儺遺風儺禮衣朱衣執旗鳴金祝禳迎歲時元日慶賀三日會飲鄉人始餘一月乃止或三四月止立春先一日迎春東郊扮故事上元作燈市採松栢葉樹架通衢綴花燈綵繪人物爲花果虫魚字形建鰲山數重走馬燈藏謎射中爲樂三日乃止農人以火炬照田拋蘿鬭火爆驛站鞦韆民間請紫姑之神卜休咎清明籍新柳踏青掃墓兒童戲風鳶四月八日浮屠浴佛端午插艾葉辟邪插艾虎懸蒲於門繪張真人除五毒糕餡書扇相餉飲雄

黃菖蒲酒裹角黍綵縷龍舟競渡弔屈原五月十八儺會
帝民十家爲一棚祭厲焚蒼朮挿桃葉亦祭畢燕飲六月
二日祀賈龍君六月列肆祀城隍七夕乞巧中元祀先中
秋賞月九日登臨佩茱萸酌菊酒追摩詰潤明重陽
餉家釀酒爲卒歲用十月朔薦霜降祭墓問陰晴以占穀
價飯牛冬至官府慶賀入臘舂糧藏囷中經年不壞炒元
米貯之備一歲用二十四日掃舍祀竈除夕相饋遺張春
帖子於門祀先禮畢少長咸聚而飲謂之團年焚榾柮擊
鼓鳴鐃爆竹聲喧通夕不寐以守歲也夫五方土壤上下

辨以五色五方風氣語言別於五聲萬物莫不生於土而
囿於土故物產附焉嘗考荊州之產厥貢甲於他州黃岡
多竹前人有記物土宜而布利何地無之濟倚山濱水飯
稻羹魚少蠶事而多棉黍不及稻之十一舊志云山居貪
稻水居貪棉楚地稻一年再穫濟惟一穫早穀中遲遲穀
直至深秋可畢山間溪流不絕之畝種子耐久土寒不能
催苗倘水漲則水退然後可耕棉以龍坪武穴出者爲佳
山藥亦出兩鎮青林湖鯽魚味美馬口江出黃鷂魚田塍
湖藕味佳羊頭岔藕肥大異於常東衡山紫金椒皆可療疾

于仕界並無心補人民植桑柘胡麻無非果銀皆[illegible]
所產也他如菽麥稷粱花木果蔬羽毛鱗介之屬非其
產[illegible]山俗呼銀山在蘄州東蔡廣濟宋孝宗乾道四年有
以銀礦獻者寅山亦在獻內明洪武初武昌蘄黃凡宋元
銀場悉罷成化元年奏准嚴禁私掘蘄州牧誤謂寅山產
銀封禁樵採者不得入後成治間議開寅山驗土色無銀
不敢奏遂寢萬歷二十九年三殿災分遣內臣陳奉往[illegible]
廣等處開採奉檄地方燒犯巡撫趙可懷公廨分[illegible]
馮應京疏論留中逮問是年後復議開寅山驗土色無銀

乃止鐵石墩縣西南唐志蘄春郡內廣濟蘄水有鐵未嘗
坑冶一統志亦云產鐵今蘄有百家冶火爐鋪而濟未有
微則兩志之語以墩名起而不可信也明矣

鄉飲酒禮

志者志而不忘也志而不忘之重以急者孰如禮與教
古有七教曰父子君臣夫婦昆弟長幼朋友老弱有六
禮曰冠婚喪祭鄉相見夫制從俗禮從宜冠婚喪祭禮
之大者在濟猶爲近古無事更張孜生延禮上相見禮
口與長者言言訓其子弟與幼者言言孝弟於父兄

與衆言言忠信慈祥與居官者言言忠信以上數條區見其凡若夫鄉飲此上久湮大非老老貴貴尚德求言以彰風厲之旨也瀕令一旦舉行又未必不疑爲循奉故事由之而不知則亦奚爲也哉士之通經者鮮矣樸者無論焉自梅川書院廢爲公舍師道衰微所患楚中習氣搏焉而不純或擇焉而不精語焉而不詳夫德行本也文藝末也文藝之與德行交資而互養者也故於城西滄浪橋文昌閣之右建立讀書所題滄浪書院方將與諸君子夏絃春誦泳浴於和平淑粹共歸大雅因

以表率其鄉之人雍容輯睦咸被薫陶追當年瞿九思先生盛事不唯呻佔嗶獵虛名而已茲敬登戴記一篇提唱耳目其含孕微而廣大備俾諸君子探討以審鄉方玩索得所從事昔者卿大夫士射必先行鄉飲酒禮射之爲道也進退周旋必中禮志正體直持弓矢可以觀德行泮水之章曰敬慎威儀又曰允文允武學者其各有志乎禮行於泮宮應列在學校志卷區區之衷惟望明禮義洽人心以端教化故即次於風俗後

鄉飲酒之義主人拜迎賓於庠門之外入三揖而后至階三讓而后升所以致尊讓也盥洗揚觶所以致絜也拜至拜洗拜受拜送拜既所以致敬也尊讓絜敬也者君子之所以相接也君子尊讓則不爭絜敬則不慢不慢不爭則遠於鬭辨矣不鬭辨則無暴亂之禍矣斯君子所以免於人禍也故聖人制之以道鄉人士君子尊於房戶之間賓主共之也尊有元酒貴其質也羞出自東房主人共之也洗當東榮主人之所以自絜而以事賓也賓主象天地也介僎象陰陽也三賓象三光也讓之三也象月之三日而成魄也四面之坐象四時也天地嚴凝之氣始於西南而

盛於西北此天地之尊嚴氣也此天地之義氣也天地溫厚之氣始於東北而盛於東南此天地之盛德氣也此天地之仁氣也主人者尊賓故坐賓於西北而坐介於西南以輔賓賓者接人以義者也故坐於西北主人者接人以仁以德厚者也故坐於東南而坐僎於東北以輔主人也仁義接賓主有事俎豆有數曰聖聖立而將之以敬曰禮禮以體長幼曰德德也者得於身也故曰古之學術道者將以得身也是故聖人務焉祭薦祭酒敬禮也嚌肺嘗禮也啐酒成禮也於席末言是席之正非專爲飲食也爲行禮

禮也此所以貴禮而賤財也卒觶致實於西階上言是席之上非專爲飲食也此先禮而後財之義也先禮而後財則民作敬讓而不争矣鄉飲酒之禮六十者坐五十者立侍以聽政役所以明尊長也六十者三豆七十者四豆八十者五豆九十者六豆所以明養老也民知尊長養老而后乃能入孝弟民入孝弟出尊長養老而后成教成教而后國可安也君子之所謂孝者非家至而日見之也合諸鄉射教之鄉飲酒之禮而孝弟之行立矣孔子曰吾觀於鄉而知王道之易易也主人親速賓及介而衆賓自從之

至於門外主人拜賓及介而衆賓自入貴賤之義别矣三揖至于階三讓以賓升拜至獻酬辭讓之節繁及介省矣至于衆賓升受坐祭立飲不酢而降隆殺之義辨矣工入升歌三終主人獻之笙入三終主人獻之間歌三終合樂三終工告樂備遂出一人揚觶乃立司正焉知其能和樂而不流也賓酬主人主人酬介介酬衆賓少長以齒終於沃洗者焉知其能弟長而無遺矣降說屨升堂脩爵無數飲酒之節朝不廢朝莫不廢夕賓出主人拜送節文終遂焉知其能安燕而不亂也貴賤明隆殺辨和樂而不流弟長而無遺安燕而不亂此五行者足以正身安國矣彼國安而天下安故曰吾觀於鄉而知王道之易易也鄉飲酒之義立賓以象天立主以象地設介僎以象日月立三賓以象三光古之制禮也經之以天地紀之以日月參之以三光政教之本也亨狗於東方祖陽氣之發於東方也洗之在阼其水在洗東祖天地之左海也尊有元酒教民不忘本也賓必南鄉東方者春春之爲言蠢也産萬物者聖也南方者夏夏之爲言假也養之長之假之仁也西方者秋秋之爲言愁也愁之以時察守義者也北方者冬冬之

爲言中也中者藏也是以天子之立也左聖鄉仁右義偝藏也介必東鄉介賓主也主人必居東方東方者春春之爲言蠢也産萬物者也主人者造之産萬物者也月者三日則成魄三月則成時是以禮有三讓建國必立三卿三賓者政教之本禮之大参也

廣濟縣志卷之四終

廣濟縣志卷之五

知廣濟縣事金壇虞學灝重修
教諭孝感龔佐龍
訓導鄖縣陳景行 仝校

建置志

城池

望邑雄圖封疆鞏固者豫道也王者之世金湯惟德帶礪爲家方城漢水形象之雄耳故曰衆志成城是在守土之司昔之人爲萬里長城者又孰非爲人臣子者耶邑無城雉而民擁衛外列四門東曰覲陽南曰迎薰西曰繼晷北曰得朋又西北有門曰保和有慶而大河中注之治居河西東南二門在河東其他門與縣治在西外有池連貫如珠越西門池曲轉如長蛇狀抵大河河水時漲自橫岡諸山東來衝激勢猛建築難於圖久崇正己卯議建城署縣事方詳請力主之自西徂東橫跨大河中立水門興工數月厥後不克告成康熙甲辰知縣璞築土爲城立四門東曰暘谷南曰明都西曰西成北曰會元周圍三里零七分乾隆己未知縣李學梅重修

[illegible]城高五丈而樓卒不犯古人室先百堵邑其可無城乎哉廣濟治依山陵林麓以處而大河自橫岡諸山東來而夾之以居萬歷後兩而勢相當縣治寔在河而議建城者必牽於東議橫跨大河中建水門如松江吳下諸城無暴漲之患濟河山水易漲水勢來攻如雷衝激道雖有崇墉不輕支也非若襄城之可以堤爲防必改河後可或兩建之道傍之謀意始所難崇正末因防寇建城方公力主其事跨河包南山聚工數月投土伐石濟民駪駪趨城役環城麦者煙熒相屬陶役相望磚石卯積卒中棄爲近民資無益於事惜矣

公署

在官言官在府言府公署者公家出政臨民宥衣肝食之所也豈鳴琴捕室默坐後庭徒以爲燕私偃息之地乎雖狹隘卑陋念一椽一瓦何所從來屋漏無忝庶不曠厥職而玷斯堂宇

縣署近西門中爲正堂西爲幕廳東爲庫堂後有廳左右有庫廳後爲知縣廨前堂左爲鑾駕庫下爲東廂生春堂右爲西廊下爲吏舍中道爲戒石亭

門門外東爲五顯祠前爲獄獄左爲譙樓樓前石爲申
明旌善二亭俱洪武初知縣胡昇建成化十一年知縣
江震重修正德辛巳後堂圮知縣汪淳重建貲溪周忠
有重修後樂堂記曰嘉靖癸未忠承乏中州僉憲臬事
由家抵任道經湖藩之廣濟其令君汪君忠之業師也
舟次龍坑就陸徑謁焉龍坑爲廣濟屬鎮見其道路橋
梁整修而肆物價平易陸行八九十里頌聲載道心竊
喜吾師爲政之善既抵治師方退息後堂進忠入坐見
其棟梁榱桷門牖板檻煥然一新堂之左四間爲書舍

延師以誨子弟右二間爲庫藏而錢帛貯焉師因告忠
曰予初視篆首堂傾圮大弗稱制且無以延接士夫臨
莅政之乃鳩工掄材經始於辛巳孟春望日越五月而
告成不勞民不傷財不侈觀今堂成二載而吾子適來
得相與叙舊而談道語者固不偶也予其有言以識之
忠承命不敢辭竊惟令尹爲一邑之長百姓之休戚關
焉凡利有當興弊有當革紛紜雜沓所急務者不獨此
一堂也吾師視篆之初而汲汲先於此者無乃私於身
乎噫匪不然身者政之本也居以安之德以修之政斯
立矣吾師新堂之後政之當新者次第舉行學校之廢
墜者興之編氓之流移者招之政新於斯民也租賦之
逋負者徵之倉廩之空虛者實之政新於財賦也獄訟
平而囹圄空土地闢而田野治百廢維新四境乂安三
載之内弊革利興孰不由斯堂之建而延接咨諏中來
耶忠幼趨函丈賴吾師造就之恩今復得覩爲政之要
豈無往而非教也越明年甲申忠延歷屬郡之暇憶吾
師考績在邇而將擢而大用因次第其言并志作堂之
歲月以垂不朽云前堂將傾支以木嘉靖丁未署縣事

縣丞吳瑞修葺歷戊寅知縣陳傑修崇正八年寇至燬
國朝順治八年知縣毛華鵬鼎建縣正堂川堂後樓及前
儀門康熙十一年知縣任晅猷重建縣門及六房賓館
張仁熙碑記曰康熙十有一年邑侯任公莅濟三年矣
三年間邑有災公請命藩撫大夫控於朝蠲其租而輸
中州麥以哺饑人春貸牛種授民耕登而後賦之剛柔
協和民用感勸初邑肇唐武德湫隘無城池之固屢值
兵燹百廢不舉門屏隳荒鈴柝書警公數以爲憂至是
輟三歲俸建之不費民一瓦石椽桁工役之勞謝凡而

工竣炳如翼如丹雘翬如於是邑父老子弟旅進而賀曰是惟我公之德邑其更始琢樸華頑無陋山野是惟我公攸寧遂祝我公壽豈無疆公逡巡謝不敏既而曰是惡知予心凡予爲此有不獲已者三焉非以侈觀美也夫濟自武德以來鮮城池之固又值兵燹頹廢不舉予甫至即怨怨憂夫村鄙之氓猶重門禦暴而倉庫委諸草莽此予之不獲已者一也守令之治務在安民無勤爲大也民可勞乎夫資於民則民困取之巳又巧婦之炊也諉而若傳舍豈守土之任則然乎此予之不獲

巳者二也歲洊饑矣民鳩鵠而食湖山之間予手援之溝中不暇而暇此爲然饑則羣不逞之徒嘯呼肘腋殃地接承興渠魁山藪以饑渴之虎狠窺無門屏之小邑余日滋懼其不獲巳三矣夫予飲冰於始至而愀然抱二不得已至於三年而後成者必孔亟矣豈以爲觀乎於是父老子弟復旅進曰有是哉吾濟小人拜公之况瘁也抑以徵公才夫才非必不成必非才不運此役也爲門兩重高廣若而丈門以內爲吏胥直亭奔趨之廡左若而楹右稱其一若而楹門之中左奉神之龕訓於

國之明禋者若而室右以廨賓者若而館門以外右蒞[illegible]墻薇其閎高於門若而丈其門屏位置稍易其向以順山川則自武德以來千餘年有待於公也易曰悅以先民民忘其勞是役也以利濟千百載雖勞民可也然而彌月而工竣不費民一瓦石椽桁工役也非公才又烏能勝哉父老子弟曰是不可不紀也因請仁熙言而泐之石公諱暄獻河南息縣人順治乙未進士司李永平巳奉裁補廣濟知縣復作內省堂愼獨齋張仁熙內省堂記曰內省堂者邑、、任公退食之堂而以內省名之

者也任侯治濟四載夙夜匪懈自公之暇不忘內省故遂以名其堂而屬仁熙爲之記仁熙不敢謝不敏曰曉乎古者天子諸侯大夫士皆有業晝有考夕有省夜有警俾無慆淫而後卽安書曰王省惟歲卿士惟月師尹惟日皆省也然無專言內者予思釋正月之章曰內省不疚無惡于志而孔子答司馬牛則以爲無憂無懼所自始夫人臣身艱鉅而履盤錯勢不能無多憂懼多憂懼則不能無成敗故內省不疚者自反以圖功之原也而其要莫先於立志記曰古之教者入國學一[illegible]

經濟志夫經言志者衆矣元儒君伊周相孔孟師左[illegible]
含志而言學者志以自許行必堅志以忠君心必固志
有小大則學有偏全夫内省而不疚之志則溪淵之雜
流而枝蘖之頻生也又安有不疚者哉故無惡者省之
本無惡惡者省之用内省者内聖外王之學也或曰省
必專言内則何也曰聖人微彰剛柔以爲萬民之望者
也然而知幾之神間不容髮鬼神不能瞰其隙形影不
能測其微夫將以樞壯凝而無歉當蹇鉅盤錯而不失
其常省不於内誰省哉任侯少抱經濟志以致力中原

一旦促長駕而馭之濟藩市卯之鼎以炙鷄濺不知三
秋而享上帝也乃侯不以薄吾濟而四年之内百度新
庶民謐僚之九伯昏無人之射也藐氣之守躊躇滿志
侯何疚哉然退食而尤必以内省盟嗚乎世之受牧民
之責者優游廣庭濟蹡之間日三商而起恆舞酣歌樂
以民命戲而不自省察者亦獨何與堂成康熙壬子季
秋侯諱瞳歆息縣人順治乙未進士又張仁熙作慎獨
齋記曰邑侯任公既作内省堂復治齋於堂之東偏而
名曰慎獨卜日召張子而觴焉張子曰有是哉吾今知

聖門不傳之秘猶在天壤而伊洛餘風被人甚深也昔
者孔顔没而遺經雜於漢訓詁於唐蓋微言不絶如綫
迄宋而吾楚道州統緒乃大著然其先安樂先生之尊
人天叟者已自范陽識易伊川矣安樂子文兩世繼之
隨則二程連鑣於洛陽顯道峻著於上蔡彦明落落亦
在周南姚樞許衡繼起河内則皆豫産也夫此數先生
者其於理學或不無一門深入之殊而不能外慎獨爲
宗旨故曰慎獨者聖門不傳之秘而伊洛之餘風也今
任侯亦豫産宿經濟自許慷慨欲樹功名不下安樂少

年時至以盧龍司士受裁移濟而彈琴之餘退居一室
猶兢兢戒誠僞辨欺慊焉豈非生長賢里伊洛之澤沾
被渥與抑吾聞之誠意致知聖凡大肯綮也故古經大
學致知之後遥接慎獨若曰獨知無偶常慎此知即誠
正修齊治平總藥篇此耳後儒不察分章裂句補割支
離餘姚出而首倡良知復遵古本戒慎恐懼之學亦既
光昭日月而久而不免於聽者則以功利汩人久而章
句之漸摩無窮也若夫明新合併之旨亦既有道矣世
無晩近含靈之族人各[illegible][illegible]知即各有獨匹夫鷄鳴夜[illegible][illegible]

莫不有凜凜難昧之心而恆風草於大人之學術而古大人之學亦決不以窮鄉僻壤而棄其民於利欲紐纏之間誠使明德所被民蠢蠢惻隱興焉農淳士樸商慤女僮孝弟慈讓於雞犬桑麻之中而上帝臨汝之天下豈足治哉故曰大畏民志此謂知本言慎獨之學遍上下也然則是齋也僕弟自爲易巳哉乾隆十五年知縣吳學灝亟修川堂十六年重修縣門自爲記曰觀世之壯其居室者締創如茂苞雕鏤以丹蘖詩書可稽寧曰過歟然其崇隆鉅麗不過遠目娛心動瞻耀潤鄉邦之

罕聞見以十仞臺懸梁間旁後狗外其奚爲耶聞之禮君子將營宮室宗廟爲先廐庫爲次居室爲後然則先其重而後其輕私者爲輕公者爲重自然之位置不易之等差也余承乏茲土數載以來祿俸養廉僅僅旦夕給衙署無餘貲以云旁及則無論輕重之與公私總難空匱耳雖然廣濟者隸黃州非曰黃州也居荆楚非云荆楚也京畿寔聲靈是寄是故縣之有門政令之所出入縣之有堂法守之爲準行此政令此法守廉之以務崇中之以儼恪咫尺之天威時接片壤而體統攸關等

不□□乎當此傾圮可墜頹靡不振□滯不作者袖手而不思所以爲之也夫國之有封疆邑之有城□藩固吾圉保其人民土地亦以示版章孔厚仰止□新以昭國體廣濟自轉徙播遷於江洲於阜渚迄今未能建築墉垣堞雉也環堵爲居依山而列歷數縣治中無若此僻陋此事之大且難者誠無可以驟期矣而奉□吏所莊以蒞之之處亦復同於殘落舊家□雨幾不□恐非尊主庇民章志貞教之道也蓋勞民傷財昔者□之當其必不可已則事之萬不能已況乎仍舊制而非

有加於其始勉以圖而亦非大難事也余惟省節儉約餘之於無所餘之日以爲之於不能不爲之時不取民財不奪民力夜之往古或無悔焉爰以政令出入之門從而整理葺新之法守準行之堂從而補葺崇飾之庶令甍桷庭楹畧成矩度步趨進退尤凜心儀媿乎之下理風施恍對丕顯休命若夫堂以後之居室湫隘破壞非所知焉苟可棲吾身庋吾簿籍安吾老父母几榻斯已矣力之不能以復爲亦無庸爲也

教諭署在明倫堂後

訓導署在文廟右

縣丞署在庫左今裁

主簿署在幕廳右今裁

典史署在縣署右

布按分司俱在縣治河東制視察院少殺而無儀門洪武知縣陳景昌始建縣之左成化間知縣江震重建宏治庚申推官羅翰知縣陳奎易以爲學遂遷河東今圯

行察院在縣治東北有正門有儀門有堂有翼廂有中堂有燕堂有左右房原馬驛基嘉靖丙申知縣侯嘉祥改

創次年丁酉縣丞湯佐成之今燬

陰陽學在縣治南燬

醫學燬

僧會司舊在南山寺今無定處

道會司無署

馬口巡檢司在縣西南七十里

武家穴巡檢司在縣南七十里

祠祀

記曰昔者聖王之制祀典也法施於民則祀之以死勤事則祀之以勞定國則祀之能禦大災能捍大患則祀之非此族也不在祀典凡社稷壇壝祈祭[illegible]國之大事其廟食相沿為民祟奉者所不廢而閭閻孝義申理氷霜亦得與春秋祀事激勸豈淺鮮哉

社稷壇在縣西半里許洪武十五年知縣陳景昌建成化十七年知縣江震修凡丁祭後遇上戊日行祭

國朝因之壇制東西二丈五尺南北二丈五尺高三尺俱用營造尺四出陛各三級壇下前十二丈或九丈五尺東西南各五尺繚以周墻四門紅油門以由北石主長二尺

五寸方一尺埋於壇南正中去壇二尺五寸止露圓尖餘埋土中神號稱縣社之神縣稷之神神牌二以木爲之硃漆青字身高二尺二寸濶四寸五分厚九分座高四寸五分濶八寸五分厚四寸五分臨祭設於壇上神廚三間鍋五口庫房宰牲房中一間鑿宰牲小池滌牲桶四隻祝板以木爲之白紙寫文粘其上祭畢焚之祝文敢昭告於某社之神某稷之神曰品物資生烝民乃粒養育之功司土是賴惟茲仲春仲秋禮宜告報謹以牲帛醴齊粢盛庶品式陳明薦今所用祝文惟神奠安九土粒食萬邦分五色以

表封圻有三農而葬稼穡恭承守土肅展明禋時届仲
春秋敬修祀典庶茌芘松栢鞏盤石於無疆翼翼黍苗佐
神倉於不匱祭器牲匣以木硃漆底蓋各高六寸長三
尺三寸濶二尺二寸蓋兩頭銅環二底兩傍四神牌案
二高一尺一寸濶一尺九寸長三尺三寸籩豆簠簋案
四高一尺一寸濶長如牌案牲匣案四高六尺濶二尺
四寸長三尺五寸祝案一如牌案酒尊案一高二尺七
寸五分濶一尺五寸長五尺卓面剜三孔仍用木板一
片橫裝於剜孔之下以盛酒尊爵帛案一高二尺七寸

五分濶二尺三寸長三尺籩豆簠簋俱用瓷楪簠簋楪
稍大酒尊三用瓷每尊用蓋布巾一酌酒杓一爵六用
瓷鉶一用瓷碗香爐二設壇左右盥洗尊一用瓷甕酌
水杓一盆一銅錫隨用帨巾一案一高二尺七寸五分濶二
尺三寸長祭物羊一豕一帛一黑色長一丈八尺鉶一
盛和羹籩四棗栗鹽藁魚豆四韭菹醯醢豬肉鮓菁菹
鹿醢或用麂兔簠二黍稷簋二稻粱社稷各五行帛一行
鉶羹一行三爵一行籩豆簠簋共一行羊豕共一行先期
三日齋戒前一日省牲執事掃除壇之上下并設獻官

次日門外執事依圖陳設正祭日清晨執事者各
籩豆酒尊等器并滌爵獻官具祭服發祝板於[illegible]次執
事者置祝於案置帛於篚取毛血盤置神前牲案下[illegible]
行禮執事者以牲匣盛牲置案勿啓蓋通贊唱執事者
各就位陪祭各位獻官就位贊引引獻官就位通贊唱
瘞毛血執事以毛血瘞於坎遂啓蓋迎神通贊唱迎神
鞠躬拜興凡四平身通贊唱奠帛行初獻禮捧帛者捧
帛執爵者捧爵以俟贊禮唱詣盥洗引禮引至其所贊
唱酌水進巾贊唱詣酒尊所司尊者舉冪酌酒詣某社

神位前跪獻帛捧帛者跪進於獻官之右官受帛獻之
授執事者奠於案贊唱獻爵執爵者進爵於獻官之右
受而獻之如帛贊唱俯伏興平身詣某稷神位前如上
儀訖贊讀祝位跪讀祝跪讀於獻官之左畢興置祝於
案贊唱俯伏興平身復位通贊唱行亞獻禮贊引引詣
酒尊所如初獻儀終獻禮同亞獻飲福受胙執事設位
於壇中稍北執事先於社神取羊一脚置盤酒尊酌酒
伺於右贊引獻官詣位跪贊飲福酒進胙執事受由中
道出贊唱俯伏興平身復位贊兩拜徹饌送神四拜

亞通贊唱讀祝者捧祝進帛者捧帛各詣亞所獻官詣
瘞官分東西立伺捧祝帛者由中道過獻官拜位通贊
唱望瘞贊引引詣望瘞位執事者以祝帛焚於坎中將
畢以土實坎贊通贊唱禮畢
風雲雷雨山川城隍之神壇在縣東一里許洪武十五年
建凡丁祭後戊日行祭同壇祭設三神位風雲雷雨居
中山川居左城隍居右
國朝因之風雲雷雨帛四山川帛二城隍一俱白色其祭
物祭器獻官齋戒省牲陳設迎神並與社稷禮同但祭

廣濟縣志　卷之五　祀典　十五

時執事者先以毛血瘞於坎通贊不唱瘞毛血奠帛初
獻先詣風雲雷雨神位前次山川次城隍次詣讀祝所
亞終如之飲福受胙於風雲雷雨神前取羊一脚徹饌
送神望燎祝文惟神妙用神機生育萬物奠我民居足
我民食某等欽承上命忝職茲土今當仲春秋謹具牲醴
庶品用伸常祭今所用祝文維神贊勷天澤福佑蒼黎
佐靈化以流形生成永賴乘氣機而鼓盪溫肅攸宜磅
礴高深長保安貞之吉憑依鞏固實資捍禦之功幸民
俗之殷盈仰神明之庇護恭修歲祀正值良辰敬潔豆

遵式陳牲祭
先農壇在縣南
[illegible]雍正丙午年奉
旨建築每歲孟春行耕耤禮則有祭獻官先期齋戒省牲於
南郊豕一羊一祭品十祝文維神肇興稼穡粒我蒸民
頌思文之德克配彼天念率育之功常陳時夏茲當東
作咸服先疇洪惟
九五之尊歲舉
三推之典恭膺守土敢忘勞民謹率[illegible]彰聿修祀事惟願

廣濟縣志　卷之五　祀典　十六

五風十雨嘉祥恆沐於神庥庶幾九穗雙岐上瑞頻書
於大有凡祭禮曹司之此祭戶曹司之
關帝廟在縣西歲春秋仲月及五月十三日誕辰祭前三日
齋戒前一日獻官穿補服省牲正祭之日先祭　關聖
之曾祖光明公　祖裕昌公　父成忠公祝曰惟
公世澤貽庥靈源積慶德能昌後篤生神武之英莘則
錫親宜享尊榮之報列上公之封爵
錫命攸隆合三世以肇禋典章明備恭逢諏吉祇事薦馨
祭物豕三羊三豆籩十二行六叩禮　關帝祝文致祭

於　忠義神武關聖帝君之神位前曰惟　帝浩氣凌霄丹心貫日扶正統而彰信義威震九州完大節[illegible]忠貞名高萬古　神明如在徧祠宇於寰區靈爽丕昭薦馨香於歷代屢徵異績顯佑羣生恭值佳辰遵行祀典筵陳籩豆几奠牲醪祭物太牢一豕一羊一籩豆十二行九叩禮誕日同獻官演劇祝誕

常雩壇在縣西乾隆九年奉　文致祭歲孟夏獻官先期齋戒省牲於西郊神位三臨期黃紙爲之社稷居中山川居右先農居左物品如先農之儀

邑厲壇在縣北半里許洪武十五年知縣陳景昌建歲三祭祭期清明日七月十五日十月初一日黃紙神位三本縣城隍主者神位居中七鄉三鎮孤魂等衆居右天下無祀鬼魂等衆居左祭文長篇別載豕三羓腐羹肉香紙寔衣草鞋酒供行五拜禮舊志載牲用羊三豕三飯米三石香燭酒紙隨用祭器香爐三案三羹桶四滌牲桶鍋五牲匣二燭臺六飯甑四瓦碗二百先期三日主祭官齋沐更衣備香燭酒菓詣城隍發告文祭日設城隍位於壇上祭物羊一豕一設無祀鬼神於壇下設左祭物羊二豕二同羹飯等鋪設致祭

里社凡各處鄉村人民每里百戶內立壇祀五土五穀之神春秋祭祀

鄉厲鄉村每里百戶內立壇一所祭無祀鬼神每歲春清明秋七月十五日冬十月初一日祭

城隍廟近治東洪武元年知縣陳桂立凡祀風雲雷雨山川壇迎神主爲之配祀厲壇迎神主爲之主天順癸未縣令張正德壬申縣令孫皆有修葺己卯王良佐終其事而記之曰廣濟爲湖廣黃州之屬也其地四多山阜

民遙遙依林麓以居中闢田疇築場圃爰稼穡歲計取足於是焉其他麻枲絲絲果蔬之屬又紛紛錯置魚鹽交集雞豚牛羊蕃壯固可爲豊且饒矣然而樂生興事衣被而陰隲之者則惟守令是賴惟神是司城隍之神主夫原隰封畛城堞陂池敵國外患水旱疫癘其爲過祀漢唐宋尚矣維我　太祖高皇帝龍飛之初以神之有靈也勅封爲顯佑伯爵雖崇而廟宇未稱邑宰陳侯景昌經營創始而規模則未大也天順癸未張侯孫主簿汪佐又嗣而葺之而藻飾則未完也正德壬申縣一

壓境民刻于兵邑之幼耄乃宰相奉許于神會未浹旬
即雹掃風驅陰加黨逐生靈不至於魚肉者神之力也
時則有若孫侯龍縣丞梁昴以爲無德不報將何以酧
神乎募耆民陳忭龔仲華等以董之帑貨殫力鳩工匠
木石廓其規制加以丹堊始翼然翬然而神之貺可少
答矣己卯四月邑佐叨尹是邑越三日以例謁廟肅恭
拜瞻跪祝曰惟爾有神尙克相我以康黎庶以阜百物
無爽厥靈祝畢徧觀廊廡庖湢之所籩豆鼎彝之器靡
有或遺如是而肅登降聳具瞻固益昌其事之有終也積

累艱難更三四令而始備使神得其[illegible]鼓晨鐘以侑以享
以安其靈者又豈不重爲之喜哉既後若縣令若丞若
尉若邦人有事必禱禱之必應如響斯答嗟夫明則有
人幽則有鬼神昭布森列固不可誣也吉凶禍福之機
泯於無形人雖不知而神則知之赫然天鑒之在茲甚
可畏也凡爲吾民者可不惟神是聽[illegible]影響是則哉其
或以譸張變幻求媚於神瀆於祭者則又爲神之棄也
神之棄天之絕也烏可以不謹哉時[illegible]丞林源主簿陳
嘉穀邑傳載君[illegible]司訓趙君顏相率[illegible]邑佐日文雅其

矣不鑴於石恐湮沒無[illegible]何以昭神[illegible]慰邦人之[illegible]
邑佐亦感前令之有功[illegible]日之不能[illegible]其萬一也
於是書之以記歲月使垂諸不朽云爾崇正末廟賊毀
[illegible]間知縣某重建康熙二十六年重修每歲六月六日
神誕縣官備豕一羊一演劇一獻壽
蕭公祠宋人名化軒一曰伯軒新金人咸淳間歿爲江神
元特以其子祥叔合祀明永樂中其孫天任卒著靈異
[illegible]合祀詔封水府通靈廣濟顯應[illegible]祐侯
晏公祠元人名戍仔清江鎮人又云臨江人元初爲文錦

局堂長因病歸發舟尸解人以爲神立廟祀之有顯[illegible]
江神後封爲平浪侯
胡公祠爲侍御胡克儉署縣事建
劉公祠爲知縣劉應昌建燬
黃龍君廟在縣東二十五里明洪武初重建六月二日
官躬祭給米一石豕一[illegible]紙錢菓品衍五拜禮[illegible]
誕桐城劉允昌記曰六月一日有事於黃[illegible]郎君人
龍也廟在大明山天子命有司歲祀之令[illegible]修故事[illegible]
[illegible]日雨甚自貝達蔡輿人行泥淖中余[illegible]午飯出郭

暮始得至至則諸博士尉弟子以下應有事者以次集僧舍雨亦稍歇余縱步出看山色衣履沾濕及有司門有橋甃石爲之溜中瀑布自橋洪噴出激石而下雨後瀑勢壯甚聲出橋上迅疾如箭又如萬斛白雲從地上堆擁而湧出片片可手掬取也諸生前日此何減破額山前碧玉流乎余曰柳公非善狀瀑者似此何殊濺珠噴雪便當以噴雪目之入廟門揖郎君像郎君清揚白皙而冠冕執笏若王者蓋七歲上昇即受真誥時也已廼躡石級上窮瀑所起處廼在殿後柱礎下有屋覆之

聲轟轟然如風霆怒號人從屋裏俯聽之若有物可窺者相傳爲龍所窟宅處時有小龍如蜥蜴緣簷壁走人不驚怖則亦與人相習稍誤擊之即頃刻騰雲霧去旋作雨雨水溢屋常深丈餘屋外與橋平拔木折樹砂石飛走歲有之顧不損禾稼余感其靈異日昏黑始下山反僧舍晚飯時方以祀事虔毖屏肉食顧不能斷酒取與諸君滿飲及夜分各大醉廼分榻臥厥明肅將祀典牲醴碩潔籩豆滌治獻酧如禮甫畢則山下數文學已盛治具張具筵中積雨初晴朝曦尚薄微風動樹流雲巔

嶺尚在戶牖間四方人稍稍各以其方物陳設庭之廡亦有張布幄結葦蘆沽酒炙餅餔之屬叢陰綠樹下幾於遍滿以待謁郎君者市鬻之遠近士女來謁郎君者亦稍稍至人履漸密余以夙酲不能豪飲爲啜數琖遂下山去諸文學後挈壺榼追余至噴雪又各飲數大白而去胡尚志有詩云鳥道斜穿碧玉苔龍宮深鎖白雲隈山門亭午日方到草閣長年霧不開幾見晃將飛劍過猶聞鳳引洞簫來三千界外知何地十二峯頭即上台藍士繼詩郎君龍種上昇時橋下分明印馬蹄助戰

衛湖開國祚祈霖偏浦澤鄉黎莊嚴神座威儀肅焜燿皇恩祖豆垂歲歲有司行禮竣風颷殿角閃靈旗

枚聖龍公廟距鮑照塋十里劉夋徵遊龍廟詩云大樹晚陰陰長歌入翠林石連樓閣起雲隱洞門深澗水流開闢山花襍古今振衣登絕巘潭底臥龍吟又詩云谷口龍王廟嚴冬樹木青傍崖噴瀑布禱雨降精靈竹塢聞人語松巢墮鶴翎何當避炎熱瀟洒製茅亭大塹釋松風飛泉挂玉虹嶺猿啼接樹灘石亚排空巖見蛟龍頤奔騰殺雨濛白沙漫滞游斤竹芒汀通何觀生東衝

廟龍潭吾不知其幾深第見層巖巨壑當天心傍紹土壁青苔陰千尋之壁何添添山間老翁爲余說蒼天六月時飛雪雲煙變幻生春秋爨火無分冬夏賓

石港龍王廟在縣南四十里龍池山下舊志記云唐國師眞人張某雲游於海旋見二龍化鯉出沒於盛家坂其一誤爲野人獲其一仍爲龍昇天遂命道士吳某詣視即今石港盤旋曲瀾旁有樟枯死道士置煉丹一顆於其內而去其樟團堪栽耧里人因塑爲鯉聖龍君立廟其處歲祀禱無不應廟枩跨壑排巒飛泉成雨蒸氣爲

雲攀躋而入之里許有龍窟二處登高臨視深險十尺徑石崚嶒挂瀑不絕溪左龍池寺與龍君廟並峙舒漸鴻詩云山餘耕稼地古廟紫苔封澗瀑四時雨裝陰萬壑松靈風生劍佩腥氣射魚龍伏臘村翁事祈年報鼓鐘

馬王廟在縣署前歲六月二十三日神誕扮劇致祭羊一豬一鴨一雞一菓品全席行五拜禮

忠義孝弟祠在學宮內

節孝祠在學宮外

四載

文昌閣在西河口內有魁星樓乾隆五年知縣李國棟功未竣致仕去十六年知縣廣學瀾續成之記曰邑中建設祠廟不在秩宗之典不得祭禮云有其廢之莫敢舉也有其舉之莫敢廢也又曰非其所祭而祭之名曰淫祀淫祀無福文昌者士子之所祭也由來舊矣觀其書所傳誦不謬於聖賢雖莫辨所從出之於何徵頗異荒誕無稽之語故下士尊之亦助名教未嘗以僭與瀆禁魁星者陰符云福討主文是洪範終於福極繼庶民

維星之後言星之不同好民亦如之矣乃箕星好風月行東北入箕則多風畢星好雨月行西南入畢則多雨此風雨之爲災爲祥箕畢不克主而日月君從之至於福極則二氣不與而星主之益元玉宰樞之使者與罪對照王文人之善惡勸懲然則星垣炯炯公道昭明豈以凡民諂諛私情爲移轉哉知乎此者可以祭可以不祭可以不祭而祭在心爲祭可以祭而遂已鑒觀有赫不徒是祭今舉子將與試而先有事於魁即此意也夫法象莫大乎天地懸象著明莫大於日月每習焉

而徒想崇高莫大乎富貴不已謬乎故於修葺之未竟厥業也而踵而成之并爲之述其由俾多士仰瞻而加警焉董斯事者儒林郎劉洪綱監生楊天溥鍾景堂生員魏洪賓胡飛龍向上志卜本儒徐樹新舒源陳昌言張源濬成之日朱光照以田八斗爲住僧薪水費郎閎前上產也劉洪綱記曰天下諸郡縣悉置文昌閣於秀方鼓篋之儒尊奉之蓋有功於聖學廸率夫下民者顯之顯微之顯皆得有祭天官書言斗樞戴匡六星曰文昌六星者一曰上將二曰次將三曰貴相四曰司命五

曰司中六曰司祿晉史亦云文昌在斗北魁前集計天道及清河內傳與化書稱

帝君誕降於梓潼縣之七曲山主司貴籍以忠孝教人由此觀之精華上蟠光氣下映學士大夫置身通顯實有主持而培佑之者其俎豆祀享蓋以福善禍淫之權而動人崇德修慝之思也濟傍山瀕士醇民樸舊閣瀕於淮淚僑東康熙癸巳移建茲地地屬縣治坤宮坤屬元戊太乙臨鎮文經武緯鄉會聯鑣發越稱著嗣經歲千薇摩風霾雨積榱桷傾頹前任邑侯東粵李公諱新之[illegible]

[illegible]締爲之倡不敢辭乃約諸同人方圖厥始未獲[illegible]欣逢我金沙吳侯撫蒞茲土政通人和興廢舉墜[illegible]勸爭輸鳩工庀作爰擴舊址築崇基奠柱礎繚以周垣荷以重門設奎樓於前丹堊相望制度宏敞稱夫神明之居又思濟近黃陂二程子之所產也濂溪橫渠考亭康節諸先賢昌明絕學宜合祀之遂築六夫子祠於閣後俾學者歲時伏臘其中從容於道德之場濡染乎仁義之府匪直以舉子業畢乃事登斯閣也遙望神京起風雲萬里之感仰瞻

帝像生忠孝子諒之心又不徒以壯遊觀攬名勝已也唯共相砥礪勿替處爲醇士出爲名臣於以上格列星下承宿統庶毋負我賢侯振興文教之雅意也夫是爲記

江心廟金德嘉重建牛肝磯神祠碑記曰廣濟瀕江之山載水經注者曰長風曰積布積布磯與隔江下山磯對載縣志圖而馬口有磯志曰牛肝土人相傳爲牛渭[illegible]有神祠云康熙三十四年春三月司檄行郡縣畧曰[illegible]州所屬廣濟縣有牛肝磯兩岸峭壁波中礁石[illegible]湍爲危險第一舟行觸石往往顛覆損舟[illegible]

命爲兒戲可爲寒心近見黄州通判董某道士張守清
梁某蘄州知州張某州衛守備陳某僉議捐貲於江邊
鑄鐵索使操舟而過者得以用力挽拽並造救生船二
以備不虞議於磯旁立祠招僧居住贍給有貲使晨夕
瞭望此亭行冀萬世利遠近軍民其悉知州郡諸大夫
與營衛諸君樂善之意急圖之無忽於是有僧人隆智
恩搆祠於磯上祠成置田若干頃歲供牽纜之具通判
爲募疏以始其事工垂竣知縣事四川劉公又趣之田
家鎮羅生叩生以落成有日屬爲之記泐諸祠中按碑

記舊祠搆於明天啓七年丁卯以秋八月告成當是時
藩之國所過郡縣辦綵帳行殿戕厰民供億殊苦官吏
綰項廣譴責縣令雲南張侯燮任請于武昌司李鄧來
鸞曰公能速王舟行使不擾吾境乎鄧乃祭江禱東南
風已而王舟自龍坪江揚帆徑過馬口須臾出境去令
爇香拜曰神力也會邑行兵部呂尚書感宵夢心動捐
俸營建是祠而藩王宫眷聞之亦解橐中裝相佽助張
侯伐石紀其事歲久祠圮而碑亦漫漶矣今紀新祠營
建緣起以志憲使郡縣諸大夫不忍人之善政因念神
之捍患禦災今猶古也書厥梗概俾倩大書深刻於石
以垂不朽焉又詩云錦纜牙檣不可當中官爲虎吏爲
倀公然驅遣開頭去風伯應封異姓王

潁江古祠金德嘉詩祠聳出江滸樓上可遠眺前朝父老題詠多在壁間有里人李毓貞爲余言先太父楚濱府君九日吟絶句寫神龕最高處見時猶及見之余趨往掃灰塵徧覩剝蝕漫滅止有坐石江頭看水流七字可辨識慨然太息而返踰年有大游艇樓船西上居人聞信皇恐走神祠禱上水風比夜大風起船從江以南徑過詰朝居人辦香詣祠謝焉余洗手敬書先太父句爲根柢而用二十一字足成之書諸壁
一夜東風滿柁樓千帆飛過蓼花洲祠前瀆作登高賦
坐石江頭看水流

紫荆夫人廟金德嘉詩盤塘江滸昔有人君見麗人月光中詢之答以詩明日至廟前土牆茆屋紫荆樹與詩合輒耕餘六拐奚斯事也
土至茆茨秋復春江聲灦灦石
粼粼拘公健庭無飄蕩安得高唐夢裏人

五顯祠在縣儀門外
文山廟縣南十里
大金廟縣南三十里
仙姑廟縣南九十里
水府廟縣南九十里
許眞君廟縣南九十里

[illegible]王廟在田鎮久圮黄玉鉉捐俸重修
太子廟縣西車門村又城蕩湖白石山
仰山廟縣南七十里
荆林社祠縣南五十里武山湖濱
上廟龍武二鎮
下廟武鎮
文殊菴縣西北十里康熙四年黄玉鉉重修
三官殿原址劉公祠既燬以康熙三年冬黄玉鉉重修爲三官殿招僧祀三官併立劉公牌座
祖師殿五年冬黄令以祖師與三官不應共處又捐貲建殿於三官殿後

朱光照捐　文昌閣田數
太路上田一坵貳斗陸升
稆灣坵田一塊壹斗伍升
河岸上田一塊貳斗
又二坵頂頭地田壹塊叁升
河岸上又田一坵壹斗伍升
以上共田柒斗玖升

廣濟縣志卷之五終

廣濟縣志卷之六

知廣濟縣事金壇虞學灝重修
教諭孝感龔佐龍
訓導鄖縣陳景行　仝校

建置志

鄉鎮　郵坊街市附

昔者周官月令市有司市山有野虞澤有漁人澤人如四方之掌方相之設其制詳矣廣濟馬口武穴各置巡司凡山林川澤平原土壤大要責成於縣吏志民居而保甲於是乎出政令於是乎成易曰方以類聚物以羣分類族辨物必有道焉其彰善而表厥宅里教化攸關不容以畧

纍東鄉轄圖四　鄉約三名保正五名甲長一十六名
霊西鄉轄圖六　鄉約二名保正三名甲長七名
永東鄉轄圖四　鄉約二名保正二名甲長四名
永西鄉轄圖四　鄉約二名保正三名甲長七名
太東鄉轄圖三　鄉約二名保正三名甲長十名
太西鄉轄圖三　鄉約一名保正一名甲長三名

安樂鄉轄圖六　鄉約二名保正四名甲長九名

馬口鎮　在縣西七十里今廢移駐田家鎮

武家穴鎮在縣南七十里　鄉約二名保正三名甲長九名

田家鎮在縣西七十里　鄉約二名保正一名甲長四名

龍坪鎮在縣西南七十里　鄉約二名甲長六名

縣市　鄉約二名保正一名甲長三名

孝義坊　朝京坊　梅浦坊　隆慶坊　凝秀坊

致和坊　仁壽坊　通晋坊　肅靜坊　河南坊

里仁坊　濟川坊　餘慶坊　河西市　正街

玉帶街　後街　新街　廟門口　北門坡

驛腦上　祭院邊　左肅街　河邊　河東市

十字街　南門頭　東門外　文家街　教場口

桂花村　觀巢村　河邱村　西浴村　車門村

觀側村　南路村　吳祈村　木溪村　田塘村

中瀆呂家村　白鶴溪村

直著蘭臺坊　石坊為侍御劉天衢立

恩陞瑣闥坊　石坊為給事吳亮嗣立

大老文宗坊　石坊為觀察舒其志立

貞節坊一為徐宗妻朱氏一為何儀妻張氏以上坊市舊志

驛遞

馬政班於秋令鄉舍承備星馳來往不特驅肥策阜伺牧是賴申警必勤否則僕痛馬瘏稽留信宿咎誰歸也

廣濟驛

雙城驛

總鋪　縣前　往黃梅六鋪　萬年鋪　青蒿鋪　荆竹鋪

車坊鋪　石塘鋪　雙城鋪　縣東六十里接黃梅縣界　往蘄州三鋪

許家鋪　周源鋪　楊林鋪　西南三十五里接蘄州界　往蘄水二鋪

十里鋪　固城鋪　縣西二十里又三十里接蘄水高山鋪界

原額設驛馬二十五匹　腳馬一十六匹馬夫一十二名七分工料銀捌百玖拾壹兩捌錢於雍正五年奉　文裁汰腳馬五匹馬夫二名支工食銀伍兩共裁銀壹百捌拾兩玖錢陸分叁釐陸毫今存　驛馬二十五匹腳馬一十一匹馬夫十名七分每年支工料銀柒百捌拾貳兩捌錢叁分陸釐肆毫馬夫每年在工料內支給工食銀柒兩叁錢貳分縣官捐給飯食銀叁兩陸錢

排夫七十名每名每年工食銀柒兩叁錢貳分閏月加添

小建扣除
舖兵工食銀伍百陸拾壹兩陸錢
營汛
邑無城池龍坪武穴地臨江滸防衛宜嚴昔嘗請黄州兵移鎮永樂邊界蓋之武卒不下於齊秦燕趙也濟雖微一旅之師斥堠相望保障哉
演武場在縣東里許横九十五步縱一百九十三步有振武亭正德十六年知縣汪倬建嘉靖十六年知縣王綍修形勢雄聳足為耀武之地

國朝順治十六年知縣孫謙亨復修
民壯縣二十里每里約僉五名計編一百五十名每丁石派給每名工食銀肆兩捌錢正德十六年知縣汪倬奉例加五十一名共貳百壹名工食浚加柒兩貳錢順治三年編民壯五十名又馬快八名
弓兵縣額壹百五十名舊賦役戶永充後以循戶更役武家穴柒十名馬口司八十名順治間武馬二巡司弓兵循編柒十八名哨船水手八名以上舊縣志
廣濟縣防城兵貳拾肆名

蘄州營分防旱汛係右哨把總轄荆竹舖防兵五名雙驛塘防兵五名
道士洑營分防水汛堡子塘防兵五名烏林港塘防兵二名馬口塘防兵三名田家鎮塘防兵十一名盤塘塘防兵三名下套口塘防兵五名武穴鎮塘防兵十六名中廟塘防兵三名龍坪鎮上塘防兵四名龍坪鎮下塘防兵三名以上府志
廣濟原無城守康熙二十七年始撥蘄州營千總來濟暫居城隍廟後以毀廢察院為其公署順治三年編民壯五十名後又裁撥護黃州府四名護漢陽府四名又撥護武穴司四名縣今存三十八名每名工食陸兩

武穴司弓兵十二名馬口司弓兵十二名工食共柒十六兩五分武穴司哨船四名馬口司哨船四名工食共肆十捌兩捌錢縣馬快八名工食肆十捌兩
舊志曰聖世務正教而刑以弼教兵以衛食亦未嘗廢也後世銷兵器罷民伍示不復用宼之變生意外莫之振救則兵防亦治世之要術矣然增兵益餉重斂困民盜反以滋是莫若因民為兵保甲團練之善也明初縣設民壯弓手而外則保甲團練久之循名失實民壯祗供勾攝桴鼓數警門柝時驚曾不聞有贏股肱決射御

之能乃若濟無城守寇盜闌入如履曠野明季其徵矣
所貴思豫於有備堅吾衆志可不思所以豫防哉龍坪
武穴地臨江滸五方襍處最難設禦嘉靖中江洋大盜
徐棟等劫塩商殺胡惠五人主簿徵糧龍坪督緝禽獲
奉撫按旌獎是後僉保盤詰精密盜過輙獲相戒次且
勿敢近竟以是著聲郡界邇年兵寇相仍災荒歲接土
著稀少佃客半招外縣民間儲積磬懸婦子惟守頹壁
田在草間狐兔族聚民莫聊生而很子驕胥之夫相煽
為盜莫可控止順治十一年九月大盜曹二等數十人

過縣賊曹邏卒緝獲三人其夜衆盜來劫奪還二人獨
曹二拘繫僻處守者以刀橫注其喉不令聲遂不及奪
乃捕衙欲自為功以陳獲具辭上後司理庭鞫盜自陳
與具辭枝梧竟為盜脫罪坐罪邏卒六人自是人以緝
盜為戒安能責其求死哉比武穴所在見告甕商掠肆
倍於曩昔而不克獲一賊惟官船泊岸殺盜數人盜舟
風帆逆上覆溺無算至村墟往往劫殺不敢上聞熨腹
挺腸抽筋簽爪毒慘最酷其牽牛而擔負者斗米之家
無安堵矣渤海朝歌賴有令長而盜賊不起盤錯悉別
令縱使家多畜積道遺不拾室有鳴琴勿襲於勇此固
文教之功哉而兵防寔沐賜署矣

水利　橋梁附

因水道而成梁楗民無病涉王政也伊濟大蕭入黎坊
與水庸同載匠人夏營溝洫築堤蓄泄切於民生尤大
河堤縣治右河自凝秀而下水太直瀉少環繞停蓄之氣
於邑非便嘉靖末楊公鳥命塞舊河口導水西流抵山
麓始南折沿河南岸低窪不足捍水西行濱從為廣特
命高其堤防萬歷中河堤決邑人楊大鰲督修凝秀決

堤二十七丈曰此關係吾邑匪輕晝夜不休必堅完乃
止甃所見在大也沿堤植杞柳欄柜諸木自寇亂樹多
砍伐堤失其衛崩決遂多邑人王臨讀書齋中時自補
築栽樹木以護濱堤不能遽如昔人植楊兩岸補川上
勝概而堤樹之樵採椎鑿何不禁也樵舊有夫役一名
閘長一名歲給工食銀似宜舉復嚴示近堤居人禁舊
當急也

蓮城堤縣南五十里即蓮城橋通龍坑堤也龍坑抵蓮城
湖綿亘十餘里水患沉流堤岸衝瀉舊時兩橋石崩塌

不可渡陰雨稍集則泥濘牽陷深没脛膝舟車馬步跋涉維艱康熙丁未陳馬樊功臣等募修葺堤橋數年頗有成緒人不病涉金德嘉連城港詩龍坪之北有古港時堙塞正統間濬明爲通津相傳有一港堪貲十五城之句或又曰楚賓金先生詩也然藏稾久失矣東來賈船大雷岸上水停撓刋水頭最是家家臨釣瀨細鱗巨口似

黃州

鳳港堤縣南五十里爲武穴要道舊砌石堤三十餘丈中爲樂者三至今利涉但崩壞修葺爲急

孫公英堤在武山湖西舊湖水洸田英督衆築堤護田號

曰北塘勝復爲長堤以薄其外英嘗繫馬其處後人德之因號爲繫馬嘴

武家穴壩在縣東九十里臨江上自盤塘下抵黃梅楊家穴長一百九十里明永樂四年朝命修江岸宣德六年築堤隆慶後水決爲患邑丞朱邦華邑令周良弼相繼修築萬歷四十二年邑令劉允昌屬丞樊守執築高廣倍於舊

國朝雍正五年奉文領公帑修築吳熊青林隄記曰康熙二年癸卯八月江浸稽天狂瀾撼地邑侯安公躬率居民負畚揭土日夜巡視江隄以彌縫其隙而滲[illegible]俯諸隄柳之陰登高遠眺蜿蜒蟒蹻蔡山孤嶼洞[illegible]粟而黃梅宿松諸地界隱隱浮沉於煙雲天際之外[illegible]然曰禹之明德遠矣後之築斯隄者厥功尋在禹下哉安公曰隄之本末可得詳與余曰水經江自蘄陽東[illegible]銅零口逕長風積布逕遲聳峙與南岸下土磯對又釣臺半壁橫踞江心江流狹甚厥勢湍怒而盤江以下復無崇山峻嶺以東其勢遂折而北走齧蛇山之麓東左得青林口即今土人所稱通江源也水經註云東陵鄉

西南流水積爲湖湖西有青林山即今所稱程家林也程爲邑著姓祖墓臚青林山巔往來者易以今名不復知青林山名矣山下爲青林湖湖之廣可二十里許湖之中有小山可二里許鄉人遇寇警輙避于其上因名武山後復以山名湖稱武山湖不復知青林湖名矣春漲暴涌舸艦舳艫由青林口逕道觀山樊噌城下滙萬丈蓮城直達黃梅大洋太白諸湖抵于下尋故經云又西南歷尋陽分爲二水一水東通大雷一水西南流注于江此魏晉間青林口之水道也父老相傳不知何代

江漲迅發有大栰漂淪過江源水洄栰膠久之沙積[illegible]
沉此口遂息壤以湮不復有過江源益不復知青林口
名矣余嘗疑其說不足據及觀崔鴻十六國春秋秦氏
建元中唐水汎長岸崩殺城角之下有大木交横如
梁柱焉後燕之初此木尚在未知所從追攷記稽疑蓋
城池當初山水济溢漂淪巨栰阜積於斯沙礫息壤加
以城池既興物固能久耳由斯以言栰塞江源理固所
有無足疑者詩云高岸爲谷深谷爲陵矧江之開塞利
害攸大安知非鬼神之所爲也耶青林口既閼北走之

水并勢南條盤塘以下經所謂列水也録云右對馬頭
岸自富口至此五十里岸阻江山者即今武穴也武穴
下二十里昔名鴻腦洲即今龍坪也又下四十里即今
大灣蔡山地也而武穴獨當其衝聞之河之來也高高
則勢悍而善嚙故治河宜多予之地江之來也遠遠則
勢柔而善入故治江宜堅爲之防武穴之要害如此而
明永樂二年始有部臣監築之命何歟猶記先王父爲
予言元之季世紅巾騷動沿江一帶居民鮮少斥鹵沮
洳萑葦翳蘙洪武初諸賊殄滅黄鴻漸集[illegible]

歴問吾青林埠始受丈量是知永樂二年百廢舉舉[illegible]
工雖興形埒嶠嶮故嘉靖十七年六月大水舉蛟一日
並起於杜家林而居民田宅皆壞隆慶五年六月二十
二日夜隄決縣丞朱公邦華棄其決處於杜家林南三
百步更築乃今之隄址也武穴黄君嫂碑碣可考萬歴
三十六年三月至五月霪雨不止江隄大圮五鄉俱没
遺民流離無依邑侯周公艮節具文請賑邑人太平知
府張公子龍上書兩臺曰廣濟里三十鄉七高原七之
二低濕七之五五鄉之地内連武湖外類長江最爲汙

下今年三四月間淫雨浹旬湖暴漲低田盡没幸隄障
江水高者尚存五月霪霖武穴龍坪隄驟潰田地廬舍
無高低矣居民倉卒有升屋屋倒而死者有脱走林卯
終莫濟者若卯塊棺櫬擦蕩洪濤巨浸中即有孝子慈
孫徒興望洋之泣如杜家林方家背等處又不可勝計
矣幸隆慶五年破隄水勢尚小高者半存二麥收早禾
熟民猶藉以聊生今年破隄甚早水勢極大盪塲二麥
總爲漂流禾苗甫見白浪突來將何所寄命哉爲今之
計當岌岌舉行者三一曰築隄夫築隄捍水自漢唐至

今久矣永樂二年部臣監築之隄上起盤塘下訖新開口綿亘九十餘里獨武穴最爲險要外江内湖其守不惟廣濟當之黄梅宿松望江懷寧勢若下流廣濟之隄一潰則奔湃之勢直至五縣皆受水害隆慶間破隄八十餘丈共計夫役七千今所破者不知幾倍則夫役工費又不知幾倍且作隄必須今冬起事來年二三月告成三月不成四月水又至矣藉隄爲防者必至失業五縣錢糧從何致辦此冬築之期不可不早也夫築隄宜早而費所當議廣濟十室九空如此哀憐之可也撫綏之

可也安能役以築隄之費責之宜發官銀廣爲召募則民心樂從饑餒之衆亦得仰給工食以爲救死之資其舉然赴工者殆如子趨父事矣此不惟早完工役亦救荒之一策也二曰蠲徵夫國家錢糧出自田地今歲下五鄉被水上二鄉三四月山水驟發平地水深尋丈汐歷田地過半溺死人畜無數此按臺經過目擊親睹嗟憂不已者大雨一止田塍未及修補一旱至今禾苗立稿夫廣濟七鄉耳低苦水高苦旱粒米無收有司又以歲辦之額責之即门殺一人懸之藁竿民猶背不領行

此本年錢糧無拘兑運當行蠲免其明年暫且停徵庶求死之民獲再生之慶矣三曰賑濟人情一日不再食則饑況連月計日烟火寥寥者乎今百姓嗸嗸日夜如赤子之望慈母張口待哺不知幾萬奉兩院賑濟軫念民瘼甚盛心矣第有限之恩不厭衆望而廣濟倉廩又無數萬石之儲須本省布政司查有無礙錢糧給發萬兩不然請之内帑亦一策也夫是三者固當並行至黄州所屬水災九縣同受而築隄惟濟獨苦蓋廣濟之災由於隄之决也藉令隄不預築來年有水年年告災

朝廷徵輸可常蠲乎倉廩可常發乎是故事有本末當圖其本勢有緩急當先其急不然恐濟邑之民不止逃死已也書上未及行邑令周公良翰乃量賦征力以三千人築之不果成明年庚戌巡撫張公巡按史公捐金六百二十兩守道陳公巡道陳公防道韓公屬黄梅蕭丞董之訖五月告成江夏郭正域曰寧獨廣濟之利哉五縣實賴之四十一年癸丑大水隄决余叔王父太常公時在諫垣疏論水災畧云楚地廣博而水鄉十居其七萬歷三十六年大水今年五月六月復大水沖隄破防

蛟龍四出有連屋列檣蔽江而下者有牛馬豕畜逐波而浮者有童女季婦紉衣見志老弱少壯委髮脫齒狠藉江沙者肉餧烏鳶之喙魂浮天際之烟如此災傷百姓僅見臣邑廣濟黃梅在荆楚下流江身既高百姓如在釜底數百里赤子係命惟隄彼時洪水驟汎譬如崩山倒海從天而下百里之民皆爲魚鱉伏乞陛下大發帑金以救孑遺之民仍耑遣一官經理其事嚴飭守臣多方救援則既死之民可以復甦矣是歲秋大築隄邑侯劉公允昌偕丞樊公守純督之公踐隄會有生鹿浮

江而至引之岸下不死公慨然曰神示我矣吾其與父老子弟並受其福乎作瑞鹿歌爲文紀其事於是經畫久遠以停解南粮爲築工費塞諸決口視舊隄高廣公曰吾將倍增之且戊申隄決不過尋丈所請留司帑金外益派丁糧六萬餘搢措費至二三百餘僅塞決口茲欲因工於通惟靈東少有積租其他計一二年所積金三千餘吏雖峻徵徒受科累且以所積工費抵之而豪視所遁多寡率征爲役不足則稍均攤於衆績可成也丞樊公守純有幹令耑董其役凡兩月增隄高至尺十

有五廣至尺十有三穿隙燼鬱竹苞石盤象威德之固以古觀音閣舊址爲祠祀公每歲五月十八日遣官於眞君殿前致祭河伯當其時士民龥以玉吳呂如等朝夕奔走因祭須祚以報勞焉順治十六年戊戌沔漢横決景陵數邑民盡爲魚而茲隄之不沒者僅三版則劉公增倍厚址之德不亦遠乎安公於是瞿然正襟曰劉公之經營固若是哉厥功誠不在禹下矣第思部臣監築之初不繩其址而紆其塗毋乃糜工費乎余曰此木鵝流水之法也古人熟識水情以江北之水必因江南

之山之勢以爲滌洞當汎濫側木爲鵝泚彼中流聽其所之幾炸艦尾其後以竿誌之水退隨竿築之異時即有蟻孔之變庶不至撄怒觸齧矣夫是以登隄通望勢若神龍蜿蜒戲波間耳安公乃望洋而喜曰創者先審乎勢守者繼增其功天下事類如是也後之君子欲與河伯爭勝可不知此具乎余曰不寧唯是曾思隄之未成也江雖作勢雷轉電廻然引之則長津委注過之則百川輟流漯流堪憂趨避猶緩隄之既成也以一畝之流納萬頃之濤以一綫之防懸五縣之命表裏江湖介

僅坏土江鮑湖倏一瀉千里爲憂不將大乎昔王遵建
節河隄不溢王覇精誠虖沱不流宗廟大戰天吳退舍
昌黎致祭鱷魚遠徙水德昭明變通在我當事嫻於古
法而屬精以圖則萬世之利矣安公於是乎稱善顧命
左右記之

廣濟塘在縣北　吳塘　劉堰　潘古塘

府志水利議曰廣濟黃梅濱江皆有長堤廣濟計七十
里在縣靈東永東太東三鄉分爲十三棚有茅林背急
水背狗兒塘龍塝窩跛塘穴下塝青林背汪家背中廟
五里黃花李林保賽各名舊例每年計田起役夫修築
國朝雍正六年知縣高人傑因中廟危險合縣秋糧派費
築月堤一道長一百五十二丈九年人傑恐新堤不固
復在堤外砌石岸一道長與月堤等乾隆二年知縣李
肇梅復加補修又於上下加砌石岸各十丈

仁壽橋在縣治東門外康熙五十九年春雨水發冲塌一眼重修雍正五年大水冲塌四眼僧月朗募修
春風橋在縣治東　荆竹橋在縣東三十里善民胡介甫募修　花關橋在縣東四十里雙
城橋在縣東六十里耆民袁某變產修造　車坊橋　五里橋在縣南五里　七里[illegible]在縣南七里通蘄廣通衢　楊林橋在縣南十里俗名女兒橋上通蘄州太湖下抵九江　建城橋[illegible]

西南六十里與便民倉近僧自猛募修　間替橋在縣西南七十里　滄浪橋在縣治西知縣劉允
昌建後圯乾隆十六年知縣嚴學灝重建　搭水橋在縣治西　松楊橋在縣西十五里知縣黃玉鉉建
周源橋在縣西二十五里　黃花橋在縣西六十里　凝秀橋嘉靖戊午知縣楊阜建橋圯碑
存順治九年碑石改刻他處　能家橋　清流橋　柯春橋治西通蘄州大道　何
春橋治西通蘄州大道　何家橋　鳳港橋　栗木橋　陽橋　北
川橋　大金橋　城塘橋　伊家橋　伊家渡在縣西南十里　鄧
家渡在縣西南六十里　官橋渡在縣西南六十里俱與便民倉近　北港口渡　松
楊渡　陶家塘　倉頭埠　史家渡　童師排

廣濟縣志卷之七

知廣濟縣事金壇虞學灝重修
教諭孝感龔佐龍
訓導鄖縣陳景行　仝校

賦役志

戶口

民以君爲心也心寬廣和平則四肢百體肌膚毛髮罔不暢遂敷榮欣感流溢濟以凋敝之餘生齒殷繁昔日項尾流離杳不知爲何代可不謂盛歟乃民數增而賦不加益撫茲土者其何以仰答高深之萬一也賦役全書經費錄續文獻通考省通志源委瞭然黃州新府志不繼叙前代廣濟順治間縣志始自有明而各賦欵項條編魚鹽茶課及四差役人等歸于戶禮兵工者無復詳列所謂博固可稽約亦可守者也今參考而仍其舊云

明洪武二十四年戶壹萬貳千壹百陸拾有伍口玖萬伍千玖拾柒永樂十年戶壹萬玖百伍拾有捌口柒萬玖千捌拾有伍宣德七年戶壹萬壹百叁拾有伍口陸萬貳千壹百叁拾有捌成化八年戶陸千伍百叁拾口肆萬柒千叁百叁拾有叁弘治十五年戶陸千伍百玖拾有陸口肆萬柒千百伍拾有壹正德七年戶陸千柒百玖拾有肆口伍萬肆千壹百玖拾有貳嘉靖二十一年戶陸千捌百壹拾口伍萬肆千壹百玖拾有貳民戶捌百壹拾有貳軍戶叁千柒百叁拾有玖男叁萬貳千捌百捌拾有柒女貳萬壹千叁百零伍貼軍戶貳千柒拾有壹醫戶壹僧戶壹拾有肆匠戶壹百叁拾有叁嘉靖三十一年同嘉靖四十一年同萬曆三十年新定全書天

啓崇正年與萬曆間同

國朝順治初年與明萬曆間同順治十四年編審數目同戶陸千捌百壹拾戶口伍萬肆千壹百柒拾陸口丁原額壹萬壹千柒百壹拾肆丁康熙四年豁免運夫人丁叁百捌拾貳丁實壹萬壹千叁百叁拾貳丁自康熙二十五年至五十年逐次編審增人丁拾玖丁共壹萬壹千叁百伍拾壹丁共徵丁銀叁千叁百壹拾陸兩陸錢壹分伍釐壹毫玖絲柒忽貳微玖塵壹纖壹渺又裁同不在額徵丁銀以内之優免丁銀壹百叁拾肆兩壹錢

陸分叁釐玖毫玖絲於雍正柒年題准丁隨糧派歸入
闔省糧銀均攤加原額壹百陸拾兩捌錢叁分壹釐捌
毫陸絲貳忽玖微玖纖陸渺肆茫玖沙陸灰欽奉
上諭豁免實徵地丁銀叁千肆百伍拾兩柒錢柒分玖釐壹
毫捌絲柒忽貳微玖塵壹纖壹渺其自康熙五十五年
至乾隆六年編審增益滋生人丁壹千陸百壹拾肆丁
欽奉
恩詔永不加賦

賦稅

明洪武二十四年版籍官民田山塘肆千肆百叁拾貳頃
玖拾肆畝柒分稅糧叁萬壹千叁百肆拾捌石捌斗貳
升壹合肆勺田叁千壹百玖拾柒頃肆分地壹千貳拾
肆頃伍畝肆分山壹頃伍拾柒畝玖分塘貳百壹拾頃
叁拾壹畝夏稅大小麥陸百貳拾玖石肆斗陸升捌合
柒勺秋糧米叁萬柒百壹拾玖石叁斗伍升貳合柒勺
絲綿貳百伍拾肆斤叁兩柒錢壹分共織絹貳百零叁
丈壹寸玖分永樂十年官民田地山塘肆千伍百叁拾
貳頃玖拾貳畝玖分稅糧叁萬貳千壹拾肆石捌斗[illegible]

升玖合捌勺田叁千貳百柒拾肆頃玖畝地壹千捌拾
肆頃玖拾壹畝貳分山壹頃陸拾玖畝玖分塘貳百壹
拾貳頃伍拾貳畝捌分夏稅大小麥陸百肆拾石貳斗
肆升叁合貳勺秋糧米叁萬壹千叁百柒拾肆石伍斗
柒升陸合陸勺絲綿貳百伍拾壹斤零貳錢壹分宣德
七年田地山塘比前多叁拾玖頃壹拾柒畝成化八年
官民田地山塘肆千伍百叁拾肆頃貳拾畝柒分稅糧
叁萬壹千伍百柒石玖斗叁升伍合柒勺宏治官民田
地山塘如成化之數正德年同嘉靖七年官民田地山

塘肆千伍百叁拾肆頃叁拾餘畝有零稅糧叁萬田官
壹百壹頃陸拾叁畝叁分民叁千壹百叁拾叁頃貳拾
玖畝伍分地官壹拾肆頃柒拾貳畝陸分民壹千零柒
拾頃叁拾玖畝肆分山官無民壹頃柒拾叁畝玖分塘
官捌頃貳拾柒畝貳分民貳百肆頃貳拾伍畝陸分夏
稅官大麥壹石叁斗叁升伍合肆勺小麥陸拾貳石貳
斗玖升玖合柒勺民大麥玖石貳斗捌升陸合陸勺小
麥伍百伍拾貳石伍斗貳合肆勺秋糧官貳千柒拾玖
石壹升玖合叁勺民貳萬捌千捌百叁石肆斗玖升貳

合叁勺共叁萬捌百捌拾貳石陸斗捌升伍合叁勺[illegible]京絲絹宵叁拾疋貳丈伍尺柒寸玖分民壹百柒拾伍疋叁寸陸分南京農桑絹壹拾貳疋肆尺柒寸肆分[illegible]年里長辦解萬歷六年閣臣張居正用臺臣疏奏通丈各省布政司所屬州縣地畝湖廣通計貳百貳拾壹萬陸千壹百玖拾玖頃肆拾畝壹分自九年以後錢糧悉作一條鞭徵收民稱爲便三十年田地塘陸千叁拾捌頃肆拾畝陸分叁釐捌毫稅糧叁萬壹千伍百柒石玖斗叁升伍合柒勺原額田肆千貳百伍拾肆頃捌拾玖畝壹

分叁釐捌毫內上中下田叁千伍百肆拾陸頃玖拾壹畝柒分肆釐壹毫每畝科秋糧米陸升伍合伍勺陸抄肆撮玖圭貳粒該米貳萬叁千貳百伍拾伍石叁斗叁升肆合玖勺每米壹石並新加顏料北絹等項共派銀陸錢捌分陸釐玖毫壹絲壹忽貳微捌塵貳纖共銀壹萬伍千玖百柒拾肆兩叁錢伍分壹釐玖毫玖忽肆微玖塵捌纖叁渺沙脊田壹百肆頃貳畝貳釐每畝科秋糧米肆升叁合柒勺伍抄貳撮該米肆百伍拾伍石壹斗玖合貳勺每石照前則例派徵該銀叁百壹拾貳兩陸錢壹分

玖釐陸毫肆絲肆忽貳塵貳纖山湖田陸百叁頃玖拾伍畝叁分柒釐柒毫每畝科秋糧叁升伍合該米貳千壹百壹拾叁石捌斗叁升捌合貳勺每石照前則例派徵該銀壹千肆百伍拾貳兩壹分玖釐叁毫柒忽玖微貳纖陸渺叁則照糧每石帶科夏稅二麥貳升貳勺伍抄壹撮捌圭該大麥壹拾石陸斗貳升貳合小麥伍百壹拾貳石叁斗柒升貳合併入遞內帶派每畝科夏稅桑絲壹錢肆分壹釐壹毫玖絲玖忽肆微肆塵該稅絲貳百壹拾伍觔叁兩肆分該桑絲壹拾貳觔壹拾壹兩叁錢叁分貳釐玖

毫肆絲陸忽秋糧內派地壹千伍百玖頃壹拾玖畝叁分柒釐伍毫內上中下地併市基肆百叁拾伍頃捌拾畝捌分[illegible]玖毫每畝科秋糧米叁升伍合該米壹千伍百[illegible]叁斗叁升壹合陸勺每石照前則例派徵該銀壹千肆拾柒兩柒錢陸分柒釐肆毫捌絲肆忽捌微貳塵壹纖青渺山湖併平基山基地壹千叁頃肆拾柒畝玖分伍釐肆毫每畝科秋糧米壹升捌合該米壹千捌百陸石貳斗陸升叁合貳勺每石照前則例派徵該銀壹千貳百肆拾兩柒錢肆分貳釐伍毫柒絲叁微壹塵壹纖肆渺[illegible]

塲湖地陸拾玖頃玖拾畝伍分伍釐伍毫每畝科秋糧
米柒合捌勺該米伍拾肆石伍斗貳升陸合叁勺（每石照湖
則例）該銀叁拾柒兩肆錢伍分肆釐柒毫叁絲陸微壹塵
伍纖肆渺叁則地照糧每石帶科夏稅小麥貳升貳勺
伍抄壹撮捌圭該麥陸拾捌石伍斗陸升柒合柒勺（併入
秋糧帶派）每畝科夏稅桑絲壹錢肆分壹釐壹毫玖絲玖忽
肆微肆塵該絲貳拾捌觔叁兩肆錢伍分柒釐捌毫共
科桑絲壹拾兩陸錢陸分壹釐叁毫陸絲貳忽（入秋糧內派）
塘貳百柒拾肆頃叁拾貳畝壹分貳釐伍毫內上中下

塘貳百叁拾貳頃玖拾叁畝玖分叁釐柒毫每畝科秋
糧米陸升伍合伍勺陸抄伍撮該米壹千伍百貳拾柒
石貳斗柒升壹合陸勺（每石照前則例徵派）該銀壹千肆拾玖兩
壹錢玖絲貳忽柒微壹塵捌纖貳渺山水鄉塘肆拾壹
頃叁拾捌畝壹分捌釐捌毫每畝科秋糧米叁升伍合
該米壹百肆拾肆石捌斗叁升陸合陸勺（每石照前則例）該銀
玖拾玖兩肆錢捌分玖釐捌毫玖絲叁忽壹微伍塵陸
纖伍渺貳則塘照糧每石帶科夏稅小麥貳升貳勺伍
抄壹撮捌圭該麥叁拾叁石捌斗陸升貳合陸勺（秋[illegible]內[illegible]

派）每畝科夏稅絲壹錢肆分壹釐壹毫玖絲玖忽肆[illegible]
肆塵該稅絲壹拾叁觔壹拾肆兩玖錢叁分五釐伍[illegible]
每畝科桑絲壹錢肆分壹釐壹毫玖絲玖忽肆微肆塵
該桑絲壹觔壹拾叁兩壹錢陸分伍釐陸毫玖絲貳忽
（秋糧內帶派）以上共科秋糧米叁萬捌百捌拾貳石伍斗壹
升壹合陸勺內貳斗以上起科役官等田米伍百陸石
捌升壹勺壹斗以上起科官米壹千伍百捌石陸斗捌
升伍合柒勺壹斗以下起科民米貳萬捌千捌百陸拾
柒石柒斗肆升伍合捌勺（舊奉例清丈不分官民一體編差）夏稅大小

二麥共陸百貳拾伍石肆斗貳升肆合壹勺夏稅絲貳
百伍拾柒觔伍兩肆錢叁分叁釐叁毫桑絲壹拾伍觔
叁兩壹錢陸分原額田地塘共陸千叁拾捌頃肆拾畝
陸分叁釐捌毫實載秋糧米叁萬捌百捌拾貳石伍斗
壹升壹合陸勺夏稅大麥壹拾石陸斗貳升貳合小麥
陸百壹拾肆石捌斗貳合壹勺二麥共陸百貳拾伍石
肆斗貳升肆合壹勺夏稅絲貳百伍拾柒觔伍兩肆錢
叁分叁釐叁毫（以上三項俱係秋糧內派除優免外科則不等共額徵銀貳萬）
壹千貳百壹拾叁兩伍錢肆分伍釐陸毫叁絲叁忽[illegible]

塵伍纖伍渺原額八丁壹萬壹千柒百壹拾肆丁除優免外
料則不等併新加顏料等項共派銀貳錢玖分貳釐壹毫捌
絲柒忽肆塵玖纖肆渺共徵銀叁千肆百貳拾貳兩陸
錢柒分玖釐玖絲陸忽貳微貳塵叁纖叁渺以上丁糧
米麥共徵銀貳萬肆千陸百叁拾陸兩貳錢貳分肆釐
柒毫貳絲玖忽貳微陸塵捌纖捌渺外鄉紳舉貢監生
員優免原免存留差徭不在額解正項之內每年多寡
增減不一照名另派外派免軍本色漕糧正耗米共肆
千伍百叁拾柒石捌斗玖升另正米壹石里納船脚米

貳升該米陸拾肆石捌斗貳升柒合本色南米正耗共
米捌千壹百肆石另正米壹石里納船驢脚米壹斗伍
升該米玖百柒拾貳石肆斗捌升每石折銀壹兩以貳錢給解役該銀
壹百玖拾肆兩肆錢玖分陸釐餘捌錢充餉共該銀柒
百柒拾柒兩玖錢捌分肆釐儒學田米叁石壹斗伍升
柒合原派通縣帶徵永為定例萬曆四十六七八三年
加損銀伍千貳百叁拾肆兩叁拾肆兩叁錢陸分伍釐
柒微天啓崇正額徵田地丁塘田地丁塘與萬歷間同
崇正年有新餉練餉勦餉等項因流寇暫行加派非係

額徵

國朝順治初年額徵田地丁塘數目與明萬歷年間相同
順治十四年分奉　文丈量新定則例田地塘原額陸
千叁拾捌頃肆拾畝陸分叁釐捌毫載秋米叁萬捌百
捌拾貳石伍斗壹升壹合陸勺其夏稅麥陸百貳拾伍
石肆斗貳升肆合壹勺夏稅絲柔絲俱入秋糧帶派共
折徵銀貳萬壹千貳百壹拾叁兩伍錢肆分伍釐陸毫
叁絲叁忽肆塵伍纖伍渺加增遼餉銀伍千貳百叁拾
肆兩叁錢陸分伍釐柒毫陸忽伍微鹿皮京損銀壹兩

伍錢壹釐貳毫通計徵銀貳萬陸千肆百肆拾玖兩肆
錢壹分貳釐伍毫叁絲玖忽伍微肆塵伍纖伍渺
南糧驢脚米折銀玖百柒拾貳兩肆錢捌分
人丁項下實徵銀數見戶口志內
雜課徵銀叁百貳兩肆錢貳分柒釐伍毫壹絲叁忽壹
塵過門加銀貳拾肆兩陸錢柒釐捌毫肆忽伍微班匠銀玖兩陸錢共徵銀叁
百壹拾貳兩貳分柒釐伍毫壹絲叁忽壹塵
以上地丁正雜舊額新加除無徵豁免實徵銀叁萬
壹千壹百捌拾肆兩陸錢玖分玖釐貳毫叁絲玖忽

捌徵肆塵陸纖陸渺除優免丁銀壹百叁拾肆兩壹錢陸分叁釐玖毫玖絲入另款登收外實起運存留銀叁萬壹千伍拾兩伍錢叁分伍釐貳毫肆絲玖忽捌微肆塵陸纖陸渺

一起運

戶禮工光肆部寺地丁條邊麂皮京顏雜課班匠解費等項共銀貳萬玖拾伍兩柒錢捌釐陸毫肆絲貳忽玖微伍塵壹纖肆渺伍漠柒茫

一撥運存留

隨漕驛腳江濟官役俸食驛站祭祀廩糧雜支解費等項共銀壹萬玖百伍拾肆兩捌錢貳分陸釐陸毫陸忽捌微玖塵伍纖壹渺肆漠叁茫

一另款

奉裁優免充餉銀伍百伍拾玖兩叁錢伍分貳釐玖毫玖絲捌忽（優免丁銀總存數內）

一蘆課

原徵新增至乾隆四年以前除泥灘不載課外實稀蘆熟地壹拾壹頃柒畝壹分捌釐貳毫實徵銀壹拾貳兩肆錢玖分捌釐伍毫伍忽

一南漕貳糧

漕糧本色正耗增貼米共伍千壹百捌拾肆石壹斗陸升

南漕本色正耗米捌千壹百肆石

饒于廉記廣濟新議賦役事曰先時邑雇役錢四千有奇輸之官官以時給役者其後輸者十率浮其一役者又僅得其九蓋兩苦之矣故太僕劉君天衢集衆議無輸官役者與輸者相兌行之二十餘年邑人

便之獨上供兵餉所入二萬金號爲條編者前令南昌趙君國華頗能覈其分合之數餘不必然而猾欲爲奸穴其中於戶曹糧曹外巧立名曰條編書算手率行金三十或四十營入入則與豪民比大受其賕當徵金時率陰其所當入之數而故爲最少數揭呈令其素稱爲謹急公事者又不習行賂往往當截中率累其數以出令第據其揭呈催徵而分總不相當無暇問金既入而所當起運送京邊爲最急司府檄日下積胥視爲空文而別受不必急者賄賄有定額

十率取其三輙役那移給與京邊歲率不供即奉
例免𨿽他不急賦予民敢於廢閣一切取盈用補那
移給予之數而民益不支前長寧令朱君之琦心切
慨之與所善劉秀才秉鉞王壽官弼故條編書算手
黃宏舉方宗科又心通積弊者數人議無再設書算
手而第合縣丁米賦役之數分算某戶某戶如干戶
必合圖某圖某圖如干圖必合鄉某鄉某鄉如干鄉
必合縣而後戶給一单戶或人或分為自納者人各
給一单書其賦役之數俾免以時徵差役罷勿役相

免支如故賦入如干金歲分四季季如干金季分六
卯卯如干金預書其數於单別給一簿簿所登載賦
錢分季若卯與单同官留一簿又與所給簿同而俱
登其各卯所輸之數當卯來輸者官隨多少兩簿並
登載其數民卯輸數如单所預開卯數里胥為給印
串串亦預載其卯輸數如单數不如數者不給不必
條編書算手別為揭呈發兩簿一串所納若逋瞭若
指掌一洗積歲買輕賣重之弊金既入又悉分別金
所屬戶曹如干糧曹如干禮兵工曹如干彼此相牽

執一洗那移給予之弊議既成合邑士民名達之畢
邑事州判管君一鳴管上之司府兩臺俱報可令出
良民恐稱便而不必人人良也或故稱不便以沮撓
之是在廉能吏審輿情而堅持之耳乃古者量入為
出今一切不問入豪民猾吏兩相朋比無名之需月
增歲益不必下之監司也何論部寺較出為入大
相反矣卯壑待盡之民何幸徼福於天賜廉能吏一
置之衽席乎

蠲恤 積貯附

荒政聚萬民肇於成周踵於後世廣濟在唐天寶先後
所邀荒政舊志俱未詳今仍之自明代始積貯者生民
之大命而備荒之良法也藏之於國與藏之於民無二
道也

明洪武九年免湖廣今年稅糧　十九年詔本年秋糧盡
行蠲免

永樂二年命御史郭林等賑湖廣水災

正統三年免逋賦　四年廣濟大旱饑知縣高偉發穀
開所輸粟以賑

成化十四年至十六年旱饑莩載道是年蠲賑無考府
截成化四年免被災稅糧六年免去年水災秋糧十年
三年免去年旱災秋糧十一年免秋糧十六年免免災
年旱災
秋糧

嘉靖十七年六月大水羣蛟一日並起居民田廬皆壞
是年蠲賑無考蘄水志載嘉靖十五年賑貳千四百九
十八石二十三年賑粟捌千四百七十石六斗銀壹千
四百二十七兩六錢六分二十
四年賑壹千四百六十兩六錢

二十年蝗飛蔽日知縣蔣崇祿令民有能捕蝗者給米
壹石不十日蝗盡　蘄水志合參

二十三年二月大雨雹六月大旱　蘄水志合參

二十四年再旱民饑死者過半　蘄水志合參

萬歷六年免逋賦

十七年大旱自四月至七月不雨蠲秋糧

二十九年蠲加派田租逋賦

三十六年大水三月至五月霪雨不止江堤決濟五鄉
俱沒遺民流離無依知縣周良弼具文請賑

四十一年大水堤決給諫吳亮嗣上疏論水災蠲賑　無考

天啓四年免災傷田租

崇正十一年兵荒詔蠲舊欠錢糧十五年詔蠲去年
租錢

國朝順治元年大兵經過地方免正糧壹年歸順地方免
叁分之壹　十年蠲免九年旱災十分之二　十一年
蠲免順治六七兩年地畝人丁本折錢糧拖欠在民者
十四年旱發積穀以賑知府于成龍勸民輸賑全活甚
衆　十七年蠲免順治十二年至十五年民欠錢糧

康熙元年蠲免順治十五年以前未徵錢糧　三年蠲
免二年水災拾分之叁　四年蠲免順治十八年以前
一各項舊欠錢糧　十年大旱免本年錢糧拾分之叁
十三年旱十五年水十八年旱俱奉文照分數蠲免

二十五年旱蠲免錢糧之半・二十八年蠲免餘項錢
糧　二十九年旱蠲免錢糧之半濟饑賑穀　三十二
年大旱蠲賦　三十三年旱賑穀米　四十四年蠲免
四十五年地丁銀米舊欠未完者並停輸納　四十五
年蠲免四十三年以前未完銀米　四十七八九年旱
蟲鼠災蠲賦賑穀縣令李格外賑救　五十年蠲免五
十一年地畝人丁銀並歷年舊欠俱着免徵　五十五
年水蠲賦賑穀

雍正五年水蠲賦賑米　六年水蠲賑八年蠲免湖北

九年分錢糧肆拾萬兩
乾隆十年蠲免湖北十三年分應徵錢糧除漕糧項外
其地丁銀米一概免徵
諸便民倉在龍坑鎮大江北嘉靖戊戌主簿劉珹重建
預備倉五縣治右嘉靖癸未知縣汪倬重建泰東靈
東永東安樂四倉知縣陳奎創置基存
國朝順治十二年署縣事檢校王開之於縣前右側建倉
積稻備賑後廢康熙二十一年於縣署右側建常平倉
壹拾肆間報捐穀石雍正四年發帑銀採買穀石於省

倉及府州縣應貯之處加謹收貯乾隆三年加三間共
拾柒間自康熙五十五年至乾隆十三年各案共貯穀
捌千玖百捌拾叁石柒斗伍升伍勺肆抄陸撮伍圭社
倉建立叁拾柒圖每圖設有正副社長經管每年春借
秋還照例收息自雍正元年起至乾隆拾三年共貯本
息穀壹萬貳千貳百肆拾貳石捌斗叁升陸合貳勺陸
抄養濟院在縣南洪武初建嘉靖丙申知縣侯嘉祥徙
治東南今存惠民藥局成化中勑建內外科醫者司局
事給價市藥修制軍民病者皆得詣請藥今廢漏澤園
宋崇寧三年令州縣以常平錢置漏澤園瘞民無歸者
明初知縣陳景昌治東南地為之無圖多為牛馬蹊牧
之所順治九年巡按舉奉
旨以文文置漏澤園於邑西郊外刻碑其處育嬰堂雍正十
三年奉　文建西關外

廣濟縣志卷之七終

廣濟縣志卷之八

知廣濟縣事金璸虞學灝重修
教諭孝感龔佐龍 仝校
訓導鄖縣陳景行

學校志

廟學 書院學田附

聖人者萬世之統宗學校者起化之根本辟雍頖宮澤流南服山輝澤媚宮牆桃李甲於州郡豈惟以科名相升降者哉後人其勉旃

御製

孔子贊并序

葢自三才建而天地不居其功一中傳而聖人代宣其藴有行道之聖得位以綏猷有明道之聖立言以垂憲此正學所以常明人心所以不泯也朕稽往緒仰遡前徽堯舜禹湯文武達而在上兼君師之寄行道之聖也孔子不得位窮而在下秉刪述之傳明道之聖也行道者勲業炳於一朝明道者教思周於百世堯舜文武之後不有孔子則學術紛淆仁義湮塞斯道之失傳也久矣後之人而欲探二帝三王之心法以為治國平天下之準其奚所取衷焉然則孔子之為萬古一人也審矣朕廵省東國謁祀闕里爰企茲深敬摛筆而為之贊曰清濁有氣剛柔有質聖人參之人極以立行著習察舍道莫由惟皇建極惟后綏猷作君作師垂統萬古曰惟堯舜禹湯文武五百餘歲至聖挺生聲金振玉集厥大成序書刪詩定禮正樂既窮象繫亦嚴筆削上紹往緒下示來型道不終晦秩然大經百家紛紜殊途異趣日月無踰羹墻可晤孔子之道惟中與庸此心此理千聖所同孔子之德仁義中正秉彝之好根本

天性庶幾夙夜勗哉令圖溯源洙泗景躅唐虞載歷庭除式觀禮器摛毫仰贊心焉遐企百世而上以聖爲歸百世而下以聖爲師非師夫子惟師於道統天御世惟道爲寶泰山巖巖東海泱泱墻高萬仞夫子之堂孰窺其藩孰窺其徑道不遠人克念作聖康熙二十五年七月初四日戶部尚書文華殿大學士臣張玉書奉 勅敬書

顏子贊

聖道早聞天資獨粹約禮博文不遷不貳一善服膺萬德來萃能化而齊其樂一致禮樂四代治法兼備用行舍藏

王佐之器

曾子贊

洙泗之傳曾以得之一貫曰唯聖學在茲明德新民止善爲期格致誠正均平以推至德要道百行所基篹承統緒修明訓詞

子思子贊

於穆天命道之大原静養動察庸德庸言以育萬物以贊乾坤九經三重大法是存篤恭慎獨成德之門卷之藏密擴之無垠

孟子贊

哲人既萎楊墨昌熾子輿闢之曰仁曰義性善獨闡知言養氣道稱堯舜學屏功利煌煌七篇並垂六藝孔學攸傳禹功作配

康熙二十八年閏三月十六日戸部尚書文華殿大學士臣張玉書奉　勅敬書

御製大成殿匾額

萬世師表康熙年

生民未有雍正年

與天地參乾隆年

先師之有廟也肇於唐迄宋至慶歷中始議建學廣濟縣學舊在治東北元末兵燹洪武初知縣胡昇尋建後知縣陳景昌遷縣東南一里正統初知縣陳顯重修正德壬戌知縣陳奎議學僻處河東遂徙建縣治左以按察行臺門外

大成殿增以府公館舊基隙地二畝殿東西兩廡前爲戟門門東名宦祠西鄉賢祠門之前爲丹墀又前爲欞星建造爲泮池環以石欄又前爲騰蛟起鳳坊神庫在東廡之上神廚在學內殿後爲明倫堂堂之前左爲進德齋右爲修

業齋饌堂在訓導廨左知縣陳奎出玩鹿易地建焉因扁曰鹿易堂張鳳梧新遷儒學記曰濟邑介江黄間地僻以簡而學又加僻焉邑東南一里許隔溪遠而淋潦時溢道爲弗通踰旬月有司弗獲一顧視齋舍頹敗旁無居民暴客奄至師生屹屹乎若將不終歲也兹黌久寂鄉書拓跡蓋數十餘年邑之人習見爲當然耳宏治庚申今山西副憲南昌陳公奎以名進士拜令謁廟之餘顧而嘆曰學關於治大矣久敝如是乎改遷之責將有待於予諸生復以爲請屬下車歲方弗稔未暇也越明年辛酉政洽民和百

廢俱興乃率僚屬師生遊觀邑治惟縣左按察行臺與府舘並列地勢爽塏四山環抱公曰學在是乎衆志僉同不卜而協復度布政分司之左可以徙行臺廣濟驛之右可以遷府舘爰具顛末白於巡撫都御史韓公重巡按御史王公約暨藩臬諸公咸是其議盧太守濬壬戌春建

大成殿庀材鳩工則羅節推綸力任之毀淫祠之材爲前門門左右祠鄉賢名宦後有齋堂伐境內古松柏構學椽甓可用者以爲廨宇爲號舍粟米則勸諸富室出所有以食梓人力役則取諸審戶口與訟之健於官者凡工料之需

隨宜區畫不動公帑不歛細民甫數月而落成規模壯偉進甲諸邑左建鹿易堂以會饌叠以鹿價易隙地而爲之也右建式穀書舘以訓僚屬子弟釋菜禮訖邑之士民叟相賀曰是學之遷非吾賢侯何克以成乙丑夏初鳳梧奉命典學於楚聞公賢聲籍籍既以修學之資名宦鄉賢之祀費無所出欲取舊學基利克之公遂移文以達予未幾公以御史徵去矣丁卯春予閱士至濟偕上丁釋奠周旋廟學顧瞻咨嗟嗣令葉溥學諭趙杲述公績亹亹不倦奠禮成而時雨降予喜賦詩一章諸生咸賡和之今且十閱歲矣予改官晉臬公以副憲同僚寀相與道舊故公曰廣濟學成矣而久弗記徵諸東白先生而未果也予有典學一日之雅何辭焉予惟學校之設所以敦彝倫明教化自三代以來未之有改皇明稽古制庠序周寰宇其法至精且備守土之臣未能奉宣德意傳舍視之因陋就簡舊者弗暇葺而況撤而新之乎公以宏才雅操爲邑獨知所先務而又經度有方公私不匱其賢加於人數等矣使天下之守令皆若是教化之行不患其不古若也諸弟子其遠守聖賢之訓近服朝廷之化勤以勵學愼以檢身英才輩

出爲時建勳業無窮不徒爲章句口耳之習也斯公遷學育才之盛心庶乎無負而於鳳梧亦有光焉尚勉吾言哉是後相之者主簿宋曆典史金清而督工者義官李勝春也因并書云金德嘉有詩縣學舊治河東令陳君按形家言遷縣治左殿堂門廡俱成惟講堂地偪窄君出侍齋驪鹿易民地爲之士大夫相與歌咏其事名曰鹿易堂君南昌人宏治己未進士出廣濟令擢御史驪鹿一時同李渤講堂萬禩比文翁縣門如帶涓涓水魯飲南昌御史驄學舍在學門內敬一亭在啟聖祠前

嘉靖辛卯詔改名

先師廟暨木主所鐫敬一亭箴及范氏箴訓程子箴解碑刻左

右俱知縣謝秩奉立崇正來賊燬
國朝順治之十四年知縣閻國士教諭傅鍠訓導胡效順建
大成殿暨東西兩廡櫺星門康熙六年知縣黃玉鉉捐俸濬
池並建黌門重檻署教諭李以範督工建
啟聖祠其左號舍名登瀛右號舍名聚奎康熙十二年知縣
任暄猷潘士學教諭胡大猷鼎建明倫堂十七年訓導汪
紹遠重修學宮張仁熙有記曰康熙十有七年戊午博士
先生汪公始司濟鐸見學宮圮慨然有脩復之志而是時
義興脊齋蔣公督楚學故事學使者按部一臨郡庠講業

公兼臨邑庠卽屬庠不克至修舉必悉於是大湖南北以
次報葺公故與先生厚善獨諄復於先生曰吾讀水經而
異濟焉夫江以海爲歸而桑鄖莛江乃止濟之青林積布
地何也近採楚風輒首僂指濟先後稱博學隱君子者惟
濟邑彬彬治舉子業者亦惟濟邑豈其有崇仁南城之産
玉蟾石賛之儔乎惟爾訓濟賢其諗諸翼日先生入告得
賢大夫士德而宜祀於鄉者八人公核實同日祀之歲大
比儁錄科當六十士先生復入請得溢額至百四十而金
于德嘉壬戌試禮部果南宮第二公則大喜曰吾固知濟
之鬱而光也雖然必有聖賢靈爽焉爲惟爾訓濟者公家
之事非予誰屬先生曰此吾夙志也鳩工庀物鼛鼓弗勝丹
木千章甎甋髹堊甆甃琉液之屬浮來郢渚卽竹頭木屑
咸以供傾値用堅緻宏麗費不下六十萬錢蓋不藉紳士
一儒力一型釜鼎峙皇皇視湖南北乃倍也工成先生顧
嗛嗛不自居召邑弟子員而告之曰非璧之能也其蔣大
夫之鑑於水而無留景也夫依木長嘯動於逕林幽壑上
通神感和氣蟋蟀之小而吟以秋時也矧思皇士乎抑大
夫非其鑑之調聽鬼然者而知琴瑟書冊之藏也聲飛跂

翼翥櫓於天恭佡仰之日月麗而雲漢之昭也非駁姿丼
斡比也廉隅立則卑頑祛茀除淨則理性明行績樹則室
堂作奥楔斷丹艧隨地而是也望宮墻而腩縮焉豈大夫意
哉其以是爲射之的矣張子作而嘆曰善哉先生之言蔣
大夫也顧先生所自樹立宏矣先生訓濟六年禮賢植能
以家振士困阨至不給於飡和而介不苟私毫髮卽例歸
其稍裝者悉出以嚴聖座旁及諸儒先名宦鄉賢歲時祀
事齋邀維虔學地爲前令侵者請於上然後如故而持義
斷斷無假借士靡不好音懷之微先生又烏能勝任而愉

快哉關之八章曰松桷有舄新廟奕奕言先生之與大夫
有成也泮之六章曰濟濟多士克廣德心言先生育士而
士能推以大也於是多士賦棫樸之全而飲酒以落之焉
是役也蔣公報最歸與久工甫興而邦子之命適貢先生
不少倦晨夕益先生避名敦實勤於始而不倦於終者先
生誠則然也先生諱紹遠漢陽人康熙二十二年六月十
一日仁照撰後知縣劉滋教諭徐士煒改　正殿大梁重
修戟門改向乾隆六年知縣李肇梅教諭朱道正訓導譚
之琥重修李有記曰學校爲王政之本教化於是興人才

於是出故廟貌不整無以昭儀型禮文不修罔以嚴對越
文廟之所關不綦重哉濟邑介在江黃代鍾聞人雋豐宮在
邑東關外明正德年間邑令陳公墾遷建於縣治左崇正
末毀於兵燹
朝順治之十四年邑令關公國士力爲營葺大拓厥規康熙
六年邑令黃公玉鉉復加增修歷今七十餘載矣雍正十
三年夏余卿
天子命承乏茲邑下車諏日謁
聖人見其殿庭廊廡半就傾圮心用愀然其時方興滌利弊爲
急而
文廟之修尤惓惓未嘗暫釋諸懷爰割清俸以爲多士倡廣
文宋君譚君共相勸勉諸紳士樂於從事各隨業卜良辰
鳩工庀材撤舊翻新葺之棟桷腐朽者易以堅壯丹碧
漫漶者加以黝堊周垣外繞鑿水門暨池如月整名宦鄉
賢忠孝齋宮廟新其制恭逢
皇上御極之初特開
恩科秋榜揭曉登賢書者有六人向所謂教化興人才出亦於
此兆其朕耶維時多士益深鼓舞許經始於丙辰落成於

己未問竣壯麗煥然改觀又值
皇上允廷議直省一應學宮祭器樂器務仿闕里規製余因
得復加考核舊者新設者補導舉縷金之屬煥然畢陳夫
培植本計守土之責也作興文教司牧之任也余忝一日
長盡分內所當爲詎敢貪功維是輪奐一新禮儀備具敘
其端末勒諸貞珉俾後來官斯土者踵事而增華行見教
化日廣人才日盛炳炳琅琅騰光文治以仰報
聖天子壽考作人之至意即於茲時重脩預券之矣是爲記謝
爲亭翼一角山亭而記之曰天有四極地有四方室有四

隅今亭之山亭僅一角爲廣濟縣治背山麓前溪次學宮在左基址逼處亭來秉鐸亦祗栽歎斜地以居廳左卒有高坡縱橫五尺廼剷之平之築之砌之柱之椽之磚之瓦之泥之塈之而西連縣廨北接碓所南則倚大槐爲壁根盤踞壁脚作虵狀三面皆塞獨虛東一面可開窻檐遠眺墻外有雙峯插空朝夕拱對因題曰一角青山嗟乎亭昔家居宅僅五畝今來官此亭仍一角大塊之處我窄矣亭自處不及廹蹙乎然南陽有廬而草堂溪有室而陋亭還不逮古人固未可以廹蹙怨尤況古今一逆旅何必計

久暫乾坤一蘧廬何得畫界域亭之山亭雖則甚窄未嘗屏處逆旅蘧廬外惟日誦焉讀焉歌焉嘯焉於其中暇則啓窻俯仰此一角青山亦足以快然自適也乾隆十五年

教諭龔佐龍修崇聖宮左舊軒題之曰飛竹軒自爲記廣濟學舍隘陋不能延客余鐸濟三年爰捐俸於土地祠前搆屋三間神弗可以居後請神主於前而以舊祠爲客堂堦下瓦石亂集盡拾去東牕竹數株生問吏吏云前故無竹因名飛竹軒易曰地德方方故生物有常然天氣常行於地中大和洋溢升降飛騰左騖右奕不依形而立不因類以呈其玉石丹砂與夫龍鳳龜麟皆無種類竹之生也其或然與且植木依本本亦依木木盡於斧斤牛羊則然降生不性也降非木性故沉鬱不樂久而腐爛土膏潤爛爛未盡也其未盡者春氣動而浮秋氣動而凝歷數十春秋方具生意生意得而氣日至滋息飽滿乃能自見其生其於羽毛豐滿習飛義同又安知此處數十百年前無竹也庚午夏日

廟廡次序

大成殿　東西廡在殿兩傍　戟門在殿前　賢門在戟門左側　儒星

門在泮池後戟門前　泮池　前檽泮池前　騰蛟起鳳二角門

明倫堂在大成殿後

崇聖宮在明倫堂左　名宦祠在戟門左　鄉賢祠在戟門右　忠孝祠在泮池右　禮門在東廡左舊而東乾隆十五年知縣虞學額教諭龔佐龍訓導陳景行改建壬山丙向　儒門在禮門前乾隆十五年修建　福神祠在禮門內乾隆十五年建　教諭署在明倫堂後　訓導署在明倫堂右

正統四年勅各郡縣建社學舊建城隍廟右嘉靖庚寅知縣李重將社學基易儒學並建敬一亭於明倫堂左一時議社學宜察院左地龍武市鎮升甕東等鄉各宜隨社倉建

以備教養兼資之義不果縣東南舊學基知縣陳奎議創書院不果但有禹歷間巡按御史爲瞿九思搆江漢書院龍坪江上著書講學

國朝康熙之五十二年知縣蕭奭於縣治西設立義學雍正十三年知縣李肇梅擇地北關内移建書院十餘間名梅川書院訓導江禹涯記之曰從來聖王馭世厚生之餘繼以正德司徒既設學校率典是以春秋禮樂冬夏詩書而孝友睦婣任恤之誼浸於閭閻封於比屋濟邑西治傳有義學前邑侯蕭所創建邑中子弟樂羣敬業亦累年於茲矣適邑侯李公籍本玉融諱肇梅號香雪以

特簡奉直大夫於雍正乙卯之歲攝濟篆殫精圖治布德綏刑利興弊革凡爲農工商賈計者一一體恤而至於學校尤加意振文教勤考課月是士習日端義學之執經者亦日衆奈時序遞更日就傾頹且地當孔道闤闠多囂於已未歲復擇基地北關内移建書院十餘間高明塽塏遠迎山秀近挹流清晏坐月幾亡風翔洽亦梅川一勝觀也延名師督課其中凡厥俊秀無不負笈來學頌公之德於不衰太史公曰布衣匹夫之人不害於政不妨百姓取與以時而息財富智者有采焉況於邑父母廣布教化振興文運爲斯民澤詩書計長久而有不淪肌浹髓愛比甘棠者乎余於庚申冬秉鐸茲土得深悉我公前後經營苦心爰樂爲之記俾刊諸石以誌不朽云比來廢爲傳舍乾隆十六年知縣康學顯重建滄浪橋立書院其處制加宏敞冬滄浪書院記曰塽發地靈者唐宋人無徵近今多卓犖士尤工詩且追岑李服膺漢魏憶三閭大夫關音律先猶堪總轡耶布卷猶諷易勝悵悒觸我情悃瀟湘苑如洞庭岳陽孟浩然水一方矣載讀張君晉天之詠滄浪橋者曰一

水得滄浪思深哉古之有取於滄浪者或以名其人或以名其亭其皆得者乎抑猶未之得也蓋水莫大於江漢其小於滄浪小之不如大也至易明者也大之不如小也存乎得者也何以得有得於心之爲得方其風濤怒號拍天駕海震眩魂魄莫知其始終者大之雄詭馳驟變態惚恍觀大化之無垠契上善之有象任瀾肆起煙光闊空學富天人神明於理窟詞壇激昂於龍門溟渤是其還焉夫才之難也鶩大而愈入其歸矜騁而遂忘其靚不如小之有成例此間颼飄滸蕩乃滲漉餖飣受病於斯案一一執謁

之品嘗如園林池沼游泳方舟也備其容葉繁花采色可錯錦江湖紅若卯映碧不壅不率斯濁斯折匯之而渟淡攬之而沼滴訪隱者以蒹葭望山阿之綠蘿絪彼滄浪悠乎自得得者何有得於心之爲得四時者柄陽陰者端星辰者紀人情者田禮耕之義種之學耨之仁聚之樂安之人之生也治之所由以出治之典也人之所由以安雖然玉不琢不成器人不學不知道亦惟其學之而已也爲上者無耜而耕耕而弗種咎有歸耳種而弗耨非學人之責而誰之責哉雖然何嘗不學學惟其得之而已也儒子之

歌曰清斯濯纓濁斯濯足孔子曰水自取之水物也彼取無加吾與無損人其審所取而可哉取乃得不取則不得聦之何如亦存乎清濁而已也人生而有清濁天之賦也氣之爲也未之有定清者保其清濁者化而清則無不得澣於理清而鑒得於文清而貫得於日用清以淳得於功業清以上雖然其如小者何小而濟非能得也又有說於此孟子曰學問之道無他求其放心而已矣此小之說矣大者惟小能蓄藏之至大者惟至小能施設之求大者均失守少者均得夫收斂之於放縱學者之成敗所以分人品之邪正所以異也以安靜得收斂以收斂得清潔以清潔得衆妙以衆妙得和平播樂以安之終之事又始之事今之樂何在文章是也律呂相調高下疾徐有節樂之道不踰此也茲故建立書院仍以名橋者名之蛟龍潛淵奮飛有日鶴鳴九皐聲聞于天紹前休以彰教育發德性而逐類氣俱於是乎在余蓄願匪一日適有公項計費可以償遂出之以興是役時則有籓掾劉洪綱生員魏洪賓等司其事鳩工於本年秋講堂既成次第竣事規模頗不小夫造就期於遍及則宜於廣大觀摩務於有得則宜於狹

小滄浪者水之小者也院內有千兩梓捐田貳石陸斗以歲收給師生膏火

千兩梓捐滄浪書院田坵段細數

一坵貳斗伍升　二坵叁斗　二坵柒斗

一坵壹斗伍升　一坵肆斗　一坵壹斗伍升

一坵貳斗伍升　下一坵壹斗

田岸下小田四塊并在內以上田坐落龍尾堰河岸上

又陸坵叁斗坐落三山斗

以上田共貳石陸斗俱在連兒塘并河水車救

縣圃先在舊學基側後行侵沒嘉靖戊子生員呂儒文大

才等呈請舊觀基改立射圃延按御史唐批云神祠毁併
地跡本學掌管時已有創圃議不果
廣濟縣學學田原額伍拾柒畝捌分捌釐坐落舍前垅古
器陂師姑菴郭山岩郭家墩稞入係學官經理歲終散給
貧生書院 公田肆拾捌畝坐落西關外祖入分給江漢梅
川兩書院館師 府志
廣濟縣儒學爲欽奉
上諭事府牌開本年正月十三日奉 撫院林 憲牌本月十
一日准禮部咨該本部題儀制清吏司案呈奉 本部送
禮科抄出湖廣撫林 題前事等因順治十三年十二

月初二日奉
旨禮部議奏欽此欽遵在案 于十二月初三日抄出到部送司
查得各直 省大中小學額數本部于順治四年題定太學
四十名中學二十五名小學十二名在案後因各省學臣
稱有人文漸定請廣進學額數緣由本部時因人才不等
難以懸定業今具題奉
旨行文各宜省撫按行查去後今既該 撫查明具奏相應議
覆案呈到部該臣等議得湖廣學臣會同督撫二臣查明
湖北各縣地方人才果漸蔚起請廣原額具奏前來相應
將羅田縣當陽縣小學復中學應城黃安廣濟三縣中學
准改復大學恭候
命下臣部請卽行該撫按遵奉施行備牌過道遵照咨文內奉
旨所開事理欽遵等因奉此擬合就行爲此備牌行府遵照牌
內奉
文事理卽便行爲廣濟縣中學准改復大學等因蒙此擬
合仰縣官吏卽便轉行該學教官照牌奉
文事理該學已經改復大學一體欽遵仍速立碑竪立學

前奉此本學改復大學卽泐碑竪立學前一體欽遵須至
牌者順治十四年五月十七日署教諭傅鍠訓導胡效順
立
濟邑人文日盛而學宮嚴于取士額數益少以是士多
壅滯卽入膠庠如登瀛島茲得改爲大學庶乎額廣于
前而士由茲益進豈弟作人之化其與上國比隆矣鼓
舞樂育將於此徵其美云 舊志
祭典 經籍飲射附
國家至六典禮儒者所當究心況有事於

文廟亭禮莫重於祭惟賢者能盡祭之義則又當思其何以
盡不專在儀文矣六經日月江河玉軸牙籤奉　內府
之藏闡傳心之要駿奔多士游息其中以備他年楨幹
是所望焉

至聖廟位次序

至聖先師孔子

東配

復聖顏子

述聖子思子

東哲　閔子損　冉子雍　端木賜　仲子由

卜子商　有子若

西配

宗聖曾子

亞聖孟子

西哲　冉子耕　宰子予　冉子求　言子偃

顓孫子師　朱子熹

兩廡先賢

東廡

蘧子瑗　澹臺子滅明　原子憲　南宮子适

商子瞿　漆雕子開　司馬子耕　巫馬子施

申子棖　公西子蒧　子蔑子忠　狄子黑

左子丘明　施子之常　顏子之僕　樂子欬

燕子伋　公祖子句茲　縣子成　秦子祖

句井子疆　顏子祖　奚容子蒧　石作子蜀

公夏子首　后子處　壤駟子赤　顏子高

顏子辛　公孫子龍　曹子卹　秦子商　秦子冉

牧子皮　公都子　公孫子丑　張子載　程子頤

西廡

公西子輿如　叔仲子會　廉子潔　原子亢

薛子邦　左人子郢　榮子旂　罕父子黑

鄔子單　公肩子定　公良子孺　任子不齊

公西子赤　漆雕子哆　漆雕子徒父　冉子季

伯子虔　冉子儒　梁子鱣　商子澤　樊子須

高子柴　公晳子哀　公冶子長　宓子不齊

林子放　邽子巽　陳子亢　琴子張　步叔子乘

秦子非　顏子噲　顏子何　縣子亶　樂正子克

萬　章　周子敦頤　程子顥　邵子雍

兩廡先儒

東廡

公羊高　孔安國　毛　萇　高堂生　魏了翁

鄭康成　諸葛亮　王　通　司馬光　歐陽修

尹　焞　胡安國　呂祖謙　蔡　沈　陸九淵

陳　淳　王　柏　許　衡　許　謙　王守仁

薛　瑄　羅欽順　吳　澄

西廡

穀梁赤　伏　勝　后　蒼　董仲舒　杜子春

范　甯　韓　愈　胡　瑗　楊　時　羅從彥

李　侗　張　栻　范仲淹 黃　幹　真德秀　何　基

趙　復　金履祥　陳　澔　陳獻章　胡居仁

蔡　清　陸隴其

崇聖五王位

昌聖王伯夏公

裕聖王祈父公

肇聖王木金父公

詒聖王防叔公

啓聖王叔梁公

東配

先賢　孔氏鯉　顏氏無繇

先儒　張　廸　蔡元定　周輔成

西配

先賢　曾氏點　孟孫氏激

先儒　程　珦　朱　松

先師木主考　謹按明嘉靖九年題定　木主高二尺三寸七

分濶四寸厚七分座高四寸長七寸厚三寸四分朱地金書四配主高一尺五寸濶三寸二分厚六分赤地墨書　崇聖木主同十哲兩廡高一尺四寸濶二寸六分厚五分座高二寸六分長四寸厚二寸赤地墨書凡崇祀賢儒姓名位次書於主以防混亂

祭器考

簠五十八形方高七寸濶八寸一分長一尺一分

簋五十八形圓高六寸七分濶二寸八分深五寸徑七寸九分皆盛黍稷

籩一百七十四徑四寸九分濶五寸一分深一寸四分

豆一百八十六高廣同籩夏揭豆殷玉豆周獻豆籩豆之實水土之器

木登一高一尺四寸狃長一尺八寸濶八寸高八寸五分盛太羹

鉶三十二金為之而代以木三足兩耳有蓋施三紐薦和羹

帛篚一高五寸長二尺八分濶五寸二分深四寸蓋深二寸八分以承幣

舊銅爵二

新銅爵一百四十倣周制隻耳侈口兩柱三足以盛醴

白磁爵四十二

磁酒罇十二

府志云祭器陸百伍拾貳件舊縣志載祭器小磁爵五十磁酒罇二銅爵盞三十有三牲匣二付錫香花爐瓶一祝桌一帛匣五大香鐵爐一籩一百豆一百簠簋五十有五祝板一祝架一小香鐵爐十有一今存之以備參考

樂器考府志云樂器共捌拾件

金之屬

大鐘一 編鐘一架十六面 磬一架十六面世本云垂所造

周禮鐘磬九十六以起八音

石之屬

石磬未備世本云叔所造惟泗濱之石中律

絲之屬

琴四 瑟四

竹之屬

簫四 笛四 箎四 排簫二箎長一尺四寸圍五寸三分橫而左吹前後凡

六孔與塤同聲故比兄弟排簫舜造編竹為之其形參差象鳳之翼其音六律六呂象鳳雌黃故以鳳簫名

匏之屬

笙四

土之屬

塤二世本云暴所造前三竅後二竅吹時以手指起閉如法應律

革之屬

大鼓一 應鼓一 搏鼓二鼓三十六擊應周天數樂由是作所謂鼓無當於五聲五聲不得不和也

木之屬

柷一 敔一 柷桼木爲之上二尺四寸下半之深一尺八寸中虛有底凡奏樂先以止撞底後擊左右共三聲乃舉書曰戛擊是也敔形如伏虎背上有二十七鉏鋙樂闋先擊其首三縱逆擽其鉏鋙三而樂止

板一

尺一

木笏六

羽籥三十六

麾旛一 麾旛高七尺濶一尺一寸畫升龍於前降龍於後樂作則麾曰迎神奏咸和之曲依樂章次第唱之舉則升龍見止則降龍見

旌節旛二

絲綢二十

僭頌大成樂章

迎神奏咸和之曲 無舞

大太四哉南工宜林尺聖仲上道太四德仲上尊林尺崇仲上樂南工持林尺王仲上

化太四斯林尺民仲上是黃合宗太四典黃合祀太四有仲上常林尺精南工純林尺

並太四隆仲上神黃六其南工來林尺格仲上於林尺昭仲上聖黃合容太四

自太四生仲上民林尺來仲上誰太四底黃合其仲上盛太四惟南工王林尺神仲上

奠帛奏寧和之曲 有舞

明太四度黃合越太四前仲上聖太四粢仲上帛太四具仲上成林尺禮黃合容太四

斯林尺稱仲上黍太四稷南工非黃合馨林尺惟南工神林尺之仲上聽太四

初獻奏安和之曲 有舞

大太四哉仲上聖黃合師太四實南工天林尺生仲上德太四作仲上樂太四以仲上

崇林尺時仲上祀太四無林尺斁仲上清黃合酤南工惟林尺馨仲上嘉林尺牲仲上

孔黃合碩太四薦太四羞南工神黃合明林尺庶南工幾林尺昭仲上格太四

亞獻奏景和之曲 有舞

百仲上王南工宗林尺師仲上生林尺民仲上物太四軌黃合瞻黃合之南工洋林尺

洋仲上神林尺其仲上寧太四止黃合酌太四彼黃合金林尺罍仲上惟南工清林尺

且太四旨仲上登仲上獻太四惟林尺三仲上於黃合嘻南工成林尺禮仲上

終獻奏景和之曲 有舞

曲同亞獻

徹饌奏宣和之曲 無舞

犧仲上象太四在仲上前林尺豆太四籩仲上在黃合列太四以太四享南工以林尺

薦仲上旣仲上芬林尺旣太四潔仲上禮黃合成太四樂仲上備太四人南工和林尺

神仲上悅太四祭黃合則太四受仲上福林尺率黃合遵南工無林尺越仲上

送神奏祥和之曲 無舞

有太四嚴南工學林尺宮仲上四黃合方太四來仲上崇太四恪黃合恭南工祀林尺

事仲上咸南工儀林尺雝仲上雝太四歆仲上茲林尺惟南工馨林尺神仲上馭太四

還林尺復仲上明黃合禋南工斯林尺畢仲上咸南工膺林尺百仲上福太四

望瘞奏祥和之曲 無舞

曲同送神

六佾樂舞

太學志曰鼓聲既嚴旌節前導魚貫而進列行於陛上左右相同聽節生唱奏其舞則散而爲揖聽唱舞止則聚而成列忽散忽聚部伍不亂如兵家之陣法然歌一闋則舞一成奠帛三獻共成四始終共六變起於中而

散於中初變在綴之中東西立象尼山毓聖五老降庭再變而爲佾數稍前進象筮仕於魯而魯治三變而東西分象歷聘列國而四方化四變稍退後象刪述六經告備於天五變而左右向象講論授受傳道於賢六變而後歸於綴中東西立象廟堂尊享弟子列配

明洪武十五年詔天下郡縣學校行春秋二祭儀物視前爲有加

國朝因之春秋二仲月上丁日行禮正祭前三日獻官陪祭官執事人等沐浴更衣散齋二日各宿別室致齋一日同宿齋所（散齋惟不飲酒不茹葷不弔喪問疾不聽樂用刑致齋專理祭事）正祭前一日執事者設香案牲房外獻官常服贊唱詣省牲所唱省牲執事者牽牲於香案前過贊引者唱省牲畢牽牲以毛血少許盛盤其餘毛血以淨器盛貯祭畢埋之

至聖前所陳設之籩豆牲醴共八行帛承以篚爲一行三爵盤醴爲一行登盛太羹旁兩鉶盛和羹爲一行二簠一盛黍一盛稷爲一行二簋一盛稻一盛粱爲一行菱榛棗形鹽韭菹菁菹芹菹筍菹八籩爲一行鹿脯芡栗藁魚醓醢鹿醢兔醢魚醢八豆爲一行牛羊豕爲一行四

配位前各一壜共七行帛三爵兩和羹黍稷稻粱六籩六豆羊豕十哲位前東西各一壜共五行帛五爵和羹及黍稷八籩五豕肉東西兩廡各十二壜共五行帛四爵黍稷八籩四豕 崇聖官同 藏僅少太羹一登酷配同十哲四配（太羹煮肉汁不用鹽醬和羹以豬腰羊腎肉造形鹽用白鹽印虎形菹本物切去本末長四寸醓醢碎豬肉用酒料調造）祭之日質明鼓三嚴鳴通贊唱樂舞生各就位唱執事者各司其事唱陪祭官各就位唱分獻官各就位唱獻官就位唱瘞毛血唱迎神舞生執羽迎神麾生舉麾擊柷樂奏咸和之曲唱行九首

禮各陪祀官同平身樂止唱奠帛行初獻禮奏寧和之
曲引贊唱詣盥洗所唱盥畢唱詣酒罇所唱罇者舉冪
唱酌酒執事者捧帛爵先行至殿唱詣
至聖先師孔子之神位前唱跪唱進帛唱進爵唱獻爵唱俯
伏唱興平身唱詣讀祝位唱跪通贊唱衆官皆跪樂止
讀祝引贊唱讀祝畢樂奏安和之曲通引俱唱俯伏唱
興平身引贊唱詣　復聖顏子神位前唱跪唱進帛唱
獻帛唱進爵唱獻爵唱俯伏唱興平身詣　宗聖如前
儀詣　述聖如前儀詣　亞聖如前儀通贊唱行分獻

禮各引分獻者各唱詣盥洗所各唱盥畢各唱詣酒罇
所各唱司罇者舉冪酌酒各執事奉帛爵前至各神位
前各唱詣東哲西哲東廡西廡如前四配儀復位樂止
已上行分獻禮通贊於宗聖公下便唱各引分獻者照應與獻官處贊禮聲同唱復位疾徐務要有節不差
通贊唱行亞獻禮樂奏景和之曲復位行終獻禮樂奏
景和之曲舞畢旌節引舞生退通贊唱飲福受胙引贊
唱詣飲福位唱跪唱飲福酒飲畢唱受胙執事者執胙
由中階而下唱俯伏唱興平身唱復位通贊唱徹饌樂
奏宣和之曲各執事者詣各神位前徹饌樂止通贊唱

送神樂奏祥和之曲通贊唱行九首禮平身通贊唱讀
祝者捧祝進帛者捧帛各詣瘞位執事者從中門出餘
從門右出唱望瘞樂奏祥和之曲引贊唱詣望瘞位焚
帛樂止唱禮畢
崇聖宮之儀注與　正殿同行六首禮減樂舞

原祝文

惟　神德配　天地道冠古今删述六經垂憲萬世茲
惟仲春仲秋謹以牲帛醴齊粢盛庶品式陳明薦以　復聖
顏子　宗聖曾子　述聖子思子　亞聖孟子配

新頒祝文　維
至聖先師孔子德隆千聖道冠百王揭日月以常行自生民
所未有屬文教昌明之會正禮和樂節之時辟雍鐘鼓
咸格薦於馨香泮水膠庠益致嚴於籩豆茲當仲春仲秋祗
率彝章肅展微忱聿將祀典配以　復聖　宗聖
述聖　亞聖

五王祭文曰惟　王奕葉鍾祥光開聖緒盛德之後積久
彌昌凡聲教所覃敷率循源而溯本宜肅明禋之典用
申守土之忱茲屆仲春仲秋聿脩祀事配以　先賢　孔氏

顏氏　曾氏　孟氏

名宦鄉賢忠孝陳設同兩廡節烈祠在學宮外應治祭

名宦名次

明
高偉　劉遜　陳昱　杜璥　陳奎

葉溥　江震　汪偉　吳禎　沈瓊

李養　張珝　王素　洪範　舒瑄

羅珣　詹晟　梁文　盧濬　羅翰

楊阜　魏時光　胡昇

鄉賢名次

宋
余玠　梅應中　梅應春　張紹祖　元何朝舉

姚楚山　明徐麟　于克誠　王佐　陳翔

張根　鄭逵　張本端　陳愷　孫英

王欽　孫喬　張晏然　史玉明　王大謨

舒賢　舒其志　吳亮嗣　胡士容　陳王道

張易宗　張步雲

國朝
金之純　胡海　胡浩　張金和　吳自守

韓紳　胡篤生　劉醇驥　舒益生　李奇觀

張先基　劉登仕　梅朗中　朱翼治　張仁熙

名宦祭文

惟神昔蒞茲土政教在民高山仰止崇祀廟庭茲屆仲春秋卯佾徵典神其有靈來格來歆

鄉賢祭文

惟神昔產茲土德教在人高山仰止崇祀廟庭茲屆仲春秋謹以牲帛醴齍粢盛庶品式陳明薦

忠孝祠祭文

惟靈稟賦貞純躬行篤實忠誠奮發貫金石而不渝義烈宣昭表鄉閭而共式祗事懋彝倫之至性時咏蓼莪

克眾念天顯之親情孔懷棣萼擴模咸惟夫懿德推恩特闡其幽光祠宇維隆歲時式祀用薦尊簋來格几筵

節孝祠祭文

維靈純心皎潔令德柔嘉矢志完貞全閨中之亮節竭誠致敬彰閫內之芳型茹冰蘗而彌堅清操自勵奉盤匜而匪懈篤孝傳徽絲綸特沛乎殊恩祠宇昭垂於令典祗循歲祀式薦牲醪

乾隆十年頒發五經共十三函

御纂周易折中壹部

御纂詩經傳說壹部
御纂書經傳說壹部
御纂春秋傳說壹部
御纂朱子全書壹部
御纂性理精義壹部
御纂資治通鑑壹部
聖諭廣訓壹部
御纂明史壹部
欽定四書文壹部

御製樂譜壹部

鄉飲禮已載風俗卷射圃見於學校篇

射之弓十有四 矢六十有一 侯一 乏一 翿旌一
福一 決一 拾一 鹿中一 籌一 豐一 勺一 觶一 朴一 壺一 篚一 洗一
罍一 尊一 斯禁一 樂器一 笙一 瑟一 簫一 磬一 鐘一 鼙一
射之賓一 遵一 主一 衆賓四 司射一 司馬一
樂正一 耦六 釋獲一 揚觶一 俱以諸生代之
禮生二十五 司鐘一 司鼓一 司磬一 司
簫一 司琴一 司瑟一 司笙一 工歌六

終

廣濟縣志卷之九

知廣濟縣事金壇[illegible]纂修
教諭孝感龔佐龍 仝
訓導鄖縣陳景行 仝

秩官志

表

舊縣志秩官但載明以來府志載有宋縣休寧人孝宗時任知縣陳聚延佑時任教諭宋之兩人[illegible]有明始從其舊也其兩人之載府志殊至今[illegible]人

表序於卷端不忘舊也考廣濟明初知縣一員掌縣事丞司戎籍簿督南北漕史捕盜各一員儒學掌學校教諭訓導各一員

國朝仍明制設知縣一員典史一員丞簿裁儒學設教諭一員訓導裁後復設訓導武家穴鎮巡檢司[illegible]一員馬口鎮巡檢司巡檢一員雙城驛驛丞一員[illegible]巡一人醫學訓科一人僧會司僧會一人[illegible]一人一邑之中居官者七皆人民社稷之[illegible]忠盡瘁分務職而為其民人者當歷久而不[illegible]

里居故有志明以前之不能悉載者遠而無徵也其

本朝之有不能悉載者又近而無考也其有功德爲一鄉

造福則表彰別載居官者夫亦可以審所自處矣

明

年號	知縣	縣丞	主簿	典史
洪武	陳桂 戊申任	田畯	李莪	
	胡昇 新淦舉人	李寧		
	陳景昌 舉人辛酉任	梁最		穆宏 山東人
	余寅 椿江人丙寅任		宋鏡	王来

廣濟縣志　卷之九　秩官　二

年號	知縣	縣丞	主簿	典史
正統	高偉 浙江進士	吳正 合肥人		
	劉遜 餘姚舉人			
	陳昱 浙江監生			徐霖
天順	張琮 癸未任		汪佐	
	孫節 舉人	沈瓊 德清監生	吳千里	
成化	杜燉 蘭谿舉人			
	張安			
	江震 錢塘舉人癸巳任		張芳 監生	
宏治	張璉 上蔡舉人			

年號	知縣	縣丞	主簿	典史
	陳奎 陝西進士庚申任		朱濂	丁珞
	葉溥 龍泉進士任			
正德	孫寵 上海歲貢壬申任	梁勗		傅永洪
	石珊 越州進士任		馬欽	
	王良佐 華亭舉人己卯任	林源	陳嘉穀 己卯任	
	江偉 貴溪舉人辛巳任	劉遜	陳學	

廣濟縣志　卷之九　秩官　三

年號	知縣	縣丞	主簿	典史
嘉靖	李重 成都歲貢壬寅任	戴翀	黃鳳	鄭晃
	侯嘉祥 廣西舉人丙申任	湯佐	劉珮 戊戌任	
	王綽 遂寧丁酉任	李璞	崔華	
	謝珠 分宜舉人己亥任		周冠	黃[illegible]澄
	蔣崇禮 成都舉人任	謝天爵		陳[illegible]
	黃儀 新城舉人甲辰任	吳瑞 丁未署縣事	余元治	
	劉冕 建昌監生			

段重 廬陵舉人
楊阜 宜興舉人戊午任
胡尚志 鄱陽舉人甲[illegible]任
何濟 南海歲貢
丁璘 永昌舉人乙丑任
梅友竹 婺源舉人乙丑任
隆慶
閔德充 烏程舉人
陳猷
孫守箴
朱邦華 南城歲貢晉知
盧楷
吳鑾
毛 任

廣濟縣志 卷之九 秩官 四

朱邦華 南城歲貢由縣丞任
劉則唐 廬陵舉人辛未任
萬曆
姚翼 歸安歲貢癸酉任
陳傑 成都人戊寅任
王廷俊 江西人己丑任
胡克儉 光山進士署縣三月
胡孝禮
陳謙

劉廷揚 [illegible]人甲午任
張德閎 洛陽舉人戊戌任
喬方珍 山西舉人癸卯任
趙國華 南昌舉人丙午任
周良弼 江西舉人丁未任
蔡洪輝 同安舉人庚戌任
劉允昌 桐城進士壬子任
孫茂松
連穗
樊守純 西平人
吳廷棐
羅名成 庚戌任
棗江先 劉九皋

廣濟縣志 卷之九 秩官 五

吳可賓 四川舉人乙卯任
趙之璋 四川舉人丁巳任
張燮元 光山舉人己未任
天啟
張燮任 雲南舉人辛酉任
王世臣 高安舉人任
劉俊 四川舉人壬戌任
施奈禮
孫之甫
有功
許性謙 徽州人
潘先輝 浙江人
薛應賢
茹應科

崇正

周驥 江津舉人

黃宏曾 晉江舉人乙亥任到任五日遇流寇亂

蕭友蔡 經歷署縣事

黃恂 四川人丙子任

朱議漋 江西宗室特授庚辰任辛巳去任甲申復任

沈世明 浙江人戊辰任

張雲鳳 [illegible]戊[illegible]任

章燧 浙江人丁丑任

魏時光 南[illegible]人丙子任

張登衢 桂林舉人辛巳任為沅江知州

羅燿 河南人辛巳任

胡大興 浙江人甲申任

國朝

知縣

順治

程啟南 襄陽人乙酉任

郝光輔 永平人乙酉任

馬步月 己丑任

毛華鵬 四川人辛卯任

主簿 [illegible] 山陰人順治年裁

典史

陶

許大[illegible] [illegible]昌[illegible]人壬辰任

王名[illegible] [illegible]舉人癸巳署縣事

龍燮 甲午任

楊楚 安邑人丙申任

閻國士 保定歲貢丁酉任

孫獻亨 東安選貢己亥任

安璡 [illegible]歲貢辛丑任

康熙

黃玉鉉 洋縣進士乙巳任

任爐猷 河南進士己酉任

劉文[illegible] [illegible]人[illegible]任

姜天棟 浙江人丙申任

盧[illegible]秀 仁和人辛丑任

董汝楠 浙江人戊申任

潘士學 遼東人癸丑任

王繼茂 直隸人辛酉任

陳華祖 江西監生壬戌任

[illegible] 浙江進士[illegible]任

錢文[illegible] [illegible]程進士丙寅任

蔣[illegible] 應[illegible]貢監生己巳任

劉臨 渠縣副貢乙亥任

劉淞 正紅旗歲貢癸未任

李世德 正黃旗歲貢丙戌任

湯錦 江南人丙辰任

薛家樞 韓城人辛酉任

蔡克俊 咸陽人戊辰任

張成 宛平人辛未任

王賓 大興人丁丑任

蕭龔 武平舉人 癸巳任
張孚先 儀封舉人 壬寅任
雍正
顏希聖 徐州進士 甲辰任
高人傑 興平舉人 戊申任
李肇梅 福清貢生 乙卯任
乾隆
王如璋 盧陵監生 辛酉任
鄭理 正藍旗舉人 癸亥任
李國楨 嘉應舉人 乙丑任
虞學灝 金壇舉人 丁卯現任

秦鏡 三原人 乙未任
賴起龍 新安人 己亥任
林錫穀 玉山人 甲辰任
蔣文淩 大興人 壬戌任
何昌楙 山陰人 丙寅現任

明

儒學教諭

洪武
羅絢 泰和舉人
永樂
陳聚 揚州人
宣德
洪範
正統
天順
李坦 江西歲貢
成化
李復 廣東歲貢

訓導

舒寘 貴池舉人 壬戌任
許冕
曹瑄 宣州舉人

程芳 廣西舉人
趙泉 [illegible]縣人
弘治
顧昂 浙江歲貢
正德
王仕俊 長樂舉人
戴誥 江西歲貢

孫復蒙 貢
劉威 永州歲貢
詹晟 浙江監生
王垓 浙江歲貢
孫顯祖 雲南歲貢
洪清 安慶歲貢 巳
趙顏 卯任
劉鉅 吉水歲貢
徐良弼 永川州歲貢

嘉靖
王潮 郴州歲貢
龔香治 南昌舉人
周良 [illegible]縣歲貢 丙申任
熊應[illegible] 湖廣舉人 辛丑任
包[illegible] [illegible]歲貢 [illegible]任
吳[illegible] [illegible]人 [illegible]進士
賀[illegible] [illegible]歲貢
何東[illegible] 江西[illegible]歲貢

梁文 崇文歲貢
葉杞 建德歲貢
梁本 星子歲貢
趙[illegible] [illegible]永歲貢
俞鳳 新[illegible] 辛丑任
喬魏 [illegible]陽歲貢 甲辰任
李中和 陸豐[illegible]貢
林[illegible]
張[illegible] [illegible]貢

許維翰 [illegible]歲貢
李錫 開封歲貢
胡躬行 [illegible]歲貢
隆慶
張鎰 滁州歲貢
劉鶴齡 桂林舉人 庚午任
萬曆
石中美 桂林舉人

胡朝翔 長汀歲貢
劉鳳鳴 孟縣歲貢
王守恒 贛榆歲貢
李燁 漳浦歲貢
高廉 漢川歲貢
顧[illegible]榮 秀水歲貢
吳泰 桐城歲貢
馬同春 南充歲貢 壬申任
孫霞 太平歲貢

廣濟縣志　卷之九　秩官　十

吳宙
陳道濟 南康舉人 辛卯任
魏秉忠 廣昌人 庚戌任
胡來賓 丁巳任
天啟
萬一和 辛酉任
崇禎
許燁 江夏人 戊辰任

赫大化 鄖陽歲貢
王國賓
黃質銳
王之翼 沔陽歲貢
李宙奕 壬子任
秦時中 壬子任
吳熊祀 壬戌任
郭金範 壬戌任
蔣於思 龍陽人 戊辰任

曾發祥 鍾祥歲貢
國朝
順治
王丙錫 棗陽人 戊子任
蔣鍠 孝感舉人 丙申任 戊戌[illegible]
[illegible] 漢陽舉人
李以範 辛丑任
康熙
胡大猷 武岡人 壬子任
羅人龍 枝江人 丁巳任
蕭芳 沔陽人 甲子任
孫昌先 興山歲貢

李苑 [illegible]人
王金[illegible] 乙[illegible]
胡效順 [illegible] 丁酉任
汪紹遠 漢陽歲貢
劉大年 安鄉人

廣濟縣志　卷之九　秩官　十一

熊心璋 蘄州舉人
歐陽遜 漢陽舉人
胡理 武昌舉人 丁酉任
雍正
宋道亚 江陵舉人
左暘恒 漢陽舉人
乾隆
鄧肇丙 沔陽舉人
熊佐龍 孝感舉人 戊辰現任

王榮久 漢川歲貢
[illegible]

巡檢

武穴

王國相

李　裕

袁世亨

黃廷槐

朱履亨

馬口

林　經

沈尹陞 在黃金塔山麓，今尚有石碑

劉源泗 山東人

驛丞

雙城驛

陳枝新

王萬選

孫　炯

余　恩

王　燦

晏世爵

許大智

陳國佐 浙江紹興人

龐　偉 北直人

呂爾揚 河間人

阮紹宗 紹興人

韓有炳 北直人

鮑梓昇 江南涇縣人

鍾　夔 廣東潮州人，新建驛司衙署

孫天祥 長洲縣人

王耀旦 浙江上虞縣人

千總

劉　南

瀋　銘

李世忠

黃　甲

馬靖忠

陳之鉉

高一貴

劉元吉

鍾　玉

李世榮

廣濟志卷之九終

知廣濟縣事金壇虞學灝重修

教諭孝感龔佐龍
訓導鄖縣陳景行　仝校

選舉志

表

軒冕娖俗非知本末輕重者為社稷臣斯欽之矣然而一命之榮亦一時名寵敬吾君乃敬吾君之所與故列選舉人爵何嘗不貴也彼深山中人或不當以此而易彼

唐	進士	舉人	貢生	薦辟
貞觀	徐長賢			
顯慶	徐遜志			
	徐貞志 學士			
永淳			徐登 四門館助教	
開元	徐栗			
永貞		徐珊 秘書省正字		

開成 天祐	徐税	徐膺程		
乾德			徐世亨	
宋				
祥符	徐山 太子太師			
熙寧	田景 禮部尚書贈太子太保			
		徐巍 知府		
建炎	徐莊			周聰 司理參軍
隆興	徐愿 寶謨閣學士	徐驍		余玠 見鄉賢
	周文俊 大理寺評事	董起潛 解元		張晏然
寶祐	梅應春 戶部尚書祀鄉賢			
	梅應申 四川制置使祀鄉賢			
景定	張新卿 陝州掌遷薦兼運僉			
	周大鎮 翰林學士			
	游侶 刑部侍郎			董[illegible]

馥 粘 祖 [illegible]
徐萬立 御史

元
余 試
周 珽

梅 溢 知縣

游 [illegible]

歐 庚
王 佐 饒州知府
徐 驎 知府

李 閩 御史
江 豹
王希文

廣濟縣志 卷之十 選舉 三

湯 [illegible] 縣
[illegible]
徐文顯 刑部侍郎

徐 晉
于克誠

黃 理
馮惟德 省志失載 興國人 未知孰是

胡文興 主事
王 鑑

朱 珽
周 清

胡 海 交甫知縣
徐 忠

徐志稜 四川珙縣教諭
陶淑清

楊應斗
程必貴

鍾 濟 襄陽 [illegible]

乙酉
楊志高 省志作湯
范 進
劉 符

戊子
楊守忠
張 根 左春坊司諫
俞思誠

辛卯
劉 傑
陳 翔 御史
余 玉

丁酉
陳 烈 副使
董 春
單 鏵

何 鑑 教諭
黃宜中
伍 善

楊朝英

庚子
周道敬 重慶教授 省志作周敬
劉 康 南城兵馬指揮
陶惟賢

廣濟縣志 卷之十 選舉 四

癸卯
段 敷
李 堅
周伯洪

董 熙 教諭
解 銑
楊克敏

田 昀
徐 銓
游子真

張 侑
王 鑑

徐文炘 崇安教諭

甘 忠
黃以信

段仲章
余文簡

鄭 達 知縣
鍾 用 潁州吏目

郭 佑

廣濟縣志　卷之十　選舉　五

科年	進士	舉人	貢生	薦辟
宣德丙午		張永端 僉事	門茂	
乙酉		陳顯 教授	熊成	
正統辛酉		陳憕 知府	黃榮	
			王弼 御史	
			劉鏡	
			朱仲禮	
			盧聰	
甲子		伍常 固始知縣		
丁卯		魯琛 解元	田致知	
		陳悌 御史	毛釗 成都通判	
			吳誠	
景泰庚午			王宗明 重慶同知	楊曦 王府
		李錦	王昇	
		趙觀	何侃	
		周原學 進士	朱輝	
		王惠 大理評事	周鑑	
			王景 南昌知縣	
			范奎	

廣濟縣志　卷之十　選舉　六

科年	進士	舉人	貢生
			張濟
			馮慰
成化乙酉		吳守元	陳章
丙戌	周原學 行人司		俞斯
			陳勇
			程鵬
			王時汝
			廖綸
甲午		何宗湉 知縣	瞿思
		張貴宗	王時魁 兵馬指揮
			楊寬
丁酉		徐徽	趙溥
庚子		劉琳 知縣	徐伯 成州州判
癸卯		孫英 孝豐知縣	舒玉
			盧琳
			朱龍
			饒萬奇
			張賓

宏治乙卯

張易宗 桃[illegible]

胡泮
程通
田洸
胡淵
陶懸
陳琥
陳經
曾俊

張華宗 濟[illegible]同知

甲子

劉輔良

趙[illegible]

正德丁卯

陳旭

鄭傑 進士

董文
張賢
張賢
梅粹
錢贊 訓導
王欽 教授
胡禎

辛未

鄭傑 大理寺丞

詹翔
董俊 [illegible]州推官

汁

己卯

饒繼明 知縣

程翰 知縣

李正合
李淑
余謙
胡榮
田秀
張琳 茌平縣丞
陳棫 教諭
呂用聘 豐城知縣

張華宗

嘉靖乙酉

張顏 通判

呂寔

彭梁

梅經

呂賓

伍學貴 鴻臚少卿
張懋

辛卯

支大才 同知

饒繼學 廣安通判

許秀

徐文 均州訓導

丁酉

劉寅 知州
姜壽 莒州知州
舒良材
周勝夏 副使

徐謙 主簿
張瑛
張頌 潯州通判
李恭 許州學正

楊顯 武寧[illegible]

年	癸卯		丙午				己酉	癸丑	丙辰
進士								孫裔 戶部主事	張諧
舉人	張價 學正	胡伯資	胡伯洒	饒之初 知縣	孫裔 進士	胡莊	徐鰲 孔目		
貢生	余軫	李元	舒良相	張海儀	劉輔聖	陳淑 學教諭	王表儒 黃州教授	曾邦鳳 選	
薦辟	呂用世	陳鳳儀	陳鳳池	張德輔	饒之食	陳雄			

年	戊午	辛酉			甲子	隆慶丁卯	庚午	
進士								
舉人	徐祥麟 戶部主事	劉天衢 進士	程希陶	張步雲 知府	舒企	程希舉	楊大軌	張日新 江油知縣
貢生		胡繼矩 鄖陽學正	李觀 澧州知州			楊民望 台州教授		陶表 恩試選 四川[illegible] 府教諭 [illegible]
薦辟								

年		辛未	萬曆癸酉	丙子		己卯	庚辰	乙酉	戊子
進士		劉天衢 太僕卿					王大謨 副使		
舉人			陳王道	呂應期	湯之相 知府	王大謨 進士		徐來遴 同知	程可文 進士
貢生	缺		游吉 武昌教諭	張鉞 歷城教諭		徐來聘 知州	胡其大 選學正		
薦辟									

年	辛卯			甲午		乙未		庚子	
進士						舒其志 布政	程可文 臨海知縣		
舉人	舒其志 進士	宋元宰 知縣	董三奇 遂州知州	張嵩 知府	宋之琦 長寧知縣			吳兗嗣 進士	楊大瀦
貢生	徐來舉 乾州學正							饒于震 臨海訓導	胡敏見
薦辟					宋自芳 迪功郎				

甲戌
吳亮嗣 太常少卿
劉人表 開封同知
許如龍
吳之蘢 嘉魚教諭
呂希孔 嵐縣知縣
楊民服 蔚州學正
舒侖
翟待 教諭
蕭雨 通判
楊民表

己酉
胡士容 進士
陳嘉言
鍾宝 國子監司業

庚戌
胡士容 太僕卿
劉秉錄
劉秉鈇 訓導
張金和 知縣

乙卯
金之純 知州
甘許國 同知
陳楚璵 石泉知縣
陳于闕
王逢年 光祿署正
陳文斌 訓導
甘廷諫

天啟辛酉
梅調燮 中北闈 知州
饒嘉元
潘如阜
梅調燮 恩
楊大烈
文衡國
方雄堂 教授
楊大幹 恩□

甲子
劉近臣 解元 進士
張楚備
翟近鸞
劉秉銁

丁卯
藍季瑞
劉近甲 醴陵教諭
游之雲 □□監正
于崇雅

吳斯蘊 訓導

崇正
吳敏師 確山知縣
吳敏功 訓導
劉近顏 知縣

辛未
劉近臣 知縣
劉洪芳
宋懋雲
程星斗 □□

丙子
藍紹
藍紹恩
梅之魁

己卯
饒來中
張星明
張復思
方正之 □

壬午

劉洪理
吳敏含 新城知縣
翟近宸 崇谷教諭
張楚璠
王欽命 均州學正
干應試

劉燃
吳亮忠 沔陽教諭
饒嘉亮
陳敬中 黃岡教諭
劉洪昕 員外
向芳 教諭

國朝

順治丙戌

毛炳 進士
張先基 進士

楊復儀 封知縣
徐步陶 成都吏目
張懋純

己丑

張先基 東陵知縣
毛炳 沙縣知縣

辛卯

宋敝 進士
吳瑾 進士

毛煥
胡一璉 布政
劉醇驥
胡來庭 曲江知縣
梅朗中 孫成都知府
毛焜
孫克諧 安陸教授
胡魁楚 進士知縣
劉漢美 [illegible]

甲午

劉洪聖

瞿時育 襄陽教授
陳文斌 應城訓導

丁酉

饒彰中 進士

毛烺
劉堡 恩

己亥

饒彰中 推官

毛燦
郭存仁

庚子

金德嘉 會元
張金基 學正

梅時中
舒芝生 麻城教諭
劉懋從 恩

辛丑

宋敝

李必泰 教諭
藍應象 知縣

周登任 訓導
張仁熙
李宏

康熙癸卯

劉洪璇 知縣

呂應啟
劉懋教
吳熊
胡右軍
吳元合
劉懋佐

廣濟縣志　卷之十　選舉　十五

己酉		曾鳳喈 教諭 袁儀吉 本姓周 教諭	張佳山 楊國鎮
庚戌	吳　璉 刑部員外		舒逢吉 瀏陽訓導 夏鼎奐
壬子		劉懋京	王衍治 巴東訓導 毛同鵬 副榜 吳又升 梅奕庭 銅鼓衛教授 梅英庭
			葛如璿 葉　㦤 副榜 梅取庭 青浦知縣 張光曾 拔 寧光知縣
戊午		劉懋翀 江夏教諭	金敬洛 拔 東昌知府
壬戌	金德嘉 會元 編修		阮又茂 董愕臣 李之綱 張銑基

廣濟縣志　卷之十　選舉　十六

			胡纘昌
甲子		張佳晟 教諭	呂坤琳 府志作徐 藍之桂 李日躋 伍全閭 張鉉璧 李之經 恩歲貢 教諭 陳聖陛
壬午		張粹金 教諭	張盤基
			金敬江 副榜 胡統思 副榜 陳種義 副榜
乙酉		金敬江 會魁 張觀金 學正	柯承楷 副榜 劉懋勳 郭永馥
辛卯		張惟金 沁陽教諭	饒起翔 副榜 吳必烈 通山訓導
己		藍士奕	胡燕字

甲午　方蘩　蔡聖猷
丁酉　陶秉珮　余天覺 現任縣訓導
庚子　朱榮經 進士　梅正廉　劉洪度 知府
王世銳　朱翼治 員外　楊國選
雍正癸卯　游聖運　張錫崑 拔　周來泰 縣丞
吳逢瑞　李光恒　方勤邦 州同
甲辰　游挺秀 嘉魚知縣　勛士祿　周國泰 現任武城縣丞
金啟汾　夏時倫 縣丞
劉天成 象城知縣　陳洪明 縣丞

劉光斗 副榜　胡思道 縣丞
丙午　朱本緒 中部知縣　劉洪佑 拔 花州州判　張德欽 州同
候補中書 劉洪衍 副榜　劉自澄 州同
張錫宿 枝江教諭　張成熙　吳世元 孝感教諭
胡士宏　吳世觀 州同
己酉　張易源 進士　劉洪御 沅江教諭　吳世鐵 縣丞
張壯國 進士　饒起爽　金本孜
方楚正 進士　劉光翔 現任隨州訓導　李國棟 州同
陶文燮 現任大冶教諭　殷濬基　劉自理 州同

庚戌　張易源 安仁知縣　楊承紀 知縣
壬子　朱孔濟　方倫秀　于渾乙 恩
癸丑　朱榮經 樂平知縣　吳光儒
乙卯　徐天球 進士　張理源
乾隆丙辰　方楚正 雒南知縣　張錫鑾　舒鏤 副榜　吳浮 六品銜
張壯國 息縣知縣　胡本寀　李錫元
王本濂　張儲源
陳文光　劉本炬

周學校　郭鍾琛
戊午　郭本才 進士　張逵　吳校　朱光烈 字同知
辛酉　張德源　伍儒倜　彭士髙 州同
乙丑　徐大球 現任威縣知縣　庫世膺 副榜　陶文萃 教　朱榮世　呂嘉亨　劉洪敏 州判　朱光炳 州判

戊辰 郡本才

庚午

張璧

陶文萃

蔡士編　張晉金 同州

胡錫冕　郭應賜 同州

向廷燕 副榜　劉洪組 縣丞

吳世熙　張士拱 縣丞

劉洪儒　許日昇 同州

王楚山　劉洪德 州判

周日進　李之綸

干應元 教諭　居之璐 同州

張飛龍　劉洪逵 知縣

劉洪嗣 [illegible]　田本文 同州

郭鍾砥　干兄訥 縣丞

劉文經　湯祚瑤 同州

王佐　熊啓聖 同州

田炳 同州　阮景

王世棟

王大猷

陳本桂

劉桂

王文燦

方運濟

武科

程林槐

進士

明

萬曆甲辰 李甘來 鎮守將軍

萬曆癸丑 胡海 荊州副參

天啟乙丑 [illegible]

國朝

康熙乙巳 張峻華

順治辛丑 饒武中

舉人

明

萬曆 王添勝 征南將軍　萬曆 黃鎮中 解元 雲守備　李大來 中三科 州守備

癸卯 李甘來 進士　丙午 方定 學元己酉中二名壬子中舉　干將

胡海 進士　辛酉 干漸鴻 中三科　陸海

天啟辛酉 鍾彤　天啟甲子 王之印　翟志超 進士

陳金　胡奇　丁卯 舒華生

胡乃寧　崇禎 陳時可　干應泰

李滌域　干應奇　陳文奇

丙子 干若霖　李泰圓　己卯 胡順錫

國朝

陳　其　浙江翟斯楷志趙子　李廣生

田永年　甲午王秉鉞晉安守備　郭祖儀

丁酉張峻基進士　陳士昂　庚子饒武中進士

癸卯吳洪範　劉紹衡　癸酉劉　榮六合守備

劉永祚衛千總　辛卯劉洪儀現任天津守備　乾隆□方世鉷

武勳

明

楊普銘以功授驃騎奉國上將軍　陳受三以功授義勇將軍　張佐基以功授□州

伍惟辰以功授襄陽遊擊　鍾　源靳縣守備

國朝

劉志陞以功授□□□□□□□□□□□□　張華基興國州協守　伍　經貴州守備

胡振雄以功授雲貴總兵

貤封

宋

周宗傑以子大鎮貴贈翰林學士

明

孫萬善以子喬貴贈戶部雲南清吏司主事

劉世重以子天衢貴贈中憲大夫雲南按察司副使

□　鉌以子步雲貴贈中憲大夫太平知府

王　煦以子大謨貴贈文林郎

舒　賢以子其志貴贈奉直大夫工部屯田司郎中

吳廷學以子亮嗣貴累贈徵仕郎兵科給事中

胡應中以子士谷貴贈參政

劉秉鈇以子洪甲貴贈中書舍人

胡本巨以子海貴贈鎮國將軍

周萬羅以子勝夏貴贈奉政大夫

劉鳴卿以子近臣貴贈奉政大夫

藍仲銘以子季曜貴贈文林郎

國朝

胡　浩以子一璉貴贈奉直郎

劉后華以孫志陞貴贈資政大夫

劉啟孝以子志陞貴贈資政大夫

梅世魁以孫朗中貴贈中憲大夫

王凝興以子秉鉞貴贈明威將軍

劉登仕以子茂滋貴贈中憲大夫

金之純以子德嘉貴贈徵仕郎

楊燦以子朗中貴贈中憲大夫

夏一龍以子寶貴贈儒林郎

朱鴻堅以子榮經貴贈文林郎

吳兆岐以子世元貴贈修職郎

金德嘉以子啓洛貴贈中憲大夫

吳應碧以子璉貴贈奉議大夫

劉目理以子洪度殉難贈中憲大夫

朱翼治原任兵部職方清吏司員外郎以孫光烈四川寧遠府同知貤封奉政大夫

劉天成原任江南業城縣知縣以子洪綱貴贈儒林郎

楊齊賢以孫承綜貴贈文林郎

[illegible]

朱本積原任陝西中部縣知縣候補中書科中書以子光烈四川寧遠府同知誥封奉政大夫

徐之聯以孫天球貴贈文林郎

徐侯昂以子天球貴贈文林郎

恩蔭

明

呂朝四以忠愍世襲銅鼓衛指揮

明　崙以軍功世襲百戶

楊　勝以祖普銘世襲指揮

國朝

胡搢思以父一璉蔭官通判

劉茂溶以叔志陞蔭由中書任廣州知府封中憲大夫

劉茂渭以叔志陞蔭任金壇知縣

劉思讃以父洪度蔭國學生

廣濟縣志卷之十

廣濟縣志卷之十一

知廣濟縣事金匱吳學灝重修

教諭孝感龔佐龍

訓導鄖縣陳景行　仝校

人物志

名宦

考韓昌黎碑曹成王皐破李希烈於蔡山通典云蔡山廣濟縣蓋希烈駐兵其處出之危險而即於安全功莫大大役之長吏不敢與王侯擬而荷其帡幪栽培報以馨香俎豆夫孰非古之遺愛也乎

宋

朱晞字子淵休寧人孝宗初知永安民立生祠改知廣濟請更合肥之兵從之徙知靖州

孫構字紹先博平人舉進士調廣濟判官歲稽入圭田粟陸百擔構止受百擔餘以昇學宮

明

胡昇號高軒新淦人洪武初以衆人知廣濟百廢俱興時縣治儒學分憲二司公館及武馬二司皆所肇也九載秩滿民感其德赴闕懇留特詔復[illegible]濟萬曆癸丑知縣劉允昌爲請祀名宦（公子綱戶垚郁九世孫[illegible]生拔公傳請祀）

高偉浙江人正統時以進士知廣濟如至興學課農[illegible]德興威有古循吏風後歷四川按事

劉遜餘陶人正統時以舉人知廣濟平易端愨奉公惟允

陳昱浙江人正統時以監生知廣濟清平嚴肅吏不敢欺節省民財事亦克濟三年致仕歸

杜璥蘭谿人成化時以舉人知廣濟惠政及民㢘介自守壽擢上元尹

江震錢塘人成化九年以舉人知廣濟文章政事爲時增重後官至吏部侍郎

陳奎南昌人宏治己未進士知廣濟心存仁厚政有規條籌學舊俯河東丞力遷近治左側而紛論丕振尋擢御史至山西副憲廣西布政使

公遷學在壬戌春正月廟堂門廡咸惟餘崇地偪因實庳易民隙地爲之士大夫義其事遂名餘堂

爲鹿易堂

葉溥浙江龍泉人正德時以進士知廣濟愛民下士循吏也三年擢兵科給事中官至江西按察使

汪偉貴溪人正德末以舉人知廣濟嚴威率下謹恪奉公時靈東鄉民多流徙田產盡歸蘄公請申當道奏聞將蘄之得濟業者入里編戶靈東民糧差賴以克復

按此即靈泉四圖也昔人之良法美意今爲垢汚藪矣逋負不已而爲里衆帶比自是有逃户之名

而黠者詭托其中以爲欺隱種種獘孔率有明哲之長洞察其奸然終不能除淸丈一行而國賦可均也不然舊額豈不可稽而歲歲爲是聚訟哉田里曉然而租稅猶寬匿何也主名誠不詰歟 舊志

楊阜號鼻西宜興人嘉靖中以舉人知廣濟有惠政能爲形家言多所修舉先是濟無城守官署倚荒墟公至始聚居民察地勢爲後街曰楊公街曰玉帶街建入門鑿九井北門有池曲轉如長蛇又改河流繞縣之右側接梅浦濟流塞舊河口以培地氣制凝秀橋以關下流水道迄今環合梅浦迤邐而下稱楊公緒焉

侯嘉祥廣西人以舉人知廣濟體尚簡要政務寬平時濟以排夫爲蘄郡困者已百年公申請除之民頌其德

胡尚志號海陽嘉靖間知廣濟時景王就國景王肅廟愛子也所經費供不貲龍鍾造行殿諸儀制崇侈過度王至諸侍從驅役丁夫爲索官吏公以里民方濟泉有幹畧委之事事多辦民不知擾公祠龍抗江上

劉則唐號元沙廬陵人隆慶辛未知廣濟惡衣蔬食惟携案書及二僮到任剔獘政除奸猾敷惠廣澤未及一期以內艱去

朱邦華號兩峯南城人司寇東源公仲子隆慶庚午以丞來濟中煦外嚴公恻悉捐纖涅無近辛未夏大水武鎭堤决公佐令與役兩月堤成民樹祠祀石明年劉令丁內艱當道疏公賢得代劉公晉級邑令公省耶中均夫馬序稅入稍役作崇禮賢士飭籩豆整泮水多士悅之癸酉春遷南都兵馬

姚翼號海星歸安人由歲貢為新淦學訓萬歷元年知
廣濟公博學高名與鹿門茅坤善公令濟坤序以贈
之當時束脩及門者范應期以狀元及第餘成進士
者甚衆直指使按府審錄盡屬剖決聽其平反王學
憲大謨湯太守之相皆從諸生中以國士相許
王廷俊號秀源任縣五年潔身清謹聽訟無重罰考滿
晉秩
胡克儉號趨微汝寧光山人以進士為侍御萬歷初政
寄榷筦公以侍御從遼陽部中上封事上怒降蘄水

驛丞署濟三月公始受事即進諸父老問疾苦進
諸子弟稱詩禮未解衣而民挾纊未推食而民獲乳
後歸汝寧十餘年見濟人至者必問訊不置越三十
餘年天啓初奄傳[illegible]濟垂白之民携幼稚自
鄉藪來求一見公公以署所區命百姓至南山寺與
說六言為別至學宮與諸生各賦一律見志而學宮
之壞橋縱觀者如在寺時既去民立生祠於西關道
傍
周良弼清正愛民築堤防水為濟之永利詳災異志

趙國璉字太樸南昌人萬歷間以舉人知廣濟[illegible]
計法奸無所容民感頌之
聞之先哲云濟邑楊安輿阜劉盧陵則唐相繼愷
悌民以小康及劉禹州廷揚張洛陽猷圖稍鷹鸇
摯之邑人輒敢興謗其上以致十六七年間令君
逋推吏議者五矣趙公以支吏來更絃易轍卒覩
不返又寬乎哉民猶念之矣　舊志
蔡洪輝同安人性極孝以舉人知廣濟父年八十迎養
于濟每晨[illegible]必恭寢必揖避催科獄訟必奉父訓體

恤周詳濟始征比惟督里役至是換比三百戶排而
里役之終事始易尤涯意文學旌獎孝友以艱去濟
民設香案攀餞泣送公徒步至不得行去思之隆經
三百年無有過之者
劉允昌字燕及桐城人萬歷甲辰進士初令臨川以擢
霍為御史所糾謫嶺南旋起知廣濟公素有才望故
自任上司疑難多屬斷決一時質成者一邑而數屬
畢聚若大府人民所不便立為解免事暇即與諸士
子登高嘯咏於邑西門外建四高樓五所[illegible]

爲滄浪橋置亭祠兩堤植梅以當梅浦皆倡和有劉
秉鈇王逢年甘許國陳楚璵陸嗣先饒嘉元胡篤生
吳堯思稱八士邑舊有詩名如張子龍劉敬伯冠巨
源楊用極公搜遺表逸樹碑名業孝子史玉明嘉靖
間以傭工致孝公請祀鄉賢從塟田山人冠巨源柩
停江皐未塟公冏而表之二年轉大理寺評事江隄
自戊申年久圮公與樊丞創築堅隄爲濟永利
甚哉邑之盛衰關於吏治也劉公初至以擊斷爲
能又矜而多上人上之人畏且忌之不二年以評

事去然當年整飭精明山川若增而秀人文日盛
盛使其久任濟當更有可觀者矣舊志
夏可雷蜀人初生時母夢金生田中及中式其房師則
麻城田公生金也後授知廣濟年已七十餘歲清剛
自勵旌獎孝節洗雪沉冤公任滿云譜系本縣夏氏
夏氏乃濟巨族公率諸博士弟子員祀厥祖墓而去
王世臣江西高安人爲政清平重士兩載陞衢州通判
張燮任雲南人知廣濟三王之國由江上先檄各郡邑
爲綵帳行殿戲蓬諸儀器具公白武昌推官鄧公來

害曰公能述其行保無擾者民乎鄧素善祈禱曰吾
日祭江禱東南風須臾王舟自龍鎮沿江上民不擾
困鄧在武昌有異政
周騏號四如江津人崇正初以舉人知廣濟吏治敏給
精勤昧爽起視事日旰方退聽訟每至夜分催科畫
一山谷老稚皆自輸里胥無能作僞至今法之經賦
必手冊細書一目可曉其完欠解發緩急耗費多寡
自已開里役勞勤均停差使注銷有程限甲戌入覲
歸加意鹽驛靈東四圖乃蘄宦米居半前令汪倬編

爲里而黠者憑焉多爲欺隱公大破諸奸狀搜括務
遍未幾丁內艱曰假我數個月此弊可盡除矣邑光
祿丞王長孺逢年素以書法名蜀蜀人囑公求其書
公歸索王書滿篋去
朱議濫南昌宗室令濟濟漕糧舊軍民兌於龍坪崇正
間厥移蘄運軍皆家於蘄其弁旗折乾詐命倍於常
而外水盜賣歇保總巧立淋尖踢斛拋剩等名民不
堪命督糧使者臨倉閱視王簽籤里正繫之竿首里
役有經一兌家立破者荊藩之在蘄也倚[illegible]給役

役乘以壽楚里正公蒞任仍免龍坪而害始減嶺舟
兌米親當其任着短衣混同胥吏王九江其考炕兌
會悉得要肯又有以彈壓之弁旗勢為之戢民賴以
安
張登衡（採芝在堂集并舊志）字平世桂林人中天啓辛酉廣西鄉
試初任江津縣崇正十四年任廣濟流寇起殘兵火
累年前令携吏民聚龍江之新洲公至撫循詢其利
病是時多事臺司督責功令益嚴急僃苦吏胥瘍招
權攘利已卒以名累上公立抓諸奸根株窟穴繩以

義盡斥去之吏胥股栗奉法其錢穀鉤校手未嘗縣
記奏記文移日數十皆親授期年政清而大將軍左
良玉兵潰大江下焚洲市殺人賊張獻忠由黃梅陸
走邑衙治殺山砦人萬餘與左兵相望居人逃散公
以無兵衛遷延避過乃出吏胥蓄怛久遂率諸亡命
失職倡聚義勇名禦賊實謀逆而營首自稱正副將
餘忝謀督陳哨總材官畢具武備旌纛咸飭入被鞬
甲褲褶帕額而跳操於場喧震地暮夜張燈爇博縱
飲演聲伎歡呼比舍相聞居民閉戶不敢恣出入品

士紳竊相謀曰茲禍有由基也莫若即用其機以豢
角之亦擇日約洲人能以氣折義勇者不問從來得
三千人歃血盟而幟其營曰保定兵將名號器械備
禦皆彷義勇兩營建而彼此區為楚越公晏坐悠然
暇則雅歌觀書史譚笑自適口不道兩營長短亦不
見少嫌疑失意狀日忽坐公庭按籍召椽史佐至衆
皆愕然及至和顏色進諸人雁行旁立引仁忠孝謹
足樂與犯法陷刑王綱冥報極凶可畏反覆開譬極
痛切語終感激者半欲帖服悔其舉事頗多進退矣

保定勢既盛與義勇互相持不肯先下時賊西破蘄
黃去人乃託故以次遷江北岸會天元旱公召吏胥
謂若等饒田產兵賊迍延耕耘後期有秋亦罕矣其
寺神最靈其陰陽善符咒役使風雷宜急以猷滄乘
之皆應諾乃相率樹壇場為舞雩公乃齊寢素食
再步禱焚香鞠躬成禮退而諸奸亦見公久殊無
過意果內安不復猜阻其脅從益多㤜然保定人
因暇裕聯各營為期渡江殺賊五月朔公川
香江北廟諸奸皆從公傳令覲神不

易從事服往禮畢公旋舟而諸奸故留少遲突厥入
宮家掠保定人方尋食摩厲罔變鳴金羣喊至利刃
逼進諸奸急搶舟渡則挺刃雨下舟擠蕩不得竟殺
之江中後者棄舟走又走殺之公聞心動將餘黨在
洲者尚衆則且爲悽愴慰之諸黨見其魁死惶恐跪
請命乞飛檄江北以散營衆和議公即傳令止之邑
人暫歛戈退諸黨叩頭送公渡江而在洲餘黨已盡
逸保定收義勇財鈔縱火煙障天延日暮更大搜葦
中獲數十人僇之欲滅其類公急傳招安令止之人

得漸出全活甚多保定既得勝其時人人爭慕武節
安于爲兵而忘其舊公曰舉國若狂惡可哉向特便
宜抗鼠子輩耳自今日始凡懷劍戎服皆亂民治無
赦保定人始散去自兩營起至是歷三時而公之善
爲恩威靖亂如此移治武穴歲餘甲申陞蘄州知州
乙酉春南歸

國朝

王名世號松谿山陰舉人署廣濟縣事下車訪民疾苦
廉諸吏簿書爲奸多所創懲屯田道檄濟疏[illegible]乞公

許謝止胡鴛生高士也張仁熙王衍治爲公言入[illegible]
呼數新僧兩生訪之出俸萬錢爲壽劇譚達旦[illegible]
公曰深深古樹訪幽先治日谷口誰當載酒年刊[illegible]
光分花雨夜仁日高軒聲動竹溪煙孤琴草閣迷清
遲鴛生曰一衲寒林話遠天總爲邱園添逸事公同
相須懷古思悠然於是濟歌公風雅不替
關國士張振華保定人由歲貢順治丁酉來任操[illegible]
潔不忍取民一錢與民柴米錢輒視常價減之視撫
民若撻己厲民不忍負也租稅不勞而辦卒以罷歸

去其去也夫婦各乘一馬邑人思之凡丈量均差修
文廟刻縣志等事皆始自公 見張仁熙集
孫謙亨號有終東安人由拔貢於順治己亥夏涖濟
目擊荒租乘饒田多隱奪其久荒者輒稅不能減近
歲檢括編餉欠至盈萬適縣方奉令丈量公再四算
核務求田與稅當又邑戶三百里役十年一受事凡
編餉暨南北漕糧粟皆獨任公請於上爲均差編併
南北漕米使先後分任之里役五年一周又積年拳
欠由近停北運各里長自解省會而支給遲留[illegible]

因伺便侵損盜用無算及官臨倉責米罄其家無償當事不得已仍責原里重納公具詳兩臺請已亥年漕米折色以是輸解便易而奸人不得侵漁不數月間所均兩差報竣爲十數年來僅有事御臺才之書上考

黄玉鉉號漢槎洋縣人順治已亥進士康熙甲辰授濟令詳見藝文顧景星廣濟縣志序

顔正色浙江進士以康熙甲子年任濟免漕訖剩米三百餘石諭各里均領散給花戸

劉臨渠縣人副榜邑故事南漕二糧各厫分納亦腳銀分兑公至以紛擾累民諭令歸併合一民咸德之歲戊寅螽災公单騎出郭省驗惻然籲天泣拜攫虫食之虫輙止邑自甲子科後五科不一登賢書僉稱學宫櫺星門方向不利公遷易之比年壬午中式二人

李世德滿洲貢士以康熙丙戌莅濟戊子已丑庚寅邑屢旱穀騰貴公詳請積貯減價平糶又山東大歉流民載道公設粥厰於南山寺日給二次全活甚衆尋疫癘流行公爲設藥死者具棺殮之置漏澤園[illegible]

其[illegible][illegible]惠政焉

蕭鼎武平舉人歲丙申濟大水公申報成災民邀蠲賦丁酉丁糧併詳豁免遷文昌閣於舊河口置有學田若干建義學於河西今廢

高人傑興平舉人邑龍坪長堤下五鄉民命攸關積被水嚙幾潰歲庚戌公集闔邑修建石堤數十餘丈

李肇梅福清貢生治濟有能聲重修學宫增築龍坪石堤及新河堤壩建梅川書院於鴻鵠山育嬰堂於西關外士民戴之

劉光然以蘄水令署濟任事不及兩月値邑大水公刀爲申報成災　以上知縣

明

洪範建德人宣德時諭濟師道尊嚴一時模範無出其右者

羅珣泰和人以舉人諭濟文學可觀士多樂服

舒瑄貴池人正統壬戌由舉人訓濟克勤作率師道可羅

詹日成浙江人正德時由監訓濟和以接人[illegible][illegible][illegible]士

至今稱之

梁文崇化人嘉靖初以歲貢訓濟正心端行有古人風培養士氣訓誨諸生不倦捐俸以新廟廡給貧窶後擢廣西銭江諭尋中廣西鄉試

龔善治南昌人嘉靖間以舉人署濟諭培士氣振文風諸修號含簡拔得人

陳道濟南康人萬歷辛卯舉人會試中禮闈乙榜署濟諭公居廬山之麓幼以茂才異等選入白鹿洞讀書同時諸君奉爲嚴師署濟學三載鼓舞多士

魏秉忠廣昌人萬歷庚戌以武學訓導遷濟諭捐修邑乘時學宫久圮大爲整飭尋遷掌岳陽郡學

吳 紀天啓時爲濟學諭教諸生以實行

許煒江夏人崇正戊辰由歲貢爲濟諭朔望謁廟及退即發篋陳書召諸弟子前受教少與語文忠公逢聖交好賀入相時便道訪於學舍微有所贈堅不肯受欵洽累日去

符於思龍陽人崇正初任學訓後陞四川太平縣知縣

李苑號楚瑞宜都人治春秋專學有聲崇正間訓濟門以課士爲念

曾發祥字戩穀鍾祥人以明經任濟諭明末乙亥流賊圍城公協力堅守城陷不屈死賊焚其屍於明倫堂

國朝

王禹錫字子鍈崇陽人順治五年來濟善爲詩

傅鯉號正齋孝感人順治丁亥舉人署濟諭文廟鼎革後日久荒蕪未獲創造與司訓胡效順約諸生協力舉行親詣江上程材起工廟成中戊戌進士先公赴京至河而返抵家夢有神與語曰汝有功

文廟此番會試必高捷遂復往果得高第

胡效順號抒白邵陽人順治丁酉以貢訓濟與士煦煦士至輒飲之酒醉而後去士以誠交者開懷待之周恤備至久之或言某某非良士公曰既已與交矣不能復薄也某年四十喪子公爲置妾學宫毁於兵燹公與教諭傅公李公前後勤之成見張仁熙集

李延春字大生宜城人順治戊戌久以枝江訓爲濟諭湖北巡按李疏薦云課士不尚虛浮律己惟以清介至其學識宏深堪資政事又云嚴於月課勤訓

文風丕振尋陞四川中江縣知縣

李以範字仲叙號欽和江夏籍漢陽人壬午舉人諭濟

會新例裁員缺每學官裁一員以大小學分教諭訓

導公得以孝廉崇留廣濟廣濟大學也

胡理字宗美武昌舉蘄水籍諭濟重葺學宫訓士有法

劉國泰字次路江夏人由廪貢任邑訓樹品範勤講課

士子向化後登賢書成庚戌進士補宜川縣知縣

譚之琥字士禮西京山人以歲貢任濟訓宏覽博物工詩

賦古文詞尤潛心性命之學自十三經漢儒註疏以

洎歷代賢儒宗旨罔不硏究著聖祀賢儒錄在任七

[illegible]年以老致仕歸以上儒學

明

吳貞合肥人由監生爲縣丞寛仁簡重民甚德之

沈璵德濟人以監生爲縣丞不事依阿囊無遺羨

李養博白人以舉人爲主簿催科有法廉不苟取時稱

賢佐

張芳頴上人成化時以監生爲簿署縣時有兵吏戞正

率衆爲勉杰許　獲

王禮山東蒙陰人宏治四年任武穴廵檢領義兵殺[illegible]

殁於蘄水龍船埠

王業樂平人爲濟典史好讀書明制官之未入流者[illegible]

有司申舉後中湖廣鄉試

樊守純西平人萬歴癸丑爲濟丞有幹畧邑侯劉公士[illegible]

之縣自戊申江水破堤癸丑再决至是委公創築[illegible]

堤自盤塘至龍坪接黄梅堤六十餘里計租起夫[illegible]

循堤倍增之畚揭杵築悉有程度兩月告成

魏時光 張仁熙集 舊役就于言故典史魏時光事時光江[illegible]

新建人業儒不售走都門執勞三載授廣濟典史崇

正九年六月來濟時光雖下僚亢爽多才辯十二月

流寇警時光先期去龍坪聞之单騎歸邑時賊已矣

至西河去邑六十里時光遽率民兵踞[illegible]山守

且築賊以爲官兵相持數日夕時光乘[illegible]營獲

一人訊而斬之賊益懼乃間行偵虛實以數騎誘時

光而數萬衆出其後値時光馬病取邑人馬乘之馬

不習稍馳帶斷下馬短兵接而民兵皆散去或樓[illegible]

頂號時光光曰衆寡不敵勢也吾無[illegible]竟死[illegible]

丙子十二月初十也是夕四顧坪菴僧夢一人騎而
特刀立山門外曰我魏典史也渴甚飲我僧覺早起
果獲時光屍草間呼役舁歸殯之邑無城守寇至
令率士民走避為常無禦寇事禦非尉職又先期龍
江歸而禦以死壯哉賊退時光兄諸生某者收棺殯
而亟赴當道表狀時兵賊倥偬當道者匿寇不以聞
聞尉死益愧且姤持不下久之兄復卒於邑江洲其
同事友某者復草殯時光兄置時光側哭極哀曰天
乎弟為國死兄為弟亡即奈何死沒不傳乎手[illegible]函
赴當道表時光兄弟死狀數月始得請褒加[illegible]

縣丞簿世蔭一子百戶從祀名宦友聞檄叩頭望闕
謝乃歸嗚呼茂哉兄友名惜不傳
方光死時亭州則有參戎高牙大纛坐擁鎮兵
蘄則有兵府大夫參將備兵鎮焉而死節山隅乃
出一尉異哉然得蒙身後褒嘉亦足慰矣舊志

胡大興紹興人為縣典史崇正十六年義營之變民不
安洲處公率至縣斬棘披萊邑稍聚散兵入境[illegible]
死

國朝

姜天棟仁和人順治十三年為縣典史邑令閆公以病
告公代令徵數年適粵大兵東下公抱疾理芻餉

董天琇仁和人為縣典史到任歲餘值鄖西用兵芻從
傾典奉委解米荊州等處自癸卯春迄乙巳冬始歸
任　以上丞簿典史

廣濟縣志卷之十一終

廣濟縣志卷之十二

知廣濟縣事金壇虞學灝重修

教諭孝感龔佐龍
訓導鄖縣陳景行　仝校

人物志

宦績

邑高山大澤英哲篤生宜力國家光昭史冊秘叔餘風沓興鼓舞官斯土者亦與有榮焉

宋

余玠傳正史字義夫蘄州之廣濟人家貧落魄無行名好大言少爲白鹿洞諸生嘗携客入茶肆毆賣茶翁死脫身走襄淮時趙葵爲淮東制置使玠作長短句上謁葵壯之留之幕中未幾以功補進義副尉擢將作監主簿權發遣招進軍充制置司參議官進工部郎官嘉熙三年與大元兵戰於汴城河陰有功授直華文閣淮東提點刑獄兼知淮安州兼淮東制置司參謀官淳祐元年玠提兵應援安豐拜大理少卿升制置副使進對必使國人上下事無不確實然後華夏率孚天人感格又言今世胄之彥場屋之士田里之豪一或即戎即指之爲麤人斥之爲噲伍願陛下視文武之士爲一勿令偏有所重偏必至於激文武交激非國之福帝曰卿人物議論皆不常可獨當一面卿宜少留當有擢用乃授權兵部侍郎四州宣諭使帝從容慰遣之玠亦自許當手挈全蜀還本朝其功日月可冀尋授兵部侍郎四州安撫制置使兼知重慶府兼四州總領兼夔路轉運使自寶慶三年至淳祐二年十六年間凡授宣撫三人制置使九人副四人或老或暫或庸或貪或慘或遙領而不

至或開隙而各謀終無成績於是東西川無復紀律遺民咸不聊生監司戎帥各專號令擅辟守宰蕩無紀綱蜀日益壞及聞玠入蜀人心粗定始有安土之志玠大更敝政遴選守宰築招賢之館於府之左供張一如帥所居下令曰集衆思廣忠益諸葛孔明所以用蜀也欲有謀以告我者近則徑詣公府遠則自言於郡所在以禮遣之高爵重賞朝廷不吝以報功豪傑之士趨朝立事今其時矣士之至者玠不厭禮

接咸得其歡心言有可用隨其才而任之苟不可用亦厚遺謝之播州冉氏兄弟璡璞有文武才隱居蠻中前後閫帥辟名堅不肯起聞玠賢相謂曰是可與語矣遂詣府上謁玠素聞冉氏兄弟刺入即出見之與分廷抗禮賓館之奉冉安之若素有君數月無所言玠將謝之延爲設宴玠親主之酒酣坐客方紛紛競言所長璡兄弟飲食而已玠以微言挑之卒默然玠曰是觀我待士之禮何如耳明日更闢別館以處之且日使人窺其所爲兄弟終日不言惟對踞以堊

畫地爲山川城池之形起則漫去如是又數日請見玠屏人曰某兄弟辱明公禮遇思有以少裨益非敢以同衆人也爲今日西蜀之計其在徙合州城乎玠不覺躍起執其手曰此玠志也但未得其所耳曰蜀口形勝之地莫若釣魚山請徙諸此若任得其人積粟以守之賢於十萬師遠矣巴蜀不足守也玠大喜曰玠固疑先生非淺士先生之謀玠不敢掠以歸已遂不謀於衆密以其謀聞於朝請不次官之詔以璡爲承事郎權發遣合州璞爲承務郎權爲剣州事徙

城之事悉以任之命下一府皆諠然同辭以爲不可玠怒曰城成則蜀賴以安不成玠獨坐之諸君無預也卒築青居大獲釣魚雲頂天生凡十餘城皆因山爲壘碁布星分爲諸郡治所屯兵聚糧爲必守計且誅潰將以肅軍令又移金戎於大獲以護蜀口移沔戎於青居興戎先駐合州舊城移守釣魚共備內水移利戎於雲頂以備外水於是如臂使指氣勢聯絡又屬嘉定俞興開屯田於成都蜀以富實十年冬玠率諸將延邊直擣興元大元兵與之大戰十二年又

大戰於嘉定初利司都統王夔素殘悍號王夜叉恃功驕恣桀驁不受節度所至劫掠每得富家穴箕加頸四面然箕謂之蓋蝕月以弓弦繫鼻下高懸於格謂之醋繫喉縛人兩股以木交壓謂之乾榨油以至用醋灌鼻惡水灌耳口等毒虐非一以脅取金帛稍不遂意即死其手蜀人悉苦之日悉斂郡將倖馬以自入將戰麵高其估賣與之朝廷雖知其不法在遠不能詰也大帥處分少不慊其意則百計撓之使不得有所爲玠至嘉定夔帥所部兵迎謁才羸弱二百

人玠曰久聞都統兵精今疲敝若此殊不稱所望夔對曰夔兵非不精所以不敢以先者恐諸從人耳頃之班聲如雷汴水如沸聲止圜陣即合旗幟精明器械森然沙上之人竦望若林即無一人敢亂行者舟中皆戰掉失色而玠自若也徐命吏班賞有差夔退謂人曰儒者中迺有此玠久欲誅夔獨患其握重兵居外恐輕動危蜀謀於親將楊成成曰夔在蜀久所謂兵精前時大帥夔皆勢出其右意不止此也視侍郎爲文臣必不肯甘心從令今縱弗誅養成其勢後

一舉足西蜀危矣玠曰我欲誅之久矣獨患其黨與衆未發耳成曰侍郎以夔在蜀久有威名孰與吳氏夔固弗若也夫吳氏當中興危難之時能百戰以保蜀傳之四世恩威蓋張根本益固蜀人知有吳氏而不知朝廷一旦曦爲畔逆諸將誅之如取孤豚況夔無吳氏之功而有曦之逆心恃稱突之勇敢慢法度縱兵殘民奴視同列并有吳氏得人之固也今誅之一夫力耳待其發而取之難矣玠意遂決夜召夔計事潛以成代領其衆夔才離營而新將已單騎入矣

將士皆愕眙相顧不知所爲成以帥旨嘗曉之遂相率拜賀夔至斬之成因察其所與爲惡者數人稍稍以法誅之乃薦成爲文州刺史戎帥欲舉統制姚世安爲代玠素欲革軍中舉代之敝以三千騎至雲頂山下遣都統金某往代世安閉關不納且有危言然常疑玠圖己屬丞相謝方叔家子侄自永康避地雲頂世安厚結之求方叔爲援方叔因倡言玠失利戎之心非我調停且旦夕有變又陰嗾世安密求玠之短陳於帝前於是世安與玠抗玠鬱鬱不樂寶祐元

年聞有召命愈不自安一夕暴病卒或謂仰藥死蜀之人莫不悲慕如失父母玠自入蜀進華文閣待制賜金帶權兵部尚書進徽猷閣學士升大使又進龍圖閣學士端明殿學士及名拜資政殿學士恩例視執政其卒也帝輟朝特贈五官以監察御史陳大方言奪職六年復之玠之治蜀也任都統張實治軍旅安撫王惟忠治財賦監簿朱文炳接賓客皆有常度至於修學養士輕徭以寬民力薄征以通商賈蜀既富實乃罷京湖之餉邊閫無橫叉撤東南之戍自寶

慶以來蜀閫未有能及之者惜其遽以太平自詭䢖
蜀錦蜀箋過於文飾久假便宜之權不顧嫌疑睞於
勇退遂來讒賊之口而又置機捕官雖足以廉得事
情然寄耳目於群小虛實相半故人多懷疑懼至於
世安拒命玠戚名頡挫蠹志以沒有子曰如孫取當
如孫仲謀之義遣諭政師忠歷大理寺丞為賈似道
所殺

陳道由江州徙居廣濟官橋莊以文學名于僉通舉進
士濟邑陳氏皆其苗裔

梅應春號雪樵寶佑丙辰與弟應申同登文天祥榜進士
初為餘干令遷瀘州安撫使當國事多艱事君不貳
政績丕著累官禮部尚書

游佀字同人邑長樂里人寶慶丙戌進士歷官刑部左
侍郎簡重明敏治獄多平允一時以為于公再出德
祐初權臣專政外有強敵時肆侵陵而主方幼冲臺
諫侍從之臣紛紛逃去端宗朝國事孔棘劍南楊州
興化皆失守任事諸公既不能委身為國而竄逐之
令日下皆不克終其位佀始終朝端以原官致仕歸
里蒔花種樹營長樂別業偕所與交者幅巾杖屨逍
遊田畝雖童稚對之如賓佀居官素廉潔及歸複不
事產業常曰遺子孫平安足矣奚營營溫飽為哉元
與佀年已老矣日訓子弟以孝友忠愛間有所得著
為成書當是時世祖優禮大臣廣徵老成文學之士
佀優游林下斂抬隱不出至元庚辰以無疾卒享年
九十有五世祀嘉其守敕有司塋午山湖父子山石
林寺側至今表石猶存居人皆知為游侍郎墳云子
二琰翰俱成進士行事湮沒無所考勒石於石佛寺

碑

梅應申為四川制置使區處各得其要應酹不匱其能

張遜字乾道浙江衢州開化籍登宋熙寧進士授蘄水
令轉團練使從高宗南渡終於官敕封蘄春郡大夫
遂附籍焉居廣濟萬車舖松兒嶺

張日靖字粹叔登宋開熙進士仕兵馬副元帥守衛荊
湖士民不饑日靖之力也明初贈禮部尚書

張煥然號清河字新卿登宋寶慶進士授陝西鹽運僉
事舊志載張新卿未載張煥然今改正

張旻然字安卿號青叟咸淳十年（府志淳祐丁未舉人）由薦舉授
朝議大夫直秘閣湖北提舉陷金執義不屈擢禮部
尚書
僉賢以薦舉歷官副使有清譽號樵隱先生

元

張紹祖字可成旻然孫登進士歷任寧國路總管操縱
中度遂鄙肅然
梅鎡元初與弟盛同登進士知昆陽築隄防多善政

明

鍾澄字榮伍洪武二十二年由薦辟授穎州刺史有政
聲孫敬意國學生曾孫鑒堂諸生
思道敬字儼若以春秋中永樂庚子鄉試爲安福諭道
敬子三伯善諸生仲原通諸生季原學
陳淑監生任監察御史肅振風紀休歸日篋無寸貯及
歿其殯塟俱爲里人所賻
千克誠由人材任龍泉主簿政暇賦詩有唐人風遺稿
存
陳烈字良弼建坊三一文衡第一副憲坊一栢臺侯請
亂兵起與楚驟動烈以文學策名天府由廣文累陞
福建提刑提學僉事後以副憲致仕
朱暉字彥明成化間貢生任惠州博羅縣令
張根字伯源以歲貢爲順昌諭擢靖江府授陞左春坊
司諫永樂間轉太子少傅侍皇孫講讀仁宗即位諭
閣臣曰張根誠實可用然老矣宜優逸之遂命以本
官致仕歸勑曰爾以儒術事朕青宮將二十載勤慎
小心久而不懈又以篤實令侍諸子講讀朝夕啟廸
資益良多朕既承大位方將顯用顧爾耄顏白髮趨

走維艱不忍勞以職務特賜鈔五十貫銀七十兩幣
帛五表裏以本官致仕還鄉爾尚端志節欲以遐餘
齡勤善率人以惇里俗用副朕優待舊人之意也欽
哉故勑時永樂甲辰九月二十二日也行日閣老卿
大夫皆賦詩贈行而楊士奇爲之序子文焯
王佐字朝佐永樂間同知徽州府有惠政詔留三載共
任九年陞饒州知府廉靜寡慾以德導民乞老歸僚
屬贐以金不受人益重之因立祠金壽寺汴濟（祀鄉賢）
張貴宗字永榮永東鄉人中成化甲午鄉試官助教陞

遲鈍不樂強記以悟為宗究心濂洛關閩發明知行合一之旨時文成學將與識者以為先兆

董熙好春秋學初為麻城掾給事縣庭暇遂持春秋寓曹治之夜分不輟或侍邑令多倦容令奠之久得其故為愕給筆札試之曰非凡器也牘薦為諸生後以春秋入南雍試舉永樂癸卯第五名署諭安福即以春秋教誘安福諸生歸後安福竟以春秋名江右及卒官雲南萬里外不能還柩吳接為南雍祭酒破數百金歸之吳之詩有云鏗聲遺響留安福匆影承恩

到嶺南生三子次子伯剛字文海十二歲始能言讀書目輒十行若宿解者入省闈作五經全藁自命第一人主文竟以五經踰制罷歸憂忿卒年十七歲遺孤啟恕以義士聞

鄭達字叔通七歲隨父鏞隸戍襄陽中宣德乙卯鄉舉任欒城知縣開渠溉田千頃黎民賴之秩滿值峴山大荒所司奏達食六品俸仍舊衛往蒞之始至厎饑塡街達令煑粥賑之疫作命醫徧詣全活甚衆時有捕盜千戶殃民即劾去之重學校恤窮發自奉清約

圖書外一無所好祀峴山名宦至今春秋不替墨妙多刻於秦省學宮

陳愷性敢言由正統辛酉鄉舉任刑部主事歷南京戶部郎中孤行一意權勢不避成化四年李秉代監山為冢宰李以劉方負時望同列多忌之而受事後愷上書規諷其進賢退不肖旋陞重慶知府振肅稱善治致仕歸邑人賢之

王弼山西道御史糾貪墨決疑獄風紀獨持吏民畏服

周原學字希古道敬子性敏悟凡天文雜志及經史百

家書無所不窺與邑諸生趙觀李錦交好壬午同中鄉試成化丙戌原學成進士授行人司司正會苗叛以從征課功試陝西道監察御史原學志在激揚而疾惡過嚴未幾仍為所疾者扼以病致仕歸妻田生子四伯孟傑諸生仲孟立歲貢生初授鹽課司大使累陞衛輝府推官叔孟佐邑學生季孟慶諸生孫玉璀玉珩玉昇玉徭從孫玉碧玉琳玉瑀玉璣姪曾孫時登皆諸生皆以詩文名流賊亂後家世衰微著作皆無存者

張質號樸菴性忠謹以孝友聞由貢生任光山壽昌婺
仁訓諭造士有方遷伊府紀善二載謝歸王思慕不
已遣使再徵仍補倅二年特恩奏請進長史
鄭傑號鹿門峴陽令達之孫正德辛未進士除揚州推
官歷陞北吏部文選郎中銓衡公正因言事謫臨邛
單車就道遷廣西僉事轉南京大理寺卿猶子聽政
穎異年十二爲諸生
張易宗字祖羲號一齋中宏治乙卯鄉試任聊城諭初
功令嚴於求士署諭邑無登賢書者至戊遣薛文清

以山西籍應河南試雋而其尊人方得免後稍寛無
科第者久不遷官易宗曰諸弟子無足取乃躬訪其
里少秀十餘輩親授句讀率不謹則以一嫗負而戛
楚之如是者八年輒中試數人後倘書牛天麟侍郎
許成名太守王祿丁孔彰皆所訓士也陞富民縣令
尋判瑞州府瑞故事郡稅率富人稱致上守某投四
富人稅富人私斂其封守偵得之桎梏刑擬死易宗
爲守言是四人者非乏金也特有金而斂之宜痛懲
然律不至死三請而守不應易宗曰與公同官非以

賄請也顧人命至重以全公德耶不許吾解毅歸耳
守卒不應會上大夫有羊酒奬禮至勅守親賫到門
易宗亦不應守乃釋四人獄強易宗受奬禮而雲南
鹽井提舉命適至遂致仕歸士民多泣送而四人者
哀號拜各飾銀爵進易宗力却四人曰明府泣瑞曾
受某一銀爵四人即無狀明府肉我骨獨不得比某
乎易宗曰吾安有此艤舟致書守索匿爵吏杖而還
之然後行豫章人聞者咸嘆息泣下自滇歸杜門蔬
食二十三年冢嗣頌亦以瀋州別駕歸里父子易衣

而出不事干謁一時推式之而故聊城受句讀戛楚
者王祿守九江過謁易宗方騎款段自隣家歸祿迎
拜道左易宗驚問之曰九江守故聊城門人王祿謹
再拜候吾師掖至家命具鷄黍祿復再拜並拜負責
者嫗老矣易宗笑曰是皤者婢一帕覆白毛足矣胡
勞太守公拜也祿謝去易宗亦不復通問年七十五
卒子二頌價五世孫仁熙歸自京都經聊城拜名宦
祠索聊志讀之聊人猶能道校士本末云
張華宗中順大夫艮輔子以恩例授兆忠義前衛經歷

上表孝宗皇帝曰何節姑節有非大假姑以九十之
壽雖共姜之節不聞非常優臣以七品之官雖卒啻
之情莫訴等語鄉里至今義之歷遷潞安府同知封
奉政大夫
王欽貢生任巫山學訓捐俸給貧士陞蜀府教授登對
不阿歸葬繼母以孝名
一張贊號恭陶以歲貢任馬湖訓導甫四月辭歸搆菊圃
樹蔬菜日工詩賦爲事
董儉伯剛孫由選貢京試授瓊州推官以清廉著績瓊

人祠之
饒繼明號三桐中正德丙子鄉試知四川開縣力變頹
風開素之科甲明勤於課誦士子向化科貢聯拔四
人後以事忤當道歸自銘其扁曰學不如陸宣公才
不如韓魏公詩不如杜工部忠義不如諸葛武侯咸
子愧也及卒蘄人張思齊誌其墓
文大才字希周宋信國公兄天正十世孫七歲能文九
歲爲諸生父早棄事母方祖母董色養不少怠中嘉
靖辛卯鄉試明年乙榜署諭泰和補上海令除封邱

令視事甫三月百務聿然會當道以事怒他令因盛
氣向大才詬大才故負氣恚發疾自罷不待報徑歸
兩臺才之檄郡敦諭還是時武進薛公應旂令慈谿
亦不待報歸竟追還皆異數也大才還封邱益明習
振飭晉守嘉定嘉爲邑大而有茶稞吏胥緣爲奸大
才悉剔能商賈便之晉興化同知壬子檄充房考先
是已移疾乞休當道留以有成命力疾竣事疾增
劇遂聽以本官致仕歸計宦遊二十載乃橐裝俸薪
外無長物贖先世所鬻田百畝及故居悉推予庶弟

卜築邑之南郊大才世居五里橋東張平山沂之名
當史也爲作五里居圖其遠峯即文山文山在吳五
里在楚數千里山川並著圖欲子孫識此意作五
里圖歌大才有知人鑒泰和羅程皆於拱胡直羅府
霖楊載春王勃上海顧名世屠寬潘允哲周思兼嘉
定周希哲王蘊苟延庚輩從稠人中識拔後皆爲名
公卿有官於楚及取道濟者皆躬哭其墓盡哀里人
榮之孫衡國天啟初恩選
張琳字竹山有至性負米膳親出妻財以給弟仗義損

薛敬齋止貧人多倚重焉由恩選任山東茌平丞盟
倦入月棄官歸林居二十年築茆一楹因自署曰問
史邑令顧巷蔣侯以秋霜春溫目之
林謙號紫霧以禮記起家濟舊習禮記或問所出來謙
遠求專經歸與弟兴討論精究授業里中嘗時禮記
並出其門以貢任舞陽王傅
張頌字用之號石岡易宗次子兄顯爲諸生卒頌獨與
從弟價再從弟頫攻苦爲舉子業後頫價俱舉鄉試
而頌獨以明經著博極群籍工詩善古文書法性長

厚言吶吶不出口父病衣不解帶者三月卒哀毁骨
立幾不自全督學熊徐生某欲選頌頌不忍奪竟謝
去授濟州通判署桂平篆有富民王寶者爲仇家所
陷獄已成頌廉而脫之寶屢以苞苴壽峻拒之居三
年解組歸濟民思之祀名宦晚好藥引術不以著述
名家年八十三歲卒
汞價號衢南秀宗子年十九舉鄉試相國江陵文忠公
亦以是歲舉於鄉故相得益歡署江西浮梁論遷轉
國子學正以病卒於京師相國哭之哀爲賻斂治其

櫬與孤歸甫神廟特相國歸省過經濟呼其孤請
生珲悼惜之贈之金十兩價娶劉氏目盲及價以年
少爲孝廉或恐以盲故易劉價曰吾不娶盲誰妻之
卒如故及卒劉泣血扶櫬南歸撫孤珲不墜家聲珲
爲諸生上書白劉節邑良吏以聞臺使者旌門閭曰
是可以不愧衢南矣劉氏載貞節傳
陳叔學號兩溪其先江州義門人今濟遂家焉祖朝富
翰林檢討博學爲時宗叔學由歲貢授寧國訓導以
身爲諸生先閒講堂訓經義繩諸生以聖學後陞教

諭致仕歸猶以獎勵後進爲務俸餘用給族里焉
張瑛歲貢爲蓬州學正陞彭縣知縣心切愛民彭民至
今思之
饒之初字子復號南石父繼學廣安州判之初少負才
中嘉靖丙午鄉試以父老不就官晚乃任河南孟縣
知縣孟故孔道輪蹄輻輳馬始占籍劑田租爲里里
馬匹後田租轉徙不常里馬如故坐是困之初奏記
所司請均賦置馬遂爲永規其他如招流亡除奸蠹
建社學均徭役復補曹吏除槩簿息爭訟賞政甚多

値臬司行部案暮夜金不獲心嘆之大計囑考功左
遷岷府審理致仕歸閉戶讀書不入城市歲祲爲粥
食餓者全活甚衆孟民歲哀糧候問及其卒也爲祠
祀之子於襄字元嶼臨海訓導於預別傳於邑諸
生洲傳
張穎號平岡徵仕郎華宗子中順大夫端孫穎篤志好
學世業盡捐以購書久之家貧讀書不倦冬月爲棉
篋被足聲煨燼不丙夜不休邑試諸生輒高等嘉靖
乙酉鄉舉署廬陵學諭擢河南舞陽縣穎爲政務飭

大體發奸飭強脩舞陽志世宗皇帝南幸郢道出南
陽適行宮火穎排闥負上出上嘉之三年政成監司
咸才穎以名聞部曹輒抑不遷又四年始以處州判
擢穎穎遂歸十餘年閉戶著述家益不給至從人貸
食爲
樊登士字惟學父錫登上喜讀書不能由科第出身入
貲得營山主簿年六十四歲卒孫廣德
張步雲金德嘉傳字子龍尋松處士子張氏南宋時有日中
者死國難子文通遷廣濟隸籍爲廣濟人數傳至雲
松皆有隱德雲松子四步雲其季也早慧就傅廬陵
凡三年歸就試入蘄州學嘉靖辛酉鄉舉起家平定
州學正遷國子監助教累官南北戶刑二部員外郎
榷淮安關出知廣西太平府當是時士大夫嗜古學
步雲與諸名家訂交遊而同里寇山人學海相與揚
扢爲詩詩古體言漢魏近體言盛唐又臨池精智永
筆法名籍甚太平俗椎魯步雲至務教化有酋長犯
法坐死久繫獄會巡按審錄酋賄獄吏釋繫道歸家
婦有孕期而生子及議廢酋之姪訟言叔久繫安得

子而陰行賂於守冀胃襲步雲廉之更賄監司監司
納爲檄行府步雲廉其實拘酋父子於庭置盆水刺
血血合適仰天太息曰嗟乎受賂而斬人之嗣人即
可欺奈天譴何監司聞之恚中以他辭遂罷歸濱
青林湖闢園曰抱甕結草菴曰蕊多日與詩人徜徉其
間邑人敬伯劉養徵過從尤數嘗題步雲園亭詩有
云暮雨江聲吞夢澤晴雲嶽色滿匡廬步雲勒諸壁
邑志到今傳焉步雲里居三十年而縣令劉燕及言
詩雅好士數置酒四高樓邀步雲而步雲不入城會

會江水暴漲瀕江隄自盤塘下抵安慶界可百里潰且決步雲念隄闗五縣民命走筆數萬言奏記撫按覽皆感動乃捐金爲郡縣倡檄縣丞董其事隄成水不大浸是時年八十四矣里門邀遊坐領與褰帷道旁觀者嘖嘖張使君地仙云年踰九十徵詩文索字者踵門輒應不以衰老辭茲劉度閣集卒後寇毀有四世從孫金基舉人以兒時耳目所覩記者追述而口傳焉妻楊恭人無子以兄之子嗣三傳至嗣孫凱當

皇清康熙辛未大府採錄鄉賢步雲與從孫先基進士同置主入祠贊曰鄉賢之祀豈不難哉事久論定若張太守足當之矣寶持孝廉嘗爲余言太守之甫入州學也貌順而嗜荆藩且以女妻之而太守不欲以苟汙自瀆其面鬼爲晚節里居還遺金族人宗格賴以存活其軼事若此若乃淹貫騷雅彬彬有聲於七子之際抑又難矣沒世而名稱儒矣夫

徐黨號豹山以禮記中嘉靖己酉鄉試授翰林院孔目蔡葉深理學與大學士廖道南日夕講論名對賜宗府宮陞有文集名世子來聘宇任卿以貢授臨洮推官火落赤之役總兵劉綎出土門闗大中丞田樂委聘經畧有功奉旨欽賜宴一銀花二朶爵一京菜品四所著有甘固邊鎮圖說陞永寧知州有猺獞仇殺上臺檄委勦之聘不忍單騎詣營開諭禍福以恩感之峒猺翕然而化後解官士民崇祀名宦

孫喬號木齋祖英孝豐知縣有政聲喬以嘉靖癸丑進士授戶部主事奉督南漕不激不隨人咸稱便復命道卒祀鄉賢孫慧邑學生萬璉繼美皆鄉飲賓

張欽字邑軒歲貢任江西進賢縣諭以造就人才爲己任進賢人文蔚起欽之力也

徐來建字明卿中萬曆乙酉鄉試署吳縣諭以國子監學錄分校江西禮闈陞知壽州屬歲祲壽多流移建賑貸之無遺策壽故近濠河時爲鯁丁徭煩重而畝稅反薄以故富者益饒而貧民鮮能自立建察其故始制丁九等上上等豪貴多田者而單赤爲下下一切田租不復問甚以微寓扶抑之意其後田轉徙亦非其舊而丁額如故貧民苦之建爲奏記臺使者懇

均二賦租歸田甯歸丁恐剗其平而衆先爲具奏可
當是時河工役半天下而壽之畚鍤爲最多自建平
徐壽之貧困若如此以是得罪豪貴轉蘇州海防同
知與蓮思白王百穀張幼于輩友善尋丁艱歸家無
長物惟書畫鼎彝晚益好學日與同人舒伯孺劉寬
伯饒汝順篇什酬唱汝順遺之詩曰窮來藥草支生
事病裏詩篇了宿逋蓋實語也建喜著書尤工樂府
惜未編集行世仔甲獻字伯辛諸生輕財好義以文
著

發日新字銘所中隆慶庚午鄉試授四川江油縣有政
聲尋以歸養致仕弟維新同科武舉
劉天衢字一登號梅沙中嘉靖辛酉鄉試第二名隆慶
辛未進士是科江陵文忠公爲主考而公爲門下初
授中書舍人神廟即位遷爲御史同官傅應正親老
無嗣乃奮不顧身冒犯威嚴者良以一念愛君甚於
愛親愛國甚於愛家故不自知其言之過於狂悖耳
陛下置之法必其所勿悔者臣聞古受諫之君令德
令名載在簡編圖說班班可考如漢文帝欲聞過而
除誹謗妖言之法唐太宗不罪皇甫德參更加優賜
至我太祖解應韶建言之罪仁宗引過謝弋謙以來
言爭者從陛下明聖將匹休祖宗而陋漢唐不君道於
應正豈加譴責則數年來內讜言之盛名不因之而
少衰哉况中人多惜身避害比見應正獲罪未必不
觀望鉗默持祿保位萬一有事關宗社所當陳邪正
所當辨者陛下孰從而知之哉非國家之福也丙子
春御史劉臺自閩外論列元輔被逮公復手疏救之
疏上留中五六日不報後臺卒家君死應正謫戍定

海邊公次當巡閱都御史陳瓚以京通倉差注之遂
爲倉場未幾復除御史臺扈從車駕監視諸陵祀典
入侍經筵又差巡按四川轉山東憲僉壬午監鄉試
總裁丙戌補山西憲僉丁亥陞陝西少參駐興安先
是興安水災州若流亡公議賑築堤濬濠大建浮屠
民得活者甚衆未五月陞雲南憲副時巡撫巡京牟
沐客兵叛操起擁執同知爲帥省邑震駭出天衢部
中公曰錯賊易出有司難乃戒捕官於三百里外龍
潮豬雅擒渠魁賊是夜兵潰衆令賊大敗從間

道而陰出之賊大潰陸金滄流右參政偷爾首入侍
諸羈縻獄撫諸司悉內避永昌使者鉄公移駐騰衝
與賊壘對嚴責譏勤偵探集郡材官及諸司土兵攢
爲十二大營懸賞格訓練惟在鼓舞衆志分布信地
部曲請戰公不許數月取等練山又取蠻莫山凡四
越月盡復諸地朝廷欽賞寶襁紵絲甲午春擢山西
按察使丁酉加太僕卿致仕家居十餘年杜門非公
務不見長吏先是爲御史時濟若漕運艱阻公與陳
王道協議請改折得洮其半公又請減湖課七十兩

貯邑顧役錢四千有奇輸之官公聚衆議無輸官役
者與輸者兌支行之二十餘年民甚便之公五子秉
鈇別傳鉞鈐鋋鋐別傳長孫洪甲別傳
張金聘山西遂州吏目遂民安之卒於官子四長彥負
氣節次機嘖嘖稱文學士然皆不遇遭亂孫子俱歿
游吉字子脩一字西山其先有爲刑部侍郎者自他處
遷廣濟遂爲廣濟人吉幼受禮記補邑諸生遇邑有
大事輿作輒分別爲邑令言之隆慶五年江決武穴
深溺萬家邑令朱公欲創堤起自武穴迄盤塘從萬

千錢千緡計無出吉創議濟三百戶不下戶三男子
聚三月撞因之事可成卒如其議而堤成以歲亡投
武昌訓導會武昌令去官吉守之淮西大賈許入私
引鹽百萬貨邑中益求他奇綺物爲奸利恐事泄詭
開闢歡邀吉欲污以滅口吉察其奸持弗可且治之
其人惶恐夜逃去及學諭鉄吉又代之有汪生者楚
貴人遊家子以賄入學會其仇家上書御史府中詞
連吉事下府治守核汪生如法並窮治前爲汪生交
者某生知吉素操置不問吉乃曰諸生固無罪耳即

有罪吉自爲諸生長奈何獨得脫請罷諸生吉獨身
抵罪守必難之吉日出行令下行意即治裝歸而諸
生後得完至今諸生思之歸里中與觀察劉公檢沙
條議顧役錢語載劉傳性友愛與伯兄某析產自擇
瘠者兄產廢輒復分予兄死收其子撫嫂如母終其
身姪之雲別傳
湯之相字惟尹家貧以賈養親暇時讀書不輟萬歷丙
子舉於鄉由學訓爲南國子監助教得秘閣中藏書
學益進京山李公本寧見其所爲文亟稱之以刑部

郎分校鄉試得人最盛出知黎平府黎地在五溪西
俗雜苗獠公至急革其習飭綱紀釐婚嫁條科使男
女有別苗殺人不償命惟以銀贖之相必如律治之
以是殺人少哉黎人悅之在郡尋龍標舊處多吟咏
顏曰龍溪漫吹致仕歸杜門著述所校讐甚多經亂
散佚

周勝夏吉傳 舒逢宗

中立號月山萬羅公子宣義公十三世
孫初月山角祖父俗倫以鉅富名邑中輕財好施値
歲饑開倉出粟邑里賴以存活者衆縣令高其義禮

爲之既至倉巳開取香案對天拜祝願伊子孫世享
簪纓不數歲萬羅公遂生公公幼有大志長能篤學
常鍵戶讀書經寒暑不識家衆與比里姜壽以文相
劘切姜與公同領嘉靖丁酉鄉薦兩上公車不第任
河南汝寧府通判能矜循良以尊賢下士爲務而又
減刑恤獄士民便之嘉靖二十九年當事以清廉薦
陞雲南府同知轉廣東分巡副使以老病未赴任致
仕歸尋卒著作淪毀其後裔略述之其祠猶有奉政
大夫清廉扁額尚存嘉靖間贈也公亚配張宜人[illegible]

三子長一楷次一松三一相貢士任北京左衛經歷
監太和殿有功孫元慶衍子在都門與浙中丞李本
晟游坐中每接周生來泰循循有美度常與予言其
先副使事恨其不詳及見其父承恩亦未得悉述世
亂人稀老成代謝典型久忘前輩衣冠至有子孫不
盡記者亦志邑乘者之闕也山中初冬友人周以予
過我道其行事感慨係之以予親承恩爲予侄視月
山爲叔祖行聊采逸事志之

李觀字賓鄉祖勝椿淳行具志父泰號三梧河南許州

學正年十六爲諸生十七食餼中嘉靖丁酉副榜第
一任四川瀘州牧瀘當邊彝刺烏羅雜處觀至其雄
琛詰奸宄地方以安瀘累年逋賊多竄亡觀具剳以
請獲免十之四奉檄討烏撒軍民府當受代日存
羡千金置不問主者遣吏持至中途以成例請觀曰
不受羡即吾例也卒歸之軍吏以孩子告歸年六十
一歲卒子四長向諸生次之鯨諸生三大來別傳四
甘來別傳

王大謨蘄州傳

嗟乎奄宦之禍自古有之然而巷伯孟

子勃貂景監管蘇繆賢春秋時稱賢有功者漢呂強唐馬存亮嚴遵美輩以忠節著以予觀之率皆天性謹畏強辭都鄉侯存亮推謝權位遵美袴衫給事不願執笏皆有社稷之功弗忘灑掃之職史傳以來凡幾人矣而左悺李輔國元振朝恩則往往有漢自武帝用宦者至桓靈設黃門北寺獄專主刑柄厥禍乃極唐自開元拜三品將軍列爵執戟遂天祐放弑分崩易曰君子慎始又曰非一朝夕之故不其然與有明五帝至於英宗任曹吉祥憲宗增置西廠自是兵

刑重典多委奄豎神宗優柔不忍禍釀天啟君當是時人主能禮法裁抑大臣體統自持戒覆車之轍驚履霜之懼不亦善哉神宗初刑獄繇故事五年命一中官至大理寺謂之熱審奉敕稱使者黃蓋騶導南面中坐尚書下皆右列刑部主事王大謨進曰春秋尊王人而奄尹不列朝署今天威咫尺中官何敢南面敕書上使者與尚書當列前撤座上疏曰國家欽卹刑獄五歲命司禮監太監一人會三法司堂上官審錄事屬特恩禮非夙議自英宗正統十四年太監金英始武宗踵而行之其接見坐立行事之儀不見會典方中官到寺詔命臨之大臣左右列執事趨走於前誠畏簡書非因使臣也今使臣儼然南面豈人臣體惟陛下鑒英廟武廟往事慎始塞源毋令此曹驕寵貽患疏上不報初授太湖令邑有無賴子弟鏞會破法亂俗大謨使衛[illegible]長八人與之飲飲酣曰御史有所按[illegible]及在刑部外戚某錦衣卒舉子爭財自殺事聞下部訊治自餔至暮內使詗問數輩尚書稱大謨大謨徉往弔慰自殺者子稱

齒倉皇吐實歸具詞平允其冤錦衣嗣得全上與中宮大悅歷官雲南督學副使廣西左參政以母老致仕歸歷十六年而母八十有二卒服闋不起卒年五十三贈朝議大夫大謨字惟尹蘄之廣濟人萬歷八年進士暮年號憲舉子居名山閣常著述設為問答景星讀所著書知其人生平大節如勁宦官有足多焉故述明奄禍所繇始嗟乎

舒其志（採正史並舊志）字元浴賢次子中萬歷辛卯鄉試乙未會試授大行人遷工部郎萬歷二十五年中極皇極

遷極災其志督木擢四川參政兼理學政陞江西按察使兼攝饒州九江府淮王翊鉅之未王也與妓王愛狎冒姜額入宮且令撫爲子常洪爲子陳妃與世子常清俱失愛潛謀易嫡御史陳王道以理諭王出之外舍常洪遂與宗人翊鈳等謀夜入王宮盜册寶資貨以出其志上其事王愛論死勒常洪自盡翊鈳等削屬籍永錮奪翊鉅四歲祿先是萬歷十一年革天下私設無名稅課然自隆慶以來凡橋梁道路關津私擅抽稅罔稅罔利病民雖累詔察革不能去也

迨兩宮三殿災營建費不貲始開礦增稅中官遍天下非領稅即領礦驅脅官吏務朘削焉二十六年命李道爲湖口稅使姦民納賄於道輒給指揮千戶劄用爲爪牙水陸行數十里即樹旗建廠視商賈懦者肆爲攘奪沒其全貲負戴行李亦被搜索又立十商名目窮鄉僻塢米鹽雞豕皆令輸稅三十三年始詔罷採礦以稅務歸有司而稅使不撤李道詭稱有司固却乞如舊便帝遂從之其志由鄱湖渡湖口舟令守戎丙夜蘆葦中圍鳳凰磯列炬火起縛其渠魁用小舟飛送九江獄其志單騎見道曰民怨公入骨猶君任此吾知不免道隨去自是商稅罷征仍戶部舊關如故陞江西布政司歸子二簡黙皆別傳

宋元宰字廷弼中萬歷辛卯鄉試知堂邑縣惠風翔洽能聲大起尋以疾卒於官後堂邑許惟新官通政使與吳給諫明仲語因述元宰蒞堂邑惠愛事不覺泣下明仲歸語其子與鄉人曰蒞官纔一稔骨朽十餘年而猶能下大老名卿之淚于京華過從之間則令先公之治行有象與堂邑之去思無窮俱見之矣子

琬仲有詩名

張嵩號太室中萬歷甲午鄉試仕京學錄出爲南雄推官有嘉政士民立遺愛祠晉南大理寺正與黃公葵陽郭公青螺相契尤深所往復書皆經時理政之言遷守廣西潯州府有異教妖詞熒衆聚徒黨數萬謀作亂官兵卒爲所挫嵩密計招誘遂散去臺臣以爲能章薦方超授兵憲中忌者言遂致仕歸

宋之珩號二室中萬歷甲午鄉試任長寧知縣歸杜門不事干謁邑有大議輙能剖別是非以爲資益

蕪雨郯洪池幼嗜學隨父某任蜀以文謁監司監司奇
之扶父柩歸贈恤甚優以貢生三歷學職陞廣東英
府判致仕歸族婦汪氏苦節貧甚兩歲給穀助之子
五志明以淳行著

吳亮嗣　字明仲廣濟人萬歷三十二年進士知
南充縣六載奏最轉兵科給事中練達政事伉慨論
列無所阿避以是訕忌叢生四十年冬詔起協理戎
政尚書舒應龍巡邊以寧陽侯陳應詔總督三大營
亮嗣抗疏曰臣聞漢衰用閹宇爲大將軍魏季以曹

爽爲中領軍陳之將亡以蕭摩訶任蠻奴掌羽林宿
衛今應龍八十衰老僅任衣冠應詔產自紈袴陛下
不監前代任將之失而以二人當軍國寄事可寒心
有言報罷時西邊孔亟議封爵羈縻廷臣慮不成亮
嗣奏曰曏者臣聞西部各還巢穴號令不行於五路
難領大衆名號實卑度其情勢不能舍封與難其倏
往忽來若去若就者要我耳臣謂封詔旦夕拜惟彼
驕我怠不可不深慮四十一年五月奏曰臣聞若曰
之諫蓋臣所以忘身切諫之臣人君賴以保國出乎

治則入乎亂始乎安常卒乎危善敗之機間不容髮
未有狃目前之安閉直諍之口而國不危且亂者唐
之元宗宋之徽宗始皆太平天子皆其全盛非不有
豐亨豫大之形可樂可娛媚于諂臣獻萬年之觴度
無愁之曲遂政事漸弛人心漸解一夫作難宮闕塵
飛王孫貴主嘆麥飯之無從枉國家卿衆白衣而對
泣向使稍存儆愛惕若在心顧遂忠良綢繆未雨豈
至是哉臣竊觀陛下有天寶之驕樂有靖康之逸情
不避釜鑕爲陛下言之臣聞孝者人道之本治天下

之大原也陛下仰事太后不過修彝儀拘曲謹塋宮
闈之美觀杜臣庶之議論已耳甚至以佛事爲孝散
金搭祭飯僧建寺祖宗在天恐所不安是陛下于道
有未盡也陛下深居晏眠瘖壁爐柴宗祏之祀不出
良辰令節嬪嬙歌舞沈湎醉鄉俾晝作夜所謂致敬
鬼神又不過散數萬金錢供髡流羽士之饗飫陛下
祇事天祖亦何矯誣大臣國之股肱或虛其位以示
其不必有諫臣國之耳目直言婉言讜言約言舉付
故紙堂廉高遠蹋地隔天陛下臣道君道有未盡也

東宮不使親近儒臣瑞王過期不婚皇孫十年不見於牀在旁竊美威福陛下失道父道亦未盡也比者遼東平樂禁之役彼衆我寡彼飽我饑扶創飲血出萬死以衛社稷而陛下吝三軍一飽之恩委全師十萬之骨羽檄倥偬章疏旁午陛下則不過曰照用一員然無寫勅與他而已耳臣謂今日之患有三空五難府庫空兵甲空人才空藩祿難給邊備難支習俗難破有司積蠹難稽官府㢢遽難達三空五難交臻並極將有不可救之禍臣安得一望見陛下嘔出心

肝於前哉今天下得無事者祖宗二百年之深恩至於陛下釀危取亂種種而是伏乞陛下以唐元宋徽為殷鑒觀其昔日強富安佚後來禍敗決裂亟與大小臣工圖改絃易轍之計又奏曰自古中涓之亂人國也特人主不知至於知罪不問為禍愈大內監杜茂擅杖殺四品武臣自悖罪重乞哀解職陛下奈何不問內監高寀虐閩有年又欲開禍於粵粵民激變寀反怒撫臣夫刑餘詈言譬之狺犬之噬蹠何足上瀆聖聽其帝賤輦敢辱陛下隸錢塞臣竊觀陛下不

深罪盜肆鴟張怨聞撫哀一疏論劾挾黨露亦脅執一疏輒禁同知陳豸昔汪直劉瑾有此橫行乎今九列空虛權璫美柄而陛下不下廷尉壞祖宗法失來世訓臣恐宦官之禍自今養之至於他日更有甚者四十四年秋白虹見長亙天奏曰九月三十日臣於京營巡視白虹貫斜侯十月初四夜彗星見彌月不滅芒侵斗柱臣甚懼之據四方封事或人而猿形犬生八足牛眠家瓶日色無光雨石雨土雷火烈風地裂龍鬬又禁河水赤如血大同地震壞城垣房

室壓死人畜陛下累不覺省東方發難戮我人民數十萬陛下無一哀痛罪己之詔生長深宮高居簡出一御文華殿則稱過勞賜遼兵十萬錢即稱過費夫金玉珍寶非守國之具女謁宮寺非禦侮之人一旦告急計且安出伏惟明天子省察開鐵失利上以楊鎬經略遼東至則與總兵李如楨爭相見禮亮嗣奏曰鎬如楨奉命督師責鉅任重乃以講禮之故尚未相見山海關總兵柴國柱與參將徐應召爭禮求去夫國柱去年援遼因留關上未聞畏憚坐甲乃憍憍

與神將爭禮昔李愬有平蔡大功且元勳變于戎服
拜伏道左以見節帥欲使蔡人知上下之分今何時
何事而國柱不修廉藺之好應名敢懷水火之爭亦
關邊事陛下留意亮弼在諫省十餘年不謂天啟初
循例陞太常寺少卿三年制授中憲大夫給假歸逾
年鬱鬱以卒其論開原鐵嶺遼東情狀熊廷弼楊鎬
得失尤詳茲不載論曰神宗顯皇帝在位四十有八
載海內熙熙自稱至艾不覩變更錢鈔歷日一年蠲
之文外畜羈縻奉天朝之朔承平悠久歷代所無然

而燕安積弛亦古不經見宮闈有永巷之隔大臣無
三接之禮朝綱失振邊圉墮防衰數之來茲焉實始
至於帝德容厚同諸覆載絕去忌諱遵養和平雖景
運之隆實光天之量焉乎休哉任塞有言曰其主聖
者其臣直觀與給諫可概矣給諫家居聞上崩號哭
曰安復得此聖人哉

劉述顏字濟夫少與族兄思郊以文名後由選貢令永
從古道自守尋致仕歸孫懋從

汪希孔字見明性豪舉不羈由歲貢司訓儀真晉知廣
縣豪猾故絕不屑餽遺迭延日夜痛飲及歸囊篋蕭
然

胡士容（採正史金德嘉文集並舊志）字仁常德中子中萬歷己酉鄉
試庚戌進士授嘉定令調長洲捕豪惡築婁江石塘
有政聲考績陞大名府教授國子監助教累遷戶部
主事郎中大司徒北人伉直持大體獨才士容裁度
支潤狹多與士容議晉山西右參議兵備薊州監左
輔軍崔呈秀薊人也呈秀薦妾弟為府材官士容不
許有奸賍吏捕急藏呈秀家士容取論如法呈秀主

郡邑為魏忠賢立生祠巡撫劉詔懸忠賢畫象於喜
峯行署率文武將吏五拜三稽首呼九千歲士容與
遵化兵使耿如杞皆不立士容遷江西副使驛傳至
通州會中貴人奉魏忠賢使出亦至候人稱馬少先
後給中貴人不肯待欲盡奪馬去士容所隨薊府中
給事騎兵塞上人擊中貴人從者貴人歸誣士容多
乘驛馬侵盜倉儲呈秀持其事請案忠賢票嚴旨遣
緹騎逮至杻梏羅下拷楷死而蘇下鎮撫獄擬贓七
千論死薊人欲擊登聞鼓訟冤不得代士容入贓長

洲人共歛錢送士容家爲士容入貲先是許顯純者
爲諸生遇兵科給事某不避道給事怒鞭之許生恚
日異日得志盡殺諸朝臣及忠賢竊柄收用爲爪牙
授錦衣衛千戶掌北鎮撫司屠戮諸賢無虛日東林
君子有自沉以免榜掠者後因吳門顏佩韋五人憤
周吏部之桎擊殺緹騎逆閹擢郡縣變起逮捕稍稍
緩士容以就逮歲月遲故不死於鎮撫手也其後忠
賢呈秀旣死烈皇帝詔戮屍以伸司敗之法許鎭撫
典刑諸附逆者死徙畧盡欽定逆案播告天下士容

釋歸崇正二年起廢補陝西副使備臨洮鞏昌兵駐
蘭州遷參政駐甘州受事踰期落三級海酋阿害袠
素威正台入漢喇嘛科衆萬餘從永昌古城寨鵝要
盟套内窺邊乃至士容與大將軍戰敗之衆沙爾宗
璦爾麻白吉入黨別軍來犯言報復又敗之共斬捕
七百餘人事聞復級更超遷士容感烈皇帝恩欲成
功名報國而時勢有難爲者日夜焦勞鬚髮俱白一
夕無疾卒崇正十三年贈太僕卿子五崙別傳
張宗濆字祖泉萬歷間由邑學生舉優貢辟榮[illegible]淮[illegible]

謝議叙除南都武衛參軍擢陝西高陵縣令甫下車
求材脩學發凜賑饑設廣桑斥遊惰杜請謁置錮於
庭盛水其中以明己志前令有　獄擬大辟者七濆
覈得其情力請上臺得生之　叙將晉階薦卒於官
子爲霖別傳
張爲霖字上卿宗濆子少隨父任高陵父卒於官扶櫬
歸經紀喪塟悉如禮以國學生數入北闈不第南歸
旋爲督學　太湖馬公荆陽所知以儒行選舉授鹽運
知事晉運判擢兩淮副使未三月以目疾致仕居林

下數十年卒子京然諸生荆府儀賓
張金和字汝節號玉臺少爲諸生學使陳公較楚試首
和次蘊生某蘊即和師也和語陳公弟無先師禮陳
公義和言復首蘊次和以歲貢任漢陽訓導有豪貴
人責徐生某店產因構陷之郡守諭和和不可歸而
嘆息語妻劉劉曰嗟乎吾兩見諸生安可以人諸生
媚人哉翼日郡守復諭和和曰徐生無大惡而貴人
多誣詞即若此解官歸耳太守知不可奪嘆曰公長
者事竟寢君漢陽五年遷諭城步寶慶守林司理薦

交薦之遷平武令平武邊松潘兵厫至則小河守卒
以府胥索賄滯糧衆而譁詰侵大今太守懼登陴椄
梧和急見太守躬往諭解橐中金具牛酒饗之單騎
按其壘曲啓禍福衆投戈羅拜事立解後廉獲其首
事麻老虎輩數人撲殺之藩司吏以姜姓氏誨淫吳
商捷世與既得其金詭而殺之已並殺强以奸告和
得其情竟以吏償死李藩父子殺人推官沈納賄欲
脫之和卒寘之法邑人稱服平武附郭衡煩和每服
往往宴息閉月坐夜不入內一青衣侍書室和夜披

衣坐廄榻行導引術鷄鳴則秉燭蒞事不倦批答導
敏集廷端摩不逮也三年解組歸居林下十餘年手
錄王文成龍溪管東溟先生語書陶阮諸詩點畫精
細年八十六卒配劉氏載賢媛傳長子懋純字孟常
性深沉澹至不慕仕進歲貢絶意公車終楚脩別傳
胡士完字五常教養第五子邑諸生用例貢授璧莊守
備諳投明威將軍時流寇充熾士完整飭烽火訓練
士卒然長才屈於短馭當時咸爲惜之卒於官十二
長熙成諸生次熙庶熙成繼姜氏子從隊熙成早卒

苦節數十年旌表見姑
胡士次字大賚教養第四子狀貌魁偉藏書斐行下過
目不能忘爲文洸洋恣肆饒滿以例入太學授四川
雅化縣教諭甫至葺學宮却例金課諸生都有條理
士風爲之一振子洞成
張楚儒字小損號雪巔金和子中天啓甲子鄉試體貌
瓌傑英論風發少好遊遍歷蜀下省觀平武覽蜀山
川所至輒有詩以紀勝尤好義任俠喜爲人解紛難
叔舍祖國子助教衛甯葬楚道傍爲收祔祖墓有某

教授里中註誤幾罪不測爲言之官立解之邑徵發
皇剿里人咸集而祈請卽爲邑陳緩急次第悅到里
人德之卒年二十九平生詩文樂經賊兵散佚子仁
熙另傳
吳敘功字齊公亮嗣長子恩貢任四川南谿學訓署合
江縣事
吳敘師字恂可亮嗣次子恩貢任河南確山縣知縣士
民愛之有去思碑累官太僕寺卿
吳敏含字辨可濟大安亮嗣季子中崇正壬午鄉試任

江西靖安諭遷安陸京山諭晉浙江新城縣知縣博雅多才有詩名

金之純 王阮亭傳 字健之別字復濱楚廣濟人父楚濱先生講尚赤隐居教授有二男子長之鈇治穀梁之事而授經於公公兄弟孝友故得肆力於學爲名士中萬歷乙卯舉人四上公車不第署醴陵縣學諭再補浙川考最不次擢知與安州公之知興安也流寇方橫秦豫間而所治當衆衝均房要害一旦寇傅城急攻公帯劍登陴慷慨與家人訣誓與城存亡夜半忽大

雨漢江漲濠水驟漲數尺賊遂舍去已而歲四薄城城中糧且盡公間道遣蠟丸書請救於遊擊將軍唐通通援至公夜半縋城出與之合斫賊營柵殲其渠圍乃大解於是恤死戰者還存畧者歲侵廢作給饘粥設粥糜死喪者官爲殮之民皆感泣御史以功狀上聞朝議將以公知漢中府而公積勞遘疾卒與安民咸奔走如喪其私親公卒歲餘賊復至城中人彷彿見公絳衣大冠立埤堄間謂公死不忘與安也相與廟祀之勿絶公内行醇備篤于友誼兄殁撫其子女婚嫁如已出叔父有孤孫鞠育之養婚始終其身而周旋御史吳公裕中廷杖一事死生患難之際尤爲人之所難方天啟甲子乙丑以後逆璫虐焰不可嚮邇而應山楊公二十四大罪之疏上璫切齒於楚人吳公者亦江夏人也疏劾次輔丁紹軾語侵璫璫怒甚矯旨杖百死杖下親戚故舊皆竄匿尸暴衢中公毅然臨其喪返其匶三千里外義不反顧時人以爲郭亮董班之義無以逾公也論曰公守與安艱虞百折卒全危城於百萬虎狼之口可謂難矣使公勿

死而守漢中漢中必全然大廈既傾公即不死疾必死殉死社稷死漢中與與安等耳當逆璫時公不負其友幾陷黨人之禍豈任封疆當巨寇而忍負吾君哉公爲孝廉嘗手寫宋名臣言行錄類分之爲自警篇一書宜其大節卓犖如此矣

劉近臣 金德嘉傳 字亦渠號霍童明天啟甲子鄉舉第一人崇正辛未成進士知江西金谿縣事初君爲諸生受知督學翟公汝說試第一當是時文體蕪蘖在在用子書入經君弗屑也逆璫魏忠賢亂政中外皆王走

趨如鶩故東閣大學士遂安方公逢以翰林典楚試
藉策問入告君忼慨敷陳極切而首義疏題最合主
司旨是以冠省闈已而璫燄益熾私人羅織諸策問
憂時者罷斥凡入人方公為首明年君會試遂報罷
東鄉艾南英所嘆為不媿師門者也金谿故多巨室
貴公子兄弟閧訟先後院司累訊弗能決君至奉御
史檄覈其事為開陳人倫孝友大義兩造惶恐讐伏
訟乃止御史以為能學博陳時策卒官停櫬久君下
車拊其孤捐俸歸其骨於鄉里崇正癸酉分校易闈

得士為多而楊公學愿最知名居官五載課最膺考
滿遷疾卒金谿人有循吏之思焉父鳳鄉有隱德輕
財好施嘗齎產以濟里人之乏絶者君生而慧稍長
酷嗜學故老傳其貌瘦短小然為文嘔心鏤劌語必
驚人其為學壹稟伯兄近甲舉人訓與中表弟監舉
人縉猶切劘深辛未會試主者取兩漢八家文舉君
出而與梅村西銘君子同籍此實有所長非詹詹帖
括論也論者惜君未究其用然東鄉讀君文嘗方諸
賈誼陸贄之論藉令通顯當言路其摧擊閹豎豈出

[illegible]忠烈楊公下哉

陶褒字萬金惟賢曾孫以隆慶辛丑歲貢廷試選授四
川慶符縣教諭後陞署慶縣事蒞治公明

夏承緒字爾素署自河縣舉人[illegible]士陞昇州守明末
致仕歸

國朝

楊復字伯[illegible]民廒孫融部儒士大嘗子由歲貢累任夔
茂石首諭襄陽府授儀封知縣蒞清慎逸得常藉
州風味楊氏故多詩人而復與晉最知名為大鰲後
起之冠晚年優游林下日惟以訓徒課孫為樂于四
儀邑學生琳信瓚俱諸生孫國選諸生曾孫承緒別

傳

胡來庭字叔憲順治已丑歲貢授漢陽學訓陞沔陽學
正轉武昌府教授所至必飭學宮理籩篚訓諸人士
以古義士皆傾嚮以蘅撫交章薦陞廣東曲江縣令
有惠政壽致仕歸卒年六十有一

胡一璉字公侑號十水順治戊子拔貢任兗州通判國
初洪制未備自大臣外莫肯任事河患最甚香爐口

决久弗治運道艱阻前事習爲故常璉至身親畚鍤
悉心籌畫督築功成總河朱公之錫上其事擢東昌
府同知兼攝司李平反大案二千餘事擢戶部員外
監視中南倉晉都水郎中出榷龍江關遷廣西監司
入
覩值逆藩之亂路梗留廣東兼筦學政以不受僞劄晉廣
西布政使司數年致仕歸當時天下官吏陋規尚未
盡除如龍江關及粵西布政缺尤利藪璉歸日清貧
有踰寒素築室春風橋邊人莫知爲方伯第也卒年

廣濟縣志　卷之十二　宦績　四十七

九十歲貧不能殮邑侯李公世德聞而恤之襄其殯
事子縉思字其議邑學生以父官廕廣西鎮安府通
判卒于官
張先基（金德　嘉傳）字開有一字鞠菴崟登第後念母劉太君
不待養志感云父亭然以諸生老所作詩文多散佚
亭然五男子先基行二年十八受知太守靈臺許君
時蘘端毅公令蘄水太守延之寧堂得鞠菴卷稱善
明年爲諸生順治丙戌舉於鄉己丑舉於禮部出魏
果敏公門下壬辰對策成進士乙未除知襄強[illegible]

強識南大縣也先基下車則緝猾蠹覈逋征嚴保甲
驅游惰花材修學發廪賑饑月聚父老子弟該瀘縣
乃大治有故官楚藩右轄者子君孫爭廕訟久轇轕
胥人窟穴其間互勝負案積寸許上官屬新令剸割
先基鞫訊時誨諭悱惻兩造感悟訟乃平先是縣獄
大辟凡二十有八案丹書已定先基愀然有平反意
會郵刑使者行部輒條上請讞報可減等論存活百
數縣故浩穰而人未知學先基開衙齋檄生童都就
課於諸生中得宋師祁於童子中得鄭司直端張殿

廣濟縣志　卷之十二　宦績　四十八

揚鄭稱王伍巳而庶常學使令長宛盖相望襄強之
有人物自是始也治行優異紀錄加級有逃人王應
水匿萊強久前令弗察也先基乃坐是落職縣人傷
之樹旛擊登聞鼓言狀然格於督撫炭例竟解仕脂
東南歸歸而亭然方七十奉觴上壽毋兄前基弟福
基後毋弟犹基元基友愛無間拊從子之孤者嗚貢
舒如巳出舒夭遺孤又拊焉族有老而獨者存養歿
埜殯其力乃巳租墓田以次經營漸有緒歲大無翰
困粟以爲鄉人倡鄭司直由庶常歷湖南按察使撰

江西布政司道月塘步屧瓣香及階瞻遺像泣且曰
棗強縣志稜青矣敢告我先師於九京又曰曩丙申
元夕大將軍兵過棗縣兵與民格鬭死大將軍譴怒
令禍且不測有趙大者脫走踰二百里忽詣軍門自
首曰殺旗丁者我也令無罪大將軍乃械繫趙大去
嗚呼人情莫不自重其死也而趙大忼慨赴之師之
一感人古循吏所未嘗有也子晉金輕財好施予有父
一風
吳瑾金德嘉傳字瑾懷亦字願餘以順治辛卯恩四月補學

官弟子秋八月入闈舉於鄉與縣人宋象文叙同榜
已而象文舉順治辛丑進士君例除武陵教諭下帷
攻苦課多士以科舉文字士蒸蒸有興起者康熙庚
戌會試登蔡啟僔榜進士出禮部儀制司主事山東
顏君光敏之門已未除知山東萊陽縣課最
賜袍幅擢知山西蒲州下車清馬政減羨餘治行籍甚丙
寅丁外艱已巳服闋補任直隸滄州滄州旗丁駐牧
地瘠而賦多逋君委曲籌畫輸將及額有胥王馬七
馬八勾連黨與爲暴橫久爲河間諸郡患先是刑章
名捕莫能得君至榜諭曉譬禍福道以自新之路
奸黨伏難拜階下乃上其名數於大府奸黨解散率
閤治稱大著會同年友鄭黃門爲言於冢宰側擢部曹入
補刑部江西司員外郎踰三月而疾作請告壬申正
月二日南歸保定參政猗氏邵君九錫亦同年友爲
診脈愀然曰病劇矣奈何含殮之役我則任之君力
疾草家書區處後事絕筆而逝參政殯斂成禮割奉
賃夫舁櫬歸先是君在蒲以古鑑餉參政欵識千年
物參政乃出件君櫬以行寓書誡其家世守勿殉塟

也宋末有仲文者徙廣濟十七世而爲省龍省龍生
季美是爲君父配胡宜人生子四君君長次旬識次
光祉次曉皆諸生君原配梅宜人生男之協廪生
胡魁楚金德嘉傳字爾大一字紫山先世有五三者始遷廣
濟數傳至鎮元至正間登進士從徐平章築城縣西
禦紅巾賊有功壽從明太祖行間數有功封懷遠將
軍再世爲仲周有二子伯海宜德間官夏華知縣黎
利反安南不屈死仲潤邑諸生潤曾孫爲一石處士
有隱德一石生繼矩歲貢歷任合肥孝感遠安教諭

巡撫鄖御史王公世貞爲於朝擢待詔翰林卒待詔
生四子伯其昌縣諸生仲其大選貢官雲夢訓導汝
州學正叔其可鄉賓季其久縣諸生其久生以愚爲
縣諸生有聲娶方生子五人而君爲長君生五歲從
族長者授禮經族長者數從里人摴蒱彈碁飲射爲
娛樂不事程督而君獨慧於是君之父健樓居課之
則善屬文當是時年甫十三耳里有甘先生忠甫藉
藉稱胡童子材甘先生宿學負盛名偕先大夫舉於
鄉者也於君爲大父行而每諷君文未嘗不擊節稱

善於是文名里中天啟元年學使太倉王公登川補
縣諸生崇正六年學使王公志堅拔置第一十六年
獻賊蹂廣濟山砦數十所陷盡掠去賊營一人逸則
爪其斬殺無遺種君舉族宵遁從行者三百口至巴
東巴東土兵圍之曰賊也衆相對泣君飲啖言笑自
如長揖砦長譚舉人參兩抗言非賊狀參兩與語賢
之遇以賓禮計口授薪粲餉之朞年爲送之江陵君
謁江陵幕府具言所以江陵資之以歸初母方卒君
之父繼娶於夏夏性卞急君事之唯謹其從賊中脫

歸也剪蓬蒿築室收群從弟姪皆同爨立寢廟春秋
饗祀延塾師課子姪無廢學歲旱墾菜田百畝明年
獲麥可三千鍾賑貸鄉里多所全活於是人人稱君
長者順治二年父卒七年貢禮部是歲直省赴
廷試凡千餘人
部推擇高材生八十有五人除縣職蓋異數也君與焉十
五年冬除知江南建平縣事建平俗嫁委巷細民貧
其婦富室算緡錢子母刻期贖踰期既抱子猶褫處
廡下忿爭輒訟令爲平其質劑低昂如是以爲常君

怒曰設令本司風化奈何視民禽獸行而恬不爲推
耶下令厲禁之委巷中由是無敢言質婦者建平距
省會百八十里童子試列縣名例得免更徭而選首
者率以賄君五覆試拔單寒生二十人學使者取半
之邑人大服地丁按季徵斥羨耗庫吏謹司筦鑰無
所售其奸前令鄭汝南麻城人以虧空庫金久羈建
平君捐俸倡邑人義助汝南旋里去而君亦具文乞
休中丞疏報復任建平自海警役數起大獄君省牘
多所平反先是有以奸殺人者前令屢訊不能決君

齋宿城隍廟三日夕庭讞案乃具丙夜空中若有聲太息云岑有輔者無子立從子期貴嗣亡賴尋養妻兄子王雲隆配以戴女岑强宗也某賂期貴乘上巳踏青劫逢柔從黑戴女歸雲隆訟戴父亦訟岑酬金請和議劉昏而暮夜乘間爲君言君判云一婦安可再醮竟抵奪昏罪岑乃以君所却賂賂所親越訴於監司監司駁案君閱慨然曰是非倒置若此令尚可爲乎單車詣省致仕章上候代留建平且一年新令柏君肯堂知名士耳君治狀一見如舊識比去建平

邑人盆香祖道有至蕪湖關者君慰勞遣之歸而故同爨弟姪皆成人以次婚娶田宅與均康熙二年軍興挽運繁苦江水漲里人竄戶多流亡君族緩急倚君獨安堵村民爭鬬往往質成於君片言而解鮮至訟者十六年自城居徙鄉所居兩路口有亭曰薰風日與田父話農圃布袍皂帽徒步阡陌間行路觀者不知故大令也伏臘合族而燕間呼婢子奉王孺人領孫曾遊紫霧園中追憶少年辛苦賊中事每登先壟徘徊眺望久之曰吾雖耄瞻掃必躬親也君爲文老莽遺府甦與孫復亨講先輩大家法所撰述多散佚惟乙酉以來剩稿復亨鋟而藏之復亨嗜學而文君教也

劉洪璣中康熙癸卯鄉試任湖南衡州府耒陽縣諭康熙二十三年應聘廣西鄉試三十年俸滿陞福建建安縣令以病予告歸建安士民賦詩贈行年七十歲卒子樾勝諸生岳諸生超儁邑學生

張元爵字其脩康熙乙丑拔貢授湖南安化縣諭訓飭多士以敦實行崇正學爲務每月文會兩次至期傳

集生童分題課藝獲首選者疏以膏火資士子群爭嚮學先是安邑自
國朝開科至康熙四十六年以前鄉試獲儁者止二人自元爵蒞任六科共中七名丁酉歲大祲因飢塡溝壑者相望邑有義倉縣尹畢以未經上聞不准發賑元爵具關代民借粟五千石分給民賴以甦雍正癸卯遷漢陽府授巳酉陞山東青州府壽光縣令謝絶餽遺邑中積弊漏規革除殆盡甫百日以疾致仕卒年八十四歲

舒芝生字遜草詩古文皆有名由副榜任麻陽縣諭性
孝友父母昆弟無間言好施予邑尉湯銘柩不能歸
芝生捐銀二十兩並募紳士佽助得回籍與黎蘊生
同入監卒名其子扶櫬賻百金在麻陽縣
文廟課諸生士習丕變子三涎吉諸生趨吉近吉俱國學
生孫錬鉨國學生
梅朗中字雪侯以拔貢授貴州甕安令甕故播地明萬
歷間平楊應龍亂以其地遞蜀曰遵義遞黔曰平越
甕平所隸也犵獠蠻落悍甚稍稍嚬咻之聚黃平州

知州黃平雖黔屬與吾楚毗壤稱易治調楚水州建
乃烏蒙蠻夷人彼而疑變人悍而戾又值土司祿昌
賢之變附郡被挾誘輒揭竿起朗中請宣德威給牌
示信北赴治領牌者即為良夷人變人遂率為謹厚
調上思州上思錯落猺獞密邇交趾治多金花木條
言花發瘴起滇黔畔兩毋蠢動以瘵去瘵愈起補祁
州擢戶部郎最後以成都知府予告歸年八十八歲
卒所著述多自勵語有先民遺風康熙四十七年祁
州士民公呈入名宦子三奕庭英庭敗庭俱別傳孫

永昇邑學生永旭諸生永景太學生
劉天成 孝感人 天相傳 字鴻生號健中曾祖父后華公邑庠生
多隱德以孫志陞貴
誥贈資政大夫祖夜[illegible]公以經學著一時後文多出其門
父登仕公鄉貢[illegible]子憲以仲子茂落貴
誥贈中憲大夫[illegible]母李恭人有賢德先生其第五
子也自幼[illegible]有志操不苟言笑比長博於孝 宗
業稱之[illegible]文屢試不舉由歲貢任江南蒙城縣令
蒙故隸鳳陽郡夙稱悍瘠難治先生登以廉明鎮之

摘伏發奸案無留獄建義學拔單寒士風日振遇歲
旱禱甘霖輒應蝗災拜之息其精誠感格尤神調上
官首以地瘠民貧積逋當免請不獲允復屢詳亟懇
詞意懇激竟致詞譴先生曰吾安忍戀一官虐百姓
也毅然告疾至今去後邑屹立道左逆賊歸來培先
塋置義產教育群從贍卹族黨暇日穿池種竹葺別
業延嘉賓每花晨月夕輒煮觴行炙相與縱談古今
人有善獎勸多方過則面折之人不怨且曰劉公古
貌古心望之肅然起敬長吏之堂非公不至就謀則

多建白息訟解紛救災捍患遇橋路缺乃危險垂案
捐修族里間婚喪匆自支者為之委曲佽助無倦也
亦無德色年六十遷擢二丈夫子日惟課以書禮衍
于洪先官鎮沅府先生馳書萬里外諄諄以忠貞報
國勗之卒靖臣節越　恤典遵義訓嗚呼是一節
足以徵先生家學矣先生體素康晚節益矍鑠卒年
八十有二元配舒封孺人再配沈封孺人子二長洪
緒次洪儀俱列歲薦稱象賢焉先生為內翰周君天
錫之丈人行而周則余姻家好也退食京邸故聞先

廣濟縣志　卷之十二　宦績　五十七

生之行誼備悉先生稟負清澹不與人為婀婀不必
激於利祿小試烹鮮急流勇退優游林下又能訓俗
型方濟人利物夫豈尋常所可及與

劉茂溶字華生登仕子少倜儻有大志以拔貢都統志
陞座補中書値討黔苗從軍有功授都勻同知陞廣
東廣州守州總百粵連五領多積逋尤健訟溶悉
題免逋民得甦懲訟棍刀風漸息又兼濱海三十六
埠船商貨雜盜常劫掠殺人其弊總與奸牙相表裏
先是官其土者利其賂率不問溶至廣州稔知之亦
故不問牙人餽送溶至呼而飭之曰太守不取民間
一文錢爾等厚餽意何為不過欲藉規避免提訊耳
又曰爾輩同無辭然不教而殺吾亦何忍今與爾等
約倘仍有劫商殺人巨盜即捨奸牙而寘諸法由是
海嶠晏然建義學資膏火訓廣東交惡年六十三歲
卒茂溶自甘淡泊故足養廉且能以其餘需族黨並
為舅氏置產于洪備洪儁俱國學生洪儀中丙午科
武舉天津守備

梅奕庭字陞陛朗中子倜儻有氣節幼嗜學習舉子業

廣濟縣志　卷之十二　宦績　五十八

以歲貢為寶慶府武岡州訓每月朔聚諸生於明倫
堂講學課呵黃甲乙制藝丁公問其賢題陞漢陽府
漢川縣教諭士有貧寒者即留署內肄業朝夕講解
凡飲食服物出自清俸試期並助其資斧丁內憂起
補潮府歸州學正丁外憂起補荊門州學正轉銅鼓
衛教授致仕歸卒年八十三歲其生平著作甚多子
二長永昂郡學生次永昌

梅攸庭字天士朗中子初為婁縣丞署嘉定上海寶山
縣諸令事皆有聲報最遷試用青浦縣令開蒲涯

塘故河四十里詳請黃波鎮南漕改折六千石耆灘
便之部使者巡查至敢庭剛直不阿部使者以貯積
霉爛
上聞遂落職交代官至貯積仍完好如故太僕俞公督理
海塘借其材蹟
請效力塘工告竣優叙增秩一級錄用以病辭官歸子永
景國學生
金啟洛字禹書德嘉長子年十六歲爲諸生十七歲食
餼康熙乙丑拔貢丙寅就太學試輒高等文譽日隆

補教習期滿壬辰得直隸廣宗知縣廣宗素苑瘠前
令征歛過激民譁於市啟洛至不名一錢值軍需騾
馬廣宗例備三十五匹上官檄倍其數牧養年餘諸
縣費千數百兩及解軍前費亦如之他縣多取諸民
啟洛悉出已資丙申夏秋霪雨連旬鉅鹿民私築橫
隄於魏村北名曰埝廣宗南科合千餘人各持鍬械
喧傳往北開埝啟洛聞恐釀爲禍階遂親往語鉅鹿
人曰汝曹爲庄稼上流不有庄稼乎且城池倉庫皆
在上流鉅鹿人遂散去啟洛呈制府趙公檄行毋私

立横堤著爲令辛丑行取壬寅引見候補主事效力
河工雍正元年得刑部福建司主事二年東昌府缺
出東撫陳請員部議以啟洛名上遂得補授東昌府
賜御製朋黨論得雨詩勸農
上諭紫金錠貂皮三年東昌府水災啟洛奉檄行十八州
縣借賑煮賑諸務調度清查核實會
上命閣臣七人查視河道隄堰啟洛呈略曰諸水會流之
區雖糧艘往來幸免遲滯而地居窪下每當夏秋積
雨後民田悉成巨浸耕道全浚洪波即時宣洩冬運

河淺涸而兩岸之村莊汪洋如故萬民之墊溺呼籲
仍殷察其致患之由恭因府境有古漯河一道自西
南濮范莘朝陽穀等州縣順流至郡東北由博平禹
城至霑化入海自開挑運河之後將此河截斷因而
上流隔於西岸滙爲陂瀦下流隔於東岸易名爲七
里河夫既上下不能宣通而當日不即被其患者以
運河開後隨於西岸設進水閘三座一在郡南約距
城六里一在城北十里舖一在永通閘迤北二里許
每遇西南濮范等處之水猝至即啟三閘入消又

漕流泛溢復於東岸設減水閘五座一在官窯口一
在李海務北里許名曰四空橋一在四空橋北六里
名曰三空橋一在三空橋北五里名曰二空橋一在
二空橋北約四里名曰一空橋每遇漕河泛溢即此
五閘出水以歸於七里河自有此進水減水之閘雨
水得河漕以洩漕得雨水以濟既無用舍淤沒之虞
亦免堤岸冲决之患當日立法誠善也無如歷年久
遠諸閘殘廢於是濮泡等水每歲奔騰而來無路以
入濟河遂泛溢於畝畝逼近城垣大為民害且漕河

有時泛溢無路出水於七里河以致冲决堤岸此進
水閘三座及出水閘五座所宜急循舊址脩築以資
啟閉者也若夫兩項閘座既脩則七里河實為受水
之區又急宜疏暢其流查七里河自東郡由博平經
禹城至霑化而入海今河身不無淤淺之處而禹城
為甚所當沿河查勘疏挑使汙漫有所歸宿者也明
兵部尚書鐵公鉉當燕兵南下道東昌時偕歷城侯
盛庸背城戰燕兵敗敬洛以鐵公有功東昌為[illegible]
敬洛在東昌四年以好博覽厚樸堂勸力在[illegible]

年七十一歲卒子本孜國學生
朱翼治字簡臣之默孫節婦王贈宜人子翼治生八月
父懋乾卒母王教以嚴法未弱冠為諸生母王卒入
貲為兵部員外郎釐弊剔奸同寅協恭有湖南駐劄
武生三人拘繫都門同官不聽固籍翼治以告在司
宥降從輕典三人得還未一年以疾予告司馬懷寧
楊公率同官賦詩祖道一時為榮家故饒於財翼治
承母王教多施予年六十一歲卒子二長本績字子
嘉中雍正丙午鄉試陝西鄜州中部縣知縣擢中書

舍人次本經國學生孫四光烈字晦存四川寧遠府
同知光照光燾光炯候補州判曾孫三承基元基鈜
基乾隆十一年巡撫開公以翼治行跡先民誼敦古
處晨昏定省孀闈承顏色之歡夙夜靖共柤府著委
蛇之節廣徽國之良法指囷而輸社倉慕希文之芳
聲傾囊以濟宗黨樂善不倦聞望既協於鄉評視聽
孔明褒崇宜昭夫曠典上請報可從祀鄉賢
吳世元字騁文雍正五年以歲貢選孝廉方正生平誠
諭加意訓誡熊裕祖蕭惟耀屠租賽署明[illegible]

戛扶章戛扶英郭洪背經指授先後取甲乙科有文名予告歸子潤諸生

戛賓字序賢由監生考授同知効力河工補臨清州判陞揚州府管河通判卒於官賓喜爲詩工麗秀折與兩淮名士相唱和無休日且書法甚精長子時瑛由監生考授州同知管白茅閘巡檢署昭文縣丞次子時雄考授經歷効力河工

武功

文武異位同功或衛邊疆策勳麟閣或守鄉里斬爾伍

勝忠義之氣具焉而其情通於禮樂矣

明

徐與（採金德嘉徐公墓志）徐秀士瑗侯復自叙其先世曰公諱與字榮一樞密院使遷朝公之子御史禹立公之孫也仕元至光祿大夫中書門下省平章事封蘄國公及致仕里居會徐壽輝據蘄水城爲亂公於邑西築堡以衛鄉人賊相戒毋犯新城兵當是時蘄黄城俱陷惟廣濟獨存有號圖徑丈高可五尺公教戰處也明時置縣譙樓上崇正丙子流寇至乃毀作馬塲在縣北有亭舊令扁曰東南保障事載縣志公卒於元至元間卒至順間其月日不可考明太祖高皇帝兵下金陵公長子麒次子麐孫文壽率鄉兵歸附麒官廣威將軍麐字月齋河南知府洪武三年以母老辭官四年正月壬辰奉詔改知蘄州府俾就養其母任滿一年諸惠政載蘄志子文顯初隨任河南受學答祿與權以孝弟力田薦授刑科給事中有敢諫名擢湖部侍郎文壽官武畧將軍遷居遼東義州關衛有弟三人曰欽世居縣龍頭山曰昌曰隆一遷河南信陽

州一遷同始縣云余把卷省覽久之歎我里前代有文武材而徐之家世爲不可及也且夫致仕而獲祿養異數也得之仁宗孝宗之朝猶易而當洪武初陳情爲最難其時爲臣而得遂其白衣之志者一楊廉夫爲子而得申其烏哺之忱者一徐月齋耳楊以孤忠徐以篤孝九重威嚴一者察其情而閔之然則人生惟忠孝大節可以自立於天壤間而古之人所謂世澤者其在斯乎其在斯乎（舊志三年改蘄州…實錄四年正月…以實錄爲定）

鍾源字元二元至正十年嘗爲飛騎尉戍守蕲川功升
僞漢遷陞蕲春守備卒於任役籍廣濟子澄頂州刺
史孫用蔵貢生襄陽教授廷国李生宝国子蕴司業
陳受三有力善大刀蕲川之役奉名進勦軍中號鐵鞋
尉以功授義勇將軍
翟志超字以大邑諸生不中就武試連中任四川會盟
守備苗賊刦掠餉銀志超單騎入苗洞讓土官普那
執渠魁斬之追所餉銀上官上其事轉角操江兼參
將軍

舒益生字民裕邑諸生以博洽聞崇正乙亥流寇剽掠
舒城太湖間益生馳騎偵其衆寡後寇抵黃梅益生
整戈東鐙率死士四人至石壠鳴金鼓賊不敢近華
山道人景臭潭居東山數年是日至斤竹橋戒無嘗
寇遂亟返守靈山砦寇久踞此諸砦悉破獨靈山砦
衆死守寇以衣幣名手及其使久見寇無去志焚砦
夜遁監師章公戢山召還使聯絡中州至安廬諸砦
總督袁公繼咸復邀留幕中甲申後薙髮爲僧子三
逢吉别傳峻吉别傳遂吉

胡崙字若萊胡士容長子長七尺强力過人好騎射幼
爲縣諸生士容爲司徒曹郎崙侍養不得龍請致同
子學受業士容出備蕲州又隨之蕲會魏忠賢亂政
盡鋤去忠正大臣誣士容擅驛置逮詔獄崙偏創
敝衣屨爲家奴裝隨鎮撫獄追士容贓七千崙歸楚
遂長洲人蕲人共出錢崙上京入贓烈皇帝即位釋
士容罪故事國子久曠業違期即脱籍崙以隨鎮撫
獄又歸楚脱籍崇正二年士容起陝西按察副使備
臨洮鞏昌兵後遷甘州士容既欲以功名報國日修

營陳訓士卒令崙往來燕秦間相地勢崙遂與府中
諸有氣習戰陳者俱得講習諸利害壬申十月海會
阿害褒素等入寇士容親激怒大將軍出師崙充從
軍諸軍並力敗敵於甘又敗於凉崙獲首四級御史
上諸將士有功者諸官晉秩餘以次得除官適士容
卒崙扶櫬歸服闋授蕲州衛百户世襲
胡海字光伯以諸生高等就武試萬歷癸丑成武進
初授大河口守備轉蕲鎮副將與方面不合[illegible]
宗朝經畧袁崇煥邀至寧遠疏補閫外[illegible]

乙亥寇至江防唐公顯悅請統練鄉勇防禦有功
寓蘄弟浩字仲質以孝友聞子四一璉一珙一玠一珪
陳士昂值流寇時爲一方保障後就武舉試授六合縣
千部補廣洋屯政致仕歸子季宗諸生孫上璉諸生
李甘來字季子父凱四川瀘州知州原名之郢諸生更
名甘來癸卯中武舉甲辰成進士授岳州守備洞庭
湖有巨盜干人爲民害先是備兵者受賂容隱甘來
至盜以賂進受之且厚賜盜大喜一日甘來至其營
解衣痛飲約爲兄弟翼日邀盜飲預伏壯士甘來酒

盡數石盜魁皆沉醉伏起群盜盡縛請官兵卽擒其
巢盜平以功陞浙江游擊山海關告警詔浙江發帑
十萬兩造軍械尅期解兵部浙撫命甘來任其事事
畢以疾予告歸子日璉早逝次日琦次日瑜邑諸生
夏天長字時生受業李大復所大復剛直慷慨其及門
亦然義勇嘗倡亂天長輸家貲充保定營用身提大
刀破賊斬首數十級年老家貧無怨曾孫有年諸生
李大來字桃叅觀第三子原名之藻諸生屢躓棘闈
試武舉天啟元年授南澳廣營千總鄭之龍反以

禦功陞柘林守備降海寇黃育一調潮州中營守備
鍾林秀據九連山爲亂連歲損官兵無算又殺招撫
同知謝定廷議發廣福二省兵往勦大來搗其巢功
甚偉內有生員數十名皆爲林秀所掠知其無辜力
爲申救於總帥俾得脫以疾予告歸崇正丁丑立寨
於獨山頂自春徂秋城塹畧備冬月聞寇至蘄水大
來先率眷屬登山遠近來附人情以戢寇至攻寨不
克去戊寅擧凡四十餘寨犄角相望得保無虞皆大
來總其方畧也庚辰十一月賊盤踞後山羌辛巳四

月撤營去年七十六歲卒

國朝

胡顧璉字爾忠驍勇善射授游擊將軍不仕年垂七十
猶挽弓三百觔嘗飲於鄰家適羣小鳥集於庭樹鄰
以彈授璉璉曰吾欲中立高枝者之左目一發高枝
鳥落視之果左目也
胡振雄字英吾曾祖思明以嘉定丞陞山東布政司經
歷祖邦寧諸生父鼎邑學生振雄有膂力嫺韜畧康
熙十九年吳逆反振雄慨然嘆曰大丈夫當時方治

爭守能衛衛君此乎從軍雲南有功總督將軍趙請
吉給振雄隨征領兵總兵衙逆猖獗甚圍城糧將盡振雄
誓衆曰就殺馬食也要死守孤城待大兵逆兵退治
國用上其諮於趙請
旨補右鎮總兵官趙諭云雖所統官兵無多與實缺無異
康熙二十年十一月二十日以總兵官署嵩元鎮左
營游擊事趙又諭云總兵員缺有限權宜改補後隨
征馬鞍山振雄負重傷猶手刃二賊有功無總兵官
缺終署游擊事康熙二十二年致仕歸子炳邑庠生

孫飛龍邑庠生曾孫兆鉉邑庠生
貴總學少篤志好學値明季寇亂從軍有功由廣東潮
州府中營守備陞本府水師營遊擊康熙二十二年
後病歸子承英國學生

廣濟縣志卷之十二終

廣濟縣志卷之十三

知廣濟縣事金壇虞學灝重修
教諭孝感龔佐龍
訓導鄖縣陳景行 仝校

人物志

儒林

易俗移風在上亦在下躬行既立文彩斯彰薰德善良
權司牧令邑所為淳樸與

明

胡應中字廷道隆慶四年中茂才科性醇謹舉動必循
禮法嘗置義田以贍宗族歲積粟賑飢鄉里有貸
不償往往焚其券已所居屋僅存而別構涇堂書屋
容散招聚名賢講業命其子從之遊樂教人以善人
無遠近多就之稱教菴先生生平雅好著述其文集
語錄若干卷語錄一書大抵居敬窮理修身齊家要
領布帛菽粟之言也子士容鋟版以行滄桑後是編
散落垂百年元孫承棟從鄉村老屋購得之藏於家
子五俱登仕版

胡繼矩字成方父萬金有隱德繼矩讀書目數行下下
筆千言立就成童補諸生屢試高等領嘉靖辛酉歲
貢[illegible]時心學盛行繼矩厲禁之士無染
[illegible]合肥遷遂安教諭陞[illegible]州學正先是孝感
人[illegible]大[illegible]自矩遷學官士子[illegible]蔚盛所入俸資
[illegible]家兩袭先塋贍子姓之不給者署中自奉
[illegible]素所不堪而矩處之裕如一時聲譽翕然
[illegible]南北[illegible]王公世貞薦於朝詔以翰林院待詔
[illegible]卒子其大[illegible]兩衛萬歷癸未年拔貢歷官雲夢

訓導河南禹州學正有父風
吳自守字介夫生嘉靖間居青林江上年十七爲諸生
遂棄去舉子業潛心性理携[illegible]匡廬閉門苦學鍛鍊
情識三年豁然有得乃歸日涉人事而本原澄徹愈
加涵泳造詣漸純布衣蔬水朝夕養親極盡誠敬而
纖悉端嚴較之前賢成德實無愧作也王文成公之
學盛行自守與同邑陳仁甫深究其旨尤邃於易斷
陽順公日嚴携菴居之遂號易菴嘗設講堂泉湖側
以待四方學者耿楚侗赴南任維舟聕證引爲神契

羅近溪嘗往過講覈累日卒門人諡曰聞道
陳上道字仁甫號求吾自爲諸生遵王氏學與友朋迭
難更端意議開發聽者皆渙若廓蒙登萬歷癸酉鄉
薦上京師名公鉅卿方以講學相尚王道與張陽和
楊復所鄒定宇胡正甫潘雪松郭青螺鄒南皐汪靜
峯耿天臺諸公往復辨論相唱和無不推轂陳先生
者聞羅汝芳近溪聞道盱江輕千里往贄其門學益
進著二論解諸書作大道篇詩嘗欲仿[illegible]義田晦
翁社倉法復古仁政有志未逮是時濟邑糞若漕運

百姓窮困江陵爲相王道與劉梅沙爲總漕事陳
濟邑漕米折色得允其半至今賴之子謙備直有父
風孫文斌以貢授應城司訓從子時泰字和初以詩
酒自放稱狂士早卒時泰子文濤學行有聲有徵古
堂類稿文德翼爲之序
韓紳字思忠號南皐篤志講學從吳易菴遊而學入精
與易菴主宋儒持敬而紳直提頓悟以陽明爲歸初
爲諸生已竟棄之曰儒者志最上寢食必明視義責
周孔如把臂當其獨得雖千乘南面貴無以易也後

又與訪管東濱東濱主張釋氏教典紳亦未肯欣今
服之有往來論道書載東濱問辨牘中性至孝父母
歿廬墓三年後道經其墓必哭拜之有遺以菓餌者
亦持獻諸墓哭如常將卒沐浴就卧笑語諸弟子曰
爲一世人始識得半個字遂逝無子有集稿三卷未
行世

楊民服字信甫號任菴初以博士高等爲邑士所推時
爲諸生解說經義聞沈公古陵偕錢公緒山講學蘄
陽慕之謁請正鄒公穎泉胡公廬山日與里中吳易

菴韓南阜劉漢泉相切劘矣以歲貢司訓吳縣與管
東濱論道大契遂遠致韓南阜同贄門下取所著書
細爲參訂晉湘鄉諭及轉蔚州學正聞報輒自罷還
益不預世習專心聖學教學者以求放心爲要邑中
胡篤生諸人從之遊源號認菴後乃謂篤生曰子向
者未識本來面目自用認耳頃於道或可以任矣宜
謂我任菴自是學者咸稱任菴先生居靈山最久石
壁大書曰生平了無事儘於書有緣頻來此山上恰
已三十年性孝友九歲即盤父子立籲天求弟弟民
表生喜不自勝弟遘疾齋沐露禱嘗讓弟廩餼越次
補弟亦通性命旨與吳易菴論學吳不能難初應貢
籍讓翟又讓趙曰翟以貲淺趙以聖諭吾不讓二公
其遂已乎餘解橐贈人不責償高行極多亦力行之
驗也年七十有六所述錄甚富皆散逸有事心膚言
訓子孫復別傳曾孫儀別傳

胡篤生（採舊志及張長人集）字孟培號入叟家居河上人稱河上
公少負逸氣篤學專事性命之旨時邑楊認菴司訓
吳事管東濱篤生亦東下執贄焉東濱之門稱楚中

四君子篤生與楊認菴韓南阜及江晏叚給事煥然
也歸築室萬山中又稱東山放鹿翁日與友吟詠其
中積數十年著述益富有大圓學法志道場紀事質
學考兇等書崇正癸未獻逆破邑燬其書欽其道貌
延上坐改容稱先生不名且悽然語吾初亦良民也
篤生曰即若是胡嗜殺至此逆爲之意動久之遣人
送歸江北生子一没賊家無期功之親萸愉介處晚
乃依外孫蘇公建居順治乙未邑令王公名世聞其
賢元夕偕張仁熙王衍治數騎訪之寒郊細雨中

談連夕爲聯句紀事奉萬錢爲壽是年卒年七十有八平生孝友辭讓不解機事言吃吶不出口恥以氣過人至不忍信人之有非避利如射麗其家如客者受教管公鳴理教而尊德性其操行然也

國朝

劉醇驥 金德嘉傳 字千里號廓菴大父思郊父芝圃兩世皆積學以文名千里生而有文在手曰歷里媪饒一見奇之許字以女留居親授句讀稍長念諸外傳無足師者則搆樓齋延思郊曰請阿翁授孺子家學十五

入邑庠聰明志古蓬垢忘寢食芝圃歿逾益知學身氏太僕仁常胡公佐之瞽自九經歷代史諸子集揭膏晷摟括期會不見客每慨宋元以來文習日卑孱因秦玄閣史漢爲繩蹊詩宗初盛五七言近體尤雄深雅健或若其文宏麗生犇弄几幾不能句讀之千里益自喜更曲折興盡乃止其爲諸生試日數千言無起草加點試輒冠太倉王公澄川無錫高公彙旃尤才之方是時千里名噪全楚性方直簡傲人亦久忌焉獨與黃岡樊紫蓋維城何鼒長謙子安邑李[illegible]

好年過壯始悔雕篆日取周程張朱象山慈湖餘姚山陰內江書院劇梅蓄時天下風鶴賊兵千里與一過以用世然久之不第也崇正壬午高公聘修楚四朝文獻錄癸未亂日劇千里閉門讀易作周易孔日元明論數十卷論學書數十篇亦時交方外互相啓發焉順治丁亥督學王公念尼聘主通社以歲貢當上公車不欲往已念都會英傑畢集因入京與柏鄉魏公厚菴曹公環溪魏公講業極懽或勸仕爲有司者千里曰吾固不任是遂歸里李公五鹿呈祥分巡

興國躬率博士弟子數千人以師禮迎至赤菴後得士如盧遠心高華公望士瞻皆成進士順治丁酉盧以侍從出臬兩浙迎千里往數月汪君鶴孫等皆師事之於是海內嘖嘖稱千里者日益衆作語孟學庸解通書太極圖定性識仁諸箋高微朗提融合靡鑄康熙丙午復由吳入燕道曲阜謁

孔墓癸丑有

旨修直省通志方伯張公尤如徵千里等分局著書未及成而止甲寅家居秋病痞乙卯四月倦弱氣息不勝

性以學不終易天下爲憾以七月初八日卒所著書
詩賦傳記通書五經諸子大易論語孟解學庸古本
解共百卷先是里人[illegible]二百爲刻五經文集十五
卷行世餘未梓千里包[illegible]而癖好深沈簡默介然高
岸語無擇貴賤不可[illegible]或苦逢委折盡人情不可強
也不善治生產業以故貧窶歿至不能具棺衾焉元
配饒無出繼娶胡子一光智庠生康熙壬戌張長人
與諸生舒峻極爲請於督學宜興蔣公得祀鄉賢壬
中秋光智亦卒無嗣

張仁熙（金德嘉傳）字長人家居藕灣其卒也鄉人私謚之曰
介節張故廣濟大家宋元明代有顯人大父玉臺平
武令父雪巖天啓甲子鄉舉毋徐海防同知徐存吾
女也先生生而徐卒大毋劉鞠之年十一屬文有奇
氣又三年受知督學顧公補漢陽學官弟子[illegible]賞
濟[illegible]公孫伯督楚餉一見賞識遇以國士督學吳公
試上等於是名藉甚江漢間當是時[illegible]以名孝廉
紹玉臺家學度閣書踰萬卷而舅氏蘇倫君又出江
防藏書佐之藕灣草閣鐙熒熒夜達旦所爲古文辭

無可雁行者而獨與猷千里醇驥友善兩人者桴鼓
約東里中文社之盛自是始孝廉公有志未遂而旦
卒先生感愴涕泣逾益肆力於學門以內結五經社
與從兄一生復熙競爽漢陽李愚公先生序其文寓
書文文肅公評選以行白下於是楊維斗顧麟士楊
子常吳次尾蔣楚珍劉伯宗諸名宿書劄勞問藕灣
無虛日而同郡易巘侯王在明何子安黃美中梅惠
連壇坫相望太倉王公澄川視楚學政楚人應以閎
覽博物之言先生捭歟與諸名士相長雄脫稾而書

賈購之浚駿甫所稱爲風華古博者也先生貫穿史
學慨然思有以用世然關試久不第會流寇蹦楚職
方楊卓然又先議安撫隔里眼左金王諸降賊蘄黃
山後號曰新民先生以故人子奏記畧言武侯兵民
雜處渭濱而不亂以屯田耳今茲新民實賊也坐食
民粟而弗佃舊民之畝不數月食且盡新民去而蠶
食他方舊民還而寄命空谷蔓延濡染可爲寒心項
襄毅之於房竹王文成之於桶岡大藤操縱有方服
而鎮之且巢在則宅爾宅田爾田也今之新民嘗請

勞役捉鹿苐藉此以紓旦夕之力而公乃以爲禍
不疑其佩而噬人亦誤矣纚纚數千言職方讀而持一
之然不能用後卒如所料詭譬至廣濟邑無城先生
丁祖父喪倉卒走避蘄州蘄城破還走稿灣自玉臺
下世鄉里兵火歲歲不絕先生作祖父及考傳聲淚
俱下先是母徐以産卒擩拾婢子語觸緒蒼凉酸音
促節爲人子者嗚咽不能讀其至性如此山居既謝
絕貴遊而京口譚長益蘄州顧赤方同里胡孟培劉
千里過從講藝麥飯豆羹往往極驩去今吏部尚書

商卯宋公牧仲通守黄州于雪堂築東齋延致先生
言詩推官王君俟齋黄岡知縣徐君亦久相與下上
千古聯牀且踰數月會修楚通志布政使司張公九
如聘笎藝文書成未及上有
詔中外臣薦舉隱逸布政使司徐公子星列名且上督撫
先生以疾辭而禮部尚書王公吳廬時官翰林吳文
僖公時官禮部尚書都御史姚公岱麓時爲給事中
交合疏薦先生嵩举李公時爲卿大理止之以爲不
可屈也事遂寢宜興蔣公脊齋督楚學寓書禮聘

左席以待先生以疾辭而手疏先輩吳自守韓紳同
學胡篤生劉醇驥請祀鄉賢檄下鄉人僉曰此盛德
事也初通志垂成而藁散佚於司庫至是再奏
詔先生力疾往事竣乃還先生之學大都苞蘊史漢渠蒦
八家而沉酣貫串尤得力于離騷文選二書書法之
妙意在筆先兼龍跳虎卧春蚓秋蛇之勝時人評其
書法以爲在顏米間生平著述甚多其近詩文凡若
干卷皆繕寫成集藏於家垂老猶善飯旅進曾元孫
口授六經大義未嘗齒豁行間注釋猶小楷盖春秋

八十四以卒子佳易晟昆環金咸績學有父風贊曰
漢史傳黄叔度言論風旨不少概見苐載荀淑袁閎
戴良陳蕃周舉郭林宗諸君子之論以爲道周德全
無得而稱焉若介節先生者嘗脫人於岸獄活人於
刃俎陰德軼事余不具述述其師友之際近古者綴
於篇嗚呼亦足以見先生矣
李奇觀金德嘉傳字大俊一字巨海用經學爲里人師學者
稱大復先生先生少時偕先大夫學先生治毛詩先
大夫世治易相與研求濂溪洛閩大指先大父裒輯

宋儒言行錄爲自督編先生與先大夫各手鈔熟讀
而力行之事父繼堂翁母馬以孝聞會錢塘葛公屺
瞻視楚學政先生入縣庠葛公所拔率知名士先生
雅自負讀史慕汲都尉范文正公司馬温公之爲人
嘗論及軍國大故輒歎息泣下有甚於肉食者先大
夫知陝西興安州先生鄉倘寓書大都潔己愛民匡
時報國語先大夫揭諸壁出入省覽曰大復愛我先
大夫卒先宜人扶櫬歸晉不令孤兒廢學則迎致先
生督課之先生於先宜人兄弟也流寇亂左兵蹂躪

瀕江郡邑里人徙去渡江以南洲居門闌錯互茅茨
數火屬當崇正末造國威已薄邑令張登衢不能御
其下胥隸兇人攘縣印部署亡賴少年擅殺陳武舉
祭旗日與士大夫家爲難士大夫人人重足屏息父
老陰謀團聚鄉兵禦之莫適爲主僉言非大復不可
羣造門請先生固讓久之不得已強起應父老請誠
曰與衆約毋譁毋羣飲毋夜遊毋睚眦報復毋挑釁
生事父老曰諾遂歃血盟諸神榜通衢日守望踰年
有保定營率師討諸兇人渠魁伏誅事定先生告於

令而歸仍市授徒如故是役也捍患固圉先生力爲多
矣順治乙酉兵至先生倉卒匿林莽搜得刺其腦兵
帥馳馬熟視先生整容山立瞻顧如平常帥曰君子
也釋之踰數月疾發卒瘞大竹林先生卒逾四十年
從遊生徒物故且盡德嘉撰次生平實行請入鄉賢
祠上之督學烏程姚公姚公檄行郡縣覈實覆請報
可

金德嘉（蘇州彭定求傳）翰林檢討金先生諱德嘉字會公號豫
齋湖廣黃州府廣濟人祖楚濱公諱鼎亦以經學爲

人師父復濱公諱之純萬歷乙卯舉人歷任興安知
州明季流賊煽禍危城保障勞績最著擢知漢中府
未莅任而歿事詳阮亭王司寇傳中先生五歲而孤
與伯兄德崇事母李宜人至孝從師鄉學卓犖有志
於古識者卜其樹立不凡年十五游於庠復罹李宜
人喪時當鼎革之交楚中荒亂頻仍家輒遷徙先生
偕伯兄棲止茅茨風雨不蔽爨煙幾絕而晝夜洛誦
琅琅作金石聲學業日益進歲試冠軍食餼學宫中
順治庚子鄉試公車歸里下帷授徒介然以名節自

待胙絕竿牘有塈令某招致再三先生堅拒弗往就
廷試高等及符教授安陸在任九年倡明正學造就人
才講舍彬彬稱有安定遺風康熙壬戌會試舉第一
人制義淳龐典雅不在先秦兩漢以下楚中風氣開
自劉雅川熊鍾陵兩先生得先生殆鼎足焉既入翰
林館中推爲碩儒莫能望其肩項凡遇編纂職務殫
思努力若明史列傳表揚殉節諸臣一統志分撰楚
省諸郡以及禮記解義通鑑講章鱗次就稾最夥丁
卯典貴州鄉試得士二十人多名儁黔中文風自此

始闢先生品行端慤當名場馳驟標新領異之會泊
爲自守深以浮競是耻其所著作俱落落自抒胸臆
儼若鼎彝法物視夫鞶帨組織之工蔑如也以故齟
齬不得志一旦致仕以歸同朝無不嘆惜之座主澤
州陳公贈行有句云紅燭三條知已淚秋風五色故
侯家頻年萬事悲歌外至竟騷人楚調賒激昂悱惻
時見乎詞矣然先生林居以來坦懷任運絕無寥落
曠放之氣荒江寂寞蓬蒿滿徑斗室中圖書充塞几
坐編摩寢食不倦以後賓公手輯自譽編與宋名臣

言行錄相倣得自兵燹散軼之餘珍爲笥秘晚年
續纂元明諸賢以廣之其他撰述歌吟卷帙不下數
十至於家徒壁立口不言貧足跡不入城府幾二十
年如一日益其明義利之介審行藏之宜舉夫窮經
考史蘊積有素者一一見諸躬行實踐未嘗稍斁於
主敬存誠之學故能始終堅定有大醇無小疵屹爲
儒林完人得年七十有八而終其門下士私謚曰貞
孝先生云余既與先生誼託同方令子啓洛又爲余
在成均所拔士比及並賦閒居音書間至商量舊學

獨有蒹葭秋水之思先生題我先君志矩齋讀書圖
特揭六經大義以與矩字證明其於異學之荒渺俗
學之支離披繩切而指歸嚴尤足深致服膺也啓洛
屬余爲先生傳故不敢以不文辭爰述其梗概如此
論曰孔門立教曰博文約禮文禮合而後爲載道之
學故程子曰游夏亦何嘗秉筆爲詞章也自長楊子
虛諸體出沿及於風雲月露而文之載道者少所以
宋儒特標道學以別於儒林之目夫卒無有軼於道
之外而可以言學者即漢儒經明行修若董江都鄭

康成蠡求必與宋儒岐途異轍也金先生者介於漢
宋諸儒間固可無愧設得置諸阮覲石渠通英崇政
之地俾克大展其抱負則爲世法程豈小補哉然使
先生非終以潛確自居則亦無以見其難進易退之
節後之論世者於是可考而知焉

張惟金字貢方步雲曾孫父禰基少工制舉業負經濟
才明季隱居晦迹年三十餘卒惟金甫八歲性穎慧
讀書目數行下孝事孀母友愛弟金元遭家中落脫
産悉推以予弟而肆力於學甫冠補邑諸生食餼試

輒冠其曹時金豫齋爲海内宗工獨器惟金延致家
塾教其子所爲詩文雄奇磊落尤邃性命之學言規
行矩士林式之中康熙辛卯鄉魁尋授江陵教諭諸
生以文事就正者無虛日一時上官悉遣子弟就學
後門下有由詞垣官御史者皆荷甄陶力也致仕歸
縣尹僚佐咸祖道沙市江上諸紳士垂涕而返年八
十卒學者私謚曰貞文載江陵名宦著有詩文編次
成帙藏於家子三長易源雍正庚戌進士歷大邑安
仁知縣次禮源邑增生以文行名次德源乾隆辛酉

舉人孫璧庚午舉人植琇植琰植燦皆諸生能世其
家學

阮文茂（金德嘉傳）字駿公一字竹巖初補蘄學官弟子久之
蘄人大噪生濟人奈何側弁而哦于蘄學使者按籍
判歸濟由是歷試濟人中有聲太倉王公長源視楚
學政以前矛饋山右鄭公崑璧試冠軍省闈垂售者
數矣然竟不第餼滿當康熙丁卯貢禮部學士盧公
琦翰林孟公亮揆薦君如舊識籍籍稱明經材部例
需次司訓然非所好也歸隱竹巖楗戸著書以老焉

阮自始平太守咸歷黃州教授霆鄂湘行軍司馬之
長子增凡十三世而生雲從翁是爲竹巖之父元配
徐孺人早卒卒時竹巖甫七歲號哭擗踊若成人已
而事繼母克諧以孝丁雲從翁喪瀕于毀既塟抱木
主妥素几雞鳴盥漱爇香拜拜已起侍側出必告反
必面恭踰三十年如一日云念雲從翁常欲裒輯家
譜久未就語及輒貫涕夜夢一老人皓首修眉摩其
頂曰吾阮家祖也寤而涓日告墓孝孫文茂謹伏先
考榻前操鉛槧以從事居亡何譜且脫槀而宗人以

廬陵之請至則麻城黄岡諸宗叅五貫穿秩[illegible]如此
是家足於卅鄉里[illegible]假貸歲有務自雲從[illegible]翁捐
舍倒篋焚之曰使命[illegible]有急而囑其產者[illegible]愀然[illegible]
藉之助[illegible]令息縣[illegible]猛于虎
貫飲[illegible]以夜[illegible]立縣亭堦下見鞭樸[illegible]人血流
且成塹[illegible]失其案竹巖爲佇立守之[illegible]其人哭
而尋案[illegible]竹叢應聲曰在當是時微此金[illegible]其人過
夜半皆死矣詰朝縣人嘖嘖盛德事問所失[illegible]案人氏
名竹巖曰志之其愿慤如此少時受業[illegible]先生務

爲科舉文字羅先生授以春秋三傳[illegible]歐諸大
家集比壯讀書[illegible]爲張日巷高第弟子同東劉先
生嘗[illegible]生不絕口以是益肆力於學後[illegible]從北征
歸田著作若干裒輯成集而三先生不及見[illegible]矣子九
人[illegible]學勛泉邑國學補縣學諸生孫[illegible]曾孫皆
以經學世其家

文苑

邑人材濟濟皆自奮立雖深山窮谷自晦其名[illegible]而文采
彰著亦文獻之傳也

明

冠學海金德嘉傳

赤鼻迤東可三百里古鴻腦洲地一曰龍
院今龍坪也當明嘉靖時有冠山人以詩鳴山人名
學海字巨源其詩最工一時知名士深契焉如漢陽
蕭太史京山李宗伯沔陽陳廷尉而東萊原公恭袞
叙山人交游爲最悉其言曰山人徧游名士執牛耳
蜀人張肖甫蘇以時越朱秉器余君房梁張助甫劉
子元李襲美金陵李惟寅椰陳甫李汝藩晉王明甫
朱惟襄燕張叔廣趙夢白李仲仁郭華伯梁見心金

衔卿秦康子秀南子與閩袁景從楚吳明卿邱謙之
周元孚梅克生伍子謙同縣張子龍湯惟尹劉寬伯
皆山人昆弟懽也益山人嘗棲戶盤山凡五年而後
出言詩一時公卿爭引爲上客晉慶成王使人抵山
人所曰不穀願交雖冠先生山人辭使者三至乃往
南向坐王敬禮山人殊於他客以是山人聲逾高所
過迎勞饋遺有加禮而山人性不羈橐中裝與至輒
傾倒立盡於是轍跡且半天下而山人之豪宕極矣
倦游歸二餘齋徒四壁立而名士過從累月夜不絕

其卒也停柩淺土萬歷中桐城劉侯湆水令廣濟
山人遺集爲遷窆縣東郭畢四嶺伐石表其墓摎其
詩刻焉嗚呼風雅之盛倡於館閣而泉石隱佚亦往
往有異人長沙李文正公興起詩教宏正嘉隆間士
大夫枕籍聲遊務爲大雅之音即布衣好古亦戛然
有以自見於當世葢風教漸摩使然也然文長次櫌
坎坷囹圄茂秦遨遊七子而交亦隙末若寇山人則
可謂遭逢獨盛善始而善終者矣詩集鈔謄譌鈌余
爲丹黄存之以俟他日彙刻楚詩者采焉

劉養微劉師獎傳字敬伯貌清癯不自勝獨性敏工唫咏家
甚貧奉親每不給自始爲諸生有聲郡邑則嘗走數
百里外授生徒講經學而詩不廢既歷境處人情日
深久業乃益進其爲詩大率宗北地而稍清逸自放
適不屑比擬爲工覗七子殫拔聲格以爲未盡詩理
然至闡裒晚變調則爲愀然失色未嘗不投袂亟嘆
也持論依文選李杜恭探索而濡漸之久而自得變
化屹然無所藉於人而性率易踈人事體弱善病食
不及中人酒無三蕉葉力即周旋存問賓主拜揖禮

慨不習則多謝卻之而專其意爲詩卧起饑飽勞逸
提界尺理茶竈據梧而思望雲而怡以至疾痛轉徙
史書感慨無不撮而寄之於詩當其意得成篇放聲
吟咏滿天地間淵淵若金石變人清節又或以爲鸞
鵠在雲中故兒童婢妾無不樂聽劉敬伯歌者劉敬
伯輙又歌不已以相樂由是神姿逸出雖家貧日甚
而洒然不見窮愁意人亦不敢以窮愁告之制舉業
亦工試於鄉者數矣終以不偶乃不能無憤悒悒作
披髮入山語而性真率安守終不託困阨有所求於

人劉敬伯父滐泉淳古講學修行獲有道稱故其茹
若讀書不敢藉詩人爲狂誕亦其家教然也後以故
入宦南都一往訪因遍歷山川宮殿諸名勝古蹟所
題咏詩大進神氣雄宕有直逼北地者則愈益爲詩
遂成家矣未久以積病體不任竟卒臨卒賦詩辛苦
人間百未休今朝忽作反真遊玉樓作記非吾事一
枕空山明月秋

劉養吉讀謙闇何傳字脩仲敬伯仲弟也其人修而癯樸而
都聲音笑貌間宛然敬伯也性狷謹有氣岸喜譚說

持論常依名節然非其人弗與語處內直方而兄[illegible]
之間怡怡如也家貧居常授業別所毋懷資歸囊不
私一錢嘗曰余性寡嗜慾不飲酒喜靜其天植云壬
午之春余家延西席走三百里許問敬伯敬伯曰余
不可往卽欲得師莫予弟若顧余邑中生平慕之者
甚衆恐卒難致第語令自裁輒欣起曰何伯仲待兄
厚藉手報此君是大願也於乎敬伯病欬三年淹矣
雖復強劄出獨甞甞黙顧念不出口云何敬伯病劇
數往來道上[illegible]成疾至敬伯死毀瘠骨立幾斃者

數矣然性素重然諾權負人喪事竣輒力疾趨館所
方是時又念吳可樹立兄者日夜親紆手錄康谷子
集成居頃之母病旋卒以不得與於永訣益痛悼雪
涕嗽然不絕水漿不入口幾日稍甦則又曰奈何遂
以墨泣誤大爭乎強起飲食襄葬事乃顧謂弟曰余
力竭矣吾不可活老父幸賴汝卒年三十一歲無子
妻亦守制不御飲音聞鄉黨無老幼疎戚無不人人
垂涕誦孝友者雅性嗜古所誦習無慮千萬言尤喜
讀周禮淮南著有箸下政過二說或偶吟詠咸俱其
弟襲而藏之號曰拾仲遺余與伯氏並憫其意爲序
其集而附其素履焉

楊大鰲字用極好詩歌至忘寢食不問生業益縱意於
詩與劉敬伯相砥切中萬歷庚子鄉試北上春官不
第遊南雍南雍諸生千餘人盡識之歸囊鵠其父故
人高聯璧爲彭澤令邀之竟不維舟感時作州胥行
前後毒蚊行過襄陽作大堤曲宛然古樂府遺篇也
年三十歲卒將瞑唯手書毋老不能終養爲憾蓋大
鰲父民表貢生前卒惟事母蔡氏故云妻盧生子習

敬伯以女女之大鰲所著有歷代史括明史括燬於
火其餘存者無幾邑侯劉公允昌器之與冠學海劉
養徵稱爲三良而爲之詩曰弱冠領羣彥聲名滿人
口下筆輒千言言言燦星斗典墳兼河洛舍是吾何
有千金一笑盡叱咤英雄走咄咄問千秋公卿徒嗟
手誰知造化忌好物故難久如此可憐人而無三十
壽我讀楊子篇淚下每盈肘子晉字子馬諸生能繼
父業

劉秉錄字昇之一字思恕攻制舉業淵勁骨立盡脫時

師訓詁自成一家爲諸生試輒冠軍名譽日盛壬午
日衆所說經務傳其體要芟繁而不靡於名物命人
開發得大義遊吳中文公滙持陳公明卿馬公素脩
皆極稱賞冠以序文以歲貢廷試高等嵐縣令呂希
孔與交好便道至嵐縣疾作卒呂爲治喪命家人扶
襯歸秉錄弟鍜母吳病刲股進吳病愈兄弟友愛無
間族貧者嫁娶失時秉錄出貲爲助有奴役家數年
後知其父爲諸生焚契送其家江右徐奮鵬刻秉錄
諸奏記以所居地名岡東子故海内知岡東子秉錄

自稱思郊不稱岡東子遠名也

張鎮號巨石歲貢性耿介前令熊海壑器重之每饒
爲癸王藩憲畢公延之教子鎮有紫微堂上春風暖
黃鶴樓中秋月明之句

劉洪芳字孔實號芝圃秉錄子洪芳文不起草數千言
立就青州曹公璜督楚學首拔爲諸生初遊吳得與
氏徐後復隨秉錄遊吳與長州諸名士飲酒賦詩有
杜少陵之稱晚年屏居課族子文行劉故衣冠家至
洪芳子弟更整飭以歲貢廷試未行卒子醇驥別傳

醇驥以詩文與驥齊名

劉秉鈇字寬伯天衢長子少嗜古學喜吟咏侍天衢於
三晉川蜀間歷險阻發爲詩歌時名士稱爲漢魏樂
府冠以序文任蒲圻訓導逾年歸子洪甲別傳弟秉
鈴字正叔諸生書法爲時所重

劉秉鈐字幼凝天衢少子少孤好學與劉千里張長人
共相劘切詩歌遂擅一時飢滿例得貢棄去故人李
暘谷官淮上秉鈐因遊吳越篇什益富

張金鱗字汝瀛歲貢少英傑能文章好施與喜勸進族

里子弟賢者爲得百餘人月課之造士良多性孝友
父病衣不解帶者三月廬母墓於馬口湖去家六十
里而遥携子孫吟廬間三年不歸麻城梅瓊宇郎長
孺諸先達咸善鱗郵寄不絕

張淦字凝湘少攻苦暑寒無間萬歷戊子登副榜尋疾
卒妻程氏詳貞節

張金簡字汝初八歲應童子試性敏絕一經目即成誦
搦管爲文筆不停輟數千言立就年二十歲卒

饒于豫字汝順之初子年十七爲邑諸生性軒豁薄俗

儷章句爲古文辭是時公安與濟南敵海內士大夫恆更葦破觚靡所趨嚮豫於古人獨宗龍門司馬而於當代則推元美故其所爲文不倣秦漢以下極其才之所至卒成一家言時詩人贈豫句云奇字虛稱楊子宅治安重見賈生才其人可想矣再中副榜不第年四十悒悒不得志縱酒嗚唶悲嘯以死子三嘉左嘉馬嘉班別傳

饒于鼎字季長號弱水之初子邑諸生嘗試全楚第一卒不第其兄豫多傲睨諸生間而鼎必退謹恂恂如

也好讀書深明國家之故及民生疾苦獨與朋儕論學術消長人才得失中外邊疆而於方鐵諸公大節忠烈于公大計畫江陵張公大相業楊左死而士氣衰熊經畧殺而邊事壞尤反復三致意焉崇正丁丑避亂僑寓蘄熊文燦奉命勦賊擁兵留蘄謁王盤旋不進鼎奠曰寇賊充斥聖主殷憂命將出師旦夕遲提音而大司馬舉動若此殆非能辨此事者後果如其言子八嘉元嘉亮嘉軌俱別傳嘉純嘉槐嘉龍嘉龐別傳嘉紀別傳

翟雄字儀玉諸生學使葛公吡賞其材亥戴江漢人文

張楚甲字超儒持身嚴謹色笑不少假人孝友內外無間族黨靡不敬憚之年方弱冠禀然以經濟爲已任潛心朱程不事呫嗶業卒年三十三歲

張楚鼎字凝叔歲貢性端方寡言笑幼時即不屑與羣兒伍毎獨立中庭無跛倚態人以是奇之三歲失父師事仲兄楚甲從遊惟謹年三十即究心朱程黃梅瞿九思講學江臯往師之坐語竟日識解過人瞿集

其在來問答語附所著文集後

張楚嶶字宣之少爲諸生善詩畫偕濟南瑯琊文盛行因杜門學史漢家言以著述名家

梅調爕字理卿一字二樵爲諸生不中試武舉中會試不中歸就童子試復爲諸生會泰昌恩選學使以調爕名上由北監中天啓辛酉文鄉試署江陵教諭以禮經分校四川鄉闈胡菊潭世安策語多切直調爕力薦之後成進士爲詞臣有名朝臣薦調爕補南雍學錄授六安知州致仕歸年八十餘卒子二長汝說

有文名

甘許國字忠甫父廷誅縣學生許國年十一歲爲諸生
十五歲食餼濟邑自徐鰲以禮經著後許正齊如館
受學樊輪川著禮經羽言黄岡秦維宗著疏意許國
取鄭氏而下説禮者五十餘家細爲參訂精思微論
黄岡王伯固一鳴推許國穩談爲禮經第一中乙卯
鄉試出包鴻逵門下署山西太原府教授陞保定同
知縣赤城與監司不合左遷貴陽通判致仕歸
張楚璠字伯瑜中崇正壬午鄉試爲倪長玗先生門下

士倪司李姑蘇在候倪爲梓隨齋近藁百餘首徐淵
九一先生作五經社序贈之東南知名士咸丹黄焉
乙酉歲年四十六死於兵
陸嗣先字孟思父一揆諸生嗣先天才豪邁喜爲詩劉
養微見之大加賞識異虛思受業養微所諸其兄亮
嗣亮嗣遂與交好亮嗣宦遊歸創菴靈谷招嗣先讀
書其中亮嗣卒乃歸賊張獻忠破黄梅胡鶴生主蘄
子砦嗣先主萬安砦約誓甚嚴然終不能守賊授嗣
先以僞官不屈墜馬死子延文被殺饒叔度編次其

詩

饒嘉元字仁倩號鈍菴于鼎子年十二工舉子業邑令
倘取冠童子軍初爲詩不善同邑劉養微目擯之遂
止不爲讀書大藏寺遍覽古今人詩遂與養微齊名
邑令劉公應昌獨愛重元每題咏必偕有倡和刊藁
及劉遷廷尉耶爲詩別元曰獻賦倘蒙漢主問司馬
相如臣之友中天啓辛酉鄉試搆河上草堂盆移時
卉列堵上豁四牖讀書其中芬馨盈座元詩曰自供
蔬蓏飯常辦買花錢盡實語云先是江陰繆公西溪

典辛酉試得元文大賞契擬作解元爲諫垣朱公所
扼繆嘗云朱不識文故後饒生大是憾事乙丑再上
公車值西溪奪官元作詩二章送別詩載藝文志明
年魏璫杖殺楊左諸公繆及於難元哭泣成疾死有
詩稿散佚于三宅中兩中寡中
饒嘉亮字熙倩于鼎子善詩文以歲貢謁部南都有旨
急選以亂罷歸遂絶意仕進著篇什極繁藏栢林屋
壁兵火壁壞十不得一性亢爽難爲苛細儀自少婚
徐大夫壽春署中又隨之東吳聲名衛廣其後轗軻

不耐家居遂客遊與馮廽都會然義稍不合輒拂衣
去或誚讓之雖權要不顧也其生平骨鯁自持如此
生子七仲子來中別傳
饒嘉綸字木倩十鼎子治古文詩輙擬管□言值明季
世亂絕意科名隱居不出專肆力於著述以老其身
焉
張瑁字廷言一字文吾頌第三子母伍生瑁兄弟三早
卒瑁事繼母江以孝聞爲邑諸生多文學中歲治家
稱素封以少孤故篤於昆弟時遊戲爲圖指肩嘻戲

移日人謂老萊兒啼悅瑁兒戲和兄弟皆至性云
妻劉侍御梅沙妹侍御官歸每過從輙移月不忍別
去年七十五歲卒子金和別傳
饒嘉軏字叔度博學爲文溢與古詩喜劇闊少時多從
黄諸名士遊結江黄大社劉敽伯以詩名家軏執贄
事之敬伯弟叔夏陸孟思及弟季合皆奇士也軏相
與過從依依歷三紀叔夏殁手定詩本因亂與他書
俱藏土窖中蟻蝕其半軏徧覓無他本字未大蝕者
以意添補得一百四十首皆不負後死責葺以俟之

而敽伯孟思諸人詩皆藉以存軏自著有文集凡數
十卷自叙付其子隆中隆中亦能詩
樊士英字巽父年九歲父死以孝聞爲諸生有聲喜爲
詩與饒仁倩遊仁倩愛其詩又善飲每客召必醉不
辭不止晚年尤精著述
陳懋對字長英博學多文辭有名諸生間弟懋績字仲
英友愛無間懋對善書與同輩會文日持帽求書者
集几案懋對文畢揮毫應之卒年三十七
張皆然金德嘉傳字匪磬先是子龍太守以詩名江漢間後

起沿沂代有詩學至皆然肆業尤力云父泰宇產丈
夫子四伯卓然仲輝然季定然皆然行次三當明萬
歷甲寅受知督學太湖馬公人龍補博士弟子員歷
試不第嘗遊京師交游多海內賢者久之襆被策蹇
驢歸瀕月塘治圃手汲塘水灌之堦前襍植花卉與
至即事成詩客踵門不受剌小奚應門客遽退曰張
先生隱矣其勇退如此
吳亮思金德嘉傳字幼膺少時從劉敽伯學詩有聲諸生間
錢塘葛公屺瞻督楚學覽其文激賞之由是與黄岡

何遜宿閎中樊亢宗維城黄美中正色王子雲一君
頭頡齊名仲兄少常亮嗣篤歷中給事黄門迎養母
太恭人亮思侍京邸交遊多海內賢人而豫章姜公
曰廣涂公聚伯交尤厚已而歷試鄉闈不第學官餼
滿貢上春官崇正十三年有詔搜才歲貢額外更
試百人進亮思年甫踰四十大宗伯林公欲擢亮
思名且以應選而權貴人私其子弟親戚亮思無與
援擯不與會聲下物議洶洶指摘陳相演亮思發憤
上疏畧言皇上厲精圖治求賢若渴制科而外求之

援貢求之宗室換授求之山林薦辟今乃下及歲貢
皇上求賢逾急而臣下奉行逾緩皇上求賢逾公而
臣下奉行逾私富家得官以賄賂勢家得官以門生
故吏之援引古大臣以人事君之義當如是而疏入
上命指實覆奏疏言臣楚人言楚大學士姚某以其
弟某進兵部左侍郎王某以其親識某進此則背公
徇私較諸臣尤爲可嘆者也通政徐公石麒從容勸
亮思節縮疏中語亮思不可濵慮上震怒禍叵測乃
屬徐通政陽好語囑寮吳貢生邸舍而乘間竊疏逆

徵生罔識治體於是上意稍緩亮思遂歸隱石港山
下不出客至飲以酒酒酣談往時黄門邸中耳目所
覩記事追論挺擊紅丸移宮始末皆歷歷指諸掌嘗
言江陵相富國强兵功在社稷而論者紛紛以專詆
之江陵敗後無復任事者矣應山楊公漣江夏熊公
廷弼受禍極慘小人附逆璫以傾東林楊公爲東林
所倚重摧折固無足怪乃熊公負氣孤立素與東林
人不合而殺熊公者亦殺東林爲一案異時史局誰
知之者又論國家陰陽倚伏之故而追始禍於神宗

静攝之季後人無以易也亮思居約好飲偶攜族子
飲隣拇陣角勝負族子醉拉隣人脅仆地詰朝死訟
之官族子逸亮思就理司理潘君且以亮思抵會王
子雲客司理所爲亮思言乃釋歸所著有詩文集凡
若干卷子二敏權力學有聲敏材
奚所養字二思思溪子事繼母以孝聞季父世亮徙居
郡城中嘉靖辛未進士所養讀書郡城十餘年歸從
黄梅瞿公九思遊瞿公稱爲老友凡所纂修所養力
爲多著有文集惜今多散佚弟所蘊貢生漢陽教諭

所異邑學生

徐長猷字彥合大父鰲中嘉靖乙酉鄉試官翰林院孔目父來聘字覺吾臨洮推官管監將軍劉綎軍征火落赤有功陞廣西永寧州知州會猺獞相仇殺單騎往諭解之永寧人祀之學宮長猷年十七爲諸生試輒有聲與黃州何烱鄉甄景石諸名士友善抵掌論天下事欲以功名自見於世觀山川阨塞及古人戰守遺蹟仰天長歎曰嗟乎男子生而老死牖下閒安用此七尺爲哉然竟不第已而棄科舉文字不復爲

益肆力古學有祖塋青岡嶺樵兒操樹類斫伐長猷見之恐其驚而墜也若爲非徐氏者漫語曰此徐家山林也其人徐下執斧去盧姓人急而鬻田於長猷事已悔之長猷偵其情即焚其券其直置不問

方東白字木生諸生博洽有聲試武舉中不就職

劉洪班字漢侯好學有聲

張亭然字翹若父爲楫邑諸生伯父步雲宦歸四方名士過從亭然唱和無虛日遂絕意進取以詩歌自豪焉

國朝

陳文濤字濤生時泰子家世敦尚躬行文濤謹守家法其生平所著文稿論學諸書由程子王敬以迦新建良知之旨有功後儒

張蔚穆善詩歌與胡孟培楊于馬唱和最多

王三聘字莘野習舉子業不售汝爲[illegible]徙居黔江尉喜爲詩嘗云韻不必開元大歷[illegible]其合性生[illegible]號自得黔江歸吟嘯終老孫君宿收其遺稿示饒叔度君宿没叔度哀其志付三聘外孫胡懷玉

董九萬劉醇撰傳字鵬叔號景星子當萬歷間黃梅有瞿聘

君九思曆夫博學多識著述極繁賾既集生徒於其家開館舍講誦則四方士多至者而余邑切比壤從遊尤盛乃斂慧善記即推景星子聘君天才宏放援輯徵敘所藏書充棟宇故門下士師法宗尚爭趨博洽焉景星子癯骨稜重秀隱於縢行步徜徜若蹇望之不識爲聞人而誦書一目輒記忽遺聒雜默覩之亦詎其矜抱所學遭時當脩東觀顧閒充行秘書而措諸文轍不爲有司所知久以日貧困則乃大扢然棄去儒生尼纖尊貴態色而以其躬就臧隸勞辱[illegible]

於野莽蕪力菜人方刈捆禾穢稗躪蹇傭弗任越壁岸息嬰兒大痛哭是與與者挫損矣乏肩之去遠行肘胳角椅而宿與挐者踐更終不言其自家叔宦蜀從之五年歸詰朝從弟九齡往勞則手斫門前松幹鼠滿山積東如者焉其喜力作為田事投徒山寺雨中釋犁箬笠披蓑跣而講門人環侍或勸其易衣曰農則農耳殿不便儒服而對遂儒乎且落吾務乎善飲尤好冷飲有河魚疾急引水數斗酹之愈不則仰而轉醫石厭其臍亦愈夏月患熱裸浴塘澄渟中全

身沒露口鼻噓噓遂旦起無恙景星子樂易悃悃耳倦儒進機射利夸詡聲援勢交情不習與之遊貴賤老幼略然忘焉乃其記問多又善辭說每同志扣擊遠伸旁證貫珠決溜使人都吝消盡而古遙集應接不暇也然好痛哭讀書及古人忠孝與亡傷其心輒涕泗橫流哭不止或獨居行吟愁念古傷其心亦竊哭不止夫甚至博聞識者恥不遇時不獲公卿顧問窮矣甚去儒生習態而以身任傭隸之役而無媿赧無惰恨色且而樂易且而悃悃於斯世殆忘焉又何所感動不能恝於古人而守其遺至痛哭流涕不自禁抑也吾哭古人故觸一物亦哭也景星子受學瞿聘君聘君高才學而質行敦樸又及余先大父岡東公之門夫其至性亦庶陶淑有素且脩檢者矣宜乎與俗偕絕遠於古神感也乃今人則專傳其著記嘗從家叔借異書叔曰汝子目如餂去耳姑為裝卷帙曰吾卷帙成而全書指如響焉其先世有伯剛者發慧號神童及九歲而與之齊故俗謂蓮多慧云景星子亂既甚而展疾磨厥徹夜臥水其體氣幾獨絕者乃

與其從兄九齡季齡同及先大父門季齡與先考友善亦家氣嘗有門人父病中覺臥牀上言堂及市事輒合門人懼馳請季齡季齡及路病者忽躍起曰董君至吾不敢見去矣病立愈季齡子再舒又與余善偶數以星子問其道此記之亦鄉之先也

陳時務字空初邑諸生事其父南湖飲食必親南湖死若喪三年修蓮醴法遊金陵閩越以詩名子文化字君實讀書自六經尨典子史百家綜覽無遺居大雞山著有學庸提宗古文詩賦若干卷

張淳字伯正有[illegible]生從[illegible]中不移步履家

澹落行益堅年七十餘卒子澂

張振熙字伯緝性沖澹長五言詩自曹阮陶謝韋柳諸
家無不襲心摩躬多幼爲諸生與族人結三同詩社
以隱逸自甘上大夫高其行每欲致振振守義不往

張明熙字仲實甫八月父歿母趙茹荼鞠育與兄振熙
相繼有成

張洪載字坤維少敏捷讀背可數行下病嘔血卒弟洪
澂字滸夫亦早卒妻程氏以節終

張復熙字一生崇正巳卯科以禮經魁出萬元吉先生
門下先生闈中得其卷即許爲鄭定宇陶石簣一流
作序以贈之晚留心詩學不求仕進卒年八十三歲

劉子壯字幼陵年十二歲爲諸生負經世志好學詩文
皆有聲明季亂自傷其時故名字皆用杜少陵詩名
浣花溪寄意也年二十六歲卒妻王氏守節遺孤乘
舒峻極以女字之乘諸生有文名乘子三本炟貢生
本烇諸生能研究易理本燦國學生著述亦甚多劉
故以詩古文世其家子社詩高敏典麗得詩人之體
而遭遇亂世流離克斤憂患沉鬱體[illegible]變年逝不
永本炟兄弟內奉祖母王訓又奉外祖舒峻極訓而
劉氏藏書雖亂後未盡散失故本烇兄弟皆能以著
作傳於世

舒然號貞亭邑諸生觀察使其志次子侗儻有大志尤
工詩古文辭其著作悉除綺靡之習點子三長並生
字思兼諸生古詩似漢魏渾鈍難以句摘仲芝生季
覲生俱別傳

金鼎赤字楚濱不治家產家日落日取漢魏三唐人詩

諷之意欣欣有得隨所歷山川人物風土寒燠陰晴
木石蟲魚禽鳥偶有所觸輒筆之於詩卒年八十有
一

金鼎調字太和縣學生以周易授徒柘湖陝其治易論
象學以荀九家未可盡非嘗言曰自士爲科舉之文
古學寖廢如朱子學校貢舉議著爲甲令以取士庶
幾其有救乎冠婚喪祭當一遵家禮訓門人惟孝弟
小學家禮講貫而力行之乃可以爲人孫德裕爲文
有聲書得黃庭楷法

殷懋新字信米猶著貧不能舉或從人斷獨中得一二
語輒展誦不釋手隆冬衣不蔽體而吟詠聲不輟夜
分無燈猶繞床吟嘯然後就寢劉醉驤常語人曰訥
信米不識宗風誠然訥信米無所得則誣也嘗從先
輩胡孟培劉叔𡨚等爲忘年交著有文集

王逢年字長孺大謨子天啓初以鼎監補鴻臚歷光祿
寺丞兩奉使命於袁州臨清皆著能聲著兩使草書
法與米公萬鍾董公其昌相上下遊兵兩湖有兩湖
浸興詩

藍季曙字齋若質魯嗜學每讀文糊几上刻以六日始
竟中天啓乙卯鄉試西江友人劉卿吾與其子之蘄
道經鴻腦洲忽暴亡其子囊空季曙聞即解囊中裝
買殯具復助金作扶櫬費戊寅歲大歉疫癘盛行季
曙給錢爲醫藥殯殮後直隸獻縣知縣致仕歸著有
易解若六炘熼烺煃煥燧俱諸生孫十五人生挺邑
學生之衡之韶諸生之諧國學生之儒諸生曾孫三
十餘人士炳士立士彥俱諸生士昌士恩士尹俱國
學生

舒觀生黙子明季亂田園廬舍大半爲豪家奪觀生與
兄並生芝生惟讀書繼先世業而不爲訟爭有鄰人
潛入內室竊衣服什物觀生覺曉之曰汝爲饑寒迫
然非丈夫事也以所竊物給之後鄰人強耕織至溫
飽語人曰舒君成我也兄弟三人俱以詩古文雄江
漢間時人稱之

舒逢吉字康伯益生子歲貢生天資敏捷文不加點兼
嫻韜畧副總兵王宗臣討山賊叅軍幕有籌畫功後
任瀏陽訓導上官知其才令攝縣事判決如流獄多

平反值明季亂遁跡緇流走塞上入蜀遊京師歷大
梁返儒服主上蔡書院轗軻悲憤盡發之於詩著有
文集若干卷

舒峻極傳　採金德嘉

峻極字漸鴻益生子少常侍父結交海內
賢豪長者已而歸應試補諸生試輒有聲然久不第
則攻詩習法旁通金石法兼三橋雪漁之長其爲人
也伉直任俠雖布衣諸生座客常滿逆旅落魄飢寒
無聊之士往往望山人草廬如歸給歲饟糜茹蕨與
[illegible]其七[illegible]大者涉險

難不爽友人劉秀才字社才而天爲文告靈櫬以女字其孤王乘卒督課爲諸生他質行追古人率此類也所著有詩文集余嘗爲之序又授篋中往年京口談長益允謙蘄州顧赤方景星同里龔濟張長人仁熙所評騭者屬予增鈔膳凡七百葉所作梵宇琳宫碑版攟拾散佚凡數十篇其言皆可傳

藍季暄字旦生其先世當明正統間以出粟賑饑旌義門祖巨川萬歷中代本族輸賦父仲鉞性方嚴督課無間寒暑季暄兄季瑛縣有長風山社劉廓菴王太

生宋相文毛樸男每當文會咸推季瑛爲祭酒而季暄工科舉業亦有名諸生間然皆屢試不得志於場屋而季瑛年四十餘即下世季暄一痛幾絕傷其負儁才而年壽弗永也是時流賊躪籍鄉邑人無寧居季暄奉母走龍坪江上渡江中之新洲居焉賊退復奉母返舊宅亡何母卒季暄痛念生丁季世亂離困苦生無以爲養歿無以爲禮哀號骨立幾不勝喪蓋孝友其天性然也兄歿兄子皆幼憐愛如己子順治庚子從子石雲舉於鄉季暄自是不復作科名想矣子三長應彰次應辯次應試石雲纘未竟之緒由孝廉官當塗知縣以廉能著石雲孫士豕諸生賢而有文

藍緗字曰復同邑劉治先藿童其中表也與藿童師事治先後皆爲邑知名士每試輒殊等及治先藿童後先第胥歿而緗久困諸生間崇正乙亥首闢拔貢劍緗始由廩餼入選是時中外多故懷宗破格求才於是臨軒策試期異數超用屬烏程相國以其子弗與遂抑焉緗由南雍中應天鄉試歸踰年卒緗好管子

書爲文章多似之治先歿每過必北面就弟子位拜畏如生存里中謂藍師事劉篤古云

饒來中字厥脩號待菴嘉亮子家世藏書充棟來中博觀約取該洽貫穿中崇正乙卯鄉試性豪俠父張致客千人驚大宅一區爲酒食資遊江右有同姓貴人據要津屢以書召來中便道一往用昆弟行通名刺閽人謂須稍降名稱來中謝絕之弗與通其舉於鄉也出江西萬公元吉門萬公以身殉國諸同門友俱落落負奇節來中感愴師友遂歛跡絕意進取與

邑人周文長程雲章程元符張翰菴張寶持諸子友
善抑王詩酒盟所著有文集未刻子起龑
王家驥字獻上邑增廣生博聞強記家多藏書工詩書
與孝廉饒來中學正張金基文學周文長齊名爲人
泓渟篤實言動不苟喜交遊揮金結客雖垂橐無厭
而里中寒士資其佽助者甚衆卒年七十有一歲著
有文集

國朝

毛炳麟傳　張仁　余少與孝瞻爲文字交孝瞻長余二歲爲兄

其分雖分氣歃歃欲出也其後避冠各竄山水間矣
遂谷宜春筆初孝瞻隽南宮矣歸而與余坦步河橋
看風草堂故址予曰勉哉孝瞻子出我嚴行矣
又二年而孝瞻授劍川令余不欲以鄉愚貴故人然
孝瞻念余不置也劍川宦徑羊腸數年而蹶孝瞻
朝廷念其才再起沙陽終以不合再蹶予作而嘆曰辟邪
青冥之器屈而納短轅轅轅余固處矣孝瞻猶未爲
出也雖然士君子豈以遇不遇計短長哉俛首劍瀲
志圖經濟苟澤於民雖不遇猶遇也苟不澤於民

高爵厚祿徒焉耳孝瞻之治兩藏邑以惠政報罷其
別劍川父老也長吏多年不諱貪憐而父老更情親
一錢擲向山陰道今日何曾愧古人又曰寒山路遍
雪霜侵多食深巖荷與葰寄謝山林思似海養廉空
有歲寒心劍川之民至今誦之斯言也是孝瞻之治
行蹟也孝瞻在劍川分授滇闈最稱得士南宮之彥
火藻蔚然昔梁公以人事君所得之人亦得人以事
其澤長而歐公以古文起天聖之弊眉山南豐蓮聯
有宋以治若彼得人若此甚哉孝瞻之出也而遇不

遇云乎哉今年長公忠移出其所著之文集見示謂
余孝瞻老矣當數言弁之余謂孝瞻弱冠秋圍著書
當不止此然讀其文碑礙磊岸信然而生庶幾唐劉
夢得段成式一流詩諸體侃侃不取資曉風殘月遠
宗空同近則王孟津覗假借性情貌遮栲陋者有間
矣忠移將梓以公之世世不乏桓譚應知吾孝瞻子
則以爲孝瞻治世之土苴也雖然得孝瞻集而讀之
孝瞻固已天壤矣
饒彰中字翼次號損菴嘉難子少穎異年十二補邑諸

生食餼凜嚴父教學極勤中順治丁酉鄉試謁選司
李卒於京師其學淹貫經史嘗擬止史關部表與上
左寧南書世皆錄之詩宗杜少陵著有集未刊子起
誦起謙俱諸生
王握驎大謨孫諸生以碩德爲鄉邑重子衍治別傳
胡卓然字甫岡諸生閉戶讀書潛通理學與劉千里張
長人舒漸鴻交好著有易横圓方三圖合論諸篇及
各文集年九十一歲卒子洪成孫材珏諸生
張楚髦字柔我年十二爲諸生十歲有詩自况曰上界

神仙下界無天宮謫我下塵遊古富李白真才子我
視白也遜幾籌又嘗以鏡照其面曰來於何來往於
何往實處見形空處見象是我非我嚬笑皆妄正襟
端坐而逝
吳之勉字東臣諸生幼聰穎長益刻厲與同邑進士饒
軫中明經王衍治輩結五子社以文章道義相切劘
著有周易講義
楊儀字休臣邑學生儀封知縣從子孝友傳家博極羣
書善爲詩賦著有四書註解子國過諸生孫承緒以

孝聞
張輔詖字效齡諸生六經子史靡覽旁搜而於詩學尤
癖著有集
藍士綱字提三諸生爲文樸實精切有先正遺風喜吟
咏
張金基字寶持卓然子父早喪事母以孝聞明季兵寇
相乘偕其弟玉基奉母避亂江南峒山兵至斫玉基
死並斫金基妻金氏碎腦死金氏太史豫齋妹也金
基嚎泣求釋母兵感之去母不食者累日命幾殆金

基攜幼女哺掌水喂之得甦後舉庚子鄉試授沔陽
教諭教士有法卒於官祀安陸府名宦櫬歸庠士數
百人哭泣送江上著詩有集
梅英庭字偉士成都知府朗中子幼隨朗中任好讀書
尤精易理以歲貢謁選都門同鄉不得歸者英庭傾
貲助之金盡不能得官遊吳越十餘年歸著有詩集
年七十四歲卒子三承旭諸生承昱承易孫本楫本
梨本燦本松本機本森
王從治字惆度大謨曾孫以歲貢爲巴東訓博學多文

辭與同里張長人蘄州顧黄公交好詩律清勁不爭粉飾著有文集未刊子二樞諸生棟諸生孫本桃本煌本煩俱諸生曾孫載通庠生戴峴太學生載岡庠生

陳奠國字獻先諸生與王五安劉千里張長人編修邑乘著有文集

陳光國字樸先邑諸生窮經力學以教諭後進為己任一時推為大雅宗匠著有文集

李日躋字湯生歲貢生大來子幼孤喜讀書與舒漸鴻

饒璧次金豫齋交好著有五經解太極通書解三灣老圃記恰受軒詩集家遭火盡毀年六十六歲卒孫文炳學生

胡承棟字道元祖玉成父從祝胡累世相承從祝好俠多交賢豪長者家中落承棟晝夜讀書補諸生試輒高等晚喜為詩邑某延為江漢書院山長一時學者多從之遊著有文集

舒遵吉字玉路增廣生父觀生諸生遵吉事親克供子職父歿撫庶弟遵吉友愛無間工醫貧不能延醫者必授一方並給以藥活人甚衆子鑾儒士鑾增生鎏國學生孫漣增生

鄭禹臣字定邑邑學生喜為詩著作編帙成集孫大奇一諸生

李賓起字深愚諸生早慧好學精九章算法明季歸隱詩古文高出流輩

卜元裕字含宏家貧晝則拾柴易粟夜則篝火讀書為邑學生有聲著講學明義貫穿諸說子本任諸生本儒邑學生著有書經彙解

郭存會字聚五諸生敦行績學詩文日有聲值歲飢有鬻其少妻於存會者既至聆其有憂色詢知之急還其夫費錢二萬不計也性好遊闕里廬山諸名勝所至輒記之成帙闕里記伍涵芬選入日華堂刻聖節會約倪滄柱選入小學大全著有文集若干卷孫本材戊辰進士

王臨本姓朱字泰生一字五室其先世同居以孝義聞臨家貧好讀書少時作禹貢圖河洛攷胡篤生見而奇之引為忘年交遂有名諸生間流寇亂有婦人棄

獮雀走臨視乃廣濟志前後殘缺矢次其存者又
畧不雅馴臨取歸燕慨然以修輯爲已任於是詢故
老攷族譜凡深山遠水舊儒做簡之所藏道路開梁
寺祠斷石破壁所記質諸夙友潤以史籍數年勒成
全書康熙四年督學王公舉行優㞗秋病卒
范于銓字對敭父應明諸生于銓授業王五室所劉廓
菴見其文奇之縣令黄公灒崖拔第一遂爲諸生家
貧年二十五歲始有室郡守蘇公於天寧寺見于銓
所作碑記後過縣城訪其家延爲經師以目疾辭子

銓作詩伸紙疾書清老剛健諸詩人皆推爲不可及
子二殿光殿溥孫秀書
胡璧臣字公貝魁楚子倜儻有大志讀書務識大體不
屑屑訓詁之學弱冠補諸生中歲隨魁楚之建平任
魁楚性鯁直不能事上官璧臣從容請解組歸家故
衙籍糧艘歲遭破蕩璧臣身任修復族衆安堵軍興
官糧有隱匿者璧臣升龠無漏好面折人過事已輙
忘人以是諒其無物
徐懋謹字敬公祖步上以禮經傳家父順國高才生流

流亂寇伏山谷不廢學年三十補諸生有聲里有亦
豪游姓者老而狂或謔嚛傳會草澤英雄語觀察使
鳳陽列章名捕逮繫游宗人梏拲載道懋謹率黨正
走黃州投記觀察使言狀狂夫獄解而誅誑誤者
爲鄉粮戶轉餉武昌城資用乏絶則垂槖貸諸逆旅
其人貪無以償用子爲質懋謹焚其券徐氏家廟歲
久且圮懋謹庀材新之子三之滋之瀆俱諸生之浴
國學生
吳熊字渭雄明經祖維圭父欽棋縣學生熊早慧家故

藏書而母程氏來尤多圖籍熊得縱觀古今制度樂
歷暨卜晚益精大義著有四書經義周易圖解毛詩
古叶諸書孫世構國學生煥諸生
毛同駿字程萬中康熙壬子副榜鄭公其渠督楚學延
同駿署中著有文集
陳文簡字有斐一字松麓父惟表隱居崇正甲申文簡
應童子試督學無錫堵公允錫綱羅楚人士方郡縣
錄未揭更大收以簡之文簡已用本名就試復易名
應大收試比揭案則補弟子員者二矣而文簡名次

稍復文簡名惟表所命也遂棄去易名生而竟就文
簡名列於學宮順治辛卯督學三原保菴李公奇文
簡卷科舉高等是後科舉歲試輒復高等是時惟表
孫十數人入學宮者數人一秉文簡教以馴謹聞文簡
狷而離其於義利之介確如也與人交不能炎熱以悅
媚人然自避逅以迄終身如一日當其意所不可即
萬端諷之不能動一有所諾於人即暑雨風雪亂離
間之不爽毫髮也友愛諸弟疾痛痾癢必撫摩調治
昏喪祭祀一稟家禮

金德柴字峻公一字泓陞之純長子十三歲侍李宜人
扶之純櫬自與安歸補邑諸生餼滿上春官暴病卒
年五十五歲性至孝友之純李宜人在淺土食糲衣
麤艱必討經營兆域弟德嘉病咽喉剟焚香告天地
祖先嘉未有子崇奉有子請以身代於書喜讀史記
詩於唐喜杜於明喜何李為文伸紙疾書不加點竄
然閒肆自喜飲酒無算以酣故至目昏子五敬濂敬
濟俱諸生敬江別傳敬澐敬洙俱諸生
李必泰字元闇一字巖詹奇觀從子奇觀自傷其數之

奇嘆曰吾極思泰不於吾兒則諸子乎故命必泰諸
州諸生第一中順治庚子鄉試武昌蒲圻教諭取故
鄉栗麥泛舟西上葺廟學完垣墉增廨舍別搆雪堂
待客騷人飛觴無算風流豪舉名藉甚江漢間襄陵
賢急則脫簪珥治具家日落至手指皴裂口未嘗言
貧秩滿遷有日遽以疾卒金德嘉曰余與張寶持藍
石雲李巖詹四人辛丑遊燕市逢術人相骨相畢曰
公四人一縣同榜然無一知縣起家者已而余三人
試教職巖詹不就曰毋成術士名然實持學正沔陽

石雲教諭攸縣轉當塗令余教授安陸垂遷縣令矣
壬戌成進士入翰林而巖詹卒以蒲圻老術人之言
其偶中與抑果有命與必泰祖天衢諸生父正芳諸
生子三之縉之經別傳之綸皆以文行世其家康熙
四十五年宜興潘公宗洛督楚學政允蒲圻士民請
入蒲圻名宦孫如璐諸生士瑞諸生華章諸生
張佳晟字晉天仁熙長子邑山紫荆坪宋余義夫讀書
處也晟搆室其側五年徧覽群籍淵雅有父風中康
熙甲子鄉試授沅陵教諭沅届五溪苗猺學宮廟制

莌簡無名宦鄉賢祠咸至申請撫憲趙某始捐金飭
葺兼修縣志立學規凡事之有裨風化人文者悉以
次第舉行士於是蒸蒸焉陞安陸教授歸邑令劉公
高其行顏其室曰白石堂著有文集以詩名年七十
三歲卒子錫崇舉人
張佳呂字宏議康熙庚寅歲貢幼爲文下筆立就具精
思壯采宋牧仲先生許爲儒林大器補諸生歲試冠
軍食餼晚督學子姪裁成後學著有文集數卷訓子
俚說年七十歲卒子六長錫羲字　增生嗜學好

古淹貫經史工書法著述極富詩文詞百有餘卷年
七十歲卒次錫蕃字天乃諸生爲文不矜才氣章法
一宗成宏其書法與兄齊名尤工小楷著有四勿齋
楷法年七十六歲卒
張環金字時正未弱冠爲諸生與兄若泉毅齋兆菴樹
幟騷壇噪聲楚南北其父仁熙修楚省志與陳省齋
熊元獻胡康臣張石虹風雨聯床環金亦與俱凡詩
酒唱和分韻即成一時諸先達皆曰藉灣詩文可稱
當代此其嗣響矣癸酉秋仁熙卽世環金哀毀骨立

勺水粒米不入口者三日既葬於宅內構齋奉像出
久作攜子哀絕意仕進妻父藍官當塗環金省之所
題名極大川輒多吟詠載了閒集中太史陳公仲夔
金公豫齋評選子三長錫崑癸卯選拔鑲藍旗教習
次錫宿中雍正丙午鄉試承繼兄毅齋三錫璞孫淳
嘉淳義皆諸生
張佳泉字斐詹諸生博極羣書草木虫魚靡不考究尤
精於春秋諸儒異同多所折衷與同里劉千里黃梅
黃曉天交好年八十歲卒子五錫鑾中乾隆丙辰鄉

試
藍之申字福周母章一產三男之申其一也娶九江廖
氏廖父官四川營山縣殉難廖兄以廕爲國子生後
任四川汶川縣令之申往汶川候廖廖建義學以之
申爲山長數年歸著有詩文集子士積諸生士穠諸
生
毛同鶴全德嘉傳字忠穆大父冲甫縣學生父炳順治乙未
進士知浙江龍泉福建沙縣有聲更其知龍泉也余
校郡闈得士凡七人六舉進士而陳翀公景仁宣龔

林改吏部毛會候除有官司李例改祥符知縣預
授嘉官翰林俱有聲公以是邀遊郡國得縱覽
内名山水其年補學官弟子食貧養母先意承志唯
謹受經仲父尊素得毛詩解義蘊湛深然屢入棘闈
不第毛自公伯父煥公闈中前辛酉庚午副榜仲父
燦尊素博學益知名叔父熺樸湧字順治丁酉副榜
季父燦脅臣膠庠項背相望至公群從兄弟行同鶴
同鴻同鵠秀才同鵬副榜禾年太學生公同産弟同
鵠秀才同鳩俱相友愛公能舉文字淬厲鋒穎余官

翰林公之京師館余邸舍歸卒年四十有八配劉孝
人岡玉女媚婦道而先家政尤有材子二錫昌敷昌
張銑基字進象棄強縣令先基弟歲貢上春官以詩名
著
附永㠓字毓彤弱冠爲諸生食餼輒冠軍中康熙丁酉
鄉試喜作文援筆立就不尚奇巧悉本先輩大家法
程公車一次不第遂絕意進取子七文夔中己酉鄉
試爲武昌大冶諭文英文藻俱諸生文裁辛酉拔貢
十乾隆庚午鄉試孫大昌邑學生

生挺博學多文辭不喜自表著切近躬行時廣濟士
夫稱爲學者其餘事詳方技
樊俊爾字振汞諸生家無儋石授徒養親備極甘旨好
讀書且書成就後學者有四書正義及詩文集子壽
諸生
吳楚材字叔雲諸生嗜學兼倦著有五經彙解等書子
世寵諸生世芳
廖天龍字御六諸生厚重寡言工詩古文辭著有省齋
集尤邃於易並諳聲律

夏嘉猷字炳文諸生喜吟咏
張璦基字瑶長一字臥雲邑學生趙然子璦基年七歲
趙然卒年九歲母氏卒少習舉子業貫穿經史值明
季世亂遂不就試結廬授徒新洲積粟盈囷若民王
姓奔居被火又洪水淹苗家畀數十口坐困璦基以
囷粟悉予所著之古文集沉鬱雄健忠孝之心不能
直達而旁引曲喻得古人言外之意子七四子鉁金
綺有父風
周學校字晉六七歲授以毛詩輒能解其義中雍正丙

辰鄉試公車歸讀書青蓮寺沉吟晝夜務窮六經之
旨所作制義原本經術而出以清刻用心良苦以此
成疾卒年三十五歲弟學楷諸生倬學校殁語及流
不止遂成疾子二煥聘煥棠

張盤基字秉石毅然次子喜讀書精制舉義屢試輒
蹶不第以明經老詩專爲五言古體張藕灣稱其如
澄潭秋月靜夜鐘聲金豫齋亦云肆力於古有悠然
見南山之意舒嘯園謂冲澹閑雅誠簑食陶靖節者
均非虛語也孫江能世家學

張粹金字醇儒號玉山父早喪家貧竭力作以養母五
讀書雖嚴寒溽暑書聲達旦中康熙壬午鄉試授蘄
化教諭學宮久圮捐俸建立訓士有法年七十卒於
官

侻起英字桀民來中子邑諸生席世家業漸落折節讀
書試輒高等年七十以明經貢春官著有文集及諸
稿子三承掌承渥承金

方旭字東昆諸生沉靜嗜學經史外旁及諸子百家陰
陽術數罔不搜羅工詩畫著有文集

楊玉謨字敬敷邑學生著有文集數卷尤精書法鄂城
黃鶴樓邑中顯佈殿六字猶存子楫能讀父書孫庭
平

胡之惠字翊君諸生爲文厭棄靡雜一準矩矱著四子
書要義子時泰諸生事之惠以孝聞年八十三歲卒

王任字荷亭博學能文性耽山水日以詩酒自娛著有
荷亭詩集子世銳中庚子鄉試耿介廉潔著有文集
數卷

吳兆昇字東暘太常少卿亮嗣從孫父敏度縣學生母

李生兆昇及仲弟貫季兆嶶流寇亂避地江之南沙
洲受書舅氏李大復所寇退侍亮思於多雲山房學
詩濡染有詩癖布帽芒鞋游山水興至則吟饑寒羸
瘦母憐而止之吟自若仲貫字東鮮兆嶶字東郎東
暘言詩東鮮言科舉文字東郎言毛詩東暘東鮮雁
行鄉舉東郎以諸生老恂恂禮讓有世家子風

文啟甲字當仁父世馨儒而隱於農祖森然木長當康
熙甲寅吳逆叛時嘗用縕袍背負丞相信國公像走
深山中避兵歲久磨滅啟甲裝潢新之識諸家祠中

家廟以廣濟校官天正爲始遷之祖正信國兄也明信國殉難逃乘官貧不克歸廬陵故古籍爲廣濟人越十世有大才以鄉舉歷任興化府族益大故甲第而慧稍長嚮學有大志補諸生年三十一歲卒

張輔翰字內宗邑學生博覽群書一過輒不忘娛風月喜爲詩

周源禮字智先國學生少績學從金豫齋游以詩名年二十八歲卒子楙相能讀父書

朱承詔王臨孫承詔以文學承臨後不墜家聲尤工詩

律

楊勲字介子邑學生喜爲詩古體清逸不愧作家孫國栻

楊國達邑學生潛心經學教授生徒尤嗜易著有周易合解孫天濱諸生

張民金華基子國學生喜讀書工詩七言近體壯麗雄俊與張長人舒嵩嶽交好子希正

胡復亨字仲克魁楚孫曉節築補山樓讀書其上學者稱補山先生年四十歲補諸生復亨之學無所不窺一以程朱爲鵠深疾嘉隆以還講學猖獗之習間以書幣來者概謝不遑魁楚建平今有循良聲復亨請諸當道崇祀鄉賢太僕卿士容復亨曾大父行其遺文皆付梓金德嘉作孝孫歌贈之里徐故著姓代有聞人後且式微復亨力爲揄揚徐氏記載得無失布衣吳光昇范于銓文世馨禹禮解崧年皆負氣傲峭復亨與之交始終不渝先後官斯土者聞其名造廬咨訪利病輒竭情以告毋隱著有語録二卷離騷辨一卷水經訂訛一卷方言字彙三卷工諸體書年

七十八歲卒妻王氏子一鴻灝諸生孫四本棨諸生本棨中丙辰科鄉試別傳本概本棨

胡國道字卜遠諸生先世多以武功顯國道弱冠後折節讀書凡經籍子史下逮釋典道藏皆能熟記族兄復亨詩名籍甚國道北面受學久之有所解悟詩體與復亨埒子鴻濼諸生

李之經孫泰子癸巳恩貢任武昌咸寧諭著有四書正字五經正韻諸書

胡應亨字時夏明經父振龍諸生喜爲詩不尚雕飾發

抒性情年七十八歲卒子錫冕貢生

胡杲字永揭之壟子少事親以孝聞年二十九歲補諸生爲文醇雅深古不屑時趨晚喜爲詩如其文年五十七歲卒

胡之俊字燕皇之壟幼子年十九歲得諸生倜儻有大志凡山川戸口阨塞無不熟悉料事成敗如指諸掌伯兄杲築齋讀書兄弟四人共相劘切有譌偽來巢之異屢試不偶飲酒賦詩躬耕射獵用消磨歲月以老焉

胡釋思字叡文一玠第二子邑諸生與里中金劬堂張一齋李蛻仙輩交極篤風晨雨夕詩文切劘無虛日教子弟書首重經學制舉業次之丙申邑大祲設粥飯以賑饑者多所存活廩粟捐以濟人或止之曰如自處不贍何曰當下已自堪憐顧我之不足可俟春麥耳其好義如此年九十邑令鄭理旌其廬曰達尊有二今學諭龔佐龍爲之傳子士敩邑諸生家貧樂施子有父風

于渾元字元忡年十二歲試童子冠軍爲諸生日取罰

程顥朱熹諸書反覆推究潛心靜會遂參正宗以恩貢老于家塾

游聖遐字用賜中雍正癸卯鄉試弱冠失怙事母以孝聞弟朱冕撫其孤若己子年七十一歲卒子錫鵬諸生

金啟豫字爾何號鄭德嘉次子年十二歲爲諸生十七歲食餼試輒冠軍喜讀書古文辭原本性靈貫穿經史浸淫諸子旁推交通而法派一本震川尤喜爲詩出入箱山劍南間後進以詩文請益各有所造就

啟汾生三日值黔變起賊氛塞楚中母陳買舟至大白湖濱啟汾常云生不逢辰命已夫然以是累母每一念至輒不欲生後隨兄啟洛任東昌數年啟洛改官房項未赴奔走齊豫啟汾留東昌啟洛發臺站卒啟汾往東郡迎櫬舟至燕湖卒年六十一歲著有詩文集若干卷未付梓子槃訓槃講俱邑學生本仁園學生

徐之瀆字景南懋謹子之瀆幼爲諸生食餼事父以孝聞癸巳邑令蕭以舊聞有礙學宮之瀆與貢士梅英

庭諸生舒臚吉王栜陽　洛捐五十金助建南
關外子樹穀樹倫可望樹洛俱諸生孫光宇光宙俱
諸生
劉洪　字秉六以歲貢任湖南沅江縣教諭訓士務崇
經術一以敦本爲先會學宫傾頽　捐貲崇脩乞歸
後讀書不倦年八十二歲卒子五葆諸生林國學生
本榮國學生枉
劉洪衍字蕃升歲貢生性倜儻博極群書廣施予重言
諾年五十五歲卒

僥起誦字子維起謙字子牧父軫中母方氏俱早喪誦
十齡謙四齡依曾祖母馮馮雖慈愛不作姑息態教
兩孫學極嚴誦穎敏謙稍遲鈍讀書史疑難輒跪祖
母几前呼天自責以次補邑諸生馮歿誦謙供木主
書室出告反面若生存晚思祖母遺範不可得謙遂閉
戶揣摩稽就見者詫爲神似蓋兩人孝友性成而文
學又足以世其家學博張惟金孝廉金啟江話薦紳
後不墜先型者曰有二僥云誦之著述甚夥子承恩
諸生騰茂蜚英其落筆成詩古文詞孫二振棫諸生

振相謙亦雅好著述焉子承德亦能詩聲名甚咄咄
承想孫四振楷振栝振植振楊
舒錢字彭年父暹吉爲諸生有聲著有家塾小題文舒
故世家多藏書而錢尤早慧錢記誦旣多詩古文辭
一本家訓不詭於法故同遊之士皆以爲不可及中
乾隆丙辰副車家故以孝友著而錢尤篤終其身不
少變妻徐諸生之灝女子三長源次汝翼俱諸生
周茂才字基倩少孤家貧喜讀書爲諸生食餼教生徒
以館穀養母母歿哀毀踰禮仲弟秉家政課幼弟讀

書時人稱其孝友年六十五歲卒所著詩文悉本性
情
藍季暉字文若少承家學能樹立獵馳於百家諸子之
蘊尤多隱德晚年蔬食有物外想遍歷諸名山子灝
別傳
陳聖陛字紫巖歲貢性恬澹雅善誘人邑令李[illegible]其閭
曰名世貞儒江州進士愛棠葉蒸爲立傳
張國士字治亭諸生好讀書尤愛毛詩貫穿諸說作指
南講義

金敬江字同九德崇第三子中康熙壬午副車乙酉鄉
試授徒里中遠近從遊者衆一經指授皆能成其材
嘗端坐講堂生徒環立高聲大呼既句櫛字比復挑
挈綱領觸類遠引務令聽者犁然於心晚年學日進
每拈題伸紙疾書若不經意而題義無不包舉制義
喜震川詩喜漢魏他文不多作皆斂飲簡濯而歸之
大雅子五業華諸生業贊國學生
朱榮蔚字書溢鴻堡子榮蔚兄弟四兄榮藻增生弟榮
世歲貢生弟榮經中雍正癸丑進士榮蔚幼喜讀書

舒峻極稱之晚喜爲詩子惠然
陳汝參字大生貢生[illegible]才年十二補諸生與邑中名
士交多推重之好[illegible]者甚多年八十二口占一
絶云白髮但然老[illegible]生[illegible]遊閑愁未展
雙雲志一度春風[illegible]吟筆而遂負孫錫謀諸生
周士龍字[illegible]子孝友篤學年少補諸生勵志科名嗜古
博洽值國變輒棄舉子業惟督力家乘以終餘年喜
作詩豪放雋逸無纖毫塵俗氣然自娛無傳稿子二
啓思歲貢生承思諸生孫于德別傳見藝諸生之[illegible]

國學生曾孫尚文尚赤諸生楙龍國學生
胡本榮字容卿諸生胡鴻灝仲子本榮性倜儻不羣[illegible]
其少時出語已驚其長老十三通經史大義兼治古
文詩賦十五賦蓮花詩有一葉去留禁俗手半枝晴
雨奪天心句年十九補諸生第一人明年舉於鄉數
上公車不第歸益肆力於學蚤歲至性過人事祖父
母父母色養倍至處兄弟間怡怡如也好接引後學
嘗采曲禮弟子職等書爲家禮以課子弟三十後有
志用世無何以嘗祖父母兆域勞瘁卒遠近聞之莫

不感嘆門人私諡曰文孝先生子四忠耀孝耀[illegible]耀
義耀
舒學古字識聞攻舉業屢試不售遂與其兄學源日事
吟咏[illegible]著述年六十九歲卒子曾唯曾望
胡肇亨字孟嘉魁楚孫諸生博通經籍工詩善書
監之甲字商皞性孝謹侍父疾篤嘗糞飲血禱天願以
身代父沒哀毀盡禮酷嗜詩古文辭著有課子四書
經文年六十九歲卒子士稱恩貢生士瀧孫朝選[illegible]
生

蘆之奎字文玉生而穎異稍長有志力學尤工書法逝

詩子士欽

殷獻字彝來諸生善詩賦年六十一歲卒子錫祉

廣濟縣志卷之十三終

廣濟縣志卷之十四

知廣濟縣事金壇虞學灝重修

教諭孝感龔倚龍
訓導鄖縣陳景行　仝校

人物志

忠節

士之生也有幸不幸遭時遇主幸也而所處之時會又有不同遂以大節顯余觀廣濟之効忠者彝𤋮旂常非所求刀鋸斧鉞非所畏無所強而能者其天性然抑稟剛方正直於川嶽之精英也今之日對揚王休家修廷獻吾深為江漢之人幸之矣

宋

張宴然字安卿安樂鄉人淳祐丁未授朝議大夫直秘閣湖北提舉陷金不屈

元

張大九聲如洪鐘面如潑血習左氏春秋識天文元末寇起嘆曰否極而泰將有真主出竊名號者徒毆除難耳號友蘇過濟名九九謂妻子曰我逃禍必及汝

從之終亦敗亡不如往歸之友諒曰聞公知兵威功當有顯報九日富貴有命知兵不足恃僕固當從病恐不勝任諒曰載爲謀主何如九日是與尸也不祥莫大焉友諒刲其兩足而去不數年友諒敗鄉人從者莫知所終人服其先見云

周國鎮武略超群徐壽輝據蘄水肆掠遠近皆降鎮於石壠拔之北率鄉民合立周砦以忠義自矢血戰却賊衆賴以全陳友諒素聞其勇令倪文俊購之甚急鎮知諒無成焚營夜遁赴京畿請勤王順帝壯之詔授孜孚招討使勅蘄次招集收復光息等地烽烟四起元勢不支鎮遂疾卒

明

胡海號伯川宣德中以貢任安南夏華知縣黎利叛殉難於官

向昊（王大誤傳）字從龍祖殷還徵仕郎河南開封府太守考廷美好善樂施曾建元帝宮於縣治之北生子二長謙鳳字從虎次卽公也公秉性剛普騎射以武舉任襄陽營千總訓練兵如素嚴然當正德改元江淮群盜蜂起公城守甚嚴故頑賊依山結寨延蔓猖[illegible]攻鄉鎮州等處終不敢逼與國城又五年朝命都[illegible]安陳金總制軍務往討金以賊勢猖狂奏請合兵並勦明年春南贛巡撫周南分兵三路並進江西兵一路從遠安入公依衛節制奮勇前驅攻破賊巢斬首級無算公遂爲流矢所中病劇死長子國祥哀公陣亡赴難繼歿兄從虎念切弟姪奔赴軍中迎二喪歸葬於城北向郭國之陽又痛弟歿乏嗣以巳子元甫爲之後及元甫歿而從虎長子光甫以萬歷某年錯石於墓時光甫年八十餘矣以詞徵余余旣爲公同里知之悉且嘉其忠孝友愛萃於一門遂詮次大畧如此俾後之覽者有所興起焉

程稱川武穴鎮民萬歷初劉少溪之亂川率敢死士陷敵陣歿兩臺奬祀烈士

劉玉璽任四川忠州吏目萬歷庚子春逆賊楊應龍率數萬人玉璽並出攻龍泉司玉璽率家奴突[illegible]拒敵死之事載明史子廷聘隨父任[illegible]康熙年間孫士龍方歸故里[illegible]遺失今孫文[illegible]

其事入志

吳國琛號隱華萬曆己酉任神機三營中軍兄充嗣選兵科遂辭殺歸將所建第宅命諸子姪均分給貢江

崇正間歲荒出所藏穀數千石減價平糶活人甚多後避賊殺昔綏被執罵賊死子攸行克嗣先業

胡士定字振常由選貢歷潁州衛經歷署潁州事值張獻忠肆掠定集民兵日夜嚴守每出戰敗賊賊憤甚竭力攻城城中矢石且盡為賊所虜執定使降定大罵不屈賊捐刀連斫中其腦及肢體仆墻下賊謂已

死舍去家人俱歿於賊剩者頭從積屍中尋拔灌以湯藥得甦當事聞於朝旌其忠節擢知潁州以瘠痍未愈給假歸里築吼江樓杜門著述有禮記纂要及時文行世子玉成諸生聞潁州信冉巡父歸後流寇掠鄉村執成脅為盟帥成罵賊死以上胡氏家傳按省志竟云罵賊死金德嘉作傳並不言及罵賊事府志以金傳為正茲載其家傳從省志入忠節以俟後之考隱焉

游之雲字飛卿家貧豪放不羈讀書南山寺破襪單衣吟咏不輟年四十始為諸生食餼天啟丁卯思選仕德州州判歷官陝西茶馬寺監正崇正間流寇猖獗

七日不食城陷死之

張從基崇正末協守潮州等處副總撫循有方邊部聳肅死於其事

張楚勳字偽謙事父孝父命出身任之有弟三不以勞委也崇正癸未勳與妻吳氏及三弟于俱陷賊被禁皆罵不絕口賊怒屍骸悉遭燬滅時長子開熙已死於賊次子簡熙在龍江獨得脫

梁重其諸生流寇猖獗與弟之遴集眾保大符山壬午賊賊自黃梅犯至龍頭砦一時十餘砦俱降大符獨

守殺賊頭領百十人賊怒奮力攻之砦破重其等支解衆俱屠

夏文緒字爾開負膽畧崇正時賊蜂起文緒以功任四川總部張獻忠入蜀文緒陣歿僕隸死散盡妻黃氏夜行晝伏孑身歸

張開熙字功人諸生素以忠孝自砥礪崇正庚辰寇警共保赤砦賊乘雪一日夜馳二百里抵山砦猖閧其讀書聲禁之不屈觸石死年二十八無子康熙五十九年邑紳士以開熙節烈呈請邑令蕭公表其墓曰

烈士張開熙之基
張旦熙字象明崇正癸未熙率鄉人堅壁大佛山禦賊
攻砦熙被執罵賊不屈以家殉
方大美字公遜諸生張獻忠據蘄州屢名不屈死於難
張光環字君璉年十六補邑諸生明季流寇肆虐光環
年八十餘率衆保聚四望山賊莫敢近一日賊故引
衆去砦中咸喜欲歸視其家光環日此紿我也皆不
聽環亦不能獨留徐行至深溪遇賊數十騎忽擁至
縛環曰若能招衆降乎不則我將及汝環罵辭曰吾

忠肝義膽肯為羣輩辱乎遂赴水死三日顏色如生
國朝
劉洪度字若千一字簡齋父明水母桂度懷母腹中彌
十二月乃生生之辰母方假寐夢神人跨鶴而呼曰
節度使來矣遂名度閱十月餘手足似艱運動至晬
盤候怡然取印劍撫弄他物弗之顧後與羣兒戲俱
不凡比讀書目數行下伯父茂溶謂其父曰此兒英
年儁抱裕經濟才何必遲遲待科第乎遂納粟獎名
彀冠入都鄉先輩及河南李次公浙江蔡嶽麓咸以
國士目之康熙丁亥授四省効力例授廣西梧州府
溪令岑溪介萬山中地瘠民貧猺獞雜處䍐洋豐隆
峻為其虎穴時出刼掠度撥飭鄉勇團練用防守諸
二三猺獞用為間諜向導而後猝抵巢穴擒渠魁悉
諭羣醜以大義仍縱之去猺獞悉感激心服不復出
十餘年如一日戊戌巡撫陳乾齋疏薦陞授雲南路
安石屏州知州去岑之日哭泣攀轅者數千人至屏
屏亦漢彝雜處地兼之豪強隱賦稅役村民苦累龍
湖利下車即銳意釐剔怨奉委巡官兵進藏稽查糧

運站台歷劍川石鼓中甸阿墩子叉木多地方蠻烟
瘴雨鼠穴狐鳴皆深入其境嘗作述懷詩云克艱自
古為臣道不信歌名行路難又云鞠躬盡瘁非敢我
千古丹心照卧龍三年大將軍伍推為文兼武備優
禮時加總督蔣念祖巡撫甘立軒皆飛檄頻獎事竣
歸屏益勵政治稽戶口清土田平賦稅舉從前積弊
一洗而空之至今屏民食德焉壬寅冬
詔擢奉直大夫時總督高章之巡撫楊賓實推備守令以
度名首調師宗州師宗漢彝雜處較石屏更難治

度一加整飭沛等石屏旋陞威遠撫彝清餉同知威
遠自土官刁光煥肆虐後牙爪未除總督鄂毅菴初
蒞任見度大喜遣倮黑焚燒慢哈地方度躬冒矢石
率衆擒捕力殺一賊生擒五賊餘黨解散鄂甚壯之
隨委拿鎮沅府土官刁瀚刁瀚之惡浮於光煥鎮沅
牙爪雄於威遠度不絕一弦不折一矢定計擒解鄂
爲色動即委署鎮沅兼攝恩樂度身膺數篆奔走邊
疆顧以建樹奇勛深結仇怨患生肘腋威遠鎮沅數
處賊黨陰相勾逆伺度於雍正四年十二月二十八

日抵鎮沅署即於雍正五年正月十七夜聚黨薄城
下度慢遣求守禦賊勢洶洶若江河來不可敵歷攻
城城破武弁遁匿官兵盡散賊任橫長驅直入入署
電馳劍槊刀戟雨下度義勇塞天率家僕提戈與戰
奮身陷虜手刃數賊死僕譚順張與王感李亞戎張
接義亦俱死戊申疏入
贈殉難鎮沅府知府廕子恩謨入監
賜祭一次又
召恩謨恩識引
見賞給盤費一百兩歸籍讀書俟年長成引
見又奉
特旨褒嘉洪度之父自理義方有素引
見錄用理以老辭不能任
誥封中憲大夫度子五恩謨廕生恩識恩訓恩詒俱諸生

孝義

歡心來萬國孝也菽水盡歡亦謂之孝先天下憂後
天下樂義也一念公亦謂之義此人人可爲者而不
爲則爲之者千古矣割股愚孝也未可以訓任俠氣

也未得稱賢然而末俗誠難之不容泯沒也

明

張本端字良輔幼警敏志趣不凡稍長知事親敬長之
義嘗言此人之道天之性不可解於其心者習舉子
業久之掩卷歎曰六經之流弊至此聖賢之意荒矣
棄而不治父常山怒曰體聖賢之心發明聖賢之旨
則文章猶六經也竊聖賢之語爲利祿之謀則六經
爲文章矣顧力行何如耳父可棄之對曰六經之道
有諸身雖一旦拔爲公卿而不爲忝六經之道皆

言雖一命之微終有愧於其心而不為用某何敢叢
第優游涵養俟時籍用耳父喜曰吾兒之志不苟矣
宣德丙午以白衣鄉試登賢書明年上春官不第歸
就學於永新劉定之六年所得益深端急於祿養謁
及親而仕郎三釜之微可樂也遂謁選刑部主事剖
明果斷司寇下咸倚重之凡疑獄委決稱平有豐大
戶被攬頭包納虧負攬頭逃去大戶陷獄凡六年端
至憐冤端見其氣弱難言命獄卒以水漿糜飲食數
日獲之得其情日事過六年攬頭必歸密訪之得其

人大戶得以免死是年奏績贈父母如其秩後陞四
川按察司僉事轉廣西僉事憲度肅清折獄平允坐
屏書曰死有法生有情折一木殺一獸不以其時非
孝也而況於人乎越三年遷四川按察司副使丁外
艱去任朝夕哭奠哀毀幾至滅性塟父於石龍坡南
廬墓三年家事悉置不問一日端有疾妻朱請省視
俾子弟先端怫然曰是益我疾也遂不敢往端在墓
三年手植松檜千株立享堂置祭田考喪禮訓子弟
親友見其形勞或勸之曰孝子之於親也專為哀毀

不辱焉止矣三者公有之如此或可以已矣端曰遺
骸在谷遺體在堂於汝安乎麋鹿哀鳴妻子寢笑於
汝安乎子貢事孔子築室於場獨居三年然後歸今
之事親也固反殺於師乎吾聞之人子之於事親也
無過情焉言情極至不能過也無過禮焉言禮廣大
不能過也故曰人子之所得為者皆所當為無過分
之事也親友遂然歎服鄉人無遠近皆來勸之端曰
父母之恩高大如萬仞之山人子事親如登山然自
上而下有至有不至登盡者上也半塗止者次也見

山之高大而一步不能行者民斯下矣吾今日不敢
同於下民故廬此耳鄉里感悟風俗為之一變士大
夫爭相歌詠有鹿常棲止於其側忘機與遊旦夕相
馴咸以為誠孝所感云祀鄉賢孫顒別傳

劉輔世永西鄉人家貧父母年俱八十世左右扶掖問
視弗懈父母有疾糞穢躬滌及歿終身思慕

伍伯啟靈西鄉人性至孝恒以得親為心父早喪母黃
氏遘疾啟迎醫弗愈廼齋戒日夕禱天引刀割左脇
肉和粥以進母少甦南昌陳令奎獎之邑人陳[illegible]

作傳
程希濂字勉哉縣令儉子篤志好學食餼性孝友父病
疽親吮之一日濂疾篤將瞑呼弟希洛囑之絕口不
及妻子惟曰父老矣不能終養不孝之大者弟其念
之言畢而殁父哭之哀時時呼希濂孝子作詩云病
念亡兒記未真一生孝德若精金夜來一片庭前月
猶照當年事我心
蔡黄子日鬻薪於市以養母母病刻苦奉侍里人以其
事聞於官

史玉明太西鄉人父早喪傭工事母春雨連朝糴笠來
貝家若饑玉明私禱曰某饑死所甘耳如母何呼榆
霖地須臾天霽母老艱行步明必負至田畔以備餘
買菓餌食之母卒有田一畝山一段隻身茇舍墓側
有虎過拜之而去或勸明急易居泣曰父母在此寧
為虎食居不可易每風雨蛇蝎侵苦塊視若固然病
卒於墓舍僧永鑑隣顔友禄等瘞之墓側鄉士大夫
建亭曰孝子亭墓碑曰孝子墓在邑東南十里八斗
嶺後田為人占萬歷癸丑劉令清水申請祀鄉[illegible]

葉田曰世世無忘孝子墓田
饒世隆務農盡孝冬日為母溫寢夏為扇枕席
劉文太西鄉人少孤事母孝每膳必躬視冬夏必溫凊
洗滌母有疾必親嘗之而占其氣血以調食飲自五
十後衰息未嘗少離母側邑令旌之
戴忻事母孝母年百有二歲監察御史樊聰云百二萱
親天下少七旬孝子古來稀
張金榜溫縣教諭馬山第四子年十六侍父溫縣父病
割股以進父殁榜奔喪亡劉紫老聞而憐之曰此人

子難事亦人間美事寄聲臺下中府道移文故鄉以
表之毋使草草也寄邑令姚海崖書曰濟武定張氏
諭溫南六月而子金榜年十六乃割股而輕生府道
恤之移文兩院行學道案勘具題欲留待未能也惟
翁為風教重錫之名以華其閭庶死者不沒其勞而
親之疾華者自輕生外聞風興起廉不思竭力以[illegible]
之也
劉養仲邑學生以孝行著
王首民安樂鄉人性孝友兄弟五人承父志不析[illegible]

事任長而以次相黽勉育民年八十西栄得民年亦逾七十民授書南坂不忍暫遠遽歸曰吾父之子五人而惟我二人在忍相遠耶日以和睦訓子姪雅好客産以中落至并日食忍餓推讓閭內感化邑令蔡聞之曰心睽則葉頓剃枝性合則華承棣蕚同氣之感貽於物類近世澆薄不可為矣以孝義克全顏其居曰民少給事縣庭有里民鍾群望者發羅奸狀於院司未有子起解日民惻其為闔邑事容令之歸遂有子後以育民姓字之子孫猶世兄弟云事載陳懋對筆記

徐多獻字盧孺家貧嗜學父左桂事嗣父母孝以廪貢任乾州學正病歿獻扶櫬歸道遇大雨不止停輀路隅晨夕伏棺哭踊悲號不已道主人感動遂破俗忌移柩室內留數日雨止行廬墓三年清蔬自守鄉里稱之母久病居一土室會天將雨獻心動欲遷其處或止之竟遷之而雨至屋壞母得無恙人以為至孝所感云督學舉優行邑先正咸望而敬禮焉

龍擁事母孝母病赴横岡山謁真武帝祠禱以身代投捨身岩岩高千尺躍墜地不死母病尋愈

劉秉鍛秉錄弟錄九歲孤鍛甫六歲母吳氏苦節撫之二兄弟事母盡孝母病鍛割股救之尋愈

盧應昇字時卿年十一父以事遠避羅者在門無以應即代繫乜晝夜卒白父冤人咸奇之歲荒家貧母病危思肉食不得默禱於天割左股救之母以是愈子首傳邑學生

劉洪甲字不先太僕孫母病篤禱天願減己算及歿哀毀骨立既葬刻石為已形跪伏墓下使朝夕相依先

是祖母櫬自官邸歸入舊宅則忌甲獨願以己宅殯後流寇至比屋皆焚而此室獨存歷官工部屯田郎

翟近宸幼時父病割股尋愈中壬午鄉試署華容教諭

張玉基字乃璞金基弟値明季兵寇相乘蔽江而下玉基隨其兄奉老母避兵江南峒山兵搜岩殺掠至峒側玉基以身餌賊死之母乃得脫

陳類兒性慧孤貧不能自活為人牧鵝陳汝諧以諸生授徒家塾類兒守鵝日從館側潛聽久之遂悟作屢代徒[illegible]筆絶佳師駭異詰其故則皆類兒作也

給衣食而授之經數年益進師嘗與客飲擲骰佐酒類兒過客曰聞若慧爲我聯對四方六面單點雙點色不一隨答曰一奇二偶內卦外卦象皆同一座大喜後過流冦奉母伏山澗遊騎猝至或曰子可速走類兒曰母在我焉得獨走乎母被獲類兒抱母慟哭以身捍賊求活母不得與俱死

程有璋字輝予諸生父病割股父愈縣令張燮詳請旌獎

李敷倩方嬰瘸爲母割股

婁伯弼母病篤嘗穢妻于氏割股救姑越二日母愈著有庭訓十二則

周以貞以嬰瘸割股崇正間縣令旌獎

呂黙卿父晚竹喪明十年黙卿日夜舐吮之父目復明

張顥易宗長子食餼母馮隨父任卒於官顥跋踄萬里扶櫬湞路險峻洞庭波粘天顥朝夕泣奠旅寓心力勞瘁哀毀滅性遂成疾歸卒無嗣鄉里至今稱其純孝

朱喬嫄左泉父死廬墓三年

陶之哲字復九生八月而孤事母孝母老不離左右十餘年母年九十七歲卒哀毀廬墓墓前有古松萎天氣晴朗白雲集其上經晝不散劉令濬表旌之曰有道布衣後御史彭檄徵節孝署縣事董三策以之哲事聞旌曰純孝可風之哲博學更精五經性理著書

何所自字以玉鄉賢鄧舉喬孫邑諸生性篤學痛絕名利以孝行聞父殁廬墓三年即授徒墓側及門皆一時英俊嘗遊劉思郊之門葛屺瞻督學時與劉同舉

行優有云讀詩而至蓼莪之章涕泣交頤授徒而卻貧人之脩誨誨不倦足跡不履公門生平爲之養[illegible]其館側叢園苦虫害爲文驅之遂止

張楚鼎字聊鵬幼慧勤學好問因父疾遂棄舉子業躬事饘粥醫藥晝不遊庭夜不解衣及父殁泣血以從族人嘉其孝爲墓表識之

張楚俊字士升母王氏早逝流賊破湖全家避難登[illegible]父胃病在床遇賊賊欲殺其父俊以身衛父身被十餘鎗賊憐而釋之

胡之郁字儕若諸生獻賊自皖至郁與里人守蕺峰岩之險五月砦破遂掠其父與郁走湖湘父曰我衰羸分必死汝能脫猶不餒若敖之鬼促之去不忍別父遇害時久雨無月色平地水深三尺郁裹遺骸望電光而走匝月始還鄉自是無生人意終身不衣絲帛子奎諸生

張光甯獻賊陷蘄時全家被虜甯獨脫踪其後至京口瞷安營伺賊射睡負母黃夜奔馳抵家七日母旋卒兄弟妻子俱遇害再娶王生子之鷟

楊光國　金德嘉傳　天壤間淳厚清淑之氣篤生異人則孝子義夫實當之其至性之勃發一往而深并有莫於成美名顯當世也然人極由是以立天理由是以存風俗由是以復古而氣運之康寧清晏由是以日新月盛識則無意於名而彝倫世教重有以賴之矣余年官史局纂脩明史

國朝一統志過孝子義夫名字輒洗手焚香正襟危坐而書之敬其人重其事也同里楊子光國父奕母陳氏先世居永西之楊家山明流寇焚掠族屬逃亡二親繈逝當是時楊子一零丁耳門衰祚薄僅存一綫讀危矣賴世父時大撫養鞠育及長執經鄉賢之門每讀詩至哀哀父母生我劬勞淚數行下尋以親篤懇諸壁朝夕哭奠其事世父至性宵盤匜殁則哀毀踰禮春秋享祀腆潔亦天性然也娶吳氏構疾彌留與夫訣曰脫不淑如遺孤何楊子禱祖天云一綫相延得承其祀足矣烏庸再娶爲嗣是守義不復有續主中饋之思君子以爲難余欲採摭孝義往事分門類成一集以公諸海內且以是登於菁華之錄若

夫表揚孝義俾得昭垂史乘永傳不朽則郡大夫事也雖然楊光潛德亦自率其天性耳名不名又何論哉國子方佐孫榮儀會孫文琥國學生樂施予拾朱姓遺金於道還之

國朝

吳熊字四維貢生事親孝髫齡先意承志即似成人侍疾視以身代每遨神祈不藥而愈弱冠失怙侍哀毀骨立及楚明末干戈擾攘多寇伏能獨畚揭埴葬遇賊斷右臂而不去嗣後每親忌辰至老猶痛哭不

基悲擗痛熙癸酉歲饑出粟賑貸里黨稱之年八十
有六歲卒三日前自製祭文戒作佛事
劉登仕字希卓鹽西鄉人事親孝父喪呼天搶地絕粒
急生母病侍奉湯藥咳穢必以手浣衣不解帶者數
月卒後哀毀守禮三年不入內室值歲儉出錢粟以
周貧乏遇賊變遺骸暴露者輒收瘞之陷賊者贖歸令
完聚焉性恬淡閉戶讀書陶情詩酒年七十卒祀鄉
賢子五自澄茂溶自理天成俱別傳祐材諸生
楊齊賢字坤吉邑諸生流寇亂父仲虛携家寓蘄城越

四載仲虛歿殯未葬流寇薄城舉家驚急齊賢年十
歲建議出柩於城外柩甫出而城門扃齊賢以金賄
守兵夜縋母出後復陷賊中曲順賊意乘間逸齊賢
於倉皇失措時能從容濟變若此而其居家則恂恂
孝謹若將不及故時稱才德全焉卒年八十四歲子
五國選縣丞國進國泰國佑日進俱諸生日進有義
行邑中文昌閣中廟石堤皆捐金督修日進子承綜
官嘉興知縣
陳文允字信公諸生性醇樸父病劇躬親嘗糞不肯令

人知爲侍婢竊見族黨始稱之父卒居喪廬墓三年
郭多疾允捧几授杖未嘗假手婢妾郭嘗曰惟汝適
吾前吾食得下咽母沒哀毀如前卒年七十有八歲
尤嚴於課子子泰國倩國楨望俱諸生倩國修譜草
祠建義學
段可量採金德嘉傳字伯海武山湖人父守書母張氏兄弟
凡四人可量行四七歲而孤母癱仆床蓐二載湯藥
滌濯如一日母沒櫬中庭可量廬處戶外哀痛倍切
踰二年買山葬山名馬頭與居隔一湖水苫塊塚旁

露處七日夜鄰人爲作蓬以栖歲除妻子挐舟來迎
堅不歸會野燒蓬燬則露處如初腰鐮誅茆結小室
柴覆頂母生忌哭奠空山寂寥日夜有絲竹聲縣令
西蜀劉臨扁曰孝動鈞天
楊承緒字振宗儀封令復之曾孫祖儀邑學生父國選
諸生父卒繼母劉年十八矢節撫孤備歷艱苦緒如
讀書而體弱善病母以爲憂緒善體母志養身惟謹
母家某道中落緒恐母心不慰迎養母父母病湯藥
必親嘗涕泣籲天願以身代歿後哀毀盡禮

夕哭奠不輟卒年六十有四子三天溥天漢[illegible]學生
天浩諸生孫十人天溥有義行捐金督修文昌閣[illegible]
義祠子忠梁
張之金字軒玉諸生成童時母病刺刲左股肉煑汁[illegible]
進母飲而瘳居喪哀毀啜粥茹蔬三載不入內室弟
早世撫其子如己出好施予宗黨有緩急必周恤之
子儲源
蔣元周邑鹽東鄉人竭力農事以盡孝養父母沒後廬
墓哀切鄉黨稱之乾隆四年　旌

藍之珏字廷獻瀕第三子性最慈為諸生瀕病篤焚香
禱天割股以進乃瘳子七士焯士漢士熊士鍵士璽
士鰲士松皆能世其家學
梅殿元字月資家貧嗜學雖耄年猶誦讀不輟重氣誼
友朋貧乏者出錙銖相助繼母病割股以救卒年七
十有七弟來儀亦以義聞
劉自理字明水國學生登仕郎甫二齡母卒繼母李愛
憐之稍長知身自徐出時於無人處掩泣父詰之對
曰母實驅兒兒自痛不省所恃也年十二塋母徐[illegible]

家三十里伏塚呼號徹晝夜父諭之歸不聽禁之不
從廬墓三月强携以歸父歿寢苫枕塊哀毀骨立居
繼母喪亦如之卒年八十四歲子洪度洪達別傳洪
備貢生洪佑選拔授光州判孫梅國學生楫桐諸生
張魁卿父老寒冬不近妻子與其父同臥起者三十年
趙來福家貧傭工養親父病篤思魚不得福呼天號泣
往釣水濱魚忽躍岸上携歸奉父越日又於龍宕見
羣鳥爭食臨往得魚數尾以進人咸驚嘆後漸豐裕
康熙癸酉亢旱甲戌大疫捨棺六十餘具以瘞餓殍

子安國國學生
李繩武字昭遠弱冠為諸生依父母流寓興國常採薪
以供甘旨後歸父故名宿館穀豐盜入室用火燎鐵
烙以灼其父武號泣跪求盜感去母歿盡哀既塋欲
廬墓父不許朝夕往視哭奠服闋始罷父歿廬墓三
年又齋產創建宗祠並贍鄉族卒年七十有三孫文
炳邑學生曾孫清諸生
胡奇楝字任臣諸生幼孤事母孝母歿廬墓三年雍正
丁未歲歉出穀二百五石以貸鄉族至秋[illegible]

劉之芳字蘭若性孝父病焚香告天割股和藥以進明季盜賊充斥父被虜傷痛幾絶曰吾不忍獨生或曰汝死母將何依乃收淚奉母後母又爲賊所得芳急呼曰願以身代賊義而兩釋之嘗奉母藏匿自出覓食以養一日賊突至見深谷疑有人因縱火比反母遇害芳號泣負骨奔竄沙洲賊平改葬南郊廬於墓側貧而好施遇水旱疾疫輒捐貲煑粥施藥捨棺無吝色子侑志諸生侑忠別傳

龔必勘字允武其先世素封父章性慷慨好施予勘師

事仲兄發憤讀書屢困於童子試遂棄去應武試爲諸生多才幹膽畧遇人有羣盜入室執伯兄勘持挺擊其渠魁乃得脫後應試郡城聞母訃一慟幾絶歸營葬事冒雪渡江舟人以少緩爲請勘叱曰母喪在堂豈可以風雪阻耶促解纜中流舟覆溺水死仲兄沿江呼之忽躍出顔色如生年三十有一妻廖氏晝夜哭幾失明截髮持齋苦節自誓孫大魁國學生

程之璽字蘭玉父文吾以之璽爲其弟星斗後星斗疾劇之璽刲股肉以進疾愈星斗晚舉二子星斗死之璽撫二幼弟以友聞

劉銘璋字玉侯父讀書山中璋總理家務勿貽父內顧憂病則湯藥親嘗歿則苫塊循禮前後廬墓六年祖八旬左右扶持弗稍懈事祖繼母亦如之乾隆十一年卒其子斌諸生居喪廬墓三年

呂和寬國學生幼事父母克盡子職親卒哀切廬墓乾隆六年　旌

藍煌文事母孝母病文詣横岡山捨身救母母即愈

李六奇字秘成諸生父歿廬墓三年嵗郡汪某緣負債

鬻妻奇贈以二十餘金保其家室拾舊端李某賣田銀十三兩候至次年還之康熙丁亥自郡歸途過汎西見某傭工河南饑寒交廹夫婦投河奇携至家狀曲贍費得全其生年九十六歲卒孫廷寵諸生

李本忠字季仲宋南渡時勇威公以武節將軍官蘄子威著襲職百戶遂家於濟爲本忠始祖本忠父一秀子四本忠行三嘗割股救母以孝聞事兄彬玉彬臣撫弟季武友愛有甘姓母子流寓於濟子又他往母老家貧本忠衣食數載死爲殮葬子二大猷大成國

學生
龔基顯字子璧年二十一妻死不再娶喪母哀毀後侍父於書館父病篤諸藥不效刲左股肉和羹以進乃瘳越三年卒居喪廬墓茹素飲泣

伍承渾事母孝母疾割股和羹進母愈

田仲章廬墓後峰見貯雪堂詩集

伍正遠年八歲母卒擗踊如成人父生疽遠吮其膿血後病篤藥無效遠刲左股和羹以進尋愈父歿廬墓晝務農夜號泣家事聽命於兄男婦五十六口從無

間言鄉里高其義

方君德字舜臣幼失恃事繼母張倍極敬愛母疾湯藥親嘗禱天願以身代及卒寢苫枕塊號泣不絕人以孝稱子楚正洛川知縣

呂生翰字士林幼孤事嫡母孝母病割股療之嘗著天患處隱隱見有即之者翰終不言雖目不識丁而真孳出於天性

胡棟元承酉鄉人家貧釀酒爲業日則爲人傭夜必歸省或有人給以肉食必懷歸以進母病刲禱天[illegible]

元晨起持香帛至横岡山謁真神叩頭流血誓以身代禍非遽救嚴下寺僧跡之則已墜矣急扺墜所則亂石荊棘叢立元墜處當空處竟不死僅損一齒昇歸母愈

鄒成先幼喪父母再嫁盛生一子未幾盛又死成先無妻室迎母歸傭工以養母患癱瘓成先獨進饘粥洗滌穢污扶掖起居終身無倦色母歿哀號倍至鄉里爲之感動

彭華國字玉書諸生前後居喪廬墓六年父墓在祖塋

側國疾革命其子捐貳百五十金贍族人所需之塋木以保祖陰又捐百金贍族人所典田以供祭祀邑令郎鄭詳府旌獎遇歲歉減價平糶人多德之兩次重脩車坊舖石堤舖橋費三百餘金子士博士學諸生士高國學生

陳崇銑字禹公幼喪父與兄元相友愛教諭歐陽述褒其居曰怡怡堂事母四十餘年孝謹不倦康熙乙亥母病割股和羹以進母愈子金貴

呂和成字大友諸生生數月失怙甫二齡母他適祝[illegible]

搭物育之成與妻左右就養歲三十載病則禱以身
代鄉里稱之
何承緒字麟趾康熙乙酉副榜幼孤事母極孝工詩古
文詞制藝沉守先民典則暮年以母張苦節請爲建
坊立祠遂罄家室依母主以終其身
王有恒字立方國學生母疾爲刲股和羹以進有頃母
日吾生矣問故曰適夢去見神人謂汝能行孝道令
我還母後三年卒
洪僑字子清國學生以孝友稱母殁廬墓三年兄弟友

愛雍正乙巳夜將半家人擒賊李某傷不忍鳴官反
煮酒勸諭助以穀石李大感悔卒爲良民子恩榮恩
勝恩錫恩裕恩光皆諸生
徐侯爵爲父吮疽父殁廬墓三年
胡國英雍正甲辰割股救父庚戌割股救母
胡士爵太東鄉人建九之子性至孝母彭病藥無效焚
香默禱願以身代至横岡山投捨身崖越日身歸□
李丹壽愈時長子正根甫三歲爵死七日生
子族黨名之曰孝遺

盛士秀字文昭諸生有風慧工詩文授生徒以供甘旨
父母病輒衣不解帶者數月居喪茹素不入内室視
弟遊孤無異已子

明

劉文輝與弟文煥洪武初同解南糧愆期法當死輝以
長請坐煥曰兄有子幼兄死則子孤無託某宜死頻
首流血當事以獄詞上皆赦之而煥已死矣太祖特
書義民以旌之
吳仲美字原溪正統四年邑大饑美出穀捌百担賑給

鄉里不足又輸穀壹千石助賑活人甚衆事上聞旌
義民賜冠帶役成化間復捐穀壹千二百担以周貧
乏嘗曰豐凶不常毋戀豐年玉當思凶歲穀傳爲格
言子守坦有父風亦以賑饑受旌子守坤諸生孫鉞
學生
盛懋忠與弟敬忠富而好義正統間歲祲出粟一千五
百担賑饑有司具事以聞上命行人張禹忠奉勅旌
其門曰義門寵以冠帶勞以羊酒世以爲榮盛瀧徵
悉子成化時偏縣民饑爲閭邑代輸春租

張本森號木齋讀書負笈遊學齊魯問授徒三年積館穀五十餘金歲饑悉以賑貸空囊歸與婦相向恬如也年六十歲卒曾孫步雲別傳

程孔艮　游楧　毛思寧　鄭德廣　徐伯安　梅桁　桂希堂成化間俱輸粟賑饑程氏家乘載孔艮外又有孔威孔濟

周倫諸生成化十四五年邑大旱輸粟壹千石存活飢民萬計郡太守並縣令旌之

陳叔牧敦尚行義歲荒輸穀千石以代闔族租稅有司義之時陳南橋亦以義行聞

藍孟文號巨川萬歷戊申水災有穀六百石焚券以予貧民又爲本族代輸秋糧孫季膳別傳

程友悌　劉禹清　戴子儉　徐萬貴　程紹宗　王應忠　李正芳　劉璜　饒仲魁　呂用賢　彭楅　宏治二年出穀賑飢事聞旌以冠帶

李勝惠禾西鄉人性溫厚能容人過有盜其物者惠見置不校仍與以牛穀諭使改行值火災拜之風返火息當旱竭誠而禱雨驟至

王友立居邑西門外嘗晚歸得橐金於舊河口攜以歸寄義之不令人知明日立求亡者不得白之官則某里役領解之三百金也役願割半予立不受揚令以聞院司額其門

王贊堂字參宇父孟輔諸生世居縣西王家腦路通蘄州有張玉彩以命案解審須貲其家變産金壹百六十餘兩令其子攜往時酷暑至王家腦林中乘蔭遺金於地參宇拾歸開橐見金乃知張玉彩活命物也攜金至路側坐以待旦次早玉彩子號泣而來叩其故出原金還之縣令周騏以聞院司給以扁曰清廉垂範

鄭本端宏嗣諸生好讀書老而彌篤嘗除夕有盜匿室中伺本隙本危坐讀書室人辦酒漿果羞畢已悉就寢其人潛至廚下恣食酒肉醉飽又潛至臥所本猶讀書不輟乃匿於床下鼾聲透房屋本燭見其爲某也搖之曰起起即引至廚中以手指供具令取其半且曰爾其秘吾與乎元日妻至廚疑僕婢本曰是吾取而餽人其忠厚如此

徐萬隆名孝義坊有黃梅里役解餉數百金懷挑夾沽

濟邑役繼飲遺其餉與挑於厠内萬隆見而携歸逾
二日役始覓泣來求萬隆還之聞於縣縣責役之不
謹而旌萬隆之義子步上步進會元孫助國順熙
謹皆諸生
郭京元諸生與吳浮玉廿忠甫爲筆研友時出家貲周
人急以義行著
鍾禹字集之貌甚偉寡言語九歲喪父事母田以孝聞
母卒三年不入内室逢忌日奉主悲鳴達戶外從中
武舉並砥弟飭行族姪鬼早孤爲之婚配歲給衣食

令就學卒成諸生師母死無歸爲置塋具復割產爲
祀田以祀其師生平落落好施予見族人無力婚嫁
者身任之鄉里以飢寒告者周之後周令聞得其狀
深爲嘆服每稱鍾子爲邑中長者
胡繼洪字迈庄父文以孝著洪先疇數畝年五十而致
大富倉廒數十楹甲於諸邑歲不登每設食以賑買
谷者晝夜獲數賊洪命無用燭及問之皆遠人勞以
酒而予之穀生平退讓不與人忤周令獎旌義民
吳士選字肖龍生平好義尊敬賢者賑恤困窮舉鄉飲

飲者四年八十有二疾革命孫瑾搜積券數筒至祠堂
焚之約千有餘金是時瑾年十三焚訖告之日此鄰
里借券也若貧無所償故命爾焚之
夏伯則寄居於劉璧門得金還之
夏尚印自致千金而好行義萬歷十六七年歲饑逢殍
枕藉來春之牛種印買牛數百頭並種子以散耕者
秋歲薄取其租隣多德之王令延僚嘉其行舉鄉飲
王應琦字珍儒父弼壽官琦幼以孝子兢構普室於邑
東凡貧而無藉者任肆棲焉子二白偶皆諸生

梅敘南字南征諸生父長白以諸生敦孝友崇正辛巳
歲大饑南與陳伯順等議施粥賑飢夜夢神降於庭
曰人民大難施粥可濟南前與許施粥十日神微笑
次夜復夢如故云事已聞上帝矣宜亟行明日朱令
議捐引養施粥南輸穀若干石以濟之存活甚衆子
楷梧皆諸生
饒嘉班字季雅邑諸生汝順之第三子家處富好周人
急人每賴以舉火死不殮者助殮具且多置棺施無
依家道自是漸落後見人之喪不及備每遇大歉

與之晚年析費以村邑兩處房宅讓於兩兄自處[illegible]
儉淡如也卒之日鄉士大夫無不傾季雅賢子黔訓

傳

張全璣字㴑珍頗饒於財性儉樸衣不帛食不肉遇人
艱則傾貲不惜萬歷三十六年水漲破堤沿江廬舍
漂沒婦子流離璣發藏賑之全活甚衆崇正初旹旱
居民公奪人穀璣亦被搶邑令拘衆兇璣反爲辦而
寬之崇正十三年戶當里役時值薦荒且疫璣爲閤
邑輸南漕三百戶獻賊屠戮遍野積骸如山璣殺提

倉收瘞之邑令朱以賊故移治新洲餉不敷璣助餉
八百兩卒年八十四歲子七

吳國璋字仲玉父樂以孝聞璋十歲而孤即能哀毀墓
舍縣主聞而名之曰此孝種也後年九十七而終生
平語及父母未嘗不泣然出涕克紹前徽尚氣誼爲
鄉諸生與黃之馮漸卿何桐卿友善學使者瞿歲按
黃有上劉生行劣者劉少而能文一日列堂下呼劣
生名衆駭異嘵嘵瞿怪問何故莫敢應璋獨挺身爭
曰劉生而劣誰非劣者瞿怒遂自免冠擲於地
出良久召璋與劉生并還之子楚思楚峰皆諸生

李調元事數倩以衛籍運漕艘邑黃義仲附舟北行染
惡疾不可近李爲進藥餌湯匙數取衣澣浣濯之將
數千里不輟死爲殯具載以還費數百金無德色友
人龔晢以兵荒死鄉國昌以疫疾死皆出家財制棺
具殮之調元素好武略委團練龍坪總督袁授以副
總特左兵東下以疾卒

阮思槐邑西鄉人有隱德萬歷己未歲大祲流移滿道
槐竭囷廩操壺漿以食餓者竟歲不倦後有飛穀來

集倉皆謂人以爲善念所感云明末保果壠頂寨子
雲從順治間值邑屢荒亦出粟賑饑

饒于璉號右門經宿華容郎次天明人先發璉獨後見
遺囊多重鏹疾呼不應再者蹤至悉辨之次日持囊
送縣懸招遺者令高其誼旌之

夏三九字天作元初卜居於濟之泉口散穀賙饑不五
世而子孫蕃衍十戶著名多六以義得官大德捐賑
得獎曰與爲人遜妾生子曰臻施棺殮貧卹煢[illegible]
不屈大寮封殷救伯夫魁收瘞枯骨橋梁義列皆有

不可泯滅者鰲子時敘孫子之乾典孫序殷康子克
雄一龍時奇時予明經諸生
國朝
程命甫武鎮人崇正末寇賊焚殺遺體遍野甫以銀物
僱人收埋其有僻地遺漏常得諸夢寐而往瘞之卒
無暴骨之慘里中饑餓特甚甫自江右載米歸爹所
全活順治間徵人王時宇少壁誤夫婦投水甫救之
代還其直周子艮欠地課十六兩賣妻以償甫爲贖
還夫婦完全

孫光宸諸生流寇盤踞其鄉執宸爲鄉導宸詐免鄉人
於難紿之曰某地有金帛可掠也導賊出境及至毫
無蓋藏賊怒殺宸鄉人德之瘞而祠焉
范應明字起公諸生居喪寇至朝夕衰絰哭既瘞守墓
哭伯兄死撫其子如已出弟夭無子以子主其祀寇
掠里中婦女十餘人傾橐中裝贖之不給則稱以衡
牛有夫陷賊久而未歸者食其婦且數年歲祲畢有
不能存者舉家鬻爲人僕應明賣產數畝贖歸之
張泰宇公美秉性醇謹不苟言笑里中子弟多畏憚之

崇正末偷寇亂泰持譜諜文券與貲糧率其家及
黨范氏遠避山谷順治初始歸凡契紛屬范姓者悉
一發還張與范兩姓宗祀俱賴以不絕其他施棺捐
穀建橋修路諸善事力行不倦知府戴以爲善最樂
顏其廬年八十九卒子五四子鏗遠康熙戊子歲大
旱於濟北寺立廠施粥一十六日丁酉歲荒於報國
菴捐米三十石以濟貧乏鏗遠之妻侄女吳氏夫楊
逝臣卒貧無依鏗遠周䘏之並爲其子完婚五子鏗
遂捐置祀產若千康熙戊子己丑二歲荒亦施粥孫

源濟諸生曾孫永年萬年彪皆諸生桂魁國學生
千應孫宇撰可國學生順治癸巳己亥歲祲前後捐穀
壹千壹百伍拾石又施被絮棺木歲以爲常子爾漸
歲貢生遇端人正士必倒屣迎貧則解囊無吝色孫
鳳元貢生曾孫效充國學生
鍾汝瑞字景乎有義行康熙十年歲祲捐穀壹千五十
石賑鄉里捐金修靈西橋子二如琇永聚皆諸生孫
輝烈諸生輝熙國學生四世孫銓諸生
冰之照字君訥父孔當子七六子皆死於流寇惟汕

及壽虛子之黙孫璘年存之黙事父母孝撫璘年志
之黙子燃乾弱冠爲諸生有聲年二十七歲卒之黙
日廣施于族中不舉火者計口授穀康熙二年濟大
水各里長歛金爲費請院司戒災之黙却各里長金
獨任其事會慕公天顏巡撫湖北道經濟上其災費
稍省年七十四歲卒孫翼治別傳曾孫本績

胡一玠（孫金德嘉傳）字石存號客園一璉弟也弱冠偕仲兄
一珙以乇義高等補邑庠食餼雅好與賢士大夫遊
瀕河茅屋知名士過從無虛日石存名益高縣大夫

列名以行優聞於學使者辛亥歲大祲餓者數十
家爲比屋瞷賑存活無算羅姓人鬻妻陳姓人質子
皆垂橐助以金不足則繼之周卹宗族故舊婚喪不
舉遺孤不卹而賴以敦事者蓋不可勝數時會軍興
租徭重困縣令潘以軍需那移吏民齟齬成訟訟日
熾石存言於大吏事乃解里人逋賦沉獄數十人將
槩累乎石存言於令令爲貸出戊辰武昌兵變亂邑
令贖大將軍討賊道縣境縣人惶恐走匿石存率其
父老以牛酒犒師大將軍喜軍士款門則以好言慰

汲河水飲之人人饜飫詰朝起營去里人門戶井保
依舊是日石存以一諸生壓折於三軍壁壘人以爲
難子五燕思有詩名統思別傳顯思綰思繹思別傳

吳兆嶽（採金德嘉集并舊志）字中望居石港下號石溪居士先是
兆嶽從祖少常公官成以弟隱華用布衣老析產待
厚賜華子敏行縣諸生兆嶽父也兆嶽幼時負笈走
鴻臚洲受業經師盧小相所順治間爲增廣生會西
山之役軍興旁午猾胥攫里正之黠者羅食縣人一
切糧徭掊克十倍於正供縣空虛矣遂欲齋縣縣人

詟以死力爭之縣不果齋兆嶽率同志疏猾胥主名
於上官會湖閣制府姚公下散甲令楚制府徐公題
之兆嶽率觴屬客曰百世利也

胡之璽字欽若諸生楚良長子生十歲而孤母顏撫之
弱冠爲諸生崇正乙亥流寇亂率鄉人結砦天臺山
頂丙子賊張獻忠自皖江來龍頭大符諸砦屠無遺
種之璽以砦降獻忠殺人如刈草背降人股栗旦夕
丘死獨之璽時與抵掌談笑自若獻忠亦改容呼曰
胖相公甲申賊撤營走湖湘前哨抵江夏而尾營猶

□□或籍水下令逸一人卽族戮人又罰□
之聖獨與族人四百口夜行晝伏□□數百里□□之
聖天性孝友嘗居父喪時已哀毀如成人毋顧□□
火災長跪擗踴祈返風須臾風返弟完公甫三十□
遺孤懷襁褓之會痘疹猖獗視膿血漬褓臾長□□
婚娶折産皆居厥□已予均黄岡曾益之來濟一□
如素交館餐無倦容其妻客死爲治喪相高敵□□
益之死殯塟亦如之由是士大夫高其誼而鄉里
爭歎不之公府惟質成於胡先生克言也娶方氏子

果俊皆諸生
呂業平有虎負其弟入陶穴業吾徑入穴中泣語虎曰
汝殺吾弟吾誓殺汝虎若解語掉尾起業吾負其弟
出
楊齊聖字郢璧邑諸生祖謐巷以明經任山西蔚州學
正勤於課士州士人德之齊聖幼時與弟齊賢同受
父仲虚庭訓尤穎異□□明季兵發兄弟□□
時□鋒鏑中不□子遺□父□陽令□□
其□□□有□命□文□人咸服其□

購地數畝於城西捿被嶺收兵遺骨埋其中邑中倚
明倫堂建四高樓捐金爲倡且督理不殫勞卒年七
十三歲子五國達邑學生國道國逅國運國逞
吳士棨字簡伯明季兵荒雜沓親歿不以顛沛廢禮斂
賊破黃梅烽烟不息棨挈家避武山砦後知賊已遁
麥地隘不可恃因移湖畔弟凱留砦棨去十餘里賊
突至復冒死救弟有炮火入袖中而不能傷若有神
護卒遁去闔門無恙
吳應森字公惠值明季亂奉其父避兵山谷叔兄應華

爲左兵所縶森以變身護父得無患當鋒鏑閒尚携
螘佐父食後履閒有瘡肉疣瘍乃蟻螘故生平不問
財利慾情山水尋事詩書子 宇巍武諸生康熙丙
申水災洪與弟全散出米一百六十石鹽一百二十
包周濟鄉人二十餘日嘗延名醫於家惠人藥餌貧
不能殮者卽助以棺洪子之杞年十七爲諸生逾年
食餼孫世煦貢生
陳汝昌字廣生貢生於嗣子困守宮墻數十年嗜古不
倦每爲文輒抒胸臆不屑從時好性慷慨順治丁亥

米價驟貴昌慈糧排道匾金以上者悉代納焉

銘達

張懋能字嶶如有隣人劉惠被誣當死能力寃之卒脫

於罪

陳三鳳字東鳴少攻舉子業值明季數奇不偶遂深自

韜晦家非素封樂施予邑大疫捐貲賻棺千餘具

財竭折屋梁以代之卒之日聞者皆流涕子宣闕以

弱齡隨父亂離鋒鏑間屢以術智避賊全父母及身

人以爲奇童子父卒躬耕奉母以孝謹聞亦樂施予

克承父志置義塚於縣前之登高山子五長如山次

宗岱諸生康熙四十五年歲旱嘗出粟以分給其族

黨宗舜諸生宗岐國學生有善行文光中乾隆丙辰

鄉試孫昌言在錦諸生名言受言國學生

伍惟晏字希祥幼岐嶷習舉子業肆志林泉性恬淡樂

施與有堂弟惟經幼被賊虜長官貴州貧無歸晏得

蜀人訊知遂賣產辦盤費往返數千里挾之歸給與

田宅有族姪承吉零丁孤苦晏撫養成立覩猶已子

爲之定婚配以繼先祀亦給與田宅年七十七歲卒

疾卒

張文熙字斌茲年髫齡被賊擄往荊州防守稍懈遂

從間道逃歸後爲諸生厚重有大畧尤喜給施貧待

以舉火者若干人死爲治棺殮者若干人

張坤熙字資萬年弱冠自邑中歸中途得遺金六十兩

驗其包封姓名知爲遠鄉賈人因假宿途中次日復

候至午失金者方至盡還其金

張浩熙字廣臣値康熙丁亥戊子兩歲荒疫浩施米百

餘石棺木百十付賑之

劉之烜字暘升事嫡母張氏委曲就養居恒體無完衣

而親極滋味母病湯藥親嘗衣不解帶夜則焚香默

禱願以身代既殁水漿不入口數日遇忌辰倍增悲

痛終其身無二致仲兄之烺性曠達娶孥遂喪遊學

都門因族兄令岑溪偕往有留蜀意烜匍匐數千里

拉之歸且憫其無嗣爲置側室時烺年踰六旬矣連

生二子里黨傳爲美談

張佳齡字士林多隱德有貪人貸某氏金數年不逕將

訟於官齡鬻己田以償之又有貪欲出妻者齡給以然

衣食卒得全
張憲性公平倜儻有能有盗當死繫於獄比除夕叅□
憲保任出獄憲具保誓釋之後邑令訊原四吏曰張
憲保出在外即差人至憲家憲曰欤午帶盗至邑令
訊盗曰吾以故負憲矣何德以感之不伊叛也盗曰
張憲至誠服人豈忍叛乎
馮元會字集成家貧嗜學先喪父事母以孝聞每事必
請母命一□□□如也娶治岐黃業龍坪廢行不
問貧富延□輒往全活甚衆妻家病□黨屏跡無敢

過其門元會入視妻父𢒰相染化之歸元會不嫌嬰
父忽夢神人告曰元會誠可格天明旦而愈嘗以家
貧備養貨殖於蘄之漕源口投牙儈柯某家一日忿
久不省親姜程歸柯忽有事在官盡以元會所付貲
免比反柯擬償以子元會力拒之曰爲我而戕人骨
月吾不忍即日拂衣歸子二長佐喬次瑛諸生
郭如璟字蘭玉早慧受業陳敬中陳經學名師璟侍門
壚久而□習書法仿蘭亭洛神賦久之自成一家
爲諸生有聲少時東遊吳門吳人得璟書輒傳示□

塾歸而受徒嘗大會里中兒臨文甲乙輒豫算其貴
賤壽夭一時號冰鑑云歲饑人急減田價以售璟一
二年璟設酒食名其人視原券補償之邑南漕糧故
民兌苦運軍科擾倒營改折則黠吏表裏侵人因緣
□甲能貴以千金康熙乙卯旱蝗璟獨任改折事費止
三百金璟在武昌見鄰邑報災廣濟獨否璟以數十
金償司吏約乞請蠲縣令徐補詳蠲下縣人懽呼戴
德而璟不言也妻徐有賢稱子存會别傳
張隹璟字應瞻父叔由早卒事母陳盡孝母卒請節孝

得被旌典甫弱冠補諸生膂壯食餼屢躓場屋衆夷
然以義命自安惟篤行善事邑城東六里許曰雙河
口乃蘄濟通衢在在水衝河決滅頂濡軌璟捐金建
石梁復置亭其上便行人憩息蘄濟兩屬賴之有王
本燦從之學家貧不能具脩脯璟置弗問且飲食之
王以是舉孝廉子淳晃邑學生淳龍貢生淳梁國學
胡應奇字次平諸生富而好施康熙丙申丁酉饑饉游
移民多菜色邑令蕭於城隍廟煮粥賑濟應奇踴躍
樂輸前後□次共捐米一百五十石年八十歲卒子□

三錫餚錫三錫君孫洪成洪度洪甸並國學生洪濬
諸生
方大名字賓實好施予捐金建石洞凡四方忠孝節義
無嗣者鐫名於石捐田二石五斗給僧人奉香火不
絕
方調鼎字象九歲荒煮粥賑饑子席珍施藥療疫活人
頗多
劉蓬章五世全居邑令劉灝其居曰風追張陸
劉自澄國學生康熙癸酉歲大饑四野流亡出穀賑之

並約諸弟佽助匝三月儲積悉空全活甚衆有卒於
官者收卹其家且教其子數年克成立厚贈資斧遣
里甞置一婢價四十餘金後知已許字某呼其父領
歸不索原直卒年七十有二子洪御洪江教諭洪德
國學生
胡公玉年五十無妻力畊奉母所居曰兩路口距城十
里許一日晨起見郵亭壁上有遺橐橐中金八兩頃
之失金者至公玉詰得其實還之其人檢少許奉酬
公玉不受又嘗見亭有行囊手試之知為金也謹護
之其人至縣輸官無有始憶郵亭失去倉皇來公玉
察其狀知為失金人問之其人愀然道故詰之一
一合而與之
藍灝字含若父季暉世父季暄官獻縣知縣灝少倜儻
有大志長為諸生康熙癸卯間濟連水災灝呈諸當
道獲免丁粮之半性伉直而折人過不以勢豪少沮
子三之枚之璘之珏俱諸生
藍燧字愷士季暄子垂髫抱異質年十八補諸生西山
之役軍興旁午令按籍箕斂凡巨室俱以逋租被逮

燧同族兄倫倩踰涉荊襄困苦萬狀卒俾族人安堵
康熙乙酉歲大祲燧捐谷百餘石以賑饑者
朱鴻堡字大基諸生父芾諸生鴻堡於新河捐地五畝
付白衣菴煮茶以濟暑渴濬塘埝帮堤捐地租三兩
為義塚子榮經癸丑進士榮至知縣乾隆辛未縣舉
鄉飲大賓榮世別傳
藍之枚字建宗灝子夙慧為諸生有聲然累不得志於
有司乃謝去制舉文字而延師以課厥子性伉爽遇
事輒引為已任東鄉城塘橋圯枚與陳宗恪募有力

者醵錢爲工數月橋成又修官橋港橋年七十精力不少衰子二俱諸生士煒尤有名工詩與兄士焯相友愛年五十一歲卒子三朔均諸生

魏尙忠字孝資靈西鄉人少孤事母孝兄卒家計日絀忠悉經紀之撫諸姪無異己子外祖鄧姓乏嗣忠爲伐石表墓置祀田使無缺祭康熙癸酉邑大旱忠有田租三百六十石近西鄉淨林寺即於本處分給諸人邑令萬以義可型民表其居忠不願愁然而行至江西湖口縣有同寓客蔡展仁被賊幾欲投繯忠傾

囊與之聞者欲以上之當事忠曰吾以逃名而來今又傳名而返吾不解吾矣復遁歸戊巳歲荒有張姓鬻妻於興國柯某妻不忍離忠一見惻然捐金贖之張願爲奴以報忠固却之他如拾契給還負債焚券義行種種晚年好道日誦金剛經歲丁未無疾而卒子洪賓諸生孫木育國學生

魏尙惠字際康父茲奎早卒母陳矢志教之貧無束脩從鄉先塾竊聽久之解悟能文章得爲諸生尙惠有氣慨中表弟賁爲僧尙惠以錙俸爲娶妻得延其氏祀故人胡天旭死教養其子並爲娶妻丙戌丁亥旱前令李設粥施藥悉委尙惠子洪任國學生

鍾輝煦字麗明國學生性慷慨雍正乙卯歲祲捐米叁拾石煮粥賑濟乾隆癸亥捐貲創建慕東鄉聖壽橋行旅賴之

胡津民字守宗諸生歲祲輒出穀以賑貧乏雪夜見鄉孝無衾者憫之市絮百幅人各予一歲以爲常蘄之西河七省孔道公私病涉議建橋費甚鉅來募助百金蘄士夫數日盡如是數十人事集矣餘石以紀姓

名買一僕有婁客問之曰父爲債所窘立焚其券不索直年八十歲卒

張希集字琫成同族志德乏嗣爲祭集捐穀六十餘石爲祭費雍正己酉歲祲族之貧者欲賣祖山集捐賑八十金祖山遂保張大勝苦飢將鬻子爲僧集爲撫字十餘年且定婚配楚材見功二人貧不能娶集助之娶俾得有後鄉鄰于起萬歲暮奇窘將鬻妻償債約已定矣集持金贈之給以柴米夫婦得全後作三于邑東鄉木溪坂往來要路素無橋梁集獨力建造

石橋年八十四歲卒子大猷大世國學生

陶唐嘉字孔彰褒五世孫少失怙攻舉子業家素貧重義輕財恤災扶困嘗拾士人遺金並賬簿嘗訪還原主子五破產教讀長永後邑名諸生少永罹中康熙丁酉鄉試別傳

陳元字冉公曾祖繼曾銅梁令祖大珪鄉飲賓明季寇亂率鄉民集武山砦多方保護人甚德之父官賜諸生早卒元事孀母以孝聞撫幼弟友愛彌篤年弱冠補諸生雍正丁未大水捐粥米三十五石乾隆癸亥

積雪人無所得食出穀五十石分給隣族倡捐修官橋以便行旅子金橋

胡慶曆字作聖事孀母以孝聞過宗黨空之多方賙恤里人祝某負債百金錢不能生慶曆傾囊代償江右劉某假慶金將鬻女以還慶不忍立焚其券

許日昇字斗生國學生濟人之困康熙五十五年捐貲建造石橋於邑之西曰熊家橋許家橋菱角橋凡衝濟兩屬往來者多賴之年八十四歲卒子景松國學生

田逢聖字兆麟淹貫經史好拯人急年二十九歲卒子

本文字漣漪國學生事嫡母以孝聞康熙丁酉尤旱出穀陸百餘石賑隣族修東湖橋冶陽城山松山路一帶平鋪大石以便行者施藥餌捨棺木邑人稱道不置孫炳貢生郎川州同

胡星聚字泰階國學生事父母以孝聞遵遺命築亭建菴於失婦嶺顏曰泉應捐田四畝屬僧烹茶以惠行旅

李如金里人谷某貧乏不能自存將鬻其妻於江右客

哭甚哀金周之贈銀叁拾兩俾勿離散康熙丁酉歲荒金售產富室獲穀貳百石以賑鄰族戊戌大疫捨棺貳百具瘞男婦之無依者年八十六歲卒子錫訓錫乾

陳起鳳字瑞展諸生自茅衝觀進古橋地水驟漲行旅病涉鳳獨任之甫落成卒一子名之曰橋自是巨盜行善邑令劉為立傳子龍錫諸生中錫國學生

董可棟字陳九諸生事親生盡養殁盡哀與弟同爨六十餘年未嘗有疾言遽色江右田姓居庄側鬻子瘞

妻棣徉收其券予以棺瘞殮名其人不焚之[illegible]
無依携歸撫養教讀婚配并給家貲子孫[illegible]
陳崇鑣字裕公諸生族有伯奇者年耄無依鑣膳葬七
年辛偕棺以殮瑞昌涂氏子年十二流丐於濟鑣收
恤如已子婚配生男令其歸宗里人熊得先素誣厚
被盜誣陷欲自經鑣以已田八斗典十四金營救得
脫
熊啟聖字承三國學生幼失怙恃事諸兄友愛備至嫂
氏守志聖匍匐請旌慷慨樂施遇宗黨緩急解囊無

吝色每年捨棺木施絮衣率以為常乾隆癸亥歲凶
捐米二百石助賑嘗買僕婢數口一日偶詢其家世
其父故諸生也立還其券年七十卒子如浩如瀚國
學生淮諸生
干爾洽字陽公諸生闈中王豈川與張石虹講學江
漢書院往師之比歸遂棄舉子業杜門教授子允韶
國學生克遵父訓康熙辛丑歲祲捐穀三百石賑[illegible]
鄉族
吳光儒登麟子貢生每寒冬輒施絮衣遇疾病者[illegible]

藥餌振捨棺木乾隆癸亥於武鎮捨江西客貨[illegible]
十金炊口詢其人與之有德化縣某齋子易金需[illegible]
之以金得保全有子龍
張奇計字仁宇多義行捐貲建設義學歲儉煮粥賑饑
甄思斗字裕公諸生少失怙遭左兵擄入營夢神人指
道得歸母胡氏因失子喪明斗舐之復明子三良世
隆次期三天耳皆諸生天耳性孝友同居六代無間
言好行善事捐修鳳港橋及郭家壩路邑令高以世
敦孝友額其居耳子壯國丙辰進士息縣知縣次子

安國國學
周于德字禹會怙恩長子弱冠補諸生文名甚著性
樂推解貧乏不能自給者輒多方賑恤鄉黨稱之子
琳璣國學生
李郢字修萬國學生諸生李如山長子幼孤事母梅以
孝聞母沒哀毀盡禮三年如一日撫弱弟錫章恩勤
備至比長延名師督責之為邑名諸生家非素封然
李爵孝義則慷慨獨任嘗置祀田建祖祠出貲數百
益無吝色里中有貧乏不能自給而[illegible]

而恃之生平四多類此年六十三歲卒子澤郡國

學生

張士拱字大先國學生事母孝撫諸弟曲盡友愛甲有
馮姓貧鬻其子拱聞而贖之年七十五歲卒子聯亨
有文名時遇時行國學

吳雖萬性喜施予值歲荒捐穀施粥人多德之子良國
學次議

周傳九性醇謹好善樂施子日進貢生亦樂施予曾出
穀全活曾公勝夫婿捨棺施藥克承父志

趙安邦字魁五與兄安國析爨後見兄貧乏邦以從前
兄所售產盡退還之鄉里稱其友愛

殷輅字蕃酯諸生性孝友五代同居鄉里稱之以上義

附存

宋大觀諸生老人墳為荊府扦抱衣冠投大江而死載舊
志未
詳

胡之孫立纂於羊頭翁保鄉死事見舊志山川門未詳

廣濟縣志卷之十四終

廣濟縣志卷之十五

知廣濟縣事金壇虞學灝重修

教諭孝感龔佐龍
訓導鄖縣陳景行　仝校

人物志

隱逸

學以奚為也王多吉士惟君子使媚于天子斯為有體
有用之儒甘心肥遯烏可訓乎易曰遯則遯之宜也
其泉石性成必不可改亦士各有志哉並取而存之

已

宋

梅國淳字作所工詩賦隱居山中宋亡武昌程平章薦
之屢聘不起為詩以辭

元

姚楚山明爽有智略屏跡山林日事吟詠過其廬者皆
稱為白雲處士宋祀鄉賢

何朝舉有志操師事饒雙峯養志巖阿不樂仕進著朱
文公性理吟一編祀鄉賢

明

柯仲立孝友恬靜博學沽吟自號牛山作牛山賦

一時文士講論經義窮年不倦後發兩山隔而居

士

胡體字必驛邑學生曾祖念三安定爲官遊楚遂家焉

祖千八父勝湛深經術性好施予體少聰穎過人詩

古文辭下筆都有奇氣試輒冠軍洪武二十五年舉

秀才隨府事府左春坊分班直文華殿侍講燕邸赴

京就職靖難兵起拂衣歸子孫三世皆不仕子之道

勃莊叟

董啟恕奇童伯瀾之子狀貌雅瘦居田園以自得有司

高其誼懇詔以壽官終年九十三歲

張造端 張仁號煙村倜儻長者隱居高逸不以兄本端

貴豪傲教子孫以禮好集諸名賢詩書給[illegible]村[illegible]

一室括竹翁吟咏其下意自得也終身恬淡不攖

詳故子易宗別傳

高[illegible]深泉隆萬間隱居講學廩貝自守陵于道[illegible]

三[illegible]于[illegible]徵[illegible]長古義[illegible]博[illegible]詩文名家給[illegible]

以詩云先生淨業已多年機鋑依風萬并網鎖蓮[illegible]

遂無一事但須石耳帶茶煎劉清水稱爲卓隱先生

稽希閣博雅典則以古人自命每下筆必類莊騷嘉靖

辛酉舉於鄉棄跡深山力行孝弟

徐玉吾博學慨請晚年爲隱士服芰茅赤土山下日蚓

可齋客至即自起烹茗具膳不假一力子請代報麾

去曰吾自適志耳銘楹云灑掃一室以待死破除萬

事以延生

祝居士居濟東門外行高能詩詩多清慧有圖畫遺足

不展圖外胡鶴生愛重之每過訪輒留累日不去

周之暐字幼淳早失怙事太母及生母並以孝聞性嗜

學人稱博物劉令消水華四高樓成登樓大會酒酣

作賦暐時年少獻賦多警人句劉令嘆絕數奇試輒

落遂隱居教授與其徒上下古今辨論精當謂齋宗

靈武之事變而不失其正藝祖傳位太宗爲三代以

來僅見者燭影斧聲斧乃玉柱斧以供指揮代如意

物周世宗臨王樸喪玉鉞叩地類此生平好談人善

聞人過則諱之性行和雅對之如飲醇醪曉遊[illegible]

數年多所著述凡先賢景物及所吟咏皆自取適意
無傳稱焉
馮正甫善讀易常夢對邵子與語豁然有悟乃辨序卦
並以伏羲先天圖演六十四卦次序與月令歲紀無
不脗合自削竹以繩編之反覆皆成圖象著有易傳二
十卷明末兵火書遂失李甦生者亦奇士前輩皆深識
劉見著有二論習坎燬於火
呂楚奇字正孺篤志好學年既耄猶閉戶讀書纂輯禮
記明心四子要言諸書生平正直不阿見少年喜事

者楚奇必正色讓之鄉鄰儼服好談陰德輒施予貧
治九年大旱楚奇隨力賑濟人多戴德年四十時長
子攀宏次子玗三子璠皆足振起遂脫然無意功名
自號沃沃山人假詩酒與鄉之逸者結霞丁石盟分韻
聯句自夜達旦明末署縣事方請見御
國朝署縣事王名世以賓筵請又辭獨策杖山水間與父
老談世外事年八十二端坐而逝
朱顯模字文宇靈西鄉人幼失父事母孝年二十爲諸
生値逆亂仰天嘆曰世事若此安用書[illegible]

畝閉於荷邱山側日講德以訓族里間有不法輒涕
泣規勸里人感之終其世無訟者
張賜宇圖南性嗜學博通古藝從遊日盛望重庠序者
不下百人嘗覽群書斷以己意四書五經俱有註釋
子二長文仲次文旭皆諸生有文名
張岳家產不豐而好行義屢試不遇遂放情詩酒問山
游水滑曠然自適人稱隱君子于拱治精於藥性多
聚藥物求即與之且輸粟濟貧云
饒嘉龍字猶倩性超邁當髫年即厭薄諸生帖括業稍

長好讀書開卷長哦遺與心會反覆流連繼之以涕
常謂袁安巾耶人生五帙即托鉢寺門求傭僧舍不
失爲奇男子豈與齷齪書生較盈寡哉遂散千金
不惜曉遊亂寓蘄春與人言古今成敗娓娓不倦蘄
人有饒半部之稱焉
吳人玉字稱圭諸生性至孝爲文淵古浩博著述甚富
絕意仕進善卜筮豫知吉凶年七十自置棺題曰逸
我亭
胡懷玉採顧景星序字楚瑛少喜遊俠長折節讀書知大義

乃自隱於醫復逸於酒家貧不能常得酒客有文為
可注一石賣藥酤酒往逸中居曰逸齋自名逸叟
至田逸飲輒醉醉輒高吟或枕逸臥臥起索筆疾書
自古近體以至填詞小令往往雜出蓋又隱於詩有
近體一冊和陶一冊詩餘一冊各有理致燬於兵火

國朝

黄綬字人長九錫子弱冠穎秀後值寇亂廬舍火依故
人貢任夜遊牙於江西諸帥幕府所過為上客倦遊
歸結茅犀龍坪授書里中童子得錢輒治具延客為

笑樂酒酣賦今體詩或潑墨為蘭竹書效歐陽率更
體年八十卒兄紱弟綸皆諸生

陳定中字大馬明季棄學籍隱於醫結茅湖曲柳陰承
顏奉母以耕釣終其身

淳行

十室有忠信則淳行名焉謂之為善人不可得而見也
謹厚不欺其有恒乎鄉原聖人所惡毋以碔砆混玉

明

覺宗昌字文叔嘗歷問諸生食餼與陳求吾講學
先生講學既而從瞿慕川遊瞿纂述六經易蘊範衍
樂測諸書宗昌亦著國風雅頌以兩京為幽南以省
會為諸國郊廟朝宴各有詩歌會湖廣按察使徐疏
表瞿慕川著述於朝神宗徵為待詔而宗昌詩亦傳
卒後慕川往弔書其墓碑厚重端愨允稱德行之選
高華深麗可兼文學之科

毛如額字冲甫世有義聲父愛池以孝聞於鄉常厚修
具為其子撰外傳故如額與兄如遂並為名諸生如
額為人正直中具和婉致處父母兄弟愉愉如也投

子姪以經書纂錄成集猶篤於友誼有親死而子遠
遊者代為具殮撫族里孤兒俾之得所里中貧之赴
於催科者代為完納道途枯骨必為收瘞配郭氏有
內範子五焕燦俱貢生炳別傳煜諸生熺丁酉副榜

陳王化字仲宜少孤好義從學黃梅瞿慕川與新安張
于逵為忘年友事母湯盡孝雖蒸餅棗栗必就榻跪
進母疾輒飲泣不止愈乃安萬歷乙卯若疫闔門俱
困化獨免母卒痛哭幾絕不食者三日夜感神人謂
之曰吾憐子已為子持斧驅疫旦起視斧入門寸許

忠者悉殄在先牛在以弃告其盗牛化戒勿輕言殺
得寶踏佑証之某願鬻子以償化曰無此事其牛已
死矣某子獲全崇正戊寅督學使者王澄川旌獎之
于二朝順定中明末皆隱居不應試
梅熙春字疑融性好恬退隱居市井泊如也列宫牆二十
餘載足跡不及公庭子國瑞諸生亦以淳厚稱
張叙隆慶辛未歲貢篤於孝友兄弟多所玉成著有友
于集華年四十四以勞瘁卒未赴試
邢相明字長卿安樂鄉人事親孝持身介介不與流俗

伍以放人皆遠之雖給諫吳亮嗣及諸名輩日久往
來以文章相酹臨太守湯之相縣尹胡來庭俱出其
門數奇屢落場屋晚年藥餌藝工詩
李勝椿永西鄉人有六子庭訓嚴肅撫弟之孤愛踰已
子正德間陳令奎改遷儒學屬椿董其事
方勝大縣竹竹縣丞生平以義聞劉淯水委同熊夢祥
脩四高樓巷亭堤梅皆所經理也
陳至廣號思河潛岷縣丞生平積善樂施好讀書年九
十二猶能燈下作小楷每朔望必冠裳拜闕蓋不以

小吏忘君也
劉乘釗號明瀾邑諸生原本經術出謀畧贊邑大夫
張愻官字儀如崇正癸未獻逆踞邑數月官陷賊中賊
命凡諸生皆得書名入試役偽官官獨不書名或言
愻官實諸生賊震怒幾罹不測及見愻官卒釋之張
忙煕曰愻官退讓長者平時與人言不出口或以爲
柔及臨大節慷慨不屈卒脫於難抑又何壯哉
張楚芳字稱芳邑諸生性倜決諾不可輒拂衣去每面
折不能容人過失人以是憚之弟楚勝亦以妙年

首童子試多奇策有大畧寇賊蜂起人爲守禦必龍
勝商戰守計楚芳疾卒妻吳氏守節三十八年年五
十七歲卒
國朝
胡從政字六吉諸生性端謹早歲喪妻流寇亂道偷少
婦願依爲政正色謝之
國初有親王駐鳳泊龍坪見政奇偉欲官之辭不受連拔
橋爲商北孔道歲久圮政爲倡數月成功子之文之
新皆諸生

胡統思字恪先一玠子幼穎異嗜讀書補邑諸生金谿
瘠極羸之中康熙壬午乙酉兩試副車鬱鬱不得志
其父殁悲哀疾臥牀咳唾秋必手承之居喪哀毀骨
立督家政有條理教子弟恂恂尤好客倒屣迎張具
饋遺必豐以是家益落然廉介自守邑令李延為義
學師邑子弟之秀者多所成就焉年六十七歲卒
朱榮世字裔三歲貢生有夙慧甫就傅上口輒成誦初
為文洋洋纚纚下筆不能休後復斂才練氣直到古
人垂髫善事父母成人弗能及嘗修家廟捐金為宗

族倡廟成捐田若干以承祭祀生平罕著作子龍然
諸生
徐之聯字士捷弱冠失怙孝事寡母撫愛幼弟稟性寬
厚雖以橫逆加未嘗與較族黨貧乏賙遺恐後子侯
鼎孫天普並國學天才廩生天球乙丑進士現任咸
寧知縣天祜增廣生
晏文宣字聿宣少攻舉業後絕意仕進追伯兄文緒卒
於軍聞訃哀毀誓欲求原隰之裒以賊方猖獗路絕
人稀乃不果憂鬱成疾子大昌諸生孫時儉縣丞時

治諸生
鍾汝義字宜先安甫十幼攻舉子業年十二歲試童子
冠軍父病親湯藥五年無倦色父殁哀毀骨立幾不
欲生母喪亦如之子三漢交傑友永明有父風孫十
人
晏大藩字邑仙諸生少失恃事父與繼母病則湯藥親
嘗殁則苫塊循禮家素封遇貧乏輒周之有稱貸者
不權子母縣令李贈之以贊子時謨國學孫慕璧諸
生

汪大任字鵬雲諸生有善行同母兄陳明茂老無子任
衣食之明茂死塟之髙敞地姊死撫甥劉有艮姊夫
死撫甥程超群賊入青簾勸釋之不令人知後賊改
行年七十五歲卒子經世諸生
胡履亨字禮持年十五補諸生好讀書該貫宏博工詩
古文辭父璧臣患足疾在牀蓐者十餘年亨頃刻
弗離左右事生母呂繼母趙俱孝養不衰撫幼弟友
愛備至歲儉出粟賑貸鄰里賴之子鴻賢國學生
胡咸亨字聖觀履亨弟大父魁楚建平令建平致仕歸

與邑令黄漢嶁詩文唱和咸亨每隨侍黄令[illegible][illegible]
鼂目之補諸生杜門自守晚築别業蒔花種竹[illegible]德
經史客至則豪飲無算爵人服其達焉子鴻藻孫[illegible]
梁皆有文名

張傑字學先諸生以居積致富好行其德劉涓水旌之
子植邦萬年諸生孫信光諸生

張洪節字義甫性厚重介操自如劉涓水重其爲人[illegible]
鄉飲不赴子佳生字坤資性至孝有盜入室執洪[illegible]
坤資衛之請以身代被創幾死

程元璞有善行康熙戊午邑令潘行鄉飲禮舉元璞爲
耆賓鄉守戴旌以爲善最樂

梅脩達字正邦幼失父母讀書成立家道日豐多所賑
予有方某貧窮將鬻妻脩達完其夫婦卒年六十七
歲子大魁國學生

張懋純字孟常歲貢生不慕仕進晚年里人爲[illegible][illegible][illegible]
遵袁坤儀先生所傳功過格卒年七十三立[illegible][illegible][illegible]
號爲嗣

方根字圜樞諸生生徒日衆館穀甚豐鄉[illegible][illegible]之[illegible]

之子之穎諸生孫治元孝友淳謹卒年九十一歲邑
令蕭給扁德配衛武

楊國道字兆理博覽群書爲文勃勃有奇氣教授鄉里
一時知名士多出其門日午一編諷吟不輟卒年七十
卒子承緒國學生

劉洪達字守倩自理子喜讀書能文章以父母年老任家
事課弟讀書出歲貢候補縣令以疾辭不就與弟洪
佑爲膝下歡後洪佑以[illegible]發[illegible]一年罔兄病
遂乞歸洪[illegible]歸洪達[illegible]五十三歲子桂貢生方

極敬俱國學

夏典字萬書國學生少孤事母晨昏不離側母殁三年處
外舍撫幼弟友愛尊宗祠脩譜牒足跡不入公門子
有蔚國學生有濟諸生

阮大訓字仲言事親孝兄弟友愛白首同居施棺木脩
橋梁邑令劉題扁旌奬雍正十二年奉文訪舊德兼
優者以農耕務之儀紳士舉訓以應准給頂帶子魁
光諸生學俊國學生

陳申錫字自天少失父母遭顛沛勵志讀書年及冠補

諸生入國學仁厚好施篤於兄弟子四鴻乾鴻□國
學鴻俊鴻謙孫四木桂貢生
方勤邦字賢獨考授州同例選以老辭不赴建五芝之□
延名師課子姪子桂諸生姪策中甲午鄉試
陳家晟于楚奇國學生性孝友父患痰喘終夜不寐晟
衣不解帶侍奉湯藥必跪而進如是數十年母殁哀
毀泣血事繼母無異所生弟家昌早卒視諸姪如己
子妹家貧迎養二十餘年撫育三甥並爲婚配倒祀
田捐社穀修橋梁子常國學生體厚好施克承父志

次魁五榮五
徐之纖字演泉幼孤家四壁立授徒養母甘旨克供侍
疾居喪中禮兄弟友愛終身不析箸年八十歲卒孫
天藻諸生
熊必昌諸生居盤塘畧附戴夢熊旌以爲善最樂
熊濬字如章年十七爲諸生善醫術求者甚衆不責其
報龍坪人多德之
方昱字東明先世祖雄堂任貴陽教授善課士祖正文
任保昌令有政聲昱孝友性成與兄進同居共爨叔

事惟兄命終身無間言族黨稱之顏其居曰怡怡堂
游應楚字雲輝諸生好讀書家貧乏膏火每對月咿唔
不輟家近縣署足跡不入公門
程之桂字昇之從伯兄之彬學專壹勤苦程累世淳樸
之桂謹守先訓爲諸生五十年未至公庭
朱再然號經于幼列宮牆旋食廩餼居家孝友植品端
方父介蜀愈自愛鍵戶讀書暴足不入城市乾隆己
未舉孝廉以優行咨部將卒都人士多惜之
胡錫九字承斯家世以儒醫著然生平以施濟爲事凡

抱痾求藥者不惜勞倦夙夜不責謝人故爭趨之門
堂弟錫武幼孤錫九撫之無異同父既成立給田數十
畝錫武歿其親衣食無缺有妹二長適王夫婦俱早卒
遺一甥無依錫九爲之撫養婚配次適諸生孫淳怡貧
數載卽爲居且乏嗣凡薪水衣食之資無不時餽送
爲年八十七歲卒于洪韶
周錫崑字扶望邑諸生淳謹多隱德子武烈諸生出繼
母以孝聞孫學校訓傳
陶豫熊字叶吉少攻舉業家貧爲吏考滿耐補官不就

退居林下放懷詩酒日與同里諸賢聯詠唱和[illegible]
甲辰制憲楊公行社倉法熊捐穀四十餘石劉布[illegible]
獎之曰盛世循良年八十卒
王世銘一名元佐諸生父暎林有隱德生子七銘其三
子也性孝侍母疾衣不解帶者數十晝夜及卒哀毀骨
立父喪亦如之兄弟友愛無間雖老約好周人急人
參稱之子世銓諸生
朱懋乾字健行弱冠補諸生好讀書無間寒暑夜有盜
入室執燭一盜疾聲曰吾讀書者好人無加害盜
遂持數十金而去案業對鄉鄰周人急堂兄某家貧乾
贈以衆有姊適諸生呂懷萬抱病乾請于父母迎歸
延名醫調治姊沒喪葬從厚撫其女如己出後竟以
勤讀致疾卒年二十七歲子巽治別傳
花國柱為人謹厚儒學鄉給以墓表子用立
查啓嘉字孚吉幼攻舉業屢試不售精于醫必存濟人
不計貧富子觀光
藍修倩鄉飲賓良甫孫幼失怙事母孝生平多善行嘗
夜歸遇虎當道揖之虎避道左後停送至[illegible]

之翠諸生性孝友芳毋沒卜吉安瘞獨任其事不以
委兄弟歲荒出穀借貸焚其券年九十七歲卒翠子
翰孫朝棟曾孫廷鏐皆諸生

廣濟縣志卷之十五終

廣濟縣志卷之十六

知廣濟縣事金壇虞學聖纂修

教諭孝感龔從德
訓導鄖縣陳景行　仝校

人物志

方技

光黄之間有奇術者一枝棲托身而隱者乎未可知也人官有良醫史有術者片長足錄小道可觀惜乎齊之參贊亦見其重本務而本務者要也非爲其廣已而好大也

宋

程小八善茅山法能役雷霆風雨

明

胡獻琛幼業醫以疾來求治者輒效無不知其名有能秀才病酒仲頸坍期不能出一言久之無聲他醫張皇獻琛曰是火在經絡投三劑而愈萬歷癸卯邑大疫製藥施救活萬餘人縣令倚詳撫按給與冠帶從凡四方求者不較所直人各厭願而去既合[illegible]由請補醫學訓科有事兩院琛厥勤焉年八十二卒

蔡紹夔字惟金年二十餘即精通醫理治蘄州張府尊疾立效以術可回天四字額其廬後荆王患痢症諸醫罔治聞夔名遣使召之一服漸解數劑而疾全愈荆王贈以百金並藥刀藥碗額云醫冠楚黃自是名震一時郡城紳士爭迎之歸過蘄州荆王延入問曰先生再造之恩銘刻不忘先生其欲富乎欲貴乎夔對曰富貴非所願家有敝廬足蔽風雨薄田數畝足供衣食訓子孫務農桑致足樂也荆王益重其品令人送石碌一条上刻荆王賜三字更賜號曰佾玉年

逾七旬謝人事專事內養年老而色如童八十餘歲卒曾孫洪梧復以醫著

朱顯綬字熙菴少有隱德喜讀書尤深於易精卜筮常學丹術登樓設榻足不履地者十數年自𥘉仰觀天象知世變有幾先之哲避亂江濱人士依之以安崇正丙子秋夕及友人啜茗觀蓮歸而逝

趙煥字克章號四休居士煥六歲父死母苦節撫之十歲知書畫粗知慮以盡其妙遂以書畫名世張太守步雲嘗云趙巨源詩趙克章書畫可稱雙絕

孫邢鑰邑諸生字枉石號一菴道人畫邑中八景圖詠

精絕

國朝

藍生挺金啓洛傳字是傚諸生自少好形家言讀書有得刻

尧山巔徧觀前朝兆域以自考驗閱其地山勢奇秀

創策甃畏糧以從出游江漢間縉紳士大夫爭致為

上客予從兄同九嘗與抵掌知其學不凡告予曰藍

君非苟而已也偕予邀往山梅衝祖墓相視遂爰兩

先人於□墓之穆焉後余有吉安之行吉守趙公先

君於辛卯年也鄉言及暑齋不吉官此者多齟齬以去

欲稍從遷改第難其人予以是傚對趙公具書幣往

迎是傚至指署中某屋宜添某所宜去趙公一如其

言有安福縣者遇大比之年取三五人登賢書後竟

良或數科始售一人趙公告其令俾迎是傚至興令

步　廟學之傍忽止步立而語令曰是必有異令使

人掘之果得古溝兩傍石砌宛然是傚曰吾書[illegible]

法搖循開此溝科名復盛矣令如言是科售[illegible]

[illegible]公亦陞僉事去他縣於是爭迎之是傚[illegible]

遯跡而治圃圃栽花種竹足不出戶庭者十餘年無

疾終

流寓

流寓之於古蹟相為表裏一因人而紀地一因地以傳

人彼君子兮噬肯來遊雖偶焉至止亦足為鄉邑光餘

其本末俾後之人有所興起

南北朝

鮑照字明遠東海人文辭贍逸循長古樂府與太尉袁

淑吳郡陸展東海何長瑜並著才名宋宗藩臨海郡

王子頊鎮荊州照為前軍參軍掌書記法令詳明德

教孚洽父老子弟宜之因留居黃梅讀書濟邑之東

衡山上有讀書臺

徐儉一名報東海剡人也孝穆陵之長子幼而修立勤

學有志操汝南周宏直重其為人妻之以女梁元帝

召為尚書金部郎中常侍宴賦詩元帝歎賞之曰徐

氏之子復有文矣魏平江陵還建鄴梁遷中書侍郎

太建初廣州刺史歐陽紇舉兵反宣帝令儉持節喻

旨紇見儉盛列仗衛言辭不恭儉曰呂嘉之事誠[illegible]

君獨不見周迪陳寶應乎紇黙然不答
□□不許入城置儉於孤園寺紇嘗出見儉儉
將軍業已舉事儉須還報天子儉之性命雖在將軍
將軍成敗不在於儉幸不見留紇於是遣儉從間道
馳還宣帝乃命章昭達討紇以儉監昭達軍紇平為
兼中書通事舍人後主立累遷尋陽內史為政嚴明
盜賊靜息遷散騎常侍襲封建昌侯入為御史中丞
儉公平無所阿附尚書令江總望重一時為儉所劾
後主深委任焉隋大業間子斐授廣濟令隨斐之官

遂留居西郊正明二年卒（舊志作武德二年卒今據南史改正）

宋

王譜開國元勳審琦十世孫封宗朝郎高宗渡江護
蹕保障江黃任蘄州刺史後寓居廣濟
文□□盧陵人天祥兄寶祐間鄉舉署廣濟教諭遂占
籍方邑俗丕變因弟天祥死節後遂棄官隱居縣治
五里橋東迄今世濟未艾裔孫大才中嘉靖辛卯鄉
人
舉人延祐時為壽光令改廣濟□□
之遂占籍於龍坪鎮

明

胡升新淦人令廣濟有能聲士民宜之因卜居焉
周繼學鳳陽人為廣濟主簿卜築於河東遂不歸
瞿九思號慕川黃梅人天資過絕學力深醇中鄉試第
八因邑難詿誤閉門纂述神宗以待詔徵不赴巡按
御史史學遷為建江漢書院於濟邑之龍坪疏請勅
九思講學其中有司歲給米六十石執經請業者舍
不能容焉

張復字子遠休寧人早以學行自立不業科舉事親孝
親卒始出遊學訪黃梅瞿九思值其被逮入京長子
甲年方十二欲上書救父後左右之瞿得直罷歸講
學龍坪書院復從焉盡發其書讀之嘗曰學以治心
也心念穢雜如野馬亂絲僅聲幌岑人手製大鞭懸
座右每妄念起輒自痛鞭如是者二十年著作宏麗
古雋有黃河圖考行世後其兄子來迎乃歸卒於家
龍坪士追思道風以書院左仰聽窩乃其讀書處遂
奉主入歲時禮之（詳古蹟）

劉[illegible]江西新建人嘉靖丙戌進士任蘄州下江防道
轍下車瞻謁宿與藩貴欽迹後拂衣歸樂濟邑之[illegible]
樸風俗敦良儒寓居茲土儒幼穎異通經史子孫遂
家於濟

僊釋

二氏之興尚矣仲尼之徒概置勿道乃其靈佑加祈年
禱雨之屬功德在民間先王神道設教借西來大法感
發人之善心無不可者濟多異人傳爲僅事亦山川之
間氣所爲氤祥也遂記之

唐

費郎君名光輝母劉氏餉夫田間震雹晝晦遂有娠有
異僧以三丸和罌汁飲之三年而生郎君不喜乳喜
嚥淵水數歲就外傅日誦數十言夏日與羣兒嬉水
中水皆環郎君所與俱上下羣兒失水大恚聞於傅
傅驚夜卧竊視其床下有黄龍蹯云未幾傅復令諸
兒浴戒毋戲郎君不聽其所上下水環之如故羣兒
譟拖郎君衣走告傅傅詣河濱罵之忽雷雨霧窅山
澗水起遂失郎君所在越數日忽自來歸[illegible]
龍也三年將與俱往至期果以父母去其功時在百
姓郡陽之職曾捍功焉每歲六月初二日開祀以報
元蘄州路總管趙昭武建費聖龍君行祠明年蘄旱
輒應詔封德化侯每七月望前有大風拔木土人謂
龍君爲母掃墓其故居在明水山側鄉人立廟祀之
三佛女俗許陳三姓譽東鄉人結爲姊妹入山修真大
中元年正月五日雷雨作仙蹤隱隱雲霧中猶見三
女頭之莫知所之馬蹄履跡留山上人異之建祠山
畔有泉湧出旱則取水禱雨

釋道信司馬氏世居河內來濟令因家焉先是[illegible]
者以法傳二祖可可傳三祖璨信禮璨求解脫璨曰
誰縛汝更求解脫乎遂大悟大業中游吉州群賊
寺寇至衆皈依求救誠令勿殺互誦摩訶般若波羅
蜜三日而天王見於四門賊見鬼兵反走城以安武
大疫亦誠誦如初盜賊聞聲降悉俱已乘感建寺日寺
山逾年歸傳皖山三祖授衣鉢是爲四祖武德甲申
返蘄春住破額山太宗三召不起後坐逝葬山畔謚
大醫禪師

安[illegible]大[illegible]禪師[illegible]東鄉[illegible]繼祖次子自幼[illegible]
錫鹽井寺後至馬口義臺山建立道場[illegible]
詩云飛錫江邊六六春修行辦道任天真[illegible]綠[illegible]
更何事萬里乾坤自在身貞觀元年勅封爲馬口寺
祖先在鹽井寺寺前石井日出鹽供僧衆去後井鹽
遂止

頭陀祖師無姓名武德七年卓錫五峯寺大解脫貞觀
時示寂僧徒肖像供奉邑有旱土人爭迎祖像祈禱
輒應神臺去寺里許卽卓錫處又云馬蹄河有升天蹤跡

明

釋法幢前身李氏黃梅孝祿鄉人爲四祖寺僧[illegible]
邑之安樂鄉余志玉家生子自言吾法幢也[illegible]
不爽人呼再來僧仍居前寺永樂間召至京[illegible]
報恩寺宣德三年歸住持大佛山朝陽菴後[illegible]
於菴觀音堂後

僧誠[illegible]姓游名明巳崇正初弃諸生爲僧[illegible]
自稱[illegible]宗其辭世偈云藕池香透[illegible]今[illegible]
一[illegible]儀故鄉千里月今[illegible]圓[illegible]

國朝

僧饒定中字亢子貢生於豫孫增生嘉馬之子也少聰
穎過人淹貫經史年十六爲諸生値明季丧亂棄諸
生服削髮於紫芝崇禪號海門嘗歷遊名山巨川悉
學方外形離性命一一歸源而後巳每行脚必載其
父詩藏制袋中仝行者窺見詰之僧嘆曰人不能爲
孝子决不能爲高僧是父之手澤則與父等也行脚
僧而載父與俱則與載佛等也人亦安知予心哉後
邑舉人李必泰從江南歸過溧陽巢縣界云海門藏

盤入硐三年有新邑令行香至寺見封室必欲開硐
起視全身如生且頂訖有某年月日開硐某人一字
不爽令大異之卽詳請奏
勅封鐵岸祖師其肉身登於座

閩

寄瞿金志嘉傳廣濟[illegible]城内一[illegible]地住僧曰寄瞿年[illegible]
高且九十矣予年三十時入城偶過之茗飲低[illegible]
能去曰入城得信宿此地幸甚友人胡石岑舒嵩[illegible]
爲寄瞿耳語見其攢眉有難色則與之約人[illegible]

巷口主人屐齒及堦童豎毋得闖入留寺鈎依門右
寄瞿低頭良久頷之下一榻夜分門木魚聲雜三尊
聞磬聲旦開梵笙聲其頭義也無聲斧桶相觸聲持
地亦無聲有暇則戴簑草笠餌萊雨坐關趺納縫補
綴一榻過數冬一綻衲可數十寒暑口未嘗及疏盟
有無手未嘗提募疏衢人也性嚴冷不能納一徒客
以其鄰林開堂數十百人告則徵哂之曰唯善知識
之為此洸洸者粥飯僧耳而欲諸十方歟囊而壁老
人抑何寂寞也闔闢間細流襆襆蓋有器者嘗者俠
邪游者粟紅貫朽操奇贏者絕弗與通或覩縷其行
事如何輙跛蹣恐怖曰光陰可惜與道子曾寫地獄
變相矣當是時廓菴劉居士極贊寄瞿乃佛門真種
子乎有四方之役别寄瞿去已而之鄂之郊郢之荆
襄之宛葉北之燕東之吳會西南之黔中所過招提
輙物色住僧廡幾有如寄瞿者然卒不可得歸田十
有五年不入城城中人來輙問寄瞿狀髮種種矣然
然鐙禮佛髮鑠猶如少壯時成都守梅君廪之上人
於是號老僧袈裟地為梅家菴云昔韓退之與大顛

往還謂海頑次寥此人差可與語蘇子瞻數遊了元
妙高峯激中泠泉用錯耗壯心耳然二長老文勝質
若寄瞿則衡陽芋火馮茂米春於是乎在也乎是以
為之傳

行澤號雲外婺源人汪氏順治戊子春自匡山來張仁
熙劉醇驥迎居文殊菴逾月遷蘄之大泉後去大泉
復經廣濟居龍坪接引菴庚寅春遷黃梅四祖寺壬
辰蘄黃大旱適神鼎來迎住居神鼎經廣濟衆請說
戒一壇以八月四日赴神鼎

廣濟縣志卷之十六終

廣濟縣志卷之十七

知廣濟縣事金壇虞學灝重修

教諭孝感龔佐龍　仝校
訓導鄖縣陳景行

列女志

貞烈

烈女忠臣古今同慨垂諸簡册日月爭光古之稱漢廣江永者比之寒巖勁柏越顯奇操仁者不以盛衰改節義者不以存亡易心巾幗猶然鬚眉知鑒

徐宗妻朱氏年二十一孀居守節以死自誓卒年七十洪武十六年有司具狀以聞詔建坊旌表

貞女楊九姑永東鄉人楊恩女也許聘雷某未醮而夫亡節誓死不他適家人欲奪其志九姑泣曰天者命予有夫雷郎當不夭因刺一目以見志年九十六卒胡篤生哀其志贊之曰剔目守貞不愧婦節孰與貞姑千秋獨烈未合者吝身則已許從一而終實由是舉夫殞其命我毀厥容永懷永慕寧避六攻匪恩可恃所仗者義非名可爲所矢者志從容甚難慷慨則易悠哉悠哉九十六歲

蔡永忠妻王氏新寡姑與族人逼嫁之不獲已赴水死遂瘞於水濱是歲邑中大旱縣令徐愷（舊志作王八陳愷今據府志改正）訪知其冤曰一夫含冤三載不雨茲歲之旱未必不由王氏之冤遂僉議阡高岡不數日雨

何儀妻張氏年十六字儀未三月而儀死張即欲以身殉母諭之張乃曰何氏宗祀已絕而舅姑衰老敢不奉命時兄張本端方任刑部主事手書慰勉并採古今烈孝行事遺之張益洗心自誓年三十舅姑繼殁

張委曲處喪務稱禮歲時祭享皆致孝爲其後家日落何之族無可倚者兄爲闢一室延之張日守何氏節而返寓母家於義不可兄不能強洎兄疾篤以少子華宗見托時張已年踰五十矣乃附母族君而善撫其姪年九十姪以恩例入粟授北忠義前衛經歷孝宗甲子陳情以表姑節其畧云一婦持節內有以明何氏之寡而成夫婦之綱常外有以托張氏之孤而存父子之統緒書上天子賜金建坊卒於正德己巳年九十有七

孫欽妻查氏年十九守節至七十七舊志作七十歲終監察御
史毛公伯温具題旌奬
張鳳妻劉氏與國太僕丞劉珂女鳳死劉年二十母思
年少且無嗣欲奪其節劉乃嚙指慟誓曰婦人從一
而終夫死再醮禽獸行也孀居六十年始終一節
徐九叙妻張氏張華宗女前節婦張之姪女也年十六字
叙叙嘗就學於外郡張家居事繼姑以謹飭聞三年
叙歸自山東以内傷病卒時張年十九殮時裂鏡納
其半於棺流誓曰夫鏡照妾心妾心死不變妾鏡照

夫魂夫魂飛不散百年霜雪姿獨對寒天怨鄉人聞
訾無不隕淚提學甬川張公表其門云一門雙節無
忝栢舟之貞百代五倫有賴狂瀾之障
董傑妾李氏北京人初傑攜嫡寓京生子松遇歲復娶
氏方餘傑死嫡亦亡氏年二十家人欲奪其節乃剪
髮自誓煮糜活孤子復出其貲謀歸夫及嫡柩於濟
撫松成立事聞旌表撫臣劉贈以詩云失夫還守嫡
遺孤化石心肝未可圖自是燕京貞節女遺來南土
作規模年七十卒

張錦妻饒氏貢生繼學孫女孟縣尹兩石姊也適張錦
饒妙齡遊泮有令望以攻書致疾卒時饒年二十餘
無子女盟心守義三十餘年有司詳請旌表
胡嬌妻邢氏夫喪無子撫姪敏見苦志自守敏見以歲
貢請於上官表閭旌節
胡煥妻李氏年十九守節撫遺腹子敏德爲邑諸生
胡敏德妻張氏前節婦李之媳也敏德蚤死張感姑之
苦節誓不他往因與姑共守撫孤姪端本以承夫祀
楊洪宇妻梅氏洪宇卒年甫十九遺孤應顯僅三月氏

郎撫志守節後被回祿家道凌替志愈厲訓家嚴肅
凡奉長親稱無不敬憚之生平居一小茅房持齋忍
餓雖婦女亦罕接見年五十卒
鍾聲純妻董氏聲純諸生娶董數年生子始一月而純
亡董年二十孀居孤長娶媳蕭氏舉孫而子又亡蕭
氏侍姑四十餘年撫孤成立董年八十有九乃卒邑
侯夏公旌之曰節貞兩世
胡乙丑妻張氏年十八夫亡守節端莊靜一視聽必以
禮雖姊娣莫聞其歡笑聲生遺腹子順時以諸生高

等歲貢年八十乃卒
例烈女許聘未及笄爲繼母所謫投水死屍浮出逆流
而上衆皆𢙣之縣令夏公可雷爲白其事
饒欽視妻劉氏廣文秉鉄女也適饒事繼姑孝二十二
歲欽視死守節四十餘年崇正九年署縣事趙公標
詳請旌表按院林公督學王公具題請旌
梁我集妻岳氏岳仁甫女也我集死氏年二十守節
張氏舉人劉人表祖母年十九守節九十一歲終撫院
旌獎二次

程元遜妻彭氏年二十二守節撫遺腹子希夢爲學有
聲彭年七十卒曾孫可文神宗乙未進士
程希尹妻周氏　程元憲妻陳氏　程希契妻劉氏
程才妻查氏　俱早寡苦節終身
吳節婦者吳舍石女幼從叔幼膺受閨範適饒瑜歲饑
死即抗志歸依父母居年二十餘長齋事佛明末亂
隨母避賊山水間常懷利匕首防不測賊陷邑依母
江洲壬午冬徽疾欲從佛茶毗法或止之遽曰世亂
如此而不圖先幾耶乃令家人滌地洲上備燥薪及

期蚤起盥沐更衣登輿訣別母語慷慨靳絶至則趺
坐積薪火起合掌念佛而逝
査文生妻王氏事舅姑甚謹姑有足疾逾年不離床褥
氏扶持無倦色乙亥流寇至抱小兒女逃伏爲賊所
得强之歸家不從遂遇害縣學上其事撫臺王公旌
之
楊稅顏妻王氏夫病癱值流賊至氏侍側不離賊扶其
夫氏以身翼護賊掠之行氏見賊捕他婦歸輒縛置馬
上乃紿之曰事勢至此吾何逃芻身從管不勝折縛

幸得脫然覺彎不亦善乎賊許諾氏遂欣然乘馬行
十餘里見道傍大塘躍溺死越兩旬氏自塘直立其
父明琢往視之面色如生
張成見妻劉氏遇流寇怒駡不絶口賊殺之
黃伯常妻詹氏詹國化女也被賊執欲污之怒駡不屈
亂刀裂尸死
劉孟秋妻鄧氏舊志作鄭氏　流寇初至偕女躬避於縣北事
急投塘中賊追之不起
潘龍躍妻唐氏龍躍偕妻携子避寇靈泉山舊志作靈泉山今皆

（府志改正）崇正十三年冬賊突至盡執之加刃於龍躍頸
索贖馬金貝甚急唐氏跪泣願以身代賊不許女要
大亦同母跪泣乞免父死賊仍不許唐氏知夫必不
能免遂殞命於塘女從之賊愴然釋其夫
饒變中妻張氏張爲最女自邑屢經寇亂張悉齎以小
刀自隨避亂新洲值左兵東下張與姒黃氏匿土窖
中爲所執詈賊自殺黃氏逢甲女也張死亦赴水死
其子起京被繫逃歸尋母故處亦悲號而死叔舅嘉
軌爲賊短刀行縣令張公詳請旌表

廣濟縣志　卷之十七　貞烈　七

饒敘夫妻劉氏舉人劉洪璽洪瑤姊也見賊勢逼先投
水死
張明育妻徐氏爲寇縶溺水死
鍾健甫（舊志作僚夫）妻陳氏遇流賊不屈憤罵被殺
饒全中妻梅氏梅甫征女也遇寇不辱投塘水被縶復
罵賊見殺
吳敘功妻王氏敘功寓蘄城破自率妻子走符[illegible]
知勢不免舉家死濠塹中
田廣生妻張氏避賊深山蘢茨中爲賊所縶呼之[illegible]

[illegible]槊刺之不出罵曰吾夫庠生吾祖父宦家豈從汝
賊以辱吾義賊怒引其裳倒曳之頭面破裂竟解其
尸
劉仲霖繼妻胡氏夫沒守節撫遺孤賊至避若山寨寨
破男婦皆被脅胡獨抗志不從賊奪其懷中孤兒拉
殺之氏愈憤詈賊怒撞以巨挺腦裂而死
胡是恭妻饒氏熙倩之女舉人饒欣脩姊也遇流寇不
屈賊殺之時顏色如生
周士龍妻費氏從其夫避賊山砦爲賊所執屢促夫去

廣濟縣志　卷之十七　貞烈　八

寄言曰女子死則死耳丈夫獨不見幾乎賊移營近
蘄水士龍始脫走賊殺氏後士龍尋其處裂[illegible]歸塟
呂彰美妻胡氏年十九歲夫亡撫遺孤呂爲左兵所執
涕泣謂鄰婦曰吾死矣幸爲我保此孤語訖赴塘死
鄰婦亦感激同死
馮如集妻龔氏龔士英女也如集少失母氏事繼姑孝
姑病氏刲股進而愈乙酉賊至如集與氏扶姑買舟
進城湖避之湖破氏被執百計求死不得詭曰我有
珍寶埋某林中汝取之釋我可也賊信其[illegible]

所佩小刀自刺死
楊齊聖妻劉氏劉公戩女也遘傷未一月避兵於小金衝之鳳凰山兵至勢急劉先投水死
張簡熙妻程氏性極烈然事夫氣婉順時舅姑俱陷賊每涕泣悵望以不及奉事爲憾及流賊至仝夫避殷衝深澗中賊搜得之程詈怒求所以死者萬狀賊好語慰之遂見古墻岸即紿賊曰今前後皆若輩吾安逃賊以爲信也稍逸之不數武躍墻水死初程匿澗時與庶母林經墻岍顧謂林曰即不測吾不能覥

面人世告吾父母將尸我於是已而果死墻中
張氏二烈女一名福媛舉人張楚璠女也許聘劉林葧未嫁隨父避兵湖上兵至父爲所傷女見執鞭之流血罵不絕聲遂被害同族科甫女亦被執兵擁使乘女遂乘馬詈不爲意及至門首赴塘水死初甫女聞警即共誓不辱果踐其言
張烈女父順早死女許聘樊亨甫子敷次未嫁流寇至解帶自縊賊見而解蘇之女怒詈不從被殺至慘
饒常臣妻徐氏徐伯平女也遇賊不屈溺水死

吳敏師妻劉氏遇賊赴深潭死其子兆崙逃歸
許惟高妻江氏遇叛卒百計不屈賊令羣女來勸曰吾輩亦良家子但區區爲生活計耳江奮詈曰若是以爲得耶特後我耳吳良爲賊乃割其耳刃其背剜食其心死焉
朱邦模妻曹氏性淳篤事舅姑孝年三十無子力勸夫納妾生一子值亂遇流賊被殺不屈
王凝尚妻張氏避流寇於殷家衝寨寨破不爲賊屈投波綠洞巖下死月餘子乘鉞收瘞面色如生乘鉞後

任貴州衛守備順治十八年　贈恭人
呂楚蘭妻李氏幼爲父母唲疽適呂又割股救姑有司復其家
呂明珍妻劉氏　呂馨瑆妻干氏劉未嫁時父母病前後割股飼之皆愈及適呂姑有疾復割股肉療之姑復痊夫弟瑆亦割股既而弟婦干氏亦爲姑割股焉
向日啟妻施氏小字蓉姑適向三年值流寇亂氏同夫逃避騎牛行至蘄水界泣語夫曰賊嗜殺書生携少婦能兩全乎君善自保勿顧我詰旦經大池遂躍入

死之向倉卒揮淚而去入蜀成都子孫繁衍子延
丙子舉人任巴陵知縣
張龔基妻程氏早寡苦節終身
翟斯岡妻張氏朝度歿夫守節以歿
張尙宗妻胡氏早寡父母欲嫁之不可因謂曰人生不
再何自苦若是胡曰父母不知張節姑于女聞之遠
者尙聞風興起今全堂而異行不若死之爲安孀居
四十餘載舊志附徐九叙妻傳內
張價妻劉氏先是價與張江陵同舉嘉靖庚子鄉薦年

少有才名江陵獨友厚焉除署江西浮梁教諭轉國
子學錄未幾卒劉慟之泣血扶櫬挈弱孤歸里家故
清素而志節勤苦不少墜撫孩爲諸生有聲長吏旌
其門曰自誓栢舟
張養孩妻趙氏孩性褊急趙事之惟謹孩死撫兩孤成
立事姑以孝聞
劉季恍妻陳氏年二十四守節卒年九十六歲
劉官玉妻黃氏黃梅黃伯靖女幼聘一日適劉若
官玉早死黃守節惟撫一女侍夫靈座夜或至

後避兵湖上携其女及數婢同一舟湖兵如織舟遭
膠淺黃知勢急與女婢投水中亂定經三伏餘家人
尋獲於他尸潰爛中顏面如生衣服無損人咸奇之
李日蓮妻陳氏陳王聘女也適日蓮數年崇正乙酉春
遇冦赴深潭不死侍兒從之其從兒定中灑淚賦詩
以弔
鄧存仁妻吳氏遇賊死節
趙家欝妻徐氏死賊赤岩趙家演有傳　以上見舊志
舉人楊大鰲妻盧氏盧自掖女年二十六歲夫亡遺孤

甫十月氏矢志撫之守節三十年子晋諸生
樟樹女不知何許人其姓氏久失傳第就邑人胡懷玉
避亂大沙港得女顚末而悉志之懷玉曰濟邑自乙
亥八月賊始破邑丙子丁丑賊擄英霍天堂之間而
黃梅廣濟爲出入孔道濟之人近山者趨蠍壑近水
者趨湖濱其走橫岡山䏙兒石下大沙港中者同時
百千餘人女之家亦與焉沿山縛草築室以居遷延
歲月防守稍懈賊突騎至焚殺殆盡女年始及笄容
貌非麗賊欲犯之女抱樟樹大罵曰我父母死汝手

弟妹亦死汝乎汝吾仇也有死而已殺何畏焉賊旁其志不移揮刄而斃血著樟樹屍橫樹下經數旬不壞邑人舒觀生爲作贊其畧曰嗚呼貞明節操眞丈夫女哉余聞而悲之撫其樹而弔之烟雨蒙茸或隱或見花晨月夕時聞嘆惜之聲余私志之曰此樟樹夫人也惜名姓不著而稗官野史無有知者

諸生張寅熙妻王氏性明决明末流氛大熾寅侍母避兵向家衝母病卒不十日寅亦卒氏年二十五歲携子隹蘊逃竄山窟心惴惴莫自全後徙居武山湖數

年蘊補諸生不幸亦早卒遺寡媳王氏年方二十五歲與孤孫錫袞僅四歲姑王泣曰所不即下從夫子者以兒蘊在今蘊成立曾幾何時更以蘊孤兒爲兩寡婦累耶入携孤孫而哭於寢曰吾携汝父哭汝祖今復撫汝哭汝父耶又撫媳王氏泣曰阿不忝栢舟之誓旣以未亡人再世於茲顧可以此累汝耶媳王氏嚙指誓曰姑無慮幸更有藐孤在張氏以節著者君子人媳寧非人類哉今日者義固以兩寡全兩孤異日孤成立則實以兩孤全兩寡爰是姑王氏守節於前得年七十餘媳王氏守節於後得年六十有九相繼有成不幸其子錫袞亦早卒遺媳馬氏年二十九撫其子元耀等三人守志五十年

國朝

劉滋妻徐氏滋生廣濟隨父移省會遂籍江夏氏系廣濟名族十七適劉生一子滋年少工舉子藝兼通醫術與撫軍侯公深相知其後侯公巡撫陝西劉往應侯公命經中州以疾終訃聞氏時年二十一號天擅地誓不欲生翁姑揮涕慰之不得已乃撫子奉公姑

甘貧四十餘載子遇文長而能孝里人稱之崇正十五年巡按汪公題奏候旨至順治二年三月氏年七十守節四十九年矣會闖賊破省氏出城走被執於二府井氏詈怒遂遇害其子遇文收瘞於二府井道旁去省城東三十里順治八年

恩詔舉孝節十年孫純臣進江夏縣學爲祖母陳情巡按李公題奏云徐氏遭夫僅及五載守志四十九年撫孤則有禪人倫遇賊而克終全節死後之芳名難泯生前之苦志當彰公論會同幽貞允著奉

旌

吳敏傳妻饒氏舉人饒嘉元女年十七適吳期月方孕夫亡數閱月生子兆烈氏矢節撫孤五十六載兆烈邑諸生

呂鳳啟妻潘氏諸生潘復予女適呂五月夫亡茹苦撫遺孤成立娶媳生孫年四十子與孫俱夭氏獨鞠孤守以終

干應試妻李氏應試壬午舉人出倪公長衍門下見倪歸得疾死氏年二十七矢志守節終

彭復一妻劉氏劉達卿女年二十夫亡無子守節家貧歸依父母經亂世父兄俱喪紡績以供孀母賊至先擔米物扶母往山峒竄匿賊退復歸蓬首垢面操作若婢子抗節數十年

諸生朱懋乾妻王氏邑人王賓女事姑惟謹有疾刲股救之歸於朱五年夫有疾夜焚香告天刲股以救亦卯姑爲夫歿遺孤甫八月氏矢節撫之比長擇外傅督責不稍寬假性純樸自夫亡後更絶去紛華工紡績然好施予重節義族黨中婺婦艱貧而賢者饒問不絶至有迎養終身者焉年六十餘邑紳士僉議舉節孝氏慨然詔其子若孫曰未亡人之所以爲此者非以博名高正恐名之未易稱耳夫婦人執箕帚見以還事舅姑相夫子惟禮與順道在則然不幸而事處其變身且不有而何敢二心勢固不辭而學以衍族襲居五十時金太史有贈言矣孝則必書節則必書未亡人跼蹐勿敢當也未幾而六十前中丞趙訃部再致詞矣刲股不以爲孝立孤不以爲難未亡人自顧弗逮也卒謝衆人勿復以斯爲念迄雍正元年

氏年七十　旌子名翼治由歲貢官兵部職方司員外孫本績曾孫光烈光照光炳

劉子杜妻王氏諸生握麟女也幼通孝經列女傳事父母以孝聞年十二適子杜子杜年少穎異過人補諸生未久輒試前茅食餼氏復鷄鳴戒旦勤女紅以佐中饋不煩夫子營慮以故子杜得肆力下帷名益著舅前歿事孀姑盧氏先意承歡姑愛之子杜年二十六攻苦成疾氏焚香告天願以身代及歿氏年二十有五誓以死殉姑破涕諭之曰若賢而孝孝有過殷

必產佳兒君固不難一死爲一身計其如劉門宗嗣
何氏勉從姑命閱六月果生男乘逾年姑病氏親調
藥餌晝夜無間鄰里咸以節孝稱時軍興旁午里中
猾多避徙去氏躬手持家計延師教子爲名諸生値
歲儉或勸其鬻僕以捐食指氏不忍悉遣爲良家望
中有不能舉火者氏給升斗周恤卒年八十有三孫
烜貢生烇邑庠生熺附學雍正四年　旌
田逢甲妻熊氏年二十五生子本文甫三歲夫病革氏
取刀斷髮以示不二夫卒閉戶自經姑破壁救解未

幾姑病氏禱天叩頭流血姑獲痊守節二十九年有
女適呂月餘而婿亡亦守節二十餘年熊以雍正四
年　旌
節婦陳氏諸生國華妹也適諸生張叔由年二十四夫
亡生子方週氏撫孤守節叔由寡兄弟自其祖而下
皆無支庶祖父柩猶殯於庭氏力欲營葬無山可扦
乃悉脫簪珥卜吉課子嚴肅不以愛忘勞尤謹於內
外自夫亡數十載親兄弟至未嘗偕坐乎歿年六十七
覯疾子佳璟欲延醫診視氏曰因疾而廢禮非吾志

也竟以疾終雍正五年　旌佳璟明經孫五
節婦陳氏年十九適胡仕帥事祖舅及舅姑孝四載夫
亡無子殘時氏百計求身殉不得時祖舅以舟西牧
伯致仕日與其子永思以詩文自娛而家無甔石不
之顧氏甘心米蘖典衣釵以供朝夕始終無廢禮迨
祖舅及舅氏繼沒事八十孀姑尤晨昏無間卒年六
十雍正九年　旌
朱如竹妻胡氏夫早卒撫孤成立備歷艱辛守節四十
七年乾隆元年　旌子孔濟壬子舉人

李大成妻周氏年二十一夫亡孝事孀姑躬勤紡績守
節伍十一年乾隆三年　旌子庥國學孫鰲諸生
湯右章妻項氏年二十四夫亡撫孤景文守節三十六
年乾隆三年　旌
胡烈女名瑗姑幼曉大義許同里張聖交聖交善病女
竊憂之其母間走婿家視病輒告女歲餘將歸於張
有日矣而婿病轉劇一日婿家人來母倉皇即去女
疑夫已死母故不之告也是夜爲弟沐浴罷即自櫛
洗去故衣服衣家服作遠行狀幼弟伏枕間問姊將

何往紿以他故詰朝日上戶猶扃諸母從壁間見女靚粧端坐呼之不應排戶入則縊死矣家人走告其母母歸目猶未瞑姑纔至枕尸哭女目忽張喉間格格作聲噴血漬姑面遂瞑踰月婿亦死乾隆四年　旌

游錫封妻于氏守節五十一年乾隆三年　旌子楚義

張貞女諸生張朝冠女幼許字進士毛咸侯之孫寅寅以遊學他適莫知所終女矢志守節乾隆三年　旌

程大德之母鞠氏歸程三年夫亡守節三十八年乾隆三年[illegible]旌

藍季燦妻馮氏年二十夫亡舅姑老兩遺孤俱幼氏矢志守節時值兵荒事舅姑撫兩子辛勤備至卒年六十子名長倩修倩皆諸生乾隆五年　旌

李貞女紀洛業齋文集父名君吉幼許字劉賡甫子季年十八季死女聞信一慟垂絕久之請於父母曰兒劉家婦也不幸失所天當死不死而以襞殘累見弟非長久計也願以紡績紉縫日謀食待盡耳父母憐其志割田數畝歲取租以餬口服闋有微諷以易髻者聽告父母曰兒劉家婦也安得聞此言頭搶地垂絕而蘇父母知其志決矣誡家人勿復言居亡何民間訛傳奉檄選良家子入宮娕氏乘機騰說鶩動里巷則未字之女新寡之婦洶洶婚嫁牛車擔負相望女父母一日言於女曰郡縣人家婚嫁且盡事急矣脫撤至爲之柰何女曰兒死耳大人何慮焉於是父母不復言父寢疾侍湯藥不瘳輒焚香告神願以身代父卒而諸兄弟在郡城未歸也則治喪織悉無弗備具人以爲難卒年三十有七邑人金德嘉曰壹哉貞女之志也視忼慨赴死者異矣曾子問曰女未廟見而死

則如之何孔子曰不遷於祖不祔於皇姑不杖不菲不次歸葬於女氏之黨示未成婦也未成婦則不繫於夫也若貞女則字而未嫁豈得爲劉氏婦哉然身李而志劉也視身劉而志劉者尤難嗚呼推此志也爲子則孝爲臣則忠爲友則義人道賴以立焉而不謂得之委巷女子也先是州人盧觀察嘗欲傳其事以女方年少未果今則蓋棺論定矣乾隆八年　旌

諸生熊敬漢妻武氏邑人仲宜女年十九適熊少聰穎通諸史百家言嘗編輯家乘敬漢得羸瘵疾氏脫簪

屢延醫衣不解帶者六十晝夜夫亡氏百計求死烈
不得誓志苦守立姪泗爲嗣卒年六十六歲乾隆四
年　旌
柯應棣府志作柯摭交今據旌節錄改正妻張氏張新盈女性貞靜幼
從父學能書長歸柯奉祀舅及舅姑惟謹年二十六
歲夫亡氏以首搶地幾絕者數次祖舅止之曰汝欲
以死殉耶其如老幼何氏強起泊喪務其後一歲脉
翁一姑繼沒氏隻手經營罔不盡禮教其子殲切出
入不稍寬假嘗自謂曰吾夫不幸早世不克相從地

下若不能課幼子以顯揚其何以稱未亡人之職乎
守節四十二年乾隆四年　旌子承緒戊子副榜
諸生藍炘府志作炊妻劉氏進士劉天衢孫女年十九歲夫
亡無子立姪生廷爲嗣守節五十一年乾隆五年　旌
子生廷廩生孫士炳諸生
呂烈女時大邑人呂佐江女年三歲許聘王二和女幼
曉大義父病革禱天求以身代年十八二和擇吉迎
娶未屆期忽以病亡訃至女方飲手中盃墮地不自
覺延欲於次日往弔女之母勿許也女乃留平時紡

績所餘貲遣人往祭奠越三日求父沒時所製衰麻
服之哭盡哀是夜投繯死乾隆五年　旌
胡之信妻周氏年二十一夫亡遺孤二歲氏矢志守節
踰年孤又亡立姪虞紹承夫後守節四十二年　旌
張士文妻周氏年二十六夫亡事孀姑席以孝聞撫孤
華國佐國成立守節三十三年乾隆五年　旌
張貞女德靜未嫁夫亡矢志守節乾隆五年　旌
監生劉洪德妻程氏年十七于歸宗婣內則事舅姑以
孝聞德試京畿卒程一痛幾絕與側室厲共矢志守

節備嘗茶苦時二十九歲現今七十有一乾隆六年
旌其有嗣子思沛孫煥采後皆早世采妻蔣亦立嗣守貞
方世欽妻李氏年二十二歲夫亡撫孤運濟守節三十
三年乾隆六年　旌
李如俊妻舒氏年二十違李四載夫亡無子苦節四十
年撫姪其五爲嗣乾隆七年　旌
張心源妻金氏夫亡守節乾隆七年　旌
諸生向懋妻陳氏年二十二歲夫亡孝事舅姑撫五歲
孤成立守節四十二年乾隆七年　旌

國學朱榮芝妻馮氏年二十五歲夫亡事祖姑及舅姑
皆以孝稱守節五十三年乾隆八年　旌
國學于景伊妻程氏年十七夫亡守節三十六年乾隆
九年　旌
郭貞女父曰應芬五歲許配張楦芴年十七未及嫁芴
以疾終女聞訃吞聲飲血矢志守貞父母不從女曰
父母其速女之死乎遂徧哭奔喪時女之姑已亡舅
與祖姑咸在女事之惟謹服闋歸依父母女寡兄弟
而家素寒父歿祇遺地二畝女鋤墾種棉紡織以供

姑母年四十九卒鄉黨咸其貞與[illegible][illegible]名之曰郭
兩嘗乾隆八年　旌教諭龔佐龍有贊
監生葉自新妻李氏生員大模女也年十九歸葉事舅
姑以孝聞越九年夫亡氏屢求殉地下舅姑示以撫
孤大義乃勉從姑歿事繼姑尤謹始終無少懈守節
三十八年乾隆九年　旌
徐樹揆妻張氏興國州叅將張華基女年十八適徐逾
載夫亡苦節二十七年乾隆十年　旌
劉氏邑人劉洪祖女年十九適諸生徐樹倫為妻夫亡

氏年二十八苦節十七年卒子光宇光宙皆邑諸生
乾隆十年一　旌
吳氏舉人吳洪範女年十八適徐樹儀七載夫亡苦節
二十三年子光灼諸生乾隆十年　旌
董煥斗妻胡氏年十八歲夫亡持躬勤儉敬事舅姑守
節三十四年乾隆十年　旌
董煥愷妻方氏年二十六歲夫亡守節三十五年乾隆
十年　旌
費文中妻曾氏年二十七歲夫亡鬻衣物以辦塋事苦

節五十八年乾隆十年　旌
貞女舒氏舒仁公女也幼許聘徐巨臣之子年十八歲
未嫁夫亡守節三十五年乾隆十年　旌
熊岳中妻程氏年二十二夫亡守節三十二年乾隆十
一年　旌
貞女彭氏彭華民女也幼許聘解時翰未嫁夫亡女聞
訃奔喪守節三十六年乾隆十一年　旌
國學盛之鳳妻張氏年二十六歲夫亡守節三十九年
乾隆十二年　旌

旌

呂卿天妻田氏年二十二歲夫亡守節三十八年乾隆十三年 旌

張大□妻□氏年二十七歲夫亡守節乾隆十三年旌

藍士林妻劉氏生而聰慧十九適藍三十一夫亡子生未及週氏舂死撫之家貧事舅姑以孝護開教子必以義方不以寡丁作姑息態守節數十載乾隆十四年 旌 士林藍季燦曾孫 以上見府志

劉洪緒繼室陳氏年十八適劉無前子如已出閱二歲翁病隕竭力營葬晝夜紡績夫亡守節家貧常至斷炊古鉄無怨悔心教三子皆成立現今七十有四乾隆十四年 旌

鍾開仁妻田氏庠生田子賓女年二十八歲夫亡撫遺腹子恒次成立守節四十二年乾隆十六年 旌

鍾恒次妻周氏諸生周斐伯女年二十三歲生子承佳夫亡守節三十一年乾隆十六年 旌

鍾承佳妻張氏庠錫庚女年二十六歲夫亡守節三十九年乾隆十六年 旌

桂應鑽妻李氏李對國女年十八歲夫亡遺腹生子高祐守節三十三年乾隆十六年 旌

瞿之泗妻桂氏桂古巖女年二十一歲夫亡守節四十三年子正令乾隆十六年 旌

盧景振母許氏夫亡守節乾隆十六年 旌

張楚英妻夏氏年十九夫亡苦節五十餘年 旌媳董氏孫媳郭氏俱早寡亦矢志守節

程在高妻陶氏年二十夫亡欲自盡有遺孤在襁褓家人勸之氏遂苦節撫孤四十餘年

呂安度妻馮氏年二十二夫亡守節四十餘年

胡致中妻楊氏楊爾際女幼慧通女範年三十夫亡族人逼氏易繼氏欲投江死其兄赴救得免守節三十六年子其舜諸生

毛鈇昌妻胡氏太學生肇亨女也年十八適毛生子大洽夫亡氏年二十二歲苦節五十五年前令張公手先給操並松筠扁額獎之

游仲秀妻李氏李柾石女性至孝年二十歲適游事舅姑以孝謹聞姑歿撫諸夫弟恩勤周至及仲秀病

孫三年氏辛勤資醫藥仲秀知不起與氏語及後事曰守節事誠難貧而守不更難乎氏應聲曰脫不[illegible]即不食子何敢偷生仲秀卒氏即欲以死殉[illegible][illegible][illegible]之皆慰以兩孤無葬氏曰諸叔可依也及[illegible]夫柩未塟爲言乃強起曰此誠責所難辭者宜少緩須臾死葢刻苦積聚爲塟資期年營辦塟事無闕乃泣謂夫諸弟曰二子飲食教誨惟叔是賴越十八日值夫沒周歲之期設祭於夫之靈次哭聲竟日不休夜投宅前大江死次日得其屍衣髮緊束顏色如生

藍翠皇妻王氏王寅公女年二十八歲夫亡守節五十年子緒賓

貢生蔡承治妻劉氏諸生劉懋綸女年二十六歲夫亡撫遺腹子士標成立守節二十九年

魏芝芬妻陳氏年十九歲夫亡生子一家貧勤紡績以撫遺孤苦節五十七年子尚惠以邑首取補諸生孫洪任國學生

劉斯逵妻查氏查世泰女年二十二歲夫亡苦節三十一年子彪

程宗五妻李氏年二十三歲夫亡無子女守節三十四年卒之日有田數十畝族人因起而爭之訟於官官爲判決析其半以給族中之昭穆相當者而以其餘建立坊碑表揚氏節邑人金德嘉題其墓曰婦節之表章不於生前而于沒世此無所爲而爲之者事之無所爲而爲之者由下而上往往疑信參半若由上而下則不然是闡幽也是勸俗也是欲信今而傳後也一舉而三善備焉君子於是乎稱善政矣事之顛末具在審語中最且悉蔣公祖行部教化大有潁川大守風惟礪砥貞石大書深刻俾後之過此墓道者得以覽焉即可當烏頭綽楔矣

胡質生妻潘氏年二十五歲夫亡守節五十一年

張錫山妻王氏年二十二歲夫亡子淳英僅周歲守節三十七年

胡繼宗妻龔氏年二十四歲夫亡守節三十二年子相天

柯廷佐母劉氏諸生劉洪玕孫女年二十五歲夫亡事姑孝姑疾朝夕奉湯藥惟謹姑沒一慟幾絕性好施

子族黨中貧之不能自給者輒脫簪珥周之苦節三
十九年

張扶友妻曾氏曾宜久女年十七歲適張事姑孝姑疾
湯藥親嘗衣不解帶家素寒勤紡績以供衣食力貧
支傯艱苦備嘗然無有疾言遽色少形于外以故族
黨稱之夫有疾百計延醫調治不愈割股救之夫歿
年二十有三子生甫三月而張之族又無親伯叔之
可依者氏齧指誓節撫遺孤劉克成立娶媳生孫現
年七十有九孫可觀

諸生張時與妻吳氏年二十四歲夫亡守節三十年

張家獻妻田氏田文子女年二十五歲夫亡守節三十
一年子愈可

諸生張錫琫妻胡氏年二十九歲夫亡守節生子淳厚
又復早世遺寡媳陳氏年二十二孫彬幹甫八月氏
撫寡媳與孤孫紡績度日延師教孫成立胡與陳皆
以節終

張錫嵐妻陳氏年二十五歲夫亡守節事舅姑以孝聞
姑周病臥氏身任其勞歷三年如一日族里稱之氏
年六十抱病臥床者亦三年其子淳壽與媳伍氏朝
夕奉飲食洗穢垢亦如氏之事周姑焉

劉氏諸生楊國遇繼妻年十八適楊未及期夫没家人
憐其少也勸之易嚮氏泣曰夫死余應偕亡矣余之
苟延歲月者以夫元配有遺孤三歲余不忍其無依
故也豈偷生而有異志乎於是引刀破面以見志家
貧勤紡績以撫遺孤苦節三十七年前令給扁旌其
閭孫三天溥國學天浩諸生天漢國學

張錫恭妻桂氏性至孝姑陳疾篤氏割股和羹以食之

夫病氏籲天求代夫歿百計求死不得撫孤守節不
茹食者四十餘年

諸生彭之緒妻張氏諸生張佳齋女年二十六歲夫亡
苦節六十年子士坤國學

國學彭士坤妻梅氏國學梅開申女年二十四歲夫亡
苦節三十九年子銘國學

饒質甫妻舒氏舒祥瑞女年二十二歲夫亡守節六十
年子杲曾孫承信諸生

張錫光妻胡氏年二十六歲夫亡遺孤淳烈纔五歲淳

琮生十月擗踊號呼幾絶者數次其姑徐勸之曰汝
死老幼何依乃強起治喪苦節四十餘年
諸生陳耀賓妻李氏貢生李三灣女年二十四歲夫亡
守節三十四年子錫惪孫鴻文
[illegible]九女年二十五歲夫亡守節
二十四年[illegible]
李常芳妻劉氏邑人劉懷甫女年十九適李奉舅姑以
孝稱踰年夫亡無子苦節四十八年
張氏槩永張士拱女年二十一適徐樹樟八載夫亡苦

節二十七年
徐氏諸生徐之滋女年十九適饒承天八載夫亡苦節
二十八年子振翼國學孫三
姜氏諸生胡熙成妻胡熙成父士完縣諸生以例貢授
堂莊守備官成不究其學抑鬱不得志卒于官時熙
成及弟總成俱幼柩歸不克塟及熙成夭無子氏誓
志守節垂五十年塟舅於先人塋營葺室旁命堦諸
生周錫圖伐石表其墓
李氏邑人李瑞先女年十八適吳恒公四載夫亡苦節
三十八年
吳子攀妻張氏蘄州諸生張深遠女年二十四夫亡守
節三十五年
簡氏羅氏黎氏皆諸生王遴年側室也王妻查生二女
查卒羅簡無出惟黎生女女甫二齡遴年沒三氏
同心矢志誓不他適茹素四十餘年施田建菴額名
總宗菴內塑遴年像於菴側建延壽菴內塑三氏像
以表相依之意黎女適楊日進生子承綜官嘉興令
吳紹蕭妻張氏張天倫女年二十五夫亡子枉廷甫一

歲氏矢節撫孤其後子復夭氏辛勤撫遺腹孫成立
苦節四十五年孫名爲高
陳西庚妻周氏周和甫女年三十夫亡無子守節五十
八年
居漢雲妻余氏余會友女年二十九歲夫亡苦節三十
四年子名安吉
劉梾曆妻李氏邑人李啟然女年二十二適劉越七年
梾曆墮水死氏聞信沿河號哭逕三晝夜尸乃出時
氏生一子二女子已得殘疾氏矢節撫之冀延夫嗣

三年孤夭攜二女倚夫之堂兄名悠遠禹文者未幾
夫之兄繼殞姆氏争去惟兩家舊產皆耗散止遺禹
文二子長年四歲幼方過氏攜兩孤合爨撫字愈於
所生年三十家益貧幼子復夭隣諷之曰守他人兒
而窮餓死甚無謂善生非富人子也盍爲終身計氏
哭曰夫同堂兄弟三人祇存此藐孤耳何若異志必
爲他人牧豎鞭箠死矣寧共塡溝壑誓不捨隣泣服
去卒撫其子成立年七十三終子名戴天
劉帝輿妻吳氏諸生吳公準女年二十夫亡無子守節

四十九年
諸生郭永搆妻李氏舉人李必泰女幼聰慧諸書再過
即成誦比長事父母以孝聞年二十一歸於郭居常
不御華飾短衣操作竭力以奉舅姑越三載夫亡無
子家人未即爲立後氏仰天哭曰是疑我志之不堅
也未亡人幼讀古訓未有再醮之文婦無二適之義
故曰夫者天也天豈有二乎語畢以頭觸床柱血淋
漓被面宗黨哀之爲立姪本剛爲嗣守節四十八年
張任㠯妻陳氏年二十七歲夫亡苦節五十一年

朱雲占妻呂氏呂廷獻女年二十四歲夫亡遺孤珍泩
甫數月氏撫孤守節五十一年
張文元妻李氏自幼適張家故蕭條勤紡績以佐膏火
雖終日不食恬如也夫久染足疾臥床不起者十餘
年氏事之無怠色年二十九夫亡所生一子復夭守
節五十年
朱乾士妻郭氏郭助榮女年二十一夫亡守節三十一
年子本鰲
于榮九妻樊氏樊倚章女年二十二歲夫亡氏矢志守

節舅先沒姑老氏奉之備極孝養姑沒家貧甚氏剪
髮易棺痛哭幾斃姑喪闋有諷之易嚮者氏乃斷指
爲誓泣於衆立姪中鰲承夫後守節五十年
朱特嘉妻樊氏樊守先女年二十八歲夫亡守節三十
二年子行健
諸生陳懋遴妻于氏諸生于君愉女年十六適陳生子
二二十四歲夫亡守節六十年
朱世方妻郭氏郭雍熙女二十二歲夫亡無子守節三
十四年立姪冠楚爲嗣

吳帝助妻干氏貢生干鳳元姪女年二十一歲夫亡守
節三十年
熊如龍妻樊氏年二十九歲夫亡守節五十二年前令
給永心鶴髮扁額表其門
張坤儒妻楊氏諸生楊圖遇孫女年二十二歲夫亡遺
孤生未週歲氏矢志守節氏夫之沒也祖遺産頗厚
氏經理悉得其宜故家用不乏其後夫兄貉家貧盡
鬻遺孤業族黨覺之欲令氏訟於公氏泣曰産固祖
遺也訟夫兄於官其何以見祖宗於地下越數年夫

兄及其妻若長子俱喪止遺幼姪數齡氏收育之不
異已出現年五十七歲子景運
胡上嵩妻李氏諸生李鴻來女年二十六歲夫亡苦節
五十二年子少英諸生
諸生張錫爵妻樊氏樊榮美女年二十九歲夫亡無子
守節四十九年前令給扁額表其門
吳陽昇妻王氏王岱有女年二十四歲夫亡無子守節
三十三年
諸生董鴻儒妻李氏年二十六歲夫亡撫遺孤禮賢成

立守節五十年
胡次臣妻張氏年二十三歲適胡生一子甫二歲夫亡
一慟垂絶者數已念夫有遺孤遂誓志自守家貧舅
姑已亡伯叔亦皆早逝雖有姪數人而自給不假氏
晝夜紡績薪水諸務皆其所自支年四十餘孤又沒
夫所貽薄産更爲諸姪所攫取困苦中哀聲四徹鄰
里爲之震動守節五十四年前令給苦節凌霜扁額
表其門
諸生胡鴻仁妻吳氏國學吳兆岐女年三十夫亡守節

三十八年
胡裕昌妻舒氏舒象公女年二十五歲夫亡無子夫兄
弟慮其無依諷之易嚮氏知其意即剪髮毀容哭誓
於夫之靈次事舅姑孝家貧勤紡績以供甘旨守節
三十五年
國學許琮妻劉氏國學劉順生女年十九歲夫亡無子
立堂姪獻晉爲嗣夫沒事舅姑益孝姑年老多病延
喘床褥十數年氏左右扶持久而不倦年未五十子
媳俱夭遺孫甫四歲氏撫之辛勤備至守節三十七

年孫名遐昌

朱方懋妻胡氏胡淑貞女年二十四歲夫亡守節三十

八年子名錫蕃

魏士超妻夏氏夏成九女從正二十一歲夫亡守節三十

二年子名若哲

阮會人妻張氏張公遜女年二十歲夫亡無子氏誓志

守節姑早沒舅年六十餘家貧無以為養氏灌園採

[illegible]一薪晝夜紡績以資衣食侍養一十五年族黨感其節

孝為立族姪三生承其後歲給祠稞五石以終餘年

張輝承妻郭氏郭生宮女年正二十三歲夫亡苦節三十

八年

游錫洪妻劉氏劉之程女年二十九歲夫亡守節三十

二年

諸生饒承恩妻王氏諸生王樞女事繼姑毛以孝稱年

二十五歲夫亡足不出戶外鄰婦謂之曰汝何拘若

一室若此氏曰婦以夫為天失所天復何樂聞者咸

為感嘆守節四十八年子振相

藨周南妻朱氏朱承待女年二十九歲生子一夫亡守

節四十年

諸生李如山妻梅氏諸生梅乃來女年二十八歲夫亡

守節四十一年前令給額表其門子錫鄧國學錫章

諸生孫滐禮國學

張時正妻蔣氏國學蔣夏有妹也年二十六夫亡氏水

漿不入口者數日姑諭之曰吾兆生一子今已逝矣

汝夫又無子幸汝有遺腹何遽欲以身殉耶氏乃強

起治喪數月生男守節四十六年

武氏邑人武扶日女年三十六配于爾奎為繼妻人贅

三日夫亡氏一痛幾絕茹抱前媳所生子問曰汝合

婚僅三日余不可強汝守志氏號泣曰媳已許配于

門夫有二子即媳子也願侍公姑撫育稚子守節四

十八年邑人張仁熙贊之云志士仁人骨忠臣孝子

心亦今全大節武氏出一門長子况能補邑廩生

陳鴻俊妻朱氏諸生朱榮釗女年二十適陳生子本桂甫

三歲夫亡苦志撫嗣子成　節二十六年

陸長友妻吳氏邑人吳玉貞女年二十七夫疾篤割股

救之夫亡無子生一女適袁姓族人有強其易嚮者

氏常懷利及以防不測及舅姑沒氏經營喪葬如禮
其後夫族無可依者女之子天漢迎養爲卒年五十
一歲
黎握臣妻鄒氏事舅姑孝年二十七夫亡孝勤撫諸子
士成立守節五十六年子五三子淳儀邑諸生
胡瑞益妻秦氏年二十夫亡時氏方孕越六月生男名
儁兒瑞益故貧家子充縣前吉利舖差役沒後兆無
升斗遺氏氏藉此役食以撫孤差至無力倩人傳遞
輙抱子晝夜親在苦節四十年

王肖安妻龔氏邑人龔洪遠女年二十三夫亡無子遺
數月生一女氏矢志守節撫姪九章爲嗣及今二十
七年女歸諸生向世治
伍采謨妻張氏貢生張成熙女事舅及繼姑孝繼姑張
患目疾氏朝夕扶持奉養不怠年二十一夫亡氏矢
志撫孤苦節四十七年子名體元國學生
張敬侯妻李氏年十九歲夫亡父母憐其幼諷之改適
氏曰此事與禽獸同寧死不願爲也苦節五十三年
姑性嚴氏奉之惟謹終日坐一室中惟以紡績爲事

[illegible]同居六世內外無閒言
張孟符之妻桂氏年二十歲夫亡頭搶地幾絕窮不能
塋殯夫柩至偏室與子天圭同臥起守柩三年茂苑
必潔儀奉姑自煮粥食後得疾姑請醫胗脈氏曰我
苦節終身若令醫以胗右之臂脅者何人乎寧病死
不受醫胗子天圭於氏爲繼母極孝養暑月涼枕驅
蚊母或不悅即跪泣求寬解母病侍側夜不解帶族
黨稱之
向日章妻田氏年二十八夫亡舅姑年老三子俱幼氏

矢志守節奉二老以撫遺孤苦節四十五年
向禹甸妻李氏邑人李克仁女年二十五夫亡無子苦
節四十五年
劉光騰妻張氏貢生張兆基女年二十五夫亡家貧勤
紡績以撫遺孤苦節三十六年子名超學邑諸生
聂時令妻邢氏年二十六夫亡無子立姪衡璣爲後生
孫應隆甫七歲而衡璣逝氏與媳陳共撫孤成立
守節已三十年
龔舜玉妻劉氏黃梅劉信甫女年二十六夫亡苦節四

十九年子一名永久
彭建章妻項氏諸生項士琦女年十八夫亡無遺腹子
成立卒年八十有九
彭銘妻石氏黃梅諸生石宏基女年二十三歲夫亡守
節二十二年子二本澄本淮
夏有煐妻劉氏劉超然女年二十四歲夫亡苦節二十
六年子懋賢
諸生于忠亮妻母吳氏吳少艮長女年二十八歲夫亡
守志苦節二十八年子忠釗

于光省妻彭氏諸生彭光文女年十八適于五月夫亡
遺腹生一女立姪實苞爲嗣守節四十二年
張源仕妻劉氏劉宜中女年二十三歲夫亡生子順[illegible]
甫三月矢志撫孤守節數十年
周日自妻李氏年三十歲夫亡苦節三十年子廣
李含子妻喻氏年三十歲夫亡苦節四十五年孫廷桂國學生
張植正妻蔣氏年二十六歲夫亡守節五十二年子友
光國學
諸生鮑澂占妻馮氏年二十歲夫亡家貧無以給朝夕

舅爲擇配氏不從舅百計窘之氏從容曰亡人兒也
于女寧死溝壑不忍棄也一日舅卒迎娶者至門氏
檢利刃欲自殺衆懼乃散去是夜乘間奔母家舅知
志不可奪以禮致之歸氏既歸事舅如父備歲歉躬
鋤禾暴日中自茹糠籺留米以飯舅苦節六十年
居玉林妻夏氏年二十七歲夫亡家貧事舅姑以孝稱
撫孤成立守節五十七年子一孫五
陳家品妻吳氏年十六適陳事舅姑孝越數年家品卒
有二子氏守節數十年撫其子成立子名光岡光岳

張士徽妻王氏年二十四歲夫亡誓志苦守撫兩孤成
立卒年四十有八
諸生夏濬妻胡氏諸生胡之俊女也年二十一歲夫亡
無子隻手持家奉孀姑唯謹姑歿立族姪協以奉祭
祀卒塟成稱禮卒年四十
諸生文啟甲妻方氏邑人方獻珍女年二十歲適文事
舅姑以孝稱七歲夫亡氏剪髮置棺中泣曰所不逮
從於地下者以舅姑年老遺孤甫一歲耳倘不能承
君志以遺憾於九泉有如此髮撫孤守節三十七載

子宗濟諸生

劉相妻吳氏邑人吳世位女年二十三歲夫亡守節二十十八年子二煥仁煥義

彭鴻濟妻劉氏邑人劉開侯女事姑宋以孝稱姑病嘗刲股救治年二十三歲夫亡矢志守節立二姪爲嗣長榮杲次榮杰家貧二孤幼氏辛勤撫育比長爲竭力營婚娶榮杲娶董榮杰娶張張故復娶於陳未幾榮杲得錮疾其妻董氏年二十三歲晝夜侍湯藥嘗糞甘苦榮杲卒董斷髮誓以死守事氏常得婦道遇

有疾輒衣不解帶氏沒喪葬如禮隣里咸爲節孝之報云氏年五十有四卒董年四十有五立榮杰子承夫後

熊宜泰妻喻氏事舅姑孝年二十一歲夫亡苦節四十六年子兆渭

陳洪序妻劉氏諸生劉相女年十九歲適陳生子甫二齡夫亡年二十四歲矢志守節足不出閫後遭舅姑及伯叔相繼六喪皆氏辛勤營葬守節五十九年有孫名昌諸生

范宜周妻胡氏年二十八歲夫亡撫孤守節五十四年子有山

陳樹常妻郭氏年二十歲夫亡無子父憐其少諷之易轍氏號泣自縊者再終身不歸母家守節四十五年

蔡學綸妻施氏年二十三歲夫亡舅姑憐其少有改嫁之言氏破面流血欲求死家人大驚嗣是不復言事舅姑孝紡績供甘旨姑分與之氏受而復進隆冬體無全衣姑解衣以衣氏服之少頃輒還云熱燥不能服且或執扇以侍守節數十年子時遠

諸生陳激昂妻胡氏年十六適陳姑沒舅年老激昂家貧常遠館氏晝夜紡績易甘旨以奉舅年二十九夫亡撫孤守節三十五年

蔡士賢妻陳氏年十八適蔡值夫病割股救之夫愈逾年夫亡氏年二十二歲氏矢志守節家貧灌園紡績以撫遺孤卒年六十七歲有孫名儀表

陳銘坤妻郭氏事夫敬同夫寄居蘄州蘄之悍婦有素凌其夫者聞氏風輒化年二十一歲夫亡氏方孕踰七月生子天祿氏撫孤守節三十八年

熊仲臣妻萬氏年十五適熊生子胄五齡夫亡氏年二十三歲舅姑俱早歿而叉乏仝堂伯叔可依者氏零丁孤苦矢志守節母方欲奪其志潛與鄰家富人子私議婚矣氏聞之知必不免托入園拾蔬赴塘死有係名善鑑

陳洪來妻張氏諸生張堤妹也年二十二歲夫亡守節五十年

伍用享妻張氏蘄州貢生張無他女年二十二歲夫亡無子立姪承渾爲嗣苦節五十年孫二長干飛國學

劉人傑妻余氏年二十歲夫亡無子育姪清源爲嗣事舅姑孝姑藍嘗患乳癰骨肉腐爛氏吮膿數千次守節三十年學憲遴　以竹節冰心表其里

方敬常妻舒氏邑人舒雲鵬女年二十三夫亡苦節五十八年子二懋官懋德懋德廩生孫志汪諸生

殷光璨妻張氏邑人張公玉女年二十二歲夫亡苦節三十九年子二錫翰錫祚

李仁公妻張氏諸生張昌運女年二十五歲夫亡遺孤中光甫一歲氏矢志守節前令給矢誓栢舟額表之卒年五十九

陳暹生妻胡氏暹生死氏年十九守節五十年

劉裕生妻陳氏蘄州人年二十九夫亡守節五十一年子二士英士雄士英夭士雄生子超昆

諸生周應億妻張氏邑人饒升女年十七歸周夫病割股和藥以進夫歿氏年二十一歲無子足不出戶庭母氏迎之再四三十年間氏未嘗一歸寧守節六十四年

周日曦妻陶氏善事父母以孝稱歸周年十七事大父

母及舅姑皆無惰容越六歲而日曦以讀書攻苦卒氏撫孤成立守節二十六年子二長祐次蒙

夏玖妻蔡氏同里蔡文先女適夏數載夫亡年二十有八歲子有光甫四歲厥後二年玖兄瑁亦夭瑁妻胡氏一慟垂絶年二十九子有慶亦四齡自是娣姒煢作艱苦備嘗未及三年舅罹瘵疾又二年而姑歿治喪後家徒壁立有誘其易嚮者乃懸利及於室曰如有強我兩人者以此答之日夕侍舅疾至廢寢食如是者八年而舅歿鄉黨以一門雙節歸二氏焉

饒子與妻李氏年十九夫亡無子氏矢志守節或勸之曰汝年少而夫所遺不足供朝夕貲勿易言苦氏不應史盡鬻夫遺產爲治塋具食貧四十九年以節終

夏應易母程氏年十八適夏閲七載夫亡遺孤生四歲家貧夫亡兄趣之易轍氏潛赴縣市賃族人草舍一間晝夜紡績給衣食苦節三十三年

張維輔妻江氏諸生江仁士女年二十二歲夫亡無子生一女守節四十四年女適王盛三

張維翰妻殷氏諸生殷輅女年二十一歲夫亡無子生一女守節三十九年女適諸生夏嘉樞

呂氏諸生呂先次女習筆墨熟列女傳年十九歸夢學剛事舅姑以孝稱生子時逝甫三歲夫病篤詰氏曰我死汝肯代我事老撫幼乎氏泣曰諾年二十四夫亡守節卒年六十有三

吳崇訓妻黃氏黃留才女年二十四歲夫亡守節四十年子德盛

陳華國妻李氏邑人李篤周女年十九適陳三月夫亡服闋家人勸之易轍氏泣曰夫死無子應從夫地下所以苟延歲月者以孀姑暮景無依耳何遽以改嫁語相污耶遂引刀自割繼姑郭救之得免苦節三十四年

藍之錦妻郭氏年二十二歲夫亡遺孤士坦方四歲氏矢節撫孤事其舅長倩及繼姑楊與陳皆以孝謹聞比孤年長即延師勤課以故士坦甫弱冠補諸生

陸永思妻吳氏邑人吳康子女年二十八歲夫亡守節三十六年子行五

文思天妻吳氏貢生吳兆烈女年二十二歲夫亡守節

二十八年子二和秀輝宇

張文仲妻馮氏値寇亂抗節不屈死

徐月恒妻陳氏邑人陳君龍女年二十三歲夫亡遺孤週歲氏矢節撫孤苦節四十四年

諸生吳之杞妻張氏諸生張斐仲女年二十四歲夫亡守節二十九年子世煦貢生

陳在聰妻阮氏貢生阮文茂孫女年十七適陳父名堵無子以田數十畝給氏作嫁貲氏售之以賙孤獨爲其父求嗣息其後父果有子在聰幼有文名應童子

試方獲首取值父憂哀毁成疾卒氏年二十四歲無子阮姓有以易賣勸者氏遂絶跡母家立姪世琦爲嗣守節一十七年

吳小着妻張氏諸生張崇基女年二十六歲夫亡遺孤松友僅七月氏矢節撫孤及孤成立爲娶媳田氏甫二年孤夭踰年媳亦亡先是氏夫及舅姑繼殞氏因子幼皆未塟至是泣曰是終使我無天日也尚敢聽先靈之暴露乎遂盡鬻遺産易一地塟夫及公姑子媳而自勤紡績以餬口每遇疾病常數日不舉火守

節四十八年

張大德妻吳氏進士吳璉孫女年十七適張值姑胡病篤氏脫簪求湯藥日夕禱天姑獲痊越六年夫没有二子長尚瑞甫三歲次尚賢生三月耳氏矢節撫孤家貧甚日勤紡績餬口及兩孤就傅嘗日不再食留餘以哺二子不令廢學守節三十二年

呂嘉元妻張氏張巨友女年二十三歲其夫因下帷工苦成勞瘵遭姑亦遘疾氏晝夜事奉祝天願以身代姑亡夫病篤難起氏代夫成禮經營喪塟皆無闕族黨稱之未幾夫亦亡氏矢志守節家貧任汲薪以供朝夕年六十族黨僉議請　旌力拒之有寧死窮廬甘湮没之語聞者嘆服守節四十年子二長思白次思明

朱世冑妻田氏川伯華女年十八適朱二十六歲夫亡無子立姪光令承嗣守節四十年

張材秀妻宋氏年二十六歲夫亡守節三十五年子燦準

劉懋推妻呂氏年二十一歲夫亡守節六十二年子光

綸光經

劉光經妻胡氏年二十歲夫亡子葹坦甫一歲氏奉孀姑極孝養撫孤成立守節四十一年

張博天妻陶氏年二十一歲夫亡有勸其改節者氏曰餓死事小失節事大勤紡績以撫孤苦節四十年

張福賜妻陶氏年十七歲夫亡守節家貧甚樵蘇出汲備嘗艱苦祖姑年九十奉之極孝養苦節三十五年

張敷雲媳吳氏姑病割股救之夫病亦割股以救夫死氏年十八水漿不入口舉家勸之乃日令氏長作未

亡人乎否則寧畢命於今日苦節五十四年事翁孝
教子成立
一張祚江妻田氏年二十歲夫亡矢志家貧常數日不舉
火或勸改適以全軀命氏曰吾無以對亡人也苦節
四十八年
程序三妻吳氏年十九歲夫亡無子立姪為後性柔惠
夜半張燈紡績令子伴讀足不出閫素服終身苦節
四十年
張稷舉媳章氏年二十二歲夫亡姑性嚴急善承奉力

任家職苦節三十六年
張祚坤妻吳氏年十九歲夫亡欲自盡姑勸曰汝有遺
腹倘生男汝夫應瞑目矣守節婦人事也當自勉氏
苦節五十載
吳光前妻胡氏胡儼思女事姑至孝姑患癆瘵朝夕奉
侍不稍懈夫有疾割股救之愈氏年二十二歲夫舊
疾復作百計醫禱不獲痊遂沒氏矢志守節終歲不
出戶庭守節二十九年子楙龍國學
朱之亨妻許氏許梓竹女年十七適朱逮事姑以孝稱

姑沒踰年夫亡越七月生遺腹子揩友氏父母兄弟
皆沒而夫家又寡親伯叔之可依者孑然矢節艱苦
備嘗年七十九歲卒孫本上
諸生于爾星妻陳氏陳珍盼女年二十歲夫亡矢志守
節撫幼子教讀婚配子死與媳鄭撫一歲孫終年不
出戶外寡言笑躬節儉隣里稱之守節二十九年
國學陳中錫妻胡氏諸生胡士奎女幼曉大義常以禮
法自持年二十一適陳事舅姑惟謹夫病禱於神共
質延夫壽夫沒慟絶復甦者數次守節四十年子名

鴻藻國學
王元英妻陳氏陳叔太女年十七適王夫病割股救之
愈二十五歲夫亡無子舅氏憐其年少而家貧也已
為擇配氏從容言曰媳雖無兒二女煢煢相依以終
餘年可以見夫地下矣因立姪為嗣守節三十九年
姪殿詔
藍敷奏妻干氏貢生干兆宜女幼穎慧通孝經列女傳
及曹大家女誡諸書事父母以孝稱及歸藍奉孀姑
繼謹年二十一夫亡無子矢志守節立姪延元為嗣

張季曾妻毛氏毛端生女事姑孝姑待之嚴氏承奉惟謹絶無幾微見於顔面年二十七歲夫亡夫兄弟欲奪其志氏誓以死殉守節三十六年

諸生曾鳳翔妻庫氏庫公遜女年二十一歲夫亡撫遺腹子成立守節四十一年子元會諸生

査陞遐妻陳氏陳于陸女年二十四歲夫亡遺孤一氏夫兄弟三人皆相繼夭姑年近七十惟倚氏爲命氏晝夜紡績忍饑寒以給老幼姑病刲股救之姑沒喪葬皆盡禮喪事畢氏之父母已爲氏擇配且而曉之曰窮人亦有守志者然必稍有所依倚今汝家若此而不從吾言行將轉死溝壑矣氏卒不應苦節三[illegible]十二年子廸坤

王邦安妻胡氏諸生胡秉信女年二十四歲夫亡苦節三十七年子富武

劉光通妻舒氏貢生舒逢吉女年二十九歲夫亡子超民僅週歲氏矢志守節先是光通父楙敏以明經貢禮部渡河遇偷兒失橐未就選歸抑鬱成疾終歲家居時氏初歸劉卽脫簪珥以供朝夕不煩舅姑夫子營醫至是夫沒家益貧而舅姑益衰老其兄諸生光謂之曰妹悠矣盍歸依老母以終節氏曰舅姑老奉養乏人代修子職之謂何忍舍此獨歸耶未幾舅姑沒喪葬如禮越三年氏卒守節二十六年

諸生饒振械妻徐氏年二十一歲生子一夫亡苦節二十八年

[illegible]劉倚妻周氏九江籍鎮平知縣周儻女年十八歲適[illegible]倚倚少敏悟有文名因讀書致疾氏朝夕奉事不懈湯藥必自親嘗家貧缺用凡請醫問卜氏典質簪珥及諸服宦罄以療夫病而絶無吝色怨言不數年倚亡氏年二十五歲守節三十餘年

張佳緝妻姜氏姜爾俊女年二十四歲生子一夫亡守節五十一年

王大芳妻范氏范惟則女年二十六歲夫亡守節五十年前令顔希聖贊之曰范爲王家婦生子方週年一朝林風驚雄飛夫不還范也在青齡而已失所天身爲未亡人傷心泣鬼神譬之松竹姿雪節貫霜根千

郝秉六妻趙氏趙尊臣女事繼姑梅以孝稱年三十歲

夫亡苦節三十一年子容光
劉蘭賜妻呂氏諸生呂希存女年二十八歲夫亡苦節
五十五年子如五
劉魁五妻胡氏胡繩武女年二十七歲夫亡守節三十
三年子魁坦
庫覺萬妻馮氏有至性事父母以孝聞年十八適庫痛
舅姑早世不得盡婦職每歲時祭享必致敬焉家故
貧無以給朝夕氏忍饑無怨言年二十六歲夫亡辛
勤撫二孤成立守節五十六年孫世膺丁卯副榜

徐如章妻童氏童世周女年二十六歲夫亡苦節三十
八年子象勝
蔡樹性妻于氏于欽文女事舅姑孝年二十四歲夫亡
守節二十六年子頤光
王鑑侯妻陳氏陳永清女年二十六歲夫亡苦節四十
九年子劉宜
[illegible]妻胡氏胡奇錫女年二十五歲夫亡守節四十
一年子斯佐諸生
陳人表妻張氏張洛如女年二十五歲夫亡苦節五十

年子二錫進錫材
陳王衡妻張氏張翰臣女年十九歲夫亡遺孤甫半月
氏矢節撫孤姑先歿事舅及繼姑備極孝養守節四
十四年子周堂
胡上進母俞氏諸生游聖訓女事姑孝姑病兩割其股
進之姑愈年二十四歲夫亡守節五十年
張隹桂妻查氏年二十八歲夫亡守節三十八年子錫
元
諸生柯廷栢母夏氏夏嘉鵬女年二十七歲夫亡遺孤

甫數月氏矢志撫之事其姑孝姑老多疾氏奉湯藥
惟謹病篤割股救之踰五載姑乃歿苦節三十四年
藍[illegible]妻毛氏毛集周女年十八適藍兩載夫亡無子
守節二十年
諸生李克[illegible]妻田氏諸生田文長女年十七歸李踰年
生子先達又踰年夫亡氏矢志守節事舅姑尤以孝
稱舅復卿壽至九十一歲氏奉甘旨三十年無惰容
守節五十二載孫益相諸生
夏應春妻王氏王舜查女年十八歲適夏踰年夫亡閔

數月生遺腹子有宦家貪母族迫之易嫁氏剪髮自誓苦節三十六年

國學吳兆岐側室楊氏性至孝幼失父母哀毀骨立年十七歲歸吳生子世筌甫二齡夫歿守節數十年其堂有孤燕守巢越數年不去鄉黨傳爲苦節之感云

廖九皋妻戴氏戴榮生女年二十六歲生子斐滟夫亡氏矢志撫孤家貧甚遺産僅存荒地數畝氏躬自墾種資所出以供朝夕苦節五十五年

范介蕃母張氏年二十歲夫亡守節四十二年

方世鏗妻朱氏年二十歲夫亡守節三十一年

王天則妻呂氏呂佐成女年十五歲父母繼歿歸於王舅姑已不逮事越五載夫亡家貧無親伯叔之可依者氏食貧守志苦節五十一年子金佩

張如艮妻查氏查九疇女年二十歲夫亡苦節三十五年子卓山

饒承蔚妻趙氏趙靈英女年二十二歲夫亡越數月舅姑繼歿氏撫周歲兒經理諸喪務皆稱禮宗黨稱之守節四十二年子振祇

諸生張錫晨妻楊氏年二十八歲夫亡生三子皆先楊而逝苦節五十六年

千辛元妻胡氏諸生胡之俊女年十九適千六載生一子甫週歲夫亡氏矢志撫孤子效軫娶諸生蔡魁女生孫亦週歲而孤蔡承氏志與氏同守節二十年孫中耀諸生

周氏庠生邁恭女也年十七適李如泰值夫病危禱願以身代及大漸割左臂進之一慟幾絶夫曰吾父母老遺子僅兩歲汝又懷孕數月事二親撫雙孤皆惟汝一人是賴慎勿輕死貽我死後憾未幾如泰歿氏

痛泣自誓守節三十年鄉黨稱爲節孝婦子錫孝攻苦力學遺腹子文炳食廩餼孫清諸生

夏應業妻吳氏未笄而字年二十生子閱數月夫遘夭氏以節自許竭力以事舅姑舅姑有疾氏爲之割股者再前令高人傑給松筠楨節扁額旌其門卒年六十一歲子子意

諸生朱欲然妻胡氏諸生胡之新女年十八適朱越四年生子敬堂夫覩弱疾氏辛勤奉湯藥三年夫亡矜

時以頭搶地頭已裂氣絕而復甦水漿不入口者十
有四日舅姑責以撫孤大義乃強起出所藏禮服簪
珥於夫之柩前悉焚之曰吾終生不復近此矣年四
十叔舅棠經外官製浣紗衣寄之氏置弗御詰難素
仍綵也舅姑年踰七十氏奉之惟謹常以身率諸娣
姒先苦節二十九年子敬堂補諸生
卜畝存妻陳氏邑人陳彩玉女年二十五夫亡遺孤含
萬甫八月家貧甚常掘野蔬以餬口含萬年九歲氏
命塾就外傅輒送之里許悲不自勝見者咸爲泣下

守節四十二年
張時銳妻蔣氏年十九歲夫亡逾月生遺腹子氏矢志
撫孤守節四十一年
呂義周妻尹氏尹緣先女年二十七歲夫亡苦節三十
三年子洪也
張楚甲妻趙氏年二十八歲夫亡依子振熙卜齡明熙
甫八月氏撫兩孤撫楷夾曰未亡人所不即從地下
者以上有舅姑下有弱息耳年七十卒撫二子俱成
名

楊希國妻陳氏年二十三歲夫亡守節三十年子文[illegible]
劉超治妻李氏國學李尚龍女年二十一歲遺子六月
夫亡苦節三十三年子斯奐
劉至育妻熊氏諸生熊緒女年二十八歲夫亡誓志苦
守紡績度日延師教子守節三十三年子斯輿諸生
諸生程瑞茲妻王氏廩生王稱玉女年二十三歲夫亡
無子竭力撫孤姪以繼夫嗣前令劉給大節必壽扁
額旌其門守節四十五年
諸生黎濟治妻胡氏胡玉鳴女夫亡無子守節五十一

年孫時宜
龔席珍妻李氏年十八適龔生二子二十六歲夫亡二
子相繼亡氏誓以死守苦節四十一年
胡啓璘妻孫氏年二十歲夫亡生子錫清甫三月氏矢
志撫孤家貧奉舅姑備極孝敬苦節十五年卒
徐育英妻張氏貢生張淑皇女年二十八歲夫亡苦節
三十一年子天[illegible]
[illegible]妻[illegible]氏[illegible]女年三十歲夫亡苦節三十一
[illegible]

蔡友微妻庫氏年十九歲夫亡守節六十三年
王季仲妻胡氏諸生胡獎億女年十七適王事舅姑克
盡婦道年二十五歲生子一夫亡氏辛勤撫幼孤成
立苦節三十七年子習武
胡士升妻陳氏諸生陳魯異女年十八適胡二十八歲
夫亡氏矢志撫孤事舅姑以孝著苦節二十六年子
錫姮
毛聚升妻劉氏年二十二歲夫亡無子立姪嘉賓為嗣
苦節三十九年

王斐公妻朱氏朱壽先女年二十五歲生二子夫亡斐
公家故寒賤氏辛勤操作倫所不堪而防閑峻肅鄰
里罕見其面苦節四十六年子茂松茂貴
湯起凡妻胡氏年二十六夫亡苦節三十四年子雲從
田本燦妻周氏燦丞周國漆女夫亡守節二十九年子
光灼國學
王有慈妻陳氏夫亡苦節四十九年現年七十七歲子
元士
呂者長妻王氏二十八歲夫亡苦節四十一年子祥瑞

陳題賓妻程氏年二十六歲夫亡守節現年八十一歲
子維允
陳起魁妻劉氏劉光政女年十八夫亡無子苦節四十
年
邢住徵妻吳氏年三十歲夫亡守節五十年子世譽雍
藕儀生妻柯氏年二十八歲夫亡守節四十六年雍正
二年前令張給扁旌其門
陳斗燦妻藕氏藕希聖女年二十三歲夫亡守節四十
三年子兆祥

諸生李賓國妻王氏諸生王皇初女年二十四歲夫亡
守節五十二年子洪基
蔡孚文妻胡氏年二十九割股救夫夫亡守節四十年
子朝翌
舒汝行妻劉氏贈鎮沅知府劉澤溥之孫女也崇禎間數
戰夫亡值明季流寇充斥氏避居深谷中卒為賊獲
賊欲犯之大罵不屈遂遇害子曾孫皆仕
劉光照妻陳氏陳堯字女年二十五歲夫亡守節三十
一年子煥五諸生

附學周源禮妻劉氏諸生劉若我女年二十九歲夫亡
苦節四十年子楙相國學
張毅昇妻丁氏年一十六夫亡守節二十五年子斗暘
郭應朋妻朱氏年二十歲夫亡無子守節四十二年
熊理伯妻梅氏年二十八歲夫亡守節三十年子能友
劉大昌妻劉氏年二十六歲夫亡守節五十八年子超
凡
楊異天妻劉氏劉萬申女年二十六歲夫亡守節二十
四年子萬資

監士練妻鍾氏年二十五歲夫亡家貧辛勤撫兩孤成立
守節四十五年
阮林周妻吳氏年二十歲夫亡守節三十二年子佑天
劉光亨妻李氏年二十二歲夫亡無子守節三十七年
劉超和妻鄭氏諸生鄭本姬女年二十九歲夫亡撫孤
成立守節三十六年子斯興諸生
吳順天母游氏夫病嘗割股救之夫沒苦節四十三年
劉楙齡妻吳氏歲貢生吳亮思女年二十歲夫亡撫孤
一月遺孤光璧成立守節五十餘年孫暘與諸生

王容錡妻楊氏楊若我女年二十五歲夫亡守節五十
年子全會
呂調元妻劉氏年二十歲夫亡無子立姪六為嗣守節
三十八年
張用樸妻費氏年十七適用樸事姑以孝聞年二十二
歲夫亡哀毀以死誓舅姑以其少勸之轉適氏不從
辛苦紡績至老不衰年八十四卒
諸生周必泰妻呂氏必泰髫年補諸生有文名無何早
世生子復昌甫三歲氏誓志撫孤守節三十九年

張謙之女案陷賊賊縶之痛罵不屈被害死
吳景襄妻張氏抗志苦節子德盛
副榜張淦妻程氏年二十六歲苦節自矢九十餘歲乃
死里人樂其行以聞前令表其門曰貞節
陳尚象妻劉氏年未三十夫亡遺孤用經甫三歲氏矢
志撫之守節五十餘年孫六駢穗駢圭駢散駢俊駢
儒駢庠皆諸生
府學伊祖母謝氏年二十八歲夫亡守節四十九年
徐天桂母朱氏年二十八歲夫亡守節三十年

殷金聲妻胡氏年二十歲守節里人上其行前令劉旌
曰貞節
朱有珍繼妻鄧氏鄧獻玉女年二十一歲夫亡氏矢志
守節前妻子本稱甫三歲氏撫之不異己出姑老哭
其子過哀染疾不起氏奉湯藥晨昏無倦色及病劇
氏焚香告天割股和藥以進姑疾頓愈守節三十一
年
張楚芳妻吳氏年二十七歲夫亡守節二十八年
戴元長妻張氏年二十五歲夫亡守節二十二年子楚雄

陳福先妻李氏年二十六歲夫亡苦節五十二年子發秀
劉光修妻阮氏年二十四歲夫亡苦節三十八年子越
頖國學
熊玉文妻張氏年二十五歲夫亡苦節二十三年子有
信
汪象甫母甘氏甘有實女年十九歲生子數月夫亡未
貧甚夫兄與母家人爲擇配迎娶有日矣氏聞之痛
哭閉門自剪其髮求娶者懼事乃寢後以繼山營生
撫其子成立年五十八歲卒

吳應考妻胡氏胡爲學女年二十六歲夫亡守節三十
一年
李光進妻鄭氏鄭誠能女年二十六歲夫亡守節三十
七年子首出
李首出妻周氏周煥生女事孀姑鄭以孝稱年二十六
歲生子一夫亡氏撫孤守節其後遺孤成立娶媳張
歲餘無出子遽夭媳張亦以節自矢與氏同孤苦者
二十年氏年六十七歲張年四十有四
劉紹儒妻廖氏二十六歲夫亡守節三十四年子名揚

諸生呂和桂妻龔氏龔子勃女年二十九歲生子一夫
亡逾年其子殤立姪生霖爲嗣守節三十五年
諸生呂天祥妻吳氏吳應燮女幼穎慧讀女誡能識大
義及歸呂事舅姑備極孝養年二十六歲夫亡父母
諷之易轍氏作色拒之中夜自割其面守節二十六
年子生霖出嗣夫兄立侄生霽承夫後
諸生楊斌妻張氏年二十夫亡守節事舅姑孝靡懈[illegible]
勤紡績煢生一室五十七載人呼爲寡言婦次子[illegible][illegible]
襄早亡媳藍氏年十九亦矢志守節姑憐其[illegible]子[illegible]

以孫猶裳嗣之

劉氏舉人饒仁倩長男婦貢生劉某女性凝重居恒語不出梱避亂東岡莊五載未嘗一踰閾逸東兵南下大猾濟婦知不免衣襦裙縢皆針結日夕坐一塘上願鄰嫗曰吾必死於此幸語吾老僕拾吾骨爲時酷暑經月氏屍獨顏色如生

呂嘉典妻胡氏胡煥思女年十五適嘉典四載夫亡守節四十年子集猷

毛漢寧妻胡氏諸生胡鴻輔女年十六適毛二載夫亡

無子立姪文彬爲嗣事姑孝姑病朝夕奉湯藥久而不倦姑病篤禱天割股以救大慟昏絶踰時不甦見金神諭云汝姑數盡汝孝格天再延汝姑壽三年後三年如割股之期姑病復發氏再欲割股而氣已絶吳氏哀痛倍至欲自經隨姑地下族黨勸之彌月而後止今嗣子稍長延師教之以紹父祖業氏年雖未四十然節孝之懷已歷十有七年而不改烏忍以身未蓋棺而遽略其事姑存之以勵後之矢志靡他者

賢媛

婦人教令不出閨門劉向曰此人倫之始王化之基也后王降內則之書家人叶利貞之吉關雎而下諸侯夫人大夫妻南國歌之以爲後世勸何必栢舟也儉約如盧少君侍閨邦國何但貴顯乎

明

吳亮嗣妻胡氏（採董其昌墓誌銘）邑龍江胡聯岡女也聯岡家世江上稱富翁氏年十八歸吳結縭之三日即解所佩耳璫資姑舅薪米家食指百餘悉營辦之值大寒氷雪見姑衣薄即脫服禦姑之寒而躬自啖茹衣單

骨凍皴作粟亮嗣久不遇氏力貧支應備所不堪及亮嗣成進士封孺人及擢給事侍姑至京邸其後姑歸瘕疾亮嗣乞假還不逮氏先馳歸躬調藥餌進朝夕上食必親卽厠牏未嘗假手浣濯胥且焚香祝斗以益姑算姑卒擗踊如禮訓諸子以孝撫庶子不異已出內外戚屬及里中困乏輒爲周恤焉年五十卒子五踰年贈恭人

金之純妻李氏（採王阮亭集）有節操明於大義當與安之圍之純將乘城與氏訣氏指後圃古井曰公毋內顧吾

得死所矣必不辱公及之純卒於官氏間關歸喪於
楚歲時懸夫遺像堂中率二子哭奠田不盈百畝茅
屋數椽與兒子二人共之遵夫志也教子如嚴君次
德嘉壬戌宛南宮入翰林以文行知名氏年四十六
卒
張余和妻劉氏邑人劉養素女也余和少多病家人生
產業氏身任之成肅治已從余和宦於外宦十年歸
乃更以貪闕性敏善斷假儻如奇男子諸婦紛難得
氏語立解御下簡庬避兵寓蘄州婢竊錢粟若倖人

傳語氏氏曰然予知之久矣刻政不得下和顏無合
多登耳其寬大如此年八十五卒
陳尚簡妻伍氏事舅姑孝明末流寇薄邑氏同夫避兵
江南夫死氏藏其屍深谷中兵熄歸葬於鄉[illegible]
積苦遺孤娶媳生一孫未幾子媳俱夭氏辛勤撫孫
孫兒以綿宗嗣
徐氏父字赤山無子特教愛女故氏自幼受書習文翰
不屑事家人鉛澤繡刺長適饒夫年四十無子氏使
之妾饒果妾而又無子生女氏慰之日是命夫祭嘗

得佳偶人何必自生子哉擇婿得劉醇驥時醇驥方
五齡氏一見奇之曰此百萬無雙他兒臧闿瀟灑[illegible]
溢許以女留居親授句讀每與論古人大節是伯夷
不得不非武王叩馬數語生氣縱千祀臣子闕[illegible]
忽苟義可為姚氏降堯二女從遷其天下如涉嫌疑
則潔志厲行愛身以有為聖賢教人卒履勿越矣夫
曾男子以不可學柳下惠之可者是能用其短也用
世即公卿將相非異任抑毋矜毋反多後福矣其持
議高爽類此饒世學而豪使酒不甚理家事內外皆

氏整飭家政肅然年五十卒（氏夫名嘉會字慮可學人饒之翰之孫廣濟教諭饒子焚之子以文學生就武試中武魁）
徐氏名元象字奇孺父來建字存吾母曾有內範方氏
未生時曾有產狀假寐夢緋衣貴人來期以十日至
醒語存吾存吾曰若生男也宜貴女也其在婿乎生
必更十日已而腹定更十日生氏存吾絕憐之閭里
中博士張玉瑩之次子名楚儒者雅才致遂許聘焉
初存吾之守壽州也氏生十歲存吾病割烹臂肉存
吾大痛恤十二能為詩文存吾携購經史矣時以[illegible]

之而氏於經史外無所取及存吾丞蘄州楚僑就婚
焉明年春歸鄉試氏作詩送之曰送君入楚江悠悠
歸路長一去隔千里寬夢伴瀟湘其次章曰送君入
楚城攜手淚欲橫安得衡楚者彙池近北溟書注森
森入古是年返男來氏隨歸楚道過京口報父書文
詞婉藻最後云四時之序成功者退山林觴詠暢叙
幽情何必矜拖青紫乃稱貴乎書至存吾憮然曰吾
拘係一官不及吾兒遠甚異日存吾哭女詩有渡頭
分手處京口寄書時之句謂是書也氏既歸張布衣

洲弃事舅姑維謹庚戌夏生子仁熙未彌月遘疾既
一玉瓶環聚兒臂爲韻語以囑楚僑丁寧之言爽寬
欲絕未幾卒年十九子一即仁熙舉明經高等

國朝

金德嘉妻陳氏陳時官女也早喪父母性端潔終日莊
坐不傾倚叔時憲每曰吾女端靜不可以婿凡兒會
左良玉兵亂馨戶色避之赤磯湖時憲遇德嘉於亂
中異之曰少年遭竄伏神守如平常大器也遂約婚
焉年十七歸於金時變革衰故大家皆棄畧殘田宅

德嘉及其兄讀書僧寺氏與奴棲敗屋篝燈夜績
雞鳴爲候及德嘉舉於鄉官安陸教授力與蘄湖之
學他學生有千里相從者氏輒爲具茶飲粔妝貧甚
者分薪米資之康熙壬戌德嘉舉南宮第一改館職
貧不能迎其家氏悉力持其門戶己巳德嘉歸里閉
門著書者凡十有九年清操愈厲家亦益貧德嘉初
不問而氏辛勤左右不以鹽米遺夫憂歸時不逮舅
姑歲祭必感愴嗚呼竟歲清齋居半而巫媪女尼無
及其閤者布素周身垂老猶紉鍼補綴以率諸婦教

二子爲延名師嚴毅舉祖宗德素及遭亂辛苦以教
督之且曰吾家孝友同居且數世矣異日慎毋他徙
卒年七十六子敬洛東昌太守敬汾貢生
徐鳳生妻劉氏邑人光貳女年十七適徐時流寇作亂
鳳生赴闕省授軍氏隻手持家設饘粥奉舅姑而自
掘野蔬以充口年二十二舅姑繼沒氏竭力營喪塟
無闕禮已而不憚艱危決志尋夫於千里之外至寧
化遇鳳生時鳳生業以軍功擢汀州千部防守寧化
君官舍十餘歲生二子長年十一次甫襁褓而鳳生

忽以病故氏年三十六飲血其殮携二子扶櫬歸家
訃益紊廬舍盡成灰燼氏勤紡績以撫遺孤苦節四
十八載雍正二年縣給扁額表其閭
生員呂一森妻陳氏秉性溫恭事姑張氏孝姑年八十
有八臥病久陳耐寒暑忘晝夜雖厠牏滌濯不假手
於婢女生子應壎邑庠生
張氏庠生益基姪女也適馮鑑爲妻三年值鑑父臥病
半載頻醫不愈氏焚香告天三剪其肱和藥以進舅
疾乃愈時氏方孕踰月産一子一女子名是應年三

十卒
夏氏諸生夏芳時女年二十三適諸生徐樹樂樹樂刻
苦攻舉子業爲風濕所侵支離床第氏朝夕扶持十
年無倦色夫没無子撫姪光宗爲嗣
王氏年十六歸胡魁楚魁楚少孤貧教授里中攻舉子
業一切家計不問皆氏躬代操理姑前没事舅及繼
姑以孝稱癸未獻賊盤踞邑中氏偕夫徙他省艱苦
備嘗及歸家業蕩盡氏儉勤加厲及夫官建平隨之
任所恒忽忽不樂嘗曰官不易作恐罣吏議反不如

田間歲時伏臘酒熟雞肥足以自樂踰年夫自劾歸
氏益喜僑居邑城日治具飲故老賓客延師授諸孫
曾孫業必親執饌供之性儉約不服紈綺然見人窘
之急難則周恤恐後年七十有九卒于篁臣諸生孫
四肇亨復亨履亨咸亨皆諸生
諸生舒鑾妻胡氏年十九適舒姑疾奉湯藥晝夜無倦
迨疾甚嘗糞甘苦割股肉和藥以進姑愈越二十二
年乃終子漣諸生
金敬洛繼妻萬氏吉安教授萬映川女性至孝姑病誓

於神斷葷血三年姑愈及舅病夫客京邸氏告於姑
名夫還侍疾書發少頃舅忽大嘔血瀕危氏椎胸哭
曰勢迫矣可奈何於是齧指告天願以身代復引刀
自刲左臂肉煮汁以進舅飲少許疾稍瘥氏刲臂時
事出倉猝至斷一筋手腕欲脱然性勁絶不以創故
疎寢門遲至月踰夫自京歸里得奉湯藥盡人子職
者數月而舅乃亡後以夫貴封安人子本孜國學
張荏麟妻文氏邑人文瑞棠女性至孝舅病割股和藥
進之愈不數日舅病復作氏奉湯藥衣不解帶者五

十日溺危更焚香割股和藥食之復愈子一名魁光
藍理思妻劉氏事舅姑及繼姑孝舅病割股救之舅少
十餘年
張源舉妻楊氏邑人楊正仁女年十六適張事繼姑劉
孝聞年夫病甚氏奉湯藥衣不解帶者數十日不愈
氏沐浴焚香告天曰阿夫於祖爲長孫於父母爲長
子脫不幸大宗之嗣斬矣妾不賢願以身代是夜割
股和藥飲夫夫病愈後生二子長藻諸生次繁
陳斌妻劉氏性淑慎年二十二歲適陳能持婦道生子

金太天妻其夫置妾不數年妾夏物故復爲之娶於
吳生子金珠夫病氏焚香齋戒割股和藥以進初金
太天氏績生四女卒無子有庶方九者年十一歲無
依氏憐之收養成立已婚配矣氏夫欲承立爲巳子
氏曰異姓不亂宗律也且奪人之子以爲嗣於義不
可氏爲之給田宅令其歸宗而日以納妾爲夫勸以
故鄉黨稱之子金珠國學
孝女傾大貢生張燃純女也適諸生舒亞生純老女事
之孝病急割股進之

陳治國妻王氏王季可女貞靜肅儉相夫有成姑朱疾
篤不離床第者三年氏事之惟謹姑色稍怍婉容承之
即加箠楚無怨色族黨以孝稱子洪榮國學
周應廣妻梅氏適周三十餘載生數子皆夭屢乘間勸
夫納妾夫猶豫久之氏諫夫曰不孝有三無後爲大
及今不決後悔其何及乎卒爲夫置妾生子五人
張源魯母吳氏邑人吳洪範妹也事舅姑孝舅病割左
股救之越十七年夫病復割右股以進性好施予族
黨中貧乏者氏周恤之恐後子源魯源德職員孫永

年萬年老皆諸生
張蓮臣妻董氏幼讀內則通書理姑病割股救之素蕉
二年夫病亦割股以救
國學于效充母胡氏諸生胡之俊女年十六適于事繼
姑周奉養惟謹性慈愛族黨中貧乏不能嫁娶埋葬
者氏周恤之恐後雍正十三年大旱氏出穀賑饑并
施衣被各數百件饑民戴之至今稱頌不衰

廣濟縣志卷之十七終

廣濟縣志卷之十八

知廣濟縣事金塏虞學灝重修

教諭孝感龔佐龍　仝校
訓導鄖縣陳景行

藝文志

上卷

邑前多名儒綱羅載籍發爲文章以垂世立教故人心風俗稱淳樸焉採其有關於此邑而可通於天下國家者

疏

懇勵精圖治疏　吳亮嗣

兵科給事中臣吳亮嗣謹題爲時政積弛已極國家隱憂多端懇乞聖明勵精圖治虛心納諫以保祖宗之治以維萬世之安事臣聞若口之諫諍臣所以愛君切諫之臣人君藉以保國由乎治則入乎亂始乎安常卒乎危菁啟之機間不容髮未有徂目前之安阻諫諍之路而國不危且亂者也唐之明皇宋之徽宗其始也皆太平之天子也當其全盛之時非不有豐亨豫大之形可娛可樂非不[illegible]

臣娛于獻萬年之觴造無懸之曲以淫蕩上心者及其政事廢弛人心渙散一夫作難宮闕塵飛王孫貴主欸奔徵之無期在國家鄉蒙白衣而封泣向使當其盛時稍節其乎物力稍儆惕乎人言顯進忠良留心邊圉嗟乎豈使世事至此乎今臣觀陛下之行事有天寶之驕淫有靖康之弛怠在今日已遠過二主之豪華恐他將未免有兩朝之顛覆故不避斧鉞之誅爲皇上陳之夫太后誕育皇上功在社稷陛下以天下爲孝養理所宜也然陛下之孝不過後稱儀拘曲謹以塗宮闈之耳目耳皇子皇孫頻年不得

一見朝僅夕寢皇上未見稠繆徒括海內之金錢雕飾京都之佛宇酒食粗俗之凡僧填衍溢巷百姓實見嚮女之錢皇上錙銖而剩之泥土而用之以養無益之緇流以冀無量之厚福以此爲孝豈繼志述事之經乎臣以此知皇上子道之未盡也皇上冊立東宮有年矣旣不使親近乎儒臣亦何由得習知乎祖訓甚且恩意不流頻年不賜一見宸極之前星比於叩閽之萬里至於福王徒假姑息將義方今日不速勅以之國異日特何術以寧家行義未著妨助已彰請田請稅皆非令聞延月延年[illegible]

上豈以尊臣之計是困羣臣乎抑未思及於福王開國之大事乎且瑞王之春秋亦太富矣不意標梅之嗟近在聖人之左右而不知也陛下深居大內祀
圜丘不出祀
方澤不出而乃日事歌舞沈湎醉鄉俾晝作夜所謂敬事鬼神之道不過散數萬金錢供愚僧羽士之溫飽而已矣嗟嗟莫尊於天地莫親於祖宗而陛下之祇事者何[illegible][illegible]也大臣國之股肱也或虛其員以示不必有之意或姑羈其迹以示不相信之心言不聽諫不行魚水之歡等於浮雲之迹

至於諫官列在近侍是國家之耳目也諸臣莫言約言直言深言皇上一切置之高閣視為故紙豈天下人之才智無可以當皇上之一目者乎豈諸臣之奏草無一言之可裨於國計者乎老忠臣於煙水之墟錮循吏於圜扉之內草芥犬馬亦是小臣之職分其如國事何矣然則君臣之際臣有所不忍言也　　　謂之天驕秦皇捍之而未成漢武圖之而多敗今者封貢未成恐旦夕間事體別有變化然而陛下視之譬如秦越人之肥瘠也彼者　　　驅數千之飢卒當

十萬之強敵而諸軍扶創飲血出死力以捍[illegible]無定之肖陛下惜一飽之錢嗟乎無人何以安[illegible]以安都下陛下於三軍之計豈但不察其微[illegible]其形迹其於邊計不過日點用一員巡撫為勅與他而已矣即不幸而各邊有事又不幸而中土有事吾不知陛下以何計為安攘也臣觀國家府庫空兵甲空有人而不用則人才空是謂三空在藩祿必難給在邊備必難完在法官之積蠧必難稽在宮府之睽隔必難通是謂四難三空四難交發並至在國家有必不可救之禍推而言之無一

政不可言無一事不可諫臣安得一望見穆清之度瀝其流涕盡傾出肺肝於陛下之左右哉今天下所以數年而無事者不過以祖宗之德澤與士大夫之忠義猶有可恃而已矣至於陛下則取危致亂之道種種而是臣之所欲言豈尺幅之所能盡也伏乞陛下亟取唐明皇與宋徽宗二實錄讀之見其昔日之富強廣侈果可恃果不可恃見其後來之禍敗決裂果可懼果不可懼然後與大臣小臣共圖改絃易轍之計深究消息盈虛之理庶乎可以固元必於從惻之餘安人心於瓦解之日也脫今日言[illegible]

而陛下不悔恐一旦有唐宋之禍卽忠臣義士捐頂踵以殉社稷亦何益之有哉臣待罪瑣闈無術可以效忠無路可以補闕故引古事以納約情過廹而言過直極知冒瀆忌諱罪不容誅不勝戰慄待命之至

萬歷四十一年五月十五日

論荊楚水災疏　吳亮嗣

題爲湖湘水勢滔天斷黃下流最慘懇乞聖明專官賑濟以解倒懸以撫流移以祝聖壽萬年事臣惟國之所與立者民也民之所以爲天者食也唯我全楚之民受國家濃

厚之澤生聚長養二百五十年於兹矣楚地廣博而水鄉十居其七百姓愚而且惰自耕稼之外並無商賈別業故民間毫無積聚不足以禦凶饑自古而然矣萬歷三十六年忽逢稽天之滔連阡接畝之長隄一旦化爲烏有百姓逃亡死徙慘不容言其稍有家者典衣鬻宅以給朝夕貧者刮草茹根剝木吞皮有求死而不得爲耳不意今年五月六月仍復大水衝隄破防蛟龍四出有連屋列檣蔽江而下者有牛馬豕畜逐波而浮者有童女孕婦綳衣見志者有老弱少壯禿髮脫齒狼藉江沙者肉飽烏鳶之下浮天際之煙如此災傷百年僅見臣非得家書□□悉之狀展讀未已涕淚橫流臣邑廣濟黃梅在蘄黃之下流江身既高百姓如在釜底數百里赤子所繫命惟一隄耳彼時洪水驟泛譬如奔山倒海從天而下百姓若巢一隄之上譬如蟻蟻失巢附一葉於衝風激浪之中長隄頓決慘結陰雲沿隄數百里之民皆爲魚鱉往日桑麻之地盡衝而爲瀆或溢而爲谿或滙而爲砂磧百姓卽有米亦無處可炊卽逃於樹杪屋脊之間亦無船可渡傷哉江之民不知苦凡至此矣隄既已破民復何望地既無民復何

租稅陷有存者盡日無煙仁明長吏亦不得不給引發批使之望樂郊而就食陛下軫念元元仁慈惻怛豈知湖楚之民困頓悲悽至於此乎臣不敢遠引往例卽如庚戌年之春陛下允守臣之請大發內帑以賑畿輔秦蜀之民今楚民亦陛下之民也楚民之災則秦晉所無之災也伏乞陛下暫罷宮觀之作稍節無名之費大發帑金以救孑遺之民仍專遣一官經理其事彼荒村野落之男女得一粒如得一珠分一錢如分一積稍救日月之饑寒庶爲生活之計藥則家家戶戶無不叩首額天誦皇仁於有永觀聖

請於萬年矣臣又查得黄州府一稅九江府一稅不[illegible]百里之外而兩次榷關凡此朽蠹之盈箱盡是[illegible]骨乞命榷使暫散一年之聚以爲晉濟廣度之資仍[illegible]其半以爲修隄之費嚴勅守臣多方救援則既死之民可以立藉已荒之土可以再聚楚民以後之生歯皆陛下功德之無窮也撫臣董漢儒之苦疏若此按臣錢春之哀懇若此即内臣杜茂亦且爲楚民痛哭請命矣陛下忍不同類而並視救此一方民哉臣痛切桑梓愁纏肌骨不敢不直陳於陛下之前也臣無任懇切涕泣待命之至

萬歷四十一年九月初一日

懇新聖德疏　吳亮嗣

題爲聖德未新民生甘蹙懇乞聖明責成輔相杜絕姦欺以謹天變以救民生事臣竊觀古之諫臣伏在青蒲之上朝夕左右無非諫之時視聽言動無非諫之術君無失德而臣有令名史册所以爲光臣自七八歲時粗解文字即有耻爲咎臣之意而拜官已踰年餘循省曾無寸效補闕責愧於官名拾遺徒憐乎往事未嘗不引鏡而自懲其面開卷而深愧於古之人也然辭約言冀無所當於聖聽臣[illegible]之關民生之艱爲陛下陳之陛下[illegible]冲年也彼時臨朝日講親祀典省奏章承[illegible]姦臣進獻覩之計以求遂其私而吾皇好貨一念[illegible]古之獨出矣貂璫虎生翼而陛下不知百姓骨[illegible]下不察民吏身終錮而陛下不憐羣國之大臣小[illegible]而陛下不省覧古今方策之所載記寧有若此之事否乎二十餘年不一朝見使羣臣之儀禮日[illegible]踈則朝廟之典故行將顛倒在羣臣不能識君父之[illegible]在君父豈能辨臣子之姸媸大權旁落而不知處邪説横行而莫詰其

非邇流窮源能無痛哭而陛下可悠悠忽忽視爲不關意之事耶夏有妹喜晉有驪姬皆以内嬖覆亡國之禍今子牀在旁者能竊陛下之意指移陛下之威福甚之皇子皇孫十年而不得一見此又開闢已來所絕無之事陛下於心忍乎不忍乎且同一諸王也福王何以嘗婚即婚瑞王[illegible]以宜婚而久不婚也開國承家宗社之慶也福王欲之[illegible]不[illegible]在瑞王欲有家而故使之違天[illegible]王親何[illegible]之外臣民之違乎形影既開姦讒[illegible]大[illegible][illegible]及此不知淚之何從矣[illegible]莎之倘陛下不亟正[illegible]

存擇日之舉陛下亦示裁抑之意而不知天下之觀陛下者啟已深矣内璫日在陛下之左右法有所不行則長其驕養之漸而日朘其財剥其生以益其傷心之痛語曰勿謂無傷其禍將長臣不忍不爲陛下微言也今年天下無處不以災侵告而楚爲甚守臣日以獨貸請而陛下若罔聞知嗟乎水所以載舟亦所以覆舟古往今來豈有失民而可以爲國者乎今都門之内百姓蕭然往時之富商大賈逝且丐於途矣至於荆楚之民手糠粃而夜泣盻故土以空憐溝壑四方甚非朝廷之細故而陛下秦越視之臣

恐樂郊望絶則土崩立見迨其形見而後圖之詩曰啜其泣矣何嗟及矣夫君不堯舜人臣之耻也尤大臣之耻也今君德就其最闕者而補之朝事就其最急者而圖之不得不責望於輔臣觀輔臣平生之著述豈屑與亂臣共道者而時事至此不得不以乞身爲悟主之計雖然乞身而主悟可也主不悟而身空乞非盡瘁之誼也陛下視今日之時事非千瘡百孔之時乎武備之單弱若此藩祿之困乏若此邊餉之疾呼若此士氣之騫騰若此既不能得陛下之留心又不能得輔弼者之極力然則天下事遂諉於

不可爲而已乎臣昨在科接得大同巡撫揭帖云已死者六萬而餓至三十九萬一邊如此九邊可知矣臣又聞貴黔之間苗賊出沒道路所傳有云殺一家至十九命者爲虺爲蛇豈非遠憂曰撫曰剿當何定計今輔臣尚懷從違欲退之心則天下必有日異而月不同之事陛下宜念與司馬溫公爲之於可爲之時也易諸葛武侯與文丞相爲之於不可爲之時也難使從此而内外有虞世界多事則輔臣亦安所逃其責筆伐口誅亦可畏也決不可泄泄沓沓而已也合國人之謀成經國之事妙邊臣之遥敷大侵之

民慎西師之殺戒邊帥之横然後漸圖必世百年之計則責任輔臣之要事也若乞身不獲陳辭益若使廟廊遠登而大臣豪氣是不可不深慮也至於姦蔽之源則在陛下斷之於心何以無父子之愛何以失臣民之望何以厭委萬機至於數十年而不悟陛下不可不深思也又數年已來朔雪最稀目今隆冬河冰不凍陰弱而散漫流轉故不足以收藏陽亢而浮遊錯雜故不主於翕聚宜聚而故散則上蒸而無生物之功宜閉而反翔故下格而無自至之力君道臣道皆失其宜故天之爲象明著如此春秋書[illegible]

霜不殺草傳記河冰生花天人之間不可不致意也伏望
陛下觀天變以察人事救民窮以隆主德使天下後世共
稱聖明之君而微臣亦獲免於素餐之耻則爲宗社之慶
豈不大哉
萬歷四十一年十二月十五日

起廢疏　胡士容

原任薊州兵備道山西布政司參議陞江西按察司副使
未任今起陞陝西臨鞏兵備道按察司副使臣胡士容謹
奏爲奉命趨任感激陳詞敬鳴不建逆祠所以蒙難之椽

與不敢暴白所以畏禍之情以昭聖明之恩以明微臣之
節以永矢圖報之私事臣竊見逆奸崔呈秀與魏忠賢之
濁亂朝政陰謀不軌也無罪殺士而楚士之剝膚尤甚臣
以一介孤忠即至愚亦何至以身嘗虎口而仕於呈秀之
鄉哉天啟年間値軍務控愬旁午事勢孔棘薊州道臣闕
舉朝觔縮無肯往者臣時待罪司餉清餉汰兵勉効微勞
戶部尚書臣李起元重臣譽臣咨臣吏部謂宜優叙吏部
正値虛闕待人即以臣名特疏陞補夕上朝下臣誼不敢
避倉忙抵任料理一切兵馬以備援守復苦[illegible]入塞

亟綢繆整飭庶幾奉職無罪而不謂一時奸邪賊臣乃倡
爲建生祠之説其媚忠賢者建祠以頌功德其附呈秀以
媚忠賢者又廣建祠以聯香火而在呈秀忠賢又正欲借
建祠以陰收人心而陽竊太阿當其時祠徧天下者無論
即近與薊鄰者則昌平天津祠密雲通州祠永平霸州祠
遵化之景忠山喜峰口祠外而山海内而輦下無不祠而
臣在薊獨抗不建祠臣固知臣之不免也呈秀徑使人謂
臣曰吾德魏公而吾又薊人今薊獨不祠吾誠無以報魏
公即該道亦何詞以謝魏公也而臣拒不聽也及督臣撫

臣之批呈屢至臣皆拒不聽也於是呈秀之恨臣怒臣不
殺臣不已矣乃乘忠賢之怒遂遵化道臣耿如杞也遂激
怒忠賢曰遵化不拜像薊州故不建祠也即當逮宜孰先
忠賢於是又恨臣怒臣不殺臣不已矣是時臣已離薊之
任江西呈秀忠賢即日矯旨差千戶劉大全等二十餘人
逮臣於山東兗州府蕭蕭行李盡爲大全掠奪臣即慷慨
上檻車不能與臣妻子一訣而臣之妻子流離困苦又不
忍言矣及至京又復矯旨縛臣下錦衣獄嚇詐顯施嚴刑
刑訊懸坐重贓臣肢體被折血肉淋漓死而復甦僅[illegible]

嵩臣家既貧且迭術幸蔭士民爲臣究備助臣代完三分之二及臣田舍盡鬻借貸無門鄉親年友難復有助借術不足數而臣督令嚴定其士民又咸無不念臣而願爲臣代完者幸藉終局顯純恣其梟獍五日一比臣日受桎梏榜掠身無完膚凡五閱月乃送刑部則又矯旨從重擬罪刑部阿承擬臣大辟臣惟知有引領就戮耳矣何幸宗社有靈篤生皇上聖慈神武明並日月即察臣等之無辜而且嘉其節出臣於萬死一生之中是時臣即擬具一疏以明微臣區區不媚姦之志及所以感激我皇上再造之衷

而爲一時臺省部寺諸臣凡薦臣與如杞者並章連牘而姦輔黃立極爲呈秀兒女至親故票擬不及微臣一字臣懼疏入而立極爲之扼也遂詣闕叩頭一謝恩即行矣抵家得與妻子再聚重上先塋感泣涕淋伏思捐糜無以爲報惟有咏歌化日祝聖萬年而詎意臣之孤忠已蒙聖鑒伏讀明旨一則曰胡上容忤姦受枉另與優起再則曰起復曰優擢而今乃起臣病廢之餘任以鎖鑰之寄是正微臣得効犬馬以遂其忠於陛下之日也臣又何敢再言第私念皇上知臣用臣而臣向之鬱鬱欲死與夫鬱鬱以示此情凡情自臣名節所關臣不一自明即臣之私心終有未安而臣所受於皇上是何覆載之大德是何不世之知遇而所自矢以圖報萬一之私心亦不敢不於履任受事之初先自入告以程後效也是以不避煩瀆陳其梗概伏惟聖明慈察不勝感激涕泣戰懼惶悚之至

記

懷義堂記　張顏

縣堂東門爲丞舍前有堂丞蹟之清戎于其間歲久就圮辛丑小山謝公拜丞命代蹟之仍舊弗敢緝君一年邑侯

蔣侯日夕往來見公言簡惜靜取予動止事使必求諸義一掃前時做政民既久亦感公義而悅服之侯坐斯堂嘆美之曰堂如舊高大光明則自今始君子蹟之不可以無名也請題之曰懷義堂公遜謝退然不敢君侯曰義者宜也我固有之也何遜之有公再拜固遜曰義之道大矣爲羞惡爲裁制爲嚴肅爲果決爲一介不取爲萬鍾不屑六者何有于我而敢君之侯曰羞惡義之端也裁制義之權也嚴肅義之方也果決義之力也一介不取萬鍾不屑義之類也皆性之德也直養無害則塞乎天地之間[illegible]堂

乎公避席再拜曰人有正有邪無物無對利則義之對也出乎此則入乎彼於學者莫先于義利之辨利苟勝義則爲苟賤汚穢爲適已自便爲損人益己其違天地悖神人極矣予兢惕孔懷惟恐沉溺于利而與斯民同弃也敢曰能之僕服公之義屬額記額曰褒義則裕堂之後爲自若亭臨政而懷義焉敬之至退服而自若焉裕之至也易曰動靜各止其所其道光明此之謂也

北園記　劉醇驥

乙亥秋秦賊破我敝邑居人狂出奔命族公幼凝携帑而

棲於江之滸及余昔過從主人皆星散崩落崖谷間但時行李相聞耳賊已去猶苦萑葉無敢誅故邸園明年大蹴走襄陜官軍剔擊賊河洛大破之邑人次第乃漸有歸者夏初余以他務倘過視色見市無設版刋發木而燼盈之禿瓶參差葉比殘[illegible]頃倚不支風日秙帷之衜蓬藋雜艸得勢而相臭至者昧之窪者敗土客而爲榎落　門之楙㕦焉可鵠而射鐘鳴而玉饌者鳥鼠白晝彈遊莽其如裘帛既裂其幅餘者不足箕帚而塵以及人耳余於是欲涕不可欲歌之未遂成篇方沉吟間族公人來曰大人慕

見[illegible]園之駕掃庭蕪而枕以哦翹然若肺之未有[illegible]即甚喜徐同轡造之人不暇揖輒言寒溫不休[illegible]久矣先是賊恣虐邑獨諸劉得無恙歸然[illegible]人之故家亭𨗉居談笑恍惚[illegible]而今[illegible]之百步爽塏憑高鑿構[illegible]累時晚[illegible]秧科頭[illegible]相[illegible]則[illegible]谷低翠近欲樂人[illegible]颺[illegible]應接左右而河流委細波[illegible]回[illegible]柳而帶石[illegible]登跡深徑登遞月之[illegible]暨[illegible]之洲[illegible]花之館[illegible]自石之几披藥[illegible]卧栢亭拍

組欲舞少焉月出東山旁皇清池搖荷葉而動薔薇寺鐘徐來傾耳成韻而笛聲別起煙樹不知何人於時神情怡適舉若揮麾忘更之易盡也余曰此樂未嘗無乃吾[illegible]今若獨深幸之當逆賊東驚虞其古戰場矣豈復知吾二人此歌而樂哉先生曰信有是夫其爲是者耕[illegible]者也予宜記之余因退而爲記嗟乎自旋頭不[illegible]秦[illegible]昔秋[illegible]刈之然則逃而歸歸而有人相樂者大[illegible]凡[illegible]未知含情矣辭與余同此記者何人也

黄岸院記　張仁[illegible]

由明水上土門側徑陰翳行二里許入深谷竹光覆地大樹深窨山峻而平水安而駛前眺游鴻而背桃五峯者黄牛院也予與舒子游蓋數至焉余問舒子曰是院也曷以黄牛名舒子曰昔先君子卜築於此也雖景先生煇以流沙服來自關中先君子編茅師事月夕風晨罔不過也院落成先君子跽而請曰是院也曷名景公曰曷筮諸筮之得遯之二爻曰是宜名黄牛今二十有四年矣先君子屬有四方之役茲獲歿于新都而景公墓在山側水且拱雖然是院也無記先生曷記之予曰唯唯予聞之昔孔子嘗

言志矣語曰孔子十五而志於學而易傳言志凡六十有一夫志者富貴貧賤患難所不能移天神人鬼日月山川所不能奪也志固而天下之事畢矣志不固則變變則家先疑之疑則不孚故家人之初曰志未變中孚之初亦曰志未變也志變則多端今之無志者其學猶朱紫元黄無定色而擿埴索塗之寘行而莫知也於是有志疑志未志亂志隨人志至於疑且亂末且隨而志窮矣故又曰志窮救窮者莫如中正故易之以中正治志者不三四足也雖然志之固也必有所自起起者何信也信生於中猶木之

有根身而江淮河海之有源也故易言信志者三而志[illegible]而罔思過半矣如是而有以少自足者非志也間[illegible]其臨矣乎如是而有牽於變者非志也舍下其隨矣乎上以是教下而民志定矣民志定而睽可同也下以是求身心而志可則矣志則而慾期可待也中以之相箴規而志益而應矣志益且應而後外可以溴躬内可以茅拔也雖然猶未也至人言滿天下而無文也志無其志而後天下之志通焉故曰白賁無咎大得志也然而困乖致命之詞均設有隕之獲身命有盡而志不隳此誠富貴貧賤患難

天神人鬼日月山川所莫能奪者也故曰志固而天下之事畢矣嘗試與子登游鴻之巔躡五峯之頂攷鐘伐鼓採蔬烹泉而竭思乎二十四年之前凡景公與子先君之杖履若可得而見也荒罔斷壠不乏牛羊之來破冢頹垣餘役衣裳之舊而景公與子先君之謦咳如可得而聞也夫景公不以殺函之遠而一瓢一杖以蛻於斯子之先君子又不以桑梓邱墓而跋涉吳越間關新都寧有折以不回而終不欲死於婦人殯於牖下卒至員頂方袍骨恨千古者蓋其人與骨業付之荒烟斷少而其不朽者志[illegible]之[illegible]

古哉二公之業也抑予於是有感焉昔嚮菴以佐胄之故
業而得道焚其詠出號曰遁翁今二公之業猶是也宜二公之
以德釋終也夫易係黄卒有二子於是又重思夫華也已

楚東江閣記　金德嘉

湖廣地載在圖經凡六千里而東南之界於九江者爲龍
坪龍坪古鴻腦洲地蓋山川之氣蜿蟺縕結亦久矣瀕江
有閣則自今歲始閣之高以尋計者五廣如之修亦如之
壓水而基欲其毋齧也甃以石石穿土深入欲其毋迆也
郛以杙用松幹爲之杙周圍綴統者垣墉然欲其毋攲也

雕厥題與土埒凡甓甃之工畚鍤之工繩削之工日有餼
月有備費具别珉輸白金錢米氏名纖悉都載工竣於某
月某日至某月某日而竣余不佞嘗於鄉誼當記諸石按
水經漢合於翼際峰下瀠洄而東也右得山曰西塞曰釣
童水小瀠左得齊昌之蘄口廣濟之青林口水小渚青林
一水東通大雷支爲湖一水南注於江滙於潯陽九派龍
坪負湖而抱江奔湍駭浪江之彦瑚涯際遂澗古有江心
寺李太白詩所謂手可摘星辰者也蔡山小刹今沿舊名
而江心淬洞則蟄龍所宫矣形家往往言龍坪之閣於東

前閣也宜與議胥協從刋水移置焉是役也董事者[illegible]
於蘇鼓於是知人之可與有爲也前朝萬歷中江[illegible]
之會庸德懿行藉藉人口由今視昔將毋同乎登斯閣憑
檻以思施蓋閈閎相望庠塾誦讀聲比屋相聞猶有先哲
之遺風焉若夫農睹蓋藏賈裕泉貨肆鮮奇技淫巧之工
巷無吹簫擊劍鬭雞走狗之徒月吉讀法古閭師黨正之
規尚有存者郡縣大夫行部輒稱龍坪善地有以也閣之
輕重豈不以人也夫

伍祠四大字記　阮文茂

右至性光偉不凡人本其英氣類能以其餘託諸筆墨經
歷久遠雖刀兵水火極大成毀之世皆不能少磨滅之數
百年後睹其芒鋭新鮮胥訝曰鬼神也要之實有挾以行
古聖書殷太師七大字以聖傳也亦以太師忠烈故昌黎
公淮西碑遺同事推毀之迄今傳者仍韓碑也以文公故
亦以裴公故近如梅山二大字歷四百年巋然蓁棘中豐
奇筆則然哉亦忠宣公以提舉任著作故若是者或一人
或及十數人舉一髮頭翁動觀者曰此景星慶雲也無他
欽而寶之况欲與其子若孫共寶之伍之先祠西壁有忠

孝廉節四字大與人等方嚴遒勁者說祖豆君肅冠裳森
絲晧四余銘于乘者久之楚老伍翁搢酉府余敬訊之翁
起頓首再拜曰此明相間介夫楊公之父留耕公諱春公
之手書也余曰留耕公新都人縣隸蜀且誕成化初越百
五十年胡爲乎遠來村落哉翁曰此叉予祖常公之爲之
常父諱善永樂時辟薦任縣四督六府糧以功累級爲府
生子常正統甲子以易中亞元于時廣文職無近遠常公
則授新都諭留耕公父早世家有寡太夫人率耕公試于
縣貿于學常公一睹留耕公携詩而大呼之曰此子精神

滿腹豈肯久處池中其大喜過望不啻蔡君謨昆弟之到
凌公庭除也收明倫堂舍猶子視之既曰孀母子無變理
則立書室延明師百種玉成以期其鑑之不爽也常解綬
歸數年而謝蜀之楊固渺不相聞也君無何留耕公成進
士又數年天子命督楚學制初下留耕公驚喜曰三楚雄
風余不銜人亦銜之獨是成我者飽于楚之梅川子之賴
上也今予得少酬吾師矣蒞任即宣言廣濟伍有童子胥
令試族閭之常子洙泗泌沅悉族共二十五人恐不足又
諭以僧爲及入試列黌序者一十六僧亦未遑也方是時

天下太平久學宮貴且重又非賄賂可得州郡傳呼嘖嘖
之曰未有也科試訖留耕公懇任以爲恩覃矣紹列學從
曰鄂城入濟詣余家掃常公墓墓道遠族無措則指常公
之父善公之墓代掃之牲盛品物禮獻無不明且備一時
皆榮慕焉祀畢留祠中掃塋作書此四大字所由來也余
曰異哉斯書也方明盛時族之衆欽若宗彝無疑也懷宗
朝獻逆來矣焚毀千里燕巢林木此何以巋然存也曰祠
焚而四壁竦立也稍頹即無此矣且火烈而死鎌楹柱亦
無損厥照畫者余曰此正余所謂有挾而留焉者也常公

之識留耕公于稚子也英物之合也蒿魚之乘也留耕公
之掃常公于墓道也師傅之誼也生成之恩也方其光借
藏中交迸互發在天爲日月在人爲聖賢在物爲麟鳳在
世爲亘古其祥風藹氣環結繚渺於空際者非生人之底
毀所得與於其間也吾讀史見楊之系留耕公學憲矣介
夫公相四朝矣升菴公大魁天下著書百種并其弟[illegible]制
胥名進士矣君家比肩立者數十輩出奪錦聯[illegible]
告將受問之心畫得無意乎吾聞古之人不寶[illegible]
[illegible]而寶點畫之奇不重科甲之榮而重握手之誠[illegible]

之絲而貴墓上之登則此四大字也詎容僅以筆法奇妙視之哉昔歐陽公藻鑑人倫者也獲仁宗飛白書于汝陰子履之室爲之告曰太史有望氣者必言子之室榮光起而燭天也夫一飛白書也而言其光至燭天此其說雖爲天下道應爲常公道之爲留耕公道之爲常公留耕公之子若孫極道之也

六賢祠記　張惟金

士大夫經明行修當其身發聞於世而流風餘韻感人於身後者久而彌篤豈非古所謂鄉先生歿而可祭於社者

乎國家崇德旌善有崇祀鄉賢之典可以勵世磨鈍而猶不足以厭人心之私於是乎有私謚有私祠以此見輿論之公鄉評之允懿德之好之不泯於人心而可補國典之所不及也邑之瀕江爲聚落者有三其在西南與黄梅接壤者有曰龍坪鎮龍坪帶江而市鴻艪洲亘其前遥望匡廬隱隱列屏障焉山水明秀代有聞人而其最著者於明則贈太僕以節義功名聞於天下者曰仁常胡公守輿安剌諷志自矢力保危城勤其事而卒於官者曰復濱金公爲泰復公忠封翁黻菴先生持身方正格言莊論足爲楷

模與安公同時者大復李先生爲諸生祭酒丁明之季戡定民變人賴以安至寇山人巨源先生當隆萬時以詩歌雄於海内與七子齊名王公敬禮老於布衣是皆勝國之偉人一鄉之先達而太史豫齋金先生奮起

本朝以繼忠臣之緒儒林道學合而爲一山斗之望不愧科名此數公者其行實或垂國史或載省郡邑誌表表在人耳目間生同一隅名在百世此龍坪諸君子所以仰其風而思熏其德而慨然以慕六賢祠之所由建先是鎮人胡六極偕太史公里居有三賢祠之議太史公聞而壯之六

極於太僕爲從孫三賢者一太僕公一輿安公一寇山人也居無何太史公下世議遂寢至是龍坪人文日盛諸君子溯厥遺澤復申前議於三賢之外廣而爲六各輸金若干諏日卜地祠於江漢書院敬義堂之西偏工既竣郡太守蔣公邑令蕭君俱錫以額而金子啟汾胡子承棟過余而屬爲之記余以謂表章前賢爲後起者之責夫名里門以通德禁柳下之樵採桓彬有樹碑之頌法眞則刊石以傳此豈國典所及哉義激於人心之公事久論定而相感於不自已也余爲啟汾經師以故得親炙太史公從容

多而前明數公則又私淑者久矣雖啟開末學不足發其
人長德之幽光然俎豆前賢以之廉頑立懦是固鄉鄰風
俗之美者也故不辭而記之敢汾太史公之次君承棟教
菴先生四世孫也其他捐金以勸茲役者皆得牽連以書
以為後敬者勸

序

楊用極詩序　吳亮嗣

詩三百篇所為君臣賡美朝廟登歌為盛世遺響者才數
篇耳其他固皆放臣思婦棄才遷客不得已而自通其意

也是故苟有可錄雖單詞片語聖人存之即其中有不甚
關於風教旨於名理而憐其才有所未用哀其意有所未
達亦不忍盡為刪削迄今風雅中多有繁音促節遂並與
尚書周易相為掩映者非一二端也假使放臣思婦棄才
遷客過明盛之時進足以有為退足以自樂又何以言傳
為哉惟其不以言傳而徒寄意於言一言之存而後之君
子因言而想見其人又因而想見其牢騷酸楚之意千載
之下猶令人感激而垂淚則詩之為用貴矣吾友人楊生
聰明才氣自視無前弱冠舉孝廉高等方期為天子論思
之臣以自張皇其學術而僅知不得幸於造物遂與古之
放臣思婦棄才遷客不能自通其意者等楊生之言曰吾
欲究心典墳畢心河洛盡稗官野史之放逸四十以後始
縱筆為詩可以觀矣乃長才促於短晷壯心窮於末運用
既不適於時而才又弗遂於言楊生楊生不亦大愁絕乎
哉楊生所為詩近三千言雖非其所欲傳今予實所得其
欲傳者而傳之友人劉敬侖詮次以授予予為刻於蜀之
果城古詩悽絕哀促有憂生意律詩蕭散綺麗歌行感慨
煩憂皆不鮮風人之致斯亦雋才不得志於時者之所託

也後有聖人采而錄之安知不與三百篇並存乎噫其傳
不傳未可知也掇之拾之不墜於地以待後之聖人則朋
友之事也古賢者不得志而仕於伶官有簡兮一篇至今
猶可見其人大略予思楊生而不得見故取山有榛隰有
苓以名篇楊生字用極大鰲名賡予與予同鄉舉楚之廣
濟人卒年二十九歲云

縣志序　劉醇驥

志天下者取諸列郡國志郡國者取諸縣邑故余廣濟以
志書頌其星野於楚黃並附之耳自圖攷沿革五行災祥

而山川風俗古蹟戶口田賦物產官署學校祀典兵防城池關梁鋪傳鄉社陵墓寺觀咸志名宦鄉賢則表之而宦蹟及人物之世用理學文學淳德孝友忠貞義行隱逸僑寓義俠女之節烈賢媛慈繼母及方技僊釋咸志叉藝文雜志終焉邑乎備國與天下之義類矣廣濟故漢蘄春地周隋間創縣治稽厥舊乘鮮存者澗略有不足觀學友人王五宜好古士也憤焉感之用博采楚志黃州府志亞稗史諸文集族姓譜碑碣明滅者山谷題鐫稽梨傳說里巷風謠以志廣濟余每過輒商因取在集者梓之餘修飾潤

色之期於攷故核序次瞻而有節揚幽搜逸不厭而形容褒諷唱歎鏗然因展卷告之曰古人著述無大小雖會貝甚木刀劍農器鬼神志趣寓之采態體重刻一公侯之封人民社稷具焉而方冊之爲可無文乎言文行遠須賢善者以嶽降謂精氣之聚也精於天形於地爲人而聰明能言因以其言表之志成而使此之山川人物藉文行遠其表也亦既彰矣。抑言表不若身表，王子何謂身表曰古史之傳人者先其地表所出也近世則凡名臣國老大儒賢哲出類者每不敢質其姓氏名字而直以邑稱之地也

何人之矣地而人之所出也義如有謝表並甚高今廣濟列諸郊圻自周隋迄今千有餘年矣負晨之山遊而上經幾郡國而翠竦天漢勢萬丈諸水隨之若蔥領之西河形家每望而詫謂宜有異鍾焉顧唐無可攷雙峯大醫浴井斯在方外之聖不致仰於繹惟宋張公安然余公珍功名史策是後柱國之貴公卿之英踵趨廟堂之上而賢士乃單心聖學由知性以邁鄒魯微言才秀亦復馳於文秦漢盛唐人數爲若淳德孝友行義之倫又比屋也然則總厥全而當之意天衷聖克念知覺悟大道之要命以一堯舜

孔孟而敷禮制行先古之法在爲得時而股肱何宜欲蒸之舜禹要其有德能言靡不朝邱野之稚而如範如詠典則風雅雖布衣柴車登師保矣是故令聞令望非家國之所封樹嵬癯也一人鴻儒著而國與天下曹起指稱之且不敢質其姓氏名字而直縣邑之然則險不虎牢富不崇海而地附人顯無日不天下違迺之耳目也邑乎譬周室天下之朝而矣是謂身表夫其視徒言乎爲有量也雖然言何容易楚人大泓閔而士不聞記志之業久矣王子曰然執卷而起以告司訓胡公茹公司劉子之言大哉仁然

邑而僃國與天下之義類又信邑而可爲國與天下也以人也鄭食溱洧爰有子産衞髮之央是挺季札信乎地非人何顯哉是忘也王子始之余終之而壽諸梓則胡公倡力王行請於明府孫公學論李公龙工徬資曏衆實予以不朽夫山川之龍靈弋悉咸有在也

長風山社序　劉醇驥

天下甚遠大丈夫傑出特兼理爲能豈時偶微長汲汲矜負恐不暴於人至輕相惆喝哉抑榮有習物有聚操持雖彫近世之顯功赫譽率由茲起識者每用消長其人而盛

衰其地則破樊圖諜一長幸社稷視之欲使蔚掩華閉逃空谷焉又惡遽能也今天下誦㘘鄒之經而以其義鳴者紛紛盡四國矣始苐克賓國羔鴈籍基遠大乃猥奇鏤悲人別閶域其盛者遂以名其郡邑使天下景附不滅古鄒下江南謂非一時之盛乎於是吾鄉起而慕之鄉固漢蘄春地讀柔鄘者可異焉其叙江水自岷山井絡更鍵爲宕渠羊腸虎脊楊岐飯筐白螺赤嶼數千里奮迅委折至蘄春之南止焉長風積布青林其地也夫江以海歸道里紀寥濶潮未至而地忽止豈謂其氣勢隱擺獨蟠結見榮者耶來而放險西顧天來風雷噴薄峭屶皆阻奇山而洞石林立經桃花荻葉之波黿鼉蛟龍出沒相雄恣盡地合荆蜀諸流并力吞吳壁東無他蓄泄今之全楚實書東壤焉夫山川交會勢如此而且當大國之陲其精氣必聚而産宜良訓有英特淵㴿道法挺世者不吝鍾出爲廣足當之乃鄉之人舊具文行自宜撫平章侍書宮保而後在朝有以直諫成名或彊顛觸權奸瀕死不悔處者亦多醇儒孝義右人風經術呫嗶起家猶傻然竟非隆顯天下無用指人以名其地者無敵大業未造而表章鮮術也余不量無

用爲感人顧自樹立奚暇論地名賢先達所在皆有經物理性要卓天傑未嘗按其圖乘有所步武要使地足山水代不乏賢欲鼓舞超乘寧詎難焉惟是時無異科起家不能廢尺寸經生語耳幸一時風尚各擅鳴其郡邑而鄉之入閒見既習才知駢出又足相慕効則余雖迂陋誠不違趨語達大雅茲鄒魯彧彧之義請其盤敦矣於是而燦然其一日[illegible]蔚者固其始慎之也聲成文節以聲喻錯興王分扣仙舉木撫手相樂關九賓金石之奏而蔚爲者懸彬鳴雉華黍以爲鄉黨者以樂君公大雅之林無選逝

諷勤矣淇唐富於音故駒豹不敢辭祭酒焉倡予和汝非一國是私地從主人則以爲其名也豈僅擬於銅鞮之坊耶乃或者猶曰天下甚遠大胡麼擲徵長揭而負之爲夜郎丈夫也夫吾觀靳春爰全楚之流山水勢聚焉往吉水大儒亂彭蠡泝江望氣留連青林長風間不忍去獲一隱君子有遺鈐意者殆將異人起於是乎則兼理遼大經物理恉前賢遺緒　傾秦以楚聿在三戶茲社也殆占烏之徵示風動耳所爲翕煜標舉寵名郡國者綠圖幡薄要不可量歟

三楚文獻錄序

劉醇驥

國家氣運迤邐數十年輒一變循自然至若或驅之其較無不可知者綜攬全勢則每國山澤物產閭巷謠俗車服制作田賦兵戎星辰水火皆與時推移鮮一捺格可命而大抵以人文爲端概天地百物精華融結爰挺人文辟肢膺之有筋骨而室築賴楨幹也奮起卓然運動時勢各乘所造其大者身度聲律道法濟矣性情風烈過感宏彰雖節善亦足勤贊筆左右而揚教萬世者廣諸天下近取一國靡不然也嗟乎恍以是較則人文視他所云每國諸類迺獨鄭重綢摯爲足憑賴曷怪焉可觀楚之錄文獻矣錄奚昉也楚幅員數千里形勝戶口財產雁行東南譚括地者不敢菌爲下國前此耆舊鄉老在事既取其全總列目分志若杞秩然具矣止嘉靖季年未遑紬緒宜有俟也於是文宗棠旃高先生讀而嘆曰洋洋大哉援名賓審沿革褒元勇而負難次其後敢多讓乎顧任屬春官秉鐸是維飲冰寧不能纘采緝覽以助經方者武庫也守先待後言行樞機小氣運者不於其地於其人若時變增加知所以盛衰　揭杓引燎而趨矣且夫隆萬以來四

朝更數十年蹟閱晧著可考而知也江陵相國名世之英託孤寄命措天下泰山安哉梅司馬文士効行間治兵籌敵卒寧西夏其後右屯之師以剉折而策未萌之釁布置機形猶難肯掩也天啟丙丁去閹璫兩甲子而縉紳禍再酷則楊忠烈白簡犯難羣賢類應附湧光史册矣文成聖學耿恭簡私淑亦克師表人倫張甑山又以篤行顯聖睿夫博學著述徵聘勤聖人側席若李大泌身歷六朝椽筆擅宗工藝者不敢望津涯焉而公安快俊景陵深逸遂以仰欺爲奇至鄭尚書清風振乎天位李湘州靜氣溢乎全

流凡此首約畧言之時屢變愈出矣況其介守積閒節孝隱逸殿不殫指數十年全楚之間言行文獻瞻注引推為尊不出天下所其知別有以為姿宦明矣抑何可不重加意也純化漸夷士習便淺視高明以上藐若擯提循蜚不及其衞而次則與浮沈隨務耳事豈易為名豈易立也庠序之業工簡售速屢大小同則人豈為之剽竊俳佮足享釣天其極必捷趨侻拾相矜以獲使誦古三不朽且爰居駭惡得是荒唐者乎是故有法於此居楚者之勿更齊傅也即以其人示之以其近數十年因時應變設簡督之傳

日視遠不察形聽遠不聞音乃祖乃父接踵而承風星之紀財幾周焉碑版未隤而指其巍灼教秋駕者亦習之以素耳物產謠俗特暫偶而委諸能言行者之御也先正臨望道法神授則直予以風雷焉烏足論其是非不然猶在滑稽之流㝦鼓之數也正氣罕樹而卑與物遂又徒援他事以古今抗抑耶由是言之先生之為是錄也加意楚人士盖云厚矣而或者日傳美易訛不如嘗味之得旨也先生秉鐸甄陶舉國之人竊抃而希革者不知其幾矣取於秋佰之實摹擬遝集耶則又有進者先生謙中而實愛久

矣下車之始搜逕事奇文布令遍郡邑行部旌施錯道性亟訪其土之先賢未祠者祠之巳舉則牲而幣之然後收於遺書推恩子孫盡禮乃退夫自辭高深以奉先進其學問在景行慕效矣豈其教人而顧棄之也善教無不經大學之體重國故春秋賢士相稱答必舉先大夫魯人則吾臧文仲晉人則吾叔向故王孫鳴玉以屈覇國之艮匪左輔吳適寶矣雖然彼以其國域者也今承平之世海宇一家凡楚人數十年間著言行有成績者其事與時變要皆輕重關乎天下為今取文獻而楚之䍐從名之義也會通

氣運觀四朝全勢即去其楚而可矣若他所云每國諸類乃繫乎人以盛衰風土誠烏可同日而語乎

豫齋詩集序

張仁熙

盧元薦先生云明詩洪武初高季廸華一變宋元自開大雅而李大泌先生則云明詩初多沿舊習李文正起而反古卓不少移有開闢功是皆本前人明詩盛於洪武而衰於永樂成化之言其日再興於宏治者意專推文正耳若其時北地操戈巳磨礪須之北地刻文正門墻其壽丈正也不一及有韻之語瑯琊後起世宗朝則啞罵及之既而

託諸樂府以懺綺耳百餘年而名家踵出方一破成議推文正以冠全明夫瑯琊悲離傾挫小小遇合風情一發之於詩似亦宗騷些而背優柔樂易者頗其言數十年金科玉條之亦氣運使然歟不然何粘沃之濤終歸清晏也近者門戶分熾風發雲湧而宋元雕蟲搜括殆遍同事憂之間見楮墨要亦卒無冲融大雅古道淋漓湧發文泉隨地瀵溢者豈類遊者好排奡幽窈者近淒涼而稱詩爲餘事者復波蕩於呂梁之三十里而謫激於白帝啼猿黃陵雲隙間與奇極反平濃至反淡暢反塞惟反坦也夫以意爲

猝嗟之貌救蠻目豹蔚之過欲指爲開闢功豈可得哉余非能遍讀詩書者乃不出里巷而典型之則無如吾友金豫齋先生先生之先大夫守秦與安都當寇氛大熾時精忠大孝困於圍城而卒以卒豫齋財五歲耳坎坷事母李宜人成過目誦即稱神童子弱冠以諸生試冠多士旋雋棘闈教授安陸者九年壬戌出爲南宮第一人方先生之讀書安陸也日游歷山水間夜篝一燈足成之如長吉故事久之有自怡石城諸刻傳布海內矣及南宮墨出則人下又以爲文恪文潔再生已而歷金門上玉堂倡和諸老

老宿有日新天下化之則又以操持執踊司文[illegible]風[illegible][illegible]率自吾楚始先生尚堙之傑也復以文恪文潔[illegible]其在新乎余曰是固然施氏與孫宜老論文正詩反覆[illegible]明必深求其忠厚和平之所在不徒皮相也茲者先孝廉與先生之先大夫肝膽金石邑里所共悶見余與先生又日夕編摩亦更有窺其氣候者乎先生少孤貧固鬱伊寒[illegible]士也自少迄壯及對策大廷介不出門戶潸羸自守乃[illegible]所吟詠清和坦自霽日熏風有懷必達有違必[illegible][illegible][illegible]如圓脺鶴惻夫楚固以騷些祖禰後人而後之論詩者又復

以窮而後工豎訓令先生入爲侍從出秉鑑衡教閣抒忠鎖垣啓聖無一不自學問溫摯中出即孺慕棣哀痛哭指清風也且治詩者艷詞綺語之設補中扼塵之音未必不供風雅一點染而先生皆却棄不登於組豆非風教一大關係乎今試觀長沙諸集俱在向所謂平平燕爛者北地瑯琊不過以精悍藻繢壓之考其實大則栽培國運小亦砥柱藝林數變而淳氣存史議定文襄之言遂足千古長沙初寧娓娓告人哉先生[illegible]之所爲亦猶是耳或曰先生素求以私淑長沙問今前後一轍何也余曰南嶽主[illegible][illegible][illegible]

生皆南嶽崖也楚山之高者廣者多峯者不啻數百而衡
八百里七十二峰雍雍穆穆不以高廣奇秀與衆峰爭故
兩先生以和平深厚應之豈曰偏霸云爾哉余亦謂先生爲
兄退處山林不與人世先生不我遐棄編詩以示並索弁
言簡首因爲述兩先生功勳契合如此

楚詩紀序

金德嘉

楚之先鬻熊爲文王師漢藝文志鬻子二十二篇唐貞元間柳伯存所謂子書起於鬻熊者也三閭大夫乃作離騷太史公曰國風好色而不淫小雅怨誹而不亂離騷兼之矣宋玉唐勒景差皆三閭弟子也而玉之詞賦獨傳是以屈宋並稱於世考亭朱文公集註之作離騷名經餘皆名傳詩十五國風當年如此者幾人哉唐以詩取士而孟浩然皮日休齊豫李羣玉鮑防薛據綦毋潛朱放崔道融輩或仕或隱要皆詩家所不廢若工部以詩史稱論者直謂

三百篇以後一人而已其先亦系出襄陽者也夫自淮北泗陳汝南南郡史稱西楚彭城東海吳廣陵東楚九江江南豫章長沙南楚今豫章以東皖霍黽阨以北不復名楚然湖廣一境幅員致廣故代有聞人即有明三百年以迄今日內自三公九卿翰苑臺諫曹郎中書行人外至中丞藩臬郡縣大夫暨韋韝彥士巖壑隱人操觚握槧自名一家者不勝數也長沙廖傭客綱羅楚詩溯上古至近代晋梓成編屬胡康成學博涉湘踰漢徵言以勒簡端康成[illegible]吉偕名承世父黃門家學爲潭州知名士佩德鋒火[illegible]

醫枝鄒倚掘拾殘至充棟竊謂楚無風而以是補之余復習曰桂下莊列諸子鬻熊先之也漢魏六朝四唐人之詩賦離騷先之也至若横渠二程考亭諸先生之微言大義則又太極通書先之也楚人氣剽而悍往往爲其難者濂子何矣精令屈宋生當聖人之世及聖人之門受經請益未知視卜子夏何如濂溪推一理二氣五行之分合立象盡意若親炙無隱之誨豈值聞夫子之文章已乎天之生才不一時人之立言不一顧奈何以楚無風也而少之是故上下數千載人文輩出譬諸藝術之氣蒸爲雲霞而江

漢之流行於地中也當明世宗時有學士廖公道南著楚紀一書人到於今稱之是集也剞劂告竣即名曰楚詩紀可矣補云乎哉

饒仁倩詩序

金德嘉

前鄉貢士饒仁倩所著之詩集其藏於家且數十年矣歲丁卯余以于役黔西返過里門饒秀才起燮發篋鈔謄屬余序余兒時聞仁倩及弟叔度並以詩名江漢間仁倩舉於鄉而叔度以諸生老乙酉歲叔度過余江岸褐衣大爽夾袋高尺許芒繩貫之皆詩古文章其貌蒼而言質余因故人子偃僂唯諾惟謹當是時余年十六里居習聞亂離門上鉏横大石傍檐爲几叔度捫几嘆曰廉吏兒一茵至此若飲儱乃去先兄告余曰里中士大夫甘貧嗜學推饒氏近古以故先大夫往時過從其家相與商榷藝文交最深久之叔度卒有子避中日臥侯爲縣諸生亦言詩而其先集竟未有知者起燮日亂後散佚且盡家塾所存者僅有數帙耳當明萬歷間邑令君桐城劉侯燕及起家名進士與廣濟六七君子講藝[illegible][illegible]日廣濟人士斌斌仁倩著詩盍與劉侯唱和爲多云仁倩服膺北地偕計上公車嘗

擔載其書以行[illegible][illegible][illegible]以之矣然機杼獨運自如其意所欲出當其時[illegible]大夫主盟抱鼓響應肆其力於古又戒焉雖滿天下未及近郊教槃好會桑梓晏如故其言鮮幽憂坎壈之氣若叔度晚節阜帽麻鞋播遷泥滓視仁倩則苦矣乃其言又散佚不及茲集猶庋閣以存更數十年讀茲集者但知仁倩耳惡知少時齊名江漢又有叔度其人者乎余是以把卷低徊於世運理亂詩文存沒之際重有歎也序以歸諸起燮起燮之考待菴孝廉有所著詩集余嘗爲之序先是字汝順者有待刪草極爲劉侯所賞汝[illegible]

仁倩伯父也偕余兄弟言詩者有己亥進士彭中字賀之
詩亦成帙又聞憶君木倩詩亦工若秘不以示人蓋饒之
多詩人如此起與其亟合家集以梓諸庚諸饒之詩不至
淹沒不傳也

饒叔度先生詩序　　金德嘉

廣濟縣有饒先生叔度者博物君子也少時嘗與先大夫
友善先大夫嘗之饒先生所觀插架書踰晦朔忘返饒先
生來江上講藝草堂淹留亦如之先大夫仕陝西興安拜
劇寇保危城勞瘁卒官而饒先生偃蹇屢試不第猶僕僕

諸生間意無可一世試牘刊落經生家訓故大放厥辭督
學異而黜之評曰語必驚人饒先生仰天大笑曰嗟乎生
求性癖耽佳句語不驚人死不休古何人乎某今乃信於
知己矣於是衣短後卑帽芒屩徜徉山澤游必以詩囊自
隨肩荷臂挈倦則倚樹而休焉驚人語觸緒迸出如山崩
石而水倒峽矣寇亂日劇大家僕佃亦往往乘間為暴先
生携詩囊竄山莊設竹几上坐會佃人割雞烹且就烹詰
之曰若餉客乎世雖亂若故佃也毋得為主客禮脫餉我
若毋得坐佃人蹴踖應曰唯唯日晡出脫粟飯盤堆蔬爲

飯已[illegible]笑曰佃人知禮佃人知禮然割雞何爲[illegible]無[illegible]一
客有母在耶其癡如此饒先生世家子書癖自天性酒
劍客一切無所近人質行好古則引為性命交益吾邑自[illegible]
桐城劉侯爲大令物色六七君子入詩文社登高山[illegible]
深壑觴咏無虛日由[illegible]人士彬彬向風當是時士大夫
推萬卷書下筆立就千言乃爲令上客饒視娖娖方幅鮮
衣怒馬出入里門者偶人耳先大夫受知劉侯最深會督
學太湖馬公試第一補諸生舜鄉舉通籍而饒先生困諸
生久所如落落難合老且憊俯仰今昔憤懣無聊一一寓

之於詩特言邑之理亂稅令令之賢否覈其學與不學抵
等數十年鄉里人材風俗如指掌是故讀饒先生詩者可
以觀世焉厥子陸中臥侯亦言詩嘗於縣東郭茅齋[illegible]余
著飲廿生名宗一娓俱廿生者孝廉忠甫冢子孝[illegible]先
大夫鄉舉齊年余三人追話先世未嘗不泣下沾[illegible]已
何廿生卒無子臥侯亦卒有子未能世其家嗚呼[illegible]亦
業衰矣余駑鈍不任著述嘗欲仿柳子厚作先友記[illegible]
兒曹而未能今於饒先生之集重有感也爰識數[illegible]
莞厥家乘者藏焉

饒歐修詩序

金德嘉

歐修饒先生登乙卯賢書浮沉公車且三十年而賫志以歿當世之人鮮有窺先生之志者先生席門茅屋布衣糲食於人嘗落落寡合委巷富人有慶弔弗通姓字者卿大夫高其行喁喁向慕然物色之終不可得其介如此家有先代藏書可萬卷丹黃評騭參伍貫穿爛熟矣獨人廣余辯論排駁往往瀾翻蠭起而先生張目不答顧獨以其深湛幽鬱之思發而爲詩大約如陶元亮義熙以後諸作寄託深隱不可端倪其於君父師友之際惆乎有餘悲

焉慼此其志豈人所能窺者哉余嘗謂古之人不幸而不得行其志則必有所託以傳嵇琴阮酒志所託也先生無中散之狂步兵之放故不以琴酒傳而以詩詩沖和澹遠雅與柴桑近而長歌促節時露英氣後之讀先生詩者其亦可以見先生之志哉令嗣起龔手先生所爲詩若干集屬余序余非能序先生者獨由先生之詩以泝先生之志云陶公於五男兒直委諸天運耳而先生家學式穀厥嗣且以文顯時先生在焉弗可及矣夫

藉草序

金德嘉

[illegible]之家趾言凡延則必爲其洸漾變化不可[illegible]書談以來其莊騷兩家乎莊創體也騷亦創體[illegible]言也騷亦寓言也莊屢見[illegible]無涯涘騷亦屢見[illegible]涘也微異者莊受歷世而肆志三閭大夫則惆乎有餘悲焉太史公謂離騷兼國風小雅之旨是故楚人之有騷也以積三百始爲宗子而傳之後世則遂之禰而唐人之祖也迫名之爲經騷於是乎不祧矣亦存毛君楚人也其治詩有本今於藉草之自序而獨有取乎莊生何也曰此亦悲思之所寓也其悲思奈何曰毛氏兄弟齊名者凡六人

焉孝廉先生以甲科顯名天下公闈梯男中副榜有聲後先相望惟尊素帑臣與赤存以布衣諸生老耳今赤存春秋高巋然如魯靈光身世之際殆有感焉然有取於莊而不及騷何也曰屈大夫君國之感感之大者也若夫升沉顯晦一身之事耳故以莊生之達觀者淡之雖然[illegible]謂藉草者藉以存天壤間之人物則與騷之君子美人[illegible]尹漁父問夷揭車杜蘅芳芷菊之英薜荔之蕊九[illegible]之蘭有敵之意何以異焉噫赤存蓋深於騷而不言騷者[illegible]不言騷而騷已具然則讀是編者其勿僅以爲[illegible]

也哉

畊雩灣稿序　金德嘉

昔唐以詩取士士之通顯者非詩末由然亦有工詩而竆者孟襄陽游京師失意於明皇遂歸隱鹿門不出賈浪仙名噪長安僅得一長江主簿甚二子者可謂竆矣其舉進士不第而猶不竆於隱居者陸魯望也魯望居甫里有田數百畝有屋三十楹置茶園顧渚山下取租自給買一舟齋束書茶竈筆牀釣具時謂江湖散人若此又何羨於通顯者乎里人吳鳳梓少時雅好游東南登金山鳳凰臺牛

首三茅觀錢塘潮北渡黃河登廣武然不至京師輙歸歸而隱居釣童山下數年偶乘興鼓枻至鴻腦洲邊為寓客其如魯望者書一束耳魯望不喜與俗人交雖造門不肯見鳳梓之門無造焉者鎮日手一編延檐而哦夜燈熒熒常達旦如是者數年人鮮知之余于役黔西旋里兒侄輩言鳳梓狀余曰此古之狷者又聞其課兒且誦且灌園益賢之今年夏五鳳梓既和余南征詩十首復出其所為畊雩稿屬余序其稿為顧徵君黃公所定余覽竟告之曰竆達命也唐人中達而椎者不具論其既第而風流可觀者許[illegible]一人為少陵所謂孟子雲卿是也雲卿仕校書郎識遊江湖與三舟一自載二賓客三飲饌與布衣焦遂進士孟彥深置女樂一部舟中奏清商曲侑酒倘異日者余若有泛舟之樂共載者必鳳梓也顧焦遂僅以飲仙被名少陵集中孟彥深不復有聞二子皆無詩名於當世鳳梓則自以詩名豈待孟雲卿之舟而後有聞乎哉

南浦軒　金德嘉

吳虞公先生諱敏功明太常少卿長子也由恩貢除四川南谿縣訓導署合江縣事性倨不能事上官日送迎僕僕

遂去憊甚則脫冠弛帶歎曰吾今地下矣人遂投劾歸當是時流寇蔓延楚蜀數千里而廣濟縣無城富人有築營壘以禦寇者先生亦如之樓堞成而財力已竭縣人號曰[illegible]寇薄黃麻間縣人逃山谷結砦先生率仲季弟[illegible]蘄州城蘄州士大夫方日夜酣飲為樂官兵兒戲[illegible]不可當所至如破竹城陷先生妻暨冢婦幼子一[illegible]長男兆崑秀才賊縶去先生獨身跳得舴艋下龍[illegible]以南有[illegible]卜一時沉江水隻身百里竄蒿萊旬[illegible]兒所先兄先生子婿也兄嫂前寓蘄州先宜人[illegible]

來歸得免於難嫂慭遁淄史大義侍先生從容言逝者以然大人奈何不為守祧計乎於是先生繼室武君亡何亦身殘幸產一男子彌月女也左良玉反武昌樓船蔽江下先生走石港山祖居山下人圍聚羅山寺互為守望北兵奄至先生闔寺門扨蒼頭襟土人鉏钁禦之日晡引退土人慮兵再來吾屬且無噍類踉蹌走湖澄圍遂散已而先生道遇兵斫左臂批亦死亂定宗人收瘞焉其生平所為詩曰梅浦軒集從弟鈫材鈔膳什一存於家嗚呼家燬於賊身殲於兵先生之禍烈矣造物又弗令有後其不與骨

而俱朽者祇此編耳阿弟攟拾之勤惡可少哉人有坐視其父兄之纂著散亡名氏磨滅而淡如行路者抑又何心也

自牧軒 金德嘉

太安吳先生奉尊人太常公遺訓言詩其為縣學生舉孝廉諭靖安京山令新城無歲無詩也少時擁萬卷書翩翩貴公子酒人詞客訣宕自豪中更亂離憫時憂國惘乎有餘悲焉迨通籍符簿書盤錯艮若數十年來境亦屢變矣然詩格固自如也太常公所自齋集已刻行世而太安自牧軒集祇鈔本藏於家介假緞先編次屬余覽焉其中有點竄未定者雙行書之蓋先生言詩數十年而晚節審慎猶如此昔人購得白香山墨稿每首多有塗乙竟有全篇改竄略盡者香山體於唐人中最號平易而冷筆幾於腐毫古人為學真不可及也余覽太安集知與香山同志嗚呼詩豈易言哉太安從子兆徵嘗從遊新城為余言新城每歲杪輒自刪其詩歸田以後芟薙尤多余思唐名人詩往往有以一卷傳者亦與太安同志古人自待常刻然以少許勝人累牘亦為其可傳者而已矣太安生平豈心

史學有史評一書頗徵君黃公序之而未及詩集向令徵君見此定推為騷壇領袖然太安與黃公交不可謂不久而未嘗輕示以詩策嗚呼天下以有韻之言為羔雁而遊迈班荆觀倒篋相詡者聞太安先生之風其尚思古人之學哉

張太守遺詩序 金德嘉

余讀張太守遺詩慨然歎其世之盛也當明嘉靖時海內承平日久閭井老生往往褒衣大褏盤辟為禮容士大夫趾況聞之陋則閎覽博物力於古學吾廣濟則劉敬伯淞

徵楊用極大鶩寇巨源學海稱歷行而張太守特與劉楊
是世巨源以山人服游京師及二三宗落間寇山人名籍
甚故太守集中寇山人往復詩尤多太守以曹郎出守中
年解組時爲萬歷江漢間有水災而天下猶未亂一畝之
宮聲出金石曷如也會桐城劉侯爲邑令以風雅爲縣人
師帥嘗築四高樓落成延至太守太守辭焉時春秋高矣
然詩益工迨年踰九十猶未嘗須臾不言詩也四世諸孫
賓持孝廉嘗爲余言先太守里居徜徉泉石得詩人溫柔
敦厚之旨嘗庭設鼙鼓命侍兒作漁陽摻撾以娛客興至

訪詩友御柴車逍遥行鄉人望見曰張太守出遊矣其風
流如此㙬乎彼一時也天子高拱穆清海內文人競爲風
詩之會郎退居鄉老豪帷高蓋施施汗漫之遊曾有憂生
之不暇而傷稚之不能給者乎余嘗綜唐詩人論之其仕
路蹉跌如太白夜郎子厚柳州則憂在身其丁亂離遊項
尾如少陵夔峽次山春陵則憂在國國無杌隉身無坎壈
幸矣而年壽遐盡如子安長吉則雖有英風雅韻其亡忽
焉此皆詩人所不能盡徵諸造物者乃富貴福澤壽考張
太守獨淹有之嗚呼張太守遭時之盛爲弗可及也已邪

成有昔周自文武集大命時則鳳有周南召南有[illegible]
鳴文王之風成王周公致太平制禮作樂而頌聲[illegible]爲盛
之至也孔穎達曰哀樂之起宜於自然故燕雀表啁噍之
感鸞鳳有歌舞之容詩理同夫開闢詩迹隨運而移余嘗
渊源二家之説知其有味故於張太守詩論世而三歎也
太守諱步雲字子龍廣濟之盤東鄉人

盤山遺草序

金德嘉

嗚呼此盤山吳子遺集也吳子名兆裔字懸璞大父太常
少卿父確山令吳子弱冠入縣學則從季父孝廉學詩書

法仿舅氏劉九而詩文變則先明經兄尤希先兄吳子伯
父子壻也明末流寇亂廣濟無城郭吳子走寓蘄州州城
陷走龍坪渡江以南洲居當是時左良玉兵蹂躪武昌黃
州諸郡瀕江無寧宇邑有亂人鳩黨結營書伍籍請印於
令令西蜀張登衢首鼠請印輒予之印亂謀遂決自書營
人祭旗大言屠滅士大夫家俾無遺種士大夫人人重足
立謀立營以禦之相視推讓莫適爲長會確山解組歸里
邑村父老書幣往迎確山至慨然告令立營且保[illegible]
士大夫盜井與亂人犄角相持且一年氣[illegible]士大夫

稍渡江北而亂人謀亂愈熾議過江殺掠挈營拔左兵有
日矣攻甲入而事露確山授計收渠魁伏誅詰朔縣人嗚
鼓譟其罪討之亂乃定而左兵游徼絡繹江南北[illegible]恭
確山于溽陽制府請令旗令箭彈壓之後弗戢則卒鄉人
緡以牛酒急則鄉人婦女跟蹌走確山所免焉吳子式褒
祝事過制府禪將則弄槊舞劍奉觴行酒爲笑樂暇與先
兄共研席作閔亂詩先兄嘗與吳子執手而歎幕府草檄
江國登樓蕪城之賦春陵之詩人生遭遇天實爲之矣久
之確山浮湘去吳子入靈山依白雲菴居白雲菴者吳氏

構以藏少常誥命書像師白齋葉而潙山僧司其管者也
吳子屢居燬故山居焉夜有大書門必殺吳某者或曰曷
去諸吳子笑不答日治具結客客踏踵來夜張飲往往達
旦宵人曰是有備矣不果殺吳子破家豪舉以禦仇人劍
客僅免於難而西望湘水音書澗絕枕席涕淚沾濕先兄
過靈山信宿歸告人曰憂能傷人吳子其死乎居亡何吳
子病肺唾血數升以死方思親時自作傳奇爲優人衆若
確山府君功成封拜然者先兄嘗言志存君父寓言十九
於吳子觀章三致意云蓋吳子幽憂勞瘁以夭絕其天

而人或以爲飲醇酒近婦人豈知吳子者哉綴先爲吳子
同堂兄弟檐拾遺集於荒村老屋屬從弟東朗持來江上
余覽竟序之嗚呼天下負雋材爲世家子而幽憂勞瘁以
夭絕者有如此後之讀其詩者其亦有所感也夫

毛尊素遺稿序　金德嘉

廣濟東鄉有讀書學道而以布衣諸生老者曰毛尊素嫌
尊素仲兄炳成順治己丑進士邑人所稱孝謄先生也然
論學輒推數弟八有以古文奇字質者輒提手曰第問弟
云尊素之爲人也其與人交以誠其論辯如懸河如炙轂

如風雨驟至如牢醴錯陳其山居未嘗入州府絕不問家
人米鹽凌雜亦可謂篤於學者矣然歷試有司竟坎坷以
死其死也財及中壽人往往惜其過之窮且無年也昔伏
生留髭於九十張蒼乳養於百齡皆以其所學有聞於來
世今尊素僅存史說一編耳生紙禿筆朱墨淋漓襍
糅於行間異時散佚闕簡誰復知有尊素氏者猶令天假
以年浮涵蘊蓄成一家言其所就曷可量哉嗚呼尊素止
矣零稿隻簡摭拾而枕祕之毋朽蠹於山窗梅雨是[illegible]
人之責也夫

徐氏宗譜序　金德嘉

余覽觀徐氏宗譜犂然有當於心爲世家統系如也統宗括如也世表燦如也家規肅如也階仕昆蘊蟬如也遺跡彙道祀典藝文秩如也鼻祖斷自隋代不復景響傅會遂古孝務世系纍纍若貫珠而廣濟以中大夫爲節祖其義嚴成章官廣濟當縣治肇建初爰隸籍焉是庚桑子之畏壘也君書其陶遷書其次庠書其經貢舉書其歲官書其階

勳事實男書其孝子順孫女書其貞姑淑媛生卒書其年月日時婚姻中表書其地塋家乘漏乎備哉余嘗從討前明實錄洪武四年正月壬辰河南府知府徐麟以母老居蘄之廣濟請終養詔改麟爲蘄州府知府俾就養其母縣志書事在三年要當以實錄爲据用此見開國帝王孝治天下之典而徐之遭累朝延實三百年士大夫所未嘗有也夫汾陽富貴極天下而齊家僅孜子孫雖而家文令狐相公于不好圖籍詞人即事規諷終辭虛受之色淼則刑后倉之學專門名其家訓故爛焉彼夫行不稱學者予謂之以余觀於徐之家廟家箴何其莊恪而整齊也昔人有言曰積厚者流光徐之世益大有以哉秀才之璦偕後徒行六十里來徵余言余繙其譜既竟曰此家之良史也於是捉筆而爲之序

陶氏族譜序　金德嘉

廣濟縣靈東鄉陶家之有顯人自總管始也總管名世安字子遠一字菊隱當元之時嘗節制蘄郡已而歸田以禁菊老鄉里名其地爲陶家塘云余考元朝官制諸路設總管府達魯花赤之下爲總管總管之下爲治中同知判官

散府則達魯花赤之下置知府或府尹綜與杭州多有總管廟皆是昔守郡者之生祠夫總管之官亦大矣而世安飄然去之意其人必[illegible]利祿而以廉潔居官者元末郡縣吏多墨民窮盜起史不勝書其開國之初紀綱整肅吏循守官箴爲傳曰論其世知其人可忽乎哉總管爲陶五世祖其始遷廣濟者曰汝明故都昌左蠡人以靖節徵士第二子曰俟者爲鼻祖靖節母夫人孟鄂縣孟長史嘉第第四女具載徵士所譔孟府君傳茲陶中外譜牒班班可指數異乎世之傅會而失其真者故可貌也昔長沙公侃

都督八州勲在王室於嶽上為曾祖當時功烈未嘗須臾忘之劉宋革命彭澤解組追北窓高臥自謂羲皇上人然猶咏荆軻以見志靖節在國在家忠孝有如此五男兒左右就養無方用衒與承歡膝下視萬石家孝謹不更難乎

余嘗謂出處之際可以觀人榮桑潔身於晋之末造而菊隱勇退於元之初年其取於造物者甚約渟涵蘊蓄若有待焉後之人聞其遺風餘韻當有興者余以是知陶宗之方大也故為之序

草窓遺稿序　金德嘉

蓋余自伯氏之沒哭之而不能詩也已而思伯氏生平所為詩則使人走故閭索之草窓草窓者伯氏讀書處也方是時諸孫閧閱苫塊中而瀅洙尚幼獨滌與濟江二兒撿笥而鈔錄之於是留其舊本而以鈔本遺余余手之而不能讀也久之為洛汾兩兒追述少時余兩人煢煢孤苦侍先太宜人事及更歷亂離奔竄於山菁澗邑落魄於村莊野店短褐敝裘殘杯冷炙種種艱辛之狀輒舉草窓紀事詩為譃嗚呼伯氏之於詩其亦歐陽子所謂窮而後工者歟夫人生百年親戚故舊死生聚散觸目而愴懷者何可勝道而其間又有不幸負氣自豪落落無所表見而齎志以死者蓋尤可哀也伯氏為詩垂四十年西遊閩陝東走維揚掛帆蠟屐興復不淺嘗謂及余並渡黃河望太行王屋歷梁宋陳鄭蔡魏趙代之墟涉滹沱易水以放於燕山慨然嘆曰壯遊哉迨餘濟學官東萊且就道而溘然長逝矣嗚呼余尚能讀伯氏詩哉伯氏詠史詩當早成一冊今散矣又嘗裒集明史軼事竊比西涯樂府以攄其胸中抑塞磊落之氣今已矣而篇目亦不存集中存者四十年來所為之百一耳嗚呼閱篋淚沾臆見君前日書余何人也而能讀草窓詩哉

送舒嵩嶽之蒲圻序　金德嘉

廣濟舒嵩嶽隱居鮑參軍讀書臺下有園曰帝園室曰幾堂杜門不出且十年矣誅茅伐竹壘石搆書閣東衡之巔隱居之樂不踰匡山盤谷哉余同年中表兄李子岩詹敎諭蒲圻蒲圻大令山東韓侯延致嵩嶽授厥子禮經蓋嵩嶽曾大父元濬公以禮經起家成進士故舒氏經學為黃郡專門而山東之韓進士以禮經起家者亦且數世宜其恰也余嘗承乏史官分纂禮經書成上之[illegible]鄒賈穿孔鄭

豈能及陳氏禮書草廬纂言而融液以成一編未知有當於經否甯望鮑臺雲樹惜不得與嵩嶽參伍而論定之也夫立言之家行修爲難戴聖馬融遺行取譏儒林惡焉孔北海爲康成特名一鄉開廣門衢號爲通德人到於今稱之嵩嶽內行醇篤與人交有終始士之逆旅患難飢寒憔悴者徃徃歸東衙如鄉里友人劉生早世嵩嶽爲酒誓天以女守其孤蘖柴翦切今且爲諸生帑囷所撰著自名一家詩有大雅之音又晚而好易不獨盤辟爲禮頌也韓侯余齊年鄉舉成癸丑進士豪邁有北海風教諭仲子之涖

嵩嶽子瑨亦余授經弟子侯下車致之西席詔羣公子誦孟孝經吳漢人尊師學成大廷質對輙曰臣師云云至有讓月俻以章顯先生者經學之盛今猶古也余於嵩嶽之行序以送之

浣花溪　金德嘉

劉子于杜幼陵早慧縣令張君發爲奇其文會無錫堵公視楚學政補學官高第弟子已而餼於二十人中爲督學保菴李公所賞識余雁行臨皐亦昇間並有聲辛卯試事竣全舟東下幼陵試舟子毋掛席舟子陽慈曰諾行一舍許幼陵伸首蓬窻外席乃埋波沾濕幼陵慫惥無人色余戲舉馬留故事以嘲之明日舟及列水上岸别去明年聞幼陵病久之竟不起當是時余未嘗知幼陵之能詩也舒于嵩嶽埴以詩册寄余江上扎言此亡友劉幼陵浣花遺草死之年則二十六僕不忍湮沒故人爲撦拾散佚都爲一集身夭而名不磨滅差慰泉下耳余把卷三歎王子安二十九李長吉二十七幼陵則又短矣嗚呼有才如此而嗇其用抑獨何歟抑獨何歟覽既竟則又瞿然以思方雄飛以鈌吞先生老有司皮相終不一第玉川子髦而發禿

客王涯所乃遘甘露之禍以䝉士苟坎壈卽長年亦復何益藏英身後之名則延促等耳里有先輩楊用極大鰲名冢春官遂家宕聲伎以三十終于晉甫三歲太東鄉友人劉養微以女守之晉字于馬卒繼父志以詩鳴用極詩吳太常梅行爲椽莕草桐城劉公燕及來令濟讀而喜之稱楊孝廉劉康谷及冠山人巨源爲三良到今秖文傳焉幼陵之卒也嵩嶽以其孤爲子瑨誼與劉敬伯同孤名乘今入學矣紹衣式穀詎有出于馬下後來闡幽表微尚一有如桐城公者浣花一集豈終抑塞蓬蒿中耶集歸嵩嶽爲

乘笸笥以唉之倜巷詩老乘男也襲與幼陵倡和爲多若操觚濯翰表章陳人於夜臺聲淚俱下豈顧問哉

清音堂

舒唆極

乘石右刊水上衡門兩版南對馬頭岸東望匡廬江濤澎湃烟雲勃鬱開拓其心胸發爲制舉義故屢試輒冠軍尙進一第予久知乘石文章而訂交稍晚未知其苦吟也去年授予詩卷讀之冲澹閑雅皆五言古體誠寢食陶靖節者夫爲詩而專精一體亦單厥心矣論五言者曰漢魏之蘇李曹劉已極神化學之則迂盖其原本性靈不假雕飾

晉則潘陸張左相繼踵出一守曹劉之軌範惟靖節高風逸韻邁建安而上之降而宋齊梁陳以迄於隋穠麗纖巧已有定論矣若韋左司柳柳州澹泊有靖節風味東坡謂柳勝於韋韓子蒼謂柳之學陶出乎天性非衆人所可及者况靖節卑行千古不可不學又豈易學者哉使學之者不辯田園樂趣不脫簪組貧賤故習少困則爲之搖動不免適意以形諸吟咏况出處忠義之大節安能辨之明尙守之正耶予知乘石質性自然窮達皆不經意近築清音草堂飲酒蒔花課徒其中已與靖節曠世同感宜其醉心

於五言而不役志於衆體也至若詩之清眞吾師藕灣謂如澄潭秋月靜夜鐘聲老友蔚齋稱其肆力於古有悠然見南山意業有同賞予何贅焉

梧耆三集社序

阮文茂

宇宙内事皆以天壤間衆君子一集而成姚耆首中天以五人爲一集姬周文明極矣十人爲一集孔聖及門不能殺終以三千七十爲一大集有宋四先生梓心戮骨然非游楊數十輩分更漏而商確之求其泄天地之秘以伊洛上接洙泗恐未逞也文章先儒以爲末技茹英咀華一人

爲之似無事於集者然文以載道也天根月窟賴之以剖而經綸萬端無不於是乎具孰謂文章固可一人之力爲之哉茲土於邑爲西龍頂北峙貫峯南蹲一水西流數十里裒然一名區也迺自明以來張少傅主眷并三楊矣而科名未顯伍暨何科第聯翩矣又事業弗隆外此誌闕有間豈其地使然哉予曰否大族林立薛鳳翁龍魁梧奇[illegible]代不乏人而寥寂獨異他土亦其以能散而不能集也蓋萃而處正與古人爲覿面即探奇好異其力孤則其志易衰且氣易竭故其所就亦卒無多丹類朱社盟先世余同

侶也距余居如尺敀正朔其大父沍宜先生移繼舅氏亶
之門墻蹌躋史筆𤼵珣邑之東悉攘而有之無如爲西土
者一日商出處於余余曰李勣賜姓史氏皆以唐爲非且
宜聖東西南北人也萬世宗仰惟尼山一片地只是可以
自衒丹翁拜手曰余志决矣余西歸不再計矣余私獨幸
得吾畏友且勸進之曰丹翁之歸也詎獨爲吾鄙人幸哉
慈土之能散而不能集也久嘅憾之且屈計後來之秀
芙蓉初出更復誰讓惟聽其散而不爲之集道德文章性
命事功皆無以相濟並此如水然散之爲丁藍爲溁濘集

之則洞庭彭蠡矣如山然散之爲米粒爲畏佴集之則中
條太行矣又如天星然散之爲塡爲辰爲斗集之則景象
則奎房則東井矣顧憒顧役及萃于一家其集也天王謝
韋荀聯於一氣其集也人合數十族拔其尤而加東精爲
非英奇卓犖氣葢高古如丹翁者不能奮然振興而相與
于有成也于是丹身任之兼首其事於新居且曰無以名
之即無以爲集余曰昔宋劉江集處羣賢忽梧葉二次飛
書初曰集公繼曰集諸賢於此三曰集官職於此后悉如
左券是造物亦樂英尤之集矣夫梧鳳棲也詩曰

止又曰亦傳于天巽日本其集而鳴之雝喈播之埃𣏾則
貫峯龍頂未必非前田壺公之盛而逆水西流又何減廬
源十字出折于廬陵永豊閒也故書梧書三集以大余集
之之說

雙峯社序　阮文茂

古今道德文章功業崇其人必崇其山川非僅爲名稱也
上之開館閣　詔史臣也曰山無人罔登其名是山以人重也
稽商誦尹吉甫又曰降神惟嶽是人又以山重吾以爲山
之重乎人也實賴人有以啟之名山有已著于代有未著

于代者各抱其狀貌性情以處或孤特或林立或雙峙非
有人爲題呼而聯綴之則天地之造設不出居其間者雖
年少英多亦無以推蕩我心胸借山川以共躋於成故君
三五後時存軒黃開闢之意者開闢乎山川正以開闢乎
山間之人物也邑之名勝前賢紀述者多矣問之邑之西
無則嗣有開豈山川亦有所惜與曰否否非然也松陽百
里西流南則有觀山矣北則有龍頂矣雙峯對峙逆水中
穿不可謂非名區也歲壬申丹菜來翁袖衆友首文士千
余桂舫舫有梧余以梧葉三集盟之誌物實誌地也盟表

幾已三得志于有司然同事牛遠近不悉隸於而士逾年
偕伍社盟章老屆討觀之下有伍有方有張龍頂鶯有沓
有吳有晏有阮諸後來田詩書而蔬蘗之英英拂拂自非
梧青之社之綱之所能羅則又集而另盟之盟未竭而伍
於有司又得志衆喟然嘆與而余請余冀期有成社不可
無名也余曰諸公悉誕而峯下社更何名哉名之曰雙峯
矣衆曰古名山必重以名蔡之西蘸之眉范之長白溪以
濂水以泗洲以滄浴暘谷拂扶桑焰耀天下云誰不知逅
而求之觀與龍頂[illegible]霧也[illegible]後而更請余曰烏謂此乎必

君所云是伯樂未過而云驥之北無馬也是卞和未溢而
云荊之山無璞也是蔡宿未走而云鄭之壤不可甲三黃
也是蕭公未引而云帝之貴不可充朝堂也夫兩峯之在
西也自有宇宙以來於茲矣然向知其爲山而不知其爲
峯也向亦知其有峯而不知其爲雙也夫言山不言峯言
峯不言雙則雖白雲遶接百鳥旋飛而河之南河之北不
可得而合也則雖逍比瀟湘秀同豈吉而氣之皓章之奇
不可得而發也夫諸公懷抱亦各得其所近耳峯之聳也
直欲擡首上問青天匿當泄其出雙之撰也不啻備首謀

諸術室尤當集其神至擁百川而西之曲同旋于百折以
江洋恣肆雄奇悲壯千古文章奇在此兩山一水之間也
諸公集首於茲龍之躍也或於淵或於田或乾惕觀之光
也或於鄉或於國或於天下可計日而贈之在吾儕守間
矣社之有取於雙峯也顧不偉哉乃吾於此更有進易之
爲道也有奇有偶而同人於野偶之用爲多天下大業未
有不以偶而成者漢董賈唐韓杜宋歐蘇文章皆以偶傳
偶即雙之象也程朱上接孔孟亦後此有立焉更爲諸公
告曰由文而進之乎聖人之道也亦非任人之道也

夸深愚集序　阮文茂

千古來宇宙內最不容泯者士人之文必文之至者雖[illegible]
古感身世悲歌俯仰亦期問諸當世不幸而或即不遇而
內偶鬱勃發與生存無有殊異山東李徵化爲虎道人尊
友人宅大聲曰我徵也文數百未行世爲我付梓東坡
公蒙老杜來告遺憾夫吞吳余意未應并力拒曹牆耳[illegible]
內錯讀不充吞吳誤矣李代白之浙錢塘江上每夜有
吟落霞秋水二語者一僧呼曰若非勃耶除却與共一[illegible]
[illegible]後遂不復再吟夫虎已異物沒更千年而求白[illegible]

主人如此急急不能忘固文人習氣哉要亦文心不容
掛乎倘或賠光芒于廢簏中知可長留天地乃息忽愁遺
之不一代吐其氣此存沒與廢死生置厥念非微者顯之
幽者闡之之大心也余社盟深愚李翁諱賓起文人也書
過目輙誦若心吟咏者數十年邑中如寇如劉十數輩翁
應與伯仲頡頏焉少爲邑諸生[illegible]彼之臨川
衛文褒海內列翁文績九集膾炙一時楚中名宿無不
賓起李公李公云云居無何獻賊熾公家悉被兵眷屬散
落翁蓋隻身立斲城陷翁又桀于賊沿江層州邑直抵袁

沔間始得脫走入嘉魚無以食則傭于僧僧修建群集拾
提製啟達上帝翁從旁竊議是非衆曰傭知書乎翁曰知
遂援筆數千言三教微秘靡不貫且微胥駭曰汝何人
公具姓名對衆驚喜意外曰胡爲來哉此臨川王宗師
首拔李賓起也直雲端推下矣王姓諱冉錫者也茶也
入爲上客隨率其夫人百拜以託厥子王有高樓藏書
卷坐翁其上五經疏註秦漢暨唐宋諸大家皆宇紐何
之翁精敏三統歷九章算法無不闡曉莫不爲胡明仲之
尚上吞也顧于時翁無家隻身落異境幾發紀于知

悲憤閒出遊九龍鳴水諸名勝高山大川盪我心胸於是
發爲詩歌入雲壓淵激昂悲壯較平日吟咏太平諸作大
殊矣且所製累千百煌煌大編也賊盜遠世復平翁返故
閭而冉錫王先生竟教授梅川人咸嘆相遇之奇也今乃
相酬酢未幾而翁遂以疾辭矣翁子不克讀父書翁詩集
大半爲邑中持去皆不可復反項春秋三十易邑後來之
秀不復知有翁矣然予閒取其殘篇讀之如洞庭之水日
月出沒其中如泰山之巔翠峯嶆嶁其下又如宏農山海
圖珍禽異獸怪木皆非中土所經見頸謝孤高徐庾蕭麗

青蓮杜陵飄逸沉欝翁兼而有之而格律自成全不徇人
門戶效顰而學步眞極千古之文心者可與靡靡苟輩偕
陵遲腐哉或日斷簡也何能彰翁余日否否豹一斑臠一
指翁之生平盡是矣翁兄止孫一人日隨諸時集問序於
余余以謭陋愧不遑隨日祖謝久非先生誰復爲此於是
援筆起而書之吾更因之有感焉深山大澤豈乏瑋篇負
薪戴角出而著述其傳之者絕少非盡作者之不逢也亦
如不遇楊得意于虛奇麗終覆酒甌昌黎公古今[illegible]
讀毛穎傳者尚大笑以爲怪數百年始獲歐陽余敬爲邑

中告曰取翁詩文者幸藉出之以成厥志毋甘齊邱[illegible]之厄凡吾輩自茲以往蒐錯光芒萬丈堪留天壤者名[illegible]功大吐其氣毋使精英之物徒沉黄壤庶幾有千古之文心哉

村社　阮文茂

孔聖曰敬鬼神而遠之有敬而不容遠者惟稷之神是也神有祈有報忠孝節義報其凜凜無有所祈神仙佛祖祈來世又靡云報然且大穰渺昔嘉種之誕自九天也神農皇帝于羊首嶢受民之太倉始有穀飲血殺而禮樂與谷

頴土生勾萌之神最著則社名爲迄今家俯仰朝輸將執克且夕離詩琴瑟擊鼓迓田祖祈甘雨祈也以齊明以犧羊以社方報也祈且報敬矣遠云乎哉遠之不敢或廢棄數十年溯古不忘本之旨矣余村後大龍有社之堂堂後古松百尺終日設謖有聲大約先明成宏間物也歲在今上之十年余偕父居梅浦聞老松枯堂亦傾父喟然太息不勝此身存沒之感焉特偕父領父言迄今猶如聞父聲也乃村中因循不振遂二十年壇墠猶是也上雨旁風無所蓋障計從前若干年絲無有幾歲旱水澇且迭見今非昔非豐歲且大無饗祀弗虔神弗福也不誣矣古人不忘自出奈何大化于于而不事祈報乎宗希江模人念昔其事治比屋計九十家恭出磚木石以及匠與傭祠小户祭成以不日無疑也以脉禮名山拜僧道孰遠孰近哉日掾厥蹄非諂曰祝瀼瀼非奢矣乃告村衆曰既新其廟大其義建神座八蜡只非同向止繪土地神也祭先嗇郵表畷水庸兒亞猫虎祝之曰土反其宅水歸其壑此蟲無作草木歸其澤應如桴鼓以此祈以此報年年歲歲無有休也是爲序

攟拾集序　金啟洛

吾兄洞野有高第弟子曰胡生道原與吾弟雨甸爲同學列友困諸生中工科舉文字而雅好讀古人之書嘗慮無其先世著述散亡零星收拾每得一篇輒寶貴弗釋手久之都爲一帙顏曰攟拾集編成問序於余余逡巡未遑以爲也生請不已余以同學張子貢方亦既序之詳矣又[illegible]能益一詞哉竊嘗謂昔人所稱三不朽立言居一焉胡之先有教菴先生者言坊行表以經學爲人師江漢間學[illegible]翁然宗之其所爲語錄粹然儒者之言厥子太僕本厥[illegible]

學蔚爲經濟名臣歿于二華先生踵之官未大顯而經術爛焉能不愧其先世三先生生平先君子皆有紀述載呂業齋集中二華先生者胡生大父也嗚呼當其盛也父子兄弟名理事功萃於一門可不謂業焉造其後兵燹游更三先生所作散佚不存迄於今數十年矣胡生始掇拾殘編隻簡於他人殘蔀敗簏中韓公所謂存什一於千百者先君子嘗聞而韙之而余於是益歎人不可以無學也使三先生者徒以祿位容貌動人而無所以不朽者可傳於後世即有後裔賢如胡生欲爲攟拾薈萃而有所不能使

胡生徒事佔畢帖括之學而視古人若面墻然雖有前世緒餘茫然不知其可貴亦終委之他人蠹蝕鼠食與斷爛倒理同其湮沒而不復有今日之輯也胡生其益攟拾未備俾余兄弟及張子共觀厥成則豈但今日之所見矣乎爾時當更有立言者發揚潛德序之以傳今日之言亦聊以塞生之請耳曷足貴哉曷足貴哉

胡二華先生保産全書序

金敬江

思先輩胡二華先生宦歸居吼江樓杜門著書以老兵燹後書多散落人間而保産全書存陳君中輿所今年春先生曾孫秀才承棟過陳氏草堂携歸將登諸梨棗以廣其傳而問序於余余覽竟嘆曰先生之爲是書也其諸古之所云仁心爲質者乎今夫天心之仁發萬物也二氣絪緼而飛潛動植之物自然而生其於人也亦然蓋自陰精陽氣凝而成形由□□之有根菓之有蒂不先而花自茂□□而蒂自落初不假借夫人力近世胎教不明又溺於流俗之見故當誕彌厥月之時鮮有不戕賊其生而草菅夫人命者嗚呼何其不仁歟先生是書大都爲流俗起見篇尚簡約欲其易覽也說尚詹淺欲其易曉也刻成播之寰宇

其仁之所及亦安可量哉承棟又言其高祖教菴先生著語錄涇瑩堂詩文集若干卷曾叔祖太僕仁常先生初令長洲爲民開水利著婁塘冊錄及擢瑞禍下鎮撫司獄著罪因他如綱鑑要略長安詩草凱歌吼江秋諸書而先生所著者則禮記纂要胡氏家乘姚氏啟牘吼江樓詩文集及保産全書先是承棟之父走東南得先生家乘婁塘冊錄　三刻本　後因兵燹又散失其帙而教菴語錄故後得之鄉村游氏保産全書刻竣漸及語錄蓋語錄所以造就人材而此書專爲活人性命兩書並

出試所謂韜光離離久而彌新者歟先生諱士定字[illegible]以歲貢歷官頴州衛經歷其生平居官立身梗概具詳[illegible]叔父太史所爲傳中茲不贅

書

遺游擊唐通書　　金之純

一飯之德義士存之大車旋驅滅妖氛保全土地如非本否能不隨方措置忍令有庚癸之呼也顧今上下俱離矣興安合六縣以爲州縣不協應軍之行役於外民之投入於中無非費州之運積者制撫臺之提取於本司漢中米谷

一之相奉殘傷之士民輸助已竭不肖弟數年廣文之衣囊零星資犒賚而不足幸賴高明之聽復意氣直薄九霄而上不然若樂以主賓見督弟其能有今日乎撫院門下鄉參戎關文到州問賊之多寡與夫秦楚遠近之界河水之使渡與否州餉之足以待兵與否弟回文據事度理賊此際東西俱阻欲渡北而不能其依徙於房竹欲窺伺漢自者直是窮而無歸耳探者入賊營之旁聽鄉民過畏之言見姓査婦女之布列前後傳報語多參差但此際合力勦除自屬至理獨本州骨血耗盡計無復之昨其文中意

全民之飢者欲苛徵未能兵之收者非載餉不可伏乞轉達尊嚴急施救濟弟之回鄉者如此謹以附聞至於本折二項昨奉教解米豆共七十石茲復解銀四百六十餘兩容圖續呈不一

奉母舅胡仁常書　　劉醇驥

舊歲隆冬忽領厚錫如從天降讀手書猶謂身若沙塞凄涼難圖聚首休戚之誼醇驥何心不重加惻哉伏惟舅氏自薊發甘出塞千有餘里在人臣之義致身是使奚遠[illegible]偉而偶因時日遷延掛議臺臣至塵主上嚴命醇驥始聞

邸狀不勝駭愕既思舅氏篤死孤忠名流天壤再出山而膺戎政與士卒起居主上必將厚委之使得當以報未有徵持其短而過責之也意邊臣多骫骳苟免姑以此爲[illegible]乎然幾可知矣士不激不奮抑之者成之也然古之善立功名於天下者其人皆有英偉沉篤一往不拔之氣[illegible]勢察幾微爲所得爲而赫然在其後焉乃其志[illegible]日自[illegible]臣職而已初不以時難易或爲進退也周時征役繁苦之人乃爲苦而嗟怨之詩作今視其詞於出車等曰豈不[illegible]則此篇書宣王中興其氣象寬宏是非[illegible]誠信而不[illegible]

繳繞士大夫各自愛重朝議褒於斧鉞畏在簡書而已小
明則日昇晋日謹怒日反復逼及留滯無措足而卒章乃
曰嗟爾君子無恒安處靖共爾位正直是與神之聽之式
穀以女夫明知已不堪而有辭不以不堪遽絕其上而與
人爲銳避剏家法令嚴密衆共知則終不能卒人以轉資
於神以爲有與之者也使人皆寬心征役而無所忿怨焉
此周先王之澤所留而詩人之厚首也代愈降而齊失及
瓜之信奸人乘爲難端聖人有憂焉故於春秋大書鄭棄
其師即詩所謂河上逍遥者也然則衰世君臣睽疏生亂

不克終者豈足爲明王道哉且居官而必逼郡泝璞爲所
欲爲贓虐位博富厚終其身此自有人若夫力能蔽權奸
拒逆黨其自視奚啻鴻立餘年報國恩而拘拘內外遲速
不及時爲竹帛計必不然矣以邊臣例身氏再歷寒暑當
即仗節鉞然無能違本邊者往事盡然也甘肅本漢河西
四郡地武帝開以斷匈奴右臂者今時猶爲羌番出沒之
區誠能訓練武勇蓄積戰具固疆遂明斥堠扼松套海番
如嬰兒而鞭笞治之即臺御史部院耳目昭著爲賞稱求
他日受任可無煩剿制也

上年伯楊文先職方書　張仁熙

客秋年伯奉皇華命監軍過敝邑得一望顏色因稍及築
城事宜年伯不以芻菲棄拋敝邑今如其議虛心下訪如
此方是時公秉鉞臨戎至枉旌麾移時骨肉愛又何深也
抑鄙人有懷未罄故敬以札陳竊問公安撫隔里壟左崖
王諸賊平後山一帶號曰新民共結一局以報
天子仁曉若思之有大不可者公之言曰此林林總總者非賊
也民也武侯雜兵民渭濱不亂奈何號曰民而異之夫兵
與民名雖異實民也今新民與民名同矣而實則不同于

兵昔武侯兵民不亂以屯田耳力田則日有事是兵而農
也力田則漸有秋是兵而餉也今茲新民盜賊也衆生食
民穀而不佃舊民之畝舊民又畏彼持戈而踞亂遷之殿
而不耕新民之阡不數月而食盡矣不知此皆[illegible]
者將以食新民乎食舊民乎新民去而藉食他方[illegible]
其故態舊民反而寄命苟稚不得保其常居是又[illegible]
新民也可不爲寒心哉或謂房竹之撫須襲殺行之[illegible]
而王文成桶岡大藤亦不專事勦今天下日多故矣[illegible]
左敗垣東拒則西洒拒則東奔始安此以致力他方可[illegible]

是不然矣諸公撫局本自不同房竹等處皆其巢在爲毋論王項摧縱有方服而鎮之亦巢在則志留猶田爾田宅爾宅也今此一片荒涼新民何戀乎辟之勞積挺鹿彼不過借此以休且夕之力而公誤以爲檻虎不憂其饑而噬人亦謬矣聞此輩受約束於公第一二日夕侍側者餘奔馳鄉邑逐隊成行奪民穀以市民金穀方市而復奪之是穀與金並盡也掠民妻女以市民金妻女未出此而撥之彼是妻女與金並沒也又脅民之黠者藉以生奸猾者因以爲利一旦新民颺去而黠者猾者畏告發置諸理不將

與搆爭而在安在乎公可無所措畫權衡于其間耶仁聞兵機變在呼吸未可旁窺若公與太府誠能出九天而入九地則三邑數十萬生靈死生以之而非儒生所能測者矣承拾入營丞受民辱仁有祖父母老不可且夕離惟區區之懷不能不陳左右惟公思之

與王阮亭書　舒逢吉

自山長离之得見閣下也一時之人以爲南陽有施氏北有阮亭而天下之騷壇藝圃得左提而右挈之及施氏化爲異物當時之人又謂雖無施氏倘有阮亭而天下之騷壇藝圃皆操縱於一人之手故天下之人不留南盡趨北以爲北地風壑淳古和粹奔走而應運者悉竭蹶夫阮亭之門也然天下之不趨南盡趨北者以有先生爲之主持卒之風氣日見薄學力日見疎豈閣下教育之未盡道歟抑士子汨沒於世法而未知所適哉然風雅一道必攻若而自新攻苦一塗必昏果而始見管之刀劍礪以赤砂淬以青汞剪鯊魚之皮飾象犀之骨外纏金玉內摑鋼鑲然後有吹毛之鋒動鬼神之泣也今之談藝者相率而衆天下曰若者爲風雅若者爲漢魏若者爲三唐若者爲宋爲

明而清濁無分抑揚失次且謂不必讀書而自然合拍也則駭之甚矣逢吉飯生也老處一堂在萬山之中閉戶絶人事蓋已有年前日一出而游京師無所表見歸而益發前人之蘊著有綠雅書五十卷又著有綠雅餘論五十卷共七十餘萬言又自彙詞賦古文二十卷伏案自誦欣然有得以爲年近七旬可以出而與天下諸公聚首辭壇偶於戊辰七月流滯大梁有上蔡書院講學之業艱苦三年以庚一席去冬敢以上蔡錄呈教今皋比已辭倦言歸里得汝陽令邱象昇有內推樞部之名其令弟季倫與余

客潛鉅臣皆一時名士問塗於末學以爲都門之金鑒詞壇必首推先生且不倦教誨皆以所著詩詞央逢吉爲贄於閣下若二公者可以教則進之揚之即不可教亦必以不屑之教教之天下士引領而望台階者踵相接也皆以爲門外之人則無復有進之者矣近聞敝鄉陳鵬年者學有進而先生督之切也鵬年仙長之成也知閣下之不忘山長也故復以書進逢吉頓首

上座主澤州陳公書　金德嘉

昨廖傅書後恭呈座前言之不文龐雜悚仄嘉數年來雕

蟲之技本不足觀先呈集目餘俟鈔謄續進惟引領望樊川大集告成滌几諷誦大啟進必也中丞吳公今開府三楚楚人動色相慶定知發政施仁沛如江河矣然楚中之事有待於興舉者一楚中之士有望於申飭者三嘉欲進謁披露而望淺言輕未能徑達伏念我師以溥海蒼生爲念而吳公又師同里相厚善謹梗概言之亦可以見嘉之早作夜思非徒爲一身一家計者或可轉致吳公聊供采擇焉楚有江漢書院在武昌省城大比之歲士子肄業猶湖南之有嶽麓書院也在者翟象陸先生爲方伯歲在庚子價取郡縣高材生負笈講藝親臨課試號房數百間盡火丙夜達旦楚士觀摩興起良多燕與今詮部汪君餘慶試第一者俱鄉舉當是時楚墨頗獲傳誦而數科以來漸次衰遲而去則是江漢書院之大有造於楚人也中丞觀風得士[illegible]倍[illegible]其若煥然一新即考亭白鹿洞之學規可以復振此所望於興舉者也楚地漕若十年大當之差謂

之里役正供有限雜派無窮積里因之以包攬胥胥因之以侵欺小民不勝敲扑則借債於營兵營債難償則逃逃則田荒田荒則正供亦負而有司往往受考成之累自前任制府徐公創爲穿甲之法革去里役俾單丁斗米咸得自封投櫃於是包攬之端絕侵欺之路塞民輸將恐後而郡縣之課遂最此萬世之利也村市之民舊若保長之役皁快所至饕食其家又官長生辰時節踵事增華中人之產當一役而遂盡及更換之期既留肆行僉報人人視爲畏途多方請託展轉支離中人之產報一役而遂盡自革去保長之法行祇用鄉約約講月吉讀法皁快無從食之地而貿遷有無之民得以安堵此又萬世之利也[illegible]糧北糧舊若里民與旗甲相兌陋規多而糧艘鬧幇之事常

滞有官兑之法行鄉民負米交倉且出兼歸迫憊[illegible]到日官與旗甲唱籌量米日中而竣事里民不見運軍之面亦水次無所容其久泊此又萬世之利也邸報中臺疏述自者請敕下未曾穿甲之省一體遵行則此法之善可知然法之善者便於官便於民便於廉靜之鄉紳閉戶讀書之士子獨不便於地方之豪猾與衙門之吏胥故嘗有虎視眈眈思陰壞其法者嘉撥告之當事立石通衢以垂永久會前歲匆匆北征有所未遑今中丞褰帷仗鉞延見吏民訪問興除大端若通行曉諭杜絕宵小壞法之萌則名案

鄉而世世頌之矣此所望於申飭者也嘉素性恬退在長安恢惻沒滅已久即故園諸長吏杳無尺素相通閒寒門子侄輩粥布衣恂恂謹飭長男啟洛又以教習旅食京邸弟以區區桑梓之慮爲此妄言雖若平平無奇然士與於學㩦安於田工商樂業於市至治之要不外乎此古之爲治者施予之惠可以及人然而弗遍巡察之威可以易俗然而弗深惟良法美意堅守而溥被之則涵濡淪浹爲無窮出而鎖鑰封疆入而平章軍國無二道也月[illegible]戎師貽言之暇商芬及之則怙冒三楚如長日加益而人不知矣

與姚給事論賦役書

余[illegible]

頃於邸抄中見閣督姚公請革里長一疏不覺欣[illegible]蓋天下小民之窮不窮於正供而窮於襍派襍派之弊不盡始於有司而往往由於羣蠹夫所謂羣蠹者何也有[illegible]承之蠹有差役之蠹有城市欺保之蠹有豪猾表裏之[illegible]層累而上之以至於有司長吏之聲名日以壞黎元之膏血日以枯而中飽者羣蠹也羣蠹望風[illegible]食皆指里長爲例所固然耳自書役奉而文之以當年之名千條萬緒統稱之曰補庫官取之里長里長取之排年排年取之花戶

終年稱貸逐月輸將而正[illegible]又猶自若也十年輪當之[illegible]累不堪於是有以[illegible]分任變十年爲五年一役者矣而經承差役[illegible]層累而疊出抱薪救火焰且燎原前役未完而後役又至奔走道路無時休息伺候衙門衹席以之不以[illegible]業而以城市爲生理鄉里淳樸之俗蕩然而無餘是顧慮者在正供而陰壞者人心風俗也若行自封投櫃之法官設櫃以徵收民照前以完納即敲扑不施而輸將恐後何則完一錢則有一錢之[illegible]票完一兩則銷一兩之由單官徵官解而其斂之[illegible]

於額外也里長之名華則官有清廉之聲民有樂利之實庶可保而富教可嘉法誠無便於此其不便者羣蠹耳若區徙浴習日甚一日科派繁則正餉缺正餉缺則徵比勞徵比勞則揭借營債多揭債多則逃逃則田荒田荒則賦無出當此之時民欲擧點金之術而不能官欲保飲水之操而不得官民俱困而羣蠹者肥酒大肉揚揚得意也嗟乎邦本之謂何而堪此朘削乎姚公急救一時之疾若而文恐變法者之隨其後是故仰請　部例勒之石以垂永久並亟請公念切民瘼者屢請以此法通行天下誠有見於

良法之行也小民懽若更生而眈眈而思破壞者羣蠹也此勢不兩立者也　大德好生天覆地載察吏安民巡察有　遺矣水旱災荒賑卹屢行矣然循察猶有待及之地賑卹猶有待澤之人惟良法壹一普天共遵則民力裕於平日雖小有凶年而不能災官箴肅于典常雖有貪壬贅鼓而無以及于花戸編民也今幸矣　九卿詹事科道會議具奏矣民命根本於是乎在自古久安長治之大要不外乎此矣先正謂士大夫爲善唯立法濟民爲大此法立上有益於國賦下有裨於民生远之有拯於閭閻之

危而遠之有關於風俗之淳古由今闔以推之各省六合全風九州共貫天下含生之倫沐浴歌詠於罔極矣區區慶幸之忱不覺縷縷惟足下省覽而留意焉幸甚

復胡石莊書　金德嘉

每欲鼓柁竟陵城下一造先生之廬而冗絆未果也方今史館宏開三百年來掌故惟先生燭照而數計之如遜國奪門大禮下逮江左潰瀾諸楔槧海內操筆者類能言惟是吾楚先輩故事尙待折衷於先生若李文正之愕愕變調劉忠宣之密勿魚水賀江夏之靖節橫流此據事直書

無煩聚訟者也江陵當國綜覈名實富國強兵數十年而論者以專衡之惟於文定公於朝議籍沒之日貽邱司寇一書以爲江陵父子事業文章與汾宜有胥壞之隔乃得身後定論持公論者嘗有言曰江陵所用者良馬也噫此可以概江陵矣熊楊慷慨任事而熊以過剛見嫉於當世楊專閫仗鉞憂憤以死或曰自縊夫憂死之與縊死則有間矣當時失機逸賊別有主名武陵豈自經於溝瀆者耶楊忠烈之爭移宮此不得不爭者也而議者乃以爲激其劾逆璫二十四罪疏淸流之獄由此益甚夫有明之天下

大平壞於門戶之角立而潰於吏議之紛爭任事者以壯往而僨轅於局中議事者以姝孚而娛爍於局外平情而論非言之難行之實難耳至於甲申以後山巔水涘錚錚微獻者不可勝數稗官野史或能志之敝邑劉千里有楚先賢傳一書紀維極富惜千里下世其書不傳夫三長之説史家所難開館纂修料不盡徵信於石渠天祿之藏先生適祭商略縱令蒲輪遠賁亦必不出然以生平所聞諸故老見諸載籍陰陽黑白判然於心而了然於手口者豈不可揭日月而行乎史事關係重大毋論肉食藿食皆當

任發明之責春秋二百四十二年之事大聖人筆削以垂萬世君爲魯司寇攝行相事日無幾耳發潛德之幽光先生獨無意乎承惠願志堂詩咨靜讀蒲柳之辰遠辱注存重以鴻篇法帖附茲鳴謝餘容續布不一

與郭嵩嶽書　金德嘉

春來晴暖足下當鼓枻西征至沙羨傳經以淑來學緩頰慫恿有力人翻刻楚紀行世功不在刻李文正集下何則文正一家言楚紀則全楚文獻於是乎在也敝里後學有感僕茲江漢書院設講帷者僕内省則不敢又以爲似不必敢以爲爽辭之潔人無道學之名而質行厚德[illegible]所不能萬分之一者皆幼安涉遼海風波大作同舟[illegible]止有一朝科頭三稽發起之愆足招天譴此豈有繳[illegible]飾之詞立於狂瀾鼓盪之際者哉若石慶之合門謹[illegible]伯起之郤金暮夜閔仲叔之不以豬肝累安邑黄叔度之所至傾動人倫師友推轂揄揚不容口而言論風旨[illegible]有意表見於當世譬曰桃李不言下自成蹊漢時[illegible]之矣若甘陵南北部之譏擿及宋洛蜀諸黨之釁皆由生徒門客扳援附會而起明時東林君子退閑講學同日詬

力追古人然卒貽黨人之禍當建首善書院時有身死璫禍之君子力言其不可蓋彥久有戒於此矣若蔡清夫劉念臺諸先生里居招攜同志第以砥行誼礪廉恥紀綱倫常嚴辭受取與之介杜高談淵論之弊孜孜矻矻恐涉於鄉愿之路非爲講學可以博名高厚實而爲之也善乎[illegible]川歸先生之言曰聖學具在六經經明則道明矣惡庸[illegible]哉夫不敦實行不宣心經史而第高冠大帽爲鑿空之[illegible]於身心性命何與而黃鼓後生一倡百和相率以講[illegible]生計此又宋元諸真儒所嫚指而手戟者也江漢[illegible]

慕川先生教人之所今試取瞿傳讀之其居家居鄉及應
接師友卻聘著書生平有一不可以對人言者乎登其堂
而躬行不逮此則僕之所大懼也江干寂寥無可告語敬
以布之左右惟足下平心覈實而賜直諒之教焉幸甚

廣濟縣志卷之十八終

廣濟縣志卷之十九

知廣濟縣事金壇虞學灝重修
教諭孝感龔佐龍
訓導鄖縣陳景行　仝校

傳

同學八人傳　張仁熙

方明啟正間張氏蓋有五經社云集叔姪兄弟十人人治一
經多彬彬文雅士再梓社稿行世不幸八人者先死因記
之以歿先後為次焉觀熙字宜人倜儻多氣好異書意不

可一世為文苦必曰余其異人好為小詩得咯血疾嘗闢
小室種菊數十本長丈餘月夕開窗菊影透几席宜人輒
叫絕吟不倦以是疾益深一日貽余菊並致書曰斯菊去
余就弟其幸乎因為陳古今興廢纚纚數千言雖不盡軌
於法而風雨竟夕極淋漓痛快卒年二十三無子慭時字
去泥于宜人叔行淳素閒適與人無校為文雅淨軌先輩
性往往與宜人殊宜人顧心服去泥日時日不見去泥郁
郁復生也亦得咯血疾疾亟余往問之曰吾貧病彌歷年
所薄田數畝以時負壺為而翁言將之田瘠予父不許予

以生死之交請得許竟卒是時宜人去泥叔楚瑤伯瑜與余治易復熙一生治戴記且熙象明治書用熙虞生治春秋皆藉藉有聲而從弟開熙功人亦以春秋著開熙性潔在襁褓見他兒乳輙欲吐弱冠矜慎廉隅與伯瑜虞生一生象明輩益相砥礪每杯酒歡歌指畫今古至深夜狂謔劇舍兒囁嚅莫敢近功人顧益操持意思斬斬崇正己躬王澄川先生督楚學手其牘月抒幅中之秀蘊揚區外之逸姿可以雄視一時也是歲復熙以禮經魁楚功人落魄不第遂偕余讀書湖上各倚石架短屋譚極歡夕陽在

山童子移几案古樹下槃盤佐酒望湖光頹洞落雁無數又益歡已謂余吾非萋若有人謂我汝神眉法無子時深宵獨坐青燈熒熒佶然以修眉目秀出如秋水芙蓉骨稜稜又如秋山劍鋩皙然欲割也無何寇警鄉人共保赤山不戒賊乘雪一日夜馳二百里抵山砦猶聞其讀書聲榮之不屈觸石死年二十八無子如夢言而兄仁熙曰方赤山破余與虞生一生避亂蘄陽聞弟變即集哭哭復疑曰弟豈其死與已又哭三日而人從赤山來曰果矣則又哭僕婢皆泣是日亭午余挾兩騎走七十里慘悽日[illegible]

烽火夜抵村園則家人已乘賊隙穿壙棺七尺惴惴盡家矣予撫而哭盡哀已乃仰天嘆曰嗟乎弟而非死別與而胡如有待也爲執紼而下棺少選傳賊數百騎乘夜自他山出余從間道達蘄陽日在桑野遣侍兒告虞生一生來集哭又三年癸未而且熙復卒于賊且熙性沉毅爲文斑剝如古彝鼎業久不售與一生生同年長踰月爲兄一生爲舉人象明困如故年四十始爲諸生第一踔厲張獻忠破大佛砦象明主砦駡賊不屈以家亡嗚呼予於象明嘆升沉存役之亟也豈非天哉象明以壬午爲邑諸生而伯

瑜是歲中鄉試象明卒之又明年伯瑜亦卒于兵伯瑜忠信謹讓年八歲從里塾歸得遺金於道立待爭金者至與之諸生食餼試輙高等王澄川先生尤愛之郡薦師倪長玗伯屏先生倪蘄州司李伯瑜遊蘄梓其文稿而九一徐先生爲論其家世弁之伯瑜衣大布衣孝友篤于仝學寓某氏有以色挑者峻拒之里人至今稱文行者必曰伯瑜功人伯瑜卒數年而寅熙且夫簡熙章侯以疾卒于家且夫治詩章侯治春秋皆爲諸生有聲章侯卒十有三年爲王子歲而虞生亦卒

李貞節傳　阮文茂

余於李貞節既獲没浴嗟者久之低徊留之不能已已指嘆深山大澤實誕忠孝表章無人委棄草莽遂使貞魂不克彰於後世可勝道哉史忠與節并然忠猶易節更難忠戒翁猝就節從容以歲月成也且名家世族父兄集首諱忠孝且閭里風淳古節出而內外共保護之猶易若毋也不諒鄰與族群撓且奪則尤難奪以人之死靡他猶易若事關朝廟變起兵戈普天率土咸走死不言節則尤難之難貞矢志蓋共姜孟姜比烈矣乃奪之者一至再至且三

至兼以變奪以法奪貞從容以赴無少悝遽金篤鍊水百折此如方正學文文山兩先生疾風勁草板蕩忠臣里巷貞烈云乎哉初糧儲元度盧先生擬作傳以始末未具寢之然于時貞尚未獲没于貞盧也其停之也固宜頃蓋棺矣沒血性奇男子聖賢人不者并其歷歷捏奪者不彰或彰矣不盡彰使日月之光沉埋黃壤鬼神有知應呵譴之此不咎盧之緩而將罪余之慢也因傳而詩以繫之採風者庶有藉以傳　貞節李姓蘄安平籍至貞之大父父任濟燕婁則仍濟人也其孝子永籍青州流寓鄂遂于古春

感人也貞父君吉昆弟四貞行二名華家世耕讀弟有文章擧貞生順治十四年及笄許配劉貞年十八而劉卒貞聞訃卽設位麻衣哭拜訖跪謝父母曰兒此身劉氏身也當終于父母家無他說矣父口未敢而心已痛拒之越年告父曰家素貧昆若弟豈能爲兒謀朝夕請田數畝自理食之兼濟以女工織悉不累昆弟遂蔬食每日凭牟出堂房外父一日嚴責之曰無女子終老父母家者斷有陳富愈崇戎濟胡弦勳方伯也太富貴兩家于倩人合之皆首肯或富或貴兒自擇得所歸矣貞泣曰人心如青天

白日奈何以食歆睞劉雖死猶生也身妾異日何面目相見于地下願父閉此口勿復開也于是散髮跣足毀形自廢而父母嗔益甚屢言之族與鄰欲強奪之矣一日先期與蘄城顧訂歸同族尊逭告曰已許矣初富貴兒志或未諧顧則累世科名翁黃公者文章名海內其郎君亦才多人品甚足依也貞曰蜀司馬相如非千古才名哉卓文君狗琴以琴挑遺臭到今未聞以長卿掩李謫仙女失許晨家范正傳擬改士族女曰命也不願更醮此兒族兒應敏君志廉耻事大文章事小顧于陳胡富貴詎有殊異識

兼自食不果諸昆任五六悉兒子撫之無妨害何至相殘
邪詞戕森君秋霜哀迫動鬼神尸之尊悉敞罔靡徙戒君
吉詛後不得再啟口矣逾年君吉謝兄君弟胥以事赴黄
貴具猎貞理無少缺兼齊哀答親友拜哭泣悲哀仍存大
防不全類男子也遠近弔者胥嗟異之未幾而鄂兵變矣
檄東下兎軍南上邑皆棲深山危不自保昆弟向貞曰爲
之奈何貞曰余自盡耳繼而覬覦之輩相爲訛謡聲言採
稱男女不媒而合雪夜與肩背負不絕者竟月人向貞曰
可少變乎貞曰余自盡宄之兵未東來而天使覺虚也吁

貞之畢命遂志從容不廼固如此哉貞之族名常夏者向
余曰貞非獨以節也貞事父母晨昏定省朝夕不離膝下
葢至孝人也余曰古孝節無岐節無不孝孝無不節女以
節重故言節不言孝也歲之十月貞病篤進以醫貞絕之
曰余何生死有餘蓄囑曰無效俗用佛事悉以供母膳將
絕強起拜曰余今日方得爲劉氏婦矣卒之日遠近聞者
無不爲之流涕時年三十六歲

跋

魏果敏公贈張鞠菴詩卷書後　金德嘉

大司寇蔚州魏果敏公正色立朝數十年如一日危言危
行有士大夫所難者年老善病二[illegible]
上念之賜參賜鏹賜額　捧歸里第其里居也三數耆舊若顏皓
首爲真率會子弟孫曾輩侍酒炙有香山洛下風于學誠
成康熙壬戌進士官中書舍人予告歸養仲子以庚午舉
於鄉皆祗承家法爲三晉知名士鞠菴張君順治己丑登
第出公門筮仕棗强令公賦詩送行且勸勉爲循良吏大
指如元道州而蒼渾沉雄過之大令謹受教之官有廉能
聲令嗣存金接三藏此卷余覽之愴然於師友淵源之際

重有感也昔昌黎韓公言士以出於大賢君子之門爲榮
鞠菴之受知果敏不徒以進賢冠爲光寵矣嗚呼公往矣
張氏世世子若孫寶之豈與平泉莊之一木一石等哉

讀可亭篇卷書後　金德嘉

今海內之望大司寇環溪魏公巍然如泰山喬嶽凜然如
冰雪巖巖之不可近而廣濟劉千里會以明經貢春官爲
人山野木強交遊甚寡當是時公獨高其行與之交稱爲
漢江學者賦五言律詩四章以爲贈千里題行賦可亭篇
別公其歲爲順治乙未到於今踰三十載千里亦已下世

而公猶拳拳念之不絕口嗟乎紆衣綰帶綠酒紅亭之作福清長安衢路方之於此爲□何哉公子中書舍人學誠與德嘉同舉康熙壬戌科進士交猶延古公既歸老寒松堂會舍人之官乃手授茲卷屬德嘉書其後以德嘉千里里人也千里留於著述而家極貧其已行世經書文集乃邑人合錢以刻者又所爲楚先賢列傳及德嘉先大夫志銘已選入三楚文獻錄中矣其家藏未刻書猶近百卷畀時接輯而公之海內則余與舍人事也舍人補官甫數月輙以省覲旋里余亟書而郵致之

自警編書後

金德嘉

嗚呼此先大夫遺編也不孝五歲而孤先宜人日授孝經論語逾年受業李先生於東鄉之竹風館李先生諱崙觀字大復先宜人之伯兄也且課於先生而夕背誦宜人所宜人舉頂薦兒毋情數舉馬牛襟裾語爲誡又嘗言先大夫故手白警編指爲人鵠而今失所在兒將爰鵠焉當是時不孝蒙昧聞言而弗省也八九歲時穉李先生几上書得自警編目恰悅動容先生熟視良久曰孺子亦知自警繇起昔汝祖父楚溪公潭思聖學衰輯宋賢言行錄都爲一卷類曰自警編汝父未補學官弟子時言動兢兢已書是編奉爲程式予借觀而鈔謄之汝從祖太和先生爲學宮諸生祭酒授徒柘潮阪亦舉是編以訓弟子然弟子鮮有誦習者言已局諸篋蓋不孝方學爲科舉文字先生不以是爲孺子課也越數年宜人見背先生尋卒會左良玉亂兵自武昌下金陵數百里之郡縣邨落焚掠爲墟李先生之書散亡且盡而自警編不可復見矣癸巳得先大夫守興安危城時遺唐游擊一書棄於族子先兄諱德崇拭几展讀有盧生諱首儁字小相來草堂摩挲歎息尊公守興安當崇禎甲

戌流賊自蜀走秦所過城輒破而獨挫於興安一歲凡四圍城糧盡且陷尊公用蠟丸書檄旁郡唐游擊通來救閩尊公寢食埤堄間數十日夜不內顧李宜人坐後園井上爲死所當此之時危於纍卵矣而字畫莊勁若此猶與自警編類何其整以暇耶先兄憮然辟席請曰足下安所得自警編乎盧生具言異時從君從兄爾孩諱德大游偶見此編乞之去爾孩下世是編秘吾椸中避亂太白湖上左手挈理學書一束右手抱一兒舟覆書沒於水亂定購求得之編猶是也而丹黃點顆不佞參半焉詰朝辨色輒欵盧

門索書書出而欷歔涕泗不能讀盧生從容言君第持去償我以副本可耳再拜受之以歸命諸弟子分鈔浹二旬而竟盧生曰噫甚矣速顧余非欲速者欲得一手書耳君毋乃憚勞乎對曰謹受教雖十易固所願也踰三月手書訖盧生納諸櫝而以前分鈔者遺廓菴劉先生以廓菴嘗覩是編而急欲借鈔也先兄得是編每欲鋟刻未果康熙丙辰貢上春官載之行篋擬刻於燕帀舟行百二十里暴病而還尋卒是時不孝教授安陸府衹携得遺唐游擊書稿壬戌官翰林承館閣諸賢題識褒讚成軸歸田捃拾元

明先哲庸言懿行漸成帙時時用以自警命洛子敬書先大夫原稟從子敬江鑑校洛子詮次之痛念先大夫躬承楚濱府君庭訓弱冠輒師古人於家爲孝子悌弟服官漸秉得民死力當洪文襄公督秦中疏言秦事大可憂之歲而能破劇賊保孤城以報天子身後五十餘年興安人請入名宦俎豆追誦功德燦燿碑版蓋先大夫守興安一城而紫陽白河洵陽漢陰石泉平利岩栖草伏之餘民襁負入城而存活者無算寇退飢且疫則糜設於廠藥飣盛於衢不幸而物故者官逼岡阜爲叢冢先大夫以是勞瘁致

疾朝議擢守漢中府拜命而逝　先之官興安人合錢買劉上舍楷櫬以進宜人鎔簪珥括衣裝佐以法書名畫償之念曰大夫守興安止飲興安城下水耳毋以是累身後名宜人扶櫬歸里李先生素服郊次仰天長號曰嗚呼公所志廉茂坐言而起行矣夫奈何不假以年也蓋先大夫卒時年甫四十六而先是周旋死友吳御史諱裕中之難年甫三十八吳公死廷杖逆璫爪牙羅織楚人不敢視含殮先大夫奮不顧身歸其櫬於江夏一切死生禍福無足以動其心大都自楚濱府君庭訓之日此志已定也不孝不逮

事我先大夫惟是祗奉慈母提命以有今日無能尺寸豎立荏苒蹉跎今且髮種種矣捫此篇萬感交萃言止而意未盡又伏念中壘七畧得歆以有成然史稱歆之行不稱其學可惜鄴侯充棟書而子繁僅以插架聞天下亦可惜書以自誡並爲子若孫誡也

讀李先生隱逸傳書後

楚通志纂修既成而廣濟有李大復先生入隱逸傳李先生德嘉舅氏且師也於是德嘉讀而欷歔久之嘆曰嗟乎古所謂齎志以歿者其李先生歟兒時聞先生與人論史

事大指謂士大夫氣節事功真實爲難如汲長孺之面折公孫丞相不拜大將軍青至使武帝不冠不見而淮南王爲之寢謀氣節若此漢廷有兩哉宋則韓稚珪司馬君實范希文諸君子之立朝决疑定策捍禦大難功在社稷豈歷可指數此之謂真事功若班固譏司馬子長是非頗繆於聖人而其議論嘗排死節不叙殺身成仁之美是以先足於實憲而陳同父之大言使試之用未必不如殷浩也其持論謹嚴大率類此先生試不售於有司而從遊之士日益衆布衣大冠望之若神明先生恐勝冠者免冠受業

徐整冠復位誦如故曰慈母有敗子今師之爲母者何多也二程寬嚴不同吾寧爲伊川耳先生與先大夫垂髫交手鈔先祖父所輯自警編各一册已而先大夫宦陝西之興安州且行先生曰自警編中操守經濟忠愛惠澤皆古人學力所存今力行始知古人之學然力行愈知古人之難也先大夫守興安以治行聞先生喜寓書勉焉當是時寇敚書問埌委先大夫省視之裁答而已獨揭先生書於座右退食幾暇行讀讀已數曰大復愛我大復愛我已而流寇圍城先大夫與先宜人訣曰致命遂志吾與汝伯兄大復有成言矣以是固守踰月竟保危城蓋先生與先大夫學問切劘之益如此向使先生膺一命得行其志必有可紀乃竟以隱逸終也嗟乎英雄之困於草澤者可勝道哉

續刻延陵世集跋　　吳淳

嗚呼此余伯曾祖父膚公太安暨伯祖父懸璞三先生遺稿也三先生生平積學汲古著作甚富奈身丁喪亂家罹兵燹厥嗣一再傳後不無絕續之感故全集零落什逸八九幸伯曾祖父允猷公表章念切於散軼之餘捃摭成帙

與先太常訥存公師白齋學訓癯鶴公經書文兩集手自鈔謄彙爲一函名曰延陵世集當授徒蘄陽時太常學訓兩集已剞劂穀各鋟其半於版出以問世惟三先生遺稿藏之舊篋未及授梓而公下世矣去歲淳於曉莊叔祖案頭偶一繙閱把玩欷歔竊轉幸殘編所留雖屬全豹一斑而三先生當年鏤肝鉥腎刻精竭慮以攄爲忠孝之詞悱惻之音賴此庶不盡澌沒人間第思數百年後世遠風微並茲墨稿亦倖蝕於蠹口零碎於鼠牙行且與秋草春花同歸萎棄耳爰謀諸伯叔兄弟共爲勉力壽諸梨棗公之

同好後之讀斯編者當有以悲其遇憫其窮而慨想其人
品學術之大概也夫

雜著

青叟公辨　　張仁熙

廣濟舊志曰張晏然字安卿安樂鄉人登淳祐丁未舉
授諫議大夫陷金不屈贈禮部尚書仁熙按青叟公事見
之紀載不一或稱淳祐進士者湖廣總志及縣志則併舉
也或稱為鄂守兼荊湖宣撫司參官張山翁議不合復為
北部提舉者府縣志則湖北提舉陷金不屈用南朝衣冠

役贈禮部尚書也文獻既遠豕亥易淆紛紛聚訟迄無所
定然以仁熙觀之鄉賢大典也俎豆列於學宮當事豈無
查據而大明一統志載廣濟者令余公珍梅公應春三
人而已一統志修于天順李文達公定豈肯浪厠者乎夫
鄉賢國史傳之數百年後皆論定蓋棺會無異說安知山
翁之謗不中于誣刑疑罪者傳疑錄善者從善羣議似可
少息也公子文桂判撫州儀鳳安撫秀州至孫紹祖登景
定進士歷仕寧國路總管邑鄉賢志載其君官將操從中
及豫郡肅然則公之遺澤長矣

無名說　　金德嘉

邑侯宕渠劉君之為治也清靜平謐循齋晏如夏四月盛
德在火日躔實沉之次律中仲呂焦齊生為爰為之記而
名者曰無名主人余覽而訪之曰無之時用大矣哉無訓
空空則淪於寂也無訓息息則滯於行也詩不云乎上天
之載無聲無臭無也者天之運萬物之權於人為莫知其
然而然者也今夫蠶食而無飲也蟬飲而無食也蜉蝣無
飲無食也戴角者無上齒也四足者無羽翼也無角者有
前無前也有角者指而無後也是故使之兼哉然無飲而

蠶自若無食而蟬自若無飲無食而蜉蝣自若無上齒而
戴角者自若無羽翼而四足者自若有而無前而無角者
自若指而無後而有角者自若若何而若其天也物各
若其物之天故並育而不相害也天地之散精為陰陽陰
陽之專精為四時四時之散精為萬物積陽之氣生火火
之精者為日積陰之氣生水水之精者為月氣怒而為風
和而為雨相薄而為雷相激而為霆相亂而為霧陽勝濮
而為雨露陰勝凝而為霜雪當其無也莫測其胡為而來
當其有也莫知其胡為而往動靜互根循環不已變化不

可端倪曷嘗有須臾之息乎若此者天爲之也天不空物亦不空天不息物亦不息是故河無圖也無端而龍馬負圖出於河洛無書也無端而神龜載書見於洛聖人則之而萬世文字之祖具此矣淮南子曰能藏大圓者履大方觀大明處大堂與日月同光蓋天之子人也自無而之乎有人之事天也則自有而返乎無無欲故靜也無營故[illegible]也無將迎故憺也無留礙故泰也貴無藉乎炎炎之爵富無資乎攘攘之財智無煩乎譊譊之辯勇無脩乎硜硜之鬭是故人知有之之樂而不知無之胎乎有也人知有之

之安而不知無之保乎有也人知有之之難而不知無之裕乎有也若然則去其名而可矣名也者萬物之累也而人往往不能無之何哉今夫鑑無察之名而妍媸自呈[illegible]鋒無銛之名而剸割自利也戶無勞之名而出入自由[illegible]車無揣之名而轉輸自遠也有而無故名亦忘焉鑑之[illegible]也而混沌名鋒之頓也而統指名戶之壯弱也而樸樕名車之藏裂也而脫輻名名者天下之大不幸也是以至人無之無弦之琴可以樂和無炙之味可以養生無人之舟可以消愁無鑰之藏可以彌盜而又何取乎詹詹之名哉

聖人施四方知進退存亡而不失其正聖人之心天心也學聖人而有若無大賢之心聖心也三代後能用世而神明乎無之意者在漢則有若張留侯良在唐則有若李鄴侯泌神明乎無之意而不爲世用者宋之邵康節也蜀多異人隱翁瞽叟邃於易者也然而無名矣聞忠州有引藤山藤可以引酒銅梁巴嶽上有崑崙洞時産異花溪名海棠園名荔枝樓名香草亭名翠薌皆蜀産也侯得佳卉而直以無名冠之其深於譙天授之學也夫

代僧告諸文士文

予念里中文士之無祀者可數十人置主于江漢書院列其名氏今

在僧每歲七月望日設餅餌焚楮帛以祭之爲文一通畀僧宣讀其祭貲則歲支院中租錢也　金德嘉

時維七月俗號中元麥飰豚蹏家家薦祖漁郎蟹舍處處追先惟是伯道闇墟中郎燼熄九原可作蒿目悲秋二簋誰歆餒魂載路奚爲至此念及寒心亦既已而瞻言酸鼻況復夜臺饕餮孔方爲兄鬼伯炎涼科派是亟嘵嘵爾要者詎能堪之維茲掊克之多門竟合冥明而壹轍舉禮緣義起創構盍簪之祠兼人故文鳴仍依籍火之院青蚨撲地絳蠟沖霄龕懟洪爹庚幾歆饗來俱不速罔哭途窮獲亦非豈休驚阿堵嗚呼鐘鳴漏列達者視等浮雲石馬銅駝

其時淪諸坱漭盈虛一瞬消息千年謚何物其能罔唯今名則可久爾乃戀骨肉情遺弛茸耗忘哀終制靡顧松楸彌遠有兒慈無兒復背臣無母荒爾趨朝以子若斯於親朗益不如[illegible]羅桑藿食者流猶資嚮井清酤薄奠苑久千秋露重歌中含妙喻從茲解脫往生極樂之鄉倘或栖遲長歎與仁之里嗚呼給孤長者纔及締人煉藥仙公只詣羽客儀饉楮幣弗暇鄉里鄉黨安存縱離設盂蘭集氣亦云大費何道名普度歲時豈得有恆厥祀從今此風還在聽媚任郎之意推暨無邊悱惻纏綿之思衍然自永僧寮晨興歲事候當小暑寒蟬公等凤鴐咸臨聽過大招楚些過去未來現在盡入皇天覆露之中別離苦惱究竟均涵化日胎融之下

静觀亭序

金德嘉

少尹王君恢恢游刃之地皎皎峨松之姿民已登于春臺士復充其蘿房顧瞻麗事小構茅亭曲水流觴想右軍之勝概焚香啜茗追摩詰之家風萬理皆得諸靜觀纖塵不留乎几席花封暫駐少須下鴻鵠于前灘芝檢遥傳行且遥綰鶴于中禁候過從晨夕頻開北海之樽下上古今附南州之榻撫觴嘯虎竊效雕蟲使賢士大夫遊于斯者知素心爲金石之交揶英雄俊傑仕而優焉即簿書有魚鳥之樂載諸邑乘良爲美談

饒臥侯詩序

金德嘉

饒子臥侯之言詩也自垂髫至皓首數十年如一日蓋家學云然而燃糠逹旦扣角終宵暑幔籠螢畬畦拾蕨詩能窮人於斯極矣昔曲逆落魄韶齡虞卿解龜晚節幼安清修子魚推轂孝章蕉萃文舉寒心若饒子者少難通籍老不剖符姓名弗登薦剡拯救無望知巳諸艱備歷何地非愁況復身丁亂離家罹烽火庚子山之覽物王仲宣之登樓黯矣傷神潸焉出涕雖負郭窮巷章逢索居會廻馬首臨邛偶割豬肝安邑然巳事如夢爲歡幾何大都有韻之言強半無聊之境嗚呼饒子已矣封禪無草何煩侍從臨門制科既詩安得身後賜第零編隻簡漏屋頹垣幽憂舊儴尚蟠結于蒼松白石間也

呈請舅氏大復李先生入鄉賢祠

禮隆耆舊詩重典刑古君子傳而特稱日公里門直號通德鄉先生没而可祭於社俎豆並列黌宮姣縣學生李諱

奇觀者性生孝友品植端方甫屆童而口無戲言追弱冠而膺□舒手□吾儼養志家門兄倡弟酬承懽草閣早有聲焉之□刻意揣摩儀表家之競爭精警校受藝鐵之□□□首列宫墻此黄江夏之品題名蹈鄉園戶外屨滿□侯之展五經華嵩蘭翻壺璧之言百代取予嚴一介自少生平無講重千金非通經俠士類以雜見佛闇黨蔡義翰誠當勝國鼎擾之秋有凶人踰竊之患（貴黨立營倡亂士大夫人人自危）衆倚効安以成聚風鶴不驚人竟彥方而為師鄉鄰無闕先生立守望望月斯征而薦于冕冕鳩鶴之音歲有（保全善類甚衆）

殺以貽孫黄鵠飛鴻之歎于是飢拾橡栗露浩杜甫麻鞋渴唱松風雲臥袁尉土室考終全孝常素完忠學不愧為鄉會之從名已入乎隱逸之傳至今從遊高弟師說猶本河汾亦有通籍文人經義能傳維國王祥友于之裝追王覽而彌昌（先生從子必泰舉于鄉）韓愈文章之宗至韓袞而將大（孫曾克紹家學）此論以久而始定不愧鄉賢德惟濬乃益光允宜從祀伏祈大彰直道俯順輿情飭縣行學置主入祠俾羽翼經傳之先儒得侑食春秋于頖壁則多士奮興萬禩瞻仰矣

呈請建平知縣胡紫山入鄉賢祠

聖朝熙洽一道而同風學政清嚴頑以立儒當菁莪棫樸化行之日正月旦鄉評敷奏之時言以公而人乎事惟久則論定原任江南建平縣知縣胡魁楚者歲貢春官膺廷試之選敷名掄上等作司牧于專城下車却隨印之金老胥縮舌按季徵地丁之賦莞庫攢眉聽訟片言案無留牘矢天一炷吏絕姦萌廟學日新下逮垣墉庖湢講堂月課細分甲乙丹黃拔單寒以冠軍齊粱退含甄飽學而加禮旂盈橫經賢豪侍坐民隱時關蘇木交權咨詢弗輟利兼

農末興三市以貿遷察戒雞豚平百貨之壅滯省刑暑月蒞犴提壺卹獄冬天縕袍出粟皆城隍以決疑案空中發舜枕賄賂以詰脅壬杖下箱口前命落魄則割俸俾免于羈留遠道長征又倡捐以壯其行李衙齋藿食儋若諸生縣事蕭晨寂如曠野西寧入覲不俟玭山移文東阜騁懷非云南窓寄傲急流勇退綽有餘閒廉吏可為毫無沾戀是以解綬而攀轅臥轍三代之直道猶存瀕行而簞食壺漿萬民之遺愛彌篤也溯厥內行自來醇樸得懽心于後母婉若王祥聯四弟為一身居然范氏仲氏孤子鞠以歲

人冀從田園均令得所譽隆宗黨㠯勸鄉鄰質成者望閭而造慕義者聞言而化雖前朝舉火遭掠會罹銅馬赤眉之凶然僩道脫險全歸實賴危言讜論之力拔荆薙棘再造宗勸耕禮言詩重延世澤義田義塾范文正之家規庸德庸言朱考亭之懿矩春秋饗祀臺而益勤鄉飲賓筵恭而有禮貴胄方諸四皓門巷儼似三槐舍爾忘私趨焉恐後當垂橐以輸官餉直計畝而佐軍輿是則歸田無異官曹每飯不忘忠愛矣由學而行而蹇躬有令德自少而壯而老人無間言木訥寡文歸然長者晨昏一卷卓爾通儒

君蹟鄉賢之林允愜詞場之望伏乞俯鑒輿情檄行廣濟縣置主入祠則蓬樞圭竇擊壤行歌皤髮蒼顏扶杖觀化矣

補遺

贈湯惟尹先生北上序　饒于豫

始余受章句時數從先河陽知惟尹先生天下士也惟尹方爲諸生名刻精其業每試輒首諸生他諸生在大父行時竊誦其文以爲常顧不能無心疵之而惟尹益發舒自得也非久取鄉薦上第間不自慊曰六筭以經生業自多也始發厄過取墳典誦習之會余稍長頗亦偏嗜于古惟尹訥年引與遊余時延得附古人迹不自秘密益強諸不類我者口語藉起又性愚不任短復與爭益爭益語多而惟尹方炯其中而和其外力調護其間得以無失當是時瑯琊劉寬伯與余善古大如惟尹余與君既不屑屑取同而卒無異當其意得登龍門而遊社曲何知人間世哉即惟尹亦遂成詩如千文如干度惟尹大越不欲以脂澤取媚要非燃藥不陳非大羹不供人士或然或否而與余相惟無間惟尹既剏起古文詞復不欲弃毛本業令呫嗶士

從旁驕我間出其義示余則益刻精有加于諸生時顧既久不第不無後時之感茲復借郡國計吏詣京師將發過余延得余一言余竊甚卽不得借惟尹又何言哉爲語惟尹無自苦今天下人相率而訾易我輩非以其不得時也而日蓬累矣乎弟如訾易者之議前時爲我輩者北地信陽諸君名位差亞耳所不足者非一第也至新安吳郡諸顯矣和氏之璧有一再抵而無終抵惟尹行矣諸君之靈具在必且令惟尹應對稱　旨賜上第夫士當休明不遇之朝而長貧賤驕語富貴亦足羞也惟尹其必能以此間

執說者之口哉余即窮訢訢如此矣

從子茂才昇之壽母序　劉天衡

仲兄東郊先生曩同余應里選試不售遂棄去詩歌自娛通史綱及皇明□讀記宿儒不過也余待[illegible]不與先生竟日譚□爲虛往先生有吳孺人[illegible]不□釀酒爲具其所卜當世及舉詞不佞今按之不[illegible]然好以大義引人少年望而斂容故吳孺人□一切[illegible]不□禮不前也以某年舉子鋐已而舉昇之[illegible]東郊[illegible]昇之謂有額骨昇之僅年七八歲東郊先生客至酒中□

昇之與余兒鈇口憶□一通鑑畧記讀一過以一字錯爲主罰觥客靡匪嘆賞醉而歸是時鍜方襁褓長子鋐遠□外傳先生抱昇之膝上應對伊吾與吳朝夕相怡耳奈何東郊先生一旦捐館舍距生三十有奇鋐不一月亦從父地下吳方哭夫又哭子兩孺子牽裾呱呱其何以爲命哉吳甘苦節教子昇之甫弱冠已高等博士家屢蹶鄉書時論惜之每自以藉飧稟養親爲愉快吳今年春秋埒七十冠無擇翟刺無擇肥之時昇之一再年信當過在天國□大業蹐之是未可知也吾家自傑埒而後代不乏才今、佞不過嚆矢所望以建旗鼓而亢吾宗則昇之及諸子之責也昇之負大而淵一旦乘時吳刺齒肥幃翟加於白髮上祈祈然膝下結黃金是揖讓人主之前者喜動顏色和其婦式穀五丈夫子宜弟鍜奉萬年觴以爲吳壽奉東郊先生褒書以爲吳壽東郊先生亦爲不死慷慨一世敬士尊賢如一日也斯不負矣雖然夫有所受之也東郊先生父靜軒公大父九峯公九峯公經綸宏瀾寇冤罔東靜軒之器則三代以上也語曰深山大澤龍蛇出焉東郊先生之子若孫俱有遠器三世以前固已醖釀之矣吳之姑孺

人呂相靜軒公學易未竟其享年也獨後而吳亦如之呂孺未亡人年已逾艾吳止三十以後則天之奪其君子也所以顯吳之節而今之壽吳也非以東郊先生之不足爲吳之有餘哉吳雖春秋埒七十視聽不鈇健飯盡少年人即百年而勤苦若固有之受觴之日執二子之手而撫之曰往不徙汝父地下者欲以母道兼父道也今日之事可以謝吾姑報汝父汝祖矣若是則吳不大有造於劉哉東郊先生有知當必佑吳而進之由子而孫重光疊誥詎徙今日也東郊先生兄我而知我不見仲兄三十餘年而蔑

尹君敏猶兄也鄴而迷之爲昇之及鍛志慶爲沙上劉氏美譚云

劉敬伯詩序

楊大鷩

余及敬伯卒同梓里生以先後且年則匹長一月屬稱兄記不云乎合志同方營道同術兩人者有爲以故獨余知敬伯最深而以余叙敬伯當有所宜而無所溢可知也蓋詩自近體盛而歌行掩古大家如李杜兩公所不可及者何居明興以來獻吉一人耳獻吉死而歌行斬也叫號云乎哉敬伯之言曰不治歌行則律不浩蕩不變化不治律

歌行弗賦古人所以大過人者三謂穩也善亂也細也凡歌行琢句欲重重則氣完險而中踈而渾瀣而多致與人心胳合皆以妥貼易施故曰穩也物相雜曰文讀離騷經者千復而莫得其要領于美善幻其言舛駁窮神知化與然出沒與造化流通故曰善亂也子美又以法勝讀之則祖放按之則牛毛頻挫之極乃反幽微獻吉直少遜焉大目則御風而行泠然善也故曰細也今讀敬伯以爲歌行沉雄蒼渾開闔變化磊落悲壯而肌理最瑩神氣最密塲今通之頹波纘北地之絕業其在斯乎若近體則時勁詩

清時李易時豪縱時雍容閒雅甚都要以各極其則諸使人亹亹不能已此余私心所以俯誦而服膺也前是嘉隆間濟南李于鱗以七言律高華奔走一世而海內學士至今稱之敬伯非能發于鱗不專于鱗故能用于鱗然後知敬伯之深識而規模宏遠也敬伯以爲求子美者必求之六朝以前所謂不爲獻吉乃能爲獻吉斯得之矣凡余夸大敬伯不欲爲虛美第恐耳食者聞之未常不掩口而笑也

送舅氏胡公仁常兵備蘭州序

劉醇驥

舅氏胡公仁常年二十成進士始爲令吳中治行入補司農曹郎理度支煩劇不廢事得以參議往備薊州兵値逆璫亂政其黨崔呈秀薊人也有所屬托不如意痛恨之誣以事方除他官瀕遷緹騎逮入詔獄三木箠楚身潰裂無完膚強傅文法成罪或以其與楊繆諸公舊同類而擠之也即旦夕不測破家無足言者且累月而熹宗崩今上即位討逆正罪開釋無辜公乃抱殘喘南歸省邱墓居久之上聰察謂不重伸枉無以厲朝宁前後被逮者謫籍者悉湔滌起擢當事以公言並及數人而顧獨下命胡某許

愛杜與優恤凡居家者兩春秋有臨鞏之命實節制臨洮
鞏昌郡也而建牙蘭州夫蘭視薊皆極邊公將以治薊者
治之乎形勝不論風俗不論以時勢度之治蘭與治薊亘
天壤也欲有為於國家靡不藉時乘勢狐鼠肆於上正人
傾動為掣肘恩怨倚伏恐以其快為禍此往日之時與勢
也而今則何如天子親莅發大難握符中興方急於求治
則於報功早夜謀得老成練達士任之庸詎非經涉險阻
百折不回撓感憤死生之故而不顧身家而願效則天下
事豈有不可為者高皇帝平定陝西敵襲蘭州守將張溫

揵其鋒堅不與戰敵引去高皇帝嘉其坐而制勝夫彼猶
藉因初有戰之成也而歸功焉若馬公文升王公瓊經營
臨鞏業有成績又豈非文治之朝自別利器者哉或曰往
公倘爾時嘗乘駱佩弓矢鞬鞴往來塞上視風景要害獎
訓士卒某某皆已擢名幕府則公固留心邊事者乃薊雖近
關地阻多嶄巖險形勢可憑窺關之敵猶懼闌入焉若蘭
與寧隔者河一衣帶耳秦成不至也往聞曾無大警嘗亂
河氷凍穫資牽生口則亦宜有待之況屬郡邑堅瑕不無
而昏靡常風塵倏動馳歸林而蹴滿月誰蜂蠆可狃者蔣

曰公侯干城必鑿山重門之為設險哉每思南人狀貌
文不若西人遲重膂力超距舞騾爭丈之矛攘臂起鬬教
人習焉猥秦人以殊數世不能大加於敵及漢武用之期
門羽林身與出入而六郡良家子能使幕南無庭夫其材
畧誠有以鼓動之也雖上林塵埃梧梁飛燼嶢闕渭水間
奮迅崢泓氣勢殷殷令懷古者過之茫然而如見也豈云
謂然與是故兵備者備兵也兵可千日不用不可一日不
備若曰國家右文輕武乃欲專責成吏事使踦有所歸吏
其畀也庸人不識國體好以意相稱至有焦勞枕戈博功

名自樹稍不斌媚旋執柔翰引繩之故君子亦遂自甘靡
弛不樂見長矢石間斯則危國敝風非聖世所宜有也抑
盡吾心利鈍置之而已維時公假裝戒途小子醇骰不揣
魚魯鄉觴以祖爰致鄙辭云

張氏五經社遺稿序　　張仁熙

方萬歷初天下治平理學則尊文成文章則推轂弇州諸
子故士之為舉子業者窮理而致力于學浸淫至于啟正
丁閹禍值國變節義凜凜事功卹鮮著聞非無英傑大儒
明徵耳是皆取諸萬歷時舉業之流非藉他途進也方天

啟甲乙間房牘忽遊陰待懸冠之書雖有凌若柯先生
然其文亂矣崇止初救之以經又救以史而金陵揭黃
先生復踵接也是時東鄉之教並行尊者倘少又二十年
瀕水以先朝肯傳名高爽呼于異代而天下翕然奉二先
之學與□□□後□川興而史漢之書發定待五十家行
而酉□□□之業已淡掃空糊求免忌諱天下乃始擯斥
不學古矣作僞在于識時文章原本忠孝以今观昔節義
事功果可同日語乎且夫聖賢之言即經也經明而聖賢
之理出聖賢之言即史也通乎史而聖賢之學識全一切

棄去而乞訓詁之緒談事賄賂之科目即二家亦不意其
至此□□□余族家社百餘人析之而得十人為五經社正
丁卯正月攻苦刻勵經史之言不去手乙亥以後寇匪兵
燹熒熒雜而不輟宵吟戰聲與書聲犁然並陳于巘渚者
十載好學深思古義奇博殆難以幅盡之其後或以諸生
至□□獻逆而全家授首或以文學孝廉蒙難被縶而抗
顏罵賊不屈以亡又或嘉遯可占夾志泉林已列賢書忘
情魏闕且黃聲藝苑者皆是也謂非當年好學力與有□
其學而軟調變聲阿適逢世恐艱難困厄時未必克自□

立如是也社集兩刻於崇正間海內同志行之李愚公徐
九一倪伯屏梅惠連請先生序之楊子常顧麟士貽余書
曰吾邑亦有五經社然無如君家起同氣者而查伊璜許
孟宏曰梅川張氏舊刻語語典言近復益之以史此大槩
也今殘斷佚去者十八九矣余忝後死不忍遐棄命兒輩
搜集暇日刪訂得百篇為張氏五經社遺稿藏之篋笥竊
見近時亦有奮然經史起衰者夫文章強弱人品世運轉
關時也戰國合盟而卿才博物曹劉鼎足而使命風流學
問之道如終不可廢也倘亦以吾黨舊文告之

送學師胡抒自先生歸郃陽序　李賓起

至善不循俗而有化俗之微權至樂不逃人而有感人之
餘韻先生始來濟邑遇事不少假借即邑人頗嚴憚之逾
年而人始諒其朴誠則曰此古人中之斷斷者也又逾年
而駸駸與與人之誦諸如韓縣志建學宮清田畝卓然事
堪不朽者邑人爭勒諸　石以同召伯之棠至如緩急有
求將碁輒應急人之難自其天性非以沽名譽也而人猥
私覬亦欲於楮墨間吐之以誌不忘嗟夫先生自諸生時
慨然以濟世為己任使得際風雲而依日月泰山之淵不

崇朝而雨天下惜也不獲膺藩宣寄而倚一邑者又非專城以任先生欲爲而不得爲者亦既多矣區區所云寧足繫議擬之什一雖然人所能者人所不能者天先生品隆望重聲聞上國而有司甘蔽賢之戮當道之異等之求此昔賢所由掛冠殺風歸來不能一日安厥位也倘留再歲學使者屢下尺一書諭令復起勸學官事先生夷然不屑諸士子衆牘連章祈縣父師爲邑人借寇蓋
文廟雖修而東西廡倘未安也予曰先生志決矣安得以一官久羈易其桑梓邱麻之思且先生安在而不得其志哉

行將移其解推賑貸者以篤宗親里黨之愛則義田麥舟不專美於龍圖之子父移其登高際勝詞人墨客杖履追隨者歸而偕邵陽諸大老燕飲劇談古今人物或風俗變易下國廢興治亂之由抵掌圖書則耆英大會不專美乎洛陽之司馬先生行矣所過山川雲物變態百出皆足幻人心目而發其性情吾知先生大有獲也於焉絕迸流之奔騰駕長風而直指淩萬頃之震盪縱一葦以自如若長公之航海蛟龍相諭以息波若彥方之居鄉寇賊相戒以無犯固弟子所禱祀而求諒先生之盛德自有以及乎此也

修松楊橋引

李賓起

距邑西十又五里曰松楊河者省會孔道也長源直注飛湍乘空石橋嶄然深插洄瀾之底鼓駭漩箭之冲摩有接軫而往來攸通焉乃歲久而蝕折梁嚙趾連傾數柱屢修而屢隳爲費不貲橋遂圮恒時沙平水涸隆起腈灘淙流潺潺溲石齒間淺不通車深難理楫衡埠而越既跕跕欲墜而常病厲揭矣及積霖不休萬壑爭流懸崖奔瀉莽莽浮浮高岸雷輥盤渦雪濆回滙若江湖而渺乎一巨浸也

於是擔者負者杖者車者走虎節者馳驛書者或綦履而詳步或芒屩而疾趨或從王而心懸馬首或將父而志趣鳴鷄去復去兮不速歸曰歸兮已遲勘不望望而來悵然而止臨河欲濟咫尺千里既沿溪而問津步亟進而屢徙必裸跣以馮流滅頂而懷石望長河之浩浩無一葦之可即不令墨氏至而廻車阮生窮而返泣哉若乃隆冬沍寒朔風凜冽霜履凌晨屢節披黑骨凍催而木僵皮皺皴而龜裂踏赤脚於層冰褰短裳而涉雪余所爲徒愴心於斷橋思緒葺之未得者也久之中夜聞有拊棚而趹門者問

僧何爲則修松楊曰此粗修也何如姓變出原疏示予僧抑國氏濟人事若歸美令君者徒杠輿梁平政之効也故以賢令君爲倡余因[illegible]之曰李允則黄金鼓吹歛民錢起獄祠范希文並僧問與佛刹古人作事具有深指以國相之猛而乘輿[illegible]溱洧聞者知不以砥蘭芍之俗哉何可訛一時寓論而[illegible][illegible][illegible]兄而戒事日至而畢賢令君自有節宣之興[illegible][illegible]屠氏爾浮屠氏巨筏濟人逾大海而津梁之又奚藉於一[illegible][illegible]皇若募爲僧曰不然夫貧惡乘於地何必沉海而焚貲力不必爲已寧止擔柴而運水

誠得大出財力而經營之所以去吝而化慳也亦即神君之所以與仁而勸義也雖橋之利人其因有盡而山僧勸導之意與令君教化之權其益無方然孰非緣橋以啟之余嘆曰予之意則善矣第伐石鳩工其費甚鉅阨鄉窘歲所出爲艱懼予之不克臻厥成也僧曰茲非僧一人事假能化四大成橋僧且橫身爲之詎無仁者憫僧意而大捨出望外者乎是僧之力有盡而所募之人無盡人之力有盡而人所募之人更無窮也於一橋何有余起拜曰有是哉予之志也化有盡爲無盡夫病者得藥而吾體[illegible][illegible]飢者得食而吾腹亦果行者得濟而吾心斯快利人自利[illegible]粗修之不入性哉然此橋之創也幾何年易而造之者幾何人問之橋不知也即久湮而驟復昔阻而今利旅爾往來者不知爲何人力也予亦不計其人之德我否而人之施財與力者其大與小因各自受予何與乎覺不留塵空非出土歡喜地上自往自來四闢六通橋於何著願爲予孚頭更進焉僧曰唯唯因次其說以弁諸首

黄公德教碑　　李賓起

昔言氏以文學飭吏治得澹臺子羽爲一邑倡而絃歌翕

然余深嘆子羽之不爲陽驕而言氏不徒爲衆母吏也風高漢循良尚矣自濟庠初建首應維新之運拔茅茹而光上國者相望也乃地瀕大江潛經蹂躪而歲儉民饑稅額不登吏茲土者率尚武健希上考寵任虎冠氣轢儒生觸眶眦即文陷之而摘厥籍以抵民之不上供者蓋有頫首横經而身闒木索者矣隸卒犇然公相詬侮曰某也孝廉某也學士吾得絷而辱之夫儒者偉冠佩伍聖賢而至伈睍爲隸卒下帶經貽父兄憂此負氣之士所以投筆長嘆而告絕編籍者也不大戾　朝廷作人之意哉邑侯黄公

以關西大儒世厥家海內顧仰曰其泰岱之雲崇勃而雨天下乎乃以高第
特簡受吾邑邑人望之不翅叔度之吞而賈父之晩矣甫下車詢學宮起廢得士風抗敝之由喟然曰士之輕試法者上無以重之也或偶詿吏議即申雪於藩臬督學臺咸欽公名而允其請每月吉大會學宮諸弟子員講藝請業次及賓射鄉飲諸儀弧雍魚雅闓猴賁序有迹涉公門謁體易服者衆擯不與齒未盈旬日風化大更而絃誦之聲復振振下里於是邑縉紳長老子弟咸欲誌其盛於學宮而以囑余曰吾邑如清水劉公風澤

垂四五十年餘邑乘班班而公繼之子雅通世藉盖交之於石以娩劉公余謝之曰衆以口爲碑而命之余一邑之公言也余復以碑爲口而告於後則一人之私言也不虞來者詬乎且公蒞吾邑方三逾月而即俟以碑毋乃爲諛乎偕衆曰子未覩夫梓人乎縮伋丈爲分寸而安宮峻宇之規不易圖而進也聚群工十指顧而梁棟榱櫨之度不移時而完也彼才非全者功名損於治郡德不至者蔑尾詬于一朝而公固天下材也其至吾邑做者起之利者創之入而轇轕者釐剔而宜之待士子以禮馭群下以法誠

小民以仁郎廣諸天下而所爲勸學興賢務農講武惠商米鹽場牧之政靡弗於茲悉具歲計有餘者月匪不足
天子將亟虛台衡之席以起之豈能以百里囿大賢而俟觀成於三年哉凡吾輩之碑而壽之如劉公者所以誌公之嘉惠吾邑嗣徽言氏冀恒得如公者而緜學道之風於不墜也若公將自不朽於國史矣繫此土於我公庶幾叔子之襄陽子瞻之齊安爲三楚盛績將吾邑藉公以傳而奚碑之足傳余雖托齊年不敢私公因裒衆說而登諸石

邑侯黃公救荒記　李賓起

濟邑民皆力本業不如牽車服賈固無俟仰食他邑也乃自兵寇蹂躪灌莽極目我
皇清大定以來始剪荆棘立邑廬而理之然地濱大江介吳楚之交僑佃錯居而土著數町畛初成則租吏種至每秋稼懸黃商帆雲集倅半直而賣瓶橐都盡一不登而卒無以支則攜持婦子鳥飛獸逸莫能制禦鮮盖藏而輕流移匪天性則爾所宿地使之然也我邑侯黃公以新命
特授吾邑目營手畫補鏬葺壞安插新畝俾情堅附土及蒔而戶口漸增力請于撫藩蠲積逋減歲額咸欽公名下

之比三年則民狎其野桑麻蓊僻場壚稻望雖大四
乃大饑蓋有鬻牛犢犏而抱耒爲卣者矣歲丁未天旱
洊自去年八月不雨至於今三月民多以爲憂公遍禱
黃冠暨緇衣徒禱於山川群祀訖四月不雨秋四月又
於宮觀又不雨於是邑人皇皇欲相率投牒而不可得於
於公之仁必爲賢也耋稚數百人遮擁馬前而訴之公
備之日吁若將合茲土而去乎今方數千里皆旱去將安
適也吾爲若計某多穀可以借某處商可以通此今日之
救也均沉泉備五種則將來之望也有吾在若何啻之而

去乎衆悉俛首依戀如其私父母不忍離公即閼其事於
各監司以災旱未獲時上供賦額限惟三而二在中夏
公急援向歲之蠲以抵而寬之顧米價騰躍販負遂絕皆
撤業閉門公曰吾將遏而平之是遣鼓其直而至於沿天
也夫千石在市則賈不跳且陳文惠有言矣以令宰人不
如躬先之而人樂從亟請於府得委備千石銀千兩公措
俸不足至節縮以繼之鄉均諸里里六碩銀半之里最饑
者加銀穀各一里均諸甲甲六碩銀半之甲之最饑者加其
穀十分其里之一其在坊郭則界諸其長吏飢

敷之有戶未實數或爵者立界其坊里之長它如生之力
學而貧者嫠之孀而節者罷癃而無告者有聞即周之不
移時其未饑者即狎客猾胥不濫于升龠其已饑者即孤
兒寡婦不吝其釜鍾爰是富者競勸爭啟倉窖轉相賒貸
不逾旬而米直大減雖遐陬僻壤得以灌注而安集其家
室公之權以濟物而拯之至豫如此某因嘆公之德溢於
位而才之不詘於地也彼義社預備諸倉庾碁布境內徒
化金錢而耗雀鼠歲中饑民之伐桑棗挈釜鐺而遠去其
鄉者相屬也而長吏不之問即矢心拯恤而文移反覆動

累時月比及報可而餓殍已纍纍矣又給散無法長山廣
谷之民力不能自通報名於豪右假手於吏胥曠日掩時
得不償失其活惠有幾孰與夫均諸里坊不待流瘠而拯
之之爲得乎且勸民出粟一鄉公之于青也米不翔貴一
文忠之在杭也其通市則忠定之寬禁其踰限則盧坦之
諸府天下將傳之爲式奚止活一邑哉夫仁拊則天旱亡
洽而時豈政緩則人旱政清而俗阜公之在吾邑貸不遊
剛不熙行慶施惠仁洽政清將見不必觴龍舞覡而豈阜
可坐致也使位足稱其德而不以百里圍其才其道將以大

下又當何如耶公善政班班久登邑乘某故私誌其事以待珥筆之采焉

待删積艸小序　　　　饒定中 釋名 海門

先君子二十年著作散逸殆盡僅餘數行血汗耳彖慳未授梓人編入待删艸中每行脚必載之制袋内同行者或竊見輒詋之曰學道不立文字爲僧宜斷恩愛古人公案尚當束之高閣其他語言舉可一筆勾盡若何取而翕狂呼詎淚幽愁無當之言雜之十八物耶予闇不能答然非知予心也人不能爲孝子决不能爲高僧不能爲出世之

孝子猶不能爲人世之高僧夫余爲出世之孝子與高僧者誠不在是然是父之手澤則與父等也行脚僧而載父與俱則與載佛等也飲雪氷者齒冷骨寒腹中如鐵以語于人則人不知也姑爲是語以慰吾袋中之藏癸未四月八日

賦

望楚山賦　　　梅應春

予家楚山下去臘自真定馳价唁問親朋往迴三閲月得報于滁上知吾弟尚存而故舊半鬼因爲永歎耳從欲復進一騎未能也今遂異國間關無期死生契濶[illegible]寄悲於此

維嘉平之既望紛暮雪兮滂沱賦宵雅之棠棣睇楚山之嶭蘿翩騾騎兮徑訊稽道里兮輾轉訪死生於契闊歷浩刼兮干戈閱梅花兮歲晚結愁思兮寒砢暨脊服之既成親于弁於岷波嶽回武之在前匪蓼泡兮緊何發函書兮策轉慰萬鮮兮感多益慰者幸友于之猶故感者嘆親朋之薦瘥於是歆鐘儀之冠而顧影掩漸離之筑而寤歌歌曰巴水滴兮幾千里巴山屬兮石齒齒音問來兮何時還

奈何乎水兮奈何乎山童有能楚聲者相與鞶鞈而歌之恍不知雍門之琴而杜陵之八噫也歌於斯也悲則悲矣逸知今而後之悲猶有憯於昔時者耶夫離群索居者固不若羈廬托處之相完餐風宿露者固不若歲時斗酒之爲懽然而道阻且長可以縈吾九廻之腸而不可以間吾魚書雁帛之悠揚日邁月征可以致吾白髮之生而不可以隔吾伯塤仲篪之怡情惟夫地絕東西天迥南北廣陵同根於李而所處異域荒瑾均樹於葛而所事殊圖則將膺斯世而缺聞問之期終此身而無合併之日也嗚乎

乎吾已矣夫毋幽冥兮未遂見暫亂兮早孤孽永朝兮
哭哭泣長夜乎呱呱悵所親兮何許杳淮漣兮平蕪雖欲
牽黃犬於東門爲布衣於丹徒不可得矣耶後企魚台而
短賦倚鵠風而長吁也

秋夜讀書賦　　金德嘉

惟渾元之絪緼戶闔闢而乾坤誕昇乎以圜冠方屨肆寢
食厚東壁西崑仰觀俯察臆測手捫汗漫虖罔極块扎虖
無垠商[illegible]鼻祖[illegible]乎[illegible]月窟驕天根森羅揩軸囊括
瀇垠滎江門[illegible]吐華呼吸雲夢吐吞翔游滉瀁

之域容與洄漭之門爾乃金風至玉露浮蓮房改夏桐葉
迎秋赤甯扉翻[illegible]悲松濤之逆浮淳竹雨之樸
慨芳[illegible]以彀璧拜石戶以通溪子墨
癸昔[illegible]一[illegible]龍戶龍笙之籍於是暾秘笈發垂閉鬯鳥
跡敵渦澨左汲掾之輕輳右宛委之駢壝推疏佗循蜚之
始錄大庭栗陸之先參伯益前之代攟摭逸去之篇管何
異乎畢耳朔何辨乎蕤賓奏何鑑乎金劍之石覓何測乎
文人之曬鐵斧禁物服匿酒棬貳負之足鵜鶘之翰西漢
故谷之雌綱陵科斗之械犧尊荷橐石鼓銅盤斯豈由於
天授毋乃得諸簡編廼若鼫鼠鼷鼠雀錫雀万象龍之跡
海鬼之毛鯤鱗之纖馬骨之高銷于銅振之響于闐玉印
之彫莫不精如水鑑晰若秋毫嗟群言之滲漉羌目晌而
心想時潁洞以沸騰或奔駛而滂蕩富踰南面百城之奉
雖類鈞天九奏之響於是披文相質按部就班書清通而
簡要賦綺靡而流連詩比物而醜類論往復而纏綿奏莊
嚴而爾雅議凱摯而衡權箴篤實而徑省銘古質而蒼堅
檄駿肅而纖涌誄陫惻而盤旋說頓挫而宕往劄條暢而
鮮妍是乃骨理洙泗苞孕虞夏羽翮莊騷權輿左馬馳騁

乎向雄銜轡乎董賈酣肆於班范曹劉綺靡於潘陸鮑謝
當此之時如遊鄧林之木如游蓬島之居如崑山之拾璧
如合浦之採珠飢以之餔寒以之襦悶以之起舞倦以之
神舒雲滃廣莫星燦階除六宇皎潔萬籟清虛大乙老人
然藜于夜半其倘有以啟予

石牛賦　　金德嘉

古之肥遯物也疇則奈飄然曠野獨立少可背巋巋兮讓負
荷頭涔涔兮蒙塌堁口齦齦兮謝豆莖蹄踆踆兮遠坎坷
術也若挫毅也若慎潔也若滄猛也若愞無呵無唾無累

無邊神裘未役以耕作右稷未徵以黏稷廢饑鑄錢未希作餘人牽人未來過殺用華耶賈勿貨法如毛耶葆勿破三危有熱岡嶅大憝山有嶺岡隣臥依軒之傘毋耦坐槊首之犢毋旅和寧大夫含莫哺餓丙丞相豈復憂瘴藏天履地列一個沐日浴月無兩巫柔蓋中正重離那大人占之拜手賀

鮑照讀書臺賦

張元爵

邑治東北三十里界新蔡有山曰東冲嶒崪岌嶪秀色參天巖畔有臺屹立蓋劉宋參軍鮑照讀書處也照東海人

文辭贍逸尤工樂府始以詩謁臨川王義慶甚見知賞遷秣陵令後臨海王子頊為荊州以照為參軍掌書記照因僑寓新蔡選勝搜奇築臺東冲之上以為遊心墳素之區迄今千有餘年荒烟蔓艸中遺址尚存康熙癸亥我郡中憲大夫蕪公採風茲土訪問逸事尤於茲臺不任吟想之至爰命諸生集試學宮　愚　既猥伺黌序未敢以不文辭於是染翰摛牋慨然而賦之詞曰粤與摩開山嶽永峙緊我東冲合杳秀起頡頏匡廬連屬明水盤紆弗欝岑崟崎嶬嵱嵷谽閜陂池犇豖撐青空而突兀踞坤軸而透迤准

泉雜兮交明列翠巒兮孫子襲日氣兮曉紅凝烟光兮[illegible]紫篁篠懸巖兮娟娟碑碣點徑兮嵓嵓泉漱玉兮琅璫雲垂帶兮旖旎嗟台嶺之敢倫嗬邱陵之可擬雖作鎮於下邑勤仰止於卿士溯劉宋之元嘉河濟清而劾祉鮑君起而著頌序道麗以擅美歷濟國以頁詩爭出逕而倒屣伊誰云其才盡心獨照而悟旨掌記室於荊州位參軍而優仕爰僦居於新蔡緬故園兮千里雕渠奏以抒憂進岑勝而自喜於是登香爐之嶚刺望石門之縹緲訪僊靈之秘寄探真趣於幽窅獻賦才於毫端酹樽中之清醪且擇頭

以歸來渡江流之浩淼旋出門而西顧峯疊巘以圍遶謂勝境之在茲乃杖策以幽討風飄飄而吹衣木森森而夾道跨懸磴之穹窿陟峭嶸之修杳躋東冲之絕頂覘泉山而皆小藉草茵以娛情捫蘿幃而遊繞思憩足之無區亦遊人之所少爾乃解車駕駐郵亭召匠石募山丁劚胥塗之榛棘搏鋒立之翠屏鑿蘙叢之曲折拉梗林之迷冥昚翳既剔幽麓乃形岡岩嶙而纚聯洞窈窱以嶔崟谷分牙而錯綉滃拖紳而建瓴由人力之奏績亦山神之効靈爰度基址劈土茨萊審高下之體勢倚側鋒而為臺裁四

選方正陋蝸吻乎崔嵬岡或寘其陬陵詎不至於顛隮決是豺虎斧窺猵猸遲回魈蝮潛踪於幽澗魍魎藏影於林若熊羆攀躋於遠岫狖狖懸枝於崖隗猢山魈與木客寧蜥蜴以喧豗隱類既遠琛禽時來鈞輈鳴而桀格謝豹啼以清[illegible]鶴[illegible]而沸卉桐花坐以毰毸鴝鵒傾人而淰躍雉[illegible]白鳥之有託以參軍而為媒密阜高岑[illegible]衣桼栟櫚椿櫨松栢槠櫲干尋[illegible]百尺摇杉竿莖於蠛蠓[illegible]垂陰於几席梧桐插空以搖青竿勞低拽而[illegible]技而虬蟠恐茲臺之賞遊於是貞[illegible]碣

岸巾幘攜麈尾[illegible]級而登冷然坐石剡剔孔之固書展羲皇之墳[illegible]於莊騷時漁佃於[illegible]册[illegible]顧而諷誦旋[illegible]心以[illegible]萬軸於胸中信開卷而[illegible]人婉干進之階自許[illegible]傲之癖有時流覽既周吟興[illegible]微壘成秋風之歌拂箋著蘭史之幽吐哀音於蕪城抽藻思於非鶴得世尚之假讀含茂先之典縟姿雄渾以凌顏性沉挐而轢陸洶怒潮以迴瀾自敲金而戛玉有時招野叟携童僕望翠微以躡屐步雲窩而彳亍立千仞以振衣解鞍至而注目摘嫩花以插帽採山肴與野蔌夕陽下兮[illegible]規奧籟傳兮虛谷尋歸途以節勞舉匏樽以相屬有時躋下成珠月明如燭臨風舒嘯捋髯泉足談空空於釋部耶元元於仙籙脫名利之韁鏁解仕宦之桎梏伊永久以永矧悉從心之所欲夫何世事外午歲月頻刪臺巋然其獨立參軍去而莫還多樵牧之登陟鮮過客之躋扳經陰風兮苦雨㳙蔓絡兮蘚斑會五馬之至止瞻藍岫其如環訪參軍之遺跡乃即事而命篇艮茲山之厚幸揚永譽於人寰生櫟樗之陋質媿辭令之未嫻聊搦管以敷陳莫砭愚而訂頑

銘贊

劍銘　胡士容

天下有道吾師爾意天下有事吾用爾氣浩浩乎仁必有勇斷斷兮義以為質

劍贊　胡士容

華耀日月氣凜霜雪風雲爾會天地吾塞含光太阿不足為其名雨露雷霆庶幾比其德

又劍　胡士容

龍之神兮乘彼風雲光昭日月奮以雷霆惟經綸於文武

爲陰陽之屈伸

詩

樂府

茶蓼篇　劉養微

茹荼知苦茹蓼知辛君其問諸水濱風蕭蕭兮愁殺人彼何者翁媪八十九十行乞於路翁前致詞饑餓倚樹所有三男大男中男暴露其一雖存將婦男女今無處所不知是何人來撑船搖櫓沒剳我禾黍叩頭跪乞遺得一二筐筥無石臼誰舂又誰烹煮翁勿復言我力不能存活汝徒

使我泪下如雨傳教後世人萬歷戊申受茲荼楚

打藤曲　劉養微

日出湖上山山頭草蓬千萬間相呼相喚打麥藤闘風擸波船上天 紆爐在家兒女泣打得麥藤日將入掐葉抽藤煮藤食生飼猪牛哺鵝鴨唶我人民何不烹猪宰牛日食鵝鴨官租未輸奈若何

麥饑謡　劉養微

麥饑蕩蕩隨波東西下上爲我謂風伯雨師一何太苛使我夜不得臥晝不得吹煮哺匆無垣與籬又無樗櫨枝葉但見雄虺兮九首蝮蛇蓁蓁其明千百咸來遊處來遊登我觧操挺撲蛇蛇悲哀同居患難中兩苦何嫌猜天寒水涸蜥珠來

宣和硯　張仁熙

硯在正德時猶存又徽宗墨以酥合油搜煙爲之金章宗購之黃金一觔僅易一兩或云章宗亦爲此墨

宣和硯長二尺宣和御印猶可識宣和硯廣二尺祐陵手篆宣和字硯兮不走五國城尚放青華媚後人前有徽宗硯後有章宗墨墨乎硯乎何優劣

靜中吟　張仁熙

故孝宗敬皇帝吟也習靜調元養此身此身無恙即天真周家八百延天祚社稷安危在得人李東陽讀而賛之

靜中吟二十八字古皇心皇心淵默靜如水照見萬國心分明民星不搖天清寧一十八年君與臣聖朝無闕絕逢邈哉妃匹不雜陳二祖列君無二君君不見登遐日普天雨淚遏八音黃衣冉冉獨上升 孝宗升遐滿城氣皆飛天半獨見一黃衣者冉冉上升

鐵佛怨

故荆國慈煙元王妃桂氏少入宫遭劉氏妬退居别室流冠破蘄慈煙先殁宫人盡剗去桂匿獨免冉華桂檻車入京師旋赦歸爲尼鐵佛寺今年七十三老病愴恨余悲而歌之

東家風雨西家日漢宫老婦夜唧唧當年辭母入漢宫闈圍白玉芙蓉質是時大國盛風流太平仙子號無愁（荆國自號洞仙）弄兒眞竊椒房寵孽妾先登碧玉樓漢家天子習虎子大不問中冓及黍佐（漢梁平王妃厥姬后徐來等交妬常案之谷永疏稱天子不問中冓之言）

衡山賜浩妬梁王（衆）狂日日青蠅飽摧挫長門初閉月初殘猶聽車音到夜闌沉香樓上春雲冷（沉香樓桂亭妃粧所）邊秋露濟月分羞識君王面豈期鐵騎照陽殿（癸未正月廿七獻賊陷城）展轉凄風向北囚崎嶇魏闕朱顏變蒙恥死更歸來自脱宫衣老鬢催曉驚城角飛紅淚暮宿空門長綠苔老婦年過古稀久昔日繁華復何有袈裟影照佛燈前瓶鉢聲怯香板役朝朝禮佛更俙謊離離禾黍罷欲獻不見郎今權要子轉眼江干只素車（時蘄有顯宦歿外而歸者）長江劃劃流朔夕百年盡屬風塵客寂寥門外五更鐘獨倚繩牀聽月白

五言古

大道篇　陳王道

先天本無極太極正漫漫大道原無異多岐祗自牖和從中處是靜向動時觀孤月空空現三才渾渾看獨來無個事問倚玉闌干

玉英堂（白石山房雜詠之一）　劉養微

昔我夢西遊騎龍上青天聳身凌竹彪忽墮崑崙嶺峴嶮何巍巍上與雲漢連道逢緑髮翁三五相周旋一見顧我

笑揮手開雲闕五城十二樓恍惚霞變遷青螭坐我側白鳳跳我前有鳥名鳳凰雙啼玉樹煙久不見人世于今三千年天雞鳴扶桑車馬喧閶闔世事日煎廹曉出皆未還今升玉英堂記憶倘宛然雖異天上樂頗無區中緣花叢稅深竹蛺蝶飛娟娟青山四週遭雨歇春可憐登樓發長嘯縹緲來鞏僊

遊劉正叔白石山房寄題　楊大鰲

芳園傾平岡倒景瞰城郭躋攀入徑昏曲折傾岸側隨步有清佳從心得揮霍竹塢嵌重陰桃蹊揖飛閣天圖花石

蹐地折松霙錯卒不少蘙薉滅無移海岳沉吟池洗耳駴
詎軒飼鶴冀刮雨蔬乾泥封霜果落結構凝陰陽迴遊引
維絡盡歷反成迷冥思隨有獲清談雜奚今狄語連莊謔
喈喈獨鳥鬧娑娑潛魚樂事能在多歡詩態今負約人壽
亦幾何端君感離索廓言申背遊賸望心肺銘

讀劉敬伯見寄新詩　吳亮嗣

顏謝既已往體物何其難斯人溥時尚清響厲雲端曉露
凝春草海風生宏瀾無人事幽采葛屨履霜寒
自我西入蜀知汝道旁歎挾策走吳會忽如風吹散世人

愛輕鮑桐響供樵爨古道無復陳塵土埋几案

羅山寺訪盧小相　吳亮忠

褰衣循石澗訪友入羅山春朝雨暫歇流水聲潺湲雲氣
莽回互飛鳥去復還禪房清晝閒習業頗悠閒客至懶下
榻爲我一開闔煮茗話今昔感慨淚潸潸世方競躁進而
我空谷閒

務川度溯蒔張長人　楊晉

相隔一衣帶懷君乘小舟孤嶼横中央可以暢春遊家[illegible]
託天未來往不能稠水波亦有涯雁鳥亦有洲如何山[illegible]

人飄泊蹤輕鷗鴻飛在原野稻粱[illegible]誅鋤東南音遊
魂方未休攜手望鄉邑惻焉增離憂

訪老衲

巖洞之下老衲寓焉不耕芧不種植采薇蕨與橡栗而
食之於世罔求也歲久樵人得熟其面少以豆麥佐之
余景其行策杖而訪不值遥望澗底摘蔬者蒼顏白髮
殆其人歟詩以遺之

侵晨走幽谷杲杲日在樹曲徑十餘里行人不一遇四顧
青冥冥杳然如太素石上有清泉莽莽澗中注澗中何所

有淺土生野芋欲尋雲裡僧先迷草間路盤桓竹林中定
有幽人住屈折不須言禽鳥亦可悟回首望歸途白雲堆
前渡

王惟允　饒嘉元

惟允含英姿藐苑振高步壯圖際休明矯跡西南鶩永言
惟陟岵遂著歸田賦卻掃對孺人哀思日云暮齎志不獲
中道文邈咸蘙

寇巨源

一源崛起士夙齡㦤著書抗志邁流俗研精於古初篤言

遊京邑結交羅華裾幽意稀江郵還顧念君諸操佩甘寂

哭冠蓋煥里閭娛樂未終極白日忽已徂

哭庾谷子

稽歎在疇昔垂離多悲辛詠言崇時哲長歎懷古人弱齡

弄柔翰高步邁常倫摛藻彫顏色騁思妙入神守樸擬稽

子尋山佽謝生子雲雙寂莫長卿符災屯死生歘異轍前

期亮莫申豈日無覿昵微言良絕陳感茲三益友徒傷九

逝魂

駸駸歲云暮哭君方自今伊昔違遊子別夢苦相尋慷慨

謝世運千載揚遺音集有辭世詩神期冀彷彿竚立山之陰耳

聆孤鴻響心悲窮猿吟愁雲屯高樹哀風吹我襟延州協

心許曹侯媿望深平生悵未酧幽隔詎能任已矣重歎息

泣涕隨年侵

送繆師左諭德歸詩

用行舍則藏莫咎夫何病寅亮終作屏文章宿既聖拔茅

實有辭投簪詎遂請在國泰否交伊予合遭併冬日亦何

淒朔風亦何勁一爲雉雊吟載賡狼跋詠

徘徊謝幽閒委蛇就踣軫冠蓋多遊忌道路良不泯悠悠

宜飛鴻烈烈高增集層霜知堅冰郵隋悟虛化且與莫忝

期點也媿不敏卓哉千秉言嚮爲夫子哂

贈楊子馬　劉秉鉌

之子妙參合早具千秋志總角稱朋友歡然託情思置身

古賢儔反得今人忌規戒自朝夕難爲偕俗事月露共高

歌風雨眠山寺於我愧傳移而爾識奇字漢唐遺籍存縹

筆有裘剸歷下與瑯琊摹擬竟誰類往往角狂談酒酣坐

容遊河上草堂閒涼風暑月至杏顆摘方熟椰陰憩夙植

履沾三徑苔躧納千峰翠相對無曉昏蕭然靜塵累白眼

風塵中市交每嘆諮何如管鮑貧此道良今棄

幽蘭篇贈王恂度　李賓起

春花何明媚萬谷漫霞天愛此幽蘭質不共野花妍石坼

雲根老蘚深暰氣元花霧沉新月香雨結蒼烟紫莖分澗

色修葉印苔鮮芳槃還多忌防鋤似避賢紉之者誰子山

房古謫仙玉池波影動清映復何年

和陶飲酒之一

鳥語破山寂樵唱入林喧食貪惟餘酒聊適性之偏夕飲

醉秋月朝飲對秋山醉忘客自去醒見鶴初還相依籬畔

萬[illegible]物無言

暑夜納凉浮渡石　吴兆崙

石路深壑夜久坐微凉孤琴據其巔高處可坐忘清風
颯[illegible]雲高且長林猿聲悽切往來在我旁山中静一
響丁然悟所藏

經先禮部尚書安卿公書院故址　張楚僑

松嶺逶[illegible]鄱相距只數里同有大宋臣赫赫聯青史余公珍基
在[illegible]借問此臣誰先公安卿子兄弟四五人各各拖青紫
吁哉獨我公大義昭遠邇持節陷殊方執顔無虧骴念彼

[illegible]孤忠到骨髓一旦拜春官廟祀兼羅綺國志何煌
[illegible]光輝動簠簋當年讀書臺古道閲成毁荒荒草木深往
往夢魂指豈第貽孫謀庶足光桑梓何代無疾風勁節斯
難摩

胡公篤生孟培　饒嘉繩

大道等賦畀人世希真士汨没塵網中怡情昧所事胡公
拔俗英超然念希始息緣師妙心訪道就管子取日採
霞餐從茲洗結廬客婁藪大岳天中起盪胸豁流霞面
壁契微旨山川爵綢繆宇宙靡終已白蓮頌碧玉苍然一
色峙致命悟無生觀世踰六紀既齊尼聃駕復方白采[illegible]
遊人鮮薇視合併有通理

吴公亮思幼府

弱植靡飄風孤幹凌勁節彼都豈無人轅駒俛汨沒吴公
傲儒彦尊酒豪氣發弱齡觀京國露頂王侯列高談齊釋
[illegible]不折閲世怵嚴霜國步成奄忽排闥斥要津徙
[illegible]天闕七尺雖可磔孤衷焉能滅烈語皎劍光凜然爭
日月輝禍覓歸來高卧白雲[illegible]意衡冠履偏髮
易世良已矣榮名華岱將

饒公嘉勣叔度

燕石賓天球黃鍾並瓦釜[illegible]耳觀時能辨國器吾兄
山河秀十齡揭竿幟南嶽擅[illegible]篇名英姿面識烏道綠齡
平立其所不意妍娥來敢言但覺神魂悴屢刖哀卞和代
擬君老驥長哦太史篇凌厲杜陵氣冷釜靡朝餐貿貿蒙
袂至末俗徒嗟求果腹焉所冀壯心沓暮年逾懷振墜緒
長途竟浩漫千秋力自致

初冬張邑侯[illegible]枉過山君　劉醇驥

東山起天際盤礴九龍奔灝氣長[illegible]烟雲無朝昏桂樹

森佳色慧艸含香魂古跡歲月饒頗有名勝存豈違諸葛
宅敢擬謝公墩君子携光風來遊式爾翻雍容金玉度衮
冕鐘呂言拚席具蘊藻摯袂指邱園愧非主人禮粗率性
可原道儀慰樵牧山景飽輶軒鳳皇集梧桐不聞羣鳥喧

其二

白日寒無盡群峯開氛翳煙窓泉石來門屏另清麗千航
前致辭客坐杳失際丈夫期青雲相傾以意氣噴薄虹霓
生浩如滄海勢解劍贈千金咄嗟了執袂英風郭代公掏
恩墐先逝精爽動秋艸骨冷山光閉（時公捐貲為兩先人營藏甫畢）萊蕪

甑有塵彭澤秋逢歲推分忘形骸高義獨凌厲言之不能
長感激流雙涕

役夫行　張仁熙

癸卯西山之役濟一歲索夫三千一百七十焉

二月徵輸急呼攜震四隣田夫始輟耕入市動經旬縣聞
府帖下令邑縣頭類斯須羽檄至直入無遮邏堂上王命
縣堂下列校蹲邑宰當門坐理正當衢嗔軍令有生死震
懾若鬼神結束在旦暮無自寬踐踏跳梁攢小醜何能為
不仁大旗耀郊原樓衣披厥身袒衵割片肉剋日已東隣

依依楊柳途切切雨風晨夜半敲私戶低頭拜二親此行
恐不反努力備水薪號呼但一哭無乃太苦辛

神鴉行

癸卯之夏羣鴉啣火日三四入人室蔽瓦而焚神廟有
燼者

二月至五月靡有不焚焦灼然致一雨槁陌已無苗如何
經始秋來帝條復驕一朝神鴉至啄火來焚燒不知何物
怒致此精與（鴉入人家投得紙燼艾團皆有火）以翼鼓煽之立刻揚風熛
一日三四起廟殿恐毀銷居民羣號叫白晝寬鬼消携手

坐屋抄斬木列紅爐或作神靈語井塞胥泉淵（時縣令安塞浴佛井）
或云縣令亭直上何魍魎魑魅雜人任禍災不可料田父
入市親恐是凶年妖過客入市惟長嘆敬無靴相與迎神
鴉毋為聲噍噍

六公篇

寧髮孤煢拊几懷舊李公邮也相國賀公賁門凌公或
覲顏鄂城或握手下里胡公鄰先生又威也樊公梅公
友也作六公篇不以先後詮次

憾內有人師理性飽惇悅孤忠託友朋餘事成介樂少受

江陵知（相國文忠）長與高顧結（忠憲端文）江左冩文詞牛耳相更迭
文公與石公（文肅忠烈）要以盟忠節是時有介肅（龍山張公私謚）江漢
講堂設公與樊公偕（孝介）萬伋同立雪張公學有宗左右
相提挈（介肅師李見羅友天台）十載公亦中喟然才已竭神潮已未
春公膺浩奇傑寰宇誦漢陽國門恣啗啜東甌十年理廉
與喧兩潮高邑與嘉善（趙儕鶴魏大中）鐵擔號同列騎驢見天子
龔然示不屑其時閹信信罵公東林孽崎嶇燕吳間屢疏
妖狐譏平生兩三人易名懇不輟（公疏為樊石請謚）禍始應山公
（忠烈）三戶尤虎呼指公為死友轟雷儗震擊公時卧真山涙

盡聲已咽藏孤矢娶自殺身不畏拙（陳愚元樸）倏忽天再晶帝
賞孤臣血余時叩門墻挑鐙聽公說先雪打寒門掀髯皆
欲裂凜凜出陰風微覺履齒折爰書楊公文一二記忡愽
（公時書忠烈行實文見示）從此謁聖人再建豫章節阜比澹臺祠照甚
文戊訣猶若當登熖大義春秋竊雖登岡寺堂烏程溢不
悅（公時較豫章士命題孔子成春秋句烏程當國謂為譏）已稽首拜疏歸山田付老耋
濂院講帷闢鄉踵江漢轍豈期兵甲騷中原滿駝騾登山
李兒徵止水猶奠噛只璧不染塵百折寧回鐵（張介肅偶公與樊公）
（一塵不染百折不回）一坏答君師高桃首陽垤余生既步趨道風欣

再揭仫晏尚不磨穿壙愧臨穴徒守清塋心隱忍藏狐一
公能鑒余懷疾幾自不湼

故相國謚文忠賀公逢聖

崇正己卯秋八月炎初徭是時闖與亡相國離畿甸滔滔
江漢間得見相公面（時賠于文介陛中）緒論引清風野服逸餘善
有與出必偕小童侍立便睹茲日月光魁魅真如霰憶昔
熹宗朝相國事編纂立言機弃中乃得忌璫譴其後聖人
興東同隆主眷忽忽亦病歸羞同周謝胥（延儒陞）吁嗟陽翁
賢若節稱邦彥鶏荳抵夕除數米支家譏（太翁陽亨公理學也以雞荳三

井易米除夕）相國踵遺型風規兼和猶所以三十年出處狀欣
羨國步乃崎嶇盤石終難奠豈無君與臣天心自昏眩烽
沉夏口漁箭入貽陽毀休休介臣容下馬擐甲戰烈烈崔
將軍（崔文煥）頸血當公濺江波百萬泯羣鯨張口讌相國時
整暇稽首理冠祿魚腹埀君王臣心復何戀（楚落沉江鑿舟墩）
于湖殉命如掣電先時汨羅言此日止水踐（相國曾與鄉約弁江漢）
（為汨羅內臺湖為止水）猶有鬼神愁上帝埀悲唁七十二日間生
甫挺鍊赫赫理不誣光光日如昇文山零丁歌楚國
急易名曰文忠青史筆如椽

故大理寺卿謚忠靖淩公義冢

先公幼孤危履霜增術智纏綿火毋篇惻惻陳情思欲蓋
爲文章淵澄出異致遥集望巳殷面覯懷愈至零露江常
秋九月皇華使甲戌秋公以册立入楚白皙而元髯磬折彌清峙握
手清流旁高文話再四邑有梅湖清流水路社縞紵繁公府紹路祇與余友
易職侯公則媚幽集于謝有草始非媚幽英蕋萃余及余邑趙家演文嘆息李漢陽令
人莫罕譽東既六七年蘚碑猶帶淚君與斯人遊千秋無
失墜於時明星燭照公車徒辭公方官黃門諫草焚不記
豈期十載來國步竟倒置廷尉皆前草青青經史貢賦詩

稱陟岵平反滋不匱三月十九日地坼天方蹶我公氣玉
變觸柱血盈背老父及孤兒肝腸烈悲辛盡焚所著書不
許文字累溝瀆見君王忠魂路苦躓沉吟我公久會無隻
紙遺豈有清風詞聊書甲申事知已寧在多無爲遊遊棄

故贈太僕卿胡公士客

己有忤瑠人山川正氣伸嗟彼禀天烙乃爲折檻臣皇天
卒正直國士煥溫綸赫赫照閭左況託蔦蘿親公昔登甲
科鄙也始誕辰公舉庚戌會試寅余生年長閒司畧經商國政維新爲公
嘉定長洲旋無何司徒郎蔚節馬駪駪熹宗丙丁歲節肅正氣

猎薊𤗪崔義兒因緣據要津崔呈秀掌樞部同文既有黨安陽[illegible]
更頻曲房羅鬼狐請謁無輟晨呈秀以妾蕭臺犀弟惟中求爲中軍宋班爲守備公
晉怒不許公舉節麾之吾寧供笑嚬嶽嶽耿大夫偕公意氣真
咄謂刀鋸兒胡爲干明禋豈意飛文織呼公楊左倫公時
遷豫章芭苴叉苦跋蹶馬與番徒琅瑲乃肆瞋行行夕陽
道鄰風吹鬼嶙大呼駕帖至緹帥如虎蹲桎梏羅前堂刀
鋸列後閣裹頭付魍魎披髮委荊榛倉皇北寺獄皮肉類
灰塵是時先君子先期理試輪公逮在丁卯秋末先君以先期赴戊辰試至京搜
腸欲寸裂擬贖無百身乃與小吏謀王季拔也橐饘碎首陳九

閽盈虎豹一步百逡巡公言劍痕苦吾會不爲呻獨恨天
聽高卑陶竟不神指視六君子冤路此邅迍公從饘罋底寄書小字付
王云無何天再霽熹皇遽上賓聖人溫詔下幽綱脫麒麟
耿公既出鎮公亦復滋秦甘蘭拒阿害杖鉞而裹紳入火
誠不熱屢斵乃爲璘大星何早墜贈爵聊可珍公擬節蘄州時以敗
海賊阿害等功贈太僕寺卿嗟哉叔敖兒纓珮復誰紉

故兵備福寧道樊公維城

公昔奇誕墮地乃能語遂勞太常翁忠孝立相許公生甫五
歲立而言來錯父太公日吾忠孝家也其年遂志學復夢天帝佇泣血禱常

庭始爲帝所與樊氏富才傑孝介世莫與棠軒先生公叔也太常
復忠諫大節鶴朝宁友軒先生公父也樊公起繼之戊巳振其縉
蕭歸齊鷹翁友軒以直諫戊公請解海盈租賦上赦歸溫清共寒暑居官淡恬
極樸落如羈旅福寧秉節施經史日嚼咀拂衣事園林吾
輩轍爾汝是惟辛巳秋劉子素縞紵孤亭木落中雁背露
滑滑余與劉子歌公起更酌酣須臾醉傞傞有著復在煮
劉千里時讀書公園亭時雖困金華寄興如賭墅壬午歲既除獻逆
大入楚春花血霧殷匹婦無處所齊安數重圍江波列火
炬舉闔挾家奔公怒矢身匪厥明大雨風甯門鼓不舉張

口唾賊奴汝輩何狗鼠天子神聖君傑汝若赴犴遂齒逆
賊刃血淚沉江渚吁嗟世路崎劉公亦喪徂誰信良朋誼
地下成駏驉三復紫巖文皇皇照壘楮

故文學金吾僧服梅公之烦

東林氣有餘復社遍天壤張公溥采與楊公廷樞中原迭仲長
惟時江黃間國表饒文丈惠連名家子勢壯王易上王都俞易
道進赤壁兩風天詞壘方脫鞅賡謳既集裙美人或在掌清
歌徼晚吳妙舞迷象罔梅子善解推一一施借樊吾族富
詩經頗閑更技癢時有張氏五經社刻惠連序之梅子佞晏之訶劂恣中

士林予式佞倚世眼徒昏蒞五色目巳眯戰場尚擾攘浩
木正濟天請纓志慨慷杖策下金陵鎗壘萊龔壤緬思[illegible]
青勳公尊人衛湘公羞拂六經棍拓落大羽箭芙蓉金錯縢[illegible]
一矢遺要使幺麼盜公素諸生襲金吾秩胡爲志伊鬱低眉入禪悅
雜草見空王挺擊鐘魚響一鉢散腴田茅堂拋積鏹公散家財
與族人而僧服城下新禪堂憂時雨目盲首卯身脫網豈希宜律名不
錮滟滂黨時阮馬倚黨焚陝定生吳次尾侯朝宗皆列黨名公獨持戒精專時乃宜律師稱之與故人亦
謝絕錯漠五十秋波濤歎盆盎或如喧鳩更或如噪鬼鬮同
首興亡天淚下失俯仰

逝交一首哭劉千里

昔我未及齔舅宅孤遊時里人謬稱我穢裸識無之時值
劉氏子寀翳玉樹登私念彼何人同爲宅相兒長我財三
載意欲解文辭舅氏歡喜極贈書各盈篋我爲馬遷史君
乃班椽遺班生紀漢歲班固年十三記漢事兩兒亦差池登臺一顧
盼遂爲白首期君才誠先去聲我呼吸走蛟螭二十富經史
論疏必古辭母呼不出閨父杖不出帷傲衣而垢首日眹
尚忘饑回視几案側撰帙巳離[illegible]簇須歲月余謂出且
一二王長風盟遂肆厥所施人言吾劉子其詩劃劂宜綵

錢不敢後字字刻肝脾而余忝頡頏薇露快所私有似洞
及島旋如陸與皮後先上春官取次類養廝長安富豪兒
叩門畏為喚又如吞郁宴彷彿啜其醨余與千里前後以明經入對皆未謁
選人從此歸空山東影百無為余宿思光舸君棲真長楣吾
子與君子婚媾相因依余才雖謭劣君屢借箴規百卷抉
發與名實懔不欺裂穿摧薜壁吹焱見孔姬寧期于下世
理宿竟離披十年百哭子我老鬢應添為君梓新著為君
爼聖祠吁嗟慰吾子庶無塵世癡

弟開避賊山砦賊至投崖斃長篇哭之

亂後誰歸得他鄉勝故鄉吾弟不解此坐使古人傷庭荊
色已莫綰天派海長廿年郊島魂蕭瑟埋鬼疆短髮從余
遊肢骨淨著涼余文爾嘆息爾詩余和倡當世知名者或
號為二張庚辰息湖上促膝雨草堂弟為藤石齋余緼風
雨廊隔舍琳瑯音戛戛夜未央六月湖天壯芰荷何渺茫
秋風送爾歸短調猶硠硠其冬賊數警烽火疑故常爾仍
赤山伏余行復蘄陽爾我不可別携手過橫塘于時苦告
我厥夢乃不良亦知非長策而色已蒼黃爾父年半百爾
室在帷床一朝生死別壯質已顛僵上有千尋崖下有百
尺霜飆今屍其間料料誰翱翔咄嗟問天帝睨倚天之閶
秋氣立廬慶刻創如癡蒼猿鳥裂幽獨蘭蕙斷芳香說分
無歸來親故半摧亡有田盡流血冢無宿舂糧千古懸人
言指招空誕荒乘雲俯天際無為塵世戕

辟兵東街山訪王恂度石門菴

我生日已頹杖策東山嶠赤日亦何驕髮霜羞屢照兒童
扶著來松根聊一笑石門顧我開側身艱展眺豈意諸遊
新水花同照曜主人坐其間茶煙已沸銚少啜上精藍萬
山呈窈窕圖史列分類一半依蘿蔦執熱誰能看但荷山

僧絛喜見松陰來山聲發遠調晚霞坐屢遷微風生要緲

飲劉氏草亭偶成　饒來中

溪廻秀林陸蜿蜒雜芳路開軒坐幽攬及茲春始暮暖風
散平疇鳥歌度深樹辞當樊圃間各各都成趣酒酣西日
頹蒼茫隔煙霧萬里江濤來目送不得住曠達寫心胸我
生坐寐寤

山居寄懷劉劭陵　舒峻極

東風何處生吹放槐與李貧居鮮舞蹈絺綌向城市有時
策杖行得步信所止青出江南山白見武湖水幽人三子

遥微葬煙雲起焉能共結廬疑義析書史松濤曉戶中[illegible]色晚窗裡對案舉褒殊蔡莧亦云美仰首孤鳥翔此情曷能已

喜幼陵舉子

兒自未生時兒身既已孤孤兒今始生孀母淚未枯兒父逢半載安得聞呱呱悠悠長夜泉怡悅不能無積善獲餘慶古語非元虛故人自有子聊以慰吾徒衰疾甚懷抱幼計賢與愚

送幼陵塋

淒厲歲云暮曠野披嚴霜朔風激丹旐金鼓慘不揚故人痛長別託體同山岡山岡一回首雲樹皆荒涼元廬日就暮揮淚陳酒漿淚下無乾土欲去迴中腸俯廬三嘆息終古浩茫茫

孤兒扶竹杖竹杖等於身命之答客拜拜跪艮苦辛兒小亦何知悲呼思故人故人一永別後會艮無因滿眼視天地使我無所親平生爲文章七尺埋風塵新封高馬鬣寂寞荒溪濱今夕酸風來野火吹青燐

繡女行

貧家既生男貧家亦生女不能互婚嫁老大徒悲苦下里相傳說遥憐下州府刺繡充深宮羅綺習歌舞父母皆有心忍女離鄉土教女洗紅妝羞匿各相許瓜期不及笄和鳴日無數乃知君上情原非專媚嫵使盡遂所天怨曠何由興

瀼水萬衣伯以世藏先曾大父祖父手書見示拜讀有賦

我祖沒已久墓草忘冬春烽燧障楚甸故業爲灰塵書史與俱盡手澤無復親慨歎四世下誰是深藏人瀼溪有賢

士早充觀國賓風昔列門牆尺素江水濱奕葉皆英彥寶惜逾席珍渡江入山谷筆耕支賤貧遺墨袖中出蒼然點畫新殊增孫曾愧[illegible][illegible]性情真樂善自秉彝匪與世俗鄰[illegible]龍巷遥容愴惻傷我神悲風坐上起此意何由伸

[illegible]山[illegible]五載[illegible]舟中送至九龍橋痛飲而別

置酒上湖濱送別官橋路逶迤舊石梁冥靄長松樹落花襯重茵疏斑臨古渡僧自翠微來歡然停杖履童僕治盤餐幽林任徐步樽罍雖已傾日晏未忍去匝地紛干戈對[illegible]老常來對酒不盡觴歲月奄馳騖顧瞻望四方所[illegible]日

非故

春日奉別魏璟溪師　毛炳

芳氣襲寒郊薰風揚遠樹仕路日以清披懷良有素夫子
揚精靈闊西隱豹霧　枚卜曰重臣進退解依附瀨哭爲
蒼生端嚴邦異路雪齋退自公著述生徵悟論道追太初
經時多今樹典刑乃在茲時用慷幽懷

司寇新城王公爲先大夫作家傳賦詩王章　金德嘉

英英岱宗雲萬象俱淪蓋疊疊瀛洋編洋溢海內外函席

周旋人日進于光大賤子悵離居仰天發長慨
瑯邪神明胄代有命世賢嗚昔穀城史傳例班孟堅又聞
唐叔達詩歌大雅綿歷下令望氣消消趵突泉
先生稷契身而簪董狐筆光風轉蘭蕙甕雨潤荷蓉荏荏
發幽潛仁心代罕匹大文日邊來焜燿苑江室
唐運屯安史漢祚剩甫節有明則兼之先子心力竭百戰
存一城九死拾一骨身後六十秋大書欵貽揭
勢欸五歲孤慈闇課草土孝經語孟篇口授無黙黙先考
生平事十不得其五三復蓼莪詩潸潸淚如雨

題宋丞相信國公祠

六陵寒食天涯淚松青樹崖山颶風浦冥冥蜃海霧愴桑
一以更竟兒之何處阜哉信國公精靈猶此注河岳俱流
峙日星並躔度弗隨運數徂正氣歌已具
夢炎暨降寀宜中跳海域家國總陸沉丹青何可得山縣
五里橋丞相哲兄闢宗祊縣此圖業茲示南極設設紫極
風與英蘭椒色綿綿蘋藻筵秩秩文孫陟
苗裔歸廬陵歸然信國墓後人稱楚鄉終天感霜露於此
惡國容稍稍告童孺一朝羣盜來里門不遑顧耳孫延廟

貌傍徨獨哀慕縕袍負先靈空山薦清酌
炎午誄公生皋羽慟公喪公死如歸耳當仁夫何讓背城
戰未果雖城破身抗吞聲哭向天飲泣神逾王貞州行次
且溫州色惘悵脊骨呼雩都荷戟萬夫壯
東南大有人人視公所嚮成敗論英雄李羅毋乃妄三年
一小樓歌哭似樓上積翁黃冠請乃速冀城諭耿耿睢陽
心嶽嶽曾公狀宋運三百年萬古一丞相
太平興國間廟謨主休養新淦竭閭閻花石磬林莽遂令
汴水都更建西湖上豢賊工頑讒賈賊足欺罔整賊冰毀

屆燧賊去稽顙馴至栖海潛宮闕爲洗滌
率土戴吴蒼勞神獨瞻邛致命則從容勤王則慨慷緬懷
元祐人群小目爲黨極目德祐人稱臣以地往何物非叅
離何辰非板蕩涕淚歷關河悲憤歸泉壤我生千載後斂
容覲茲像

閔荒

芰菱咲已空劚薇上山徑長鑱得蹲鴟兀盆渾羊龢望望
湖水乾餘生活溝肩兩岸方盈盈連旬雨不絶野廬有積
貯故爲飢人設大無報有年遂令官廩閉隣縣貯發倉哺

粲粲者臺
星皇爲復賑往歲甫田含粟可支十年盎藏遲米價踊貴
日有閧朶頤如咲蘗掻手謝故人凶年毋乞假糠粃我朝
褒蘇臺我夕耤解推讓賢豪夫我則不暇晨興涉大川賈
舶千帆下泝洄往從之高廩爲我瀉殷勤致一詞轉粟人
所駕擔負行日中牛車當以夜
咨自田間來草堂留小飲頗聞湯糶人洶洶晝連袂狹類
日以滋沸羨日以甚殆哉守錢翁頭涔復舌喋重門距衙
達或凝望窬闚隣曲過存疎周親怨望深吉凶胝鋌尋耆
藏防浥潦缸朽鹿于囪儆漏無安枕多財乃戕梯彿天唉
災祲
上農負笭箵中男荷蒟蒻五行偏王水天方授鮫鱷恤災
恩考亭恭嘗闡其畧存活起溝涂奄奄半老弱濟如中流
壺扶則左擔役勢須不忍人厥施遂以博當厄予數罄愛
者踰羨隘厄厄挹此心萬目倚虛閣

盛暑憶東山石室　王衍治

暑日何太長炎蒸焦古兀展簟不成眠微飆未肯下枝頭
黃鳥鳴憔悴燕光射郝憶萬山中深陰覆莖樹脫巾望遠

峯半踞崖泉瀉啜茗覧殘編披林入精舍清磬時一聞安
知塵境家何時策短筇踞松峯夜

同劉亦菴先生莖草精舍夜話　張盤基

七箍任宇宙先生獨負荷閒房萬軸書探之如炙輠清光
徹崗林凉飈靜趺坐得意領眞趣無爲悲寡和

月夜懷吳雲來

明月出東山清光入我堂隔窗落葉寒聲懷人天一方豈不
同此月相思悠且長輾轉不成寐愁聽夜未央

冒雪過山菴　張佳晟

清鐘起何處飛向雪花路寂歷破寒煙飄颻穿老樹碧瓦省玲瓏禪心喜静悟竹影響梢梢凍凌悄欲任爐火紛便便若香徹自浮但恐積寒深不見前山暮

飲舒小東別業却贈　張瓔基

叢莽挺異植蒼松奪華目名嶽高捧天精英鍾古木風雨萬卷開酣歌望黃鵠黃鵠漭奔馳浮名增桎梏吾道是也非諸儒徒鹿鹿得失盟寸心笑看匡廬瀑考古毋泥古大智得其意曲折詣精微高深日以積橫經臥東衡光鋩匣劍利秋月蝴蝶黃雙槳舟行濟司馬會獻

賦劉黃仍下第榮辱兩相忘識空養自粹梅雪映芳尊歌罷飲徑醉

濂溪夫子　阮文茂

大道宇宙同偏窺皆邪乘淵悟徹千載默契豈相逢卓立堪易雨溆艾未承明異學竄孔緒私意塞蒼穹枯言相付蜀衣鉢偏山崧絶學嗟久息中與起蓮叢橫身東南地上入洙泗宮南安無識者程珦大明聰明聰靡異矚注目一圖中圖本乾坤蘊乾坤不自功羲畫陰陽內太極未推崇古聖言太極無極妙厥中道州天地指聖意顯且融辟奥

[illegible]鴻[illegible]道人原知自出大用更何窮千千[illegible][illegible]日現開庭碧草悠時而拒執政[illegible]致新[illegible]度守處守嘆斯翁誠意感宗孟歸跡快所宗洗[illegible]刑獄苛無隱恫皓潔月初霽瀟灑此光[illegible]禮樂與平淡蕭與世豪雄存神過自化已發未發同為林師[illegible]虛無是公私穆希夷侶數學偶發蒙明道[illegible]列敬齋木元公微言闕千古孰與道斯隆日月難繪狀瞻懷咏莫封

明道夫子

[illegible]周公後[illegible]數布衣身帝王皆行事草澤明是詢明行[illegible]二日用天命臻異端時已兆莊老與道鄰拒闢無言[illegible]七篇聖由智卓識貫群倫驅除功大禹有[illegible]人遥遥數千載孰起稱大醇漢家遺原本經術亦迷津江都天地指氣象藕儒彬炎異時間出王杯徒逡巡五季崇莊釋中天日已淪佛骨章獨草韓同孤竹嶺姬王謀君父西竺陷生民殿上碎肝日博浪擊沙辰聰智群騷[illegible]道洪由此振孔墨忽並擬大巔又妄親桃戟邊陲護博又未知仁孟子傳呼大堪手應何旬中州金玉質元氣賦

渾淪十五知茂叔待立面大春光書類翻繹六經渾然
詣繞後參別道岸從此新孔門各有極夫子萃無垠卓爾
全真微先生實存神誠意敘曾學孝弟接虞賓念念惟明
聖悴悴不窮晨義利無出入千駟不妥珍畢膽拘牽累灑
落動夫真高明滋惟誕正路撫蕪榛聖人必可至大化自
歸萃窓草同己意盆魚觀物生孩訴呈肝脈暴慢致確恍
光霽偕濂座河水飲門人孟軻沒已久付託絕吟呻卓哉
文公潞明道謚號尊處字亘千古瑞藹啟龜麟

堯夫先生

默晝居後起尤極天之先月窟惟足躡大根乃手研生人
罕元著千古共拘牽洙泗門墻大狂者獨流連堯舜非氣
象天地共存有龜龍如再出創闢比羲年聖緒疑馳縣道
卒已新鮮有朱道著代伊水絡溪蓮風流人豪者洛陽又
部傳大易經三古太素未昭宣否泰徙推剝姤復任廻旋
賾醬無言說京房災變纏元文強湊設潛虛奠作詮舉頭
成四片誰與窺自然百原磨勵久翹首溯大川徵聘都不
應緇褐掃蹤荃偎夷萍中循禪客不上船光霽圖極樂提
討獨精堅食壺偶安放極論遍大千日星光照耀帝[illegible]垂

數聯土石嵯岈起風雷濆薄懸千古思惟絕先生[illegible]
道超有無界思微動靜前經綸心上起造化極裡遷[illegible]
穢翳淨掃捲聰智巔真邦大懷抱風月廣無邊橫秋并[illegible]
氣品藻任悔慾微軀窩內處茵車童子延閑中盡今古[illegible]
裡說太乾顏巷無嘯咏蔬水已自傳妍雄堪崇長穆誓[illegible]
周篤誠明靡岐二私智何與焉加倍驅管郭逍遙號樂天
入言殊聖詣聖已忻着鞭曾狂罕攻苦春風久喟然

上企太史豫齋先生　張惟金

典刑久寥濶荊榛委王風伊人屢運起蔚然為儒宗弱冠

柴桑翰多士受磨礱遇當風雲會射策弁南宮屬籍金馬
署兼典白虎通講席奪戴憑石經踣蔡邕在貴不忘賤謙
以持厥躬永念古達人長揖謝三公
三公不易介諧俗性實殊偶與張邴合遂厭承明廬群公
相祖餞供帳餘通衢一車而兩馬琴書與之俱歸開蔣生
徑求羊共歡娛著書陋虞卿作賦擬相如蟬冕何足榮味
道有真腴
道味良足腴依方得其真寂寂揚子宅悠悠江之濆逢時
被三徑問字一何頻賤子承篤顧叅術教誨諄諄[illegible]

佩格言常書紳祗慚腹背羽排虛非其倫亮存洸愛感豚

豚何能仲

讀胡敎菴先生語錄書後

丈夫不得志立言期不朽六籍揭中天大義燦星斗聲蛻徒紛紛支離如駢拇伊人起江濟窮經至皓首蕭蕭涇堂君環洛宮一敝著論比潛夫苞孕無不有箴愚而砭頑用以置座右滄海雖遐更殘缺良可守

書胡二華先生傳後

二華耽寂寞窮年事蒐討早入馬融帳說經霧如掃折角

而解頤後生爲傾倒家世方通顯介性獨自葆懷情不絕俗吏隱豈枯槁眷卒遺流氛含生以殉道嗚乎經學明立身非草草

梅溪吟　范于銓

頗愛先人廬遺我累世清人知戀春景飛李易生情茲獨梅來岸爽影濯寫成香遠好風來四鄰無雜聲夜濤來耳根玉琴窗下平

蝶翅穿奇花蟬翠集茂槐浩波幾曲折斜通滄浪偎飄風過雨時梅實打著苔黃熟令可啖絕水潤襟懷設云煩囂

滌慮心本未催

北雁隨陽至披衣過水灣金飈吹脫葉屈鐵仍挺生峯倅照衣笑猶似惜春英撫篇思晚節古道豈容輕幹共孤寒峙月上孤岑明

萬籟從靜出無家不寂同誰能鬬霜雪天心復見來青燈理舊業紅火存寒灰敲詩望幾閣膝背立橫臺三冬之所藴先獨點梅腮

伯道廬虛中郎燼熄文人薄祜今古同悲矣邑中先輩有七人焉家叔父命鈔謄其遺稿都爲一集行付剞劂

既卒業各賦詩一首　金敵江

張太守于龍

皇矣張太守御主騷壇盟里門鄉下雄雖雖鳳凰鳴摛辭追三閭作賦擬二京茅亭人問字草昧變文明（劉康谷子寄公詩有終古斯人開草昧之句）其年踦衞武耄言筆未停（九十以後著耄言）江漢滔滔逝星雲亦窅冥楊塋徒負土伏學女傳經剩有殘編在斯文倘典型

寇山人巨源

楚江寇山人讀書到盤谷閉戶垂三載文選理精熟悠悠

弔淮陰低徊歌當哭覽古黄金臺浩然長遐矚汾上有賢
王（慶成王）賓筵禮華屋千金隨手盡歸來啖虀粥逢人説二
餘蝸盧成小築一椳寄束身淺土江之濆風流縣大夫張
詩次篇目馬鬣爲重封大書壽山麓嗚呼此高風可以挽
頽俗至今墓道傍松風猶謖謖

楊孝廉用極

婷婷楊孝廉厥年二十九十五入詞壇公幹稱良友（謂劉康谷）
子南宮一下第眊氉佹佹走舍生散鬱陶佳人共卮酒老
友吳黄門（諱克㫬）酒泪到林藪遺草足撿拾（黄門刻其詩）
序出張公手（子龍先生作序弁其首）

劉康谷子敬伯

矯矯劉敬伯經學爲人師（授經黄岡何氏）何氏好兄弟（黄岡何譔常長謙越伸）
把臂結心知閟彼病消渴臥起苦支離蔡床揹瘦骨驰
逸山之陲音問時絡繹夢裡長相思陰風吹大塋白日忽
西馳絮酒奠墓道吞聲憶舊時區晝及衰親摩頂視其兒
（常長序其詩云余兄弟至康谷子墓上見其子肉袒因父殆老矣無家今而後余兄弟勉爲康谷子父治衣冠）嗚
呼此良友端人實致之後來遡高風就林嚼河道

劉明經廓菴

亭亭東岡雲英英垂天斗下有芝在堂寳光何璀璨博勿
劉先生擁書悠然窺歲貢上春官聲名勝籍漢栢鄉與
州前（□□□雖栢鄉蘄州兩魏公日與先生講論不歇）歸老窮巷中群言會
一貫身□俱浮雲抱璞殊衎衎至今蒼蒼松挺然露修榦

吳靈山公子

靈山吳公子矯矯詞壇伯先君文酒交過從稱莫逆祖考
官大令（敏師確山令）公子覩標格中年丁喪亂繁華轉蕭索郊
原我馬屯（前甲申乙酉）莫夜防辛螫（時有宵人欲殺公子夜大書其門）幽棲依
白雲（自雲菴在靈山）濁醪常結客（公子與客飲達旦宵人知有備故免）大令浮湘去

音書限南北湘水阻且深南望空胍胍沈憂能傷人經年
病深谷先君過靈山強起話山麓一別歸江干幾日便易
簀吞聲作挽歌傷心六月六生死見交情古道照顔色賤
子記先友短章陳夙昔

黄文學大象

昔聞古秋堂巋然江之渚中有黄叔度鎮日惟道古博物
劉東岡（郊巷先生）于時共語語詩法嗜空同吟詠不絕口世亂
更滄桑蕭然一環堵兀坐整衣冠羞與委巷伍生涯侘傺
側遺草幸藏弆嗚呼騷雅場荒煙没禾黍

鮑明遠讀書臺　胡復亨

參軍本清才生當濁流日抱道莫可行委身就記室出入藩鎮間非能忝勿容遷延故韜光黄梅是劍鞋入山恣幽討席茵時抱膝遂造假高峯東衛之第一倚石數擁書至今石堆塌磊磊如積帖疊疊壓崒嵂石罅貫蔓藤繚繞似補綴青苔石根下書帶草肥茁歲月亦已久精靈此中匿詩名近至尊下筆常慄慄當時雖用拙後來稱俊逸渺渺千載間超越少儔匹東衛吾里門景行猶恐失屈曲此石臺熟視之甚悉俚詞何敢摛覼縷一以述

紀事詩二首　胡承棟

先伯祖父是恭府君

嗚呼伯祖父昂藏七尺軀生來氣食虎篤孝世所無太公官郎署侍養居京都仗節出鎮薊公適爲前驅熹朝遘陽九豺狼正當途太公罹璫禍榜掠無完膚公誓撾鼓訟羗飪計寧疎舉步防辛螫衣屨𧝞家奴吞聲望顔色含淚不盈碣產斂行貨綫死真良圖誣贓甫上竟形吝已凋枯懷宗欻御極新詔釋無辜祿臣徵天牢歸褒賦驪駒起廢官訓使視師西秦隅公乃騎駿馬日與戰士俱與賊數格戰斬將俘獲伃一夕大星隕哀毀骨叉灌扶櫬歸萬里難艱崎嶇歸來妖氛熾禦寇連城湖棄弟浮湘去忝嘗今尚如我作招魂賦西望數嗟吁

叔祖父他石府君

人生刺不幸莫如丁亂離一朝陷鋒鏑骸骨委溝谿側聞叔祖父[illegible]生江之[illegible]能六籍采芹弱冠時願言名世真秋年習高飛樓林嗟鍛羽努力仍下帷叔父罹璫禍義憤愴以悲忽下旌忠詔匹恨爲稍更亡何國運艱沉寃正猶彼瀕州音問至腸斷痛難持猝猝戒舟檝中塗賊遮歸

里門飽飢偏師勢莫支從兄浮湘去公獨殤子遺隻身携幼子踉蹌走山陂賊執義不屈齧刃血淋漓小子杞往尋沉埋苦捐顧正氣常凜凜顛流且如斯河嶽並流峙綱常賴以垂

胡太僕劍銘　張禮源

干將與莫耶純鈎名古越清水淬其鋒精剛扶陰晛有明熹宗朝魏璫恣虎咥顧指崔呈秀下走管兎穴卓哉太僕公秉氣何凜烈不爲繞指柔寧甘炙手熱當其按薊州手先觀爲恍生祠躍馬過不拜魏忠賢生祠私人空闊說崔呈秀其妻舅[illegible]

叱之淬劍置案頭幾摩歐冶鐵銘曰義與仁誓當截妖孽斬
知嬰羅織蔵盆甘縲絏有術不用柔用剛反鉄折嗚乎百
錬劍難將幽憤雪烈皇掃狐奸此輩俱殄絶初政傷國門
拔起忠臣列公也荷新恩三桼脩節鉞此物與之俱綰鍔
電光掣逆閹雖授首未塗奸臣血大書絶不刊豈直盧龍
埒珠自合浦還兵燹後劍爲他人所有後購得之千年不磨滅手澤貽後
人可視不可褻悄入褒城水長與匣中别

青著寺弔余制置　　胡本棨

驅馬出城隅延憇北山岠挾策乘微尚論世情彌吉勞謙

會有終慷慨壯于趾惜哉希世彥諸葛方前軌章逢棄若
遺縱横胡自喜一擊南康市逃仇走淮里巳借帥府箸危
言勁天子功成誓不居雲頂經方始全蜀揭未還伏戎莽
中起高勲世所疑丹心何足恃不見萬里城壞之如脱屣
藝蔺不得麻樹蓬鳥容芷闠内寄權倖艮臣代爲冤太息
兩出師箓辭苦勿巳世路誰爲量佩服求諸巳目莫槊
吟撫撫咽新鬼

廣濟縣志卷之十九終

廣濟縣志卷之二十

知廣濟縣事金壇虞學灝重修
教諭孝感龔佐龍　仝校
訓導鄖縣陳景行

七言古

五峯山放歌行　　陸嗣先

五峰之山倚天壁千雲直上幾千尺孤根倒插盤坤維奇
峯背殺千山勢連天拔地引勢來東山横山何雄哉睨睨
層雲盪胸臆兩腋翩翩生風雷江流襟前一帶長匡廬衮

開錦屏張亂岫窈窕入天漢彖堃海岱何有鄉平生森羅
奇幽趣山水何曾會稱意囊裹礙傳五嶽圖筆下窮探二
酉秘天遣此山與盤桓而我樂之思悠然卷舒萬古栽物
象出没千重羅雲煙地因人重眞不朽厥初以來那可數
寄道山靈莫負人尹崖稱擊予爲言

送湯惟尹南還　　王大談

薊門二月重携手風雨疎燈舒膽剖壯士蕭蕭易水歌故
人戀戀綈袍叟千載然諾死亦輕兩漢文章牛馬走白金
白雪巳登壇無那黄金仍散帚看花幾度又宗尉射策亡

年少來偶相看白日爲沉淪坐使紅顏竟辜負丈夫失志且還家鵲印龍泉吾自有生成骨相可封侯歸問妻孥吾在不尊前擊節倍蕭森馬首看山何泱莽胡床日莫擁歸騎羌笛聲中怨楊柳寒雲漠漠度荒花芳艸凄凄迷夏日君也低眉暫陸沉我亦折腰爲五斗相將同是倦遊人細此風塵飄泊久飄泊寧摧壯士顏當筵幾盡陽關酒酒酣耳熱仰天呼造物於人能定不東方腹饑賈誼愁楊雄老病相如醜古來英雄皆如此大運推遷有陽九願君且莫嘆蹉跎會須譚笑揮危酸落日磨刀大嶽巔高秋飲馬瀟

湘藪所貴青雲發致身四十三年垂紫綬才高未必老吹竽賊就豈應終覆護驊騮展足卽康莊狗監憐才如獲欸至尊下詔策賢良萬樹宮花明爛斜雲霄便自見搏鵬姓名莫漫藏屠狗河梁執手立斯須腰間解贈雙七首七首光掩河漢遊與君雄劍堪相守躍飛洲頭仔細看夜來猶作蛟龍吼

州胥行　　楊大鰲

州胥行者民謠也蘄州倅公之署廣濟篆也以州胥百人從盡爲行鄉曲而令縣胥執戰止鄉曲人於是不淂聚而語曰有是哉則與歌於市市之人既相與和焉乃述此之音

州胥幾輩出縣市千村萬落難迴避男號女哭向蒼天夫走妻亡留空樹去年加派催軍餉今年雨久麥漂蕩九年陈税一齊徵錢肌刻骨人凋喪小邑數家無斗米民貧土瘠空惆悵君不見擁擠大帽胡爲者手挽銀鐺行跨馬擅門呵客無人入府帖雖來匿不下又不見公門以外無朝廷公門以內聲徹天那有親朋敢急難祇恃性命當熬煎況有永日誰能逃愁雲若霧昏昏然對此吞聲忽復泣忍

有州胥門外立

大堤歌

峴山日沒大堤秋水落江空龍出遊風勢西來巫兕動衛叫孤鴻北飛鴜千里饑寒客遠州無人解贈千金裘獻與未聚翻百變何者最樂君家酒倒裝欲買已復休哀來月出古城頭

昨當大風振西極夜半星稀五更黑須臾復霽月在東世事茫茫誰料得銅堤花月古今憐亦有碁堆埋前賢誰狗歌舞堯華年驕馬小兒鳥揮霍昨日勇銳今寒冱今我今

綵空煩煎

戊申歲　　劉養徵

我舟開頭六月六蕪湖縣旁我舟宿隔船問訊斯黃人斯
黃水勢高於屋嘉靖庚申水莫當今年轉高七尺強壽濱
老嫗潰堤入西際馬口東濟陽豪門巨戶吳與張孫呂李
郭朱盧楊可憐翩翩白面郎繡衣駿馬黃金裝往時度曲
驚花裏此日啼飢道路旁畫閣綺閣遙相望屋瓦漂蕩隨
鴛鴦長堤萬柳蝦蟆聚大海一線龍鼉深浮屍掛樹者誰
子纖纖玉手羅衣裳鳥鳶飛來啄人肉呀呷腥腐熏穹蒼

我有寡姊稱未亡十年凜冽當風霜愍懃哺雛兼構巢巢
成蕩作魚龍堂赤磯湖頭煙水深天昏月黑啼何方山中
兄弟恐畫汝田土不得俱豊穰三十二日斷雨腳苗葉枯
槁仍螟蝗高田卑田人兩傷天乎下土何愆殃訛言傳聞
九年水還從萬歷丁未始請君棄置勿復陳衡風跋浪溝
天起

橫岡山絕頂浩歌

八月搖落天氣涼秋風瀟灑吹衣裳振衣立馬千仞岡回
顧浩蕩心飛揚白蓮之峯何足數龍峻東衙差頡頏廬山
錦幛雲屏張一水盈盈江漢長潯陽九派流扶桑白極魂
攝歸飛花周流徧覽登瑶堂琉璃冷激青無光羽衣縞袂
坐我旁問答今昔增駭傷庚辛之歲神洋洋手挽雲漢排
天閶霓衣風馬驂麟凰金燈翠旗朝玉皇靈保修嫭儼成
行鳴璆考鼓笙鏞倡吐火施鞭列缺翔天書飄颻墮忽荒
絳幡錦字鳥銜將排閶謁帝莽趨蹌拜跪稽首焚名香臚

驩騰歌聲徹著錯箭發幣承筐箱粔籹露積兼餱糧赤煙
赫山城復隍元武赫怒誅罔疆翩然騎龍歸帝鄉玉皇石
殿椽檢儲鐵瓦飄墮飛鴛鴦蠨蛸在戶町鹿場猿狖熊豹
超騰竊變魑魅魍魎嗥猗狂棄置勿道耶相羊谷雲霏微天
雨霜銀河倒挂千石梁丹崖煙銷猿犂靜宛轉明月昇東
方且吸沆瀣餐瓊漿微吟緩嘯舒清商北斗闌干夜未央
元宮紫闕遙相望彤髮豈異嵩華陽紅塵冥冥白日迷飄
邈身世悲摧藏蘭臺石渠苟不我撤採五嶽騰蒼湘磨崖
琢碑垂藻章萬歲峥嶸名壽昌

野田黃雀行　吳兆[illegible]

歲戊申夏中五月大水一日夜高十五尺衝城[illegible][illegible]江湖[illegible][illegible][illegible]江數千里人煙盡矣余在果州聞之心[illegible][illegible]為作野田黃雀行

戊申五月江大水日長十尺蛟龍奔父老不及挾兒走傾[illegible][illegible][illegible]壞崩民逃屋上或樹杪屋隨飄泊樹沉[illegible]十[illegible]能得幾人存縱存饑餓愁朝飧千錢一舟不得渡兒啼女哭望山原牛馬蔽江鳥雀噪洪潮帶雨黑雲屯盡日[illegible]不開檣櫓空愁波起天地昏東去浙江幾千里茫茫煙水元

氣蓮此時得山兼得春此時買舟如買龍當初臥閣如花今翻來乞食晨扣鐘山中有穀盜來食流人無米將焉從嗚呼往年穀米賤如土宰殺豬羊鬪重五此時屋作蛟螭宮如雲稼穡真何有野田泛泛泥平湖黃雀飛飛亦嫌苦我朝立國三百年未聞如此真可憐無乃百姓遭陽九高山深谷當多遷我親我友半江濱萬里聞知亂心神不聽江上居人哭請看楚中遊子曲

節姑吟　吳兆思

節姑者余六兒耆石女也母胡氏生止一女必[illegible][illegible]余受詩書年甫十六適饒[illegible]踰一歲饒夭死女能誓志不再醮舅姑頗加怨望則歸依父母盡人子禮然後時省問舅姑亦不缺鄉黨咸以節姑稱[illegible]年二十[illegible][illegible]父撫余子為子女愛之踰同胞父沒隨母避賊由水間[illegible][illegible]利七以防不測賊踞吾邑依余徙居江州三年益深孝養壬午冬染疾一夕夢有人授以壺水令飲之盡七日不火食即得上昇及期命家人治地列柴於江上盥沐更衣登輿在臨火起而逝時崇正癸未正月初六日距生萬歷丙午四月十八日僅三十有七聞者詫異余因

作歌以紀其事

吾家女兒總丱時從余受書兼受詩孝經小學及閨範秋胡木蘭仲卿妻十六嫁為饒郎婦內和外順泯非儀甫踰一歲郎夭死女誓從郎同所歸舉頭觸地伏不起旁人勸之增其悲余往[illegible][illegible]陳大義汝夫有弟汝無弟況復有身猶未卜饒郎一綫茲焉寄女也聞言若有省含哀不語強[illegible][illegible]氣息奄奄木土形空房寂寂憐孤影笑語愴對眼中人衣裳焚卻舊時錦一朝生女化為殤柏舟之誓不可忘歸來願作烏反哺珍羞歲月問姑嫜姑嫜不諒女心遠三

義欲奪共姜志女悶撫牀纔悲號毀形污面爭斷髮長號
不食葷與辛菽水承歡事二人撫孌余子爲父子父死女
也兼爲兄母女同心保遺稚十年教訓何諄諄節姑之名
自此始烈女貞媲比孝子冤賊連年提挈爹生死不離膝
下七人問何必盡生男生女英雄亦可喜我生使節好笵
言不殺曾家韋主恩退處江皋耶避世女來依我共晨昏
大家解說圖圖話賴有君公女尚存女胡一旦嬰瘽疾纏
綿兩月醫無力夢中彷彿遇真人導引生天期七日我聞
茲言生歎羨滅江浩地從女願臨期櫛沐赴耶維談笑指

揮色不變夫江爭事能稱奇但是高人爲作傳吾家精此
可增光山川淑氣鍾閨房梅枯石爛有時盡節烈更比天
地長

苦旱吟

丙戌夏秋大旱傷稼十不登三小民負販轉輸俎冬留
春農事與而催科急民大阻飢獨江湖一帶頗稔今年
夏大雨傾注田禾漂溺殆盡吳子悲思感觸而作二詩
時丁亥六月廿日也

去年苦旱歌雲漢泉枯池竭枯槔斷稼穡蕭條莽未收
場遂欽三秋飢忍死轉輸不計程遠在英山羅田縣往時
伏臘爭牛酒邇愁不舉春來饑典衣猶食耶倘延倖數日
雨爛一半荒者未種種未耨亭亭稂莠先零亂五月穀貴
野菜盡草根木葉雜螺蜆里胥呼呼日在門尺布斗粟錙
銖算以此民間益無措貴室猶爲餓莩歎六月雨足穀將
熟青荒不撥猶堪患

苦浸吟

今年大浸愁多雨六月瀰湖無寧處撐船架閣水夜長坐
見滔滔沒禾黍富者猶餘此月糧哀哀孤寡將誰語男啼

女哭遂徙類綴魚作飯魚易腐堪笑蔌蔌輕薄兒昔何踊
躍今消沮始知天道有循環往復平陂轉盼間高原若飢
歉粒食爾今苦溺慨滄田隣踏欲下晚稻種只恐秋深白
露寒勸爾勿憂我勿喜湯時若旱堯若水聖明御世且猶
然何況干戈歲未已傳聞戊巳是凶年莫把旱田不挂齒

瓶罄歌

夏杪患淋米價復大貴吳子日事吟咏不輟家人蹙然
曰瓶罄矣盡已諸子笑而不答走筆作瓶罄歌

文日日長天雨黑老妻瓶罄無顏色主人吟咏不肯休有

時得意反欣悦長卿客臨邛狗監吹嘘入漢宮馬周[illegible]
士一朝推轂佐天子我獨何爲守空谷自知性拙[illegible]祿
躬耕兩載不逢年日食半升惟脫粟二月買穀穀漸[illegible]
[illegible]煎蒸餔葛氣青黃不接更難挨恐飢未免室交謫[illegible]
女哭待朝炊瓶罄釜空將告誰一夫力穡衣食足[illegible]
籌空爾爲我聞茲言生感慨五斗羞向督郵拜貧[illegible]
晉爲伍離奇甘受妻孥怪老景流離杜少陵悲壯[illegible]開
胸襟遺詩數帙在几案風雨堂前恣豚吟君莫問飢且忍
武王秉黃鉞夷齊叩馬請斥去采薇蕨終餓首陽嶺[illegible]想

高風漸尚友區區瓶罄吾何醜兒啼在室禾在野縱復忍
飢飢不久

東陳伯光　　饒嘉元

昨日快事無人說靈山雪裏真奇絶我從天半見君來踏
雪尋蹤蹤未滅脫託平生意轉親寂莫柴扉又一春貧交
來首開懷抱莫遣離群動淡句知君夜來酒初醒喚婦烹
晨爲煮茗邀余古寺過城東明朝相憶寒山頂

寄陸孟思

我向青山戀白雲君坐城頭對夕曛夕曛斜掛城頭樹行

吟轉思朋輩聚祇今星散空愁我敬伯兮鼓春江枕青[illegible]
高歌望碧空知君泣涕偸先墮君不見鴻雁嗷嗷[illegible]
又不見黃鳥嚶嚶如有求鄉關咫尺成秦越何況千山[illegible]
水頭

短歌贈舒四

君不見小舒淡消古雅如彼樽中之清醑又不見大饒冷
落浮沉如彼江中之孤嶼爾別猶來稚子書相看忽作家
人語俯窺四海定千秋習習風生兩翼舉題詩躑躅浣花
溪擔囊窮寂鄱湖濱悠悠行路苦相[illegible]鳴雁遂求其侶

何子 綱卿 空回雪夜舟蕭郎微吉尤坐春風墅人生意氣
知何許眼中之人吾與汝

天馬歌 序[illegible]　　饒嘉繩

藍公上世畜牝馬既老棄擲桃湖野雲雷白晝龍精合飄
逸天馬從天下景王分藩國大楚萬馬迎鑾集江滸可能
一鳴萬馬伏蕭颯江天來風雨惟王大索不可得陳書慫
聞皇帝側天王有道天馬至神物由來歸有德朝辭江漢
暮河洮飄飄赤驥踏流水王良控蟄星辰降天駟蹴踏天
風起不見天馬歸何處但見黃河流萬里圍人拖纏失[illegible]

精鼻華惆悵逸騄耳飛麟苑夾馬空斷蓬萊殿中齊上
憶昔此馬初墮地五花紫豔驚人識霍嫖常回五色雲時
鳴直捲蛟螭氣湘都歷四何曾見高天倏如奔星墜唐人
徒從照夜白汗血在嵇蓮蓬紫伏波圖盡人間種曹霸畫
遍飛霜靈此馬畫圖兩不到故老流傳空嘆息君不見宛
馬遙從西極來奔突亦能拔萃才非能謬膺真龍名永使
真龍愧徘徊神龍豈是可豢物浩渺黃河逝不回反思老
馬藥擲亦何悲荒莽寒煙夜孤嘶真性偏與神龍合産于
追風光陸離我歌龍馬傳不朽乃知老馬真龍友鳴呼誰

知老馬真龍友

為郭宜也更字滄倩　饒定中 釋名海門

一笠橫遮風雨斜蓬頭下榻成奇倦搓枝不聽鳥夜啼打
窓那怕鼠搖硯入月閉戶至如今夢中畏與書相見郭侯
好我進門來冰幅雲層供疋綠呼名南史記殺青更索幼
婦題黃絹我不如君善讀書太乙然燈焰萬卷縱遇桓譚
識予雲安得文章名九鼎君今有道得仙符萬斛明珠盈
盼戀自於雲外獲吾儕豈許名姓從人玷野人肥重守安
樂吞精食塊𪍿更變正換著眼望仙人徒見仙人學中[illegible]

借君雲氣洗鬚眉肯於素面還施絢逍遙世上渺無心得
意逢君呼滄倩從來海味苦酸蜜餞若甜處士以不傲而
得言高僧以不禪而可傳即今文章家糟肥膩而報餒咀
冰雪而功毀老聃猶龍之士言上善而若水仲尼百世之
宗不得狂而思狷學琴者得意於海上之煙善書者益工
於大娘之劍道以無心貴術以有心賤君游此意問仙人
便與雲山成左券漫道煙火付雞群獨披閶闔為龍伴倒
騎鵬背出滄溟莫向林間尋斥鷃

春雨初晴東張長人　劉秉鈴

曉雲歷歷東南開莽蒼深樹朝光來擁翠抱膝倦目豁百
鳥聒噪低簷回自從入春淹霧雨寒風逼裂天奔雷綠柳
緋桃條無色百里阻絕音鴻猜條爾新晴報鐘鼓紅紫嬌
娜香風催東衝嵯峨麗天漢故人家近鮑照室讀書心眼
向陽喜鳳雲舉首空悲懷狂歌如意唾壺缺雄懸痛飲潑
春杯不堪荒草愁燕塞何時清夢到秦淮浮雲富貴何有
哉憑將麈尾揮塵埃鯤鵬扶搖在萬里安得與爾汗漫乘
雲遍九垓

浮渡石歌寄吳甥元璞

老石何年啟幽谷，泠泠激玉飛寒潨。昔會夜雨收龍湫，西北天傾劃一副。松濤兩岫白晝陰，六月來遊暑氣縮。坐石看雲意悄然，照影澄潭鬚髮深。愛子靜無塵土懷，獨在溪邊結茅屋。疊峰蠢翠映窻開，謝賦陶詩隨意讀。蠟屐奚囊日解從，時一登臨醒幽目。老僧策杖孤塋來，面帶煙雲神肅肅。客飲香醪僧啜茶，春風歷亂飛桃花。劉郎墨痕風韻古，苔蘚斑駁空吁嗟。子今隽句壓山麓，石上吟成堪累牘。泉聲活活繞當門，皎月來聽脩脩竹。

觀象臺歌　劉時駿

儒生閉戶不識天與地，眼濶如箕痴滿意。凌秋忽俯兩儀低，古雅皇初傳神龜。在齊虞舜元德功，馮相周公材藝事。后世疇人添巧思，雕裂混沌詳名字。陰陽為炭造化工，噴薄精英銅浪熾。雞卵模成太極圖，三光列宿排虛無。黃赤錯交機關活，跳丸轉轂同甌臾。攫龍天矯扛寒暑，鱗甲軒軒怒可呼。天地鑄人人鑄天，範圍頗亦費勤劬。金飽風霜老失腥，羶照作石寒雲扶。祥逸呵護飛鳥拜，絲汗內忍苦避腐。晏溫破蟾月光滑，蝦蟆吐影寶氣殊。夥奨戈鏚耶元輿，報時卑小仙整誣。自從盤古開闢三才白手笑消[illegible]

分荼六幕茫茫蒼昊盈，胚胎藥篇非形迹。補石盜壞奕兒嬉，世界豈辭供捭斥。徑圓道里遍淆訛，擔虹胃君鬱藴宅。謂笑方員指掌間，瓶笠撮聚歸丈尺。渾淪循旋萬化基，子午顛倒攢片時。乾坤有身終汗漫，亓氣肯受年歲欺。蠹墓候官聞此疑，汪洋師法各家知。未長祗堪摩象窺管期夾靜。

壬戌會元歌　張仁熙

盛古會元經國業，憲宗兩朝光奕葉。前有楓山後守溪，儲公錢公相追隨。是時曾公亦繼起，湛湛清標皓若水。焚香祭酒讀五經，手寫陶潛門自扃。只今尚傳已有集，易名四品何榮榮。（曾公舜字振之，為祭酒日焚香讀五經，手寫陶淵明詩，又自著集名已有，官階四品，照例不合得諡，特恩諡文恪。）竟陵山色漢江千，代有名賢揮羽翰。文治方經雙甲子，藐林仍著舊衣冠。劉公瑞應贊宮好，（劉公必達會元亦以壬戌學宮兆曾公再見。）竟壓倪黃稱國寶。莽莽山川頗識時，忍令屈朱空文藻。我友金公世德深，羅威杜孝風森森。或復推圍甫讓第，皆前荆樹蔚成林。公之生也抱奇質，弱冠登壇鮮儔匹。繡虎雕龍背宿盤，十年燈火風雲室。今年騎馬入長安，術道春明與巳闈。豈知後嗣貼天走，手援元化發春宮

會元文章開宇宙星辰萬國春如畫依然前代壬戌年山
河不改青雲侯從此中秘飽新編拜舞賡颺上細猗牙籤
玉箧薰風通金匱蘭臺列禩傳我思君家大夫危城裏手
馱足踤圖青史豈第班堅宇阿翁賜書有道空片紙我覩
君家汗駒難料度八蹄雙飛工排溥聯翩張楚會先期更
憶中峯與東廓

恭讀明世宗肅皇帝御書歌

漢家祖宗皆神聖萬幾著書兼秉輿翰墨時飛宰相家鉅
典每與圖書稱世廟文章更傀傀宣宗孝宗稱媲美大風

曾勒漢江歌細札猶編郢城史四十五年頻平治賡揚自
數漢西京一朝手詔文康第臣臣拜手心怦怦肅肅我皇
嚴敬一橋門虎觀垂典册即今正字儼當中（御書賜顏文康嵩臣外書正字）
競業不殊堯典迹我矯天語落人間孤懷老眼淚潸潸
賚章竟作前朝瑞鐘鼎重開異代顏復憶烈皇大聖知十
七年問心顛預胡為洒血寫蒼生萬國千秋空迸淚君不
見漢季大吏書堂前公然自掛龍蛇字

擬布機歌為張瑞長賦　鄒逢吉

積布機上雲山蒼積布機下水汪洋織顥龙坐慵懶

波釣客身姓張誅茅結屋傍月塘塘上帶月種幽篁五柳
紛披愛柳堂（瑞長書齋）老人掀髯歌鏗鏘有志不鎖聲名轟有
策不干諸侯王家住東楚雲水莊遯世我本是楚狂山人
衣白聖人黃紛紛孺子咏滄浪長隄一曲自徜徉高枕鼓
枕江閣涼飽臥江雲棣蔘林（瑞長自號臥雲居士）坐甘鞠花傲秋霜
客至尊開九醞觴花竹迎人笑語香大兒文舉酌天漿小
兒德祖擢鋒鋩叉手當爐索酒嘗論文目短曹劉牆維公
之樂樂無疆置身六合晤羲皇愧我一氈硏劉陽迷途未
遠田園荒醉睑倘憶陶柴桑

江頭觀水漲歌　舒峻極

五月清江梅雨足夜半濤聲裂地軸平明散眸遠浮天眥
浪翻空高似蒹砂巖雷鼓震天闕摧花千里蜚騰六總帳
橫施幾萬程天吳震怒侵平陸白旗銀甲下荆門瞬息池
塘馳在目神龍拂翼霧雨低木犀咆哮星月復晨鵠鶩波
不敢飛琴高出殺吹橫竹強弩三千射不迴亂山一似荻
王犀君不見陽烏無光寒蟾西沒珊瑚朝映海雲紅珍珠
夜落鮫人哭誰能斷斷雙蛟持伏飛之龍泉我欲入斗牛
張騫之古木

歲暮簡贈劉山師兄

朔風刮地堅冰冽邊馬夜嘶嚙霜雪悲笳蕭颯徹天閶登狠腸斷雲中切朝市荒凉亂草生砥石濤傾天柱折補綴何人王氣銷衲子殺人須見血雪菴酤酒讀離騷江流滔哭肝腸熱十年前誦若翁書南渡文章同頡頏右丁能承二氏宗霍山拾骨無差別笑囊笠破老春秋詩中勝有江湖月擔頭橫載雪中梅細嚼寒香敲古鐵吁嗟乎天馬駒兒轂猶駕太行車關山烽火未安居芒鞵踏破須彌巔

入山喜陳孟敦來 續掛瓢之約

愧我茅堂遠平野蓬門日夕飄風打白馬故交何處來掛瓢許續先人社松楸慘淡蒼雲低霜前葉隕諸陵荒海翻水立蛟龍悲華簪鐵驄胡為者叩石長歌歌莫哀寒飈慘慄寒泉潟我為十里沽村醪與君醉飲重巖下

山鴉村行寄贈胡雋棐

西山之陽山鴉村數株喬木排雲根村中整肅祀土偶村人伏臘醉雞豚鳴鑼伐鼓徹清晝酒至如川莽吞吐年社胡公虞舜裔猗蘭奕葉古道存公幼讀書此村舍至今未肯離朝昏傍村映田三百畝黃牛十角耕為耦戴勝柔鳴桑柘齊絡繹籬邊香稻厚東莊沽酒西莊迎日日醉醒在手醉後放歌還村中一枕高眠露兩肘醒來殘月照疎林步向前村招好友好友屈指半存亡歸然魯殿誰為偶綱昔先朝全盛日烽火戈鋋人不識突如群盜躪虛廬前驅已薄雙城縣先于奮臂猝徙兒霜蹄雪鐙爭一擲旌旂紅染石灘坡猛氣騰空雲碎易賊騎遠膈心膽寒三日不敢窺疆場咄嗟所活千萬人公為一一載編策狄蠅客字撰成書從頭披向人前說鍾簴淪沒潮海枯市朝俯仰看陳迹當時公也方年少擊壺拔劍披向天九成破盎埋樹

底仲光短布行街前我來檞林村裡任時得與公相周旋兩村相距未五里山谿茆屋接炊煙公也行年較一倍詩酒徵逐無拘牽瞑踏落葉尋古寺蔡蔚伯旅寓雨山寺雨穿松嶺登龍泉披榛豈防貌虎出高嘯定惱蛟螭眠老成一輩誦稽笑張鋭之劉公巖兄弟饒卧侯馬占士胡稜侯余家叔姪昆弟擁褐藉草棲老禪宏巷楚峰悠悠如此近十載我入東山事樵採見時無幾別時多回望山鴉若滄海烏兎潛移箭疾過我覺蒼黃鬢毛改惟公年已七十餘耳目聰明齒未疎乘風每浴清溪水挑燈細讀庖犧書丹鉛重覆校子史起坐但與竹素具昨來寄訊

新詩卷展讀如對故人而壯丹咏成徒自傷長楊賦就[illegible]
人[illegible]公能知我亦不孤可惜衡宇隔鄉縣聞公近號五嶽
[illegible]紫雲鳥鵲行將偏碧玉沉前聽晚澌白蓮峯上擷雲[illegible]
道遥繞我東山行不到山頭挹銀練此時風雪攪寒空王
龍鱗甲方酣戰憶公正復在山隝手把蒲編向田祖茶爐
一室點鼠窺飛霞蒲糵饑禽語問字誰許學侯芭杜篤那
更有嚴武但願老身疢疾消何妨波古心獨若世事蒼茫
轉較多幺磨什什又伍伍應煩客座有叢談漫向山樓聽
石鼓洛陽名園感廢興宋李廌東京夢華散風雨莫惜貧辭

楮墨雖對衆稱史垂千古噫嘻山隝村北蒼松林丙舍傾
頹茇草深編摩公暇試一尋翁仲石馬愁人心

清涼洞歌

天地自有此山來玲瓏自有此嶁洞胡為至今始開閟恍
如蛩蜾迸蟄蛹春蟄洵出窈窕天煙雲林壑俱飛動不逢
高士不獻奇蟲石湮沒荆蓁推我昔來遊春雨餘門前杉
松未盈拱今我重遊秋更深樹枝參錯皆修聳驪龍蒼骨
挂杳冥斧斤幽徑茇朧腫最愛磥砢石細紋靜若江波[illegible]
鉅者五瑞貢明堂皇皇侯伯當心捧鎧杖劍戟列貔貅主

良將軍親自董麥岡出沒盤虬張見之誰能不悚悚一[illegible]
流雲箭括同天為崖戶斷毛孔曜靈朝燭蒼冥紅影射遊
絲飛蟒蝀淡霞晚逗溪澗青片爐丹冉逃銀汞人工經營
亦殊絶碩荷花草各萋萃籬根堆垛黃金錢苔砌紛披白
玉玦迴環小閣出塵無遠瞰黃稻蘇在壟風泉竇籟響玎
玎昔曉陰晴幻種種借問混沌鑿者誰千載若心叟作俑
槙寶胡麻洞口琪爛燈蓮花池上湧乾坤靈異人不開彩
鳳珍禽困雕籠宮娥綽約天香姿舉世未承君王寵草擬
布襪我撥荊蓁杖行看日喻隙夜闌更上黃金臺莫負明

月買餘勇

田婦歎　金德嘉

長夜金風鳴促織五日織成縑一疋門外喧呼吏索錢逢
頭老嫗抱兒泣黃犢賣盡犢已無只有健婦把犁鋤縣帖
昨來趣更嫁丁却新稅兼宿逋縣門土功晨擊鼓差繇族
簇來如雨老身行斷知何許

山農詞

茆堂四壁不蔽雨蠶箔蜂房走田鼠新婦銅釵換米炊粟
隸苦嗔飯熟遲往年人客留我墟人有盤餐馬有粟今年

與至坐雞栖不鬪雞哺闘兒啼阿翁有家不得任身半
楊縣西去

江風行送家兄之黃州

噫壺擊罷江風起江上數峰石齒齒長年摸柁木蘭舟涼
上黃州古竹樓吾兄長劍霜花鏽麄布短衣飾藜藿傀肖
從人試諸生擇毫意氣傾京華有弟跟蹌走公車兩審燕
山四上書去日微莪來蹇驢噫嘻騎驢棹舟俱不然人生
豈得老邱壑秋江皓月無波濤臨岐斗酒且相勞

芝山先生歌

陽鳴山下水盈盈陽鳴山人泊釣舟釣臺突兀山之午月
湖山倒影龍鱗舞山前山後產紫芝芝山先生卜築時築得
茅齋僅容膝遂有伏靈松間出只今七十如嬰兒方瞳大
耳秀雙眉巉巖橘井琴聲動洞口桃花客路迷洞口巖邊
歲月舒芝山採芝且釣魚釣罷放歌紫芝曲山色蒼蒼湖
水綠

青林曲贈張貢方

青林湖接鴻照洲有客扁舟過我遊別來遺我一詩篇
吟似得韋蘇州君自青林來已向清林去青林山色

天是君掃地焚香處把君此卷清且都寫出秋江萬里圖
雨後君實踏紅葉沙間載酒臨白鳥君歌寶劍篇我唱紫
芝曲掛帆幾上黃鵠磯襆被仍返青林麓遺與奚囊賦千
首傳家草閣書萬軸三十羽翮已飛成雙瞳剪水金石聲
黃河明月蘆溝冰遲爾翱翔入鳳城

容園歌

柴門我友胡石存栽花負郭為容園一畝之宮萬派木大
江乃發積回源如豕如馬奔衝瀉春風橋石浴浪痕鐘聲
夜動南山寺日色朝徹東郭門竹懸松棟舊山房何年移

此成新軒京山耆舊臨池去拳鱗倒薤稽極躋山房四座
客常滿更闌燭跋猶辭喧三日採蘭九日菊百里以內名
流奔即今棐几敦槃在詞壇滾滾登兒孫芝荳森茁山雲
來歸融泄毓撫荒悍藩籬基布俱箏扎藩摟絕俗之方言
盪胸決眥坐埃盡去天尺五睍天根寂寞荒江吾老矣安
能走倒狀頭樽題詩寄與垂素璧卜鄰還擬若南郵

貞女行

燕兒樓邊葫蘆嶺李家貞女基門冊三十七年處子影不
識劉郎鹿車韓劉郎逝矣夜臺冥不及弄女兒傳骨顦顇依

笲麥作餅百尺寒泉汲修綆纚纚絲織素不織[illegible]
當在頸致命遂志銀瓶井底在癸酉瓣香請爸綆[illegible]
乎絕糠考終正寢無災眚冢中貞魄星河炳輯軒使者[illegible]
嘗省山木蒼蒼石耿耿

寄題寇山人墓道

北四嶺一抔壤黃腸高枕寇君士丹荔蕉羞劉使君一[illegible]
風流足千古山靈為辟鼠狐群居士玉樓前作記使君後
修地下文駿雅壇場天壤在有光爛煜氣氤氳城南郭北
富兒塋纍纍百夫何紛紛行路問此誰家子迭者踟躕無

以云亦有賜塋葬輝赫石人石馬高于揪生平磔磔齊梁
耳史家執簡難其名叶丈夫蓋棺論始定身後有[illegible]知鼓
鼓君不見東衢天半洗煙裏一壺猶屬鮑參軍又不見[illegible]
辰手摘江心寺圖經直以供奉問名士避逆登臨且[illegible]
燔羨蛇蟠旁魄界藏七尺之所當叶從今下令[illegible]
者梧檟天者若嗚呼山泉脈脈風泠泠[illegible]自石[illegible]
胡生復古會來刻太僕仁常先生　稍拼[illegible]
會余鳩工飭任事余為江夏羅石吳公建諫垣[illegible]
央題羅洪先以直忤帝正祠時感而作歌

[illegible]久欲尋黃雲屯朔風獵獵荒江邨紫霧谷口胡郎下
屈摧禍當黃昏高燒麻炬拭髹几濁醪徐山中廚鑄胡郎
哀哀先賢卷四座把讀齊聲吞有明天啟寺人亂大僕胡
公罹於冤殺人媚人劊崔于深文何指無平反胡公搒掠
數瀕死濺血圖圖書遺言奄奄枯萃徼天幸天子數改崇
正元是時態山僕公江夏熊公廷弼俱已矣楚人有些徙招魂
態山罪狀宦豎猶未訖御史羅石吳公補牘論吳公以此
烈廷杖親戚故舊亡命奔我先大夫歸其骨櫬棺旅櫬城
南門此事特書東粵朱家丹木稿陵谷變遷編猶存捃拾

脈成在渐錄南窗剞劂溪胡斂今夕何夕胡公一卷來金
非遂如漆廷君宗顧及諸公仍同塾座右布示諸生類而
泣乃是太僕介弟之曾孫

沅陵行送張晉天之官

沅陵博士解襪芳掛席直到沅陵城沅陵昔有龍標尉至
今城倚龍標名雲樹漠漠五溪水一官南去五溪行茗飲
坐看溪花放潺湲眠聽溪為聲長歌短咏詩千首開軒下
榻延諸生何人捫蘿小酉洞探出秘藏成編籠篋可以
紙墳典贊之不管楚白術張君家世此書癖藉花映上充

門闌宗眞上策如覽詩日卷猶古如有榮因此□有□
蛛珍錯厨以樓君卿壯哉此行增挿架熊熊光出短錢□
有官獨冷亦不惡俸錢麁足代躬畊況復冥搜百稱意書
帶草閒紉湘蘅望氣中宵泰堦平風前月下聞篛笙洞庭
南北六千里詞場無席咨飢餘君去老夫仍無暇操觚樣
記是西京

央先猷過草堂爲語其先人在事酒闌作歌

有明崇正求治急歲貢該選高材生是時中原苦寇盜秦
豫郡縣蔣荊榛悍帥擁兵屯落府庠賦稅營滋縱橫被賊

如梳兵如櫛膏腴千里無人耕主上宵旰轉憔悴安得俊
傑君干城科目借員已破碎求諸菁布耶搢撐楚有明經
英季子仲兄少常先朝卿發憤驕驢走闕下螭頭對策心
怦怦縣闈選場人碌碌要津子弟尤擊擊丙夜燎麻其疏
索撥衣郎含雨雞鳴天子臨軒可其奏再疏三疏彌銓鈞
疏草郵筒逼直省上書人嚮金陵行南渡朽國遺愚阮□
衣歸隱依宋𦵏黃稍山裏老木栖烏皮几上殘經藥飲酒
時荷伯倫鍤學仙似聆子晉笙仙經酒植消侘傺生兒□
自傳書贏滄桑陵谷翻覆矣無間頭角嶷峥嵘七百□□

仁起屯萬千許軸長源極蹣脩擠發今過我當筵□
西京

名山稱爲王侗菴

名山閣讌大耋翁酒酣能說歷朝事先公者舊鄉校問三
物孤稜六經笥大父光祿名京師雛神賦寫大令字名山
閣在河之滸曾祖父所藏書地曾祖父昔爲大夫生平出
處徵縣志起家進士令太湖課最入攬澄清轡北部平反
少冤民人言朝廷有張季中官銜命稱使者尙書以下左
右侍曹郎抗疏言官儀大臣中官豈軒輊璽書且出位中

央中官左班差寵異官府一體禮數均大小臣工均盡
疏稾鈔騰中外驚掌故久諳大理寺九卿何以寂無辭乃
有郎官爭坐位是時丰采天下聞汲黯魏徵後勁出擢視
學政出滇南尋遷西粵左參議年甫強仕遽言歸事太夫
人孝德備至哉祖德有如此卓爾坦墉曾孫堅縹囊碧軸
充檐楹老斷發篋益神智懷抱不肯負名山解衣盤礴中
亭記朝朝暮暮手丹鉛歲歲年年司鼓吹十上秋風黃鵠
識一邀春雨蒼龍闕　叫　山公敢事官橋門飄然遠謝諸生
費會峰雲覆滄滄水背半台鹿沙頭次南極老人真賓進

壁有路躡仙公至煙波釣叟往從之升廣上詩若芥
之恐天南山嶽如爪之來庭心袖石來洞天福地游□□
又見名山閒裘王子喬

秋夜泛湖 饒欲脩張翀 菴李元卿 毛炳

江天良夜清如許秋意逆人人怖暑鏡湖蕩漾漸微波月
欲嚼丹丹影拒一葉詩魂柱若邊牛窗酒力輕陰處洞簫
曲度瀟湘愁來影樓頭隔簾語情飛水面為濤箋風擁輕
寒怯衣單驚鷗眠驚叠參差煙柳橫塘無定所俏然星漢
坐中發峰影飛來如傍渚與子霜心靜後堅離情滿眼多

投杼莫訝芙蓉帳底人盡是相逢未字女

紫雲山頂歌 毛燦

神氣立空睨大荒浩淼滄洲開渾茫八極窮埏走沙霧一
泓澎渤窺扶桑大矩歸墟地氣薄金蓋玉蓋明中央華蓋
瑞蔘芥子納須彌雲物觀溉漾江北江南擬萍何神力洋
海出泥澱城郭人民陵谷遷蓬水仙人先瑚禍萬頃□瑚
入網齐十洲一點如飛電

梅浦吟 張作晟

梅花落盡梅子多迎梅雨至少人過我來□□□水□□

有老翁坐我語一水灣灣十步逕昔影參差白板橋东
玉壺昔相似爭說清流滌煩囂況復逝抱鴻鵠出山城中千
村簇簇何芬苾滄浪橋上月影涼白石峰頭嵐光苹浦南有滄
浪橋北有白石峰簇簇車馬誇全盛春日流觴喜相迎遊女熳爛
綠無愁詞人酣醉落花詠豈知劫火最堪嗟朝催戍鼓暮
吹笳竹竿懶把嚴陵釣茅屋學種故侯瓜一徑荒蕪若泥
滓百年盛衰竟如此襄陽耆舊忽飄零南皮風流付稗史
我聞百種香飄龍口渠又不見雙流紫練響平邪盈盈帶
水傍梅浦濯纓濯足胡為乎陵谷長變幻江山待吾徒幽

香發碧䕫春風洒磨廳只今隔岸歌聲還相屬鎮日環溪
一枝杖今古愁腸知音少與子邀逅溪上且聽村酒歌嗚
嗚花對揚君溪上自翔環溪

新秋薄暮湖上挐小舟同饒翼飲遊泛竟夕 王衍治

扁舟暮泛水中央鴻嘐鼓棹開明鏡孤煙霞鶩四山寒著
然秋色誰與並天清日落遠歸鴉三三兩兩傍雲斜芙蓉
夾岸波聲小怨離喬木古漁家柳外灘長蘆葦綠□□
向溆灘宿芙荷香滿客衣裳月出疎林照深谷□

岸燈洪湖据孤篷一聲唱命酒狂歌留得月月不留人只
易低

冬初[illegible]月僧房夜話　　張惟金

[illegible]少年名來騎楊榮自許摘頷鬚利艷隨身不得力當
一[illegible]副車心神到今亦已挫獨抱遺經枕書卧二惡
[illegible]何年眼中又看弱一箇（謂其兄棐民謝世）霜天杖策走江
[illegible]逢俱是白頭人僧房夜爆松明火清談爛熳見天真
[illegible]萬事都如贅除却爲農無長計君言農事日洋洋豈
[illegible]易薛荔我欲腰鐮南山中與君結[illegible]君[illegible]東南來

[illegible]歌秧馬樂事書獻[illegible]金公

過阮氏山房有懷竹敬先生　　吳承韶

竹嶼老人抱清[illegible]年獨對一林竹[illegible]上書不見收非
爲有書不能讀[illegible]獨哭古人去不見古人書一屋只今
閒過竹林邊修竹猶存書滿軸

長風山放歌　　張璦基

君不見山色蔥蒨水潺湲嶶侶飛濤波湧撼天下雄觀莊
川[illegible]色入秋天又不見銀河倒挂輝光徹霓裳
[illegible]月明三五盈盈圓復缺又不

栽百卉衆山華老樹亦得吐奇葩天下至靈惟草木霜林
風花雨如麻盛衰物之情而乃天地心理以數爲運辯之
徹且深世人汲汲爭呼疏天上仙人鼓掌笑曷若澹無營
泊無守騎青牛携白酒披月露頂叫燕皇長共希夷稱不
朽古來富貴紛紛今何有

大王峯　　李必泰

靈山峽嶺削千尋上有古廟氣蕭森攸徑行行秋正老落
葉滿山雲滿岑我欲乘風任寥廓何人許借雙元鶴好友
四望首頻搔處處煙鬟鎖幽壑

讀胡敬菴先生語錄書後　　金敬江

聖學掐掬麗中天郘桑典墳今罕傳唐虞以還存大籍微
言與語會簡篇五經異同辯漢世蘭臺虎觀日星懸有宋
諸儒勤箋注校讐訓故老丹鉛躬行實踐守師說點者矯
之以空元大學中庸攙佛旨（王安石諸人）游光掠影正義捐碎
墻無植廈無礎又如持弓裵空拳漸至人才都虛耗安能
規矩就方員江夏先生生元季文清再起躬存有斯道不
絶眞如綫儁生豪傑導徒然我里先輩胡先生厥猶敎菴
誠英賢溪堂書屋擕江側想古人歎逝川坐殘木榻區

冬夏手不停批硯残穿膺德膺言俱劄記敎授生徒佩者
紹修身齊家合一轍踽踽獨行樂桎梏語錄成書壽梨棗
炎炎大言皆戔戔滄桑遞更時代异是書流落已難還孰
意到今八十有六年恍如千將莫邪合龍泉太儒英靈元
不死精神常與二氣相周旋乾薛綺語供盤帨何如布帛
菽粟之文久逾鮮我今整冠憑几觀此卷光芒直射斗牛
齊濮邊

書贈太僕胡仁常先生傳後

有明末造遭陽九國柄倒持閹寺手炰烙殺人紛如麻都

城白日魑魅走堂堂天子臥深宮委鬼高坐豐其蔀乾兒
義子莽縱橫媚父不足兼媚母是時蘄人有崔子恭承意
旨恐少後竪建生祠徧縣州既完且美猶曰苟胡公兵備
駐蘄州丹楹畫棟都無有公曰若輩采椽而君之吾輩尚
有人氣不未幾再調江西副使官王命初臨敢遲久道逢
閹豎私人奪馬逕京師公令鞭擊其僕氣甚甚曰余天子
節鉞臣今爲嘉禾剪稂莠以是崔魏恨轉深誣驟擧遷屈
難剖須臾囚服到上京詔下鎮撫司勘考叶 三木裘頭血
淋漓不肯皐陶前拜禱叶 九死一生還督賊督賊猶覺君
恩厚熹宗上賓懷宗立五等定罪戮群醜詔釋纍臣得生
還葛巾野服歸林藪歸來未幾旋起廢西征仗節到隴右
海首陞督敢當車桓桓兵備軍細柳鼓角一聲首胆寒凱
歌奏闢敘功首爾時天子須頗牧公方器用圖不朽一棺
東身萬事休素車白馬陳絮酒君不見天生直節之臣艮
不偶胡公生平立身甘草草叶 同卿加贈荷殊恩史書大
書當年蘄州道叶

潁州行爲胡二華先生賦

巍巍潁州城滔滔潁州水潁水滔滔帶血流潁城巍巍戢

壁壘軍中夜聽刀斗鳴枕戈待旦願效死爾時流寇勢鴟
張蔓延安慶盧鳳與淮揚淮揚近接潁州地蕩析民居作
戰場城中長官胡經歷日督鄉民守堅壁晝夜一聲賊烽
熾健兒城上發鳴鏑勢窮援絕賊焰兇人頭臥地鼓鼙鼙
經歷被擒亢不屈罵賊賊斫中其脇肋體偏什皮肉裂視
息奄奄氣垂絕蒼頭扶起出叢尸事聞於朝旌其節詔下
勞臣暫假歸吼江樓下掩雙扉坐來痛定還思痛因憶當
初罵賊時吁嗟乎人臣大節有如此尸位素餐之人安足
比經歷去今已多年奕奕芳名留簡編有孫搦管賦詩篇

灑淚遙向穎水前

贈太僕胡公藏劍歌

我聞利劍可以截蛟龍壯士因之成大功沙場格鬭人頭臥七星模糊戰血紅太僕胡公佩此久一朝兵備駐隴右臨洮鞏昌逼邊庭大纛高牙軍細柳秋高馬肥邊庭急大弓長彎開闔入烽煙齊發火鳥飛我師十萬如山立爾時胡公坐虎帳義旗一動隨所嚮青銅閃爍飛龍翔渾脫瀏灕嶺清光須臾砍賊七伯級凱歌廿章到京邑厥後天子叙功坐明堂荷贈冏卿封奕葉叶君不見豐城之劍世所

誇不過張華闕土花又不見上方賜劍露鋒鍔佞臣聞之膽欲落何如胡公佩此三尺水努力疆場報天子至今寶光雖離久逾新無乃鬼神呵護匣與干將莫邪比

點定檜拾集畢再歌示胡生

古冑斕斑土花閟寶玉大弓空焦燬咸陽一炬百家灰五經四子勞菁華胡家藏書飽賊烽書簏書笈無一字邇來厥孫事搜求收拾頹垣並敝笥濂洛關閩正學存忠臣孝子扶大義人生冉冉百年中死則歸兮生則寄生時圭璧與衆身死稱亦與名俱騎何如煌煌著作耀日星字裏行

開留正氣我今點定再歌為語胡生當寶愛叶嗚呼前有作者後應繼

東衡第一尖登鮑照讀書臺

西塞迤北赤鼻東會巖疊嶂青濛濛東衡峯高逼霄漢欲與衡霍爭為雄我家丙舍東衡下年年看山如看畫振衣一上第一尖若憶參軍獨悲咤河清之頌大雷書傾心駭魄風霆俱探山到此疑宛委畏曦夕照古人居東衡萬壑爽雲綠縹想參軍勞心目安得好手寫山雲臨空縹緲入鴻鵠

龍潭飛瀑

廬山瀑布天下聞古往今來人無數髯蘇朗諷青蓮詩若憾山頭徐凝句山靈胍胍傺游人有言無言隨所遇敝邑太古一龍湫千尋萬丈縣四素天晴霹靂響空山夜永星河半低樹龍宮拔去垂千載谽谺巔岩猶雨注蒼木使者今安在玉京群仙借烟霧龍種劈石競流瀑田父走尋滋芒屐年年仲夏群禱祠賜不龜田鳳無颶此地題詠代罕傳荒鄉不近轅車路中丞令下今采風小言詹詹溪藤附

讀胡太僕公傳後　金敬汾

君不見有明熹宗國事盡大權中落由宦豎魏璫[illegible]
熏天牙距縱横亂政府父事爺甫崔呈秀喚唇炎[illegible]
右媚璫乃至祠其身倡議普天似俎豆僃兵蓟州者胡[illegible]
矯矯烈日與剛風振臂大呼議遂寢齟齬孤立終難容什
補副使西江日乘傳從走山東驛一時奪馬遂中涓蒼頭
奮擊中涓僕吁中涓睚眦恨欲死歸去蜚語嗾崔子雌黄
詔獄似轉輪緹騎承風如奔馳檻車繫赴北寺門榜笞鞭
撻莽嚚喧獄辭誣服獄吏督忍楚旦夕叫天閽蓟人義憤
聲激楚訟冤聲舉登聞鼓典衣垂橐爲公輸冀幸須臾緩

鐵斧陰霾忽霽天閶開懷宗御極黨碑頹會皇拜命脫桎
梏短衣匹馬賦歸來歸來聞詔驟起廢秉節駐節三秦[illegible]
秦蘭臨鞏勞撫綏參政甘州凡數歲是時狐鼠擾邊陲[illegible]
桓副使出視師將軍鐃吹森府日副使凱歌露布時甘[illegible]
歲月渾無暇回首[illegible]淚交落幸徼國典方叙功不逮
遷卽長夜嗚呼胡公生平大節有如此回嘶𤸎贈垂青[illegible]
鴻腦洲前公里門光照長江送流水

望横岡　胡[illegible]

横岡戍削眞奇壯崖廬五老遥相向壁立千仞薄星躔[illegible]

詔備兵臨洮旋奏效論功參政駐甘州鎮鑰長城會加勞
治軍焦勞無時無鬚鬢皤然總撫吁殘贈同卿官廕嗣楚
江有閣旋荒蕪嗚呼我先太僕立朝之大節楊左繆魏諸
公眞其列卽今泉壤數十年凜凜生氣昭日月

書曾王父二華公傳後

嗚呼昔我曾王父嶙峋書閣滄江頭萬卷縹囊供插架揮
毫大著吼江樓幼授庭訓淫堂室執經復從翟公遊以茲
濡染成國器眼中直欲短曹劉明經上策謁天子漢室江
都眞其儔一行作吏奉明詔一官趙城再潁州潁趙遺愛

稱杜母馬蹄經處總嗔咻公馬帳口若懸河瀨
韓柔潁州遘疾身誓死解綬歸來鴻腦洲提鉛握槧無冬
夏手訂新書可汗牛老至詩篇悲更壯忘機歲月對閒鷗
陵谷變遷書散逸頻年汲汲事旁搜搜來斷簡堆案几露
册鈔謄且校讐今年乞得龍門筆傳成脫藁當清秋賤子
爇香再拜讀珍重不減圖與球嗚呼先人舊蹟委荒丘頹
有史筆新編萬古留把傳作歌淚横流歌聲凄切風颼颼

望横岡

横岡戍削眞奇壯崖廬五老遥相向壁立千仞薄星躔兒

孫峰列森隊仗梅浦清流一帶橫江湖縈抱恣俯仰側身遥睇最高峰疑有仙人九節杖杖頭得掛支道錢緣磴捫蘿扳高吭徘徊福地禮空王塵襟洗滌心空曠萬里天在咫尺間安得謝公屐幾輛未製飛雲路層巔此身如坐雲峰上

五言律

和孟塔山寺松石之作　楊大鰲

孫石山門外蒼波雨雪殘石隨神鹿影松作老龍看苔蘚千年異枝條百尺寒聞君歌古調此曲和應難

得吳明仲書二首

吳生何寂寞猶自臥深雲別後長愁我書來復見君乾坤思鮑叔詞賦自參軍來往貧交事當時未遣聞

相去一水遠離群二月初交情三尺劍問道幾行書白雲陽春曲青山風雨餘論文何日再今望迥愁予

山居

冉冉孤雲出青青萬竹圍不聞車馬過自覺往來稀禾黍連芳草牛羊下翠微但求風雨足歲歲願無違

過瀟上不及晤黄美中孝廉

並憶斯人在傳聞久閉關身離黄屋遠心與白雲間窮達天難問文章老自刪獨看瀟上月不見戴逵還

舟出蘭谿懷官紱之

蘭谿春水漲出郭泛輕船浪湧江湖入波翻石壁搖近河村塢密結茎竹林飄咫尺元真宅伊人未可邀

懷劉幼凝

斯人何寂寞刻意學與由不見詩盈篋相思月滿樓側身湖海愧倚劍動新愁知爾窮途淚非爲杞棘謀

二餘齋初成漫賦四首　冦學海

卜居無定業小築似蝸廬日久散隣收水澄窺澗魚落花人醉後種竹雨來初未敢追前躅貧賤常晏如

一室俱容膝逢人誇二餘移花乘雨過種藥帶雲鋤多癖塵緣盡無才世念疎臨風憶朋好醉草入行書

地僻閒棲穩沿堦盡藥欄鷗眠松蓋午水遶竹籬寒貧處逢迎懶時還作息安床頭餘舊劍風雨不須彈

生平乘微尚陋巷有餘安黄雀窺簷下青山入座看門還閉户客至旋求冠勿復談時事於今摧肺肝

送劉梅沙侍御按蜀

名家周柱史持節出長安坐渡巴江曉霜飛劍閣寒花迎
元武杖人避惠文冠聖主方西顧無歌蜀道難

秋夜懷張子龍

秋氣來何條中宵獨倚欄羈懷成感易失路傍人難蕭森
庭柯下裴徊簷月殘美人在何所歸夢繞江干

來亭來觀二侄送余至蘄州詩以別之兼示鳴兒

別來殊不惡無奈此生何舊業吾兒在風流小阮多閉門
稀嬾拙出世自蹉跎爾向東山去春深護薜蘿

春日散步靈山溪邊　魏艮儒

靈山深谷處一洞落雲隈岸曲烟花散泉深風雨催溪梁
寒夜月雪浪夾春梅多少騷人至山歌踏踏來

山中秋夜詠徐昌穀詩漫賦　饒嘉元

北地元詩聖江東亦鉅公凄清泉冷石古淡月疎桐今夕
歌誰解千秋曲自工論文遂改轍真見古人風昌穀初附皮陸及見
北地乃易晉就
金石鐸猶出風霜字未銷秋烟餘逸興嵐氣逼高標步澗
攬千古精華會六朝長謠聊憩息孤鶴唳清宵

感邊事有作　吳亮嗣

灌夫非部事單馬犯雄兵不受身旋里何愁事弗成今之
大元帥全似魯諸生坐見狖猱折西風怒
傳語大將軍情宜盡將士須名將領兵惡衆人分健鬪
飛如馬潛歸陣似雲古今言王帥妙矣信陵君

尋邢九墓　饒嘉軏

何代梅花地邢郎夢裏家邢九夢埋梅花地空從傲俠骨不見落
梅花堆亂存迷冢牛蹄帶過鴉臨風無玉笛寒瀑瀉長嗟

大王峯秋眺　饒嘉綖

何主遺勝蹟開闢幾千年日月岡巒外江湖衽帶前扶龍
原自昔化鶴竟無還洞壑深煙雨凉秋倍颯然
背壓東衢壯西山擁畫巒我來秋色裏盡作遠行看木落
孤城小峰高九月寒沾衣何處雨寂寞罷憑欄
飛泉跨石壁浮渡最稱奇終古無名字混淪到此時先朝
才令尹懸月始留題喪亂嗟今日何人過賦詩
萬壑吹陰莽丹楓綴畫圖雲黃金暗浦日晏欲平蕪宇宙
消尊少關山過雁無誰家砧練急淚盡憶長途

山中花發劉幼凝過訪

短鋏悲流落長歌遂灌園君來春色裏同看百花繁藝苑
驚秋氣茭筌濺淚痕墜英如有意飛舞到清尊

有懷顧赤方以薦舉北上

爾剪湘蘭葉編爲水上亭著書雙鬢白種樹萬年青江海
多名士乾坤有客星怪來燕市裏今日起談經

自王家菴上尋鮑昭讀書臺

幾千東衙殿登天尚幾尋猾猿懸巘巧木碓落香深採藥
沿千嶺探書到一岑坐聽風籟趣疑是昔人吟
高峯人不到勝跡遂堪憐寂寞千年石荒凉九月天山爲
鮑照有臺以讀書傳今日看前輩孤吟星漢邊

抵家志喜　吳敏功

宦況亦何關爲嫌束帶難深衣敢畏暑瘦馬幾銜寒揶揄
人如鬼風波險是官故園三戢別春色未曾看

遊長春洞

何處堪消日長春古洞由淵懸一面雨江卷四時風谷響
疑寒浪龍吟怪老楓任教塵色大飛不到崆峒

姪兆崙歸自賊中因悼崑兒

弟兄同日去惟爾自能來雁影幾程失荊花何日摧干戈

古陽路烽火武昌灰昨夜傳聲心青燈燦燦開

秋日飲劉千里先生　吳敏含

何處堪憑眺危樓久熱中雨餘山作態秋老樹堆紅似有
軍書急相看劍氣雄莫教天上月還見酒杯空

行藥過俞初民

覓路入寒碧蒼然舊木陰幾函風雨壁無限古今心鄰叟
有愁色時會覓靜者看君高素意芝朮未能尋

懷舒漸鴻東下　劉幼陵

辭家攜劍去早晚到東京裘馬曾爲客江湖浪有名一簣

知面目數醉見生平不識此時意空宵倚檻行
汝州君去後離亂幾相并去[illegible]梁手旋期倒屣行吟君
多傲慢想世少逢迎一月無心照淒然遠愚生

鴻腦洲歸尋眺穠泉

故園花鳥在偶作舊時遊古樹搖溪月寒風緊釣舟鄉懸
驚嗅莫花落兎銜秋似有桃園意板藤未肯休

新秋過冠山人墓上　楊勳

名園荒草盡孤塚尊雲迷未奠一杯酒誰焚數紙錢蛟龍
吟絶壑風雨入疎簾無限懷人意登臨更渺然

少小難相識看詩輒見君一生惟用俠到老不辭貧月戴溪流活秋分山色匀變遊遍海內登拜自何人

再游馬祖寺

長來山上住爲愛竹林幽坐落千山葉看成一院秋鳥迷歸舊樹雲懶度高邱橫笛深松出牧童返犢牛

月夜飲浮渡石

夜氣流雲冷深更爲爾過呼童尋舊釀倚席發新歌樹右秋容老山空月色多溪頭一幅水細雨動高坡

九月一日登橫岡　舒並生

青冥絫百折一半入嵐痕泉灑晴疑雨雲裝晝欲昏秋聲爭赴壑翠色每依門早晚重陽日重携黃菊尊

送胡抒白先生還邵陽　舒芝生

處宦如爲客風流自大家歸雲尋舊谷殘月亦含華江上輕帆穩城邊綠柳斜相思秋水遠日影照寒鴉

吳四維讀書江村

月夕看書處悠然水石間遠塵須去市得趣不拘山殘菊任開落輕鷗自往還何消雙板閉心靜絕躋攀

同劉千里雪集周文長芽笙齋　饒來中

尊酒放遊歡鑪烹竹火圍卷風吹屋小舞雪坐天寬晝影分蕉笠吹花聽葉櫚靜隨人忽到相對總忘寒

不辨梅花路來尋柳岸陰縱談江水活細酌雪光深白榻三更夢孤亭萬里心暮寒怯分手容易慰沉吟

贈張長人避賊卜居湖上　劉醇驥

農事藏身簡誰云僅避喧右村斜薜荔荒谷老雞豚亂過春偏好愁輕雨不昏獨憐垂釣裏清絕有王孫

避兵天地窄倉卒已春過坐得五湖色栽成幾處荷聽蛙山月小窺燕野風多命駕當何日挑燈對楚歌

宿族公貞于江館

山棲如不愜江上問南風過水荷衣濕尋門槿路通疎鐘僧外客凉月鶴邊船細語今何夕幽清更與同

避暑匡牀共輕埃果未侵簟光六尺雪梧葉一亭陰急雨蛟龍鬪長風草木唫意中流水近無負北牕琴

同諸公訪胡長者孟培山舍

久遊山裏約雅伴始堪携雨雪看蓬鬢詩書慰杖藜徵言林鳥集避世壑門低橡栗移家後何曾異瀼溪

欻長益枉過同登白石山　張仁熙

探梅臨古邑出郭訪幽卑郎有高賢屐能令衆壑深石疑
殘雪在泉入暮雲尋杯酒吾徒事蕭蕭過遠林

過大藏訪絲雨禪師止止堂

說法會雲雨胡爲更掩關蒲團方惘俗菜葉且留山學踞
高風邇覓耶古佛問門前溪水好不作舌潺湲
一徑支筇入千峯與萬峰可憐三日雨共坐五更鐘古道
他年合知音再世逢山靈吾語汝松栢護深蹤

楊介子過訪

老爾清齋內因僧更悄然偶來松際月同坐石林煙白髮

何足怪青藤且自憐君看七十叟搔首說桑田

經劉康谷舊居

數里行山僻雙眸望轉迷雲知高士宅月到苦吟時麋鹿
荒荒過風花叠叠悲當年憑弔者嘆息已無兒
作誄稱何子遺編共冠楊青山惟一桃黃鳥竟三良楚此
埋芳芷吳歌怨夕陽更憐春草色無夢倚池塘兩弟皆能詩

過藍次公留住旬日兼話其先世詒產捐粟及龍駒

出河事

澆屋綠河曲春風遍水涯深燈連竹葉驟雨漲桃花崔鷹
吟交舊機雲入蓮社怪來偏愛客貧朴古人衆
前代尊虞日先民稱稽時草門天詔到使節野人知裂劵
焚殘黍否餓過杖藜只今麟趾詠猶是渥洼兒

春日潘簡臣邑侯邀藕灣

踰垣不可再竟杜君侯車信是河陽宰春花已被盧與臺
消夜拚宛珮叛盤蔬畆卜今朝樂猶言意未舒

重九汪十雲學博過訪兼惠麈拂

匹馬重陽道傷秋過草堂絲烟疑作雨暮酒不成行石老
穿雲黑橙香入座黃更貽青玉麈分手報難忘

閻邑侯振華在過藕灣信宿

稼穡喧場圃傳呼長吏過到門看騎少掃徑傍秋多列坐
兼童稚殷尊就薜蘿圃花如有待相共惜巖阿
山色瀰寒空烟雲老樹紅野人秋水外仙令夕陽中論世
深茆屋題詩剪夜菘古懷君自慰吾道屬蒿蓬

人日過劉幼凝村居是夕雷雨

靜裏一相見深杯與爾同春雲三徑外元石數峯中春色
驕留雹交情慣雨風村居何所事竟夕語高空

余自萊陽將歸士大夫贈行詩名華墩集滄濱張先生
年八十一既有詩矣歸前一日邀其孫秀生元墩呈
詩四章且曰我胆落筆時三字一淚云不復再見此
循良吏矣聞微泣下成一律以遺之　吳　璉

別來曾幾月覓夢未能安欲灑千行淚難禁萬壑山懷分
今日道亭遠非時歡不得同堂語爲言仕路難

次韻劉明府泛湖之作　張惟金

三月湖光濶空明匹練如花飛林巷外鷺浴釣磯餘遠樹
環村畬新蒲出水疎春風吹小艇隨意問田廬

消艳此湖水使君清亦如洗心觀物外泛棹在公餘荷動
魚爭戲烟開雨欲疎乾坤供遠眺嶽色滿匡廬

黃曉夫秋色見過　張佳晟

月色窗儒上村醪喜共斟添衣知客倦滴露聽蟲吟夜半
風霜老山中歲月深行藏還自訊肯負故人心

外祖父廖臬副公殉難　藍士秀

百里符初綰三巴寇政横劍皇微弱卒慷慨守孤城矢死
寧存舌臨危自結纓忠魂飛不散夠宿夜熒熒

家受茲先生故宅

先生無長物貯腹有奇書門靜堪羅雀園荒漫把鋤昔花
呼子採白墮倚人沽寂寞生前事憑誰憶舊廬

白石山　張佳杲

白石山頭雪橫岡嶺上雲嶂開知地險水折識河分短髮
風前數狂歌醉後聞行行天欲暮日色已微曛

己巳四日雪中同張宏讓魯君劉宥亦張持正用夏訪
饒子維伯仲約爲文社　朱承詔

四日騎驢件尋春不爲春到門齊一笑歷坐莫分賓古木
村猶舊貧變意自新階頭千尺雪朗照素人心

送梅月貧入蜀　周源禮

萊馬關山外崎嶇道里長斷雲懸峽岸陰雨濕冠裳弔古
傳巴檄觀風過棧梁與君同夜酌西去是他鄉

癸巳春莫遊東衡山　胡之俊

曾識黃牛院徘徊明水冲疊春千丈瀑樹挂一溪風逕草
新添綠林花遠襯紅桃源深洞口何處覓漁翁
路險頻過澗溪回屢度灣振衣纔越嶺障面又重山石坼
天留壁林深地設關白雲堆萬斛贏得老僧閒

阮竹巖先生別業　胡應亮

龍展峰高處先生別業幽花開三徑色竹覆四時秋白[illegible]
藏書卷青山對酒籌夜深餘繾綣蟋蟀向床頭

登東山絶頂宿牛首菴　　梅英庭

風有登臨興今朝更不同展扶千嶺上身貼萬山中匹練
浮雲白丹楓夕照紅一時迷望眼信宿梵王宮

雨後望東衝　　張易源

遥望東山勝岩嶔第一尖峯迴餘積雪雨過瀉重泉古木
幽巖瘦荒臺落日懸孫單高臥處書帶草芊芊

登江心閣次韵　　張禮源

飛閣臨江渚凭闌縱目空人家秋雨際山色暮雲中今古
濤聲合乾坤水氣通到來心境靜物外問仙翁

紫金坪　　胡鴻賓

層峰最上處勝蹟自余公三月吾來此千峰望不窮風塵
遺世外鐘磬下雲中遥憶傳經日高呼帝座通

同友人遊靈山白雲菴　　劉洪佑

伴結靈山步悠然過故岑風清空鶴唳谷邃靜龍吟曲曲
巖泉溜蕭蕭古木陰白雲如有約相引入深深

容安山房雨坐　　胡本榮

倘友先賢在遺蹤敢自尋煙霞分咳唾夢寐與高深雨後
孤猿語秋前萬木心莫彈山水曲空谷本無音

冬夜宿仰天窩

記得棋花否平生第一緣鐃鈸中夜韻珠斗半空懸濁酒
全無力豈風大有權更深天地濶何處聽高眠

讀書青著寺　　胡本寀

徑拆虛猶泛林疏惡更栽嗟予宜笑士冊爾讀書臺扁色
寒無盡颸聲簌不開曾須騎白鹿鞭過紫雲來

奉酬舒某過訪青著寺不值留贈

有客來尋竹山靈未遣知存雲那共出流水作相期可怕
桃花誤空慚桂樹思感君翻逸興不盡一行詩

除日懷同兄山居　　胡錫冕

颯盡蕭條色雲山一望賒山中梅影瘦雲外雁行斜檢歷
思生事啣杯惜歲華池塘應入夢春草漸萌芽

寄懷張寸瀚　　庫世膺

每羨張公子怡園江上居諳花憐夜合聽鳥愛春鉏跋危
狂名溷衒官閒事餘獨遺人把犢穆穆桃殘書

曾祖父守興安州城有遺游擊唐通者曾經海內鉅

公穎議欣逢修志恭呈志局悵然書後二章
王金業講
白賊妖氛息孤忠浩氣生銜枚掇伏莽垂橐勞官兵華壯
元戎色功高翔鄉營至今桑父老灑淚說州城
不動燕然石英風沒世傳孤塚生蕩滌雉堞死留連日落
三秦徽天陰萬里煙令名垂俎豆屹立泮宮前

七言律

石牛　元時隱逸　姚楚山
一卷怪石老山巔頭角崢嶸幾百年毛長蒼苔春夜雨頭

昂芳草夕陽天終宵見月何曾晴盡日和煙自在眠悵殺
牧童鞭不起一聲長笛思悠然

御試山川圖
天開黃道贊葱籠春漲新流萬里通雨露自天沾草木煙
濤接海起魚龍激波連地江湖滿紫氣浮空晝夕同好水
好山無限景相看都在化工中

劉使君新建四高樓　張步雲
側身遙望四高樓樓上仙人五色裘逸檻水分行派遠闌
環山送萬家秋登臨寫影懸霄漢披拂寒聲入斗牛姚殺

白頭人獨老難將病骨一從遊

戊申洪水決堤予上書台司當事者漫不加意
曲徑疏籬傍水開無端風浪月相催土崩江潤魚龍詐死
解巢空燕雀哀腸已九迴渾欲斷心無一點不成灰上書
鄭雨陳時事安得君王遍草萊

早秋過張使君子龍先生園亭四首　劉養微
灌園門外挾風濤五柳先生興自豪終古斯人開草昧至
今盟主擅蓬蒿時苑巨源已死秋深杜若滄洲滿天入江湖紫氣
高自雲郢中元寡和鍾期死後向誰操

門掩蓬蒿晝未開應嫌車馬破蒼苔祇緣文舉忘年好不
厭劉郎問字來萬里西風黃鵠下三湘明月釣魚臺大夫
不淺悲秋興客有登樓賦共裁
漢水盈盈秋可憐美人相向暮雲天製成江上芙蓉錦賦
得淮南桂樹篇北海尊空歌不斷長河斗轉氣雙懸風塵
客子無多暇漫減懷中刺一年
昔是長安賦子虛歸來張翰憶鱸魚誰家春酒能拚飲閉
閣秋深好著書暮雨江聲吞夢澤晴雲嶽色滿匡廬正期
載酒元亭過早晚黃花九月初

寄題陸孟思讀書五峰山寺

故園回首近東衢，若個參差是五峰。戶闢重崖元草合，書藏大谷白雲封。千盤樹影浮天闕，萬壑松聲護曉鐘。此日清秋應極目，故人江上飛芙蓉。

檢書見費郎君傳作

費郎祠廟已千秋，楊子雄文月一出。鰲負靈蹤雙闕美，玉樓瓊殿兩悠悠。道詩洞壑還今日，携手林泉憶昔遊。寂寞寒潭春嶂在，每憑峪望一生愁。

冬日晚登黃鶴樓　寇學海

漢漢長江帶落暉，仙人樓閣轉霏微。雲橫大澤漁歌斷，沙冷晴川雁字稀。檻外鳳凰驚月出，洲前鸚鵡挾濤飛。莫言黃祖難容物，詞賦於今有是非。

凭闌極目萬山浮，慷慨翻憐擬上游。霸業已隨孤鶴去，樓臺偏壓大江流。煙迷遠浦千帆雨，濤觸寒磯五月秋。留裴梅花莫吹落，恐驚歲晚惡淹留。

寄題友人山居

山人移擕在山邱，蘿月松風入檻幽。藜杖濕扶花外雨，竹筧寒泡石邊流。衡門鑿已詎題鳳，豈草春深自飯牛。為報北窓時下榻，遲余雖忝共淹留。

燕及先生以麻姑壇帖建武本自識簡端見貺

學書但學劉明府，遺簡兼遺顏魯公。紺壁峻嶒秋色裏，著煙慘澹暮雲中。俗兒不几觀三日，快讀仙壇記一通。舊跡新題添鄭重，低徊古意古今同。

張使君子龍先生十九

江梅照眼共娟娟，仙袂臨風弄紫烟。王氣秖今元降嶽，壯圖未老卻歸田。園亭詞客稱觴日，稼穡君王享國年。見說愛書行草部，春來花鳥況詩篇。

過徐碌儒山居

無數黃花宛宛舒，競將秋色助移居。人應孺子千秋事，家有先公萬卷書。逃檻鴉聲依古樹，開樽雁影射新渠。溪山寂莫堪乘興，城北城南盡不如。

河上草堂成

振衣霄漢敞風扉，一帶遙山撲面飛。漾水至楊何杲杲，鄰家竹樹故依依。未須短髮傷年暮，遮莫長吟送夕暉。徙倚幽棲聊自遣，洒然身世欲忘機。

吳明仲奉常雨招飲北望樓二首　饒嘉執

千古丹心眼几懸林搖瀑木撲寒煙冷光翠嶂蟠蒼霧大瀑清流噴白泉畦笠老農鞭雨犢蓑繩童子散風鳶嚴襟卻憶追陪暫呈春徵書趣別筵

煙樓花雨灑華叢夏雀森寒怯遠狮阻攤飛龍長日此道藏嘶馬劇憂東秦闕獮月鎖金甲漢節南風裹玉驄野闊朝驂分背急餘儂檻望五雲紅

壽篋巨源山人故宅

江頭只合望匡廬世上何曾有二餘到眼荒途原帙深傷心蘭室滿新渠花飛白雪颺香過酒抱紅顏月海虛鴻去更誰歸化鶴痴余淹問灑寒裾

悲憤書感兼懷定姪匡廬

煙江夜雨撼濤雷天閉沉雲黑綠苔咆虎偪巖棲雁潛奔蘇空冷釣魚臺孤啼峽漢煙行遠催角鬬山不夢同應憾妙年從石壁一花寒盼思西來

贈吳貢士劝膺　饒嘉繩

先朝曾上漢皇書萬古嶔巇氣未舒蹁國十年湘水溲還家一攜楚雲居乾坤只解莊生馬人世誰乘阮籍驢笑彼雄談豪氣遠滿天風雨下空虛

雪中賊自楚入蜀悵然懷五弟及諸舊□

狐馬秦戎出楚關梧雲劍月雨摧顏風吹□□□巴裂雪吟征衣過棧類鴈鶴紛飄浮漢水鵝鴿孤叫繞巫山遙悲故國招魂淚多少故權總未還

十月陰坡展父墓

歸來何處不沾襟此地沾衣淚更深羇客五年餘水澤孤兒十尺拜霜林殘家雨雪寒猿哭破國山河餓虎吟悵望江洲心寸折晚風不雨一坡陰

送姪彰進士入京

漁樵無夢到京華送爾闕山過雁賒紫陌萬家紅葉滿黃河幾曲白雲遮程途匹馬三冬雨林苑啼鶯二月花俠劍燕臺歌舞過可能回首念天涯

舒康伯任河濟植蘭數歲矣戊申之春發白萼一雙岐如雪月賦之

深谷幽姿本絕塵幾年種植在河濱忽驚并蒂雙葩合放就連珠兩蕊新近日蘭階氷作蕊向來秋水幻為神寧馨漫擬人間物一任瑤華會有因

何蘭共傳尼父操素華原佩楚□身何年空谷當王者□

[illegible]奇玉人座裏有香常帶雪簷前飛翠渾無塵湖[illegible]
一水落花兩宛在瀟湘沅澧濱

還山小築　吳鍼令

息夢歸來性已馴茅齋低築　取容身明年始有西疇事今
日真為上著人甕牖看書閒　晝過地爐分芋小兒親霜松
雪竹過遺在吾愛吾廬正不貧

文殊禪菴為西蜀燈公　棲息處諸子曾結社於此聞
茶園松林非夜昔日　頗欲一游兼訪菴側王郎所
居　劉秉餘

虎豁東望路非賒輿盡應停　泯雪樓欲見湘簾鳥巷燕先
烹死灶白巖茶疎風細雨沾　黃葉孤鋒殘鐘鬧晚鴉一笑
千年禪社古何人重續舊蓮華

冬過元璞山居

石梁飛瀑靜無喧雲罨寒山　碧一村老樹吞風囬夜[illegible]孤
燈聽雨閉溪門閒情或擬陶　潛賦樂志還同仲長論樓[illegible]
岸傍堪索笑暖香留待泥春尊

過饒九孝廉故居

草閣荒臺宿莽中清陰彷彿舊墻東鳥棲柳岸悲殘月[illegible]

散花枝怨曉風羅袂軟香春趣隔彩毫幽思暮雲空那堪
殘市蕭條夜飄斷霜天野外鴻

胡孟培先生別業未成仲冬奉訪過之齋梅花初發
賜子成詩　劉劭陵

憔悴行吟病骨身白雲夾岍着枝新萬山深處初含臘一
塢寒烟悄咏春作笑自拈居士韻飛花還濕道人巾寄言
賁蝶來非晚穩向東風待主人

胡孟培先生脫賦離旋初隱文殊精舍王恂叟同余
過訪即席有贈

龜鶴閒心萬仞遐白雲深處　語桑麻躊躇百代千年事感
慨三山兩岸花詩史愁深烽　火內詞人賦滿亂離嗟余停
一自多漂泊話盡蔬茗落晚霞

家龍友病起過訪

人家寒食棠梨老竹里風光　正未窮豈有才高終偃落不
妨意外老英雄雲歸日晚山　來雨春盡花殘蝶送風自是
阮家忘禮數高吟未許俗相同

過飲符漸鴻尋雲班

石泉斜抱紫烟籠那壘翛然倚梵宮藤杖初披游塢霧[illegible]

荷細發曉溪風一樽正熟逢寒食絕嶂雙鞦罥莫鴻行闕
遥來何處有杜陵曾篋滿痕烽

仙人洞　楊勳

洞口風清戶欲開煙花縹緲有人回看松尙記丹砂井躋
石隨登曬藥臺暮雨蕭蕭迷谷口疎鐘隱隱出林隈年年
嶺上桃花發半逐溪流半草萊

尋高山靜室

雲去高山斷復連一峯長在白雲邊溪頭引水通泉鉢竹
裡添松護菓園殘樹秋光寒浦上孤村煙火夕陽前西風

木葉何時靜落日空庭鳥自喧

和王邑侯訪胡高士席上韵

孤城簫管動春先風雨山中不記年爲訪茅廬高士架因
懷蘿月石門烟沙橋水曲通幽壑峻嶺雲收見遠天泰遁
未聞親隱逸今朝車蓋豈徒然

雨後度武湖望湖上諸岫　楊晋

孤蹤搖蕩任天涯小泛晴湖興已賒雙槳春煙曛竹葉半
篙春水漲桃花美人出浴梳新髻仙子凌波映落霞取似
青山渾未似鷓鴣啼處夕陽斜

過張子龍先生舊館

寥虛縹渺不知還別業依然野水灣鄧客有懷空白雪謝
家無恙但青山雀屏曾映當時坐（劉幼貞先生壻也）魚艇誰同昔
日閒寂寞仙翁西去後更無紫氣到函關
尋城裘馬五陵遊拋甕歸來二十秋酒熟尊罍開北海月
明賓從集南樓詞場問字千帆落老圃逃禪半畝幽遙想
一時揮麈輩何人倒屣最名流

石牛霜公　舒芝生

石牛松種想成圍蹬分南泉少是非春氣日生書帶草山

光時焰水田衣林猿畏客扳枯樹野鶴窺魚立釣磯收拾
伊蒲閒作供繩床清坐老僧依
茅庵新詩二十秋已公從不下山頭藏身合向雲霄上樂
道偏宜竹樹幽四足馬駒今再見百城烟水昔同游龍湫
夜雨多靈物只在高人鉢裏收

岑金泉公

松作禪房竹作扉亂山深處一僧歸春風着樹晴偏媚花
氣黏雲濕不飛任運去來無定所等閒殺活見當機蹤迹
使與吾師別領畧林泉有衲衣

山□日春□龍潭燈火茶香女詠雖足有緣終得□
門無似黃同參進迴南院思八偈悵西湖憶雪菴舊□
雙峯天半起知君東土小瞿

石房大師

破額崔嵬路幾重道顏猶記昔年逢去來似覺皆三昧遊
戲何曾論五宗清夢屢飛碧玉澗山僧閒指白蓮峯千章
古木還春色知是前朝舊種松
刹竿山半崙雲開天啟支公闢草萊携得王家湖水帖寫
登鮑照讀書臺靜思實相經中覓笑把空花石上栽古塔

崚嶒苔蘚盡不期重有止錫來

白鶴　園喬宂產白鶴鶴一雙姿態玉立飲啄不凡鶴作此志之

仙子霓裳出廣寒何郎傅粉練為冠新從白玉堂中產倫
向水晶簾內看素影日斜穿碧樹鉛華風靜照澄灘遥同
遼鶴三山侶浪說人間有鳳鸞

康貞朗公

放眼乾坤杖一枝松房寂歷坐禪時雲橫大壑春方壯樹
擁孤峰月到遲勝事往年傳道六高風今日識楊岐法門
古斷黃梅路猶向商山問紫芝

年老還能讀佛書林邊石虎近何如寒侵栢子焚金鴨風
過千巖响木魚笑指天桃春信後詩成黃鶴盛唐初火筒
茗薷欣同調烟雨他山尚有余

德州　呂遊藝卿先生

矢射聊城燕將書平原保障入青燕那堪鐵馬飛天塹無
數金甌盡版圖許國有公羞食蕨蒸羊何事覓諸孤忠魂
壯志陰風起似擁燐烽血戰初

次萬明府明水山懷古　龔鳴臣

貯氣含真碧澗東人龍幻影視王公星辰誕毓冠裳集廟
貌幽棲俎豆同一壑春回蛟起處百靈光積雨聲中使臣

啣命趨承日神道贍依兆歲豊

金陵秋懷　劉醇驥

元狩開元治渾涵聖明頌禱欲登三承平不用長沙哭慷
慨還須杜牧談風雨樓船防蜀道古今壁壘重淮南紫薇
正朔雖全盛赤社藩垣豈易堪

又

城中山水古今希艷冶東南願不違花簇樓船遊客醉月
移絃管上卿歸白門烏巷懸秋靜桃葉梅簷入夢微更向

曉峯鐘底望六朝松石向依稀

五日偕諸友江上　劉醇駿

葛巾紗細分蒲綠對草携琴古樹邊嵐翠滴垂千岫雨鷓
鴣啼破一江烟方若蒲菜菜想醉會有榴花落席偏父老
漫云頻吊古勝情空對草芊芊

懷家大人　吳兆崙

金陵勝蹟集名流風裏扁舟去不休花縣昔遺馴雉績錦
帆今作五湖遊髫兒哭向西歸客憶父愁登北望樓况復
干戈吳楚急客中何事久淹留

甲申歸自蒲城擬卜築東街　李賓起

幾年孤雁急南征問道歸來半死生衰柳尚餘游子淚黃
花猶記故人情非緣避世棼遺稿豈混樵山沒舊名自愛
青松門入夢故將蘖兆易冠纓

贈阮竹嵓

少年儒俠佩吳鉤蹭蹬墻東桂樹幽亂世衣冠迷馬鬣深
山草木寓春秋曾題汨水懷沙賦豈慕陵陽抱玉侯莫怪
步兵長閉戶旅登廣武不勝愁

橫岡

倚我千仞建霞標日照芙蓉海氣搖石象樓城環翠聳雲
成龍馬萬山朝天門鐘鼓星河動松蓋宮壇斗柄遥香霧
候迎元帝蹕風雷一夜積氛銷

陪闕明府仝葜符長端陽載酒遊靈山　胡楚瑛

並戀靈山入翠微茂林端五正芬菲徑穿石窟蒼苔老雲
擁僧房白日稀造性鳥花頻點綴勞形天地漫歔欷艶尊
蒲酒難輕放莫雨斜風帶醉歸

南陽清明　舒逢吉

旅亭遥過清明節桃李花飛滿院春不見赤符傳上陌空
聞白水繞孤城雲生楚澤魚書遠天入周疆燕語新獨怪
此身虛老大懶攜龍劍歸閒人

聞官軍已定武昌喜而遂成　舒峻極

將軍忽解鄂城圍喜極爭傳羽檄飛穴鼠不煩雲鳥陣井
蛙敢觸虎狼威西風日落開金甲北極星明望紫微自是
聖朝天廣大山中容我薜蘿衣

誌城

冢五過訪山廬有失延款信宿即登東街絕頂因

臥隣烟霞滯此身何皆芒屐出風塵偶爲西嶺眠雲客今
候東湖放艇人剪韭夜竹籬細雨沉觴上巳負青春書堂
連日晴冬暇好折山花插角巾

讀金會公景濂堂詩八首之三章次韻寄琢五

溪南去後松園死詩老阿私玉樹村門覺郡鄖初學步休
疑鸚鵡果能言問吟對影慚蘿薜索笑無人洪酒樽爲語
玉堂江上客秋風一榻掃荒園

寄阮駿公

龍丹山堂緑柳中高陽日觀往來通茶叮雨後抽新葉桂

樹春深發舊叢對酒諸兒皆鳳舞著書千古薄雕蟲幾迴
爲覓行歌處病臥茅茨思未窮

周原舖送別家康伯之瀏陽

雞鳴驛路是天涯隔郡爲官郤離家顯氣尚能吞夢澤奇
文真不愧長沙西風千里吹鴻雁南國諸生候絳紗獨有
弟兄難遠別雙揮清淚濕緗花

楊滋長山居產石如青田詩以索之

山中隹石勝青田荷餘搜求次第詮客到動煩雞黍供家
貧羸得姓名傳磨礱竟成真成僻泰漢遺文復自鐫此道
我曾稱董史許分清惠筆牀前

恭題舞鶴圖

故人姑射山中至遺我臨摹舞鶴圖掛出高堂生紫氣傳
來舊本自皇都承恩鵷鷺情知喜結伴漁樵興不孤鳴向
九皋天路近可能無意待潛夫
羽翮翩躚勢入雲曉風吞霧共氤氳將軍翰墨多傳世野
老山嶽一見君百尺琅玕爭挺出九霄清唳若相聞分明
同沐君王賜不隔趨朝舞鳳群　舞鶴乃呂紀真本

歸經高山　李開馨

脫帽撩衣上斷峰倦來猶自步從容霧連荒草橫幽寺日
照曉巖掛碧松日亂乍疑鴻雁影心驚忽見野猿蹤年年
許赴中秋約倚杖何愁石徑封

寄題胡會來新築山房　金德嘉

紫霧山頭磐石家三間小築蔚蘿遮纖纖漸出凌霄竹灑
灑初開繞砌花題咏新莊仍稼圃畫圖古物半龍蛇沈泉
瀧滯過深夜沉水香中殺雨茶
初度供奉餘春賦遂構端明書雨亭舍北舍南松出壑山
前山後石爲屏蒼蒼幽邏罥冪雀落落疎枿好聚螢折柬

來期汀濟客濡毫豈欲寫西銘
衙成槐柳曉成蔭峰自屢屢谷自盤白社群公歌伐木滄
江一老賦斯干小山別業時多服名士縣書志不刊却笑
尋常通尺素區區爲爾勸加餐
三月工成十畝遥倚欄晨夕近如何碧梧計日還栖鳳青
簡逢人且換鵞雨後鶯雛飛隊隊花間燕子舞傞傞吟殘
郎事詩筒出好事同人把臂哦
老夫市隱菱塘曲竹死三極水一灣卑濕每當炎夏苦鈎
遊安得留春閒倦馮北牖烏皮几狂署西横玉笛斑見說

山脊清晏極詰朝禊被且尋山

劉廉菴先生爲先大夫志墓感賦二首

先君繫馬南山寺會與先生細論文把臂忘年孔北海擁
毫命世鮑參軍衙門風雨兒曹在往事凄凉父老聞此日
山頭初勒石居然五尺大夫墳
君家王父岡東子識我先君弱冠時莽莽百年俱旦暮悠
悠千古是襟期常編草閣兒孫事馬鬣空山故舊知直筆
自來歸有道白雲吟望不勝悲

久客吳中有懷奚東臣　饒珍中

楊花初泛早春天漸次秋聲噪晚蟬客邸傀歌聽自熟故
人郢曲好誰憐十年白社歸帆遠一座青藜旅夢遥強仕
莫將華髮易鏡中還有治安篇

遊仙人臺　饒軾中

喧喧綠水遶門飛喬木高疎映翠微仙跡石留千丈險芝
苗洞長百年肥泉通曲逕人尋藥花清香林僧採薇清磬
一聲斜日落白雲深處晚禽歸

感懷春風草堂舊址　毛炳

春風橋傍草堂開近水遥山次第迴三代文章成碧血百
年梧檻落蒼苔春秋舊壘棼歸鳥風雨頹垣長瘦梅爲憶
幽光常穆穆浣花溪上夢初回

寄示諸姪

霜天寒夜客心忡一札南天托遠鴻芸岫已知新講席草
堂猶是舊春風亂餘但有圖書潤貧到惟探著述工蘸片
烟深幽思滿獨憐孤客尚飄蓬

晚渡武湖　周宗魁

寒天落木捲風沙野水連村看雁斜新路半披黄葉[illegible]

烟一徑白雲鎖夕陽仁處迷深樹殘梓孤飛趁晚霞炊乃
櫂歌梅浦外隔絲炊烟有人家

阻兵馬口宿李翁士室翁曾與先光祿作兩湖游　王衍治

江門細雨夜匆匆羈鬼誰從亂裏逢一飯漁人還鈎渚雨
呼窮士正慈中桃花古岸春猶在碁木孤帆路未窮燃嘆
雅遊成往事湖光寂寞翠屏空

書胡大僕傳後　張惟金

袁朝鈎黨起甘陵孤鳳拱根共引繩祠屋曾天嶽可藉江

河一擧寧何能在中不合收張朔年戶旋看緊李膺獄獄
乾坤凿正氣後先楊左與同稱
木奈炳凶流戴盆陰霾那復辨朝昏平原人不嫌行貨可
隸情然兄舉幡歸骨累臣傷往事榜奸初政荷殊恩清門
淵落儒風在觀穰生平奕葉存

春日寄懷舒漸鴻山庄　張佳胤

貴中跣足故清芬脉笠遺風迹更聞荒徑分花聽細雨踈
簾燈竹臥閒雲峰頭習靜冰霜夜溪畔行吟麋鹿群料得
才與饒逸興欲將遲日學耕耘

共道才名雲與機東山把臂忽忘歸一疇碧草饒黃犢
樹清泉捲翠微春日書臺殘雪滿板橋仙洞暮煙霏何時
文字欣同醉謫我閒情定不違

明水山　張佳景

徑仄潭寒暮氣侵夕陽蒼靄半晴陰泉聲冷咽吞宮殿山
色參差自古今天上蛟龍雲隱隱橋邊風雨夜深深千年
勝事傳函史着屐尋幽思不禁

書石巖子集後四首之一　藍士秀

門戶分持國是差孤臣痛哭擬長沙黃金臺上秋雲薄石

港山前暮雨斜酩酊壺觴虎宿㦸嵩蕃翰藻發奇葩一編
自是千秋業嶽嶽風徽識故家

明水山看龍湫　李之經

嵌空嶸𡾊水溶溶繞屋穿渠約幾重天放銀河傾樹杪地
搏雪浪過山衝四時雲氣常疑雨六月冰池竟似冬夜夜
罡風吹鐵尾鏗然幽洞起潛龍

浮度石同范對揚觀飛瀑　金啟江

靈山有石名浮度石老山荒不記年緩步同人登絕磴披
襟共我看飛泉玉龍倒挂溪光合紅日斜吞嶽色懸心[illegible]

到來俱澄澈哦詩行過小橋邊

睇月臺

拾級還登睇月臺擡頭一望莽蒿萊亭亭樹影穿雲出活活泉聲帶雨來九月寒風吹石磴當年詞客倒金壘騷壇韻事今塵土兮落山根長綠苔

登四高樓　金敬汾

凭欄極目俯城隈風雨縱橫得得來柱礎尚留仙尹蹟騷壇誰繼昔賢才雲蒸白石（山名）中天起地跨滄浪四面開海嶽大書殘碣在滄桑歷盡長莓苔

贈金太史公草堂新成　王仕

綠柳池邊結草堂朝披清爽晚遊涼魚游細浪潆蘭徑鳥弄晴條拂竹房讀易倦歌元亮枕說詩喜踞稱圭牀愁知暑氣難侵座人是冰心筆有霜

送别學師歐陽萊常先生　胡之俊

潤水波搖别緒長布帆無恙信春陽難忘苜蓿青燈雨獨悵蒹葭白露霜問字五年如一日神交異地亦同堂江干尺素通魚腹爲報平安字數行

和王司訓九日登四高樓韵

滿携黄酒出郊遊習習風生百尺樓最與恰逢黄菊綻詩令向白雲投聊空檻外秋山叠柸泛軒前溪水流落惭祇今饒韻事好將佳句倩人酬

遊東衙漫賦　胡燕思

東衙氣勢接青旻萬古真源好問津雲鎖洞門開羽客花招漁父識秦人臺荒尚有書成草家去猶傳犢産麟一自攀緣來頂上渾忘身世在風塵

過畢四嶺弔寇山人　胡肇亨

文章自足重邱山矯矯雄才未易攀一代風流歸地下百

年詩草播人間生前意氣黄金溥死後蕭條白骨問禍禍重泉名未没天邊何必錦衣還

雨後登山　夏賓

雨後登山山色濃滿山景物白雲封望中殿閣何年寺畫裡烟嵐若個峰仙釀難求千日酒虬枝猶剩六朝松追尋不盡探奇興躡屐何妨倩竹筇

春日訪環溪不遇　梅英庭

名園春敞倚山隈静日閑扉不肯開門巷豈教題鳳去賓朋多是問奇來窗含遠瀑飛晴雪竹叠輕陰護砌苔幾度

四君溪水上泛杯常被落花催

過懷亭先生貯雪堂　胡為灝

華門斜對滄江水江上烟霞擁筆牀何處鳥花猶俗韵自
來詩酒是家常清風永日無雙袜白雪長年貯一堂擔拾
遺編仍夜閱一紬留罷一爇香

遊中峯寺與僧鳴菴　張浦基

松陰竹色滑綸錯蠍際叢生商諾迦無術生蓮休借鉢有
書狂腹疍論車茶舒雀舌勻幽圃泉疊龍鱗走白沙話破
午鐘歸去晚野田繞樹市樓鴉

送楊亮采之浙江　張易源

京華把臂賦同遊浪跡天涯水上鷗宦海何人矯叱馭交
情得意是鳴騶坐深館冬爐烟爐話到衷腸劍氣浮屈指
西風催短棹一帆高掛武林秋

鮑照讀書臺　涂禮源

崇臺剩削似天成記室風流舊著名只此丹崖安木榻
將彩筆賦蕪城聲峯一卷雲烟老寂歷空山風雨聲凡
莫憐才竟盡至今遺跡倚崢嶸

遊明水山次韵

山老晴霞石咽泉纔登翠巘又臨淵井穿古木亭亭立澤
伏蒼龍得得眠鑑嶺雲堆螺髻滿懸崖瀑噴雪珠圓到來
便悟文禪地不信歸宗豎一拳

九日登多雲山

高峯畫捲白雲寒九日登臨秋已殘剔蘚攜芽靈運屐呼
風怕落杜陵冠匡盧立面雙峯出楚水連天一色看嶺上
龍潭尋未得聳身長嘯聽鳴鸞

鮑照讀書臺　胡洪驥

峭削芙蓉萬仞餘石臺高列過清虛雖無達士狂投拜肉

有騷人暫卜居色借嶺雲烘古畫光分海日射藏書當年
秀句今何在鳥語松風韵自如

舟泊道士洑登西塞山　朱本續

雲霞寄處作高遊掉臂西山最上頭絕壁籐蘿懸古寺一
江風雨聽龍湫志和釣罷烟波老漁父歌殘蘆荻秋流水
桃花依舊在飄然蓑笠復何求

明水山　庫世曆

積雨初晴濟霧收捨攜蠟屐上龍湫千章古木需
道懸泉盡夜流閣外天低山寂寂橋邊花落鳥啾

[illegible]王谷出際俱埋散客愁

[illegible]長風山寺　張淦

[illegible]勞倚長風澆酒濤聲接釣童嵐氣空濛山延[illegible]家不落岸西東泉流乳穴拖條白花吐疎喦蘸窺紅破衲頭從清淡甚蔬畦整理四時菘

五七言排律

經行山寺　鮑嘉元

寺邊抱寒泉泓澄古鏡懸積陰生薄霧白晝失青天開闢還元氣松杉卷宿烟萬山秋色裏一逕夕陽邊听坼尋溪

廣濟縣志　卷之二十　藝文　一百

入沙平梳石眼冷冷聽不極鐘磬轉悠然

奉贈劉燕及先生前題一百四韻

巘嶽千年降龍門一代傳在茲元未喪後死復誰先舉續徐王緒平探何李權驥馳真絕地鵬起故横天吞讀八千卷時陳三百篇删書存汗簡析義得寘筌有類刪山義諸書行世悅性精靈聚飛騰氣象宜偶於司馬合何必杜陵偏文焰爕雲藻詩成滴露鮮蛇驚駭宋翼虎躍識張顛字挾風霜古聲同金石堅子雲慙吐鳳伯起會鳴鱣爾看錦袍奪誰知楊葉穿六朝慙綺靡萬國想嬋娟繼兆娥眉妒[illegible]

鼻聲來洞水曲日生華山頭殺塚滄江花滑峯玉井蓮設言印似斗更説筆如椽客至開三徑民歸受一廛艱難遲獨犀極倦後俱全北火熙昆戟披星鼓舞絃威非闞虎刖康不在魚縣春蚕襍于邦秋高猛跨韃迫今多暇日長川太平年社稷皇仁漸陴隍廟貌遷丹青垂不朽俎豆肅惟度開放梅園浦嬌舒柳拂楊江山風浩浩河水流濺濺巫發橘邊好樓爭郭外妍岳陽遥並峙黄鶴劇聯翩新置四高樓節駐九峰錫帆開赤壁船悲衡洲宛轉吊屈水潺湲足處屏堪對孤亭不可攀扶疎挨磴策窈窕曳蘿纏羅漢寺巢

廣濟縣志　卷之二十　藝文　一百零一

鶴觀音菴集蟬榜寫天北距白石日西旋流水坪如拭大明山欲然移來浮渡石桐城有浮渡山舉以名石貯向隔溪泉跡就麻姑問臺將鮑照儔素心留古意青眼送遺編特式仁人里先封孝子阡冠君眷短氣皆匠可齊肩古大寬初斂新詩手自論先生著冠山人爲梓詩夜臺何寂寞人世總迍邅重抱劉郎歎敬伯頻爲楊子憐用極我家誇大阮好古比商彝已足待删草先伯父汝猶顧公集名餘紉佩琴雲龍期易作歲月病難痊徒羨趨隅輩曾稱入室賢定傷珠玉碎顔侯瑰瑤鏘片語增聲價微能罔棄捐周旋敷雨化宴集指星躔纖影風摇

帶清輝月澹鼉鼓音揚玉管陰韵押花箋淡泊陶徵士風
流李謫仙工于將進酒往往遂逃禪豈出子安後直當壺
運前秋風辭聘飛淋漓曲偏嫣立望張燈燭含情寄合𦁆
以茲輟晉乘誌未戊聊為寫潘怕集有三詩積漸還多事垂成
詎少燕咸宜惟左右大受或方圓不黍帝心簡於摧岳目
銓紫山漢綬繫赤管賈帷褰鄰水千村裏匡山若個懸波
濤變旦暮草木靜風烟淑氣屯雲堞春光汎稻田積凝治
府事辰撫協璣璿一洗前人陋謎聞多士埏張羅無燕雀
納錫盡柟梗江上符雙綰花間舄共聯黎仕宜黃調臨川道高安

避謗名大合投議萬里夫何憾孤臣忍自謫山川如有約
禽鳥亦多緣秀句朝朝得幽懷個個竣可憐瘴海上不見
霧飈腰憂國心無二籌邊慮每千公有秦鏡紀行并上書王欽帷蝰
傑人擬連城蠙秦嶺猶遷謫淮陽且名還南天高控楚朔
雪凜落燕郤望鍾山接言歸皖水溢秦淮浮日月京闕攬
坤乾高帝威靈赫士師天下平棐彝崇敬忘漲事省風懲
畫旭奮仍載寅恭矢不窺墨場紛婉戀逕陌競芊緜伊昔
說則今於今錫鷺進經綸襄篤叙明聽佑齊淵夫子方推
世、吾曹尚勉旃閔元兼番彦與泉并陶甄隨擬元亭太極

聯絲帳仙然而無有爾可以與知焉名借齒牙立淚從胸
臆窦卽非千里馬柱過九方歎搔首追陪處銷魂送別筵
長堤飄髮鬚曲沿悠洄沿怯解群公袂愁塵父老顰桐鄉
恩浩蕩蜀郡化駢闐朱邑文翁并先生鄉人樓閣橫清漢時起先生書院風
雲護綠錢高標峴嶺色雋把習池漣苑苑童謠發巍巍官
樣式羿知惟我在得失自孤研努力存吾道狂瀾障百川
大還應不惜從此謝兒鉛

登積岡　　舒芝生

碧落何王殿丹青上帝宮石高峰更峭溪瀉水飛空百折

千盤路芳藺碧草叢烟雲四野遍城郭一眸通絕壁倚房
外疏鐘天界中餘霞垂片片細雨滴濛濛頃刻明秋月須
臾下晚風身輕仙吏伴非復是衰翁

范對揚書舍

疎柳黃梅浦新秋趁晚凉支頤歆石磴徙倚動幽篁坐對
書千卷知音琴一張煮茶煩陸羽拜石傲元章染翰鳥皮
几揮蠅折脚床癸裘皆李杜瀟洒邁羲皇散步四高閣尋
僧五印堂百年空夢寐千載吟滄浪自負逃名客還當隱
几狂入山隨去住玩世任㑂盌白眼看流輩青霄出鳳凰

神清形得養仙骨氣眞王

五言絶句

張上卿太學至蘄陽爲别　吳亮嗣

岸草穿沙出東風一葉舟不憐江上酒多爲故人留

又

黄鳥對花鳴吾將萬里行江波不是淚多似故人情

冬夜石港山房　劉養微

飄蕭滿空階谷響松風緊參差竹影深婆娑美窗月

又

廣濟縣志　卷之二十　藝文　一百十三

廻飈亂叢篁窻月斜忽露人影集枯枝暫見梧桐樹

題觀音庵　吳亮思

曲折開層巘茅菴路可通庵門無雜樹倚岸立疎桐

又

東林有遠公縹緲今何處留得高賢名亦復生烟霧

又

百年彈指過一壑老僧寬咫尺來相訪吾今不買山

望東衢殘雪　劉蔚巖

僻望東山頂寒光射日來懸知前夜雪留傍讀書臺

山寺雜詩　張仁熙

春光不自持濟艷無所屬昨日與花黄今朝隨艸綠

又

暖氣散郊時結伴踏原隰麥短菜花黄遊人不戴笠

又

滌硯倚山泉有時嫌逼側移隱松竹邊納此秋冬色

八分書　南海陳元孝大書光風霽月字遺我書堂　金德嘉

苍蘊石經後鐘鍾韓蔡初草堂欻光恠遠致自扶胥

先人墨蹟　前甲戌先大夫守陜西興安會蜀寇走漢南所至郡縣望風破而興安一城圍數月

廣濟縣志　卷之二十　藝文　一百十四

不下用奇計破賊有遺游擊唐通書稿猶存不孝承乏史官雅州湯潛菴新城王阮亭兩先生書跋後湘潭王山長無錫倪闇公郃陽王黄湄慈谿姜西溟諸君子題之裒潢成卷

百戰危城日十行血淚痕于今傳館閣神氣宛生存

澗松　舒峻極

根蟠古石臺下瞰千尺壑風起瀉春潮蕩漾星河落

崖上

右跗綰虛崖左肩摩峭壁廻身倚雲行下視遥天碧

石舫

洞口石帆懸樹樹濤聲在我亦浩蕩人中流弄雲海

七言絕

從盧凱歌　　宋 梅應春

重璧山前瑞色開浮環夜渡捷騎來一旗金鼓轅門曉喻
得滿城生意回
休訝朝家奏報遲平生忠孝鬼神知但留一片赤心在令
有天回地轉時

辭薦舉　　宋 梅國淳

野人不慣服冠裳散髮披襟興味長他日麒麟應有稱願
留蘇武牧羝羊

過陸孟思舊館讀其壁間詩悵然有作

劉養微

素壁題詩字宛然碧雲紅蓼漢江天祇今落莫還無定回
首東風又數年
沙頭雁落楚雲秋客裏孤吟字字愁正憶此時魂欲斷颯
零我亦在黃州

桃花嶺

今年二月桃花放大雪漫天一尺深此時對雪酬焦句定
向桃花嶺上吟

桃花洞

千歲桃源路已迷彩雲花裏喚天雞而今世上無人隱散
作春鶯樹杪啼

探元洞

洞口寒雲出閣流萬山明月轉悠悠爾來灑埽臺前石怕
有仙人到上頭

奢摩他禪室

竹封花雨隔人煙莫是壺中小洞天聞取蒲團相對坐老
僧終日靜無言

送四弟國璋　　吳亮嗣

故鄉三月望君歸桐樹花開蕙正肥風起潮生船似箭遙
陵客子淚沾衣

題胡奉常恩綸策畧

詔起當年參史官更裁優詔下瑯玕元都觀裏重來日多
少幽人拭淚看
玉堂何事賦詩名驄馬趨行樂浪城元濟未擒裴相出中
原從此待澄清

登北望樓

□泉飛噴如懸玉女離新翠卻沾衣潭底老龍卧不□
夜和雲和雨飛

四高樓懷劉清水使君

碕接滄浪柳水清使君攜酒月中行風流不共浮雲盡兩
兩山童説姓名

羅山寺　　吳亮思

寺倚青山寄樹連小橋流水尚依然松風夜半同清夢又
聽鐘聲到枕邊

問劉千里京歸

欲上韓公宰相書黑貂裘敝鬢毛餘歸來好作烟雲侶共
向清江學釣魚

贈冠巨源先生子羽字伯　　饒嘉元

十年分袂眼中青無那生涯水上萍歲莫風烟君莫問白
雲依舊繞元亭

留别臺省諸先生　　吳敏功

緹縈伏闕亦陳情精衛猶思塞巨瀛愧我不能同羽翼五
雲深處徹宵鳴

雪中送王子雲北上

兩岸寒山帶雪明故人舟向北中行龍泉飛去消戎馬惠
政西疇帶月耕

竹枝詞　　吳兆崙

誰家女兒搖輕船夜向蘆花深處眠淚落不知多少憾去
年愁殺到今年

一灣谿水一灣沙鬢邊斜插是黃花江南日暮山頭望不
見郎歸且采茶

去時曾説柳將歸绦柳今看已漸稀西風落葉孤村裏江
北江南一雁飛

大藏寺晚霽　　劉養吉

長堤弱柳紫烟含雨後晴光映蔚藍片片野雲飛欲盡青
山依舊在江南

中秋先二日聞量移儀封報　　楊復

聞傳一紙説遷官似比青氈職更寒此後漫誇陶謝手爲
人何作等閑看

名入官聯是有司豈知奪我鳳凰池平生只爲輕阿堵若
個飄零更恨誰

府鄰衛月愛秋清吟咏還他舊性情莫謂此行勞吏牘新

猶有子瞻名
一身狼狽欲奚從河洛中嵩風所宗聖訓不妨爲委吏陰
幽況又是儀封

過母舅胡監軍故居　　劉醇驥

人亡怨向西州路若雪荒風閣樹齊努面胡兒驕不舞戍
功老馬暮還嘶

讀書湖上望破額山

東望春光見此山雨聲雲氣日千還幾時借得愚公力移
向南屏一紙間

社雨幼凝翁齋中

二月社雨春到齊主人除榻蜥堂西黃鸝百舌同煙雨鷄
入寒風遠樹低

晚日洞中

爲眠竹洞貽殘日不覺山依瀧晚霞小鳥毋嚶呼客夢空
幽剩林落寒花

高岡舖爲周元生

一幅蒼山懸戶外半天青柳押蒼前白雲鎖斷來時路欲
訪先生草太元

若易鎔公余友晦山顯公嗣任持西祗暫節謝去結
茅雙峯絕嶮單丁十年今上巳余至子呂陟巔驗
顏而訪之拾薪煮茗翼日送呂歸謂呂曰尊公饒
福德余不暇矣呂賅之時公兆甚歸竟逝去

張仁熙

每逢風雨憶深山山上寒雲獨掩關偶向花間傳客訊只
今天半罷躋攀
隱山一鉢但松花來許溪流更作家虎跡猿啼都不管晚
風長送夕陽斜

宋牧仲使君書來兼示近稿因事成詞率爲六絕

一別春風十八年人生禁得幾桑田君頭漸白余先老兩
地相思月到天
敢道賓鴻與杳然蓽門秋雨對愁眠何來萬里三宵夢細
展晴牕別後箋
只可新詩當故人彩毫飛動煩毛真吳綾數尺清如水影
落蓬窗共苦辛
風雨東齋酒半醒疏皋亭側草青青殷勤爲憶江波綠白
布單衣寄管寧

黃衛常說顧黃公示首新詩句句工罪日過余花下

大喃雲堆東風來（軋余與阮亭倡揄者曾江漢間先生叅耳先札二日黃公果過余）

魏槳鈴聲有誰[illegible]石破天驚老畫師卻怪浣花饒警癖猶

云囊于婦弱兒[illegible]漁洋公言

夜坐眠雲亭　楊勲

十月來花禽虾開著松翠竹傍平臺樵人牽外穿雲出若

衲樵邊帶月來

武湖竹枝詞　[illegible]晉

碧天雲淨快風生一抹湖光鏡面平小艇歸來看撥刺家

家兒女笑相迎

是宵氣暖斷寒霜同[illegible]喚阿郎正好清和偏稱臥只

傑風雨共衣裳

千里金湖不浪稱鮮鱗如雪串青藤夜深網就魚宵冷試

問漁郎歸未曾

逐豬黑影鴨成排細網輕舠百丈開風雪未知郎采勝漫

天陣陣响如雷

洞庭日落水曾波荷葉蘆花夜景多風急小舟猶跳白不

知何意唱漁歌

茜紅裙子襯青衣夾槳船開水面飛插戴山花映雙頰剃

林廟裏賽神歸

漫天夏潦嵖蓮香出水菖蒲一尺長鬪龍龍舟扶醉散泊

船柳下趁新涼

流六湖邊白雁秋荷花荷葉蕩人愁記儂會泛浮槎入醉

拂香風問女牛

走馬埠西撥雨蓬東湖塘水水平胸小舟醉唱漁家傲得

見升平說稼儂

漁舟　阮旻

奇跡江湖浪裏仙輕舟擊破水中天得魚沽酒蘆花岸呵

手拈來筆濕然

江心閣得詩僧　金德嘉

詩僧高款倚南憩五老巉巉隔一江粥飯生徒都散盡夜

來孤影傍明窗

雷同棒喝互吹噓儍孟菽林貉一邱早入詞場兢韻海貝

休齊已也風流

孤笠逍遙鎮日閒看雲飛去鳥飛還悠悠有意溪邊樹爪

那應沉江上山

亍衛新詩說故鄉浮山亦在水中央蕭晨掛出龍眠畫並
桃新添一穗香
比鄰精舍領青龍能到江船夜半鐘一事最宜大癡手白
沙洲外水前峯
春江灣灣月遲遲摘過黃庭洗墨時却惟狂僧書柿葉佛
堂清畫走蛟螭

寄寄巖僧

不到山城十五年蒹葭霜白又秋天老僧知我仍亡恙鑿
苦竿垂一釣船

㫖游陳迹老來吟無數招提蔓草深勝得吳囊殘稾在巳
公茅屋可追尋
破衲𡽪崎敢絜溫鎮年柳棵杜柴門故人為入高情得
偏江南黃葉村
龐眉皺面影蕭蕭荳葉充蓮粥一顆㯶木可能尋舍利沈
泉時復號參寥
小慧琴聰與寄孫浮沉世路取權娛老覓子子焦枯棵罔
伴空山面壁圖

釣童山

千肝礫下水潺潺斷口扁舟四月還黃葉萬峰霜落後封
既又上釣童山

香爐灣

拒蜀屯兵駐楚山長風猶布穩江關孫郎版籍歸曹後衰
草斜陽滿蕭灣

焚蛤城贈僧　舒峻極

荒原草木舊粧樓千載何人說故侯只有井泉僧自汲煮
茶洗鉢夜如秋
偏舟湖上訪雲阿留我茶瓜坐薜蘿歸去殘前池畔路望

中秋草夕陽多

貌成小棺顏其楣曰寧吾室笑成四絕

一棺新就可周身不似緇它使土親錯取松脂三百兩他
時定化老龍鱗
野草離離白晝寒苔碑剝落幾人看北邙儘有神仙冢地
下何曾羨玉棺
過眼琢邱阜樹平野狐落日弄縱橫笑他當日桓司馬石
槨三年琢未成
存吾頤事殘吾室始信馳驅喪此形七尺那遮衰醜相汝

音取法在西鄰

杜鵑　　胡卓然

歲歲飛鳴春暮飛野農蓑笠自耕烟他時啼到黄梅雨血

濺花叢似絳箋

靈泉古洞　　梅采旭

嶙峋怪石嵌靈泉洞口飛花開欲然漫向武陵尋勝境此

間亦自有壺天

秋日遊石松值雨

鐵幹千尋莫記年蟠根怪石老山巔秋來風雨濤聲起化

作虬龍破碧天

江漲行　　張亭然

新水茫茫浸釣磯更兼惡雨打荆扉鷺鷥忽失經行地鄉

得魚兒滿處飛

六言

農歌十首

片片停雲似蓋山邊綠樹如幾南阡稺子襏襫東皐老婦

[illegible]婆

[illegible]睡後醒濁酒有聲無字村歌但勞靈雨時節不問信人

更過

世上俗情無準天邊好鳥知時年年管人饑飽處處喚醒

鋤犁

松外差差山色溪頭濺濺水聲不學柴桑醉叟二任種林

種秫

嘉禾秀而文弱驕莠未熟已欺非種真堪鋤去一以軍法

行之

本省長江棚費亦無曲水船嬉俗江上五月十八坐棚送瘟鄉間更五小河亦泛龍

船陷盡祈苗社肉齊唱石榴葉兒

夜聽蚊雷喋血朝忘雞羽徵兵粗滑分龍雨俗有神道

雲行分龍日有雨其方不旱又云如神故行不雨

天上幾宵白露人間一片黃雲寸薅指作田祖八日羅拜

東君

秋日猶揮夏汗西風不換春裝忽迭晚霞歸臥月明枕簟

微涼

不管捕蛇依虎何知剜肉醫創東村婦冒老者西家兒要

傷糖

呈十水方伯　　金德嘉

古木洞邊草閣百花橋上仙翁倏然莊惠未意卓爾
代風胥雨巡籬採菊穿雲出郭鈕菸炎官斷絕 苔扎野
過存歲功稱想麗胥四皓偶談折臂三公短鐙 栗依丹蹔
老兎盆共碧笛口笑張蒼乳臭胥憐李泌爐烘 黄粱夜熟
盧甑赤壁朝游在泳隱且逃名物外人猶索歉 增東貪交
契濶相望搔首詩成一通

詩餘

金縷歌六疊　宋 梅應春

楚幕占烏喜望西來驍起星流凱聲盈耳神臂山頭金城
峙誰遣熊羆健士半夜向空中飛墜江表功臣風雲起肯

孫郎歷想龍堆木唐歸令漢仁義 岷峨萬古浮天翠管
從今挽取銀河洗清玉壘露布朝馳蒼龍闕三殿驢呼動
地看中使傳來爽仙虎拜稱觴聖天子對九重春色仙桃
醉丹展近紫垣邃

其二前歌未足盡魚臺之功業再賦二闋

獨倚東西帥記年時雨狂飆我共撐天地指望 浸雲山九
頂障任錦江狂沸誰料得元覬塵起當午陽光 夙陰
一時血染三渡水終古恨壯夫淚 嘉城廢之日 盧城廢之日

功名自是英雄事有魚臺貫日精忠指天爲誓白馬銅盤
傳三矢備八男兒死耳羹底用偷生餘子咫尺神明能知
此看靈旗所向皆如意恢宛洛是吾志 魚臺曾集關城文武士民刑白馬告天折三箭爲誓并紀貢云云
蜀道難如許問蒼天西極將頌有誰撐任千載孤忠睢陽
老慷慨平生自負要虎穴擒將元虎意氣軒軒吞秦隴看
強兵猛將如風雨臨指授見攻取 金泉談笑搴旗鼓任
東征西討收功凱書無數玉關雲深重壁外鐵鎖橫遮江
路元不抵周郎一炬更有瀘瀘諸葛表倩秋風吹上丹墀

去清玉壘報仁主

戀戀沾 并序　胡楚琪

辛丑夏有異鳥蟻喙長尾背腹深翠褐翅而白翎巢庭
竹間那翼二子雌雄相呼有如戀戀沾嘆此枝頭良友
有同心相契之意援筆作鷓鴣天一調

有鳥何來庭竹棲薰風時拂任高低覓生那翼雙飛去狂
有留情向我啼 啼戀戀語淒淒同心相應若相攜生平
索飲沾無極好鳥懷音索我題

楚江漁父詞　金德嘉

青林湖畔野人家不種桃花種藕花風徐到日初斜坐石
灘頭餐綺霞

荳花垂綸烟雨間笋牀研匣水潺潺左叔靜右叔閒寒溪
春老碧桃灣

烹鮮酌酒也開顔覽郄魚曾放白鷳臥城洞釣童山朝
扁舟薄暮還

十里湖山爛熳花輕舟一葉載琵琶清[illegible][illegible]殷雨茶瀟灑
風流屬釣家

補遺

誡弟篇　張萬里

少年貴讀書窮達皆善福有餘少年貴學祿豊厚不落他
人下奈何今日少年人不士不農蕩其身父兄勞勞費心
為子弟忽忽甘因循豈知樹上花委地不如蓬與蔴可憐
樓中梯枯孀謹論高與低爾父爾兄歸黃土爾終獨自立
門戶爾亦不能辨東西爾亦不能學商賈舊皆諸青衣散
去知何所薄吏忽升堂催租聲最怒相傳新使君憐才頗
重文爾曾不識字張口無所云賣田田不售哭上山頭墳
嗚呼昔日少年今如此地下貴人悶不悶

春日晴　楊承綜

五老峰巔底齊日鼓鴻鈎角嶺梅爭放沙堤柳漸新山天
添壽諸晴鳥與詩人祝國祈豊歲年年此山春

和張撫郊行二首　徐天球

薰風習習振園林賢尉郊行趣瀟灑高下田疇平布色錦
斜楊柳倒垂陰忘機野鷺迴翔鵓戲藻遊魚宕樣探景物
盈眸覽寄與覽君佳咏有同心

其二

梅雨陰濃大澤流熙熙婦女衆郊疇雲堆樹杪奇峯出風

掠田塍翠浪浮草舍竹籬翻石燕斷橋古岸叫晴鳩民生
每事關仁念問歲行當繪有秋

雪堂　朱本績

天妬才人滯此方每從人巧繪天章豈傳雪羽當堦散走
引江聲入座寮色印彩毫毫欲潤光搖竹葉暗含香春山
儘有留行意喜是東坡月影翔

棲霞樓

危樓次第聳城頭獨坐棲霞四望收雲影倒粧千樹碧江
煙嵐送一窓秋塞山不度南來雁笑浦偏留北上舟

故人何處是低徊我亦在黃州坡公詩故人在河滸與予上樓飲

戊辰茂梅邑署中閱卷題別楊父搴遜亭年先生 張壯國

采閣留賓日南州下榻時荷風初入幕蕉雨欲催詩潜舞
潜瀨淵雲移斑駁螭白湖相望處搔首切清塵

滄浪書院落成 魏洪實

畫棟雕甍結構奇珊瑚樹樹曉雲披靈山積翠浮書幌梅
雨清流入硯池橋鎖滄浪誰濯足津通河漢得窺涯公門
桃李從今盛濟苑芬芳吐玉枝

廣濟縣志卷之二十終

廣濟縣志卷之二十一

知廣濟縣事金壇虞學灝重修

教諭孝感甄佐龍
訓導鄖縣陳景行 仝校

藝文志

下卷

賢士名儒所過地傳爲美談至留題贈遺尤爲山川入
物增其光采宜寶藏之以志不忘

文

送左春坊張公伯原南歸詩序 楊士奇 廬陵

聖天子嗣大寶之初覃恩中外布維新之治無有遠邇咸
蒙福澤乃延登二三大臣在師保之位簡擢賢俊列諸文
武之重任而舊之宮臣亦皆叙進頌歌洋洋於道路矣於
是左春坊張公伯原春秋雖未臻七十而鬢髮皓若玉雪
上憫之不欲煩以職務寵之璽書加以白金文幣之賜俾
致仕歸伯原世家廣濟洪武中舉鄉貢爲順昌教官繼擢
靖江王府教授遂陞左春坊司諫十餘載轉太子少傅上
在春宮並命侍皇孫講書又嘗親揮寶翰諭宮臣曰張根

誠實可用然老矣宜優逸之豈非知伯原爲深所以優遊
之非一日而伯原之所以承上之眷顧者亦固有自矣臨
行朝之卿大夫皆賦詩歌贈命予爲之序且士君子之壯
也孰不欲推其知能效用於當世庶幾上以裨於國家下
以裨於生民及其衰也亦孰不欲休其勞勩逸其餘年此
人之同情然有不能皆得者矣今伯原歸日與鄉人朋輩
逍遥雲林泉石之間尊俎酬酢而咏歌天子太平之德何其
樂也　又以其餘暇引其子孫及鄉里之秀俊劘切乎詩
書之習涵詠乎仁義之道月積歲累將使人皆善士里皆

善俗則伯原雖退不爲無所爲於聖明之時矣予與伯
原同僚最久是行也有以欣羨之而又有所以屬望之也
遂以書於簡首

薦桂陽州學正胡繼矩疏　　王世貞　太倉

臣伏睹桂陽州學正胡繼矩者家本蘄湖學宗濂雒蚤年
服古不讀非聖之書晚歲明經唯守先王之法迨其司訓
壽感堂砥礪互維新旋且量移合肥譽劭鈴競秀晉訓
蕅而教諭由遂安以桂陽作士氣如雲霞斑麈紫鳳縣儒
宗之月旦白琥赤璋首蓄盤空一洗青氈之宿習後者案

淸能谹絳帳之春風漢丞相之中庸必復其始胡先生之
弟子不問而知豈哉仕路梯航允矣儒林模楷者也已擅
師嚴屏壯芹池之色允宜館擢聿生蓬嶠之輝伏乞授以
待詔金門俾其供事瑣闥庶幾黼黻皇猷點綴西掖盛事
筵簧雅化依稀東觀當年臣可勝屏營待命之至

寇山人傳　　朱孟震　郁水

山人少聾父祖業萬金家故嚙梁刺肥乃盡散與其兄弟
親交而妻孥至不時給於饘粥山人讀書攻文辭甫齠齔
即爲高等博士弟子一不適意輒徵蹤棄去而以布衣遊

京師薦門遂戶淡如也王公貴人墨卿賦客彰相錯於途
爭願結山人惟山人不屑也入盤谷山山寺窮極陰邃卧
起白猿洞五年而神益清詩益進已爲親交所迫復入市
造酒家裘馬翩翩致足樂也又策蹇裹餱千里而問余汾
上蓋山人之跡時豐時嗇若貴若賤似狂似愚非隱非顯
可升可沉而其要歸於輕世肆志庶幾魯仲連先生之爲
人山人父龍江先生故輕財好士尤喜爲詩其母夏淑人讀
書有明鑒以嚴飭其子山人所遊文酒交最衆又其暱者
皆當世君子語曰不知其子知其父不知其母知其子不知其

人知其友余於山人亦云山人名學海巨源其字所最著號曰山人

壽胡教菴先生詩序

胡侯來爲邑之二年以歲癸巳八月移長洲去長洲人頌之如吾下邑侯始東下盎奉其二親以來逮今年春暮侯嘗以考績象恩而太公夫人皆康強難老尤可喜也于是邑之人士咸文辭是從合其詩若干首屬余序焉吾聞太公少爲儒嘗有意當世之用不幸淪落以老而樂有賢子以詩書之業潤飾吏治太公之志之所求行將盡見之行事矣夫吳財賦之區亦俊乂之藪也賦重則不無積逋士

多則不無負俗長洲之賦不知視嘉定何如要之爲邑者卒十五而催科而以其間聽無情之詞況又加以過客之求稱日不暇給豈若東土之政尚得專力於其所急哉而侯以數月之間從容治辦間譽益章語有之前事之不忘後事之師也吾意退食燕間太公必熟計兩邑之異同而折衷之固非儒生之所及知矣竊嘗論君子之異於流俗者厚自待而望於人者輕不求同而取於人者博龐雜者不憂其難合而輕媚者不患其易投此子產所以不毀鄉校而子皮之驅車陽橋者也夫然士雖有負俗之累吾有以待之矣庸何傷故曰鄉曲之情非所論於涖官愛惜之常非所論於取士二三子之賦詩也雖有祝詞豈能有加於南山之壽松栢之茂哉則請言其所以致此者詩不云乎民之質矣日用飲食羣黎百姓徧爲爾德夫上能以德化其民下能以飲食宴樂安其生而歸德於上此世俗以爲迂而君子之汲汲皇皇不忍忘夫斯民者也詩又有之貽厥孫謀以燕翼子斯以知謀不孫不足貽子不翼亦不能燕也以是頌太公夫人之所以教不可乎孝子不匱永錫爾類豈弟君子民之父母斯以知孝子之行施於人無

窮而干祿豈弟則民皆有父之尊母之親以是頌侯之所以孝不可乎若曰命服之榮而已蓋士大夫之遭時獲寵者爲不少矣

送胡明府調繁長洲序　　唐時升 嘉定

今天下士釋褐爲百里師帥者在東南財賦之區斯亦難矣嘉定地不百里而歲輸幾二十萬金其土瘠而寡入其俗輕心而善訟故期會簿書桁楊之事倍於旁縣令茲土者唯恐其才不足以服其下之心而其望不足以副其上之意侯之蒞任三年於茲下之人悅且懾焉上之人耳且

日爲如良醫之治病既得其陰陽虛實之情已取効於易
渡砭石之用乃不少須臾焉使膏肓痼疾復爲平人則又
以恩澤淪浹於下聲望洋溢於上致爲有力者奪之以去
是昔之患患在人不知而今之患患在人知之而爭欲得
之使侯不得盡究其經綸之畧而吾民不得久怙其覆幬
之恩也於是四境之內士去其翰墨之事民輟其耒耜之
勤相與欷歔太息奔走數月求所以止侯之行者不能得
則相與慰且訕焉有通人曉之曰天有福德之星所至其
下業福然常歷二十八舍之間或此或彼或隱或見莫得

而強至若山川出雲時雨將降朝而霑灑於東夕而濡沛
於西亦造物者之常也且嘉定之民知輪將之告匱案牘
之絲與而不知長洲當南北賓客之走集其送迎之勞屝
饔牢醴之雜出蓋亦喁喁焉思所以休養之者譬之形癯
於外神耗於內以氣補之以味攻之則嘉定是也勞役不
時寢興失節調其榮衛適其起居使不至於憊者則長洲
之民能無望焉今欲令歲塡之星不移躔度而雲漢昭回
之後獨雨我私不已惑乎則欲止侯之行者人情也不得
而然者非也時升落落無似荷侯之禮遇甚殷而次于敝

嘉爲童子試取其文置第一有特達之知則父子之間欷
歔太息求止侯之行者宜莫先焉今賦詩以見志而怨而
不怒蓋以禮自遣云爾

贈胡明府改任長洲序　婁堅 嘉定

齊安胡公來爲邑之二年訟清事簡桀黠稍戢孱懦獲安
方將窮簿書之紛糅剔租賦之姦蠹孰爲病民而惠願期
掃而更之貽邑人永利而當路者嘉其治辦謂宜急推以
勸移咨吏部改令長洲於是邑之大夫士庶咸惜公未究
厥施即欲臥轍留之而不可得也相與倦爲文詞稱道盛

美以贈其行且以致夫眷戀不忍舍之情而諸生若而人
尤以受公特達之知不當苟同於衆人已也而以齒見屬
爲序則請言士人之職業以質於公退而與二三子共勗
焉以終其惠教之意庶幾乎在諸生亦言諸生而已竊惟
朝之所以求士而士之用於世者爲其立身行已具有本
末又以熟觀古今之故通變適宜時舉而措之可以利安
元元爲我國家樹不拔之基也羅之以庠序董之以師儒
將長養之使有成焉欲知其才品之高下也則試之以文
章生於其心而筆之於書於以知其素所蓄積而需將來

之用或十得一二焉若今日之所以養士而取士者何如也士所以待其身不過苟慕富貴之鄙夫而已上所以求於士不過幸徼科目之時文而已且爵命於朝而責之以事任欲忘其身圖而專意公家之事豈可得哉吳之士號爲好帬而負氣而實不然也其偶綴於文法直一二輕躁少不更事之人若論其大凡往往狃於尋常而不自樹立騖於進取而不知本原欲求堅忍耿介不隨世汩沒者殆果數百人而未有遇也昔者君之戒其臣曰無效某人之飲酒遊山也而吳之俗至以此自嘉夫飲酒遊山固未

足以累賢達豈不猶賢於悠雅足欲而無所忌憚者哉不知由君子觀之是二人者之無用於世正相等也而一且爲衆所訾垢一且爲世所艷慕是孰當垂戒也哉昔有侍歐陽文忠怪其多言塵俗間事而不及於文史公曰吾嘗謫官夷陵遠地無書可讀得故牘一篋反覆觀之悉究其所以出此識日益進古之君子好用其心蓋若此而近仕者喻簿書爲俗乃耗其精於聲悅學者務剽切爲文至辱其身於躁競亦何陋且左也吾觀聖王之世雖其頑且讒不出於忠直猶以侯明撻記而又識之書要於欲其並生焉而今也上方謂士鶩故摧抑之士又謂上戾養心非之表率之不先習尚之愈下尚何知學之本原恥自夸於尋常而卓然能有所樹哉堅者懷此久矣將使公政成徐及於稽古禮文之事然後一舉其愚以諗於同志而孰意公之不終惠斯人也雖然長洲吳縣邑也四方取則焉下邑之人拭目以俟譬之赤子方去慈母之懷慈母豈遽忘之哉所以衣食其飢寒而風厲其行誼詩人之歌孔邇豈有間於去留哉若吾諸生進而右人爲師退而內顧其安勉勉焉求所以不負公之知者乃所以報也

嘉定通學諸生上撫按保留胡明府公呈

呈爲疲民羸瘵懇留廉能有司以終惠愛事竊惟旌別者上之大柄所以察吏而振起惰窳之風怙恃者下之至情所以籲天而愿借慈仁之牧本縣東濒大海西咽澄江地瘠故不宜禾未免仰隣封而足食木綿尤不耐雨偶一經霪潦而就荒加以俗媮而訟日譎紛紛求勝於譸張況自區分而賦日逋往往交通爲蠹勝向因松江塹爲平陸故每歲之河工藉猶通咽開壩近以官布入於考成則昔賢之關津轉爲擢髓抽筋以物力土產而論於全吳之邑耳

嘉定爲最僻最敝以調停敲處而責於宦吳之人則嘉定
爲最劇最煩胡知縣自三十九年二月到任迄今二年先
除豪悍不羈之輩免繼勢刁黠無情之宿蠹值歲收之際
復撫字多方處賦額之加徵催科不擾勵操則四知是畏
中懷獨潔之冰心訊獄則兩造無冤庭有久虛之脈石十
萬家倚爲慈母六百里欽若神君縣開調繁不勝却顧在
長吏則絕其有猶之成勞如綠方積而斷繭在小民則奪
其調飢之待哺如炊欲熟而絕薪雖地方重臣意在磨礪
不暇顧於一隅而梓桑私計念切祈哀能無藉於上訴亦

知已奉僉肯誠難自異於循矛猶望再煩部咨未必遽乖
於竿瑟矧在長洲以瓜期得代繼租者自當別有循良而
在嘉定以棠蔭方隆怙恩者詎忍失其覆芘若長洲以得
賢爲幸則嘉定以失怙爲悲幸屬帡幪誼均惻惻且下邑
頃年之故事有調繁瀕發而復留如祁門李知縣改調嘉
定徑逆舟車既宿留於彼土蒞官月日且刻期於此邦而
竟惘攀轅再馳奏剡是知一時回天之力全在台臺而三
年河潤之施更自今日有此激切逆名具呈

贈胡侯入覲序

胡侯爲長洲三年將以上計朝於京師於是嘉定之諸生
相與荷其甄陶沐擾者咸謂侯既去而不忘吾儕勤施無
倦今茲行矣將躡其後而送之江滸予受知最深其可無
一言以贈予益聞侯之政長洲也有謂奪其已信之民而
擬其漸深之澤仁人君子誠亦有不樂焉是固然矣顧吾
海濱之俗其君子務自簡而莫肯相爲以誠其小人務自
潤而莫知相恤以[illegible]以[illegible]見德易久成難豈君試之通邑
大都郎不[illegible]久必大洽俄而聞長洲之政則已日稂莠
除而嘉禾可植也未幾則又日脂膏遠而中飽可絕也其

最後則日隄防完而疑駭者且胥爲頌也以長洲劇縣而
侯之治辦若此非獨仁足以惠養才足以剸割而已亦曰
廉靜無擾能自克於己必有孚於人故舉而措之不難耳
然而歲中侯必有書來殷勤諮訪顧予拙不適時懸無以
應則常爲毛舉細瑣以自託於不敢自外蓋在布衣之交
有不必盡者而侯終不謂其迂且愚也每感愧而策勵之
何那其所欲加惠之心無窮宜其不以芻蕘而有遺耳昔
者孔子之門天下賢俊之所聚也其或果或達或藝皆從
政之才夫子無亟稱之至問其仁而皆曰不知所稱三月

不遺者獨顏氏子而已耳由是知不仁之不可恆與不恆之不可爲仁一也今侯之仁施於二邑矣進而立於朝所得伸其志者非銓曹郎言官耳夫是二者其責㝡重則其於仁尤大且難賢不肖之分途而是非得失之相左日接於吾也見賢焉而用之其不賢則去之見可也而持之其不可則排之此孰不謂然者而未必其果有合也必也乎忩而察之公聽而參之無所於事無牽於情無動於氣無奪於私昏始乎一人而可以對於天下行乎一時而可以信於異日夫是謂之不遺仁不然乖於獨則偏見耳殉於

同則阿黨耳非誤於不能知即失於不自克也欲無遺仁不亦鮮乎是故君子必學古以精其鑒必虛中以持其衡必厚自待以樹其基必慎所與以防其蔽力此四者故全也嗚呼世之苟以麗顯爲榮者其中之媿負多矣有以斯言進且謂病狂耳然則非胡侯其何以發予之狂言哉既以告於諸子退而書之以爲贈

胡明府長安詩草序

昔皆論詩以爲得其在語言文字之外者而追琢加焉耳直者規規焉以爲求合於古其形彌近去之彌遠矣斯直也誠與時異趣未必其有合也頃侍明府胡公聞其議論不自意海濱款啟而所見頗與通人合其幸不見笑於大方矣及讀長安諸稿尤渙然異之夫古之君子有晚獲一第而覊旅曠蕩之感若不能自持至今爲有識者所竊笑豈所謂歡娛之詞難工與抑垂老氣衰卒然而吐其中之所欲言固不覺其陋與如公年甫壯盛所自期甚遠其於一時之得失蓋已輕矣感時撫事而自托於登高能賦非明發之懷則愁難之情也非寓言於靜好則起興於嚶鳴也至其他流連光景之詞皆可想見胸次之超然非

苟而已也且吾聞士大夫白首都門每苦困於塵鞅况於佐郡之日釋褐之初曾幾何時乃能以翰墨之清麗寫性情之幽邃有若斯乎宋玉有言口多微詞學於師也今世詞賦之學絕無師承獨敏者能之意者亦受之天與蓋始吾得公於政事信其爲豈弟君子庶幾政成人和桀驁者無不逞於鬪訟詐譌者無他饒於脂膏鳴琴而治之於是焉興學校育人材使之悉衿佩之悠悠頌楊舟之泛泛豈不盛哉乃今也又得之於詩夫誦詩可以達於政得意可以忘於言故不詭當世之用者佔俚徒勤無當於詞也不免

作者之指者屬詞徒工無當於詩也其雖不[illegible]者
而借於公篇亦所謂頌而無諂者歟

寄劉仁常明府

[illegible]者得書無復膓盡翹企之深與感佩之至真與日俱積
雖已附一緘爲報竊有欲效於左右而未暇悉也自昔仁
人君子志存乎當世必不榮通醜窮審矣然則何以言得
志不得志也蓋存乎用之則天下蒙其利不用則斯人受
其病云耳吾一身之否泰何論焉亦會有以齊安羈客爲
明公言之者乎雪堂居士其才其識其所論列與見之爲

郡者至今令人慨慕而當時人主又深知之一爲異已者
所嫉至於不得流眄豈非人情所難堪乎然獨能夸然處
之誠胸中度世與孔子所稱得之不以其道而不去者合
也今明公之進用雖少淹乎將未幾而郎署內之卿寺外
之藩臬郡牧其得吾志不遠矣所恨獨一不得在言路發舒
感憤爲世鍼砭然今之朝士頗聞有植黨之嫌識時務者
亦不願爲此何則同則日甚一日異則必不相安於進退
兩無當也不審高明以爲然乎否耶發劣不勝祇犢於合
[illegible]二十許藏書之室未免稱貸而佐費茲幸[illegible]豈

然方碌碌質逋即欲賦詩奉寄亦未遑及至於札示一卷
圖之洗生云曾囑友人製卷然迄今未見擲來俟其一到
當於來歲清和圖之也李長蘅行呵凍附布區區並以禱
候嚴寒伏惟倍萬珍攝不宣

吳給事傳　董其昌華亭

神祖時吏部臺省有缺以考選請者多不見省每數年間
一行之其難如此乃侍御魏雲中朝拜官夕上疏抨擊徐
公兆魁徐曾攻漕撫李司徒魏侍御代爲報蓋李客也而
太宰東萊趙公不直魏魏又數攻朝之賢者無虛日太宰

愈益薄之將補外以選郎周君從中力沮乃止乃有漏泄
其語者於是魏復攻選郎而予起家諸參亦爲選郎罪案
則以選予門下士也魏既恃其黨盛且悍驚自雄未有敢
與爲異者獨黃門吳公起而駁之有曰御史官幾何時而
史繼偕黃克纘董其昌張濤周應秋等一筆行勾人材可
惜魏與公反覆爭辨於是出之爲僉事而吳公之直聲大
著嗟呼余與公無生平公爲郎墊陳人持正論雖孔北海
之訟盛孝章杜子美之理鄭虔何以過也比予再入北扉
公亦班奉常猜秩而復與魏之黨合公不免矣予未嘗[illegible]

知府一而公已千古問訃悲悼憾百身之莫贖也藏其長公敏功等以不朽事請其何忍辭公諱亮嗣字明仲號滄玉已更號訥存其先西江樂平人至宋徙廣濟遂爲廣濟人有文貴公者八傳至贈太常卿廷學公娶於何贈恭人者生七子公其次也公之生有異徵生之次日有方外人踵門稱新產兒左股當有三黑子此太和山道者降生也驗之果然即見者無不人人嗟異公生而穎悟絕倫九歲即通經史大義文藻蔚有名識者稱爲江夏黃無雙之倫弱冠常慕諸葛武侯之爲人遂更名而字之年二十八始補邑博士弟子明年科舉中湖廣鄉試第八人甲辰登進士授四川順慶府南充縣知縣充治號劇邑公至清聚宿弊寬猛互用不爲毛鷙歲大旱公有祈禱既徒步禱之雨隨公至充遂有秋黃太史輝賦甘雨喜車詩頌之日聽獄常數十牘隨至公无言立決無久繫淹程就獄朝至夕返咸持盤稱頌以去旁邑金矢構公督撫檄繫獄値公入覲恐解繫稽出之約以如期上納不者指俸代輸之已而諸逋負者悉如期至六載奏最當入覲士民遮道留者蔽江百餘里至持香跪卧轍留以獻天子考治行異公爲天下第一

遷授兵科給事中公練習朝政長於論列敍次古今成敗得失如指諸掌初入諫垣即疏請嚴武備而是時新起協理戎政尚書某三大營總督寧陽侯某皆老病罷軟不堪任稱職公抗疏劾罷之舊咸寧令滿朝薦爲惡璫所誣執逮繫詔獄五年公再疏請釋之公論思獻納軍國利害巨細必陳留心邊務動中機會上言願嚴勅北鄙督撫諸臣實久遠不易之計既不以小費傷大信又無以過怯損我威飭我邊備則敵自喪氣矣西蜀之寇譬之魚遊於釜苟能開誠釋疑撫綏散以致生教之情廣開牒以開自新之路似可不大殺戮而定也廷議韙之神廟末年靜攝朝政積弛朋黨議起公章疏凡十上大者如振紀綱肅官常明賞罰折黨與清盤政惜人才扶元氣嚴師傅之選擇良史之才皆鑿鑿可施行御史劉光復名對忤旨上震怒下之請室公奏請救之又論朱爌不當用兵乞停催象以節冗費糾鎔工冒濫皆慮切時弊上悉納之公奏勅巡視皇城京營嚴督舉劾禁衛肅然東師屢敗公請勅京營武備擇簡易切要可行者列爲八款上之日振士氣練士騎清冒濫備器械重士權修營堡教戰馬重門禁皆治兵要

務又條上戰守六策又再陳兵餉機宜以為欲安京師莫若練兵分翦者以乘城教頴者以出戰欲安薊鎮莫若存恤熟敵速脩塋堡欲援遼人屢敗之氣在經撫閣視三臣総計遼東新舊兵科算幾何用餉幾何以準軍餉多少如一則事可辦而前後力陳數千言其一以聞經臣熊廷弼具邊才揣摸力量長於料敵會當事者齮齕之公力為擇護竟以是爲黨人所詈嫉歲乙卯奉簡命典試西江得人為一時最己未分校禮闈所取十九人皆知名士其年秋復武闈會試拔士皆奇才劍客至今遼左用之常冠軍公

在兵垣十年考最錫誥丁內艱家居四載今上之二年壬戌二月服闋冬十月上嘉公績超拜公翰林院提督四譯館太常寺少卿而時有脩郄於公者嗾言官論之遂及公公既歸築今始園於弟之側觴咏其中又築層峯館北望樓於城之西貯經史課子弟所著詩文宣抒本懷晚年好白香山因以名其齋焉有師白齋集行於世公事二尊人備極色養孺慕如一日教諸子以敦本力行為先分祿以贍兄嫂及諸弟撫孤姪及諸從弟皆有恩篤愛季弟亮思能文將脊謀之公秉坦率不設城府與人交郎洞達胸臆

人以此益附公好獎借後進所推轂賢士大夫徧海內款尚交誼不以死生貴賤易心建先祠及書舍聚族子弟之美秀而文者教之又善賑人之急自奉恒泊如也嘗出入安步里閈委巷中無異布衣時人益賢之十月初旬嘗至龍江名諸故父老子弟酬飲留連不忍別慷慨傷懷泣數行下後渡江而南取道武江而歸感脾疾力疾起繞庭除周行數十步發京邸寄書四十餘函讀之讀畢諸子環泣問後事公不答端坐而瞑年五十有二

張氏五經社文序

徐　汧　吳縣

伯瑜張子家黃至蘇以其家五經社刻前後集質余并請序余讀其文出入經史不蹈襲深倣範剪裁結構卓然成一家言文章未墜必有英絕領袖之者徵張氏疇歸伯瑜為倪伯屏先生所得士先生推許且誦其族之文若金石余以知張氏之無忝於其先也張氏先公澍之衛人宋乾道中舉進士宦於楚以為家再傳而晏然公以儀部使金能抗節不屈元末祖太九公不受偽漢之徵直以身殉國朝三百年間搢紳垂纓者不絕或以孝行稱或以廉節著復班班牘記今聞其同社諸子勤孝養篤友于貧賤不隕

蕿交遊閩燕僻邦君大夫不輕一見固天性之沉摯其亦積於家學者深也掞摛儒藻發揚經術惟楚有才宜其然乎余里居靳為人作帖括序以張氏文行之優若此與鴻先之忠孝廉節若此方表章之不假爰喜而從其請

隨齋近稿序

伯瑜家廣濟濟數爲蹂踐而伯瑜歌無家然伯瑜窮視其有家不異其無家氣不綏敗味不酸若江有洲洲有芳伯瑜家焉如濟之陽談道而樂也人曰伯瑜無如何必界自深自遠人之識不能到之耳故其文章總非世趣滑然悠

然告其所得華麗則蚌蝣之羽也恢大則磅然之匏也而伯瑜不爲也伯瑜所爲敦實而理深謹而遠謝其英蘤攬彼元蒙此伯瑜之獨致也以爲錄窮乎物得而窮之心亦窮矣何有斯美以爲不由窮則安得旅蘭瘠柱若間而蕭然自守高物外之觀故曰其心界深遠在窮而不在窮其視紛紛一切皆蕩濟之賊若安身立命人有芳洲此伯瑜之文也人也

劉亦棐制義序　前人

自古文章節義之士雖其天性固然而師友淵源有不期而合者歐陽文忠公以直諫敢言聞當世而兩蘇為其門人議論時政與人主相切劘蔡國文公倡道東南上竊危肖之諍草封事數萬言而未已而蔡文節道州之行不挫其志蓋師弟之道至是無愧矣夫士苟能明賈誼陸贄之學而見之言或斥遠於一時而終大用於世其出處進退師弟子同之而其文章議論固有以參之也嘗慕廟末權瑠用事人情擁戴殺於莽操甲子之試有憂其方盛而借策以入告者自書田方公而下斥者六人當是時東瑠所忌楚錄為最而廣濟劉公亦斐為其錄中第一人乎亦從二座師後蒙恩宥放歸田里因是時觸翔京師日取劉公

試卷讀之見其制義端雅持重其對策指陳時事洋洋纚纚以為太傅宣公之儔也又三年聖人與方公既召用於朝而劉公亦以辛未對大廷謁選得吾郡之金谿方始得讀其學庸語孟之文而嘆曰公之無愧於師門也年來事急於聲利偽經術偽子史從而奪之非豪傑特起之士未有不喪其所守者公約取博觀求聖賢之旨而後言其不合於道者鮮矣其繪絲塗飾合於時者蓋什不一見也充斯意也苟無曲學以阿世如公孫宏者豈公之志哉嗚乎賈誼陸贄之學不見於世久矣非其學不至也無正直之

氣以將之也使二子生今日令其屈首授書爲學庸語孟
之文是非合於人心利害切於當世必有可觀者即吾夫
子所對若大夫如魯哀齊景之爲君季康冉有子路仲弓
之爲政爲宰其於修己治人富而教之之道盡是矣太傅
宜公之傳固其包舉之一端而有能盡制義之長者其中
豈無可痛哭流涕與使驕將悍卒相對感泣如二子所爲
者哉公文章議論無愧師弟者如此然後知賈誼陸贄之
學雖制舉業中未嘗不足見其全也

跋金公復濱遺游擊唐通書後　　湯　斌　睢陽

右楚黃金子會公先大夫守興安時遺游擊將軍唐通書
也余向聞[illegible]秦中關南士大夫在在言公當日禦寇城守
狀今觀書中覘賊情論地勢恤民力較若列眉信余所聞
不虛矣會公又言公有自警編紀宋名賢嘉言懿行理學
源流具見於此夫理學者經濟之本也公之督守孤城保
障生民豈無所根柢乎會公篤學力行有年舉禮部第一
人官翰林杜門著書將來樹立未可量今奉手澤爲罔極
之思忠孝相承世德無替謹拜手而識之

文　　　王士正

嗚呼此明興安知州復濱金公遺游擊將軍唐通書也援
公作書爲崇正七年甲戌四月三十日是時大軍在楚蜀
賊入漢南秦督洪公疏所云賊在平利洵陽間者數萬自
巴州通江入西鄉者二三萬其自棧道犯城洋者又東下
石泉漢陰之間畢會於漢興而旁突於商雒秦事大可憂
者正其事也是年八月遂有車箱谷僞降之舉三秦潰裂
竟至不可收拾嗚呼賊燄方張不可嚮邇名郡望邑所至
瓦解而先生以區區忠義之氣激發士民兩全孤城於百
萬虎狼之中及其鞠躬盡瘁猶釋衣大冠降神睥睨比於

伍胥南門之事嗚呼偉哉可不謂忠乎公歿既四十餘年
而仲子會公壬戌舉禮部第一入館閣與余爲同官余因
得拜觀公手蹟而恭題數語於後亦以見天之報施勞臣
有以也

文　　　倪　燦

余嘗考明季流寇之亂崇正六年冬山西河北賊乘水淺
河而南破澠池伊湯盧氏蔓延於歸汝南陽光固信陽之
間豫撫元默率左良玉湯九州李卑諸軍待於境上嵩雒
以北名城數十登陴固守賊以是竄入盧氏山中直抵內

鄉內鄉接壤鄧州淅水從淅可以犯鄖從鄧可以犯襄鄖城庫薄賊遂過河破鄖西上津明年正月破房縣保康直走無人之境賊勢駸駸乎入蜀矣當是時延撫陳奇瑜克延水關有功以兵部兵部總督五省合大名道盧象昇討賊戰烏林關仙游石泉壩康家坪螞溪諸處一時[illegible]無賊而賊之竄也盡入於漢南而興安適當其衝此先生與游吉通書籌兵度餉之所由來也嗚呼方秦寇之始[illegible]難也延綏以北爲逃兵爲邊盜延綏以南爲土寇爲飢民當其偏袒大呼首事作難者不過王嘉胤神一元王左掛

點燈子數人耳及其撲滅中外大臣晏然以爲既得如弈者之首天下無事孰知後之蔓延至於如此語曰涓涓不塞遂成江河每誦斯言良爲於邑余跋先生手書而牽連及此一以見當日之民情賊勢如此蟠蟠聚牢不可解又以嘆國家不能破格用人如先生輩僅使之勞瘁興安以死此朝廷興衰治亂所關而不僅爲曾公編修今日珍重先人之遺札已也

又　　周起渭

興安爲州西漢中東襄陽當秦蜀楚豫之交由襄陽又可以東瞰淮泗地雖荒瘠而中原治亂實權衡於此昔南宋末呂文煥不以襄陽降則元人不得下江南明崇正時流賊在襄陽間此即有明存亡之關苟柄國者少有智識當萃天下之兵餉於此圖賊乃恃此區區數州縣之財力養兵以爲守戲邪當金公守興安作此書時距甲申十年此時賊勢燕熾尙可收拾故書云於此合力勦除自屬至理而以士民傷殘計無復之爲恨賢者所見自遠厥後襄漢間賊勢不可撲滅而明遂以之亡讀公書知其當日所逆料如燭照數計而龜卜也嗟乎明事之壞由文武各不相

知廟堂羅揚計各相左民逃亡已盡而徵餉之符[illegible][illegible]不休兵敗於外而在內播唇鼓舌之臣不與其責三復公言如見其商月拊心之狀良可悲矣渭嘗謂明之存亡決於楚之三人自張江陵卒則無相熊芝岡死則無將楊應山死則無言官今觀守令中如金公一身所係亦非輕也乃言官不幸而應山下獄武臣不幸而芝岡傳首守令不幸而金公死官明之將亡楚人雖力挽天河而卒無救於敗豈非天邪豈非天邪

吳太安史論序

古今有一定之是非聖人斠衡剬度而出而不得與民變革者也愚者不知是非智者取是非而非是之温陵李贄曰是非亦何常之有今日是而明日非明日非而後日又是矣信斯言也亂天下而有餘今夫山川郵驛之近遠象緯晷躔之羸弱可坐而定也藏腑經絡之部穴短長爲獸蝌魁之副號種色本理華裔之縱橫緒細苟一或異則爲病爲妖爲蠻老聃曰果蓏有理人倫雖難所以相齒而謂人事之是非無常有是理哉是故析言破律亂名改作言

僞而辨順非而澤執左道以亂政者殺此聖人之是非也自生民以來變故多矣賞罰褒誅失當不少然而有一定之是非使今日果是明日安得非明日果非後日又安能是彼不知是非而非是之是如惡之無常而非是非之無定也莊子臚祭髑髏之喻惡夫是非非是之不定也吳太安先生史論折衷諸家[illegible]務平易要之不背聖人所謂非是者近是後生夸異者讀之爽然二三老成洒然而興嘆也予嘉是書辨而內之篋笥歸以激兒若夫李溫陵之言得其雅而用之是有用之言也不得其指而用之誤後生之言也

廣濟縣志序

廣濟縣本漢蘄春地古彝周靜帝大象初始立永寧縣唐天寶改永寧爲廣濟 云漢魏六朝事蹟人物見史傳者惟蘄春周隋以後書事參從郡名故志濟邑徵往事爲難自立邑千餘年山經野史率湮失至今日而始有志蓋成於漢崔黃侯侯以闕西名儒宰是邑甫下車值用兵鄖西陛運數千里耕者廢耒讀者廢筴公力請得寬民困歲覆請蠲田租之半於是轆轤版築謳歌弦誦之聲相聞三年

而奏治署以內釜魚甑塵所入俸盡捐修學廟饍士子貽貧急晦朔讀令暇日講學凡山川文獻風土利病靡不研究先是王生臨編志垂就公取讀善之翻補考論遂成定本向非公裕民力與文教從得優悠從事何克臻此哉今

聖天子在上留心民隱是書也登之 天府比諸金鏡豈獨志一邑而已哉書成濟紳士走書命序僕陋聞惡足序惟序是書所繇成與公美政之不朽云爾

藕灣文鈔序

順治庚子丹陽公持節治下江兵過蜩廬首問人才于對

以廣濟劉千里醇謹張長人仁熙公喜取二子詩誦之
善長人予介二子而見公遂序長人詩行於世張子名既
著海內梟儞張子詩張子不欲自是也有作輒寄予可否
點竄無論燕大雅之士通懷如此又十餘年薦灣文鈔刻
成問叙夫張子始從歸安茅氏入者也從茅氏入云者從
茅氏所奉入大家而入大家之彀始茅氏故云從茅氏入
者也茅氏之文自謂得歐陽永叔之逸氣而近日之奉之
始於豫章之艾陳及夫各大家之論出海內以為定評削
秖後儁皆謂賦古大後元美于鱗群趨茅氏夫謂之誠是

也惟日取人家段落章句而筆揣摩為流連不已之文其
病將毋同與張子始從茅氏入而其後抉破樊籬凡見諸
議論而揉而觀焉且吾之所以敬張子者不獨是張子靜
不盬利難有根源靜不盬利故隱無誤奇學有根源故格
無勝勉而又不娶交游老屋蓋山褐袍蔬食兒孫解文下
見三世與劉千里皆狷而介介或近騃狷或近婿張子文
見於斯二者為多至于貧無結轍鉏鋙詘屈以為奇千里
時有之張子不逆也歸予謂張子而急取歸安崇川諸書
夜閱十年皆不欲其同筆揣摩與俗習同也今張子卓然

成家以名世而予且壁若乎其後矣而又何所置喙哉一

橫岡山眞武廟碑

廣濟之鎮山曰東衡衡曰橫岡聳秀磅礴其巔有眞武廟
眞武者北方牛女宿之別稱祀其神不知何時始而今盛
祀于均州之參山即太和山水經所謂羅君山也俗謂非
眞武不足當之故又名武當其名見水經亦由來久矣國
制有提點司之凡荊吳豫數千里之民皆走祀而數千里
之境內亦各以其山之出風雨見怪物者皆為眞武立廟
記不云乎哉夫神氣則無不之也無不之故誠以奉之即

不參也可不誠以奉之參其神乎然則橫岡何必不參至
於神之出處俗所傳迂誕儒所不言而通人亦不病傳曰
使天下之人齊明盛服以承祭祀益言鬼神之德之盛也
云爾舊未有碑康熙九年四月邑人徵文勒石

師白齋集序

黄利通　黄梅

先大父嘗語余少館於彭氏得納交吳詡存先生風裁絕
世學有本源生平好談說古今成敗軍國大計窮日夕不
休初吏蜀用治行高等拜諫議大夫判牒疏草從數千里
見示一讀一快如人人意所欲出亟嘆為救時宰相才恨

嘗特不竟其用余讀志之後閱近代坊鈔往往詆毀先生
如西山鶴山之說心極知其不然然不知先生所以得謗
者何故乃今得讀吳氏家集竊意其名怨而謗謗莫甚於
熊公免劾一疏是時講學之聲振東南賢不肖雜進議論
紛多名實混淆有識者豫卜黨錮亡漢清談滅宋之幾熊
公大聲疾呼頓挫浮囂犯衆怒而不辭惟先生力主其議
已而熊公以邊事死先生幸無恙夫彼黨其徒衆其稱名
高而其引義大其浸入天下人心甚深庇黨修郤一唱群和
故先生不免耳先生於天下何負哉當時神宗享國日久

疏官衆政先生以强直立朝繫中外心所指畫中隱微深
鋤之疾至以唐天寶宋宣和爲喻眞臣下所難言世又不
識其誠以爲天子不視朝章奏留中諫官御而玩之輒危
言買後世名是何不樂朝廷有直臣而與於姦佞之尤也
夫士大夫學鄉原之學闇然媚世其親識故舊陷致觸忤
則一介微臣望君門於萬里抗尺牘而犯至尊豈能豫度
宮闈之秘笑語燕游之餘疏必不省省必不怒怒必不誅
而遽敢輕七尺之軀投千尋之淵探眞龍之頷冒一家百
口不旋踵之患難以儌倖於千秋萬世後不可必得之盛

名哉嗚呼邪說興而人心陷溺正氣沮而世運衰微此不
獨先生之不幸也先生詩文豪肆晚猶好香山昆弟子姓
博學力行以集知名者今數代金太史詳著於篇余獨恐
鄉僻寡知先生絶少既不自先生直言敢諫萬死靡他之
苦心又不察世之出力詆毀者何故闕疑則逸其姓名否
則多方[illegible]毛茂茂陷文不沿于古忠臣義士且有搢
腕憤嘆抱無窮之戚於在天者矣試與讀先生書論其世
考其立身之本末當必以予言足徵不徒謂是鄉里後進
故人子孫之私也載在國史與天壤共敝企予望之

阮竹嵒集序

彭士商　衡山

余歸黃之明年廣濟阮生巨容携其大父竹巘先生已刻
集若干卷一爲文一爲詩一爲崇正錄一爲家訓乞余序
余披讀既卒業雖大湖南北限以千里予歸黃之年距先
生倫文日月踰遐三紀而精神意氣遥遥神往不啻接先
生於雪堂赤壁間爲之揖讓言笑稱舊相識也然退之又
久未有以復巨容是集後先嗣刻知先生者既各有以叙之
矣爰撮厥梗概贅數語簡端并叙先生蓋將以復巨容也
今夫水流爲江河止爲湖澤其出於原則一也今夫樹華

寶厥形春秋異色其出於本則一也今夫先生之集書傳記序則有文感懷賦物則有詩昌明理學則有如崇正錄敦姓睦族則有如家訓其歸於道則一也葢先生早擗帖括湛深理學周程張朱之書沉潛反覆有以見夫道之大原又復遺棄帖括窮踐行者務於道非特見之將直造之故其上下古今所衙人物論斷事理抒寫性情無不流於既溢上之可以爲六經羽翼下之可以作休明鼓吹非若世之馳騁於藝苑騷壇爭風華月露於旦夕者比其爲必傳不休無疑誠有如前之序先生者余復何敘哉雖然余猶

有望於巨容夫之愛文章不如愛道德也古之作者代不乏人茂陵之後卒以無傳司馬遷述其父業自遷以下不世其官今先生既以著作名家而子逾荀能孫皆謝鳳威有以嗣續其先業而祖述其家學撰厥所由蓋必有其本矣昔轅宣子與穆叔論三不朽以立德立言並稱乃分德言爲二未爲知德者也今先生實兼有之則其所以不朽夫言者不尤在德乎先生以立德者立言後之人奉其學而守其訓讀其文頌其詩而師其爲人其所以不朽夫先生者夫豈徒文藝之末也哉余日望之矣是爲序

五言古

過余義夫先生墓　　談允謙　丹徒

山碧千百樹素華飄回風因知古人墓在此香雪中屏然一儒者慷慨成英雄南宋稱大將西蜀多戰功右臂撫荆楚左顧定梁雍遂能安半壁不致淪羌戎遲望紫金坪是公讀書處欝欝白雲間見公手植樹青松非無聲黄鳥豈不鳴誰能伐片石爲公志墓門

泊舟武穴鎮弔余會公先生兼寄令嗣廣宗令禹書旦季

陳大章

蒼阜被清露寒江蕩夕陰故人不可見含悽指舊林池草凋故苑園柳啼鶯會風昔奉明眘望古渺幽尋青燈照奇語濁酒陶清襟琅琅金石訓谿我蹇之心一別成萬古茹哀坐陸沉緣情重掩抑淚盡雍門琴

先生南國珍山岳秉特操高步冠羣英冲襟委理照鑑鋤雅正辭五色相炳耀素尚託鴻冥孤情發鸞嘯聚遂垂千秋洸潢入無兆臂彼百尺桐孫枝亦合抱徂遲遂不留矗德久彌劭經術重帝門努力期明紹

詩七言古

送梅川張進士先基之任棗強

我今行年三十二顛毛欲白色頗頳朝持一卷空山中暮揣腹中無一字君年較我兩歲強錦袍玉面横銀章揚鞭紫陌誇驟裹獻賦金鑾奪鳳皇代殊貌改不復記郤思十六年前事垂髫高揖太守堂我名居昆爾居季與亡轉盼剎電過舊日結交今幾何脉逢下馬一携手使我淚雨流滂沱眼前廬嶽高嵯峩青鞋已脫烏皮靴送君還望君行處萬里黄雲烏尾吼

贈王侗巷 黄利通黄梅

我覩天地之大也文人往往談風雅漢魏三唐宋元明詩卷何多才何寡盈池如海紙竟天苦欲自附古作者不有横截今古之[illegible]才縱横顛沛騷壇下乘寧高士王先輩少負詩名罕其配世家英絶早升堂千人萬人皆自廢往苒卅載困諸生入陣空教縱復横同學少年方建節李嵩岑先生一第竟無成詩能窮人窮益工牢騷羞與衆人同南面百城尋真樂消受霽月與光風長年待次貢春官蹇驢襆被上長安胸中詩與河山壯宮闕嵯峨縱大觀布衣暫作他鄉客貴人滿目雲泥隔此心不染九陌塵此身懶過五侯宅新詩一卷坐匡牀誰其賞者施愚山與王山長宋元之詩今得令獨許侗翁逼盛唐兩公當代之詩史一序一評屈一指有人知已真不恨先生從此歸休矣歸臥先人之草廬斷垣風雨無完居寂寞著書人罕到窮年抱膝自晏如寄稿重將予細删行行珠玉歷人寰一家言是千秋事筆削猶然付藕灣惜哉紫芝白茅今已槁惟有藕灣稱遺老[illegible]籃二典甚生民爲公日夕窮蒐討今年我自齊昌至欲向楊雲問難字豈料忘年愛不才相與賞奇析疑義斜陽

樹杪爲止宿牀頭不厭酒頰漉先生不飲看人醉醉鄉中人何碌碌燈火裏同與未闌檢得新編授余讀一讀再讀絶妙詞三君子施王張皆不我欺彷彿新荷經雨後想見梅花破雪時更深月白幾忘眠命我索句寫長箋才子落筆在雲烟非日能之願學焉自笑稱詩元草草知名之士眼中少所記古來詩人亦不多尺管窺天天豈小但記古詩中有刀劍几杖之銘有南風卿雲之章請以虞帝爲詩中帝請以周王爲詩中王又記古詩中有零雨常華之作有龜山猗蘭之辭請以家相爲詩中相請以先師爲詩中師

今與先生約敬奉三百五篇孔遼定本爲豐王詩傳詩序
之賢坐兩廡後來誰堪陪末祀楚有屈宋晉有陶潛唐有
李白與杜甫此外諸子但務粉宮牆數仞皆不與願與先
生詩中得妙悟不受三代以下詩人倈牢意長吟筆有神
朗爲予趨亦趨而步亦步有時放眼乾坤內詩思忽豪舉
當得玉環爲我捧硯飛燕爲我起舞有時寸心苦未平慷
慨欲誰語當得杜默爲我放聲正平爲我撾鼓時而泣山
琴逸非需得爲問心當得瀏中老人爲吹邃海上先生爲
鼓琴賭酒於方之外招招須我友當得玉皇門下安葛白

爲布帝匡山道人爲沽酒噫吁嘻先生真能許吾否百篇
何須飲一斗得之於心寓之手先生橫矛躍馬導其前我
屬橐鞬從其後不是詩聖亦詩狂先生真能許吾否

五言律

梅川署中秋意　劉兆昌　桐城

邑多賢長者疎拙不喚余損惠勤分釀傷廉數受魚非時
晚下榻經歲少投簪南北東西士吾將此卜居

秋晚過張長人山居　談兆謙

晚過藕灣路松林石徑紆宛然高士里是我故人廬薜荔
氷霜後蒹葭秋水餘孤燈古茅屋間讀夜深書

黃牛院

爲問黃牛院猶然在翠微泰人化鶴去楚客未僧歸松嶺
吹殘雪溪春鳴夕暉共遭生死異破漭此荊扉

鳳皇山下岳喆故宅　前人

岳飛存鄂姓端信匿帝兒異代藏宗譜承恩問本支何人
詳逸事有客弔荒祠寂寞空山裏猿聲日夜悲

五里橋文家

廬陵文信國苗裔徧寰中俎豆傳宗子家乘畧長公衣冠

村隴傍烟火小橋東輿化長歌在何人更采風

舟宿龍坪　黃利通　黃梅

廿載鴻洲路杯中酒不盡豈知鄰故國翻欲戀舟居風雨
江天暮文章世路疎相逢愁一問消息近何如

七言律

贈張節婦　龔善治　南昌

慶映枯梅月下柯半生心事淚成河天空渺渺飛孤雁江
水滔滔決逝波人道共姜心死後我憐令女鼻餘多完名
憑着誰分付影照寒燈鬢已婆

燕及先生招飲四高樓同集之　袁表亮

清言挾雪來彈暑遠浦何蠅不避風片月先留橋下影高
山願作幕前峰穠陰似髮猶通鳥滿坐皆雲好話龍須去
石門尋藕葯蕭蕭來打夕陽鐘
前矛巳自覇三吳同我樓中四望孤縣志須教刪赤壁使
君猶憶長西湖原因酒少求爲郡盡爲詩多客與鬚世有
步兵歸不醉勸農何事帶行厨

登四高樓　僧憨山

梅浦溪邊澈碧流更看高閣紫烟浮八窻星斗懸孤夜三

楚江山入兩眸遠近人家藏樹裏參差車馬度橋頭自爲
谷底窺天路乘興登樓一壯遊

夜酌縣月臺聽石渠泉聲　劉應昌

點蒼綴碧秋容老據石臨流酒興寛傲吏自來躭麴糵野
人都不識衣冠松嵓墮月沾巾溼磵樹流雲拂座寒莫負
黃花好時節明年此地對誰看

大聖山謁費龍君用王青萬韻　李釆韓

岐嶒古廟自千秋山水居然據上游天劍芙蓉蔭白豊泉
飛匹練響丹邱旌旗肅壁靈風滿俎豆新芻興禮優樸

就荒餘古碣那堪回首一登樓

江漢書院舊址

講堂勝事久銷沉漠漠江干萬樹陰猶幸荒蹊存木主祇
憐㵾火照儒林石渠空寫詞臣詔雲隱誰傳處士心慚愧
無聞四十年鬢毛取次雪侵尋

五言排律

滄浪書院落成　[illegible]

熙世崇儒日循良逾廿年德風方草偃書雨正花[illegible]

浮軒遠消沉遠郭偏千雲聯閣時書院去文昌閣數武萬軸羅星躔
藜火光生室鐘簧響入筵宮墻肩楚楚禮樂與翩翩梅韻
雪深後鳥鳴春意先下帷慙講席裹業愧前賢圖誌考亭
華朱子守南康先詢圖誌今邑志初成甘棠張詠泉臣心三峽水冰鑑一輪
川民物蕪蒸久江山勝跡傳王恭疑翠柳庾杲𢡟新蓮對
此盈盈月欣逢脉脉烟儲才忘大造學道見真詮猶幸抑
㧞子徘徊鏡裏天

[illegible]

廣濟縣志卷之二十二

知廣濟縣事金壇虞學灝重修

教諭孝感龔佐龍
訓導鄖縣陳景行 仝校

外志

遺事

齊諧滑稽大雅弗尚苟其足述非與要而亦存之文獨
餘滴何可少耶

元揭曼碩未達時多遊湖湘間一日泊舟江涘夜二鼓攬

衣露坐仰視明月如晝忽中流一櫂漸近舟側中有素
妝女子斂衽而起容儀清雅問之答曰妾商婦也良人
久不歸聞君遠來故相近耳因與談論皆世外恍惚事
深異之臨別謂曰君大富貴人也宜自重因留詩曰
盤塘江上是吾家郎若閒時來喫茶黃土築墻茅蓋屋
庭前一樹紫荊花明日舟阻風上岸沽酒問其地即盤
塘鐵行數步見一水仙祠墻垣皆黃土中庭紫荊芬然
及登殿所設像與夜中女子無異曼碩後官翰林侍講
學士 見輟耕錄

郭濱湖往盤塘湖岸羅念菴先生過之郭以冬桃獻爲壽
濱湖二字扁額經亂猶存

嘉靖初陳友良爲布政司掾值司考一茂才出對云鶯聲
啼破谷其人未即答良遽云雁影落寒江主大喜爲錄

京鏞徑遐羅源典史

[illegible]庚午縣額科舉止三人縣人迦逑對聯云李錦趙[illegible]
周原學狀元榜眼探花郎三人果同榜鄉舉後周原學
南闈高捷

嘉隆間邑讀書士猶少相傳每縣試必鳴鑼催聚人猶避

之前輩或以對句入學至萬歷時始盛縣試每千人有
窮經白首不得一弟子員者明末屢經兵燹入文猶盛
順治四年以大學例題入學與黃麻比

徐彦合少目廣歸買舟時有燕客附舟道病將危舟子利
其貨以斗餌徐共沉之徐曰殺人以取貨天豈容是婉
言絶之稍予一二物以安其心餘盡筆記貨若干賬若
干懇隣賈某買棺費若干爲客斂別致書客子二月至
豫章過客子盡與之不私一文錢

石步嶺俗呼失婦嶺在石壁山東舊有新婦至此忽失

在故名後凡嫁娶當過嶺者必紆他道避之

正德時桃樹湖側藍氏畜牝馬老而盲棄之湖期而産駒騂息百里景王之國藍迎王江上駒鳴輦馬伏王上聞詔太僕徵入抵孟津有老父笠冠握鞭候馬至老父策之浮河逝

盤塘山最高處爲笠兒腦有蔡大官昇天遺跡相傳大官蔡姓名廣福弟廣善唐貞觀間敕爲神神初降於朱蔡橋憩陰於張勝側飛昇於笠腦有李行思者因夢感覩馬所止爲祠三處像幅巾道衣端拱執如意其傍將執

鞭云楊臘兒蜀人父楊朗架木排至盤塘過石鷹嘴排解朗死於水臘求父屍不得自四月至五月號呼江上亦投水死神感其孝收爲將今俗祀神四五月間民相聚和歌其尾聲相助必云楊臘兒尋楊朗兒那裏尋那裏尋 見舊志山川內

彭廷獻以善銃名一日持火藥獨立山中遇二虎伏崖上下廷獻處其間崖上虎以足掌及其面一銃而斃轉見下虎方猙獰隨發即倒後值流寇鳳凰山殺賊不一計屢濱危殆咸以銃自脫

寇淑者民稜仲子行多長者以藩司椽之京忽有沈某來必欲與淑偕行問其故曰我欲適京夢神語曰汝此行不得龍江寇公相救不免必公也遂與偕渡黃河風浪大作舟且覆忽一人拉沈坐命勿懼熟視之乃淑之故父稜勢方急沈不敢問抵岸忽失所在詢之舟人皆謂無所見神所謂寇公乃稜也教子兼及沈矣後淑夢稜謂上帝以巳忠直命爲巡河神 見堅瓠集

胡繼洪年五十而致富有倉廒數十間廒內一黃物似蛇鱗角四足長數尺以穀爲巢洪嘗祭之日飼以粥士人

呼爲穀龍寇亂焚廒遂失所在

東衡山鮑照讀書臺下有黃牛院嘗曝書時輒指文苑英華之善本津津詫客客問道士道士曰來自蓮華洞耳蓮華洞與李公捭目石山房相望皆宋板也

沙村山後懸崖石如屏范純仁墨書梅山二字 見舊志王臨傳

饒繼先性嗜飲月夜醉歸忽有人相送饒吟詩曰山月迎眸白江風拂面清送者曰可憐黃壤客扶送醉中人饒曰汝鬼也遂不見

劉近臣肄業黃牙寺每日搆思不覺以指掐柱成一大穴

百餘年猶存

劉近臣中天啟甲子解額先一歲麻城劉之臣家鬼輒唱元不置後揭曉則近字貼角誤爲之也

劉養徵賢康谷子工詩死之日桂香滿室書室產芝與亮嗣詩云知爾傷心處最親穿滿頭暗含思子淚強作拖孫遊芝草生何益桂花香已秋似祥翻致異物理亦難求又陳太生集載常見康谷子身履雲端

縣令劉鴻生國學許斗生學究吳衛生年俱望六乙未歲同舉子人訝曰三生有幸

王世銳與諸生樊羽身同年月日時生事無不同某年同患病王獨遇一異人與紅丸一顆而愈語樊氏其人已去蹤之途疾馳難近向前牽衣則腴滑莫能名狀須臾遠颺後樊死世銳登庚子賢書

龍坪某僕從主人省試有一不知姓名人以與之偕及歸時隨地扯一莖草與之曰有疾病難醫者可以草投之無不愈後草貴如金四五年乃盡僕終身之龍家不見前

異

渌泗縣燬額文明奇猶見鳳毛兢兢先觀爲驗縣號留皆叶懋平王圖休嘉總繁成熟化工乃大澆風雷皆與於旱氣數非期循環在穰當思患預防補救天地之憾

明

正統四年夏大旱民饑知縣高備發義民董澤麻栗賑之

成化十四年至十六年旱饑殍載道

宏治六年冬大雪恒寒民艱道行

嘉靖十七年六月大水翠坡一日並起居民田廬皆壞

二十年蝗飛蔽日知縣蔣崇祿令民有能捕蝗者給米

並石不十日蝗盡

二十三年二月大雨雹六月大旱

二十四年再旱民饑死者過半

隆慶五年大水破堤丞朱邦華治堤堤成

萬曆元年秋大旱

十七年大旱自四月至七月不雨餓殍道望民有論

三十六年大水三月至五月霖雨不止江堤央五鄉俱沒邑人太平知府張步雲上書兩臺請築堤蠲徵賑濟書上未及行周令良翮與文諭縣並風徵力以三千八

築堤不果成明年丙戌巡撫張巡按史捐金六百二十
兩守道陳巡道陳防道韓屬黃梅蕭丞董之記五月告
成江夏郭正域曰寧獨廣濟之利哉五縣實賴之
四十一年癸丑大水堤決給諫吳亮嗣上疏論水災
天啟元年春正月大雪四十餘日人多凍死
崇正二年三月大雪雷震 舊志作三年二月
四年五月龍見大水驟至室廬漂沒春風播居民有溺
死者
七年十二月大雨如注震雷 明日乙亥元旦雨如故

八年三月河魚大上地震有聲是年二月初九賊四十
八騎遶縣西而去九月二十六日賊大至抵西河縣有
鎮草兵百人防守知縣黃宏會晉江人也到任五日備
禦鮮通曉報警尚驅坐夜火光徹天鎮草兵禦寇五里
外敗多死者餘兵逃蘄州居民盡匿湖山間知縣黃亦
走匿焚戮不可言十月賊復自黃梅來至焚戮益甚自
是歲被寇矣
九年冬寇至典史魏府光率排兵二百人禦賊高山死
之詳宦蹟中

十年二月朔三日雨木冰是年三月寇最屠殺山中人
血如川
十四年大饑大疫人至相食
十五年邑人胡是恭家馬生角六寸從耳中出
十六年賊張獻忠攻濟諸砦破之賊邑三閱月誅戮備
慘五月朔知縣張登衡定義營之變
甲申三月至五月不雷時思 廟三月登遐
國朝
順治二年冬溫甚桃李華

九年正月十五至二月十四地以夜震者三是歲大旱
二月至七月不雨陂湖盡龜坼民皇懼無措每夕紅氣
亘天如虹煙瘴彌野禱祈徧邑哀號動地東坂所雨有
濛濛若雪下者
十五年水

康熙二年八月大水
六年旱
十年大旱人多餓死
十二年吳三桂叛派夫草辦軍需撥夫兵管解各汛餉
米
十三年　六月內將軍至派軍需辦槽刀鍋
桶草荳各鄉取皇木造舡隻
十四年仍派軍需
十五年水災

十六年派軍需
十七年派軍需
十八年大旱派川巴運米水脚辰歛船水脚食米
十九年六月起蛟水進東門三尺
二十年大旱
二十一年水災二月北城望春樹開花結象　賴奇顯是年
金德嘉會試第一
二十二年水災
二十三年水災

二十四年水
二十六年六月天降馬氷
二十七年夏包子叛
八月鎮江將軍尾勦平　設城守駐防自
是年始
二十九年饑
三十一年冬大雪平地三四尺湖凍彌月不開
三十二年大旱
三十三年旱

三十七年虫災
三十九年三月自東至西地微震
四十七年至四十九年水旱虫鼠災
五十五年水災
五十六年六月狂風旬日田穀搖落
五十七年冬大雪
五十八年秋虫荒
五十九年春雨山水泛漲
雍正五年大水

六年四月蛟水發丈許

十二年四月天降烏米地震

十三年五月地震

乾隆元年七月[illegible]

文廟火光燭天是年鄉試中六人會試中二人

十年冬大雪平地三四尺途人有凍裂斷其足指者

十一年十月地震有聲

附寺觀

幽君寺五祖大滿禪師建立在縣南　大藏寺治東二十餘里璐禪師建立　戾相

寺治東四十里　雙泉寺治西南五十里貞觀間魯祖禪師建立　南山寺在縣市東南唐如清禪師建立　龍山寺在馬口湖北溪祖擒縣南過處後建寺　禪君寺在太東鄉嘉慶間僧日新建　元妙觀縣治北　普潭觀縣西五里許在觀山東麓有善潭二泉　黃牙寺縣南一舍許背半坡南澤左河右獨環以林竹修茂毀以圓圃菓卉挹遠岫吞巨浸遊斯者有日暮忘歸之意昔此地名太平山左有遺址日煉丹東晉時祖師日慧遠卓錫於此其寺始創後毀於兵燹元至正有洪奐者復創而規未宏明天順間壽師無盡自金台五華寺雲遊至此愛其寂靜遂新之如五華制正德末僧宏明募復邑人祖滄勒石　五顯祠　大京廟　仙姑廟　水府廟　許真君廟　吳王廟　太子廟　仰山廟　荊林社祠　龍武　鎮上廟　下廟　文殊菴　三官殿縣市　祖師殿縣市　晉

聖龍君祠　鹽井寺　馬神殿　廖陸溪　馬口寺　佑　隱山寺　四顧坪　碧雲菴　德勝殿　古建寺　龍泉堺　多羅菴　諦信菴　白雲菴　仰天菴　羅漢寺　童師排　雲興寺　久隆城　永興寺　朝陽菴　龍池寺　石門寺　背着寺　仙人洞　青蓮菴邑東三十里順治七年始建　大方菴地名東五里拔貢冠巨源墓近順治十七年創建任僧重修　浮度菴地名竇山浮度東四里建先朝　彌陀菴西五里順治年創建　慧雲菴南三十里創前唐　青羅菴東三十里創自康熙初　金剛寺北三十里建自順治年　雙龍菴東三十里順治年建　黃鵠菴署後康熙四十六年建始　武當宮署後建自前明邑侯楊修鎮鐵

佛大士以鎮縣龍　十八碟東四十里許康熙八年建　萬古樓東六十里康熙四十年建　鉄佛寺南七十里康熙初始創　大泉菴南六十里　青林菴東五十里創自康熙初僧一木始建　靜林寺西二十五里順治五年建　艾蒿坪東三十里創自明末任僧重新　崇覺菴東五十里康熙二十七年僧道綸自創　普濟菴東四十里順治年始建　地藏閣東四十里建自康熙十八年　如來菴東四十里山名一尖康熙三十年建　慧雲菴邑東五十里康熙一十五年建　永振菴邑西關外雍正十年改建　雨花菴東四十里康熙五十八年建　歸源菴南十里順治十一年建　濟北寺治北半里許舊志元妙觀今改名任僧見一重新殿宇　慶雲庵東五十里建自順治九年乾隆七年智賢重新　北台寺西南六十里萬歷九年建　大塔寺東五十里　瀏林寺西三十里　天台

東十五里 棲賢寺武鎮後坝 青龍寺龍坪金德號讀書處 玉石寺東十
里創自先朝 石佛寺東五十里建先朝 地藏寺龍坪江濵 簾貞寺東十一
十五里順治十三年僧大朗創立 金蓮菴南四十五里康熙二十年建 接引菴龍坪
倉後崇正甲戌年楊民服楊用晦施地九坵與僧自猛建立 知止菴龍坪 白衣菴龍坪
大覺菴龍坪 翠雲菴龍坪 長春菴龍坪 蓮城菴龍坪 大興
菴龍坪下 鼎新庵龍坪 水月菴龍坪下 武當宮龍坪紡所 文
昌閣龍坪左側書院 團頭村龍坪 五里廟龍坪長堤 城隍廟龍坪權倉 左
側 三官殿龍坪下市 祖師殿武穴 玉皇閣武穴 大王廟武穴
土地堂武穴 太子廟武穴 中廟武穴 下馬菴西南六十里

廣濟縣志　卷之二十二　寺觀　十三

牛闌磯廟田鎮 長林菴西五十里 藥師菴西北五十里 百人祠
西三十里 接引菴西二十里 雨場山東五十里 大栗菴東五十里 青
蓮菴東四十五里一炎 仰天窩東四十里 地藏菴東六十里 藏谷洞
東四十里洞任全真 慈慶菴居靈山東五里 觀音菴居靈山仙人橋五里許 觀
音菴北五十里順治十四年建 湧泉寺北二十五里嶄廣接壞 行塘廟西三十里
許 六聖祠署前康熙十一年始建 蔡家菴縣市東街 巡翠菴靈山東五
里 燃燈菴治東三十里 白廟邑西南三十里 靈慧菴北十里康熙十年建
福壽菴東四十里康熙四十七年建 雲林菴東五十里康熙二十六年創 天竹
菴東四十里地名一炎康熙五年建 煥然菴東四十里康熙十八年建

荆楚文库

〔乾隆五十八年〕廣濟縣志

〔清〕黄壇 修

〔清〕陳詩 纂

《荆楚文庫·方志編》編纂組

組　　長：劉偉成　陽海清（執行）

副 組 長：劉傑民（執行）　王　濤　謝春枝　郝　敏　嚴繼東　范志毅（執行）

參編人員（以姓氏筆畫爲序）：

王　濤　李云超　宋澤宇　范志毅　郝　敏　柳　巍　馬盛南　陳建勛

夏漢群　梅　琳　陽海清　彭余焕　彭筱滺　楊愛華　雷　静　劉水清

劉偉成　劉傑民　謝春枝　戴　波　嚴繼東

編　　審：周　榮

顧　　問：沈乃文　李國慶　吴　格

前言

《（乾隆五十八年）廣濟縣志》十二卷，清黄塏修，清陳詩纂，清乾隆五十八年（一七九三）刻本。牌記鎸：『乾隆癸丑年新鎸 錢塘黄塏重修 廣濟縣志本衙藏版』。

黄塏，清浙江錢塘人，舉人，乾隆五十三年（一七八八）官廣濟知縣。陳詩，字愚谷，湖北蘄水人，進士，官工部主事。

邑志始於明萬曆，歷清康熙六年（一六六七）、乾隆十七年（一七五二）兩次續修。乾隆五十四年（一七八九），黄塏奉命對舊志進行避諱鏟削，重新刊印。是時即有邑鄉紳認爲距離上次修志已過四十餘年，有重修之必要。至乾隆五十八年，湖北開局纂修通志，敕令下屬州、縣博採旁搜以供採用，又恰逢陳詩歸省，黄塏遂請之主筆修志，續載四十餘年之事，閲數月而成書十二卷。其卷一卷端鎸：『知廣濟縣事錢塘黄塏總修，工部虞衡司蘄陽陳詩纂修，教諭江陵羅芳曦、教諭借補訓導劉春甲仝校』。

是志以『志體最嫌門類繁多』，在前志基礎上大改體例，立十二總目：世紀、城市、山川、職官表、選舉表、士族表、户籍表、名宦、人物志、列女、藝文、雜記，統括各類。原書共六册，除卷一前有總目録外，每册正文前另有詳細目録，以示該册所載卷數與卷下子目，方便觀覽。『世紀』一目，列於衆目之首，舊志『疆域』『沿革』『蠲恤』『祥異』諸類皆併入其下。舊志無城鄉之分，是志將舊志『城池』『公署』『山川』『驛遞』等相關各目劃分，在城市者入『城市』，在鄉鎮者入『鄉鎮』，又因鄉鎮以山川爲主，則以『山川』命名該目。『職官』『選舉』二表所載有入『名宦』者標註有傳，所增補者皆採自一統志、省志、府志、舊墓志與古人文集。『士族表』仿《新唐書·宰相世家》所用世系表，相關户口、賦役等内容附之。人物傳記以『名宦』置前，其餘各類依史傳標目，内容以時間爲序。『藝文』依《直齋書録解題》之例，僅載書目，舊志所載『文苑』諸人移至該目下。除『職官』『選舉』『户籍』三表與『藝文』外，其正文所録每條内容下均標註有來源。

是志「以事賅言簡為先」，尤其「藝文」下未載具體詩文，相比舊志較爲簡略。其「城市」「山川」之分與「世紀」一目在地方志中皆較爲少見。

據《中國地方志聯合目録》，是志有清乾隆五十八年刻本，藏於故宫、一史館、台灣等。本次據故宫藏本影印。該底本原缺卷五第二十四葉。（彭筱溦）

目録

乾隆癸丑年新鐫

錢塘黃　塏重修

廣濟縣志

本衙藏版

重脩縣志序

縣官勤求民隱勞形案牘與文字之道遠矣然古人一行作吏百廢具舉縣志為一縣之信史備載山川風俗人物事蹟後之人徵

文而考獻者其在斯乎予自戊申冬來宰茲土已值大水之後堤工漫潰民力疲病

皇上軫念民艱動帑脩築往來工所凡三閱月維時州縣

舊志均有應行避諱之處下令改脩日夕仍前任未之及焉堤工甫畢詳加校閱廣文劉午橋互相參訂雖剷削尚完而大體究未允協午橋及諸紳士僉稱志已歷今

四十餘年矣為重脩之請年來己酉壬子兩與秋闈中間亦苦無寧日昨歲大府開局纂脩通志飭令各州縣廣博採旁搜遂進諸紳士而言曰重脩之舉

及此時也自愧荒落矣路當孔道無暇爲及蘄春陳水部愚谷名士也予向聞之京師蘄與濟接壤郡人士亦久重其名歸省居鄉延來秉筆前志矣槩失

之太繁多列門類博載詩文予與水部諸人商定大略以事賅言簡爲先務其續載四十餘年之事採訪輿評澂明故實彼此無存私見也不數月而藁本成

蔚然可觀與前言相脗合史與志異其名而同實水部之脩是志其如廬陵之重脩五代史刪繁去猥書法謹嚴猶得筆削之大要歟予幸邑志之有成而脩之

者又得其人不惟爲濟幸予亦自幸百廢中之又舉一耳時乾隆癸丑秋孟知廣濟縣事錢唐黃墭并書

重修廣濟縣志序

廣濟志當前明萬歷中知縣事趙太璞國
華始令教諭魏集忠艸創厥後邑人王五
宜得殘本於邨婦稽楻中稍爲增葺而劉
子昱等刪潤焉今所稱丁未縣志者是也
乾隆辛未縣尹袁景川重事編摩益詳且
備又四十餘年湖北有通志之役州縣志

皆以次修而廣濟謬以詩載筆追諸公後
詩竊謂州縣爲省志之權輿而其難則不
啻倍蓰何者省會之書取材易博而縣邑
僻在一隅名流屐齒所不及直非其鄉先
輩口舉而筆書之即無以信今而傳後又
省志所收以物類敘錄々見史傳中而弱
縣所登半出親故之手或采耆公踐是真其

者未必悉傳而僞者無由悉考區々文章
之互抵尚不在是限焉吾有以知其難爲
也然以余觀廣濟直劉桐坤以文雅飾吏
治名從黜去前後娶于其學孫躍中夏塞
徵類能什襲先從手澤而故其家學者望
不可憂僕數在吾桑護既不患無所取欸
而清激賢否又得賢大夫爲之主持錢塘

黃明府棣園襄易劉學博企橋式皆矣公
矣慎協之輿論徵以見聞而式皆同事諸
君手殺然翁然糜復有私好是於其間其
奮於持擇又甚些々影雖謂他縣之所難
而在廣濟爲獨易夫齊不可者獨其文詞
也弗互勵詩與責責焉百書成凡十有式
發視辛未悉減三之式蓋事增於前文省

於舊志之外所以病新唐書而棄畧文且以是首詡焉其次有結習使然者耶所承諸書從附注於異同獨檢州紀略檢州先賢錄式書編求采獲以廣濟視他縣爲易而猶若難焉又況其舍難者耶吾又肯以知易爲者出不果易爲也

乾隆伍拾捌年歲在癸丑仲夏之初

賜進士出身工部虞衡司主事蘄陽陳詩觀民甫譔

丁未志原序

志天下者取諸列郡國志郡國者取諸縣邑故余廣濟以志書顯其星野於楚黃宦附之耳自圖攷沿革五行災祥而山川風俗古蹟戶口田賦物產官署學校祀典兵防城池關梁驛傳鄉社陵墓寺觀咸志名宦鄉賢則表之而宦蹟及人物之世用理學文學淳德孝友忠貞義行隱逸僑寓義僕女之節烈賢媛慈繼母及方技僊釋咸志又藝文雜志終焉邑乎備關與天下之義類矣廣濟故漢蘄春地周隋間創縣始稽厥舊乘鮮存者濶畧有不足觀覽友人王五宜好

古士也憤焉感之用博采楚志黃州府志正稗史諸文集族姓譜碑碣明滅者山谷題鐫稽襍傳說里巷風謠以志廣濟余每過輒商因取在集者梓之餘修飾潤色之期於攷核序次贍而有節揚幽搜逸不厭而形容褒諷唱歎鏗然因展卷告之曰古人著述無大小雖禽貝草木刀劍農器鬼神意趣寓之釆彪體重剏一公侯之封人民社稷具焉而方冊之爲可無文乎言文行遠頌賢善者以嶽降謂精氣之聚也精於天形於地爲人而聰明能言因以其言表之志成而使此之山川人物藉文行遠其表也亦既彰乎

抑言表不若身表王子曰何謂身表曰古史之傳者先其地表所出也近世則凡名臣國老大儒賢哲出類者每不敢質其姓氏名字而直縣邑稱之地也而人之矣地而人之所出也義如有諡表益甚焉余廣濟刻諸郊圻自周隋迄今千有餘年矣負扆之山逆而上經幾郡國而翠竦天漢勢萬丈諸水隨之若慈領之西河形家每望而詫謂宜有異鍾焉顧唐無可攷雙峯大醫浴井斯在方外之聖不致仰於經帷宋張公晏然余公玠功名史策是後柱國之貴公卿之英匯趨廟堂之上而賢士乃單心聖學由知性以

迦鄒魯微言才秀亦復馳於文秦漢盛唐入彀爲君淳德孝友行義之倫又比屋也然則總厥全而當之憲天衷聖克念知覺悟大道之要會以一堯舜孔孟而履禮制行先古之法在焉得時而殿輔甸宜銘烝之彝鼎要其有德能言靡不剪邱野之椎而如範如詠典則風雅雖布衣柴車登師保矣是故令聞令望非家國之所封樹畿疆也一人鴻偉著而國與天下曹起指稱之且不敢質其姓氏名字而直縣邑之然則險不虎牢富不陸海而地附人顯無日不天下遠邇之耳目也邑乎譬周室天下之朝市矣是謂身表

夫其視徒言乎焉有量也雖然言何容易楚人大泌隕而士不聞記志之業久矣王子曰然執卷而起以告司訓胡公胡公曰劉子之言大哉信志邑而備國與天下之義類又信邑而可爲國與天下也以人也鄭食溱洧爰有子產劉髮之吳是挺季札信乎地非人何顯哉是志也王子始之余終之而壽諸梓則胡公倡力主行請於明府孫公學諭李公庀工徘資號衆實予以不朽夫山川之寵靈式憑咸有在也

邑人劉醇驥千里氏譔

圖攷

縣全圖
東衝
橫岡
明水
五峰
荊竹
車坊
石龍坡
双城
莎蘸嘴
鄭公塔
青蒿
大明山
大藏寺
大金石
獨山
九城
連城
黄牙寺
樊噲城
紫石
官橋
午山
鳳港
團山
青林水
武鎮
黄梅界
龍坪
中洲

圖

蘄州界
高山舖
蘄界
層峰
嶽山
白石山
團城舖
觀山
北門
縣治
東門
靈山
十里舖
清流
西門
南門
栗木橋
周原舖
西山
許家舖
圻界
楊林舖
文昌閣
書院
四望山
凌雲塔
蘄州
南門
朱家湖
馬口湖
黃泥湖
鹽井
靈泉洞
陽城
寅山
長風
積布矶
馬口
牛肝矶
仙洞
盤塘
田鎮

二

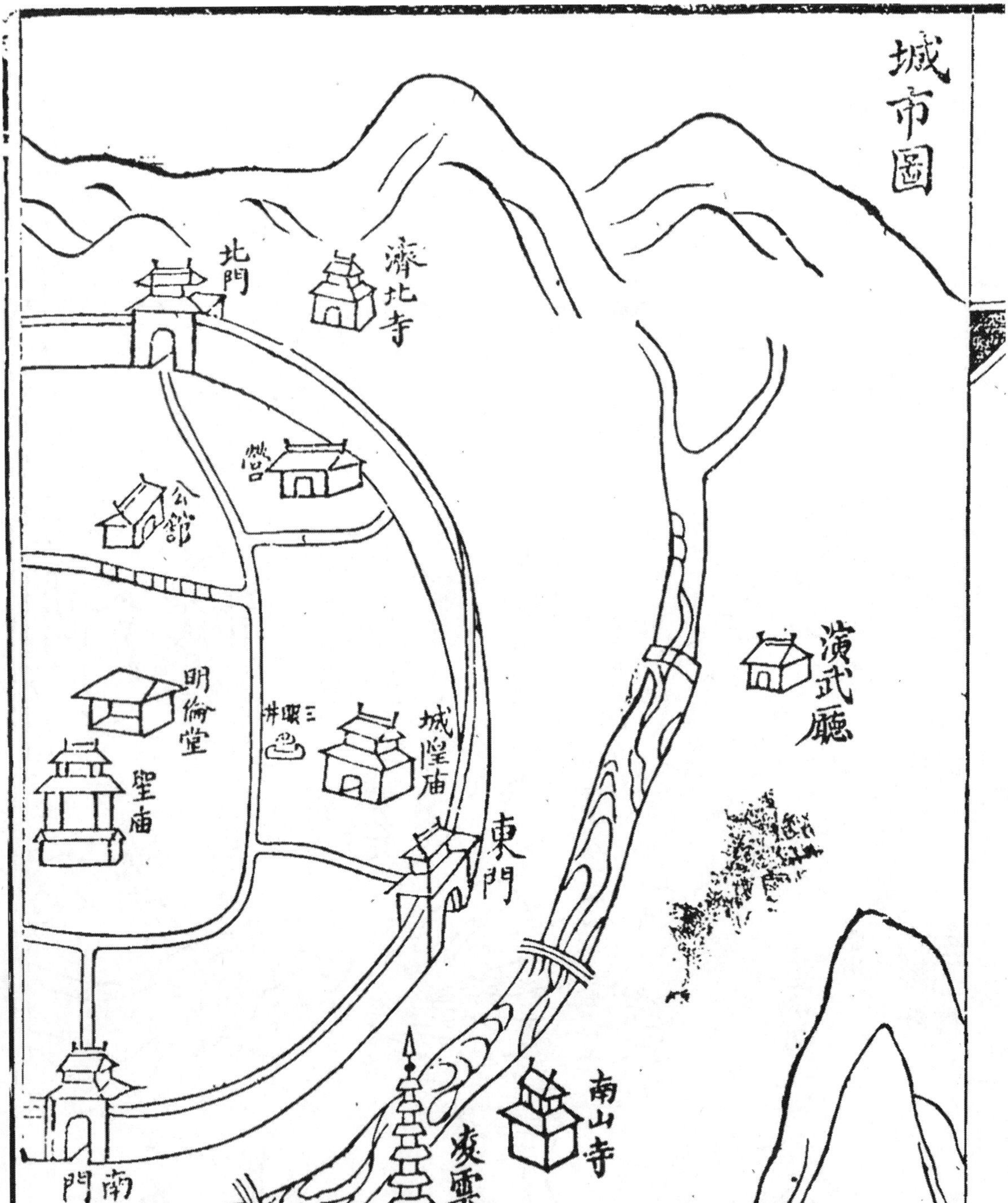
城市圖
北門
濟北寺
營
公館
明倫堂
三眼井
城隍廟
聖廟
東門
演武廳
南山寺
凌雲塔
南門
萬壽宮
武廟

廣濟縣志

圖

三

右圖山川形勝縣域廣一百里袤一百二十里其間佳景一東衝積雪二橫岡聳翠三白石堆瑶四靈山浮渡五梅浦清流六古洞靈泉七積布漁磯八龍湫夜雨九武湖明月十鳳港波濤附誌以便披覽

萬壽宮圖

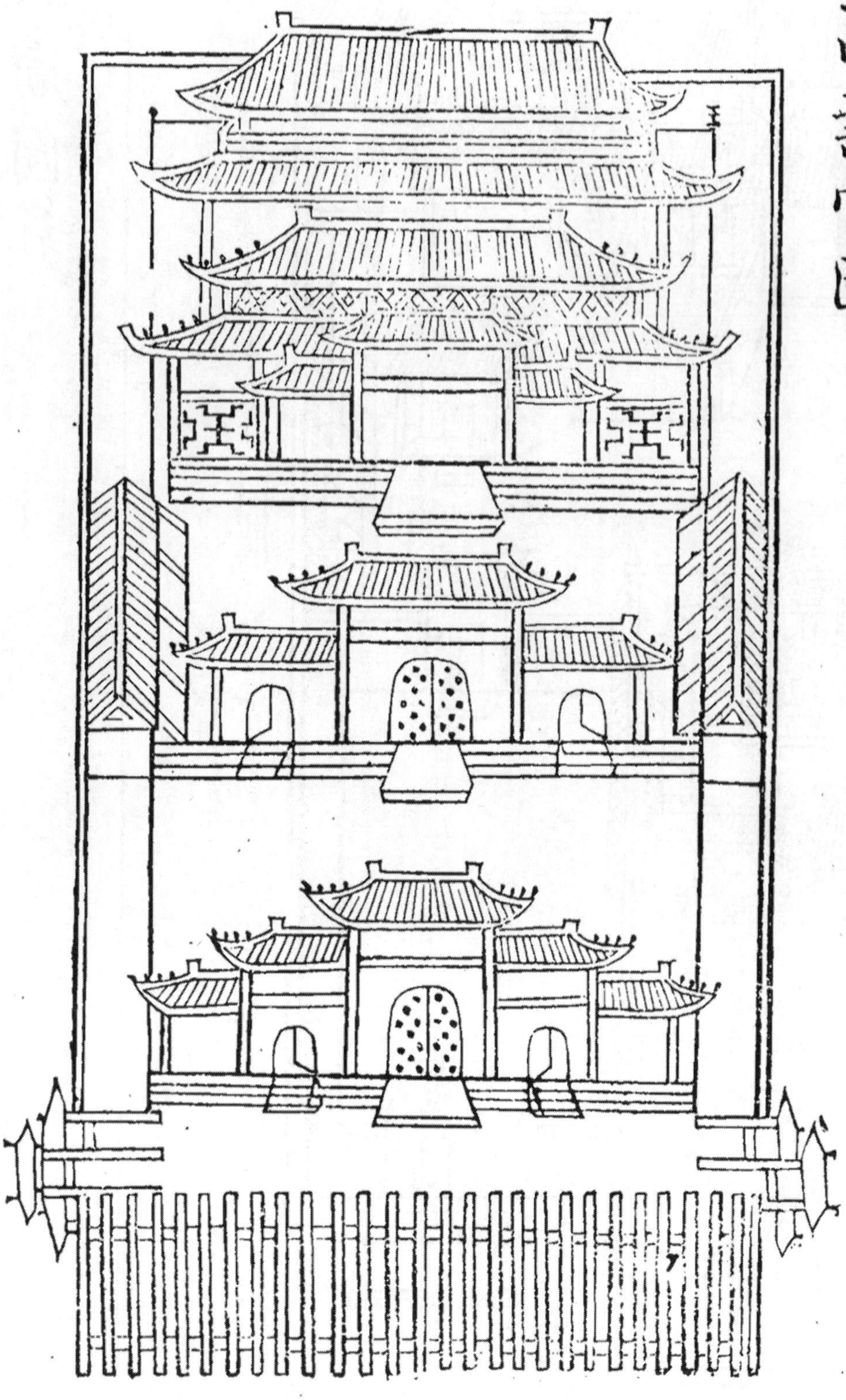

文廟圖

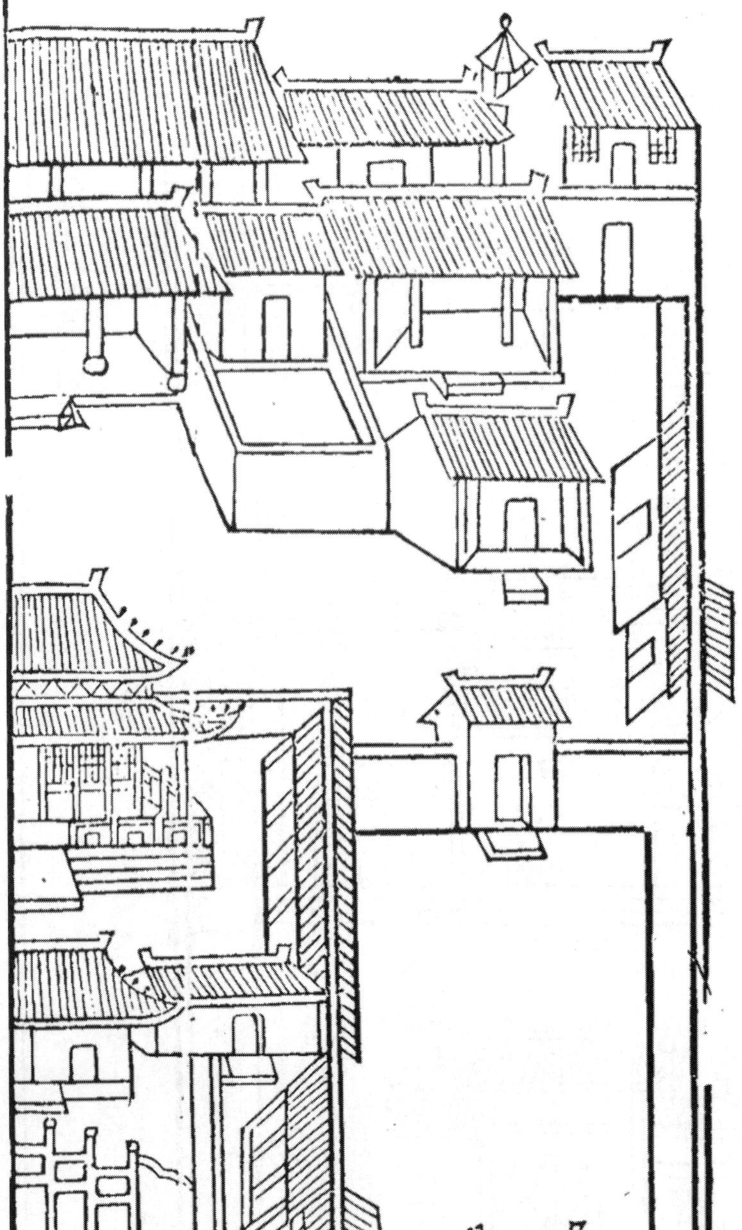

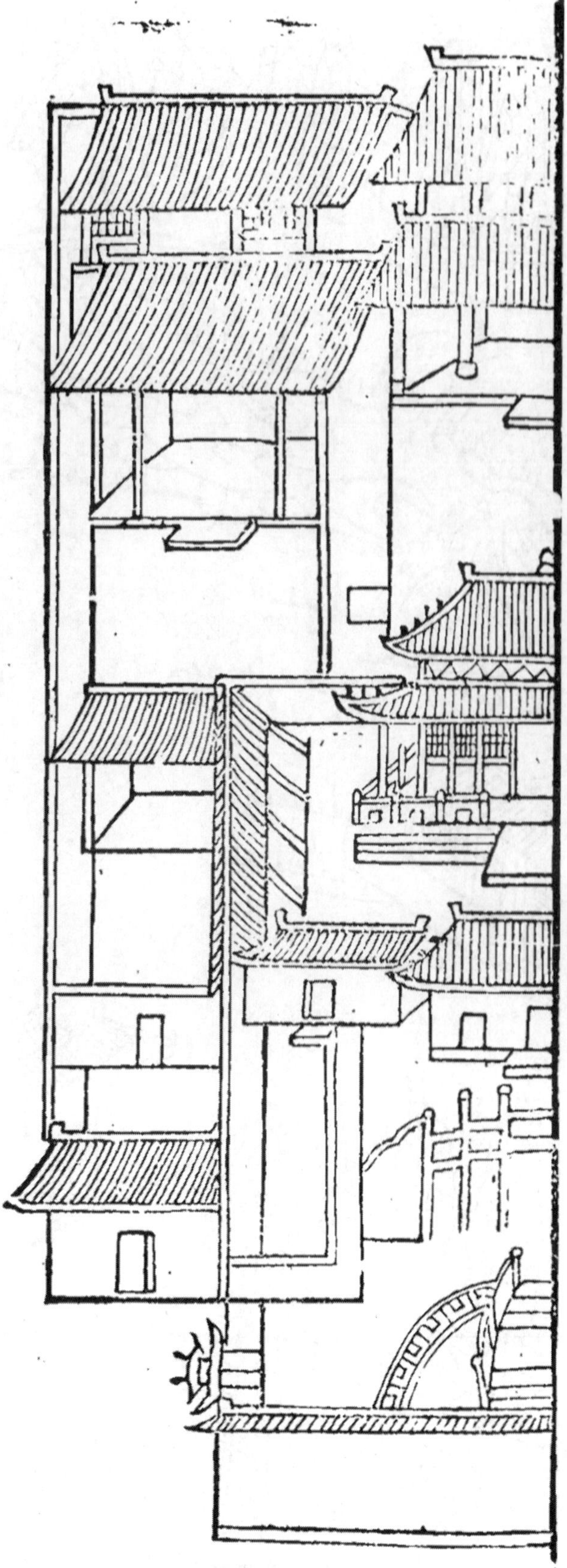

滄浪書院
文昌閣

廣濟縣志總目

凡例

一志體最嫌門類繁多今立總目十二統括諸類以便省覽

一舊志疆域沿革蠲恤祥異諸類今并入世紀

一舊志分載城池公署廟學山川鄉鎮驛遞營汎水利古蹟冢墓寺觀諸類今以城市鄉鎮括之在城市則入城市在鄉鎮則入鄉鎮而鄉鎮以山川為主故特以山川標目焉

一職官選舉二表其見名宦人物諸傳者註明有傳凡所增補姓氏係採取一統志省府志舊墓志與

古人文集

一士族表原仿新唐書宰相世系表之例而別立戶籍表以配之戶口賦役悉附見焉

一名宦諸人必歸輿論之公今以崇祀名宦鄉賢者居前而其餘以時次後其仕績儒林忠烈孝義隱逸一行藝術各依史傳標目不欲濫立名色也

一列女所收較詳以義近幽潛概難掩抑特從大書分注之例非同略美

一藝文僅載書目廣濟前人詩文專集遺佚居多而經解猶有存者今並紀其書名以志綱羅散失之意至舊志文苑諸人移附於此亦陳直齋書錄解題之例也

一雜記中物產風俗僅志大略至軼事所錄諸條雖瑣說稗官概從纂掇諸志之體類然

雍正丁未縣志修校姓氏

知縣閻國士振華　孫謙亨有終　黄玉鉉漢崖

教諭李延春大生　李以乾重叙

訓導胡效顺抒白

邑人王臨五宜　劉醇驥千里　張仁熙長人

甘一焜明宗　舒逢吉小康　舒峻極漸鴻

范應明起公　陳奠國猷先　胡楚瑛懷玉

王衍治恂度　王台鼎象三　王俊選青萬

王承詔丹類

乾隆辛未重修姓氏

知縣虞學灝志原

教諭龔佐龍仲輔

訓導陳景行

邑人朱本績　楊承綜　徐天球

張壯國　劉洪偉　劉洪敏

劉洪佑　劉洪綱　朱光烈

吳世鑑　田炳　陳文光

朱光炯　干鳳元　吳世煦

彭士高　夏時謨　藍朝均

陳洪朗　周日進　陳常

劉斌　吳淳　陳洪榮

魏洪賓　張淳梁　李大謨

李澤禮　熊如浩　李廷柱

陳本桂　程林槐　王楚山

向曙　向上志　張濬源

周之冕　周林馥

目錄

廣濟縣志卷一

知廣濟縣事錢塘黄、增總修
工部虞衡司蘄陽陳詩纂修
教諭江陵羅芳職　全校
教諭借補訓導劉春甲

世紀

廣濟縣在黄州府東二百五十里東至黄梅縣界六十里東南至黄梅縣界七十里南至江西瑞昌縣界七十里西南至蘄州界七十里西至蘄州界三十里西北至蘄州界二十里北至蘄州界五十里東北至

黄梅縣三十里　黄州府志

廣濟本漢蘄春地　明一統志

唐武德四年析蘄春置永寧縣　舊唐書地理志

天寶元年更名廣濟　新唐書地理志

李希烈反曹成王遷御史大夫授節帥江西以討希烈裒兵大選江州羣能著職艦步二萬人以與賊遌嘬鋒蔡山踣之剜蘄之黄梅大鞣長平鏺廣濟　韓昌黎集

宋屬蘄春郡

紹興初廢縣爲鎮尋復置　明一統志

初黄縱陷邑再與援淮西軍至蘄之靈山伺金人歸

而譬之士豪祝文蔚横突入陣金人大敗 宋史趙方傳

嘉熙間徙治大江中洲元復舊治 元史地理志

元屬蘄州路

泰定四年蘄州屬饑 元史五行志

明初屬蘄州府後蘄降爲州縣隸之屬黄州府

正統四年夏大旱民饑知縣高偉發義民藍懋忠粟賑之 丁未縣志

成化十六年免去年旱災秋糧 黄州府志

嘉靖十七年六月大水羣蛟一日並起居民田廬皆毀 丁未縣志

二十年蝗飛蔽日知縣蔣崇祿令民有能捕蝗者給米一石不十日蝗盡 同上

二十三年旱賑之 黄州府志

二十四年旱副使劉光文奏免田租之半布政司發銀賑之 同上

隆慶五年大水破隄縣丞朱邦華治隄隄成 丁未縣志

萬歷元年秋廣濟大旱六年免逋賦 黄州府志

十七年大旱蠲秋糧 辛未縣志

三十六年大水三月至五月雨不止江隄決五鄉俱没知縣周良弼以三千人築之不果成又明年庚戌大吏捐金六百二十兩屬黄梅蕭丞董之訖五月告成 丁未縣志

四十一年廣濟大水 湖廣通志

是年秋大築堤知縣劉允昌屬縣丞樊守純督之會有生鹿浮江至引之岸不死乃作瑞鹿歌以停解南糧爲募工費塞諸決口 丁未縣志

崇正四年五月龍見大水驟至室廬没春風橋居民有溺死者 同上

八年九月賊寇廣濟毀鎮草兵遂大肆焚殺知縣黄宏會走匿 湖廣通志

十五年胡是恭家馬生角八寸從耳中出 同上

崇正末還治大江中洲尋復故 明史地理志

國朝屬黄州府

順治元年大兵經過地方免正糧一年歸順地方免三分之一 黄州府志

五年廣濟民家牛生五角或出背上耕如常 湖廣通志

張氏畜牝彘一日育十數豚一豚食諸豚及牝彘立盡 丁未縣志

十年蠲免九年旱災十分之二 黄州府志

十五年水丁未縣志

十七年蠲免十二年至十五年民欠錢糧黄州府志

康熙三年蠲免二年水災十分之三同上

十年旱免錢糧十分之三同上

二十四年廣濟水賑穀湖廣通志

二十九年廣濟饑賑穀同上

三十二年廣濟旱蠲賦同上

三十三年廣濟旱賑穀米同上

四十七年廣濟水旱蟲鼠災蠲賦賑穀同上

五十五年水蠲賦賑穀同上

雍正五年大水蠲賦賑米同上

乾隆十年蠲免十三年分應徵錢糧辛未縣志

二十九年大水蠲賦賑米縣卷○下同

三十二年大水蠲賦賑米

三十四年大水蠲賦

三十五年蠲免應徵錢糧

四十四年蠲免應徵錢糧

四十八年大水蠲賦

五十年大旱蠲賦賑米

五十三年大水蠲賦

五十六年蠲免應徵錢糧

廣濟縣志卷二

城市 公署廟學古蹟寺觀附

廣濟縣無城治爲市民擁衛外開四門東曰覿陽南曰迎薰西曰繼旻北曰得朋又西北有門曰保和有慶而大河中注之治居河西東南二門在河東崇正己卯議建城自西徂東跨河爲之興工數月不果成

國朝康熙甲辰知縣安璇築土爲城立門四東曰暘谷南曰明都西曰西成北曰會元周圍三里零七分乾隆己未知縣李肇梅重修 黄州府志

縣治倚黄鵠山

縣署迤西門中爲正堂西爲幕廳東爲庫堂後有廳左右亦有庫廳後爲知縣廨堂左爲鑾駕庫下爲東廊次爲春生堂右爲西廊下爲吏舍中道爲戒石亭亭前爲儀門門外東爲五顯祠前爲獄獄左爲譙樓譙樓右爲申明旌善二亭洪武初知縣胡昇建後知縣江震汪倬陳傑縣丞吳瑞相繼修崇正乙亥寇燬

國朝順治辛卯知縣毛華鵬建正堂川堂後樓及前儀門康熙壬子知縣任暄猷重建縣門及六房賓館 辛未縣志

生春堂在廣濟縣廳東宋建 明一統志

後樂堂在縣署後正德間知縣汪倬建僉事周忠爲之記 辛未縣志

内省堂慎獨齋知縣任暄猷建張仁熙有記 同上

五顯祠在縣儀門外 丁未縣志

預備倉在縣治右 同上

儒學舊在縣治東北元末兵燬洪武初知縣胡昇依舊址建學後知縣陳景昌移建東南一里許宏治壬戌知縣陳奎以學宫僻處河東遷於縣治之左以按察司行臺及府公館舊地爲之明末兵燬 黄州府志

陳奎遷學在壬戌正月廟堂門廡既成惟饌堂地偪

因出己玩鹿易民隙地爲之士大夫義其事遂名饌堂爲鹿易堂詩歌美之教諭趙鼎序其事後廬陵張鳳梧作遷學記 丁未縣志

國朝順治丁酉知縣閻國士始建

先師廟康熙丁未知縣黄玉鉉教諭李以範修建東西兩廡前戟門東名宦祠西鄉賢祠前櫺星門外爲泮池又前爲騰蛟起鳳坊神厨神庫各一惟射圃在舊學基側 黄州府志

十七年訓導汪紹遠重修張仁熙有記乾隆六年知縣李肇梅重修有記三十六年知縣汪墉重修

大成殿

先師木主高二尺三寸七分濶四寸厚七分座高四寸長七寸厚三寸四分朱地金書會典

禮器簠五十八簋五十八籩一百七十四豆一百八十六木登一鉶三十二帛篚一舊銅爵二新銅爵一百四十白磁爵四十二磁酒罇十二同上

樂器大鐘一編鐘一架十六面磬一架十六面石磬琴四瑟四簫四笛四箎四排簫二笙四塤二大鼓一應鼓一搏鼓二柷一敔一板一尺一木笏六羽籥三十六麾旛一旌旛二絲縚二十同上

樂譜迎神奏昭平曲大哉孔子先覺先知與天地參萬世之師祥徵麟紱韻答金絲日月既揭乾坤清夷舊名咸和

奠帛初獻奏宣平曲予懷明德玉振金聲生民未有展也大成俎豆千古春秋上丁清酒既載其香始升舊名寧和安和

亞獻奏秩平曲式禮莫愆升堂再獻響協鼓鏞誠孚罍獻肅肅雍雍譽髦斯彥禮陶樂淑相觀而善舊名景和

終獻奏敘平曲自古在昔先民有作皮弁祭菜於論思樂惟天牖民惟聖時若彝倫攸敘至今木鐸舊同亞獻

徹饌奏懿平曲先師有言祭則受福四海黌宮疇敢不肅禮成告徹毋疏毋瀆樂所自生中原有菽舊名宣和

送神奏德平曲鳧繹峩峩洙泗洋洋景行行止流澤無疆聿昭祀事祀事孔明化我蒸民育我膠庠舊名祥和

四配木主高一尺五寸濶三寸二分厚六分赤地墨書辛未縣志

十哲閔子損冉子耕冉子雍宰子予端木子賜冉子求仲子由言子偃卜子商顓孫子師有子若朱子熹同上

東廡先賢三十八人蘧子瑗澹臺子滅明原子憲南宮子适商子瞿漆雕子開司馬子耕巫馬子施申子棖公西子蒧子茂子忠狄子黑左子邱明施子之常顏子之僕樂子欬燕子伋公祖子句茲縣子成秦子祖句井子疆顏子祖奚容子蒧石作子蜀公夏子首后子處壤駟子赤顏子高顏子辛公孫子龍曹子卹秦子商秦子冉牧子皮公都子公

孫子丑張子載程子頤同上
西廡先賢三十九人公西子輿如叔仲子噲㢘子
潔原子亢薛子邦左人子郢榮子旂罕父子黑鄡
子單公肩子定公良子孺任子不齊公西子赤漆
雕子哆漆雕子徒父冉子季伯子虔冉子儒梁子
鱣商子澤樊子須高子柴公晳子哀公冶子長宓
子不齊林子放邽子巽陳子亢琴子張步叔子乘
秦子非顏子噲顏子何縣子亶樂正子克萬章周
子敦頤程子灝邵子雍同上
東廡先儒二十三人公羊高孔安國毛萇高堂生

魏了翁鄭康成諸葛亮王通司馬光歐陽修尹焞
胡安國呂祖謙蔡沈陸九淵陳淳王柏許衡許謙
王守仁薛瑄羅欽順吳澄同上
西廡先儒二十三人穀梁赤伏勝后蒼董仲舒杜
子春范甯韓愈胡瑗楊時羅從彥李侗張栻范仲
淹黃幹眞德秀何基趙復金履祥陳澔陳獻章胡
居仁蔡清陸隴其同上
名宦祠在戟門左祀知府盧濬推官羅翰知縣胡
昇高偉劉遜陳昱杜嶶江震陳奎葉溥汪偉楊阜
縣丞吳貞沈瓊主簿李養張芳敎諭羅絢洪範訓
導舒宣詹晟梁文典史王素魏時光同上
鄉賢祠在戟門右祀余玠梅應春梅應申張晏然
何朝舉姚楚山張紹祖徐麟于克誠王佐陳拟張
根鄭達張本端陳愷孫英王欽孫喬史玉明王大
謨舒賢舒其志吳亮嗣胡士容陳王道張易宗張
步雲金之純胡海胡浩張金和吳自守韓紳胡篤
生劉醇驥舒益生李奇觀張先基劉登仕梅朗中
朱翼治張仁熙金德崇金德嘉同上
明倫堂在大成殿後同上
崇聖宮在明倫堂左同上

東配先賢孔氏鯉顏氏無繇先儒周輔成張廸蔡元
定同上
西配先賢曾氏點孟孫氏激先儒程珦朱松同上
忠孝祠在崇聖宮左祀忠臣張大九劉玉鑾胡士容
游之雲孫光宸劉洪度同上
孝子張本端伍伯啓程希濂史玉明胡文戴怀張金
榜徐多猷陶之哲夏伯弼劉秉鍜程有璋李敷倩盧
應昇劉洪甲翟近辰周以貞何所白朱喬呂默卿韓
紳陳類兒劉登仕陳文允蘇元周呂和寬劉銘璋陳
治國同上

義士劉文輝劉文煥藍懋忠藍敬忠藍瓏程孔良游楼毛思寧鄭德廣徐伯安梅桁桂希堂彭幅程友悌劉禹清戴子儉徐萬貴程紹宗王應中李正芳劉鑽饒仲魁呂用賢張本森徐萬隆王友立藍孟文陳叔牧胡海饒嘉琎王參宇張開熙舒益生張泰同上

節孝祠在學宮右辛未縣志

乾隆十五年教諭龔佐龍修崇聖宮左軒題之曰飛竹軒自爲記同上

飛竹軒後爲敬一亭舊址瘞先聖像同上

教諭署在明倫堂後同上

訓導署在文廟右同上

縣丞署在庫左今裁丁未縣志

懷義堂在縣丞署嘉靖間知縣蔣崇祿爲縣丞謝天爵題邑人張頴有記同上

主簿署在幕廳右今裁同上

典史署在縣署右同上

清淨井在廣濟縣治右昔四祖父司馬氏爲本縣令飲是泉祖生時汲此水浴之又名浴佛泉明一統志

司馬申墓在縣署後申四祖道信父也康熙三十五年知縣李世德幕客宋森訟漫於墓上歸署即病熱勢危甚是夜感異夢及旦詢知爲四祖父墓乃與知縣捐金伐石表墓病遂已後知縣蕭龔續買祀田乾隆二十六年知縣劉可考建亭墓上四十三年署縣楊仁譽增建香亭歲時祀焉墓前舊有四祖所植蘆其後路通玉帶街康熙丙子知縣劉臨樹柵上書覺路二字今毀塞矣桑梓紀遺

直著蘭臺坊在縣前爲侍御劉天衢立辛未縣志

恩隆瑣闥坊在縣前爲給事吳亮嗣立同上

品字泉在治東俗名三眼井

城隍廟在治東洪武元年知縣陳桂立凡祀風雲雷

雨山川壇迎神爲之配祀厲壇迎神爲之主天順癸未知縣張宗王申知縣孫寵皆有修葺己卯知縣王良佐終其事且爲之記辛未縣志

仁壽橋在縣治東門外康熙五十九年春雨水漲衝塌一眼重修雍正五年大水沖塌四眼僧月朗募修同上

黃家井在十字街水極甘冽溽暑飲之立解岸如樓文鈔

大老文宗坊在十字街爲觀察舒其志立辛未縣志

春風橋在縣治東同上

舒芝生春風橋詩不盡青山不盡谿綠楊深樹鷓鴣啼行人俱說鄉關夢錯認梅川是隴西梅浦青青綠柳垂覘陽河側草迷離白頭樵客知多少歸路歌聲落日遲禪客相逢盡少年顔如芍藥酒如川大王峯頂春偏早長羨揚州十萬錢桃葉桐華雁北飛名園博奕夜深歸驪騎十字街頭過笑問春深雨濕衣安樂山間雨乍晴當爐燈照酒帘明誰家少婦携長笛吹出三湘暮雨聲 十洲偶集

蔡家菴在縣市東街 丁未縣志

演武塲在縣東里許横九十五步縱一百九十三步

廣濟縣志 卷二 城市 十四

有振武亭正德十六年知縣汪倬建嘉靖十六年知縣王綽修

國朝順治十六年知縣孫謙亨復修 辛未縣志

容園在縣治東胡一玠石存別業 桑梓紀遺

金德嘉容園歌縣門我友胡石存栽花負郭爲客園一畝之宮萬派水大河乃發横岡源如象如馬涉衝瀉春風橋石滄浪痕鐘聲夜動南山寺日色朝暾東郭門竹聰松棟舊山舫何年移此成新軒京口耆舊臨池去拳蝌倒薤檐楹蹲山舫四座客常滿更闌燭跋猶聲喧三日采蘭九日菊百里以內名流奔郎今棐几敦槃在詞塲滾滾登兒孫芝莖蓀茁山雲裹韓融汜毓墐甍椁藩籬恭布俱筆扎擂摅絶俗之方言盪胸決眥至埃盡去天尺五睨天根寂寞荒江吾老矣安能走倒牀頭樽題詩寄與垂素壁卜隣還擬居南郁 居業齋詩鈔

舒芝生容園詩小塘當戶曲野水向城圓茆屋如船小舟居此地偏築墻環碧柳鑿沼種青蓮東嶺千峯月梅川一帶泉幾時饒逸趣閒步寄流連既有書盈架何妨我著鞭三冬勤努力邁往過前賢 十洲偶集

廣濟縣志 卷二 城市 十五

風雲雷雨壇在縣東 辛未縣志

南山寺在縣治東南唐建洪武二十五年重修寺中尚存唐時物萬歷五年知縣姚翼重修有碑記 居業齋詩鈔

養濟院在縣南 辛未縣志

萬壽宮舊在縣署後乾隆乙未署縣事素布棟阿改建於河東舊儒學基規制宏敞宮後爲北望樓前數百步爲先農壇宮之右武廟在焉 碑文

先農壇在縣南

縣西舊有義學知縣蕭冀建雍正十三年知縣李肇梅移建北關内名梅川書院訓導江禹淀有記乾隆十六年知縣虞學灝重建滄浪橋立書院於四高樓舊址名滄浪書院自爲記五十年知縣王鵬南重修 桑梓紀遺

四高樓在縣西門外是文昌閣舊址巡撫御史韓重建知縣劉允昌葺成之改今名東曰禮灊西曰乘鄂南曰蓦岫北曰襟江樓下爲梅浦植梅千樹隔浦搆亭滄浪橋跨之與樓爲映帶風晨月夕劉輒登焉僚佐畢集飲酒樂甚歌詩四章刻四高樓上王光祿逢年書樓下爲五印心菴供大士像隔河爲祠整贍華麗一時人文壯觀焉 丁未縣志

劉允昌詩樓之東摩天削出青芙蓉下固窮泉上薄日其氣魂魂光熊熊玉泥金檢自何代軒轅副嶽元封封赫蘇躍跡禪德通衡南儲君驕赤龍紫光繡衣羣官從我欲攬取樓之東 禮灊 樓之西汀蘭渚蕙芳離離灌嬰城東節度石二浦中分經五圻紫髯未極墮臺醉大姥先將豹尾施漢舉游女光容儀明珠解摘被襪褵翩然下來黃鵠磯我欲

攬取樓之西 乘鄂 樓之南會峯疊巘緑于藍叢花旋飛紫白練瓊臺巖槃開煙嵐夜半豈風吹鐵瓦虹蜺怒喝吞長川仙人騎魚丞鬍髯朱鬣四趾雄雌驂朝遊衆嶺暮匡山我欲攬取樓之南 蓦岫 樓之北空山石穴陳浮國蝦蟆不躍長風沙琵琶夜彈積布月經營灝汗五千里噴薄相陶靈氣協新陽女兒衣羽翩青林童子姣且悅西勞將軍止伐柵我欲攬取樓之北 襟江 ○遷草

張汝雲新建四高樓詩側身遥望四高樓樓上仙人五色裘遶檻水分千派遠開簾山送萬家秋登臨鳥影懸霄漢披拂琴聲入斗牛媿殺白頭人獨老難將病骨一從遊 三益堂詩集

金德嘉四高樓詩四高樓俯滄浪橋呼吸星河影動搖雪裏探梅人去後何年有客夜吹簫

滄浪橋在縣治西知縣劉允昌建後圮乾隆十六年知縣虞學灝重建 辛未縣志

青蓮菴舊名報國菴在滄浪橋西 碑文

文昌閣在西河口内有魁星樓乾隆五年知縣李國棟修功未竣十六年知縣虞學灝重成之 辛未縣志

梅川源出横岡諸谿澗數里滙爲川下會會峯諸谿

水爲雙河口西南行逕畢家坂東又逕演武場西北折而南經春風橋會靈山浮渡諸水北折而西出仁壽橋下逶迤川觜當縣治前凝秀坊徑南去嘉靖間知縣楊阜塞之導水西折遶治右逕四高樓北爲滄浪橋始折而南會清流港水逕舊關聖祠前有劉公閘十里逕潘古壋又十餘里逕栢林東岡閘又二十餘里入陶家塘經紫石頭入武山湖 丁未縣志

川上種梅自桐城劉大令始蘄王孫仲艮以紅白梅各二本來貺大會賦詩有百里肩梅種我樓之句蓋種之樓前云 居業齋集

劉允昌梅川歌爲阮集之别江濤如雪船如驢騎驢走雪胡爲乎尋梅孟叟去已遠君來復向梅川趨梅川長宫比梅瘦新向梅川種梅樹梅樹齊眉未結花先結高樓號梅塢高樓四望煙蒼蒼晚風六月生微凉開樓置酒夜名客一一先民之遺狂狂客無如步兵最鼻息都作英雄氣填胸已少音魏書下筆偏多皇頡字蜾蠃螟蛉在眼前猶向袁郎飽一拳拳老手毒敵不厭憺然十日飲平原平原主人輕薄尹與君生來共鄉井明朝别我走黄州閑却高樓四窓冷赤壁磯頭興未賒黄鶴樓多黄酒家到日若無吹笛客還來聽我落梅花 遯草

金德嘉梅川詩梅川川上梅花樹樹樹都從皖口來一夜初徵梁苑賦王孫筵向此中開 居業齋集

河堤在縣治右河自凝秀門下水太直瀉少環繞停蓄之氣於邑非便嘉靖末知縣楊阜命塞舊河口導水西遶抵山麓始南折沿河南岸低窪不足捍水西行瀆徙爲虞特命高其隄防萬歷中河隄決邑人楊大鰲督修凝秀決堤二十七丈沿堤植杞柳櫪栢諸木自樹多砍伐堤失其衛崩決遂多邑人王臨讀書菴中特自補築栽樹木以護潰堤 丁未縣志

急遞舖在縣西門外

育嬰堂在縣西

社稷壇在縣西

瀚澤園在縣西

劉公祠在縣西門外祀知縣劉應昌後毁康熙三年知縣黄玉鉉改建三官殿並立劉公神主五年又建祖師殿於其後 俱同上

西門二里許有徐家衙卽[illegible]故平章第 辛未縣志

平章城徐興築徐興本縣人元舉賢良官平章蘄國公元季紅巾據蘄水爲僞平章公築城縣西督兵禦

之朔鎮目來鄭約辯身將以僞之遣使往諜果然孫
兵合而圍我之款賊稱僞曰鎮勿犯新城兵也後斬
賊假陷而濟鎮得全鎮兵東上孫文壽集父兵歸附
封武略將軍鎮僞遊將軍 丁未縣志
辛章有鼓圍徑丈高可五尺公毅戰鼓也明平置縣
譙樓上崇正丙子流寇至乃燬教馬場在縣北有亭
舊令扁日東南保障 居業齋集
武當宮在署後知縣楊阜修鑄鐵佛大士以鎮縣龍
其鐘文云大士笑森施地 辛未縣志
環翠樓在縣治北 明一統志

綠幔臺在環翠樓下 桑梓紀遺
元洞上有綠幔臺 康吝子集
劉養微探元洞詩洞口寒雲出閣流萬山明月轉
悠悠閑來灑埽臺前石伯有仙人到上頭 同上
梅家菴在縣北後改梅川書院及書院移建四高樓
舊址遂爲行館 辛未縣志
梅家菴任僧寄崖年九十夜分開木魚聲雜三號問
磬聲曰聞瓶笙聲其韻美乎無聲奔樹梢無聲掃地
亦無聲有暇則戴蔞草笠躡葉屨坐蒲團綠縷補綴
一衲過數冬、一綻絲可數十寒暑口未嘗及鹽有
無手未嘗提募疏向人也性嚴冷不能納一徒然燈
禮佛矍鑠猶如少壯時成都守梅君廩之 居業齋集
同福井嘉靖間知縣楊阜浚 丁未縣志
廣濟塘在縣北
城守署在縣北 俱同上
始皆居城隍廟後以廢察院爲署順治三年編民壯
五十名節次裁撤今存三十八名 辛未縣志
旱汛二塘係右哨把總兼轄水汛十塘係道士洑營
分防 黃州府志
白石山房在縣北劉太僕子秉鈞鈇讀書其上鈇才

而豪於飲劉明府座無寬伯不樂也 居業齋集
金德嘉白石山房詩風流絕代公榮飲白石山房
白石疊千仞只憑雙不借歡聲都入鮑家臺 同上
邑厲壇在縣北半里許
濟北寺在縣治北半里許舊名元妙觀寺僧見一重
修 辛未縣志
名山閣在縣東北河干大參王憲臯藏書處公子光
祿寺署正以書法名於時 居業齋集
金德嘉名山閣詩河流活活草青青墨沼當年傍
草亭插架縹囊灰燼後傳家猶有換鵝經 同上

縣坊凡十三東南爲孝義坊西爲梅浦坊北爲朝京坊并在城內渡河而東爲仁壽坊里仁坊濟川坊致和坊肅靜坊通晉坊又東南爲餘慶坊河南坊凝秀坊西門外爲順慶坊

廣濟縣志　卷二　城市　二十二

廣濟縣志卷三

山川 鄉鎮驛遞古蹟寺觀附

黃鵠山在縣治後特高處爲玉枕遠半里許爲白石十餘里爲疊峯又十餘里爲蓮花峯其左腋曰東衙曰橫岡右腋曰嶽山曰馬鞍山靈山以雙巒揷其左而前則獨山與靈山相聯絡銅鼓山以平峯峙其右而前則觀山與銅鼓相起伏其前則多雲九龍諸山環衛而大河右遶此縣之大概也 丁未縣志

梅川驛在黃鵠山前縣治之右舊名廣濟驛 驛遞册

靈山在縣東五里 明一統志

廣濟縣志　卷三　山川　一

靈山澗多石谷口有大石橫亘溪水澗其腹而出爲浮度石其旁有浮度菴 十洲集

浮度石距縣月臺二丈許知縣劉允昌書後數十年邑人劉醇驥携蜀僧彈琴石上乃作記 居業齋集

劉允昌浮度石詩並序 余桐有浮度山此石懸空跨澗形容微肖因命斯名復歌一絕 自石壓溪聲黃花添客興雖無繫弱羽持螯貫餘勤 遷草

張仁熙浮度石詩 十里仙橋路飛濤淺石根峽雲驚不落絕壁冷徒蹲野老樵秋色神龍過雨痕古臺明月在常照老僧門 藕灣集

曝月臺在靈山知縣劉允昌燕及擘窠書從游有劉秉鈇寬伯王逢年長孺甘許國忠甫陳尭璦伯光胡篤生孟培陸嗣先孟思饒嘉元仁倩吳亮思幼膚諸名士俱題名萬歷甲寅九日也 居業齋集

劉允昌夜酌曝月臺聽石梁泉聲詩黙著綴碧秋客老據石臨流酒興寬傲吏自來耽麴蘖野人都不識衣冠松峝墮月沾巾濕礀樹流雲拂座寒莫負黃花好時節明年此地對誰看 遷草

饒嘉元劉明府燕及夜酌曝月臺聽浮度石泉聲作紫萸黃菊佳辰促碧澗蒼巖凉月寛公子俱停

金盞屐使君也着竹皮冠石舒鯨背懸溪穩泉帶鵶聲入座寒勝地天留今夕醉新詩代作古人看 麥誦堂集

曝月臺之上山麓有泉出地中深不可測盛雨時有蝦蟆隱其中大如箕目熒熒有光捉之則不見名曰蝦蟆泉或曰麻姑泉非也 十洲集

溪上行不數步有石橋置大石上爲仙人橋石上有仙人履跡及馬足跡可見傍有石筍高數丈立溪上爲風雷所折今其半尚存 同上

麻姑井近爲土人淤塞縱步泝流上有橋明嘉靖時縣丞陳紳題靈山仙石四大字側近爲石竹菴 桑梓紀遺

循谿東上石磊磊出前前許一石壁挺蒼松破腹而出幾可巢鶴其顛有字 芝在堂集

迎翠菴慈慶菴聚賢菴並在靈山 辛未縣志

登頂爲大王峯有廟覆其上爲大王廟其神不可考峯後爲白雲菴緣溪而下爲慧日寮有池焉産紅白蓮 十洲集

靈山慧日白雲雙峯叠起東有馬祖寺唐時道一禪師游此至今石上足跡儼然傍有挂雪溪上有眺遠

臺卓錫泉下有卧雲橋又有多羅菴而鷲嶺諦信白雲諸菴環列山半 丁未縣志

劉允昌馬祖菴詩松間遶逕入林斜竹屋茅龕引鹿車野老能供田芋飯山僧解種海棠花香厨特設陶潛酒各水重烹陸羽茶更向溪頭尋挂雪夕陽殘影散歸鵶 遷草

石壁山在靈山南其東爲石步嶺俗名失婦嶺上有應泉菴又南爲人丰嶺嶺東有史孝子墓西有劉老人墳南爲打鼓石爲東金寨聶家坳又南九龍城下有萬流井水溢旱常不涸 丁未縣志

寇山人巨源墓在縣東五里畢四嶺山人楸久停江滸萬歷中劉知縣允昌讀其詩愛之幷葬五里坡碑題有明詞人寇巨源墓道旁有大方菴 同上

石山輝墓在寇山人墓側山輝字韞玉號芝田浙江會稽人乾隆辛卯主講滄浪書院每春秋必設饌奠寇山人墓居數年山輝病卒門生故人以其所遺貲殮葬畢四嶺 桑梓紀遺

天臺寺在鵝峯山側近有續德菴胡錫類捐田修建碑文

萬車舖在縣東十里 丁未縣志

安樂山在縣東十里靈山西北 同上

余公山在縣東二十里以余公玠墓得名也俗稱蜈蚣者謬 同上

余學士玠墓在縣東青蒿舖余公山 同上

青蒿舖在縣東二十里 同上

荆竹舖在縣東三十里防兵五名 同上

雨花菴雙龍菴在荆竹舖 同上

荆竹河在縣東源出東衝諸水至明水山懸巖數十仞飛瀑直下噴沫鳴雷冬日聽之似多喜聲春夏則震怒如霆拼擊不測記所稱飛瀑奇絶者久旱無聲倏如雷音二三則數日內必大雨下注爲潭潭隱深不可犯水溢西出經黃牛阬西數里逕五峯山側與梅水衝水會白土嶺諸水西流爲荆竹河有橋當驛道十餘里會車防河 同上

車防舖在縣東四十里 同上

車防河源東衝諸水出板聖龍潭逕清鑿亭側下爲橋即車防驛路與荆竹河合逕成相寺前又數里逕猫山口爲園頭河分而爲二至六石里坂同爲一河經廖陸溪入赤磯湖 同上

車防衝有清鑿亭秀才彭伯子洪泰讌客地也劉敬

伯養微有紀事長句盡三江一韻邑人到今誦之亭當冠蓋孔道秀才章縫都雅盤辟日從星軺使者游往往與闘中酬掌故崇正末張獻忠躪山城亭子燕殘矣 居業齋集

金德嘉清鑿亭詩清鑿亭荒只有詩風流猶憶鄭當時山農不省詞場事亭下牽牛唱竹枝 同上

金檢討德嘉墓在車防舖 辛未縣志

石壠坡在縣東四十五里自東衝至此兩山夾峙石坡陡峻東爲張僉憲良輔廬墓處又東爲生銀膌有成相古刹北十里爲周砦元末紅巾攻砦邑人周楞

卒鄉民血戰却賊衆賴以全有司上其功官之丁未縣志

石壠鋪在縣東五十里同上

龍頭寨在縣東五十五里山形象龍其盡處如龍首昂起而兩石砎立如角石下有泉俗呼龍眼又東五里爲雙城驛同上

雙城驛舊設驛丞乾隆十六年裁與縣治右梅川驛并歸知縣兼理其丞署今爲行館桑梓紀遺

驛東有橋爲黄梅界居民袁某捐貲爲橋知縣周某立碑旌之劉殿撰若宰題曰佛國津梁云丁未縣志

雙城驛塘防兵五名黄州府志

萬古樓在縣東六十里辛未縣志

龍頭山南十里爲冷水凹七里爲鄭公塔鄭公者不知其名宦居茲土捨地建塔名蓓山塔俗稱鄭公塔不忘所自也丁未縣志

藍士縉詩二梅饒勝蹟塔影晃虛空閱歷經唐晉周圍半檜松曉鐘飛宿羽清磬破愁容野老渾忘事猶然識鄭公

塔側寺曰禪居内有大士閣閣下殿祠眞武像相傳二月十九日男女輻輳謁大士張幕列市備百戲極聚會之盛云丁未縣志○以上縣東

獨山在縣東南五里許衆山環繞而一峯孤迥若髻崇正丁丑居民倚爲石壘防守最堅丁未縣志

隋吏部徐儉墓在廣濟惠山湖廣通志

徐儉父陵東海郯人傳見南史陳後主時儉官御史中丞通志以爲隋吏部非也儉子斐後爲唐永寧令葬儉於惠山遂占籍焉

大聖山在縣東二十里一名大名山有費龍君廟費郎君名光輝廣濟人母劉氏餉夫於田震雷晝晦有龍漦之異自是體不平有異僧以三丸和墨汁飲之

三年而生郎君不喜乳喜嚥澗中水數歲與羣兒戲水塾師詣河濱禱之忽雷雨山中水起四顧大霧遂失郎君所在越數日忽自踞於庭曰吾龍也三年將俱往至期果以父母去故居在大名山側鄉人於其地立廟祀之湖廣通志

廟門有橋甃石爲之溜中瀑布自橋栱噴出激石而下雨後瀑勢壯甚聲出橋上迅疾如箭入廟門躡石級上窮瀑所起處乃在殿後柱礎下有壘覆之聲轟轟然如風霆怒號相傳爲龍所窟宅處時有小龍如蜥蜴緣簷壁走稍誤擊之頃刻騰雲霧去旋作雨水

溢壘常深丈餘舛與橋平拔木折樹砂石飛走歲有
之顧不損禾稼 丁未縣志
費祠龍湫水發株樹嶺會十八疊衆流歸駱家河歷
花關橋會[illegible]河水遶太平山側入赤磯湖 同上
萬歷間知縣劉允昌至大明山向龍湫聽雨睹飛瀑
壯湧書噴雪二字 同上
胡尚志詩鳥道斜穿碧玉苔龍宮深鎖白雲隈山
門亭午日方到草閣長年霧不開幾見鬼將飛易
過猶聞鳳引洞簫來三千界外知何地十二峯頭
郎上台

[illegible]詩經年塵鎖滑宮幽[illegible]纏蛟擁上頭大
[illegible]小郎曾爲赤蛇憂吹笙鳳頸聞三
[illegible]九州不向巫陽問消息阿香應共
綠雲遊 白茅堂集
後峯山在縣東南二十五里自石門山數里南起爲
後峯峯東爲大藏寺寺爲蔣祖修靜處祖唐僧自暹
羅國來乘建寺居之頂有眞武祠西爲藏經樓山谷
紆抱溪流映帶知縣劉允昌嘗步洪源橋顧視上流
一橋寬平倍洪源作亭其上名杯渡亭前有觀音祠
爲陳求吾讀書處 丁未縣志

饒嘉元杯渡亭詩亭雲悠悠雲氣清亭石叠叠石
泉平控壓天空海鯨伏移來夜半山鬼鳴霜鐘應
律十月至寒葉墮樹長風生把酒賦詩獻時哲虎
豁驩附悪楚傖 夢謝堂集
大藏寺乾隆五十七年僧豁堂重修 碑文
自大藏寺而東過嶺爲大羅山四周皆山一水從石
港横出寺當山隈極爲幽靜曰羅漢亦曰慧雲 丁未
縣志
廉貞寨在縣東南二十五里上有廉貞寺
多雲山在縣東南三十里俱同上

多雲山在廣濟縣天欲雨則先出雲山有風洞以石
投其中即風起有風出此山入羅州界 明一統志
多雲山巖間有微泉滴出竟日可得升許山中人欲
鑿而大之方去片石如錢大泉頓枯 筠廊偶筆
饒嘉軌詩東衡昔到鮑參軍是處游人更不聞風
雨煙嵐封白石樓臺海色墮紅裙故山身隱空秋
老别號天留與夏君莫向羅州西界問尊前相對
是多雲
龍池山相傳山頂池中唐時有鯉魚化爲龍去因名
明一統志

石港山在縣東南三十里有龍窟興雲致雨里人望其氣即應舊記云唐張真人雲遊見二龍化鯉出沒盛冢啜其一昇天一爲野人所獲遂命道士吳某詣視即今石港也盤旋曲澗旁有樟枯死道士置煉丹一顆於其內而去其樟圍堪栽纏里人因塑爲鯉聖龍君立廟其處歲時禱祀里許有龍窟二登高臨視深踰千尺怪石崚嶒挂瀑不絕溪左龍池寺與龍君廟並峙 丁未縣志

大符山在縣東南三十五里明季流寇猖獗邑諸生羅甦其與弟之遴等聚衆保大符山崇正癸未張獻

忠自黃梅犇至大符殺賊頭領百十人賊怒奮力攻之砦遂破重其等支解衆俱屠 同上

大符山舊有菴曰朝陽即再來僧塔處 同上

法幢本雙峯寺僧逝後廣濟安樂鄉余志五家生子自言吾法幢也識舊物不爽人呼再來僧永樂間召至京師賜居報恩寺宣德三年歸住朝陽菴旋示寂塔於本菴觀音堂後 湖廣通志

鳳凰山在縣東南四十里山南爲禪姑山寺曰永興寺又五里爲岳喆宅 丁未縣志

鳳凰山下岳喆故宅宋忠武王子霖聞家難偕弟霆逃黃梅山中秦檜改岳州爲純州震因改姓山淳熙初從封爵姓鄂震十五世孫全爲沐陽令又五世孫文源始復姓焉霆裔萬三徙居廣濟喆其後也 自茅堂集

太平山在縣東南四十五里旁有煉丹邱晉遠公卓錫於此後入廬山去時笑露黃牙因寺於此名黃牙寺 丁未縣志

黃牙寺背平坡面澤左河右澗晉慧遠卓錫此寺後毀於兵至正間法曇重建天順間壽師無盡自金台五華寺遊此愛其寂靜遂新之如五華制正德末僧

宏明募修邑人程瀚勒石 同上

西里許有花關橋又半里有松林百十株拳曲青蒼若虬龍狀中有三大石矹然峯立名石林西南有儒林嘴宋時陸姓昆季三人官學士居此自署別業號儒林明時翰林陳氏朝富徙此自鄭公塔西至花關橋有六石一名白鶴石一名銀青一名鐵青一名紫金光一名火石一名劍鋒名六石里北四里許又有七石嶙峋特出比聚若星爲北斗七星云 同上

七星石在縣東其石如七星布列 明一統志

宗山嶺在縣東南五十里其下爲橦梓牌或曰童師

排東出爲雲興寺寺隔溪爲陽烏山郎釣魚臺又越溪爲李齊坂坂與陽烏皆溪水環繞過坂皆湖其東爲黃巾砦爲汝湖 丁未縣志

陽烏山在縣東南六十里四周皆水上有玉皇菴港南北不里許皆通太白湖 同上

釣魚臺在陽烏山畔土人相傳有康國公墓上無碑版不能定其爲康公也 居業齋集

金德嘉詩黄土山頭封馬鬣釣魚臺下說康公蕭蕭風雨過寒食麥飯何如田舍翁 同上

連城山在縣東南六十里臨連城湖元末邑人楊普

銘砦此保井里南有女兒城下有連城橋郎龍坪大路與陸塘橋相去十餘里又數里伊家渡山北有玉石寺 丁未縣志

連城隄在縣東南六十里連城山下緜亘十數里爲龍坪鎮通衢 同上

連城湖地名連城其東爲湖港廖家口有古溝通黃梅陸路久湮正統中復開之以通兩縣舟楫 方輿紀要

正統九年廣濟民言縣與隣邑黃梅歲運糧三萬石於望江墩小車盤剥不堪其勞連城湖港廖家口有溝抵墩前淤淺不能行船與黃梅合力濬通以便水運從之 明史河渠志

龍坪鎮在縣東南七十里濱江戍守以龍坪爲上流發始之處 方輿紀要

龍坪鎮上塘防兵四名下塘防兵三名 黃州府志

龍坪古鴻腦洲也稱龍坑 居業齋集

宋嘉熙中徙縣治於此明末流寇亂山砦數十所屠掠且盡士大夫奔此地者得免於難縣治移此有亂人結營船縣令張登衡爲印伍籍遂白晝殺人挾旗亂日熾士大夫率衆討平之 同上

金德嘉鴻腦洲詩赤嶼東來三百里大江中斷湧孤汀鱄鮮浪息斜陽渡亡恙乾坤舊草亭 同上

龍坪故名龍阬嘉靖時景王之國將次龍阬撫臣以阬字不祥乃改今名 海隅集

巡檢司一員舊在武穴乾隆二十二年移駐龍坪 桑梓紀遺

便民倉在龍坪鎮大江北嘉靖戊戌主簿劉珮重建 丁未縣志

城隍廟在龍坪糧倉左側 辛未縣志

接引菴在倉後崇正甲戌邑人楊民服楊用晦施地

僧自猛建 同上
行澤號雲外婺源人汪氏子順治戊子春自匡山來
張仁熙劉醇驥迎居文殊菴逾月遷蘄之大泉後去
大泉復經廣濟居龍坪接引菴 同上
圓頭村在禽後 同上
武當宮在龍坪講約所 同上
江漢書院在龍坪瞿聘君九思與諸子講論處院左
側有仰瞻窩祀聘君高弟張復子遠子遠嘗寓坪上
云 同上
黄梅瞿慕川九思萬歷癸酉舉人里居時巡按御史

史學遷疏薦朝議徵翰林待詔不就御史爲搆書院
龍坪江上著書詔歲給俸米書成進御凡二十餘種
經進居業齋集
金德嘉詩聘君卻聘此江干奉詔皋比坐講壇歲
祿縣官同供奉著書郵遞達長安 同上
張復字子遠休寧人爲瞿門弟子勸卻聘甚力聘君
壽七十賀客盈庭復獨衰絰進曰造物勞先生久盍
息肩乎聘君頷之復居書院東偏顏曰仰瞻 同上
長春菴舊爲休寧張復講學休沐之地知縣王廷俊
嘗憇于此徽民文東等重修胡太僕士容爲作記後
徽商改建會館乾隆五十七年重修 碑文
蔻學海二餘齋在龍坪 辛未縣志
蔻學海二餘齋初成詩卜居無定業小築似蝸廬
日夕散隣牧水澄窺澗魚落花人醉後種竹雨來
初未敢追前躅貧哉常晏如一室僅容膝逢人誇
二餘移花乘雨過種藥帶雲鋤多癖塵緣盡無才
世念疎臨風憶朋好醉草八行書 二餘齋集
六賢祠在江漢書院敬義堂西偏祀胡贈公應中胡
太僕士容蔻山人學海金州守之純李秀才起觀金
檢討德嘉張惟金爲之記 丁未縣志

文昌閣在書院右 辛未縣志
青龍寺在龍坪金檢討德嘉讀書處 同上
知止菴大覺菴翠雲寺蓮城菴鼎新菴白衣菴在龍
坪 同上
大興菴水月菴三官殿在龍坪下市 同上
地藏寺在龍坪江濱 同上
江心閣舊名文昌閣高插凌雲爲下游關鎖乾隆戊
申大水浸灌樓閣傾圮壬子歲知縣黄壇重修 碑文
五里廟在龍坪長堤
瀕江古祠聳出江滑樓上可遠眺有大將軍樓郡西

上居人間信幢恐走神祠禱上水風比夜大風起船從江以南徑過詰朝居人辦香詣祠謝焉 居業齋集

○以上縣東南

登高山在縣南里許 同上

五里橋在縣南五里 辛未縣志

文信國兄天禎寶祐末領鄉薦教諭廣濟縣入元不仕隱居縣之五里橋十世孫大材字希周嘉靖十八年舉人仕興化府同知張平山畫五里橋圖興化自作長歌 白茅堂集

崇正末孫羽季當流賊躪城時用信國畫像絹素藏

於縕袍背以走亂定後乃出以告諸家廟後木長亦如之像至今存 居業齋稿

顧景星五里橋詩 廬陵文信國苗裔徧寰中俎豆傳宗子家乘略長公衣冠村隴僻煙火小橋東與化長歌在何人更采風 白茅堂集

南行數里有橋曰七里橋麓有亭曰山包亭菴曰仰天菴西南爲銅管山赤土山 丁未縣志

紫霧山在縣南十里巒立如屏山下二徑一自麓而南達武穴一自麓東而南達龍坪有亭當其路曰兩路口南里許爲石門亭爲師姑塔閔家山 同上

石門亭東南數里許爲東金寨前爲大金畈 同上

大金河自白茅殷衙諸水滙而南經鯉溝右大金廟東又十餘里逕黄花山陰出羊頭岔入白水塘 丁未縣志

靈龜山在白茅衙左與九龍城相望山有幽居寺相傳四祖卓錫此山夜聞龜聲後掘地得雲板上有靈龜山幽居五字寺名因之永樂間藍敬忠兄弟開山嘉靖壬寅荆藩卜葬永定妃尋感異夢改地十年令復其寺而新之儲田若干畝崇正中復欲葬王母感怪夢遂止順治十八年重建改名曰瓔珠 同上

金德嘉幽居寺詩 白茅衙裏幽居寺月滿空山寺轉幽山色至今猶太古寒雲都入汎泉流 居業齋稿

王衍治次韻楊明府過幽居寺詩 龜鳴何代紀山阿積翠寒林未易過禪客一燈眠洞迥使君雙舄引雲多崖深漫欲聞猿語松老從今悟鳥窠恰是政清饒暇日肯從碑篆剔煙蘿 柳舟藏稿

天津湖在幽居寺頂 岸如樓詩鈔

胡本棨天津湖詩 地穴非無澥天津亦有湖火驚尋食貉風墮帶巢烏杖履容高興煙霞敢厚誣自

來眞宰意元不在瓔珠 同上

武山湖在縣南四十里中有山卽螺墩西與黄泥湖接鳳港橋其通處也下東湖口爲官橋逕樊噲城南爲小港與滕塘湖諸水會西數里爲廣野湖其下爲繫馬嘴邑人孫英築堤處舊有湖水汎田英督衆築堤護田因號曰北塘滕復爲長堤以護其外英嘗繫馬其處後人德之故云南爲蘇家坂數里爲伊家渡其下爲連城湖 丁未縣志

楊晉武湖竹枝詞碧天雲淨軟風生一抹湖光鏡面平小艇歸來看潑刺家家兒女笑相迎連宵氣

暖斷寒霜同伴船開喚阿郎正好清和偏獨臥只除風雨其衣裳十里金湖不浪稱鮮鱗如雪串青篠夜深網就魚膏冷試問漁郎歸未曾遥猜黑影鴨成排細網輕舠百丈開風雪未知郎采勝漫天陣陣響如雷洞庭日落水會波荷葉蘆花夜景多風急小舟猶跳白不知何意唱漁歌茜紅裙子襯青衣夾槳船開水面飛揷戴山花映雙頰荆林廟裏賽神歸漫天戞潦野蓮香出水菖蒲一尺長鬬罷龍舟扶醉散泊船柳下趁新凉洗六湖邊白雁秋荷花荷葉蕩人愁記儂曾泛浮槎入醉拂香風問女牛 漁磯集

雨埸山廟在滕塘湖北

午山卽武山在武湖中危石峭壁周遭少可登處惟南一逕稱平春夏湖水瀰漫山形如龜浮水上濶十餘里中有螺螄山亦名螺墩南岸爲團山亂石一石扣之有聲叢巘若虎豹虬龍有穴鷗時時浮出疑與湖潛通而東湖口逕破頭山南下有塘龍數騰雷雨 丁未縣志

樊噲城在午山湖濱世傳漢高祖命樊噲征九江王黥布築此屯兵 同上

金德嘉詩折戟洗河雨後耕亂雲飄出古時營乾坤翻覆圖經在樊噲於今尚有城 居業齋集

樊噲城東西各一小城相傳爲九江王英布宅又呼東京城西京城 方輿紀要

黄花山在湖北岸上有廟可望江南諸山水山麓有荆林廟奉楊四將軍神最靈異土人以卜年及人閒凶吉無不驗者又北鳳凰山獅子山則縣諸水出處 丁未縣志

青林山在縣南五十里出倉頭埠出港口東有青林山卽今程家林是也 同上

石佛寺在縣南五十里　辛未縣志

江水又東左得青林口　水經

水出盧江鄂之青陵鄉西南流水積爲湖湖西有青林山宋太始元年明帝遣沈攸之西伐子勛伐𣏾青林山覩一童子甚麗問伐者曰取此何爲答欲討賊童子曰下旬當平何勞伐此在衆人之中囙忽不見故謂之青林湖湖水西流謂之青林水　水經注

紆峻極青林行東陵之鄉青林水滙作平湖百餘里浩浩西南注大江水經載江盡於此江濤怒逐廻風旋碎雷轉轂傾山顛沃野桑麻委泥土築堤

障塞虬龍淵霽虹蜿蜒勢綿邈俯仰陳迹空茫然不逢汲古揆奇士徒嗟陵谷皆變遷杖履欣逢譜掌故歷世青林湖上任座間圖史擁百城筆下大禮騰三賦木奴列植孕風霜茨栢當軒飽煙雨午山如鯉躍晴瀾一峯橫亙門前路月明芳草攔歌閭紆陽柳岸漁舟聚我常問道此中遊指點江山日無數漢與江關滙瀁東望之如雲浮太空左右琵琶與積石我家恰住青林中五日六月湖水漲門開千頃臨青贉水面金銀佛寺明波心隱現鼉鼉壯靈飈忽吹潋灎渾鱣鮪蛟鰐不相讓憶昔放艇官橋隈秋風兩岸芙蓉開青衣攜琴挈榼至先生長嘯登高臺酒酣落日在衣袖載道蓬萊羽士迴自覺蒼茫萬古意至今徙徙從中來顯晦遥情惟我輩數變遷徙復平地黄河一綫南北殊麻姑三見滄桑易龍門司馬志河渠仲雍羅含有江記援稽往牒湖水濱先生尚友千古人新城蘭若表舊蹟書題銀牓看嶙峋洞庭黄鶴若在眼景濂草堂相爲鄰昔者巍巍禹功始江漢疏鑿百川歸海瀚吁嗟此水獨西流更歷潯陽忽中判一水疏下過大雷青林右對馬頭岸　幸園詩集

金家山在縣南六十里有雙泉寺詹祖於此修静東五里菖蒲山下爲紫石頭邑中諸水入湖處雄峙東際爲濟水一關　丁未縣志

鹽井在鹽井寺詹祖初挂錫於此前有石井每日出鹽供衆師後去馬口寺鹽遂止　同上

仙姑山在縣南六十五里相傳何陳許三仙女修煉處元時白晝雷雨乘雲而去今殿二重祠三仙女山北爲西横里梅氏蓋聖俞後蘇長公謫黄時爲書西横世家東數里爲泉湖吳易菴講堂東南江浦爲武穴或云漢以前爲鄖家閣人極悍有精兵唐號爲武

家閲後襲名武穴明萬歷初劉少溪之亂鎮民程紹川率敢死士陷敵陣殁兩臺奬祀烈士地與龍坑近同上

金德嘉西横里詩黄州城裏憶宣城愛壘殷勤額開閣小築雪堂横棐几澄心堂紙寫西横居業齋集

武穴鎮在縣南七十里濱江爲商民聚集之所有廵司戍守方輿紀要

武穴塘防兵十六名中廟塘防兵三名黄州府志

刋水武穴聚也水經注云對馬頭山萬歷初劉少谿

之亂土人捍禦有功居業齋詩鈔

青林水又西南歷蘄陽分爲二水一水東流逼大雷一水西流注於江經所謂刋水也右對馬頭岸水經注

金德嘉刋水詩悠悠刋水綠蒞湄壘場鱗鱗足土芝一幅溪藤白描手好來雲起馬頭時居業齋詩鈔

武黄同知乾隆二十六年新設駐劄武穴鎮縣卷

眞君殿祖師殿玉皇閣大王廟土地堂太子廟上廟下廟仰山廟并在武穴辛未縣志

棲賢寺在武穴後塘同上

武穴鎮街道新安何秉昌率衆倡修秉昌字思敏一字豐水客居武穴勇於行義凡與復古蹟建修橋梁立義冢以掩殘骸徹巳壘以開大巷遇人饑寒推解不倦有平原孟嘗之風官惠州知府縣卷

中廟在武穴龍坪二鎮間辛未縣志

盤塘山縣南六十餘里自陽城北臺諸山峘起並立衆峯峭拔而或斷或聯中岈以深徑折煙迷崗迴路塞奥最高處爲笠兒腦丁未縣志

盤塘塘防兵三名下峹口塘防兵五名黄州府志

南數里爲盤塘小港西爲紫荆夫人祠同上

趙進美盤塘詩盤塘風急野煙開白鷺依洲水遶迴曉發中流聞磬響小舟載得社神來清止閣集

江堤自盤塘東抵安慶界延袤五縣盤塘一潰五縣皆成巨浸永樂四年遣部臣監築隆慶五年縣丞朱邦華再築萬歷二十六年大水縣人張步雲奏記撫按賑災民補塞決口四十一年大水縣令劉燕及委樊丞增卑倍薄隄乃固居業齋集

江堤自盤塘至黄梅縣界計程七十里分爲一十三捌其茅林急水狗兒龍塘窩陂塘五棚各長四百八

十丈又穴下埠一棚長三百六十丈共長二千七百六十丈係馬口廵檢管理青林汪家二棚各長四百八十丈中廟一棚長九百九十丈共長一千九百五十丈係武黃同知管理五里棚長九百九十丈黃花李林寶賽三棚各長四百八十丈共長二千四百三十丈係龍坪廵檢管理乾隆五十三年大水荆州各堤漫口廵撫惠奏請統歸知縣督修以昭慎重濟邑青林黃花李林寶賽四堤亦漫潰青林地近武穴鎮本邑監生張樞鵬率衆興修

賞給縣丞職銜其黃花等三堤蒙

恩軫念災黎知縣黃壇詳請修築李林寶賽坑塘深陷改築灣月隄黃花當上游之衝加築挑水壩一道共用土方七萬八千四百有奇用銀九千四百兩有奇凡三閱月而工竣 縣卷

大泉菴在盤塘又東有下馬菴 辛未縣志○以上縣南

許家舖在縣西南十里 丁未縣志

周源舖在縣西南二十里 同上

南山在縣西南二十里與秀雲山嵯峨相望里許爲上石牛廟再南爲下石牛廟以石立如牛故名又里許爲古建寺後唐時建下有龍泉塘 同上

姚楚山石牛 詩一拳怪石老山頭頭角崢嶸幾百年毛長蒼苔春夜雨頭昂芳草夕陽天終宵見月何曾喘盡日和煙自在眠惱殺牧童鞭不起一聲長笛思悠然 明一統志

豹林寺在縣西南三十里 辛未縣志

郭存會豹林寺詩舊額傳眞異重來始細尋豹隱何年霧鷄飛尚此林涙憑遊客意誰識古人心桂樹蕭然茂徘徊試一吟 景濂堂詩畧

當雨山之西爲渠木橋爲適蘄孔道再下爲黑石頭

又下爲下湖廟 辛未縣志

楊林舖在縣西南三十里 丁未縣志

四望山在縣西南二十里上有寺寺外有大石三植立如門故又呼石門焉神鼎雲外禪師以順治己丑駐錫說法其處 同上

鐵石墩在縣西南四十里 同上

蘄家山在縣西南五十里南數里爲白龍潭而平湖左右長坂竹樹陰森中菴德安王府建僧四宏講戒其處 同上

金德嘉白龍潭詩鬱鬱新篁簇古松白雲潭上白

雲封雲與七澤三湘雨望氣占星一老農 居業齋集

蘇家山南數里有峯名劉季峯相傳漢祖征黥布避兵於此竹葉細析如絲云漢祖匿山中取而剖之者 丁未縣志

按史記黥布傳布西與上兵遇蘄西正義蘄音機沛郡縣名也漢書地理志於沛郡蘄縣下云高祖破黥布此係孟堅本注其非江夏郡之蘄春明矣後人泟綱目誤以爲蘄州而邑志因之劉季峯望夫山翻車水皆以爲漢祖征布故蹟相沿已久故並存而論之

金德嘉劉季峯詩馬上桓桓隆準公功成垓下與閼中龍門史已書高祖亭長猶名楚澤東 居業齋集

東爲潘山又爲竹隱山寺在衆山中修竹夾寺左右又東爲松山多古松數里爲避難衝雲深徑隱林樾古茂幽巖老石有人跡所不到者昔人於此避難上有碑記云 丁未縣志

大塔寺在縣西南五十里 同上

陽城山在縣西南六十餘里自馬口諸山西來屛障叠列雄峙江上南有仙人洞在山之腹行迴高洞闊高可百餘仞入洞漸深大如庭堂可容千人相傳有道士數輩居此一道士年最老常遯跡入上下屈曲不知幾里而最後聞江上櫓聲疑與隔江通人反從江底穴下行驚而出至今石榻石龜道士遺蹟尚存興國吳明卿黃岡王行甫把炬深入不得所爲擂櫓處而還吳明卿有記傍有仙洞菴遥江與五郎磯相望 同上

陽城山笠兒腦上至迴江閘下至馬鞍山約長四十里許俱縣屬官山 縣卷

吳亮思仙人洞詩聞說仙人洞探奇愜夙心玲瓏天地濶昏黑雨風深谷口花將發桃源路可尋劉晨與阮肇惆悵幾知音 辛未縣志

舒峻極仙人洞詩白日洞中幽紅泉雲外落水底柔觴聲岸上江南郭我欲探眞源秉炬窮陰壑 章圖集

吳亮思仙洞菴詩背洞開名刹清幽隔市喧泉聲流澗雨檣影挿天門破衲山中老心經石上翻到來生靜趣吾意問歸根 辛未縣志

靈泉洞在縣南六十里有泉自洞中流出一名石燕

源其洞內有巨石如臥狀 明一統志
又北為王屏山為獅子山為靈泉洞洞最幽古乳泉
春夏多涯冬日把炬入洞初小至二三洞可側身入
半盡几席丹竈悉具有石鼓石鐘擊之各得鐘鼓聲
龍猊勢各奔騰一小石龜頭足儼然其他形崇積類
神鬼設施者第九洞穴甚多而狹至六七孔鼈行蟹
行不可入中洞頗大有深潭不可越揚炬照之見其
東盖空濶不可測而潭水深黝畏人無從取道疑有
龍蛇乃返萬歷中歲旱有駱法師者向中洞潭取水
龍起水湧衆不及避法師身當之俟水止衆出而後

去以是人益不敢至崇正末鄉人攜鷄犬入避寇者
甚衆 丁未縣志

劉醇驥靈泉洞詩 西南多奇峯洞古益其尊幽邃
絶來跡曠土獨相存始望筋骨聳蹤險裂雲門泉
流刷全氣咫尺忘塵喧陰風斷六月北陸霜已繁
鬼神鑿翠任怪石鬱子孫殊少苔蘚剝堅貞播老
魂瞀駭花浪鬬龍猊勢各奔崇積攺駁犖垂倒頭
不翻青燈照地脉悄然非黃昏曲折俯頭角衣冠
羞自數依稀丹竈在壽之清目根苦與人煙近臘
身達邱樊當攜鷄犬至旋栽桃樹源 芝在堂集

張仁熙靈泉洞詩 東南有高峯奇雲鬱泱漭巉巇
石氣寒蓄滙何深廣古洞谷其陰雲龍鳳所掌天
地窮寃窖日月不能爽遥驅江湖波隔礬答殊響
我掇江南來偕攜海濤徃側肩入永巷久曲逢高
敞雲光[illegible]鎖深觸類滋伸長列炬視鴻濛斧鑿誰
令蟲蛇龜象馬形幽室何擬彷數入接清泉涓涓
靜聽魑風俗當旱雩餘勺動歆享深知造化功窅
然齋心想安知無大文千古不可朗 藕灣集

舒峻極靈泉洞詩 天閟古洞綠蘿封次第分明十
二重六月陰風生雨雪千年石勢長芙蓉經春隱

見蛟龍出列炬成行鳥鼠銜載酒來遊懷不淺隔
山聽盡夕陽鐘 韋閬詩集

田家鎮在縣西南七十里塘防兵十一名 辛未縣志

吳王廟在田鎮祀甘寧 丁未縣志

鐵佛寺在田鎮 辛未縣志

高孝本田家鎮詩 清晨打鼓發蘄州放船直下當
中流青山重疊夾兩岸彩翠盡向蓬窗收田家鎮
在青山下人煙蔥鬱多臺榭神鴉無數迎客船遣
廟猶說甘興霸家家種竹綠滿村斫來千束堆柴
門細簾織作春花影碧簟鋪將秋水痕愈 風之蚝

延年芝靈龜辟火如錢大應有仙人棲此中雲深可許御丹丐石尤留客意亦佳眼前翠靉與若崕津頭不妨十日住便思選勝穿芒鞋旗足忽轉風色别江面卷來浪如雪刹竿猶在楓林中日影未移下武穴 固哉叟詩

釣童山今田家鎮地三國時孫吳戍守處 居業齋集

金德嘉釣童山詩野老江頭話戰場江風颯颯水湯湯釣童山北甘寧廟日日烏啼下夕陽 同上

積布山臨大江叠石壁立形如積布又有積布磯 明一統志

積布山在縣西南七十里逦迤聳峙江上石横理而縱之層積似布與隔江下山磯對東江水其流甚狹下有石可坐釣 丁未縣志

江水又東逕積布山南俗謂之積布磯又曰積布圻庾仲雍所謂高山也 水經注

金德嘉積布磯詩長風山口白雲飛月滿滄江積布磯宜釣幾年魚不得江流脈脈送人歸 粹裘集

牛肝磯在積布山之麓 辛未縣志

劉官磯傍蘄州界傳云漢昭烈入吳嘗檥舟於此 入蜀記

牛肝磯插江心有廟創搆於天啟年間碑漫漶不可讀三王之國權璫私人護行舟所過郡縣箕斂以迎有司慄慄懼遣怒縣令張燮推官鄧來鸞消日禱江神蘄東南風比王舟及縣界龍坪地風大作須臾過境縣人懽呼羅拜江滸曰神賜也遂祠焉歲久且圯康熙乙亥重新之士人龔石勒記 居業齋集

金德嘉牛肝磯詩盤塘馬口山嵯峨牛肝磯出江之涯如象如馬觸工疑欹帆側柁人涕洟錦纜王舟西征時中常侍兼羽林兒郵亭供張丁男疲吏牽百丈謹訶隨東南風起過斯須叟老懽呼神功

奇歲在丁卯肇祠基前朝尚書呂公爲紀夢薦馨答嶜嶔雙桓麗碑勒有司今年乙亥新其楣桂棟蘭橑辛夷桷官劉釜廩士瓷甕瓦墻石甃涓涓漶曰若稽古無淫祠有庇於民則禩之坎坎者鼓悠悠笎窅冥恍惚神靈怡式遏湍瀾潛蛟螭千春萬禩宮於斯特書紀事系以辭龔成曩曩肩豐碑 同上

北臺山在縣西南七十里奇峯秀嶺迴環相佐有觀音岩十八疊流水坪下過石步嶺俯木麻仙谿二湖上爲鐵船山有寺下爲魯肅府魯肅屯兵處祠今燬

肅像存江浦再東過盤塘下爲龔家莊江浦去山麓遥遥自此始築壩捍江水矣 丁未縣志

鐵船山寺僧海清初立香火田萬歷甲寅邑人張步雲爲作記 碑文

魯肅府即入蜀記所稱䑽臍洑蓋音近之譌 湖北舊聞

顧景星魯肅灣詩 河干磬欬甘興覇風節當年子敬同汗簡渺茫三國志荒祠烟浪大江東一灣回洑千檣避兩地靈旗五夜通香火只今偏寂寞止餘優孟述英雄 白茅堂集

金德嘉魯肅灣詩 雪霽天空放白鷴遺鏃拾得草來間武昌不得吳儂住草樹蕭蕭魯肅灣 居業齋集

馬口鎮巡司在縣西南七十里今廢移駐田家鎮 辛未縣志

馬口塘防兵三名 黄州府志

盤塘山北馬口寺乃唐祖道場基倚雲崿似鳴鳳形東大腦坡上有鹿池出石罅中與馬鞍山峽對峙險甚 丁未縣志

宏簡謚大德禪師靈東鄉唐繼祖次子自幼修行慈挂錫鹽井寺後至馬口義臺山建立道場遂坐化焉遺詩云飛錫江邊六六春修行辨道任天眞塵緣了却更何事萬里乾坤自在身貞觀元年勅封爲馬口寺祖先在鹽井寺寺前石井日出鹽供僧衆去後井鹽遂止 同上

長林菴在馬口湖

馬口湖在縣南六十里龍山寺在北 俱同上

張仁熙寓馬口湖詩 湖草碧連天鶯啼復幾年移家春雨後作客杏花前細柳朝牽夢和風午送眠敝廬高更望處處有山川 藕灣集

長風山在縣西南七十里在寅山下近馬口、帶右翼山 丁未縣志

江右東逕蘄春又東得銅陵口右逕蝦蟆山北而東會海口水南東合臧口江浦又左逕長風山南得長風口江浦也 水經注

烏林港塘防兵三名堡子塘防兵五名 黄州府志

寅山俗云銀山在蘄州東而治 濟宋孝宗乾道四年有以銀鑛獻者上命守臣詢究廣濟銀山亦在獻内明洪武初武昌蘄黄凡宋元銀場鐵冶悉罷成化元年奏准凡偷堀　鑛不問軍民舍餘旗校人等

依律問罪蘄州知州誤以寅山産銀首往封禁並樵
採不得入又云成化間議開寅山驗土色無銀不敢
奏請萬歷二十九年三殿災朝廷分遣內臣陳奉往
湖廣等處開採銀鑛奉檄變地方焚燒巡撫趙可懷
公廨分巡僉事馮應京疏論留中馮逮問是年後議
開寅山以驗土無銀乃止 丁未縣志
金德嘉詩牛肝馬口水潺湲稼園人家竹樹灣最
喜時清無鑛使大書此地是銀山 居業齋集
朱家湖在蘄城南門外屬廣濟地其水逕寅山北上
下陽門入馬口湖 丁未縣志○以上縣西南

銅鼓山在縣西五里許其山突兀崛起若鼓形 新增
馬鞍山以形名與銅鼓山相望 同上
嶽山在縣西七里巋然秀出或稱藥山下有胡高軒
墳明初令濟後遂家焉卒葬嶽麓歸安姚翼表其墓
丁未縣志
張佳胤詩北郭望踈光兩峯忽天半煙靄自遲回
石黛亦璀璨左峯若削華石嶺如列幔幽尋泉鑿
陰面向晴暉泮採藥者誰歟安樂舊里閈所採如
何濟奇弁發陽岸下有藕陂居風雨共昏旦過客
時相從羡茲峯頭爛爲我生顏色春風挾童冠緬
想鹿門翁深意足浩歎 白石山人集
觀山在縣西八里在銅鼓寨南相距不里許 紀遺
善潭南北二泉在觀山東其湧溢大小有候 丁未縣
志
舒芝生善潭觀詩喬木千章綠琳宮三徑幽蛟龍
常隱窟鸞鳳每來遊數朵野花發一聲新雁秋泉
分南北注碑任古今留烈焰燃藜火甘霜潤石樓
捫蘿登翠巘倚杖想丹邱曠士饒清趣愁生坐自
休 十洲偶集
十里鋪在縣西十里 丁未縣志

松楊橋在縣西十五里往蘄水大路康熙四年知縣
黃玉鉉捐俸重建 同上
關山河出赤寨展旗諸山水十里爲松楊橋又爲石
塔河爲夏六官八橋逕秀雲山東爲關山河逕苦竹
園數里入圓山湖 同上
圓城鋪在縣西二十里又三里接蘄州高山鋪界 同上
金蓮菴在圓城鋪 同上
秀雲山在縣西二十餘里俗稱北流山頂曰龍頂在
濟西特高其半爲碧雲菴東爲龍井澗有泉旱禱取
水則雨立至又東爲德勝殿祀太子神南十里爲韓

姑山相傳仙姑修煉頂石尋許如高座有三女趺塵痕 同上

金僲山在縣西相傳唐時有女子於此昇仙上有朝斗壇 明一統志○以上縣西

西來山在縣西北二十五里當赤寨展旗之中萃巒秀拔其山皆貢異爭奇 紀遺

靜林山在縣西北二十五里自層峯赤寨迤至花山不里許爲靜林山有寺相傳建自唐時號九井禪林今易爲靜林寺迤西五里許爲展旗山 同上

展旗山在縣西北二十里山自赤寨迤邐數里爲展

旗又西爲麻貪山上有寺僧元機創南爲四顧坪坪有庵又西爲蘄界嶺明末典史魏時光禦賊死難於此 丁未縣志○以上縣西北

白石山在縣北里許多石望之磊磊若瓊故以堆瓊爲縣景最勝 同上

橫岡山在縣北二十五里勢接東衝西聯層峯赤寨諸山連岡翠擁緜亘縈竪若攢圖霄上崖立峭舉壁岸無階左側有捨身崖石竇多魚躍雄四趾頂有眞武殿東有桃樹嶺胡入叟讀書處在萬山幽鬱中亂松鹿石今榛莽矣 丁未縣志

張佳胤詩潛皖八百里蜒蜒泝江流中途自噴薄崱屴上重樓屏開何峭倚白日忽沉幽勢如太華削瀑如谷簾鉤風雨閃靈秘颯颯走龍虬儼然旗旆樹諸天列上頭我力艱窮陟矯首驌眥秋城郭渺煙霧江濤咫尺愁念茲騰騫意萬派應全收 白石山人集

金德嘉橫岡詩何代仙公跨赤龍中天萬仭削芙蓉參宮瀚霍來年到且踏橫岡第一峯 居業齋集

金剛寺青蓮寺在橫岡 辛未縣志

層峰山在縣北十餘里自橫岡緜亘至此特聳秀出

諸峰上列嶂分脈爲縣來脈之祖旁有青着寺爲余玠讀書處寺左有塔宋時有僧從樹林中得數石上鐫元祐四年造邑人張北旗張小粗重建剎延僧居之西數里爲赤砦亦有小剎寺爲里人避兵處 丁未縣志

層峰山又西有文殊菴彌陀菴 同上

百家園在縣北二十里許層峰山之陰或作白家園 桑梓紀遺

白鶴龍王潭在白家園內兩山夾溪水數折而瀦深注爲潭龍王廟踞其上俗傳潭上常有白鶴現故云

白鶴龍王毋旱禱雨輒應丁未縣志○以上縣北

張仁熙詩深山長曲溪山水嘗相厄上挂千尋巖下蹻蛟龍宅危石遠遊人威神恒屐展元陰不掩陽龍隱淵聲濤雲雷此卷舒瀲灎在咫尺巨湧旣波濤細濺多霡霂深黝納諸巒水石同蒼碧斷綆莫時施萬仞餘沉璧修霧杳素林霜條森劍戟庶谷曉自號水谿相潮汐如怨時悲吟如物相解磔巳具風雨容兄復當電霹此時朔氣寒窮寃理魂魄因思昔我聞霖澤神無斁何以蟄鱗居便旋弄仙翮日暮一瞻禮倉卒勞攷核我欲泛小艇履石

銘其額吁嗟且獨還夕陽影歸客藕灣集

舒峻極龍泉精舍詩斜陽山水好鐘磬是東林喬木會雲氣空庭棲夕陰僧歸蜿嶺路月照虎溪心寂寞襄陽咏芳塵不可尋韋園集

大闔山一名呇蔞在縣東北二十五里東衝橫岡兩山間有五峰曰嶙峭翠屏岝含圖呇嶚巢中峰岝含則胡篤生別業在焉嵓洞泉瀑艸樹皆杖履間物天啟丙寅秋篤生結二三霞友蠟屐扶藤佩奚囊裹糧極險絲勝題名云丁未縣志

自青蒿驛入大闔過岐皆並澗行兩山夾從至五老峯嵓石磊砢欲墜石洞山半上覆下延懸空遥瞰莫可登陟石若樓柱龍象不可悉舉再轉爲大山溪春夏瀑布飛灑震慴嵓谿秋杪縷縷挂石上若埀簾泓入亂石腹者汩汩若彈絲溪中累卵爲橋石柱五丈許再轉爲箕窩復左折石壁斜飛里許壁益峻澗益陡石磴益險壁上巨石比比鑿落爲嵓谽谺嶄嶪比轉兩山箝谷口磴道曲上忽開若戶若堂皇則呇蔞山也五峯環遶似墻宇壁立半里許修篁薇嶺杉松蔭覆山田數畝半在戶內石泉出左峯之麓竹影窬厨涓涓不息右爲美箭石爲鐵板障從是東則桃樹

嶺爲逕東衝第一尖矣而回中壁觀嵓栝坐嵓着瀑嵓獨尊嵓尤爲幽奇陡絕隔凡嶺雨珠泉瓔珞泉寶蟾石禪隱洞御風磴桃塢竹塢獅子窩名景不一從是西穿嶺峽上里許則爲杵臼又上爲鸚鵡坪精舍曰薩雲菴前爲飛龍嶺亦曰罡風峽後曰海潮峯雷公洞在峯之背深黑無底峽南再攤三峯最上則天柱峯巍然卓立矣同上

艾蒿坪如來菴在東衝同上

東衝山在縣東北三十里其山高趣衝衢故名明一統志

劉養微遊東衡詩澗曲歪岡隱村幽窩樹交隣維
啼竹塢松鼠落藤梢積蔭滋階蘚方冬補屋茅北
風吹古木還擬孟城坳 康谷子集
鮑照讀書臺在東衡第一尖妙嚴菴側上數百步大
石突兀下臨無際方廣數丈可亭石下小洞容六七
許人旁立大石數份如砥可鐫他石挺窩壁櫨而理
臺以下書帶草離離也 丁未縣志
鮑參軍有宅在黄梅而讀書於廣濟之東衡第一峯
集中無歲月可考然地以人傳矣 居業齋集
劉養微詩鮑子讀書處危峯坐翠微六朝孤石老

千載到人稀衡嶽過元氣匡山對落暉登臺重回
首懷古一沾衣 康谷子集
慶雲菴青山林青蓮菴並在讀書臺下 辛未縣志
臺下十里雲瀑潭在板聖龍公廟側舊有板自潭浮
出或取而藏之以覆雞雞輒不鳴怪而視之有字曰
龍因以板畫龍公狀旱禱卽應 藕灣集
龍王廟疊水崖是東西汪川處疊水尤奇絶 康谷子
集
劉養微詩大壑響松風飛泉挂玉虹嶺猿啼接樹
灘石正排空隱見蛟龍鬬奔騰霧雨濛白沙漫浩

浩翔竹古河通 同上
地藏閣在龍廟衝 辛未縣志
東衡山迤下爲游鴻寨下 爲甘草池徑趨爲白頭嶺
爲土門東折迤邐下則爲 與牛院爲五峯山 桑梓紀
遺
青羅菴在白頭嶺東 同上
由游鴻東南溪上可二里許曰馬峪兩石夾河三折
而爲淵大盈尺許數丈外聲汩汩如有蓄洩然稍下
石林磵類大馬跡者四㑹傳有仙人自此升遺馬跡
爲所謂馬峪也後人來遊拈筆作雪峡字 丁未縣志

石門菴踞東衡之中一峰孤聳四麓皆澗水平田諸
山環繞如屏幕 椰舟藏稿
王衍治石門菴八景詩石門原不扃長松生巷隙
歲歲有游人誰是謝公屐 石門 雲山多豹隱雙踞
綠陰中崖浄琴臺潤高歌眺遠峯 豹巖 玉塔與金
波昔人詠新月畢竟是銀舡三更光愈發 月臺 屏
平餘數畝萬仞出雲端喬松貞列戟吳楚坐中看
松坪 裂石成仙洞門開俯夕暉攜朋相對語不着
薜蘿衣 蘿洞 紆折萬山腹池水清如鏡芙蕖拂面
香風凉足游泳 荷池 深谿竹萬株夏日長徙倚弗

與七賢遊聊云摩詰里 竹谿 危石削孤峯矗若立晚風匡廬與太白縹緲畫圖中 石峯。同上

當黃牛院西不里許水忽峭石立數十仞瀾洴洞滔下注爲潭深隱不可犯下石開曠可集數百人安流沿行不里許分爲二河中一小洲度可十數丈洲左大山高峻舊有數楹爲張仁熙日菴沿洲下丈許兩流復合有石梁從菴側横亘長可五丈廣半之綠雪如飛梁高瀑漲不沒西面下削如砥度可鐫丈許字四五又下開曠如前石去里許山左抱不見處爲烏龍潭舊有屋今燬遺礎存焉 丁未縣志

談允謙黃牛院詩爲問黃牛院猶然在翠微秦人化鶴去楚客未僧歸松嶺吹殘雪溪春鳴夕暉其遭生死異破涕此茆扉 樹䕺草堂集

五峯山在縣東北三十里自荆竹河南上卓木尖高千仞緣嶺行陡壁上視其溪隱見石底如黑雲萬疊水噴高丈餘中有水碓碾具行二三里過大石上可坐千人高八九丈餘欲墜十之七覆出小徑十之三傴僂方得度俗呼鷄婆石至頭陀寺三門外皆林莽深密轉穿小谷過萬竹嶺達禪院山頂祠頭陀祖師 丁未縣志

頭陀祖師本縣人生於隋文帝二年嘗往來卓木尖無姓名稱頭陀武德七年卓錫五峯貞觀時示寂僧俗肖像供奉邑有旱士人爭迎祖像祈禱輒應 同上

劉養徵詩竹裏頭陀寺開門對五峯抱崖深古雪亞石折危松澗谷逢僧話冰霜印虎蹤登臨漫隨喜雲臥聽晨鐘 康谷子集

舒峻極五峯雨行詩紛紛風葉落山瞑路難分鐘韻危連雨人聲遠在雲步移平石髮衣濕見松紋忽聽飛泉瀉疑穿虎豹羣 章園集

梵光石色如水晶峯巒秀絶山産也山名萬竹嶺劉

侯嘗共邑中知名士席竹間把酒邀月縱談雅謔劉寬伯秀才醉墮崖下侯作詩嘲之 居業齋集

普覺菴山下有石刻陶家河三大字 景濂堂文畧

藏寄洞在五峯山麓 辛未縣志

藏寄洞還一道人伏虎處 景濂堂文畧

天竺菴煥然菴在五峯 辛未縣志。以上縣東北

目録

廣濟縣志卷四

職官表

唐制廣濟爲中縣令一人正七品上丞一人從八品下主簿一人從九品上尉一人從九品下其姓氏今無考

宋制廣濟爲望縣縣令從八品主簿尉從九品而縣丞罷置不常府志載知縣一人而顧氏通志又載判官一人然考之宋史孫構爲廣濟軍判官在定陶非縣職也今删去而附論之

朱晞字子淵休寧人孝宗時知縣

元制廣濟爲中縣秩正七品達魯花赤一員尹一員簿一員典史二員而不置丞其教諭一員則命於禮部及行省宣慰司府志載延祐教諭一人延祐元仁宗年號府志列之宋誤矣

陳聚延祐教諭

明制知縣一人正七品縣丞一人正八品主簿一人正九品其屬典史一人儒學教諭一人訓導一人洪武二十四年定儒學訓導位雜職上又有馬口武穴二巡檢司雙城驛驛丞舊志並闕自知縣以下其姓氏差可紀

國朝官制知縣一員正七品教諭一員正八品訓導一員從八品其秩視明爲崇典史一員而縣丞主簿驛丞次第奉裁乾隆二十五年改施南同知爲武黃同知駐劄武穴鎮專司捕務堤工而武穴廵檢司移駐龍坪又康熙二十七年增設城守千總一員乾隆五十年改爲把總而千總移設黃梅今並序列其姓氏云

明

	知縣	縣丞	主簿	典史
洪武	陳桂 元年任	田畯	李養	
	胡昇 有傳	李寧		

	知縣	縣丞	主簿	典史
	陳景昌 舉人 十九年任	梁鼎		穆宏 山東人
	余寅 松江人 二十四年任		宋鋭	王素 有傳
正統	高偉 有傳	吳正 有傳		
	劉遜 有傳			
	陳昱 有傳			徐霖
天順	張琮		汪佐	
	孫節 舉人	洸瓊 有傳	吳千里	
成化	杜璥 有傳			
	張安 舊志作堯			
	江震 有傳 九年任		張芳 有傳	

	知縣	縣丞	主簿	典史
弘治	張琦 上蔡舉人			金清 据張鳳梧遴學記補
	陳奎 有傳		宋濟	丁昭
正德	葉溥 有傳			
	孫寵 上海人歲貢 七年任	梁昜		傅永洪
	石鼎 趙州人進士		馬欽	
	王艮佐 華亭人監 人十七年任	林源	陳嘉穀 十七年任	
嘉靖	汪倬 有傳 十九年任	劉遷	陳學	
	李重 成都人歲貢 九年任	戴翀	黃鳳	鄭晃
	侯嘉祥 有傳 十五年任	湯佐	劉珮 十七年任	

	知縣	縣丞	主簿	典史
	王綽 歲貢 十六年任	李環	崔華	
	謝秩 分宜人舉人 十八年任		周冠	黃尚禮
	蔣崇祿 成都人舉人	謝天爵		陳祖
	黃儀 新城人舉人 二十三年任	吳瑞 二十六年署縣篆	余永治	
	劉寬 建昌人監生			
	段重 盧陵人舉人			
	楊阜 有傳 二十七年任	陳紳		
	胡志尚 有傳 四十年任			
	何濬 南海人歲貢			
	丁璘 永昌人舉人 四十四年任	孫守箴	盧楷	

梅友竹　墊江人舉人四十五年任

隆慶

閔德充　烏程人舉人　朱邦華　易家舊作象　毛佐

朱邦華　有傳

劉則唐　有傳

萬曆

姚翼　有傳　元年任　胡學禮　葉球

陳傑　成都人　六年任

王廷俊　有傳　十七年任

胡克儉　有傳　著

劉廷揚　禹州人舉人二十二年任

張憲圖　洛陽人舉人二十六年任

尚方珍　山西人舉人三十一年任

趙國華　有傳　三十四年任　冷茂松

周良弼　有傳　三十五年任

蔡洪輝　有傳　三十八年任　連穗　吳廷棐　羅名成　三十八年任捕盜有功

劉允昌　有傳　四十年任　樊守純　有傳　劉九皐

夏可雷　有傳　四十三年任

趙之璟　四川人舉人四十五年任

[illegible]年任　施存禮　許性讓　揚州人　薛應賢

天啟

張燮任　有傳　元年任

王世臣　高安人舉人

劉俊　四川人舉人　二年任　孫之肅　蒲先輝　浙江人　茹應科

崇禎

周驥　有傳　沈世明　浙江人　七年任　張雲鳳　福州人　七年任

黃宏曾　晉江人舉人　八年任

蕭友葵　署　魏時光　有傳　九年任

黃恂　四川人舉人　九年任

朱議濸　有傳　十三年任　章燧　浙江人　十年任

張登衡　有傳　十四年任　羅耀　河南人　十四年任　胡大興　有傳　十七年任

國朝

知縣

主簿　順治年裁

典史

程啓南　襄陽人　二年任　譚廷謨　山陰人

郝光輔　永平人　二年任

馬步月　六年任　陶　缺名

毛華鵬 廣安州人 八年任
許大華 南昌人舉人 九年任
王名世 有傳
龍雯 十一年任
楊楚 安邑人 十三年任
閻國士 有傳 十四年任
孫謙亨 有傳 十六年任
安璇 贊皇人 十八年任
康熙
黃玉鉉 洋縣人己亥進士 三年任
任瑄猷 息縣人進士 九年任

劉文延 山陰人 九年任
姜天棟 有傳 十三年任
董天琇 有傳 十八年任
童汝檽 浙江人 七年任

潘士學 遼東人 十二年任
王繼茂 直隸人 二十年任
陳肇祉 九江人監生 二十一年任
顏正色 有傳 二十三年任
錢文炌 烏程人進士 二十五年任
萬佺 寶應人監生 二十八年任
劉臨 有傳 三十四年任
劉淞 正紅旗人歲貢 四十二年任
李世德 有傳 四十五年任
蕭蘐 有傳 五十二年任

楊銘 江南人 十五年任
薛家楹 韓城人 十九年任
康克俊 咸陽人 二十七年任
張成 宛平人 三十年任
王賓 大興人 三十六年任
秦鏡 三原人 五十四年任

張孚先 儀封人舉人 六十一年任
雍正
顏希聖 德州人進士 二年任
高人傑 有傳 六年任
李攀梅 有傳 十三年任
乾隆
王如璋 廬陵人監生 六年任
鄭理 奉天人庚子舉人 八年任
李國棟 嘉應人壬子舉人 十年任
虞學灝 金壇人辛酉舉人 十二年任
高聯登 沅陵人拔貢 十八年任
馬汝明 太原人乙卯舉人 二十年任

賴起龍 新安人 五十七年任
林錫穀 玉田籍錢塘人 二年任
蔣文凌 大興人 七年任
何昌棋 山陰人 十一年任
張盛世 遂寧人監生 二十一年任

曾日秀 江西人署
劉可考 有傳 二十二年任
陳策 有傳 二十五年任
戚朝桂 德清人庚午副榜 三十年任
陳世增 奉天人監生 三十一年任
劉長靈 全州人丁丑進士 三十三年任
汪墉 嘉善人癸丑舉人 三十五年任
張鵬南 永定人丙子舉人 三十七年任
曹銘 宜興人庚辰舉人
張鵬南 四十年復任

許法震　安陽人庚辰進士四十年任
閔思蔵　烏程人附貢四十四年任
王鵬南　婺源人乙酉舉人四十七年任
黄塏　錢塘人丁酉舉人現任

周世玢　山陰人監生四十四年任
耿基　有傳
錢柱　宛平人武進籍現任

儒學教諭

訓導

明

洪武　羅絢　泰和舉人
永樂　陳聚　揚州人
宣德　洪範　有傳
正統

俞宣　一作瑄有傳

天順　李垣　江西人歲貢
成化　李復　廣東人歲貢
穆芳　廣西人舉人
趙㬥　歙縣人
宏治　顧昂　浙江人歲貢
正德　王仕俊　長樂人舉人
戴謙　江西人歲貢

許冕　歲貢
孫復　歲貢
劉威　永州人歲貢
詹晟　有傳晟作日成
王垓　浙江人歲貢
孫顯祖　雲南人歲貢
洪清　安慶人歲貢
趙顔　歲貢十四年任

廣濟縣志　卷四　職官表　八

劉鉅　吉水人
徐良弼　永川州人歲貢

嘉靖　王潮　揚州人歲貢
龔善治　有傳
周良　吳縣人歲貢十五年任
熊應同　富順人舉人二十年任
包啟蒙　蒙陰人歲貢二十三年任
吳哲　普安人舉人
賀鐸　武進人歲貢

梁文　有傳
葉杞　建德人歲貢
梁本　星子人歲貢
趙檄　麗水人歲貢
俞鳳　新都人歲貢二十年任
喬巍　桐陽人歲貢二十三年任
李中和　陸豐人歲貢
林懋　北勝州人歲貢

胡東明　江西人歲貢
許維翰　桃源人歲貢
李錫　開封人歲貢
胡躬行　湯溪人歲貢
隆慶　張鑑　秦州人歲貢
劉鶴齡　桂林人舉人四年任
萬曆　石中矣　桂林人舉人

張懋學　浦江人歲貢
胡朝縉　長汀人歲貢
劉鳳鳴　孟縣人歲貢
王守恒　贛榆人歲貢
李緋　漳浦人歲貢
高廉　漢川人歲貢
顧棨
吳裘　桐城人歲貢
馬同春
孫震　太平人歲貢

廣濟縣志　卷四　職官表　九

吳宙

陳道濟 有傳 十九年任

魏秉忠 有傳秉一作拱 三十八年任

胡來賓 四十五年任

天啟

萬一和 元年任

崇正

許燁 有傳 元年任

曾發祥 有傳 七年任

郝大化 鄖陽人歲貢

王國賓

黃贊銳

王之翼 沔陽人歲貢

李宙奕 四十年任

秦時中 四十年任

吳熊紀 二年任

郭金範 二年任

符於思 龍陽人元年任陞太平知縣

李苑 有傳

國朝

順治

王禹錫 有傳 五年任

傅鍠 有傳 十三年任

李延春 有傳 十六年任

李以範 有傳 十八年任

康熙

胡大猷 武岡人 十一年任

羅人龍 枝江人 十六年任

蕭芳 鄖陽人 二十三年任

徐昌先 興山人歲貢

熊心璋 蘄州人戊午舉人

王金 宜城人 十二年任

胡效順 有傳 十四年任

汪紹遠 漢陽人例貢

劉大年 安鄉人

王業久 漢川人歲貢

歐陽遷 漢川人舉人 四十七年任

胡理 有傳 五十六年任

雍正

宋道正 江陵人舉人 二年任

左賜桓 漢陽人巳酉舉人

乾隆

鄧肇丙 沔陽人丁酉舉人 八年任

龔佐龍 孝感人丙辰舉人 十三年任

熊紹祖 有傳 二十四年任

周于德 應城人丁卯舉人 三十六年任

周士望 漢川人壬午舉人 五十年任

劉國泰 江夏人歲貢

嚴于素 荊門人歲貢

譚之琥 有傳 九年任

江禹汪 江陵人歲貢 三年任

陳貴行 鄖縣人歲貢 十一年任

李方華 孝感人廩貢 十八年任

程行超 天門人廩貢三十年任中副榜

田成桂 大冶人歲貢 四十二年任

劉春甲 襄陽人戊子舉人 現任

張奎臨 江夏人優貢 署

羅芳職 江陵人戊子舉人 現任

同知

乾隆

袁傑 長山人 二十六年任

陳文樞 上元人副榜 二十八年任

黃肇岱 寶應人 二十年任

陳焱 盩厔人監生 三十年任

湯李山

張金管 烏程人監生 三十五年任

陳嘉謨 錢塘人辛巳進士 四十三年任

楊
羅經 南豐人丙戌進士 五十年任
馮福昌 代州人監生 五十六年任
廵檢 武穴　龍坪　馬口
王國相
李禘
袁世寧
黃廷耀 浙江人
朱履亨 海鹽人 乾隆十一年任
顧洵 大興人乾隆二十年移駐龍坪 ○以上武穴

驛丞 雙城驛
陳桂新 宛平人後遂家雙城驛
王萬嶺
張焆 雍正年任
余憲
王燦
晏世爵

顧洵
任麟樞 宜興人
王文明 丹徒人
顧以忠 武進人 現任○以上龍坪
林經
洗尹壂 在黃金塔山置義塚至今尚存石碑
劉源泗 山東人
陳國佐 紹興人
施偉 直隸人
呂爾揚 河間人

許大智 江寧人乾隆十八年任十九年
陳邦謨 裁

阮紹宗 紹興人
韓有恒 直隸人
鮑梓昇 青陽人
譚燮 潮州人新建鎮司衙署
孫天祥 長州人
王繩旦 上虞人
乾隆
李廷俊 畢節人監生 二十一年任
傅森 二十八年任
丁鈐 大興籍 二十九年任
姜寬 如皋人 三十二年任

曹祝齡 青陽人 四十九年任
蔡師曾 太倉人 五十三年任
東暹 南昌人 現任○以上馬口
千總
劉南
湯銘
李世忠
黃甲
馬靖忠
陳之鉉 宛平人

高一貴
劉元吉
乾隆 鍾玉 興國州人

把總

乾隆 李世榮
陳起忠 蘄州人
范允青 陝西人
胡得仲 黃岡人 三十六年任
趙治國 黃岡人 三十七年任
汪純一 興國州人 四十八年任

李正太 應城人
黃之璉 黃岡人 現任

按廣濟自宋以前職官名氏不見傳記惟趙與褣嘉定辛巳涖蘄錄載有廣濟知縣一人陳兗起字篤一人張震發當列於表今附錄於此

廣濟縣志卷五

選舉表

唐制取士之科大要有三其天子自詔者曰制舉而升於有司者由學館則曰生徒由州縣則曰鄉貢其科之目有秀才明經進士而所謂舉人者乃舉到之人非一定之名也舊志於進士外列舉人貢生非是今但列其姓氏於左

貞觀 徐良賢
顯慶 徐遜志
徐貞志 學士

永淳 徐登 四門館助教
開元 徐粟
永貞 徐珊 秘書省正字
開成 徐統
天祐 徐鵬程

宋承唐制貢舉雖廣而莫重於進士制科其次則三學銓補其他教官武舉童子等試以及遺逸奏薦貴戚公卿任子親屬與遠州流外諸選委曲瑣細變更不常舊志區分未覈今但以時次其姓氏

乾德 徐世亨

祥符　徐山　太子太師

熙寧　田景　禮部尚書

徐巍　知府

建炎　徐洼

周聰　司理參軍

隆興　徐愿　寶謨閣學士

徐曉

余玠　宋史有傳

周文俊　大理寺評事

董起潛

張晏然　有傳

寶祐　梅應春　有傳

梅應申　有傳

景定　張煥然　字新卿寧遠節兼運僉

周大鎮　翰林學士

游侶　有傳

張紹祖　有傳

董恍

徐萬立　御史

姜賢　有傳

周應隆　解元　宋琰

元制仕進多岐或出身於學校或策名於薦舉而儒有歲貢之名吏有補用之法捕盜者以功敘入粟者以貲進所設之名未易枚舉今但據舊志錄焉

余試

梅溢　知縣溢一作鎰

梅鎣

周珏

徐興　徐[illegible]

明代選舉之法科目爲盛

國朝因之曰進士曰舉人武科鄉會試悉視文科例曰貢生有恩貢拔貢副貢歲貢曰薦舉則曠年始行他若吏員承差諸雜流以及援例授職均可附誌云

明

	進士	舉人	貢生	薦舉
洪武甲子		張庾 李閏　御史 楊朝佐　省志作湯	王佐　有傳 江豹 張賢　譜作攢御史 徐愷 黃理	徐麟　有傳 王希文 徐文顯　有傳 于克誠　舉人材能泉主簿 馮惟德

			胡文興主事 宋珏同知 胡海有傳 徐志稜甘縣教諭 楊應斗 鍾澄有傳	王鑑 周清 徐忠 陶淑清 程必貴
永樂乙酉		楊志高省志作瑒	范暹	劉淳
戊子		楊守忠	張根有傳	胡思誠
辛卯		劉傑	陳叔有傳	余玉
丁酉		陳烈有傳	董春知縣	單鐸
		何鑑昆明教諭	黃宜中同知 楊朝英	伍善
庚子		周道敬有傳 段獻	劉康巴縣知縣兵馬司指揮 李奎	陶惟賢 周伯洪
癸卯		董熙有傳 田畇 甘忠 段仲章	解銑 徐銓 張庸 徐文斯福建崇安教諭 黃以信 余交簡	楊克敬 游子貞 王鑑

			鍾用襄陽教授 胡佑	
宣德丙午		張本端有傳	陶茂	
己酉		陳顯武隆教授	蕭成	
乙卯		鄭達有傳	鍾寶恩貢國子監司業	
正統辛酉		陳愷有傳	黃榮 王弼有傳 劉鏡 朱仲禮 盧韶	
甲子		伍常固始知縣		
丁卯		魯璨解元 陳悌御史	田致和 毛釗成都府通判 吳誠知縣	
景泰庚午		李錦 趙觀 周原學進士 王惪大理寺評事	王宗明重慶府同知 王昇知縣 何侃知縣 朱輝博羅知縣 周鑑 王景蘭陽知縣	楊曦主簿

			王奎	
			張澯	
			馮熙	
成化乙酉		吳守元	陳章	
丙戌	周原學有傳		詹斯	
			陳勇	
			程鵬貢監	
			王時汝	
			陶紹知府	
甲午		何宗湉成都知縣	瞿恩	

		張貴宗有傳	王時魁兵馬司指揮	
			楊寬	
庚子		徐徵	趙溥拔貢應山教諭	
辛丑		劉翀知縣	徐佫鳳州州判	
癸卯		孫英孝豐知縣	舒玉	
			藍蓀	
			朱能	
			饒孟奇	
			張賓	
			胡泮	

			程通	
		張易宗有傳	田溉	張華宗忠義衛經歷潞安府同知
			胡湘	
			陶德	
			陳琥	
			陳經	
			魯俊	
甲子		劉輔良	趙瀚	
			董文	
			張質有傳	

正德丁卯		張禮	張賢	
		鄭傑進士	梅綰	
			張贇馬湖府通判	
			王欽有傳	
			胡標	
辛未	鄭傑有傳		詹翔	
			董倫有傳拔貢	
		饒繼明有傳	李正含	
			李淑	
			涂謙	

己卯	嘉靖乙酉	辛卯		丁酉	癸卯	丙午
[illegible]						
程翰 知縣 [illegible]	張頵 有傳	文大才 有傳		劉寅 四川知州 姜壽 莒州知州 舒良材 周勝旻 有傳	張價 有傳 胡伯賓	胡伯涵 饒之初 有傳 孫喬 進士
胡燮 田秀 張琳 有傳 恩貢 陳棫 教諭 呂用聘 有傳	呂宸 梅紝 伍學貫 鴻臚寺少卿 [illegible]	儲維學 廣安州通判	徐文 均州訓導	徐謙 張璵 蓬州學正彭縣知縣 張頵 有傳 李恭 許州學正	余彰 李元	舒良相 張淑儀 劉輔聖
	彭梁 呂賓	許秀		楊顯 南昌衛知事	呂用世 陳鳳儀	陳鳳池 張德輔 饒之食

己酉	癸丑	丙辰	戊午	辛酉	甲子	隆慶丁卯	庚午	辛未	萬曆癸酉	丙子	己卯	庚辰	壬午
	孫喬 有傳	張諧 鄉科闕						劉天衢 有傳				王大謨 有傳	
胡莊 孫黨 有傳			徐祥麟 南京戶部主事	劉天衢 進士 程希闞 有傳 張步雲 有傳	舒企 良材子	程希舉	楊大軏 張日新 江油知縣		陳王道	呂應期 湯之相 有傳	王大謨 進士		徐來建 有傳 程可文 進士
陳叔學 有傳 王表儒 寧國教授	魯邦鳳 拔貢			胡繼矩 有傳 李觀 副榜有傳		楊民望 台州教授	陶袞 慶符教諭署知縣	張敘 有傳	游吉 有傳	張鎮 有傳	徐來聘 有傳	胡其大 拔貢學正	張淦 副榜
陳雄													

辛卯	甲午	乙未	庚子	甲辰	己酉
		舒其志有傳 程可文臨海知縣		吳亮嗣有傳	
舒其志進士 朱充寧有傳 董玉奇達州知州	張嵩有傳 朱之琦		吳亮嗣進士 楊大鰲有傳 劉人表開封府同知	[illegible]	胡士容進士 陳嘉言
徐來舉乾州學正			饒于震恩貢臨訓導 胡敏見	許如龍 吳之龍嘉魚訓導 楊民服有傳 呂希孔儀眞訓導嵐縣知縣 舒倫 翟待教諭 蘇雨有傳 楊民表	
	朱自芳廸功郎				

庚戌	乙卯	天啓辛酉		甲子	丁卯	崇正
胡士容有傳						
	金之純有傳 甘許國有傳 陳楚瓊石泉知縣	梅調燮有傳	饒嘉元	劉近臣解元進士	張楚偉有傳 藍季曙有傳 劉近甲醴陵教諭	
劉秉錄有傳 劉秉鈇有傳 張金和有傳	陳子闕 王逢年有傳歲貢 劉洪甲有傳 甘廷諫 潘如準 梅調燮恩貢	楊大烈	文衡國大才孫恩拔 方雄堂 毛[illegible]兩中副榜	翟近鸞	劉秉鉌有傳 游之雲有傳 于崇雅 奚所蘊漢陽教諭	吳敏師恩貢茂山知縣 吳敏功恩貢南谿訓導
	方勝大有傳	楊大輪鄴城驛丞	陳玉府有傳			

		辛未	丙子	己卯	壬午	
		劉近臣 有傳				
			藍縉 有傳	饒來中 有傳 張復熙 有傳	劉洪瑞 吳敏含 有傳 翟近宸 有傳	張楚璠 有傳 王欽命 均州學正 于應試
	劉近顏 選貢永從知縣	劉洪芳 宋懋雲 藍縉 恩拔有傳	梅之魁	張星朗 方正友 保昌知縣	劉爌 吳亮恩 有傳 饒嘉亮 有傳	陳敬中 黃岡教諭 劉洪昕 員外 向芳 石門教諭 解輔 龔欽 陳文 陳世龍 一作劉 梅嵲 梅益 劉士俊
		程星斗 巡檢 樊登士 營山主簿 夏承緒 白河總簿	張金聘 遼州吏目	劉廷欽 廣東甲子門巡檢 劉深堂	劉廷獻 劉應鳳	

國朝

		順治丙戌	己丑	辛卯
			張先基 有傳 毛炳 有傳	
		毛炳 進士 張先基 進士		宋敞 進士 吳瑾 進士
	張[illegible] 舒會 梅皿 李旻 [illegible]體道 胡士定 有傳 張金麟 一作[illegible] 王行乾 張欽 進賢教諭	楊復 儀封知縣 張懋純 胡一璉 有傳 劉醇驥 有傳 胡來庭 有傳	梅朗中 有傳 毛焜 孫克諧 安陸教授	胡魁楚 有傳 劉漢美 鄖縣教諭
	查洪傑 [illegible]功[illegible]	徐步闕 成都吏目 梅敢庭 有傳 朱翼治 有傳 劉洪度 有傳 楊國選 州同銜	周來泰 江都縣丞 方勳邦 州同銜 周國泰 武城縣丞	夏時儉 縣丞銜 胡思道 縣丞銜

甲午		劉洪璽	夏時奇 襄陽教授	陳洪朗 縣丞銜
			陳文斌 應城訓導	夏賓 揚州通判有傳
			毛煒 副榜	張德欽 州同銜
丁酉			劉堡 恩貢	劉自澄 州同銜
己亥	饒軫中 推官	饒軫中 進士	毛燦	吳世元 舉孝廉孝感教諭
			郭存仁	吳世觀 州同銜
			梅時中	吳世鑑 縣丞銜
			周登任 副榜訓導	吳世錦 縣丞銜
庚子		金德嘉 會元	舒芝生 副榜有傳	吳世典 州同銜
		張金基 學正	劉懋從 恩貢	金本孜 舉孝廉方正
		李必泰 有傳		吳世仰 縣丞銜
		藍應象 知縣	張仁熙 有傳	李國棟 州同銜
辛丑	宋敵		李宏	劉自理 有傳
康熙癸卯		劉洪璇 有傳	呂應啟	吳淳 舉孝廉方正
			劉懋敏	吳光儒 例貢
			吳熊 有傳	夏時瑛 官白茅閘
			胡右軍	吳棪 例貢
			吳元會	劉應亨 例貢
			劉懋佳	吳森 例貢
己酉		詹鳳喈 教諭	張佳昌 有傳	彭士高 州同銜

庚戌	吳瑾	袁懷声 本姓周緩(?)寧教諭	楊國鎮	朱光烈 楚雄府知府
			舒逢吉 有傳	周楙敬 例貢
			夏鼎彝	彭錫乾 例貢
			王衍治 有傳	朱光炯 州判銜
壬子		劉懋京	毛同鵬 副榜	劉洪敏 州判銜
			吳又升	劉洪偉 附貢有傳
			梅奕庭 有傳	吳世煦 例貢
			梅英庭 有傳	周日進 例貢
			葛如藩	王楚山 附貢布政衔
			葉賡 副榜教諭	周立 州同銜
				于鳳元 例貢
			張元爵 有傳	張飛龍 例貢
戊午 壬戌	金德嘉 有傳	劉懋弼 江夏教諭	金啟洛 拔貢有傳	劉洪綱 布理衔有傳
			阮文茂 有傳	張晉金 州同銜
			龔鼎臣	郭應暘 州同銜
			李之綱	劉洪組 縣丞銜
			張兟基 有傳	張士拱 縣丞銜
			胡繼昌	許日昇 州同銜
甲子		張佳晟 有傳	呂映珠 府志作	劉洪德 州判銜
			藍之桂	劉洪達 知縣銜
			李日躋 有傳	田本文 州同銜

壬午		張粹金有傳	伍全閭	李之綸
			張鉉璧	居之珶州同銜
			李之經有傳	郭鍾硅例貢
			陳聖陛有傳	劉文經例貢
			金德崇有傳	王佐例貢
			張盤基有傳	田炳例貢
			金啟江副榜	王世棟例貢
			胡統思副榜	王大猷例貢
			陳種義副榜	陳本桂例貢
乙酉		金啟江	柯承緒副榜	劉桂附貢有傳

		張崴金學正	劉懋勳	王文煌例貢
			郭永猶	方運濟例貢
辛卯		張惟金有傳	吳兆烈	程懋槐附貢
癸巳		藍士袞	胡應亨	干允誼縣丞銜
甲午		方策	饒起弼副榜	湯祚瑶州同銜
			蔡國鎮	熊啟聖州同銜
丁酉		陶永曜有傳	余天覺	阮景州判銜
		朱榮經進士	梅正庭	夏時雄縣丞銜
庚子		王世錠有傳	毛永年	奚世第通州倉大使
雍正癸卯		游聖選有傳	張錫嵬拔貢	武揚卿灌縣縣丞

			劉光斗副榜	武宗夔興寧縣丞
		吳達瑞	李光恒	黃嘉標建寧府經歷
甲辰		游挺秀有傳	胡士祿	吳桓優增按照銜
			金啟汾	郭洪舟增貢
			劉天成有傳	李紹蓮附布經銜
丙午		朱本績	劉洪佑拔貢有傳	方至鏻附貢
		張錫宿有傳	劉洪衍候選訓導	余永恢附貢
			張成熙	周煒俊附貢
			胡士宏	周煥璐附貢
己酉		張易源進士	劉洪御有傳	吳沖懷來典史

		張壯國進士	饒起夔	張植鎣河東鹽知事
		方楚正進士	劉光祖隨州訓導	鍾槐堂陝西主簿
		陶文夔有傳	張濬源武昌訓導	胡是光廣西布經
庚戌	張易源安仁知縣		楊承綜拔貢有傳	胡增光吏目借補高邑典史
			方論秀	劉之簡荊州府千總
壬子		朱孔濟	干渾元恩貢有傳	劉文德府經銜
癸丑	朱榮經樂至知縣			張楦鵬賜縣丞銜
		徐天球進士	張理源	徐特進例貢
乾隆丙辰	方楚正有傳	張錫鑾江夏教諭	舒錢副榜	陳人龍布理銜
	張壯國有傳	胡本粲有傳	李錫元	周楙郃布理銜

戊午　辛酉　乙丑　戊辰

乙丑　徐天球有傳
戊辰　郭本才有傳

王本燦
周學校
陳文光
郭本才進士
張德源進士

張衍源
劉本烜咸寧訓導
郭鍾琛長陽訓導
張遂
伍儒偶
陶文苹拔貢
庫世膺副榜
朱榮世
呂嘉亨
藍士編

郭承雲州同銜
張淳麟例貢
張光和縣丞銜
吳保璽有傳
郭洪理例貢
張光典縣丞銜
周林馥縣丞銜
陳光齡州同銜
徐家駒例貢
郭榮祖州同銜

庚午　癸酉　丙子　丁丑

丁丑　張德源資陽知縣

張璧永寧知縣
陶文苹有傳
劉斯輿進士
劉恩訓溧陽知縣
鍾銓有傳
李清恩施教諭陞州學正

胡錫晃有傳
向廷燕副榜有傳
張江恩貢
夏嘉桂
劉世淳
徐樹新有傳
張瀚
方寵文
卜本儒
李文炳

夏本才例貢
夏本秀州同銜
劉蔚慶例貢布經銜
李榮爵州同銜
李元基州同銜
郭洪勳例貢
郭洪啓例貢
饒承杰州同銜
鍾大隆布理銜
朱鎮基吏目銜

己卯　庚辰　戊子　丁酉　己亥　庚子

庚辰　劉斯輿有傳

陶大朋附見文苹傳
張植琰惠安場鹽大使
胡鴻鳴揀選知縣
陶起庠揀選知縣
張光逵揀選知縣

張淳恒宜都訓導
徐光宙副榜有傳
吳淳恩貢有傳
劉名榜拔貢
張汜廩貢均州訓導
劉蔚豹廩貢通山教諭
徐天才
劉超儔
周㷆綸
程邦喜
陶大眉
張材魁廩貢蒲圻訓導
劉桐
陶廷喜拔貢嘉魚訓導
湯仁敬
劉枚恩貢
熊應龍
吳梅
張鳳英
陳亨

胡存重例貢
劉蔚殿州同銜
劉蔚艮布理銜
郭材裕例貢
吳錦印按照銜
余材麟千總銜
鍾會泰縣丞銜
周煒艮鹽大使銜
周煥禮例貢
劉榕鹽大使銜
夏應麟例貢
胡璧光鹽大使銜
劉楷主簿銜
周煒和布經銜
劉棫布經銜
呂集思布理銜
劉校例貢
田制禄守禦所千總銜
胡兆榮例貢
劉銘藍府經銜

丙午　龔執桓
魏雲琯 廩貢候選訓導
周煒廉 廩貢襄陽訓導
張植琇
李繡 例貢
劉金獻 府經銜
胡洪景 例貢

戊申　徐羲中
鍾錫卣
夏楙烈
于效侃
張應元 拔貢
段永振 恩貢
張材棟
劉之綿 州同銜
戴邦材 例貢
余炳粹 例貢
蔡習綍 例貢

壬子　朱錫紱
周煒智 廩貢
夏本聖
吳占魁 例貢
鍾輔泰 例貢
張燦勳 例貢

武科

明

武進士　武舉

隆慶庚午　張維新

萬曆庚子　黃鎮中 解元客雲守備
李大來 中三科潮州守備

癸卯　李甘來 進士
何東白 中三科

甲辰　李甘來 有傳

丙午　方定 解元已酉第二壬子第三
于將

胡海 進士
饒嘉會

癸丑　胡海 有傳

天啟辛酉　于漸鴻 中三科
陸海
鍾鼎 有傳

甲子　翟志超 進士
王之印
陳金
胡奇

乙丑　翟志超 有傳

丁卯　舒萃生
胡乃寧

崇禎庚午　陳時可
于應縢
李涉域
于應奇
陳文奇

丙子　于若霖
李泰國

己卯	胡順錫
國朝 順治	陳賁
辛卯	翟斯楷
	李廣生
	田永年
甲午	王秉鉞 普安守備
	郭祖儀
丁酉	張峻基 進士
	陳士鼎

庚子		饒武中 進士
辛丑	饒武中	
康熙甲辰	張峻基	
甲子		吳洪範
		劉紹衡
丁酉		劉棨 京營守備
		劉永祚 都司僉書管江南興武衛四幫領運千總事晉階明威將軍
雍正丙午		劉洪儀 天津守備晉階武德將軍
乾隆庚午		方世鎮 有傳
癸酉		胡國梁 興武衛千總

壬午		胡兆元 吉安所千總

武勳

明

王添勝 征南將軍

陳受三 有傳

張佐基 以將才授潮州副總兵

楊普銘

伍惟辰 以功授襄陽游擊

鍾原 有傳

夏文緒 四川千總

國朝

劉志陞 以功授都統世襲二等阿達哈哈番晉階資政大夫

伍經 貴州守備

張華基 興國州參將

胡振雄 以功授雲貴總兵有傳

方叢菴 以功授雲南總兵

封廕

宋周宗傑以子大鎮貴贈翰林學士

明孫萬善以子喬貴贈戶部雲南清吏司主事

劉世重以子天衢貴贈中憲大夫雲南按察司副使

張鏞以子步雲貴贈中憲大夫太平府知府

王照以子大謨貴贈文林郎

舒賢以子其志貴贈奉直大夫工部屯田司郎中

吳廷學以子亮嗣貴贈中憲大夫太常寺少卿

劉秉鈇以子洪甲貴贈中書舍人

胡本臣以子海貴贈鎮國將軍

周萬羅以子勝夏貴贈奉政大夫

劉鳴卿以子近臣貴贈奉政大夫

藍仲銘以子季曙貴贈文林郎

胡應中以子士容貴贈奉政大夫

程椿以子可文貴贈文林郎

王仲禮以子佐貴贈中憲大夫

鍾澄以子寶貴贈奉直大夫

金鼎亦以子之純貴贈奉直大夫

徐顯以子來建貴贈奉直大夫

張文宗以子懋貴贈文林郎

張常山以子本端貴贈中順大夫

張造端以子昌宗貴贈奉政大夫

張瑄以子金和貴贈文林郎

張可仕以孫佐基貴贈榮祿大夫

張勝然以子佐基貴贈榮祿大夫

張聿鎡以子宗潢貴贈承德郎

呂朝四以忠愚世襲銅鼓衛指揮

胡峇以軍功世襲百戶

楊勝以祖普銘世襲指揮

以上廕

國朝

胡浩以子一璉貴贈奉政大夫

梅世魁以孫朗中貴贈中憲大夫

梅爍以子朗中貴贈中憲大夫

金之紳以子德嘉貴贈徵仕郎

劉后華以孫志陞貴贈資政大夫

劉啟孝以子志陞貴贈資政大夫

王凝鼎以子秉鉞貴贈明威將軍

劉啟敬以孫茂溶貴贈中憲大夫

劉登仕以子茂溶貴贈中憲大夫

吳應碧以子瑾貴贈奉直大夫

金德嘉以子啟洛貴贈中憲大夫

朱明桂 以子叡貴贈文林郎
夏一龍 以子賓貴贈儒林郎
吳兆岐 以子世元貴贈修職郎
朱鴻堡 以子榮經貴贈文林郎
劉天成 以子洪綱遵例急公贈儒林郎
劉自理 以子洪庚殉難贈中憲大夫
劉玉乘 以子本烜貴贈修職佐郎
朱翼治 以孫光烈貴贈奉政大夫
朱本積 以子光烈貴封奉政大夫
楊齊賢 以孫承綜貴贈文林郎

楊日進 以子承綜貴贈文林郎
徐之聯 以孫天球貴贈文林郎
徐俟昴 以子天球貴贈文林郎
郭文元 以子本才貴贈文林郎
鍾景堂 以子銓貴贈修職郎
胡應亨 以子錫冕貴贈修職佐郎
徐之洛 以子樹新貴贈修職佐郎
張佳杲 以子錫鑾貴贈修職郎
張淳文 以子村魁貴贈修職佐郎
陶永耀 以子文萃貴贈修職郎

鍾升堂 以子大隆遵例急公贈儒林郎
李文炳 以子清貴贈修職郎
毛如穎 以子炳貴贈文林郎
陳宣闡 以子文光貴贈修職郎
劉秉鑛 以子洪璇貴贈文林郎
張禧基 以子惟金貴贈修職郎
張亭然 以子先基貴贈文林郎
李庭柱 以子榮爵遵例急公封朝議大夫
胡仔重 以子增光貴贈登仕佐郎
劉銘璋 以孫蔚艮遵例急公贈儒林郎

劉斌 以子蔚艮遵例急公封儒林郎
劉文德 以子蔚殿遵例急公封奉直大夫
張惟金 以孫璧貴贈文林郎
張禮源 以子璧貴贈文林郎 以上封
胡搢思 以父一璉廕官通判
劉茂濬 以叔志壆廕由中書任廣州知府封中憲大夫
劉茂渭 以叔志壆廕任金壇知縣
劉恩謨 以父洪庚廕國學生 以上廕

廣濟縣志卷六

士族表

地志舊無士族表今彷唐書宰相世系表之例創立此表又別立戶籍表以配之所以明土著之義而士食舊德農服先疇以不忘其所自念爾祖者修德愛土物者心臧或亦訓俗型方之一助歟戶籍按鄉分列至士族則以始遷之先後爲次云

廣濟徐氏先世家東海唐武德中陵孫斐官丞寧令遂家焉斐生宗正寺卿艮賢賢生遜志志生四門館助教登登孫觀察使栗栗四世孫御史䋲䋲四世孫霍山知縣鵬程鵬程五世孫太子太師山山九世孫御史萬立萬立生子四興啟昌隆興仕元官中書省平章政事封蘄國公興三子麒麟䴏

麒　廣威將軍
文通　漣
以敬　愷　歲貢
文壽　武畧將軍

麟　蘄州知府
文海　渭　國子監助教
以鳳　仲岑　元
欽
來孳　云　廩生

文顯　潜　刑部侍郎　庠生
以乾　仲魯　雲
謙　歲貢舞陽主簿　歲貢乾州學正
來舉　多猷　增生

萬立次子啟　啟子政

政
受五　賢
銓　歲貢　義官
伯安　萬貴　顒　義官　增生
祥麟　哲猷　嘉靖庠生
戊午　太猷　舉人　庠生
戶部主事
徵　成化甲午舉人

默　庠生
來獻　庠生
鰲
來聘　長猷　嘉靖恩拔　增生
時靖　之瑗　庠生
己酉　永寧　經魁　知州
時倩　之玟　庠生
翰林院孔目

廉　章　庠生
顯
來建　甲猷　萬歷　增生
乙酉舉人　蘇州同知
相猷　庠生
時至　庠生
勳　文
歲貢　均州訓導
庠生
來遴　庠生
來遐　忠猷　庠生
照　廩生
來賓　增生
來寵　瑞猷　增生　庠生
時位　庠生
時素　庠生

右徐氏舉人四人拔歲貢六人仕宦十二人

旻二十四世孫宋乾道舉人任江西高安知縣曉曉四世孫同知萬六萬六孫
鯤
鯨 文昕 深 宗一 白 榮 萬隆 本洪 步上 助國 君易 之湧 樹凱
江西歲貢庠生 崇祀 庠生 庠生 庠生 庠生 庠生
左衛崇安 順 國 懋 謹 之滋 樹觀 光熾
守備教諭 忠孝 庠生 庠生 庠生 庠生 監生
樹標 監生 光乾 復中 監生
光烈 庠生
光然 涵中
監生 庠生
之瀠 樹穀 光寧 建中
廩生 庠生 庠生 庠生
樹倫 光宇 鶯中
庠生 庠生 乾修
戊中 舉人
丹中 廩生
光宙 寅中 廩生
乾隆 庚辰 副榜
可望 庠生
樹樂 光宗
增生 監生
之洛 樹儀 光任 蓀中 銘紱
庠生 增生
光翰 恆中
監生 監生
光灼 孚中
庠生 增生
豫中 庠生
樹楫 光明
監生

樹新 倓
歲貢 監生
安陸 光采
府訓 監生
導石 光疇
首教 監生
諭
樹蓮 光楚
增生 監生
攻進 庠生
本盛 步闕
成都 吏目
自俠 萬春 本學
庠生 鄉賓
萬德 庠生
萬珠 鄉賓
文將 溥 宗三 目華 萬祿 紹武 少泉 楚棟 時炉 之聯 侯茂 天才
廩生 庠生 歲貢
侯昂 天書
監生
天球 乾隆 乙丑 進士 歷官 咸縣 邢臺 丹徒 清苑 知縣 順慶 同知
天祜 庠生
之松 侯商 天柱 家驥
吏員 監生

天柱 監生

右徐氏十五世進士一人舉人一人拔副歲貢四人仕宦五人

雙溪劉氏始祖齊由江西德化徙居廣濟齊三子渭涇浩渭孫燦生子二坤奎坤子五銑鉅鏡鋕錞奎子三錀錢錦

銑 漢 尚禮 世紀 天政 秉銓 洪瑞 附生
秉錀 庠生 洪瓔 附生 林玉 庠生
洪璐 伯仲 廩生
秉鏘 附生

鉅 瀛 尚英 世祥 天勝 秉亮 洪旻 林貽 煥麒 超沛 斯周 全 郡庠
淪 尚榮 世用 天倫 衡 增生
秉允 洪祖 任 附生
天秩 秉義 洪遴 林夏 光會 至輔 斯藹 衍範 庠生
鄉賓 庠生
紹隆 廩生
洪建 林德 光暘 至琢 庠生
煥斗 至乾 艮佐 庠生
秉智 洪瀾 林官 附生 煥美 永堅 附生
歲貢 鄢縣訓導
煥新 庠生
洪卿 林蕃

鏡 溥 尚經 世序 天豫 附生
附生
留允 附生 光謨 超敏 斯璧 衍達 庠生
選貢 尚忠 世德 天然 秉欽 附生 洪謙 附生
新城縣丞 清 庠生 尚允 世震 附生
鋕 滋 尚遵 世寵 天梧 秉端 洪乂 幹國 附生
洞 尚游 世重 天衢 隆慶歲貢廩生 辛未蒲圻工部 進士訓導員外 歷山郎 西按察使 加太僕寺
秉鈇 洪甲 林儉 附生 光明 超凡 庠生
秉鉞 增監 洪臺 附生 林愷 廩生 文圭 廩生 超倫 斯鐸 監生
超俗 斯世 衍榮 秀敦 庠生

秀校 監生
衍華 秀政 監生
起儔 斯鍾 監生
鵬飛 庠生
朱相 庠生 光清 起勲 斯乾 監生 衍易 秀發 監生
衍清 監生
斯坤 衍箕 監生
斯惠 衍吉 監生
斯全 監生
起敬 斯盟 衍慶 慕梁 庠生

世範　天人　嘉靖庠生
天衔　秉鍪　附生　庠生
秉鑾　洪班　庠生
秉錄　洪恩　歲貢　庠生
秉鉉　洪祚　林裕　庠生　庠生　附生
秉鈐　洪丙　廪生　庠生
洪度　林敷　附生　庠生　庠生
林文　光繩　超相　庠生　庠生
林恪　光泗　超孳　斯行　衍上　監生
斯荀　衍江　監生

天行　秉錮　洪復　林孜　歲貢　岷府禮部　歲貢　教授　儒士　遥授　鄉賓　訓導　庠生　附生
林教　附生
林敏　歲貢
徐武　光遴　超中　斯典　增生　庠生　庠生
超和　斯典　衍翰　優生　庠生
超位　斯翌　庠生
超育　斯興　衍顯　乾隆庚辰進士　庠生
光華　超爵　斯文　衍俊　庠生
洪臨　東旭　庠生　庠生

尚爵　世尚　天奇　秉錄　洪朝　玉　增生　雲南左司守備
秉鑌　洪瑛　林敬　庠生　庠生　廪生　鄉賓
有成　林敢　光選　廪生　附生　庠生
林嶔　庠生
林枚　庠生
林徵　庠生
林致　光迅　超坤　庠生　庠生　監生
超塤　斯強　庠生
超增　斯明　衍湘　監生

洪衡　林岱　光綵　超宇　庠生
光逞　超粹　庠生
世善　天驗　庠生
尚浤　世盛　庠生
錞　沖　尚勳　世治　天奎　秉琢　洪綱　林順　光展　超學　斯德　衍禮　庠生　庠生
綸　濱　尚儒　世芳　天起　秉瑛　復陽　庠生
天路　秉鏡　復元　庠生
鋑　汲　尚敬　世寶　天德　國譽　仕　庠生　庠生
林祐　光慧　墨　庠生　庠生　庠生
斯銘　庠生
祖韓　庠生
淋　尚恭　世蘭　天成　庠生　庠生

天載 庠生
秉錄 歲貢
洪芳 歲貢
醇驥 歲貢
光智 廩生
醇駿 廩生
光耆 庠生
洪芬 廩生
醇駟 庠生
洪蔚 廩生
洪蔭 增生
醇駒 廩生
天威
錡 廣西邊遵塞巡檢
尚熹
世朋
天逵
秉鏸 庠生
秉鐙 庠生
洪
尚益
世地
天春
秉鎮
洪瑕

庠生
庠生
洪璿 庠生
洪璣 康熙庠生
林璉 庠生
耀楚 庠生
超儔 歲貢
癸卯舉人建安知縣
林選 庠生
超侶 監生
林勝岳 庠生
光治 庠生
超士 庠生
天吏
秉鏞
琪
錦
瀼
尚貴
世棟
天氣
秉釧
名世 庠生
海
尚遜
世吉
天新
秉錯
洪儒 庠生
林基
光甫
超勝
起 庠生
士奎 庠生
秀鎣 庠生

雙溪次子涇涇四子杲木揖栻杲長子炅字文煇次
子文煥弟兄讓死洪武旌義民事見明史炅孫鈁鋕

鈁
翀 成化庠生
輔忠 廩生
緋
庚子
輔艮
舉人
宏治
新都
甲子
知縣
舉人
鳳池
輔聖 庠生
鋕
鳳呈
輔值
續
表化
近宰 庠生
洪展 庠生

杲四子煜煜三子壕壕子八鐶鑌鏜鑑鏸鏂銀鏓

鑌
義官
鳳唈
輔節
素
鳴卿
近甲 天啟庠生
丁卯舉人
洪晟
楙齡
光璧
超忽
楷 監生
國典 庠生
斯信
衍坤 監生

崇禎戊辰會副醴陵教諭
近臣 崇禎辛未進士金谿知縣
洪斯 選貢歷官兵部職方司員外郎
林緒 庠生
林紀 庠生
光璠
傳 監生
超峰 監生
子翩 監生
林綵 庠生
林綸 庠生
光朝 庠生
斯薰 增生
斯榮 庠生
洪暉 庠生
洪樹 庠生
鵾化 庠生
近堯 庠生
安國
禺
洪璽
林旃

庠生　歲貢　順治庠生
甲午舉人　林暨庠生　光圖庠生　超滸廪生
本蓮庠生
康熙壬子舉人　林京　光騰　超學庠生　斯任庠生
林都庠生
洪琯庠生
崇禎壬午舉人　洪瑶　林鶯庠生　光錫　超樾　斯訓增生
林弼　光耀庠生　光祖　超按
康熙歲貢監生
戊午隨州

鳳慶　輔緒學
時化庠生　近道庠生　洪源　林聄　光瓊庠生
舉人訓導　江夏教諭　光斗　民望　雍正副榜庠生
光寵庠生
洪標庠生
洪軌庠生
洪基增生　林駿　光灼　超系　斯輝　衍義監生
堡　光翹　超彥　拔貢監生庠生
猗氏　光鵬
知縣監生
洪圖　林枌

問宿松典史
大化庠生　近五　洪佑　林修庠生　光龏　自超庠生
洪任　林梅庠生
光龏　超尋庠生
現五增生　張臺庠生　自新庠生
宏化　近顏　洪亥　林從
庠生　林榆庠生　庠生
子杜廪生　王乘庠生　本烜歲貢
成寧訓導　本栓廪生　斯直　衍智庠生
本煒監生　斯堅監生　雲龍庠生

庠生　選貢　永從知縣　洪晃庠生　恩貢
近闕　洪庥庠生
洪庇　林佳歲貢　安陸府訓導　超遜增生　超閱　斯傑增生
洪廙　林儒庠生　光輔　超煥庠生
林偉庠生
輔隆綺　化　近治庠生
近陛增生
繕　德化　近鼎庠生

觀化 庠生 近寬 庠生
自化 近墀 庠生
近試 洪球 庠生
鳳翹 輔上 孫 仕化 近瑗 洪楦 棶薰 庠生
近珪 洪抱 庠生
近璋 洪拔 庠生
洪請 棶行 監生 棶矩 光傑 監生
能化 近亮 世成 庠生
鑯 庠生 彰化 庠生

鐺 鳳苞 輔天 編 庠生
鑑 鳳春 輔邦 貢生 徽 庠生 育化 近朝 洪璞 棶瑚 庠生 棶瓊 貢生
洪省 庠生 棶玉 光經 超坦 監生
輔煥 絢 昭化 近詮 洪霖 棶撲 金 庠生 翘 庠生
鑢 鳳翽 輔明 仁 春化 近弼 洪倩 棶嵩 庠生 佐唐 庠生 士超 庠生 光修 超驥 監生
禮 舜化 近翼 洪元 庠生
輔位 紱 鰲化 庠生

鍾 鳳鑾 輔坤 袞 啟化 近御 洪城 棶禮 光籛 超緯 斯實 庠生
鳳姿 輔慧田 瑞化 近震 庠生
鏓 鳳文 輔華 紈 變化 近奇 鄉賓 洪濟 庠生 棶載 庠生 光聘 文燦
敘化 近鼇 庠生 棶勳 貢生 光熊 超淳 監生 斯麟 庠生

右雙溪劉氏十三世進士三人舉人八人恩拔歲副貢二十二人仕宦二十八人

福五劉氏始祖千三由江西梓溪遷廣濟之安樂鄉十八世孫仲禮

仲禮 傑 永樂辛卯舉人 春和 庠生 泰和 庠生 后華 庠生 啟孝 貢生 志陞 見武 茂溶 廕生 洪儲 監生

勳 內閣中書 廣州知府 洪傳 官生 本 庠生
洪儀 雍正丙午武舉 天律守備
茂渭 廕生 金壇知縣 洪有 燊 康熙丁酉武舉 京營守備
啟礅 庠生
登仕 貢生 自澄 州同銜 洪御 歲貢 沅江教諭 藻 監生 林 監生 本榮 監生

祐材　庠生自理州同衛贈鎮沅知府

洪度　累官威遠同知殉難贈鎮沅知府
洪德　州判衛
洪衍　貢生
洪達　貢生知縣衛
洪偉　貢生
洪佑　選拔

恩謨　廪生
恩識　庠生以難廕赴部給費歸籍
恩誥　庠生
槐
相
恩訓　乾隆癸酉舉人溧陽知縣
恩詒　庠生
恩諒　增生
桂　附貢
方極　監生
敔　監生
梅　監生
樨　庠生

煥賁　郡廪生
爲國　庠生
煥仁　監生
復照　郡庠生
煥泰　增生
煥年　庠生
昇　監生
紹壯　庠生

天成　蒙城知縣

直隸光州州判
洪綱　理問衛
洪敏　州判衛
洪組　候選縣丞

校　恩貢
桐　歲貢
校　貢生
柏　庠生
楠　庠生
格　庠生
榕　鹽大使衛
彬　監生
楷　主簿衛
模　監生
棫　理問衛
棠　監生
星燦

修甲　監生
煥衡　監生

右福五劉氏十世舉人二人恩拔歲貢四人仕宦十人

張氏先世居衢州之開化宋至和間令蘄水選生子盛遷廣濟萬車舖子盛孫燦然煥然晏然煥然孫道孫廻孫

道孫 大三 天英 敏敬 如山 雄端 儼宗 尚賓 闇 汝益
庠生 貢生 吏員 庠生 吏員 庠生
諧載
東昌
主簿
尚敏 賀 庠生
明宗 尚懿 庠生 簡 汝位 楚文 庠生 見熙 佳煜 庠生
偉宗 尚慶 朋 庠生
尚怡 庠生 閱 庠生
尚和 闓 庠生 金璣 庠生 楚伯 庠生 文熙 庠生
綏 庠生
續熙 庠生 佳朔 庠生
楚任 坤熙 佳絡

庠生 庠生 庠生
璘熙 佳綿 庠生
楚髦 庠生
楚進 庠生 龍熙 庠生
楚芳 庠生 粟熙 庠生
楚俶 庠生
省山 守泰 文鑑 勝宗 孟通 仲環 言信 國明 佳猷 士廉 庠生 洪範 康熙 甲子 武舉 榜姓 吳
文鐸 虔宗 孟浚 日省 言實 國璃 庠生
言則 國琳

庠生
國瑶 佳茂辰 庠生
國賓 庠生 佳鳴 庠生
言經 國翼 庠生 佳駿 監生 錫瑄 庠生
日箴 庠生 錫履 庠生
佳著 庠生 錫齊 庠生
錫晉 庠生
國翹 佳冀 洪烈 庠生 世昇 庠生
佳琰 錫鎮 庠生
國弼 佳綦 錫補 淳耀 庠生

天毅 庠生 思敬 庠生 永山 庠生 興端 監生 開宗 庠生 尚憲 庠生 暢 庠生 汝約 庠生 楚瑜 庠生 洪道 佳宜 錫嵐 監生 淳𣶏 監生 材詩 監生
材卓 庠生
錫峻 監生 淳敦 材元 監生
錫嶺 庠生 淳麟 貢生
楚琰 庠生
汝綸 庠生 楚琳 庠生
尚息 庠生 晃 監生
嗣宗 庠生 尚廣 昭 庠生
汝桂 庠生
汝楷 庠生
寶山 萬端 條宗 尚劒 庠生

尚爵　澗 庠生
鼎宗 庠生　尚馨 庠生
文宗　尚和　應 庠生
炳 貢生　天傑　惠敬 庠生　雲山　時端 庠生　文宗 庠生　懋 歲貢　亘 庠生　汝道 庠生
宣平知縣
慰 庠生　求 庠生
懋 監生　龠 增生
憑宗　懋 庠生 吏員
賓 歲貢　斐 庠生
漢陽教諭

習端　緝宗　尚熹　旱 庠生　汝儉　楚瑄　洪業 庠生
汝孝　楚傑 庠生
倫端　奎宗 庠生
迥孫 延平教授 轉國子監學正　瑞 貢生　天德　宏敬　華山 庠生　鑄端　傳宗　尚椿　學　金鯉 譜載遼東知事
錦端　全宗 廩貢　尚勤 廩生　珖 廩生　鋠 庠生　楚賢　慶熙　佳瑜　錫倫 庠生　淳諒
佳泉 庠生　錫鉞　淳衍　材第 監生
淳翰　材岳 監生
淳濟　材崧 職員
錫鑾 乾隆監生　淳琰

尚龍 庠生　琨 庠生　鏤 庠生
丙辰舉人 江夏教諭　淳才 庠生　淳源 職員
瑱 庠生
尚鳳 庠生　玗 庠生　鈉 庠生　楚明 庠生
璋　天義　庸敬　常山　本瑞 宣德監生　繼宗 丙午舉人 歷四川提學副使　贇 歲貢 歷官茌平 光山縣丞　琳 恩貢　鈔 庠生
釵 歲貢　楚甲 廩生　振熙　佳會　旦 增生
壽昌 安仁教諭 遷伊府紀 善進階長史
明熙 廩生
楚鼎 廩生　用熙 庠生　佳翥 廩生　錫山　淳英 庠生
佳翊 庠生
旦熙 庠生

都熙　佳棟　錫彥　淳清　材春 庠生
錫書　淳洪　材梅 庠生
鏕 廩生　楚薇 庠生　觀熙 庠生
懋官 庠生
銳 廩生　楚縉 庠生
環 庠生
瑛 廩生
璁 庠生
琭　錂 庠生
寶 庠生　珏 庠生

洪 庠生
鋒
佳章 錫珍 庠生
璌 庠生
贊 庠生
珪 庠生
錭 庠生
瑹 庠生
璿 庠生
鄆 庠生
鑼 庠生
楚昌 世烈 增生
楚佑 其熙 佳御 錫昌 淳茂 材偉 監生
鋕
楚雄 庠生
慶宗 賦 庠生 庠生
珴 郡庠
球 庠生

華宗 穎 潞安同知 嘉靖乙酉
玫 庠生
珹 舉人 庠生
錠 庠生
楚玉 庠生
處州通判
琇 庠生
寶 庠生
言端 承宗 顯
珠
鈍 庠生
譜 載
項城
典史
璣
鐸 庠生
錫 庠生
楚賢 洪仁 佳名 錫仲 淳奉 材倫 燦祿 庠生
琦
熙 生
贊
珂
錦
楚晹 節熙 佳生 庠生

瑤
欽
楚策 歲貢 庠生
進賢 教諭
佳翰 庠生
永烈 庠生
晉 庠生
賞
珩
錠
楚彩 詩熙 佳遇 錫異 淳恒
庠生
歲貢
宜都
訓導
瑀
鍩
楚廷 璽熙 佳碧 錫奎 淳芝
授正監生
八品銜
淳續 監生
材煥 監生
淳應 監生
材高 監生
國珍 監生
材翰 職員

貴宗 貢
成化甲午舉人
瑍 歲貢 庠生
鏞 庠生
楚師 曠熙 庠生
彭縣知縣
國子監學正
賡
璽堂 錄 庠生 庠生
啟宗 贊
歲貢 庠生
琇 庠生
鈿
馬湖
教授
瑱 庠生
貫城
知縣
行端 榮宗 尚聖 璞 庠生
鎣 貢生
楚聘 洪基 庠生
洪圖 佳龍 錫璨 淳時 庠生 庠生 庠生

尚賢
歲貢
蘭州
知州
尚文

瑭 庠生
鏌 歲貢 歷城 教諭
楚賓 庠生
洪戰
楚珝 庠生
復熙 崇正 庠生
佳素 庠生
錫圭
巳卯 舉人
寅熙 庠生
佳蘊 庠生
錫袞 庠生
元耀 庠生
理 廪生
琛 庠生
鎬 庠生
玥 庠生
珣 廪生
鉚 庠生
楚桐 庠生
瑄 庠生
瓓 庠生

造端
易宗顥
宏治 廪生
乙卯 順
舉人 庠生
雲南 頌
黑鹽 歲貢
井提 潯州
舉 府通判

璒
金聘
譜載
遼州
吏目
玳
金聲 庠生
金文 庠生
楚明經
熙佳炳 庠生
金純 庠生
楚能 庠生
金綸 庠生
楚方勳 庠生
熙啟貴 庠生
佳嵩 庠生
佳星

瑁
金和 歲貢
平武 知縣
楚圭 庠生
楚純 歲貢
楚偉 天啟 甲子 舉人
仁熙 歲貢
佳勗 增生
錫辰 庠生
淳修 庠生
材驪
燦世 庠生
庠生
錫晨 庠生
淳佐 庠生
淳任 庠生
佳晟
康熙 甲子 舉人
安陸 教授
錫嵒
雍正 丙午 舉人
枝江 教諭
淳仕 庠生
淳儀 庠生
淳儼 庠生
錫灣 庠生

佳岊 歲貢
錫嶷 增生
錫嶅 庠生
萬里 庠生
錫嶅 庠生
錫嵘 庠生
淳治 庠生
錫岑 庠生
環金
錫崑 庠生
拔貢
淳善 庠生
材璡 庠生
鑲藍
旗教習
淳嘉 庠生
淳義 增生
淳事 庠生
鎮國 庠生
金鱗 歲貢
楚勳 府庠
開熙 庠生

林宗 庠生
秀宗 庠生
賜 庠生
璿 府庠
珽 增生
玨 庠生
鈕 庠生
汪 庠生
時相 庠生
金礪 庠生
楚勣
祚熙 庠生
簡熙 增生
佳昇 庠生
錫爵 庠生
錫國 增生
淳振 庠生
淳溥 增生
佳弇 庠生
傑 庠生
繩祖 庠生
瓔
鑣 庠生
楚泚
淑熙
佳齡 庠生
佳壽
錫路 庠生
價 嘉靖癸卯舉人 國子監學正
琇 增生
鏊 庠生
忠端 遞宗 譜載 屯田司主事
藏 庠生
瑛 庠生
釧
楚驥 庠生
楚駉 庠生
定熙 庠生
銓
楚上
維熙
佳系 庠生
楚斯 庠生
淦 萬歷

戊子 副榜
㷷 廩生
璇 庠生
鏈
楚大東
熙 庠生
佳轍 庠生
璟 廩生
淳堯 廩生
鑑恩 監生
宗華 庠生
燦珮 增生
淳龍 貢生
材烜
燦明 廩生
淳棟
材煌 庠生
材瑩 監生
淳粱 監生
材焰 監生
材烺 庠生
淳灤 監生
材熺 監生
珥 庠生
鈴 庠生
佳榏 庠生
釧
楚功 庠生
鐃
楚時 庠生
鍴
楚新
永熙
佳貫 庠生
楚芳 庠生
昌熙 府庠
佳斅 庠生
錫瑧 庠生
佳敏 庠生
登熙 庠生
佳致 庠生
楚勝 庠生
既 歲貢
瓛 庠生
鎵 庠生

譜載 珽
興安庠生
教諭 梅 庠生
問 瑾 鋑 庠生
聘 珇 金星 庠生
歲貢 庠生
譜載 金禴
平遠教諭 庠生
轉信陽州判
止敬 廼山 守端 新宗 尚宥 瓚 金鉞 庠生
瑲 金錢 庠生
啟山 新端 亨宗 尚倅 瑥 金甲 楚璠 崇正

壬午舉人
楚璣 佳雞 雜宏 錫功 淳彪
庠生 監生 庠生
維岳 敷 監生
楚瑆 萬熙 佳适 庠生 庠生
楚瑛 成熙
庠生 歲貢
楚瑞 醇熙 庠生

晏然孫紹祖

紹祖 性之 比達 賢明 仙山 仕英 永錫 倅 良相 大鵬 楚翼 世德 佳焜 錫訓
宋景 譜載 譜載 庠生 庠生 庠生
定進 教諭 士 信 良言 大廉 楚愚 普熙
士寧 歷陞 庠生
國路 提舉 仕俊 永雄
總管 南昌庠生

縣尉
仕明 永常 應立 仲贊 大會 楚雄 洪蘭 佳烈 監生
春谷 望山 有範 永盈 應宗 寶 大崇 楚瑞 健熙 庠生 庠生
字 大廣 光珮 洪甲 佳猷 錫疇 庠生 庠生
棨 庠生
錫禧 淳職 材梁 庠生 吏員 監生
材楫 監生
錫祐 淳威 庠生 庠生
光環 庠生

右張氏十七世進士一人舉人十人拔歲副貢二十一人仕宦二十三人

月塘張氏先世居江西南城宋景炎中興化通判日中子文通徙廣濟五世孫才居塘東八世孫樸菴九子本立本道本森本芳本烈本爵本興本清

本立 九齡 聿鎮 宗泮 可敬 孔佳 煥基 豐金 潚源 植斌 熙光
庠生 監生
文基 印金 庠生
九霄 聿鋥 宗濟 爲光 孔煒 峻基
歲貢 溫縣知縣 庠生
康熙甲辰武進士
上基 庠生

崚基 庠生
爲棫 庠生
聿錦 宗㮾 廩生 可傳 孔成 隆基 韜金 庠生 開源 庠生 楨邦 庠生
天源 庠生 楨家 庠生 信光 庠生
儀源 庠生
可繼 孔奇 寧基 鏊 庠生 昱源 楨楚 文光 庠生
九冲 聿銜 宗周 庠生 可久 庠生 孔燿 知白 庠生 純金 庠生 巨源 庠生 楨恩 庠生 艮光 監生
孔威 知黃 南金 庠生 雜源 庠生 楨恭 庠生
雨金 諸載 順治甲午 慶源 廩生

副榜
商金 庠生
本道 九端 聿鉅 宗浩 可仕 勝然 輔基 庠生 相金 聯源 楨文 庠生
楨魁 庠生
楨鵬 庠生
佐基 潮州副總兵 乾金 庠生
華基 興國州守 兌金 庠生
參將 艮金 監生
誰鑄 宗清 可訓 孔德 卓基 盈金 長源 楨甲 庠生

本森 義官 九庠 聿金 庠生 宗禹 庠生 爲龍 庠生 鑾然 庠生 寵基 庠生 琮金 庠生 典源 紹艮 庠生
旭然 庠生 占基 鉉金 庠生
宗濟 庠生 爲模 誠然 衍基 庠生 芝金 庠生 宿源 楨禎 友光 監生 坦亨 鑾 庠生
宗瀛 廩生 爲杰 晏然 補基 惟金 康熙辛卯舉人 江陵教諭 雍正庚戌進士 大邑安仁知縣 易源 楨琛 廩生
禮源 優庠 楨琇 歲貢
璧 乾隆庚午舉人 光昺 庠生 光晃 監生

應山教諭 永壽知縣
楨珩 光晉 庠生
德源 乾隆丁丑進士 資陽知縣 楨玖 乾隆戊子舉人 現任惠安場鹽大使
楨瓚 監生
金元 庠生
步雲 嘉靖 爲學 純然 凱基 庠生

辛酉舉人歷官太平知府
九成　聿鎮　宗淳　爲楫　亭然　前基　鳴金
鄉賓　庠生　庠生　庠生　庠生　庠生
貢金　毗源
庠生　庠生
麗金　泳源
庠生　庠生
先基　晉金　溥源
順治　州同　庠生
己丑　衙
進士　璨源
爽強　監生
知縣
兟基　雙金
歲貢　庠生
簡金　透源
庠生　庠生
膚金　遇源
庠生　廩生
元基　渾金
庠生　庠生
淥源　楦璧
監生
宗涑　爲霖　惺然　遠基　良金　浮源　楦璧
譜載吏目　監生
雩都　爲椿　儼然　建基
主簿　庠生　庠生
爲極
省祭
爲和
庠生
宗顏　爲立
庠生　譜載
斯洋
主

九叙　聿鎡　宗濆　爲元　亮然　坤基　宜金　達源
譜載庠生　庠生　庠生
儼然　建基
庠生
武德　爲翼　京然
衛經　庠生
歷高　爲最　超然　嵩基　錫金
陵知　譜載　廩生　庠生　庠生
縣
兩淮　鹽運　司副使
瓊基
鑛金　濟源
庠生　庠生
鈉金　有源　楦彬
天鑫　監生　廩生
鎬金　正源
庠生　監生
成然　裔基　咸金　灝源
庠生　府庠生　庠生　庠生
普源　楦講
庠生　庠生
鴻基
庠生
崇基
庠生
瑞然
府庠
禧然　時基　明金　壽源
監生　監生
耀金　傅源
監生
漢源
監生
開源
庠生
烈
庠生
劭基　福金　志源
監生
接源　楦瑯
監生　監生

聿錫（庠生）　宗溪　爲貴　斐然（庠生）　振基（庠生）

慶基（監生）

弼基（庠生）　華金（庠生）

逢基（監生）

佑基（庠生）

爲柽　立吾　楙基（庠生）

峻基（庠生）

爲科　泰然（庠生）　世基　元金　學源（庠生）

士然（庠生）　勝基　美金（庠生）

璉基（庠生）　鎮金（庠生）

爲楠（鄉賓）　卓然　金基（順治庚子舉人沔陽學正）　鑄（庠生）　書源（庠生）

禹源　楦茂（庠生）

爗然　在基　鍊金（庠生）　崑源　楦理　大烈（庠生）

皆然（庠生）　進基　鉞金（庠生）　雍源（庠生）

贊金（庠生）　解源（庠生）

訓基（庠生）　鈺金（庠生）

海源（庠生）　澡（庠生）

楦倬（監生）

貞金（庠生）

偉然　拓基（庠生）　鑑（監生）

雋永（庠生）

爲京　照然　盛基　粹金（康熙壬午舉人善化教諭）

聿鈔（庠生）　步伊（庠生）　爲芬（庠生）　欽然（庠生）

宗沛（庠生）　爲炳（庠生）

爲參（庠生）　駿然（庠生）　邦基（庠生）　榮金　廸源（監生）

盤基（歲貢）　精金　江（恩貢）　之椿（庠生）

飛熊（庠生）　驟然　永基（庠生）

聿鉎　宗魯　爲城（庠生）

乃諧　本芳（廩生）

本烈　允儀（廩生）

九皋　聿欽　宗治　爲棖（庠生）

宗汲（庠生）　爲機（庠生）　敏然　鼎基（庠生）　瑤金（庠生）　仕源（庠生）

之金（庠生）　儲源（歲貢）

珩金（庠生）　俊源（監生）　楦稔（監生）

渠（監生）　榮（庠生）

聿鍾（廩生）　宗湯　爲功　極然　璋基（庠生）　瑂金（庠生）　備源（庠生）

和金　長源　騰龍（廩生）　光遠（乾隆庚子舉人）

楦立　光輪（庠生）　在南（庠生）

楦根　光斗（庠生）

九逵
聿銓 庠生
宗浣 庠生
爲棨 庠生
稠然
繼基 廩生
朝冕 庠生
聚源
櫨麟 庠生
正穀 廩生
擴源 監生
櫨智
國華 庠生
光勛 在京 庠生
僉源
櫨榜 庠生
繩基 庠生
樾金 貢生
德金 庠生
蔚金 庠生
曉金 貢生
恩源
櫨元 監生
爲載
秩然 庠生
績基 庠生
範金 庠生
道源 庠生

苞基 廩生
釗基 增生
鏓 庠生
必源 庠生
善宏 庠生
廷桂 監生
葆光 廩生
元爵
選貢 歲貢
安化 武昌
教諭 訓導
壽光
知縣
濬源
廷埭 監生
曄烈 監生
光和 縣丞銜
光珍 監生
櫨德 庠生
光漢 監生
光奎 廩生
坦 府庠
光典 縣丞銜

瀚 歲貢
榕 庠生
櫨模 庠生
華林 庠生
汜 廩貢
夢龍 庠生
均州訓導
櫨格 庠生
聲金 廩生
理源 附貢
櫨嶽 監生
櫨犖 山西盐知事
治源 監生
櫨建 增生
櫨綱 庠生

雯 庠生
文燕 庠生
藝芸 庠生
藉金 庠生
鞏基 庠生
承繼 庠生
慶源
櫨鵬 欽賜縣丞銜
愷基 庠生
觀金 康熙乙酉舉人棗陵學正
庶源 庠生
廣源 增生
和然 庠生
耳基
等金 庠生
奠基 庠生
本爵
九垓
聿鉞
宗灃
爲宰
恭然
易基
端士
武源 監生

本興　九愷　聿鐵庠生　宗義　爲則　逼然　益基庠生　方堿監生　執禮庠生
峻峯監生　屆金　濵源庠生　緒源庠生
聿鉤庠生　步轍庠生　爲大　會然　瑞基　樓金監生
聿鏉庠生
本淸　九潮　廷艮　宗濶　爲華　舒然　丕基庠生　廷基庠生

右月塘張氏十三世進士三人武進士一人舉人
八人恩拔歲副十一人仕官十九人

石港吳氏先世家饒州之樂平唐昭宗時艮才爲承
興令卒於官子孫遂僑寓興國宋孝宗時朝宗始遷
廣濟之楊橋遂占籍焉八世孫文貴谷卿谷英文貴
復自楊橋遷石港山別爲分十三世孫孟棟

孟棟　絡智　玠　廷學　國珍禮部儒士　敏慶增生　鼎貴庠生　世振庠生
世堂　德允　棫廩生
敏惠庠生　兆輝庠生　世垂　德濵　之士庠生
敏儀庠生　優勝庠生　世昌　德隆　佳官　光照監生
櫄增生　心灸從九
亮嗣萬歷　敍功恩貢　兆崑庠生

甲辰進士累官太常寺少卿
南豁訓導　敏師拔貢　兆嵛廩生
霍山知縣　敏含崇禎壬午舉人累官新城知縣　兆隆庠生
敏忱監生　之偉庠生
敏溪庠生
國璋禮部儒士　敏韜庠生
國璋萬歷神機二營中軍　敬行庠生　兆嶽庠生　世俊庠生　淳泰庠生　增福監生
德謨　炳庠生
德訶庠生　德誥　本涵庠生
世任庠生　德裕庠生　儒庠生
世傳監生
世位　德蘭　仁奎監生　光倬庠生
世仰縣丞衔　德緯　仁唐監生
德綸　佳斐　光壁增生
世儀　鳴廩生　其泰增生

兆岐 府庠生

世信 監生　世錦 縣丞銜

其晉　槐 庠生　德薄　德峻　德馨 監生　清　湘 庠生　澍 監生　漁

文廣 庠生　其師 監生　其觀 庠生　梅 歲貢　元禮 庠生　格 庠生　彬 監生

世元 舉孝廉教諭　世鏞 廩生　世典 州同銜

潤　淳 恩貢雍正乙卯舉孝廉投六品頂帶　滋 監生　漳 監生　浹 監生鄉賓

桂 庠生　魁 庠生　桓 優增生按照銜　桐 監生　楨 庠生　興隆　從九

光秩 監生

世鑑 縣丞銜鄉賓　世覲 州同

沖 監生　懷來 典史　廷洸 監生　江 監生　泌 庠生　洛 庠生　汾 增生　濤 庠生　洵 監生　灝 監生

錦印 監生　按照銜　校 監生　楂棠 監生　林 庠生

璧

廷試

國禮 禮部儒士　亮思 歲貢湘陰教諭　亮恭 庠生

敏權 庠生　敏材

兆烈 歲貢大冶訓導　逢瑞 雍正癸卯舉人

銜　世釜 監生　世垣 增生　世培 庠生

浚 監生　德璜 庠生

梯 府庠生

國紀　廷詔
敏達 庠生　亮寅 廩生
敏奇 庠生　敏意
兆弛　兆弧
世瓚　世鼎 庠生
德揚　德剛 庠生
仁孝 庠生

谷卿十三世孫仲英仲富仲貴仲美仲善

仲英
守模
呈
大受
士選
應碧
瑾 康熙庚戌進士刑部員外郎　甸璣 庠生
之協 廩生　楫濟 庠生　枚璜 庠生

仲富
守智 庠生
珊
大任　大為
士崟　士弼 庠生　士楚　士慶
應灼 庠生　應聘　應愉 庠生　應學　應龍　應鳳　應考
光祉 庠生　琬 庠生　雲翼 庠生　志埍 庠生　志修 庠生　文煥 庠生　志闕　周禎 庠生　志會
霖湘 庠生　棫汝 貢生　之璞　之緒
世艮 監生　世琦 監生
仁溥 監生　仁衕 增生

大行 廩生　大政　大勳　大賜　陽高
士愸　士傑　士位 庠生　士德
應甲 庠生　應試 庠生　應璲 庠生　璘 庠生　應善 庠生　勝奎
志啟 庠生　志興
之縟　之璣 庠生　之會 庠生
世琇
仁薰 監生　保元 監生

仲貴　仲美
守身 庠生　守元 成化乙酉舉人　守貞　守坦
瑚　璃　本法 庠生　釗 廩生
大訓　大文　大本 庠生　大謨
士譽　士玉　士重 庠生　士鵬 庠生
應彙　炳 庠生　應問 庠生　勝若　仕到 廩生　州允 庠生
志煥　志徸 庠生　理吉 庠生　燮 庠生
之斌 庠生　千師 庠生　之翼 庠生　之柏 監生

	國相庠生		應森						
	志綱庠生		洪秉庠生						
之桂監生	之崧	正庠生	之杋廩生		瑞堂庠生				
	世炘監生		世煦貢生		世琰	世照庠生	鳴凖庠生	世熾監生	世然
	保堊州同	銜	仁堂監生	親九監生	仁達監生				仁玉監生
	芬監生								

								守坤	
								鏜	
								大直	
	士超監生							士榮	
	應台庠生	應治庠生		應旂庠生	時花庠生	應震庠生	應燊官生	應吉	
	志黼庠生			志昇庠生	志昱庠生	昌文庠生		遠江	
校貢生								奐監生	
馭鰲庠生	世觀監生							世金庠生	世恩庠生

									仲莒
									守榮庠生
								鋮廩生	鑛增生
							大心庠生		大生
									天柱廩生
									應侯廩生
		志渚監生		志昌增生		仁監生			
相優府庠		之芹監生	宣監生	稼庠生	寅廩生	喧監生			
勳監生	世楊職員								

谷英十三世孫伯林伯俊

							伯林	
		守華			守道庠生		本節	
		鍵					自鎏義官	
		大問					衫庠生	
	士植庠生	士訥		士龍庠生			人龍庠生	人玉廩生
應躬庠生	應超庠生	應起庠生	應功	應瑍庠生			師琦庠生	師琸庠生
			志芹	志晳庠生				价庠生
			之儀監生					

熊 歲貢 之昌 庠生 世柏 優生
世燾 監生 世煥 庠生
世構 監生
人申 庠生 師濂 庚生 庠生
金生 庠生
裕 庠生 人修 庠生 師孔 玩玉 之彭 世首 德爔 增一 監生
人仕 師謙 庠生
禠 師悌 庠生
伯俊 本榛 自守 原生 袞 庠生 人初 庠生
自如 義官 袞 人龍 庠生
人緯 瑞
正傑
又升 康熙壬子副榜 之隆 庠生 學倫 庠生
一柱 庠生 之勳 庠生 世琯 庠生
之華 庠生
之鰲 庠生
國相 庠生 之燮 庠生
之灼 庠生 大魁 庠生
啟生 庠生
國元 廩生
國章 庠生

右吳氏十一世進士二人舉人三人恩拔歲副九人仕宦十人

段氏始祖大中由江西鄱陽遷居廣濟八世孫隆泗十二世孫柯中元統癸酉舉人子二叡仲章

叡 永樂庚子舉人 如錦 庠生 蘭軒 庠生 伯榮 庠生 峻修 庠生 奎袞 斌郁 輝生 士德 世勳 庠生
世璉 庠生 永振 恩貢 候選州判
士選 世瑛 監生 永銘 監生
雲舉 庠生
衷白 庠生 玉鳴 庠生 耀生 士達 世鏞 監生
仲章 宣德癸卯舉人 應秋 庠生 繼巖 庠生 興家 尚紳 從賢 瑜 庠生 兆鵠 庠生
福興 志祿 節 庠生

右段氏十一世舉人二人恩貢一人

安定胡氏始祖念三始遷廣濟念三孫勝勝子瞳

瞳 廩生 道鼎 庠生 高峰 庠生 古軒 慕林 士龍 恢成 從政 之新 虞碩 夏梗 商尹 監生
將仕 監生
郎 禮部 儒士
從政 庠生 之新 庠生 虞碩 庠生
之文 庠生 虞緝 夏光 庠生
英 庠生 以寧 庠生
應中 士定 歲貢 玉成 庠生 從祝 承棟 庠生

穎州衛經歷

士剛 監生 昭化教諭

士容 萬歷庚戌進士太僕寺卿
崙 庠生
崑 庠生
嵩 庠生

象成 庠生

逖成 庠生

士完 庠生

熙成 庠生

右胡氏十二世進士二人歲貢一人仕宦四人

例貢台莊守備

孫氏先世家饒州之樂平洪武初原二遷廣濟原二生福九福九生應禮應禮生桂機楨材模

桂

英 成化癸卯舉人孝豐知縣

萬善

喬 嘉靖癸丑進士官戶部雲南司主事

繼祖 廩生

克家 庠生
光祚 庠生

克念 庠生
艮相
瑾 庠生

克明 庠生

克慈 增生
光陞 庠生

克諧 挨貢安
琮 郡庠

機

性 庠生

楨

珊

爾悌

時

高 庠生

茂

繼孝 庠生

萬寶

稠

繼表

開蔚 庠生

景康 監生

陞府教授西寧衛經歷
光震 庠生

克慧 庠生
光品 庠生
耀武 庠生

光謨 鄉賓
至煥
琳
夢桂 監生
炳煥 庠生

至臨
映雪 郡庠

瓚 郡庠
泰 庠生

樂

文

聰堂 庠生

璉

奇 吏員

繼光 庠生

雲龍

德修

元 庠生

繼大 增生

克述 庠生

賢 庠生

右孫氏十一世進士一人舉人一人拔貢一人仕宦三人

目録

卷六下

卷七

廣濟縣志卷六下

士族表

毛氏始祖任三 宋祥興間由江西吉水遷廣濟七世

孫源堂 洪堂 汰堂 濱堂 潮堂 淮堂 深堂

源堂

伯機 萬里

孟

武 仲仁

繼麟 庠生

如遂 庠生
如頴 庠生

焜 歲貢
煥 明兩中副榜
炳 順治己丑進士 龍泉 沙縣

同鵬
同鶚 庠生
同鴻 庠生
同鶴 庠生
同鴿 庠生

銛昌 庠生
錫昌 庠生
鐸昌 庠生

濟 庠生
瀚 庠生
詩 庠生

釗 拔貢 城都府判

伯椿 萬全

孟懿

仲聘

繼祚

鳳韶

一德
知縣
燦 歲貢
煜 庠生
煒 順治丁酉副榜

同倫 永年 武昌縣學貢生
同鵠 庠生
同鵾
同鵬 壬子副榜

黙昌
一梅 庠生
銘昌
鉞昌

大法
大涵
大池 庠生
大壽 監生

文楨 監生
羽儀 庠生
大彜 庠生

聯晟 庠生

洪堂 伯棫 萬儒 樂政 仲開 繼輝 鳳邦 庠生
鳳至 一燧 庠生
汰堂 伯檜 萬瓊 善政 仲綀 繼先 鳳文 一烺 庠生
鳳威 一熺 庠生
濱堂 伯環 萬德 福政 仲昂 繼勝 鳳起 庠生 一傑 庠生 同夔 庠生
同鷹 鴻昌 監生
潮堂 伯奐 萬瑚 孟作 仲翰 繼和 鳳旦 羽豐 庠生
一焯 同鵰 緜昌 大魁 庠生
同商 續昌 監生
一熾 同章 監生
淮堂 伯楠 庠生
燈 監生
深堂 伯秋 庠生 萬錐 仲楫 繼斉 庠生 鳳儀 庠生

右毛氏十三世進士一人歲副貢六人仕宦二人

周氏始祖宣義南宋司理參軍自江州畧北遷廣濟生子五仁遠昇遠虎遠宏遠芳遠昇遠郇文俊宋隆興進士官大理寺評事文俊長子樗樗五世孫國鎮自爲國鎮分三子梓五世孫明七以祖名爲梓分四子宋光宗觧元應隆隆生宗傑傑生翰林學士大鎮鎮曾孫端六長子鑑爲鑑分華七爲元玉分

國鎮 汝學 招討使
常 二江 庠生
文才 庠生
萬都 尚欽 庠生
正三 興簽 庠生
斐伯 傳九 庠生
仕 監生
盡忠 監生
林鰲 監生 燁文 嘉選 監生 庠生
日進 貢生 建子 監生 燁才 監生
南 庠生
鑣 庠生
林敬 貢生 燁智 廩貢
燁廉 廩貢
襄陽 訓導
林鑾 監生 燁艮 盟大 使銜
燁節 庠生
林部 燁和 理問 衛 布經 衛
士龍 庠生 怙思 貢生 于德 庠生 林馥 縣丞 衛 燁俊 附貢
煥禮 貢生
煥璐 附貢
之晃 監生 尚文 庠生 燁淸 監生
燁道 監生
尚赤 郡庠 禮 庠生
玉元 監生

千九 庠生
治公 庠生
承恩 庠生
良弼 庠生
渭 庠生
明七 文珍 庠生 茂堂 庠生 自達 孔宗 庠生 世表 天成 朝俊 庠生 登任 順治 丁酉 副榜 咸寧 訓導 錫圖 庠生 源章 庠生
鴻章 庠生
朝聘 庠生 象謙 庠生 錫圖 廩生 錦璇 庠生 廷芳 煒 禾旋 庠生
端六 庠生 鑑 歲貢 守備 盈八 貢生 學一 翰林 院博士 萬學 庠生 恩賢 廩生 志立 庠生 于洛 廩生 道敏 荊河 遊擊 之龍 源成 林臨 煥曜 監生
光祿 寺署
之珏 源開 林盛 監生 煥章 萬基 監生
煥庠 庠生
煥充 監生
殿國 庠生
源禮 監貢 縣丞 衙 林相 庠生 煥然 監生 丕基 庠生
煥美 宗基 監生
煥發 承基 優庠 監生
煥鼎 恭基 監生 庠生
道熊 庠生 之騏 源康 林幹 庠生 煥哲 翔基 郡庠
士冠 源易 庠生 庠生
承

道盛 庠生 錫鎬 兆祥 林榮 秀挺 庠生
源舉 林智 煥奎 庠生 廩生
永二 植 庠生 宗颺 庠生 懷吉 康熙 己酉 西占 舉人 綏寧 教授 庠生 之德 庠生 之祜 庠生 灝 庠生 樹英 庠生 奎 庠生 堯天 庠生
怡吉 庠生
華七 庠生 鉅 監生 祐 廩生 倫 庠生 萬羅 貢生 勝永 一濂 于宗 道一 之珩 艮弼 茂蘭 貢生 光謨 正發 監生
一經 庠生
勝芳 一軾 庠生 于美 條甫 扶旺 武烈 庠生 學校 乾隆 丙辰 舉人
學榜 庠生
一轍 庠生
勝夏 嘉靖 丁酉 舉人 雲南 同知 廣東 分巡 副使 一楫 于欽 道亨 之昆 庠生 承恩 庠生 來泰 貢生
江都 縣丞
必泰 庠生
際泰 起躍 嘉亮 庠生
國泰 元麟 庠生
貢生 監生
武城 元藝
縣丞 四驛
館 館 生
友盃 庠生 承榮 又泰 縣丞

衔

道極 天杜 景運 世策 煥治 有基
庠生
廩生
有基
監生
有封
監生
艮基
監生

景選 世榮 煥時
廩生
世華 煥聚 相基
庠生
華國
庠生
綺基
監生
嘉會
庠生
紹基
庠生

嘉桐
監生
洪基 忠銓
監生 監生

松
庠生
一相 于貞
北京庠生
左衛 于儀 道勳 之貞 源達 點元
經歷
庠生 庠生 廩生 庠生
發元 光國
監生 庠生
楙禮
庠生
楙仁 全剛
監生 庠生 庠生

成遠六世孫叔達爲篤分

叔達 記賢 道敬 原學 孟立 玉瑤 時洛 宸邦 遴日 寅應 攀 茂照
庠生 庠生 永樂 成化 貢生 廩生 庠生 庠生 庠生 庠生 庠生 庠生

央子 丙戌
舉人 進士
安福 陝西
教諭 監察
重慶 御史
教授

道敏 原景 孟勝 玉璉 時登 宰 邦遴 日瑄 報 茂篁
庠生 庠生 庠生 庠生 庠生 庠生 廩生 增生 庠生 監生

應廣
庠生

茂筆
庠生
茂藻 燁繡
監生
立 州同
衔
茂芹 燁諮
監生 監生
燁詢
庠生
茂楚 燁詮
庠生
茂荼 燁讓
庠生

茂蕖 熑讚
庠生

原廣 孟輝 玉琮 時賢 盛 邦喬 日昴 應命 士英
庠生 增生 庠生 廩生 庠生
邦恕 日初 師亞 茂棣
庠生 庠生
順治 甲午 副榜
譜載
庠生

道政 原顯 孟貴 玉瓌 時傑 春 邦遴 日暢 應疇 茂先 燁綸 佺恕
庠生 庠生 庠生 庠生
歲貢 廩生
廷選 鳳 嘉禾
監生 庠生
岳天 有傑
監生
三止 毀元
庠生

原善 孟傑 玉珩 時義 宦 邦巡 日啪 應億
廩生 庠生 庠生 庠生 庠生 庠生
應凱
庠生

易賢 庠生　道寬　原本孟性 庠生　玉璞 遜 庠生　孔正　衡　化　士元　應玉　茂禮　煒　黃元熏　錦光
應祖 庠生　監生　貢生　建熏　錫圭　監生

右周氏十五世進士一人舉人四人歲副貢四人

仕宦十四人

董氏始居江西鄱陽南宋理宗朝起潛領鄉薦第一後官蘄州任滿僑居蘄東門復還廣濟鴻臚洲曾孫

五耕隱漁隱梅隱樵隱牧隱

耕隱 鑑　禖　宇曦　永樂癸卯舉人　伯源 實　作　庠生　春　治　庠生　三省　九貞　再舒　廪生
九法 庠生

安福教諭
九齡 庠生　芬 庠生　邦柱 庠生　門寬 庠生　煥昌 庠生
壽　三奇　九職　效平　萬歷辛卯舉人　九賦　源恩 庠生　歷官夔州知府　九鐸 庠生　源怡 庠生
源奎 庠生　源訥 庠生　愷 庠生　澄 庠生　醒 庠生

三辛　將仕郎　九徵 庠生　源鼎 庠生　賓　正國 庠生　煥章 監生　煥新 監生　士元
源遲 府庠　林猷 庠生　魁 監生　煥眉　王理　錫英 監生　煥昂 監生　志達 府庠
三章　九率 庠生　九翼 庠生
格　詠　三樂　九貢　源拔　林和 庠生　林周　煥秀 監生　林參　煥輝　王春 貢生
林倚　煥潘　王道 監生　煥斗　游 監生　錫汝 監生
九經　源忠　夢龍 庠生　林元　煥罔　王萃 監生
三畧　九佐　朗 庠生
周威 廪生　三表 庠生　九文之嘉 庠生　林恒　煥勳　王採 監生
汴　三才　洪範 庠生　源赤 監生
湘　龍甲 庠生　三申 庠生
傑 省祭　枍
文 拔貢　定 監生

昭　伯玉　啟清　璧　楫　濟　聘　九包
吉安倉大使　庠生　庠生
啟庸　偉　檀　九萬　庠生
庠生
安　儀　乘　源　策　九三
監生　庠生　庠生
漸　庠生　魁　九惟　庠生
庠生　庠生
伯綱　寬　儉　森
廪生　拔貢　庠生
瓊州推官
漁隱　殳　貴信　仲恩　愛　心
伯澍　啟愛　庠生
祥　自江　應思　楚　正源　理　琳　文　煥　貞
監生
樵隱　學　真七　榮一　伯宗　萬邦　慶宗　茂梃　志偷　總　榮　正　爾　世清
監生
庠生
世濟　林　璧　策
庠生　庠生

右董氏十六世舉人二人拔貢二人仕宦五人

程氏始祖念五先世居河南嵩縣宋南渡後始遷廣濟永東鄉之五六金坂生子五一五二五三子必富必貴

必富　紹宗　元禮　希甫　梅　可爲　之伊　遲　國　大經　應瑞　詮　然
義官　庠生
庠生　監生　監生
講然　監生
應哲　近光　監生
孔惠　永傑　監生
必貴　敬
新安
岸然　日旦　庠生

史
琢　通　選貢　潘陽　吏員　元英
衛經歷　元進
希旦　庠生
希瓔　穩
庠生　可講　之戣　體　國
庠生　庠生　庠生
佐國　大元　庠生　庠生
希準　穩　庠生
希名　策　吏員
可詔　庠生
之章　炳　國　庠生
朝　國　大鴻　庠生
榜　國　大鳳　庠生
應道　鵬　飛　範
庠生　庠生
翰　正德己卯舉人
希濂　廪生
希洛　增生
材　增生
椿　庠生
可謂　之屬　庠生
可文　萬歷乙未進士臨清知縣
之申　庠生
之屆　庠生
光國　大來　庠生　舉生
亮國　廪生
可章　之鐸　庠生
可元　庠生
可誥　庠生

盧氏　知縣　希闕　嘉靖辛酉舉人　棋　庠生
希䦨　增生　𢳆　增生
希曾　槐　庠生
横　庠生
元陽　希鄒　庠生
希寬　庠生
元泗　希舉　隆慶丁卯舉人　杰　增生
幹　廩生
希選　庠生
之時　玉國　庠生

希用　庠生　大海　庠生
可能　庠生
大森　監生
賛國
受
希賜　途　庠生
速　庠生
元芳　希庸　庠生　抗　庠生
元勳　希大　增生
之想　廷翰　庠生
言國　庠生
之孫　賓國　庠生
大節　應楷　庠生
授然
曰棟　監生
大冀　應茂　庠生

文宗　元讓　庠生
可謙　之博　庠生
可贊　之言　庠生
可仁　之子　庠生

右程氏十三世進士一人舉人三人選貢一人仕宦四人

于氏始祖元龍由嘉興遷廣濟之西沙畈八世孫汝梅復遷大林爲大林分汝都仍居西沙爲西沙分汝梅七世孫匆五西沙分汝都七世孫克誠善二孟一惟醇楚材

匆五字清文質　志蘭　倷　庠生
志蕙　仕　庠生
崇古　庠生
起銘　鷹聯　庠生
爾旄　庠生
起賢　期生　庠生
爾旟　庠生
允庚　效祖　監生
允甲　庠生
效知　忠亮　艮瑾
忠爲　增生
艮琇　庠生
忠懋
監生
艮于　庠生
效仁　忠質　增生　監生
效勇　忠翼　監生
忠夔　象臺　庠生
忠賢　霖　監生
允己　效信　監生
艮瑛　庠生

爾讓 庠生
維戊 庠生
效醇
中暹 庠生
灝元 庠生
傑 監生
致治 庠生
辛元
效翰
中耀 庠生
瀾元 恩貢
毅元 府庠
上元 庠生
效謙 增生
效麟 庠生
陶元 增生
效澡 庠生
效侃 歲貢

應採
煥 增生
效容 增生
運 庠生
爾灝 貢生
鳳元 貢生
效允 監生
中江 監生
效俊 監生
效亨
中淵 監生
寧 庠生
爾洽 庠生
允許
效楷 監生
效柏 監生
允誼 縣丞
效梓 監生
衛
效松
中炳 監生
效桂 監生

倫
崇今 庠生
起龍 增生
崇謙
于慶
應辰 庠生
爾安 庠生
允証
效勝 監生
中英 監生
效賢 監生
廷謨 庠生
效修 監生
騰霄 庠生
允誠 監生
效淳 監生
爾卓 庠生
瑗 監生
效經 監生
靜 庠生
爾卣 庠生
爾貞 庠生
楚元 監生
效普 監生
忠善 監生
爾敦
允勤
效昆
中恒
金榜 庠生
效昣 監生

級 鄉賓
崇禮
將
萬歷 丙午 武舉
應京 崇正 壬子 武舉
爾受 庠生
應詩 崇正 庚午 武舉
爾偉 庠生
應泰 崇正 庚午 武舉
于盜
漸鴻 萬歷 辛酉 武舉
若霖 崇正 丙子 武舉

應試 崇正壬午舉人
于问 應賓 庠生 爾奎 廩生 允熊 廩生
允煦 效基 庠生
應解 庠生 爾尹 允禧 庠生
應鳴 庠生
崇欒 于有 應芳 庠生
崇高 于相 應守 庠生
應定 庠生
應介
起雲 庠生 岩 庠生 允訓 庠生

俊 庠生
志善 偉 庠生
儼 庠生
文廣 庠生 志蘊 供 崇恩 于洺 應鳳 爾遲 錫度 庠生
宇濟 文滿 志養 城 庠生 崇雅 歲貢
志蓬 儉 崇珍 于㫤 應掄 爾星 庠生
爾勃 庠生
爾勛 允湘 庠生 效益 庠生
順 崇瓚 起鰲 應儒 爾嵩 仙 濆 庠生 效瓚 中選 監生
應偉 庠生 爾嶷 允濟 監生

克誠 洪武初以人才任成都府知府
善二 璩 貫 玉鐘 馥 庠生
五一 訓二 孜七 恩安 應榮 伏友 庠生 銘 用資 爾艮 允佐 庠生
惟醇 恕 潛 仲政 伯誠 庠生 伯蠍 暘 象 曉宇 庠生
楚才 璐 以貞 仲進 伯樺 守時 尚賓 用恕 庠生
尚偉 用恩 爾繩 庠生
仲浴 伯綉 守誠 尚林 用倫 爾璋 允翊 庠生 庠生

右于氏十三世舉人一人恩歲貢三人仕宦一人

元泗陳氏始祖知琉自江州義門分居梅川官橋莊

子道 道子 念通 舉進士 八世孫仕眞家東衡

仕眞 庠生 萬艮 端陽 庠生 尚富 教堂 大觀 庠生 三鳳 庠生 宣闓 如山 庠生
如岱 庠生 昌言 庠生 世琀 監生
如舜 庠生
如岐 監生 在聰 庠生
受言 監生
嶶言 廩生

文光 乾隆監生 丙辰舉人 恩施教諭　名言　世猷　鳳 庠生
尚貴　琳堂　大顯　三光 庠生　宣諱　如高　在峨　錫祥
閣供 監生
在文 監生　世芳 監生

右元泗陳氏十二世舉人一人仕宦一人

陳氏始祖小二由江州官廣濟遂家焉三傳至祖成生子三愛一遷黃梅愛二生朝玉愛三以功封義勇將軍子六朝輔朝富朝用朝仲朝選朝卿

朝玉　仕宏 譜載　友淳 譜載　秉瑞　淑隱　尚詹　用貴　時能　文行　正鼎　洪南　光輝 監生

朝輔 貢生　仕伸 知通州 進賢知縣
友淵 譜載 內黃知縣
友仁 庠生　秉乾　淑敬 庠生　尚元 庠生　用棠　時則 庠生　文宗 庠生
文仲　正蒞　洪佐　光先　明德　宗舜 監生
洪仕　光廷　明經 監生
光朝 庠生
朝富 翰林　仕奇 貢生　友文　秉倫　淑寧　尚仁 庠生　用財　時言　文禮 庠生
友義 庠生
仕高　友恭 譜載　秉盎　淑祥　尚忠　用堯　時寅　文暉 庠生　開國　洪珍　光祥　明超 監生

仕慶 貢生
友諒　秉通　淑鳳 庠生　盧山縣丞
友哲 貢生　秉愷 庠生　淑彬 廩生　尚顯　用瓚　時至 庠生　文範　正偉 庠生
大器 庠生
幹國 庠生
文化 庠生
尚簡 庠生　用表 庠生　時務 廩生
奠國 庠生　洪濟 庠生　樹績
洪序 庠生　樹德　明昌 庠生
熊 監生
文命　勵國 庠生　洪爽 庠生　勳 監生
光國 庠生　洪敏 庠生　樹楷　亨 歲貢

友諭　秉萱 鄉賓　淑剛　尚械　用達　時尚　文簡 增生　定遠 庠生
錫璿 庠生
文傑　贊國 庠生
孳國 庠生　洪璇 監生　鳴光 增生
文博　國材 庠生　洪爋 監生
文允　泰國 庠生
備國 庠生　洪朗 縣丞銜　光齡 州同銜　明鸞 庠生
明鉡 監生
明鈴 監生
光亨 貢生

朝用 仕春 友濟 秉富 淑楠 尚赤 用洛 時昜 文材 正昭 洪列
庠生 庠生 庠生
庠生 庠生
正心 洪楊 兆昭 庠生
杻望 庠生
大炳 謙光 庠生
光聯 監生 明鑠 監生
洪焯
監生
大焯 監生
大煌 恩光
監生
洪焜 滕光 庠生
藜光 監生
璧光 明車 監生

尚則 用蘊 時鼎 文璞 華國 洪竹
廪生 庠生
庠生 庠生
正論 洪才
庠生 庠生
洪輳 流光 監生
洪輻 天寵 監生 庠生
定光 貢生
朝仲 仕銘 友達 秉閶 以長 尚蘊 用禹 時諮 文聖 正顯 洪江 榮光 監生
庠生
正粱 庠生
朝卿 仕錝 友傑 秉會 淑信 尚象 用經 時圭 庠生
義官 庠生
時楝 文益 庠生 庠生
時敬 庠生

時俊 文準 普國 庠生
庠生
時偉 庠生
時睿 文祥 治國 洪榮 監生
庠生
洪華 人龍 應綸 監生 理問 庠生
銜
秉簡 淑誠 尚素 用賁 時珠 文藻 正殿 洪理
庠生
監生
秉卞 淑官 尚表 用順 時孝 文傑 正國 洪浩 光彩 明神 懋源 監生
肇源 監生
源 舆本 紀 庠生
光元 上理 庠生 庠生

友福 秉烈 淑士 貢生 庠生
淑完 尚內 樂問 時武 庠生 庠生
淑學 尚勳 王道 時乾 文震 庠生
歲貢 寧國 府訓 導
萬歷 癸酉 副榜 舉人
譜載 文偉 庠生
文朝 庠生
時謙 文斌 篤國 洪達 廪生 歲貢 庠生 庠生
應城 訓導
大冶 教諭
文秀 望國 大經 光德 效宗 鴻源 庠生 附監 監生 庠生
翰 監生

文特 安國 庠生 庠生
時益 庠生
王政 時敞 文耀 庠生 庠生 庠生
文濟 廪生
尚靜 王謨 時順 文魁 日芳 庠生 庠生
龍國 庠生
王猷 庠生
仕銳 友蘭 秉冲 淑楊 尚閑 王熬 庠生
淑登 尚秀 王選 廪生
王庭 庠生

友清 秉梓 淑剪 楚南 王清 時正 庠生 庠生
楚關 王琉 時雍 炳衡 徵仕郎 庠生 庠生 庠生
時睥 庠生
王化 時可 文琮 種義 洪年 崇禎庚午武舉 庠生 康熙戊子洪甲副榜庠生
文蘊 庠生
種茂 庠生
定中 文玫 庠生 庠生
文璋 弼國 庠生 庠生
柄國 洪綱 振光 世欽 監生 庠生

楚湘 王銘 時浩 庠生 庠生 庠生
時書 庠生
用聘 時圖 庠生 庠生
洪炅 蓮光 監生 監生
觀光 監生
叨光 監生
洪烜 啟光 世泰 監生 庠生
世曦 庠生
洪燭 光被 世仁 監生 監生
世盛 監生

時蘭 庠生
時沛 盛道 庠生
時洪 其志 庠生 庠生
文機 璉國 監生
國珍 洪陞 監生
璋國 錦雲 庠生
楚岳 王軨 時斂 庠生
時鄰 文河 國麟 洪占 監生 監生
淑牧 尚學 文奇 崇禎庚午武舉

仕鈴 文倉 秉軒 淑尚 尚蘊 王勳 先聲 庠生
信工 時騰 庠生 庠生
斐思 庠生

右陳氏十五世翰林一人舉人一人歲副貢四人

仕宦六人

得先張氏始祖興道宋乾道中由吉州遷廣濟邑西
鄉五世孫元鳳

元鳳 橫 洪武郡廩 鄉貢生 渭源知縣 擢御
文燕 仲怡 正朝 賢 庠生 拔貢廩生 荊門學正
紳宗 時仁 雲炳 塇 增生
鳳英 應元 歲貢 拔貢
應亨 監生
天慥 監生 應極 監生

史

根 文焯 洪武廩生

填 監生 鳳苞 庠生
塽 天鉅 監生
雲燦 廩生 垍 庠生
遂 歲貢 經魁 監生
塝 監生 映魁 監生
雲端 州同 墀 監生
衔 坤 鳳山 庠生
遇龍 庠生
時佑 雲煌 起清 監生 鳳陽 廩生

鄉貢 歷官 左春 坊司 左清 紀郎 森 五軍 都督 府僉 事授 金吾 將軍
文昭 仲監 彥鐩 志潤 華 庠生
奇計 雲鼎 思斗 庠生 天聘 庠生 壯國
巳酉 舉人 丙辰 進士 息縣 知縣
安國 監生
紹伯 監生 續伯 監生
世隆 庠生

期 庠生
承蕙 廩生
楚藩府 六
淑儀 副貢 瀘州知州
樁 大同府通判
文炣 庠生

右得先張氏十四世進士一人歲選副貢七人仕
宦八人

舒氏始祖茂忠自進賢之后埠湖遷廣濟東關外仁
壽橋生子二朝政朝祿朝政子賢

賢
其心 貢生
重 禮部儒士
芬生 廩生

厚 庠生
葵生 庠生
端 庠生
簡 廪生
益生 庠生
逢吉
光 庠生
作澍
廷材
烈 庠生
其志 萬歷乙未進士 歷官布政使
歲貢 瀏陽訓導
采 監生
儀灝
廷松 庠生
峻極 增生
統修
保滋 監生
梯 庠生
遂吉 庠生
編 庠生
俗淳
懷 庠生
仲海 監生
默 增生
並生 增生
延吉 增生
簽 乾隆丙辰副榜
源 增生
汝翼 增生
鵬程 增生
隨吉 增生
五雲 庠生
超吉
廪生
廷吉
芝生 順治庚子副榜 麻陽教諭
增生
遂吉
鍊 監生
汝瑛 監生
汝猷 監生
錡
鉅 庠生
沃 監生
鈺
燗 監生
進吉
鈞
照 庠生

右舒氏九世進士一人副榜歲貢三人仕官三人

永貞舒氏始祖必高宋末自靖安遷廣濟城東教場張家灣生子三琨瑤琛琨五世孫貞五貞六琛五世孫仲六

觀生 增生
近吉
錦 監生
遵吉 增生
鍙 增生
漣 增生
暢森 增生
還吉 監生
鎏 監生
武林 庠生
鑾
沐 監生

貞五 乃成 得富 仲遂 親睦 紹宗 應附 文宇 汝能
廪生
貞宇 汝艮 衛玉 叙章
職員
貞六 三成 世華 仲才 習文 芳遠 應元 克學 汝泰 尚儒 大參
鄉賓
庠生
貢生
覺成 華二 仲情 文炅 監生
艮芳 應麟
貢生 庠生
寶雞知縣 應弛 鳳歷 汝翼
庠生 庠生
汝習 均象 長益 其昌 文在
庠生 庠生
艮材 企
嘉靖丁酉舉人 嘉靖甲子舉人
艮相 俞
貢生 貢生
仲六 叔謙 繼肇 紹榮 昌侯 詠 大應 福本 二 汝質 尚信 大榮 士標 翼
評事
貢生
應椿 克珊 汝鴻 奉生
天啟丁卯武魁
監生

右永貞舒氏十三世舉人二人仕宦一人貢五人

郭氏始祖彥先世居南昌之豐城宋紹聖初筮仕蘄黃後罷官僑寓廣濟四望山復徙居武湖之南十一世孫明節

明節 庠生

如璦 庠生　士瑚 鄉賓

存會 府庠　際都

永類 歲貢　永構 庠生　永式 庠生　永斐 州同銜　永輝 庠生　文元 庠生　元哲 庠生 鄉賓　渠 庠生　熙 庠生

本剛　本秀 庠生　本才 乾隆戊辰進士 歷任安縣汝川崇明無錫知縣　本艮 監生　本瓏 監生　本集 庠生　丕承 庠生　本從 庠生

榮爵 庠生　榮穀 監生　榮濬 監生　榮汾 監生　榮覲 監生　榮綬 監生　榮綺 監生　榮朝 監生　瑤臺 庠生

士選 庠生

紹儀 庠生

烈 庠生　永祉 庠生　永振

元瓏 庠生　元鳳 庠生　元珪 監生　元璧 監生　大本 庠生　本奐 庠生

榮彤 監生　榮錫 監生　榮龍 監生　榮祖 州同銜

奎紀 監生　象台 庠生

右郭氏七世進士一人歲貢一人仕宦一人

廣濟夏氏始祖勰勰十四世孫三九由德安白水徙廣濟西之泉口析為十一族十九世孫允銘復由泉口遷居黃荊林稱榮一夏氏

允銘

敬堂

以節

本高

孟勝

仲益　仲濟

繼汝　繼恕

世順　日勝 庠生

允昇 庠生　時望 庠生

芳時 庠生

典 監生　凌霄 監生

有蔚 監生　有濟 庠生　有藻 監生　有箴 庠生

楙烈 乾隆戊申舉人

恭堂　以蕃　本森　孟泗　尚洪　文緒　大廷　時元

日秀 庠生

大廷 庠生

任四川總部

大茂 時重 庠生 嘉仰 監生 應智

承緒 陝西白河主簿

文宣 大渻 庠生 時僉 縣丞衛 嘉桂 歲貢 應灯 鼎 監生 有元 監生

嘉梅 監生 應魁 士交 庠生

嘉柽 廪生

叨灒本齋之令

居謙 庠生 時治 庠生 嘉極 庠生

居謐 庠生 一璐 府庠 大寧 庠生

賓 監生 揚州通判 時瑛 監生 白茅閘閘官 常熟縣丞 時雄 經歷衛

居謨 庠生

居譜 庠生

居諾 文隆 大雍 庠生

右夏氏十三世舉人一人歲貢一人仕宦五人

朱氏始祖文聰自興國遷廣濟靈東九世孫天交

天交 庠生 希弼 庠生 邦對 庠生 之默 庠生 懋乾 庠生 璽治 廩貢兵部職方司員外郎 本續 雍正丙午舉人中部知縣中書程中書

光烈 稟南楚雄知府 永基 監生 元基 州同銜

光照 庠生 鎮基 理問銜

標雁 郡庠

本禪 光炯 即用知縣

希惠 義官 柱邦 候選知縣 之鰲 庠生 幹年 庠生

之熊 庠生 幹年 庠生

昇邦 庠生 之勳 庠生

國表 之聰 庠生 興國守備

右朱氏九世舉人　仕宦四人

龔隆戶始祖隆自江西遷廣濟靈東鄉龔家㡳四世孫璲俊

璲 文煥 法 承禬 以文 必魁 逢具 應遂 世譽 材元 執桓 乾隆丙午舉人

章 昌 庠生 逢聖 庠生

俊
仲 庠生
守榮 監生
惠堂 庠生
濟宇
定雲
康成
基厚
駿元 庠生
策
彰
戩 庠生
簡 庠生
源 庠生
裕 庠生
豹 庠生
逢春
逢舜
準
嵩 庠生
魁 監生
應元 監生
馨
世恩 庠生
鼎臣 歲貢
金亮 庠生
基殷
基周 庠生
鍾霖
鍾槐
近貴 職員
禹謨 庠生

右龔氏十一世舉人一人歲貢一人

王氏始祖與虎由江西德安遷廣濟安樂鄉之白石山生子二添榮添勝添榮爲勝戸添榮爲虎戸

添榮 德誠 應昌 時汝 伯瀾 友芳 照
庠生 庠生 歲貢 庠生 庠生
大謨 逢年 握麟 衍洽 樞
萬歷 恩貢 廪生 歲貢 增生
庚辰 光祿 鄉賓 巴東
進士 寺署 訓導
歷官 正
雲南
督學
副使
廣西
左叅
政
大猷 延年 握衡 衍昌 樠
貢生 增生
棅 庠生
本燦 乾隆 丙辰 舉人
本熉 庠生
本煌 載屼 監生
本烑 載遁 庠生 庠生
載岵 鈖 庠生
載岐 光鈞 國棟 庠生
者香 庠生
敬潆 監生

添勝 仲禮 佐 惠 子賢 世武 表儒 艮翼 衍遊 握珣 衍璜 桂 本焜 載經
洪武 征南 將軍
歲貢 景泰 廪生
饒州 庚午
知府 舉人
大理 寺評 事
歲貢 庠生 鄉飲 貢生 廪生 監生 監生 庠生
椿 吏目
棉 監生
握璣 衍清 楚山 本煦
庠生 監生 附貢 廪生
理問 本熟
銜 監生
衍瀨 楚材 本照
庠生 監生 監生
本勳 庠生
握琦 衍漢 標 本鰲
吏員 吏員 庠生 吏員
本輝 庠生
業 監生
本燠 監生

右王氏十六世進士一人舉人二人恩歲貢五人

仕宦六人

元二鍾氏先世居吉水始祖原官蘄州守備遂遷廣

濟生子澄

澄 用 載意 鑒堂 自達 英
歲貢 歲貢 監生 廪生 監生
潁州 襄陽
知州 教授
聲聞 應相 崑岳 近五
監生 登仕 監生 庠生
郎
汝瑞 如琇 輝烈 景堂 銓 會泰
鄉賓 庠生 庠生 監生 乾隆 縣丞
丙子 銜
舉人
竹谿
訓導
惠堂 錫瑛 監生
錫鴻 監生

敬堂 監生 錫峻 監生
輝勳 升堂 監生 大隆 輔泰 理問 貢生 監生 衔
輝熙 玉堂 監生 錫鏻 庠生
輝照 槐堂 監生 分補 陝西 吏目
永聚 增生
元衡 省堂 監生 錫鑾 監生
輝熊 恪堂 監生 靈秀 庠生
輝羆 述堂 監生 錫爵 庠生
錫籌 庠生
錫福 庠生
具堂 監生
炳然 華堂 庠生 錫謙 庠生
渠堂 監生
堯堂 庠生
煥然 監生 文堂 監生
卓然 羲堂 錫卣 乾隆戊申舉人
濂堂 監生 錫鬯 庠生
斐然 肯堂 監生

藝堂 監生
鳴 庠生 元堂 監生 錫金 監生
伊堂 監生
登堂 監生
喬岳 汝球 赤純 監生
正坤 監生
聲聞 存野 庠生 劝高 庠生
聲啟 應期 監生 光岳 廪生 汝琦 庠生 傑 庠生 世態 庠生
聲清 應闕 石崗
廪生
魁 庠生
秀
和 庠生 聲鄉 鼎 天啟辛酉舉人 廷越 庠生
自通 庠生 祿 望 庠生 伯啟 天元 庠生 月先 庠生 燉 元焜 閬堂 監生 錫鈺 監生 監生
元偉 闓堂 監生
自進 斗 聲亮 惟時 鄖泰 汝義 余茂 輝煩 聯堂 監生 監生
輝煥 監生
維昇 庠生
庭 監生 賓 貴四 友文 綉 銘 本榮 棨
恩貢 庠生 庠生 貢生 兩舉庠生
國子 監司 譜載 鄉賓 杼 教諭 庠生
文勳 宇選 金偉 庠生

棠

相 文勲 庠生

文煙 宇華 庠生

宇嘉 金音 洪昌 璇 樞

鄉賓 庠生 廪生

洪遲 庠生

洪旦 桂 樞 庠生

文智 科 鎮 本材 杼 文烈 宇信 金璽 洪俊 庠生

本潮 松 庠生 文煉 宇奇 金瓊 洪德 葆 根 堂 庠生

相 文炳 庠生 宇哲 金試 洪福 葵 根 庠生

蕃 根 庠生

元 烈 大 業 維 鏞 監生

監生

名 基 監生

坤 烈 監生

奇 烈 楚 庠生 庠生

璠 烈 嵩 基 監生

禾 鑾 本源 檀 文容 宇威 金冶 洪斌 冀 根 庠生 廪生 庠生

金閑 洪鳴 藻 鄉賓 優庠 庠生

槐 庠生 炳 優庠

文義 稅 錫 本典 懋 文宗 宇韜 金衢 檜 庠生

宇堯 應賓 洪聲 庠生

本仁 樓 文立 增生 庠生

洪京 格 庠生 庠生

金衍 洪國 庠生

金衍 洪都 庠生

文信 稀 玉 本生 燮 棨

文進 永錫 庠生

文燕 宇茂 金明 洪變 庠生

洪雲 庠生

宇元 庠生

右元二鍾氏十六世舉人二人恩歲貢三人仕宦六人

胡氏始祖伍三自江西南昌遷居廣濟永西生輿二

輿二生福一福生鎮鎬

鎮 滤 消 琫 萬能 一山 庠生

懷遠 世襲 將軍 鎮撫

萬美 繼純 文逼 惟俊 順受 鰲 乾亨 庠生 庠生 庠生 庠生

升亨 鴻早 庠生

滋 世襲 鎮撫

鎬 海 輝 歲貢 歷生

夔華 知縣

潤 林 瓚 萬祖 繼棟 文顯 惟嵩 順時 庠生

宇乙 歲貢 丑

惟泰 順雨 諫臣 茂議 鴻緯 本棠 庠生 庠生 庠生

惟恭 之珏 庠生 庠生

惟運 庠生

璀
萬瓊　繼槐　其學　惟元　順來　庠生
順一　庠生
惟賢　順我　超先　國道　鴻擧
庠生　庠生　庠生　庠生　庠生
乃寧　天敵　丁卯武擧
奇　自靖
天敵　庠生
甲子武擧

璔
萬應　繼節　其佐　惟舜　順知　開臣　肇龍　鴻俊　標
庠生
萬章　繼穆　其安　惟經　順璉　臣源　肇宗　鴻魁　本翰　台耀
監生　監生
勅授遊擊　本幹　監生

繼科　其寅　惟鼎　順瓏　千揔
庠生　庠生　庠生
萬金　繼矩　其昌　惟世
歲貢　庠生
合肥訓導　其大　拔貢　惟屏　廩生　順錫　崇正　亮臣　庠生　澤民　庠生
遠安教諭　雲夢訓導　己卯武擧
桂陽學正　禹州學正　惟屆　庠生
翰林院待詔　其可　惟鑑　庠生
惟璧　庠生
惟幹　庠生
惟翰　順平　庠生

其久　惟欽　魁楚　璧
庠生　庠生　歲貢　庠
建平知縣
肇亨　縣丞　鳴鏞　庠生　杰　庠生
德耀　庠生
徽耀　庠生
鴻仁　庠生
鴻搏　監生　玉剛　庠生
鴻賓　監生
復亨　增生　鴻懷　增生　本棨　廩生
木豪　乾隆丙辰舉人
敬之　庠生
履亨　庠生　鴻賢　監生　本楡　庠生

咸亨　庠生
順年　華臣　貢亨　庠生
繼魯　庠生

右胡氏十四世舉人一人歲貢五人仕宦八人

胡氏祖鈞佐由華林遷廣濟七世孫子仁生伯鑑爲立分伯澄爲從立分子美生伯鋼伯文伯蘊爲美分子榮生伯庸伯瑩爲茂分

伯鑑　仲賢　芳堂　承淑　玉幹　世法　效華　之彦　最堂　士衛　錫琰　篚　業標
庠生　庠生　庠生　監生　庠生　監生
之晉　晨堂　士斌　錫玠　洪飛
庠生　庠生　監生
之泰　庠生

廣濟縣志 卷六下 士族 胡 四十

世守 效大 之灝 希銓
庠生 庠生 庠生

世崇 效淳 之濬 景堂 士嵩 少英
庠生 庠生 庠生 庠生

之瑁 昜堂 士嶶 少奇
庠生 庠生 庠生 庠生

世寵 效賢 之璽 旻堂 士崶 錫爵 學璧
庠生 庠生 庠生 庠生 庠生

洪道
廩生

俊 士凝 錫熏 洪順 業新
庠生 庠生

士岡
監生

效聖 之貢
庠生

效坎 之郁 昆堂 士宏 續珍 國瑞
庠生 庠生 歲貢 庠生 庠生

續烈
庠生

大章
庠生

錫頫 洪翥
監生 監生

洪景
貢生

洪翔
監生

洪翼
庠生

星翼 士姚
庠生 庠生

星聚 士乾 錫朋
貢生 郡增

士翰
監生

星崴 士鯉
庠生

奎 吉 錫璪 洪泰
庠生 貢生 增生 監生

廣濟縣志 卷六下 士族 胡 四十一

士永 錫熊
庠生

士復 錫璣 洪安
監生 庠生 庠生

錫璐 洪贇
庠生 監生

世官 效順 之忞 時泰
庠生 優庠 優廩

昌堂 士祿
歲貢

之璽 星堂 材樸 錫寵 鴻鳴
庠生 優庠 乾隆

利公 士龍 瑰 丁酉
庠生 東賓 庠生 舉人

伯澄 紹聰 偶 自榮 文璽 尚官 承教 學奇 應錫 士璩 錫
庠生 監生

應烈 德遠 思道
庠生 蘇永

思邑 洪魁
監生 監生

思邑 洪元 之鳳
監生 庠生 庠生

德明 思平 洪昌
庠生 監生 監生

洪湘
監生

德寬 錫禹 洪宙
監生

洪宇
監生

文秀 錫杜
庠生

自概 文明 尚達 承綱 學會
庠生 監生

倚堂 自塘 文實 尚欽 承俊 學詩 應和 士璞 錫道
庠生 庠生 監生

伯鏑 以遜 鑛堂 仕源 日新 紹宗 繼尭 見龍 應彰 東海
貢生 庠生 監生

惕龍
庠生

伯文以宣鐮堂仕渾日輝富宗繼燦朝贊應禮贊海右軍 歲貢
應舉楚元 庠生
日吉鷟宗 庠生
日環伯宗 庠生
伯紘以敬金公仕洪月運文堂繼洪之望儀堂昭思錫荷洪斑
近庄 監生
庠生 庠生 監生
璐堂遜極煥文洪顯福 瑞麟
庠生 庠生 監生 監生 庠生
琛堂寬極光國
庠生 監生 吏員
仁堂從恭錫鳳鴻儀
郡庠 庠生
一桂訓應錫報洪書
庠生 監生
瓚堂士元錫圭鴻羽
庠生 增生

伯庸以禍銘公仕淳日懋蘭公大學仁聘勝先
庠生 庠生 廩生
仕滿日瑞蓬公大朝仁珊勝華士吉
庠生 庠生監生
勝宏士舉錫恭洪訓鳴鳳
監生 庠生
伯瑩以貴鉞公仕海日粟芬公大年仁瑞勝斌士尚錫陞
庠生 監生
勝龍士渭殿元洪光
庠生監生

右胡氏十四世舉人一人歲貢三人

胡氏始祖均寶自江西吉水遷廣濟永東鄉生九子

次艮二授承事郎季艮九

艮九世六淇堂應全自祿伯資萬允紹明人誥鈇銳
捨討 廩生 貢生嘉靖 庠生
司副 鄉賓 庚子 舉人 鈇玉 庠生
使

伯涵 嘉靖丙午舉人 浙江臨安知縣
應寧自賢伯泥萬倫于殿八廸鈇謨
庠生 庠生 庠生 庠生
八成鈇吉洪範廷幹
庠生 庠生 庠生
廷玉光輝
監生 監生
廷英 監生
鈇瓚洪才 庠生
鈇烈灝 庠生
仔光是光
貢生 監生

自朝伯瑛萬鎰于達人紳鈇鼎洪畿楚蘭松
庠生 增生 庠生
四庫館謄錄廣西布經
增光州吏目借補高邑武清典史加捐布經
璧光鹽課大使銜

□□ 監生

右胡氏十四世舉人二人仕官三人

世大胡氏始祖完二由南昌之蘆坑遷廣濟四世孫

本成

本成

海 萬歷癸丑武進士歷官薊鎮副參

浩

一璉 拔貢廣西布政使

搢思 廩生廣西鎮安府通判殉難

永思 庠生

展思 庠生

一珙 廩生

書思 庠生

劬思 庠生

一玠 廩貢

燕思 廩生

統思 壬午副榜

繹思 庠生

士𣪁 庠生

顯思 庠生

一珪 增生

緇思 庠生

兼思 國學

集思 國學

右胡氏五世武進士一人拔副貢二人仕官三人

楊氏始祖季七自江西南康遷廣濟[illegible]木東鄉三子普

銘枚普鉿普銘官驃騎奉國上將軍[illegible]生子四隆二朝

俊朝佐皆自為戶其次子曰朝傯

朝傯 承德郎

廷芳

永二

曦 庠生 登仕郎

璣

仕貴 廩生

鵾

民治

大勲 廩生

熙 庠生

聖嗣

維翰

國正

承綱

家操 職員

承緞 監生

仕顯 貢生

岳 貢生

巨 廼功

服 武

大衡 歲貢 登仕郎

復 恩貢

儀 庠生

國遇 庠生

承緒

天溥 監生

忠粲 監生

義熾 增生

郡知事

蔚州 學正

儀封 知縣

忠槃

燮 庠生

天浩 庠生

漢 監生

琳 庠生

礎信 廩生

瓚 庠生

我 庠生

齊聖 庠生

國達 庠生

承統

天潢 庠生

國道

承被 監生

天源 庠生

家蘷 監生

國運

承綬 庠生

齊賢 庠生

國遴 庠生

□進 □生

□泰 □生

□選 □生

佑 庠生
日進 庠生 承綜 拔貢 家淐 優庠
嘉與 生
知縣
承紀
監生
民表 歲貢 大烈 歲貢 泰 庠生
大熹 庠生 震 庠生
兆傳 庠生
大鰲 萬歷庠生 晉 啟明 國遂 承純 家宏 彬
監生 監生
庚子 舉人
天濬 楷 監生
成齋 恩 澍 寬 茂隆 華
歲貢 庠生 歲貢 民望 大軾 應貢 庠生 庠生

台州 教授
民敬 大輔 應蘭 庠生 庠生
民信 六輪
鄰城
驛驛
丞
大蠓 庠生
克安 茂經 碧
民新 大軏 應夏 庠生 隆慶庠生
庚午 舉人
大範 庠生
琉 傳 大章 應旭 廩生 庠生

右楊氏十六世舉人二人恩拔歲貢七人仕宦六人

子高李氏始祖思民由江西吉水遷廣濟永西鄉之
獨山越數世孫恭
恭 歲貢 許州 學正
觀 嘉靖 丁酉 副榜 瀘州 知州
向 庠生 之餘 庠生 大來 三科 武舉 潮州 守備
日蹐 歲貢
繩武 庠生
開三
錫孝 文炳 歲貢
讓 監生 清 乾隆 丙子 舉人 恩施 教諭 歸州 學正
標 庠生
甘來 萬歷

武進 士鎮 篹 篸 將

右李氏九世武進士一人舉人一人歲副貢二人
仕宦五人

陶氏始祖汝明自都昌遷廣濟四世孫世安官總管
今墓地猶稱總管林世安八世孫袠
袠 歲貢 慶符 教諭 陞署 縣事
令哲 昺
登遺
若唐 庠生
孔彰 永曜 康熙 丁酉 舉人
文夔 雍正 己酉 舉八 大冶 教諭 宜昌 教授
大眉 歲貢
起庠 乾隆 己亥 舉人 起成 庠生

文英 庠生
文萃 選拔 教習 乾隆 庚午 舉人 孝感 教諭
文藻 府增生
大朋 乾隆 己卯 舉人 河西 知縣 甲午 同考 官
大選
大春 庠生
廷喜 選拔 嘉魚 訓導
廷翼 增生
廷達 增生
廷舉 庠生
金冶 庠生

右陶氏十一世舉人五人拔歲貢三人仕宦五人

方氏始祖千四先世家休寧由進士官吉水遷廣濟靈西生子四文二太一皆爲戶其次曰元慶曰通

元慶
伏六 庠生
鑽 庠生
聯堂
志亨 庠生
應槐 庠生
以煦 監生
滕 忻 縣庠生
大調 庠生
鼎大名 殷邦 庠生
君枚 庠生
子岳 庠生
至正
大美 縣丞
爲邦
大儒 庠生
勤邦 庠生
有五 陞靜
州同 樂知縣
附監
府庠
有桂 庠生
子照
衔
庠生 監生
會邦
有模
子鰲 監生 監生
綬邦 庠生
策
康熙 甲午 舉人
期邦 監生
有芬 監生
頤 監生
星 庠生

右方氏十五世進士一人舉人一人歲貢二人仕宦三人

金氏先世居饒州之浮梁明成化間子成官廣濟教諭秩滿占籍家縣南之龍坪生玉瓚

通
啟
玉七 庠生
永鑾
自益 庠生
孔得
繼君
奇貢
曜
學識 庠生
桂邦
君德
楚正 乾隆 監生
至經
丙辰 至綸 進士 庠生
效祖
洛川 至緯 庠生
知縣 附貢
至紱 監生
至綬 監生
永善 廩生
自琳 庠生
孔瓊
繼緒
奇德
儼 庠生
學亨 叢菴 雲南 總兵
晨邦 中 庠生
安邦 論秀 國正 歲貢 庠生
倚周 罷文 正 歲貢 庠生

玉瓚 庠生
璧
元漢 廩生
鼎赤
之純 萬歷 乙卯 舉人 歷醴 陵浙 川教 論與 安州 知州 漢中 知府
德崇 歲貢
啟濂 庠生
啟濟 庠生
啟江 康熙 壬午 副榜 乙酉 舉人 候補 中書
業贊 監生
業華 庠生
業高 庠生
啟濙 庠生
啟洙 庠生

德嘉 順治庚子舉人安陸府教授康熙壬戌會元翰林院檢討貴州正主考
啟洛 拔貢正紅旗教習直隸廣宗知縣行取刑部主事東昌知府
本孜 監生乾隆五年舉孝廉方正
啟汾 歲貢
業訓 庠生
業講 優庠
學會 增生
振基 府廩

右金氏十世翰林一人舉人二人拔歲貢三人仕宦四人

藍氏始祖千一自江西高安遷廣濟荼東鄉五世孫文九

文九
懋忠 義官
瓊 中書舍人
敬忠 義官
瑛
蓀 拔貢成都府教授
芸
梅
孟禮
仲廉 庠生
季蘇
應試
之初
時英 庠生
應舉 庠生
仲豪
季玉
應選 庠生
之綜
士友 庠生
之開 庠生

瓏 義士
第 庠生
芥
福 庠生
棖
孟文 義士
仲錡
季勳
應璽
華
仲銘
季曙 天啟丁卯舉人崇禎甲戌會副獻縣知縣
炘
生琠
士炳
燈 庠生
之詒 庠生
廩生
庠生
燈 庠生
之蘅
士竝
庠生
庠生
之蓮
士藹 庠生
士念 監生
朝棋 監生
廷畀 庠生
士篤 監生
朝景
士發 監生
朝暸
士頴
朝苞
廷楷 監生
季暉
灝 庠生
煥
之朱
士晉 庠生
朝授 監生
士昌 監生
朝勳 監生
廷基 庠生
士尹 監生
朝量 監生
之誥 監生
士恩 監生
朝治 監生
之儒 庠生
之枚 庠生
士𤓰 庠生
朝均 庠生
之珏 庠生
士旐
朝傑
廷琯 庠生
士聖
建鎬 庠生
士鰲
朝彬 監生
士松 庠生
朝軒 監生

壁 庠生 之漸 士玠 朝榜 廷倖 寬 庠生
朝廳 廷杰 庠生
季昕 應珍 之鰲 庠生
之戩 士最 朝掌 廷㒾 庠生
仲璧 健 庠生 庠生 應星 庠生 之偉 監生 士補 庠生
仲鈇 季燦 田玉 之錦 士坦 庠生
之颸 士萠 朝凱 庠生 監生
士蔚 庠生
繼繩 庠生 之璋 庠生 士綱 庠生 朝驅 監生
士紀 朝馺 尚錦 庠生

振宗 庠生
之翠 庠生 士綿 朝騏 廷濟 鬱鬯 庠生 庠生
朝騂 廷津 監生
士韜 庠生
士絎 朝棟 增生
麟 庠生
士總 朝矩 監生
之庠 士駿 庠生
之甲 士編 朝著 恩貢 增生
之中 士秀 本色 庠生
庠生 庠生

仲鉞 季睦 增生
季暎 庠生 應象 順治廩生 之望 康熙 士袞
庚子舉人 癸巳舉人
攸縣教諭 之桂 拔貢監生 士玟
當塗 之鳳
知縣監生
應璇 之通 庠生 庠生
季暄 庠生 應軫 之範 士觀 庠生
士績 庠生
士綣 廩生 朝曤 煥彩 庠生
朝篤 監生

應緯 之瑞 士鉅 朝淑 監生
庠生
超 士鋐 庠生 庠生
本
孟遷 廩生 縉 拔貢 季炯 庠生
崇正 季含
丙子 庠生
舉人
紳 庠生 季珙 承訓 庠生

右藍氏十四世舉人四人恩拔貢三人仕宦
文玉饒氏始祖宣一宋建炎中由進賢遷廣濟東岡宣一七
世孫敬六敬六三世孫哲三哲三子仲奎仲傑仲俸

仲奎 繼學之初 于震 嘉會
義官 選拔 廣嘉靖丙 歲貢 臨 萬歷己
安州判 午舉人 海教諭 酉武舉
孟縣知

縣

欽視　治中　起鳳　承平　庠生

欽聞　庠生

欽憲　庠生

于豫　天啓辛酉崇禎庚子副榜　嘉左　庠生

嘉馬　增生　定中　庠生

嘉班　庠生　璜中　庠生

杉中　順治己亥進士蘇州推官　起誦　承恩　振棫　儀然　雲坤　增生

起謙　庠生　承德　庠生

起　增生　庠生　庠生

于鼎　增生天啓辛　嘉元　庠生　雨中　庠生　起年　庠生

酉舉人　寰中　庠生

嘉亮　歲貢

來中　崇禎己卯舉人　起燮　歲貢

全中　庠生

友中　起闕　承綸　庠生

起弼　康熙甲午副榜　承冕　振騰　庠生

輝中　庠生　起顏　承樞　振槶　庠生

嘉埜　廩生　隆中　庠生

嘉龍　庠生　耀中　庠生

哲中　起滋　監生　承天　振翼　監生　鉻　監生

嘉純　庠生

嘉樾　廩生

嘉纙　庠生

于立　之食　監生　嘉師　庠生　廩生　衡中　庠生

于徐　翰林院孔目　嘉孚　廩生　純中　庠生

粹中　庠生

于交　太醫院吏目

于正　庠生

于襄　庠生　嘉緇　庠生　黃中　庠生　延芳　庠生　承堯　庠生

現中　庠生

中中　庠生

嘉紆　庠生　孚中　庠生

桂中　庠生　國輔　庠生

嘉綸　庠生　毅中　庠生

嘉綍　庠生

于範　庠生　嘉忠　庠生

之洸　庠生　繼明　正德丙子舉人鄢縣知

于載　庠生　嘉秋　廩生

縣

繼先（庠生）—之洙（廩生）—于珍—嘉運—禎中（庠生）

嘉穀—轔中（庠生）—起仁（庠生）

于猷—嘉抱（庠生）

嘉撓—立中（庠生）—起醇—復初（庠生）

之魯（庠生）

之亨—于拓—嘉穗—輪中（庠生）

嘉稔（庠生）—衍中—起藻（庠生）

元鑑（庠生）

繼準—之祜—于有—嘉績（庠生）—允中—起明—承祖—振松

振柏（庠生）—儀壽—雲程（庠生）

之禧—于璉—嘉修（庠生）—士賓（庠生）—起欣（廩生）—承業（增生）

起邦（庠生）

嘉瑾（庠生）—兆昌（庠生）—起曙（庠生）

武中（順治辛丑進士，貴州赤水衛掌印守備，顯武將軍）

嘉允（庠生）—軾中（庠生）—起晉—承龍（庠生）

和中（庠生）—起斗—承獻（庠生）

嘉文（庠生）—斌中（庠生）—起輔（庠生）

仲傑—繼禮—之義—于染[?]—嘉敘—惠中—起勝—承佑—振家（監生）

卿賓（監生）—占魁（庠生）

承信（庠生）

右饒氏十一世進士一人武進士一人舉人四人

恩拔歲副貢六人仕宦八人

何氏始祖次三十世孫應濬應潮

應濬（庠生）—友文—本清—楷（庠生）—其灼—忠遜—光傑—懷可—祖壽—耀恩—大勳（監生）

璐（庠生）

友堯—本治（庠生）

友高—本權[?]—東白（萬歷癸卯武舉）

本源（四川南溪縣典史）

應潮—秀十—仲剛—明道—鑑（永樂丁酉舉人）—宗淯（成化甲午舉人）—相

雲南貢呈[?]知縣

延臣（庠生）

延瑞（庠生）—文翰（庠生）

延勛—文佳—所白（增生）

侃（歲貢，知縣）

友倫—本湘—柳—其邦（庠生）

志剛—明遜—仕良—宗禮（庠生）

右何氏十二世舉人二人仕宦三人

明級 庠生
毀省 監生　源禎 監生　椿祿
煜　緣 庠生
混
自廣　萬福　儒 庠生　文則 庠生　國棟 庠生　敳 庠生
文鑑 庠生　明柱 庠生　敵　士郊
廩生　順治
辛丑　士皇 庠生　鍾應　源賓　光朝
科進　士官　大理　寺觀
源梅　庠生　茂青
政　鍾萃 庠生
孜 庠生
溢
自相　萬善 庠生 府庠　宗興 庠生　文臺
宗進　文昌 庠生
文斗 庠生
宗商　文錦 庠生
宗厚 監生　文孝 庠生　義鄉 庠生　象山 庠生　士紹 監生　鍾高
裔吉　永芳 庠生 職員　鐩羅
文和 庠生

右宋氏十二世進士一人仕官一人

世仁陳氏先世知琭子道由江州徙廣濟官橋至元孫千六復遷武穴鎮五世孫烈

烈 永樂丁酉舉人福建提學僉事陞山西副使
經 庠生
祿 庠生
鳳梧 廩生　設堂 庠生　楚蘗 庠生　其猷 監生　士祥　聖陛 歲貢　勷 庠生
秉乾　琰 庠生
師 庠生
鳳韶 廩生　詔堂 庠生
鳳池 監生　讚堂 廩生　楚策 庠生　金 天啟甲子武舉 順治丁酉武舉 江南衛守備
士昂　聖魚　上瑾 庠生
鳳儀 監生　雲化 縣丞
訓堂 廩生
紹 廩生

右世仁陳氏十二世舉人二人歲貢一人仕官三人

翟氏始祖名一自河南光州遷廣濟之東鄉五世孫敏澗

敏澗
敏澗　鏤　伯搏　漢綜　世魁　廷美 庠生　化 庠生　近鄉 庠生　斯展 庠生
廷策 庠生　敞 庠生　近袞 庠生　斯皋 庠生　英 庠生
世用　正國 庠生　大文 庠生
葛　正瑚　大訓 庠生
近展　斯闓　之暘　正晴　大材 庠生
崇禎壬午舉人　斯岫　之泰　正易 監生

鏡

伯榆

華綜 庠生

顯綜

世麟 庠生 華容教諭

世鳳 庠生 廷鳶 庠生 雄 廩生 庠生 近昂 庠生

世卿 監生 主簿

世科 庠生 廷琥 庠生

世爵 廷亮 待 歲貢 灌縣教諭 近斗 庠生 斯苞 庠生

侍 庠生 近沛 庠生 斯芳 之惺 正壤 監生

廷輝 庠生 躍 庠生

世守 廷彥 廩生 伭 庠生 近亨 庠生

廷望 庠生 代 庠生 近闕 庠生 斯翔 之彩 庠生

金 廩生

世祿 廷位 庠生 佾 庠生 近鶴 廩生

近鸞 拔貢

儹 庠生

偦

志超斯梧 天啟庠生 乙丑斯楷 武進順治 士歷辛卯 任南舉人 操江斯標 都司庠生

兼叅斯楷 將事庠生

右翟氏十二世武進士一人舉人二人拔選貢二人仕官四人

趙氏俊戶由江右卜居廣濟樂山之麓十九傳至仕

旻生世權世傑

世權 德鋼 濟 庠生 捋 孟涑 仲芳 季璉 家仁 廩生 庠生

濤 拔貢 應山教諭 樟 孟喜 仲顏 季純 家元 庠生 庠生 譜載 貢生

孟麗 仲照 季行 家舉 國璞 廩生 庠生

季緒 家鼎 廩生 庠生

德銑 談 球 孟敬 仲價 季斂 家濟 國聘 庠生 監生 庠生

仲默 季由 家章 監生 庠生

孟容 仲佃 季睦 家亮 庠生 庠生

澄 庠生 桐 庠生 孟寵 仲琴 季古 家咸 國勝 正楷 承普 庠生 監生

孟殷 仲蟲 季儒 汝清 國隆 正桂 民虎 安邦 允觀 監生 庠生 監生 庠生 監生 庠生

檟 孟景 仲守 季統 家演 國晉 庠生 譜載 貢生 庠生 譜載 廩生 貢生

孟瑚 仲參 季登 家宜 國眉 庠生 增生

瀚 拔貢 埜 孟素 仲串 季讀 家岡 庠生 庠生

仲立 季釧 家本 國相 正訓 庠生 監生

世傑　德鎔　觀　梃　孟言　仲碁　季良　家恕　爾順　正樟　民亨　安堈　允鍾　登元

松　孟紀　仲馭　季祥　家炳　國濟　正榮　民裕　安鉅

庠生　庠生　監生

景泰庚午舉人　梧　孟耿　仲壕　季隨　家調　國思

廪生　庠生　庠生　庠生

庠生　庠生　庠生　廪生　庠生

右趙氏十四世舉人一人拔貢二人

因官寄籍

王濟宋元勳審琦十世孫官忠翊郎高宗渡江護蹕南來保障江淮任蘄州刺史後居廣濟 湖廣通志

文天禎廬陵人天祥兄寶祐間鄉舉署廣濟學諭天祥死棄官隱居廣濟五里橋東迄今家世儒業未艾 萬姓統譜

陳聚如皋人延祐時爲壽光令改廣濟教諭遂占籍于龍坪鎮 丁未縣志

胡昇新淦人知廣濟有能聲士民宜之因卜居焉 黄州府志

周繼學鳳陽人爲廣濟主簿卜築于河東遂不歸 丁未縣志

魏艮輔字師名號此齋新建人以進士歷江防道僉事駐蘄州陞山東左布政致仕以州民見思遂與弟艮儒家廣濟鄭公塔側艮儒字榮宗號鵠山與從兄弟艮弼艮器艮政共事王文成後俱成進士獨艮儒以明經老 蘄州志

孔興祖至聖六十六世孫先世平仲官禮部尚書家江州興祖遷廣濟武穴東五里

劉受欽先世由平江家館陶至受欽父遜以舉人知

廣濟崇祀名宦受欽遂家焉子五人次子福二居縣南之武穴鎮福二裔孫深堂浦堂淳堂奕奕鼎盛忠臣玉鑾孝子銘璋皆其後也

廣濟縣志卷七

戸籍表

廣濟縣編戸五十三里 明一統志

廣濟縣舊額三十里後以靈東四圖多蘄官田無從徵比知縣安璇以四圖米分置各圖而四圖遂廢額減於舊康熙五年知縣黃玉鉉均平里役特設太西三圖以足舊額 丁未縣志

康熙三十五年新增安樂鄉七圖由[illegible]有三十七圖三百七十甲今具列其籍於左方而戸口賦役附焉

靈東鄉	靈西鄉	永東鄉	永西鄉	太東鄉	太西鄉	安樂鄉
一圖一甲	一圖一甲	一圖一甲	一圖一甲	一圖一甲	一圖一甲	一圖一甲
吳義	張德宣	董學	劉文新	王汝林	胡勝茂	鄒褚胡
一圖二甲	一圖二甲	一圖二甲	一圖二甲	一圖二甲	一圖二甲	一圖二甲
吳賓義	夏永成	楊阿張	李云二	黃林	項駱周	余高
一圖三甲	一圖三甲	一圖三甲	一圖三甲	一圖三甲	一圖三甲	一圖三甲
吳蔡張	吳伏七	楊民望	李子高	劉顯名	胡子美	張渼一
一圖四甲	一圖四甲	一圖四甲	一圖四甲	一圖四甲	一圖四甲	一圖四甲
龔田三	柯春	王祖李	周元玉	潘姚悌	毛仕卿	宋林

一圖五甲	一圖五甲	一圖五甲	一圖五甲	一圖五甲	一圖五甲	一圖五甲
李周戴	鍾元胡	程世通	周玉	劉元英	董惟毛	趙俊
一圖六甲	一圖六甲	一圖六甲	一圖六甲	一圖六甲	一圖六甲	一圖六甲
鄭李完	蔣啟元	袁勝	周篤	李桂森	劉鈴安	余連高
一圖七甲	一圖七甲	一圖七甲	一圖七甲	一圖七甲	一圖七甲	一圖七甲
桂宗愛	張匆	宋董佑	劉元	劉毛貴	毛任三	周方遠
一圖八甲	一圖八甲	一圖八甲	一圖八甲	一圖八甲	一圖八甲	一圖八甲
余祥	吳永貴	李云三	饒陳劉	郭法興	胡立	周谷政
一圖九甲	一圖九甲	一圖九甲	一圖九甲	一圖九甲	一圖九甲	一圖九甲
陳榮玉	夏政六	王廖冠	陳大傑	李得	胡正立	張漢四

一圖十甲	一圖十甲	一圖十甲	一圖十甲	一圖十甲	一圖十甲	一圖十甲
李陳劉	張才	董鑑	劉文政	劉朝三	戴毛義	王勝
二圖一甲	二圖一甲	二圖一甲	二圖一甲	二圖一甲	二圖一甲	二圖一甲
郭祥泗	夏閔勝	馮秀	胡祥受	張隆章	吳文貴	王胡毛
二圖二甲	二圖二甲	二圖二甲	二圖二甲	二圖二甲	二圖二甲	二圖二甲
李貞宣	伍大興	程世楚	陳傑	藍志三	郤興	蘇夏張
二圖三甲	二圖三甲	二圖三甲	二圖三甲	二圖三甲	二圖三甲	二圖三甲
吳仁義	伍紹祖	鄧德一	胡鎮	陳宣	千岳彭	徐星受
二圖四甲	二圖四甲	二圖四甲	二圖四甲	二圖四甲	二圖四甲	二圖四甲
郭任六	夏永清	陳德榮	蘇富	朱應斗	蘇天一	顏朱祢

二圖五甲	二圖五甲	二圖五甲	二圖五甲	二圖五甲	二圖五甲	二圖五甲
劉德厚	居劉勝	程繼勝	涂秀六	胡勝	楊受二	查戴貞
二圖六甲	二圖六甲	二圖六甲	二圖六甲	二圖六甲	二圖六甲	二圖六甲
程鍾用	田南仲	程蔡隆	陳勝傑	劉成	游秉郭	胡又立
二圖七甲	二圖七甲	二圖七甲	二圖七甲	二圖七甲	二圖七甲	二圖七甲
吳谷英	范隆八	楊正彭	陳煥傑	藍傑	吳復貴	田興祖
二圖八甲	二圖八甲	二圖八甲	二圖八甲	二圖八甲	二圖八甲	二圖八甲
劉桂鑑	方支二	胡程旺	湯法	陳友奇	千興政	畢胡用
二圖九甲	二圖九甲	二圖九甲	二圖九甲	二圖九甲	二圖九甲	二圖九甲
陶世成	張青叟	董必奚	吕興泰	陳祖成	千貞	金田興

二圖十甲	二圖十甲	二圖十甲	二圖十甲	二圖十甲	二圖十甲	二圖十甲
梅潞英	范亨選	蔡吳宗	吕興祖	陳祖二	郭得元	彭用成
三圖一甲	三圖一甲	三圖一甲	三圖一甲	三圖一甲	三圖一甲	三圖一甲
朱祥	范應佑	張太隆	饒伏上	李藍慶	陳祖七	吳達
三圖二甲	三圖二甲	三圖二甲	三圖二甲	三圖二甲	三圖二甲	三圖二甲
吕高一	蔡阿田	鄧受八	蔡谷用	胡陳邢	陳祖六	盧柯千
三圖三甲	三圖三甲	三圖三甲	三圖三甲	三圖三甲	三圖三甲	三圖三甲
翟受一	何應朝	孫福二	黄李只	施向洪	千永年	徐政
三圖四甲	三圖四甲	三圖四甲	三圖四甲	三圖四甲	三圖四甲	三圖四甲
李馬韓	吳祖四	朱春	劉元傑	羅劉李	藍永傑	余埧堉

廣濟縣志　卷七　戶籍表　四

三圖五甲 朱張勝	三圖六甲 王應祥	三圖七甲 張才	三圖八甲 陶成	三圖九甲 翟受二
三圖五甲 阮宗受	三圖六甲 蔡林	三圖七甲 胡用阮	三圖八甲 朱奇	三圖九甲 劉太
三圖五甲 許斌	三圖六甲 張勝隆	三圖七甲 王儀	三圖八甲 魏高一	三圖九甲 李世英
三圖五甲 盧魁華	三圖六甲 劉井慶	三圖七甲 劉復賢	三圖八甲 呂何傅	三圖九甲 宋劉僥
三圖五甲 朱和	三圖六甲 陳祖三	三圖七甲 饒崇道	三圖八甲 向文昌	三圖九甲 劉世朱
三圖五甲 于華	三圖六甲 于興仁	三圖七甲 陳藍興	三圖八甲 于世定	三圖九甲 胡從立
三圖五甲 舒武陳	三圖六甲 李得用	三圖七甲 童和趙	三圖八甲 程文傅	三圖九甲 劉文興

三圖十甲 朱文聰				
三圖十甲 陳文貴	四圖一甲 方劉榮	四圖二甲 朱祥張	四圖三甲 李得申	四圖四甲 張一新
三圖十甲 吳郭程	四圖一甲 傅王蔡	四圖二甲 廖太和	四圖三甲 胡羅玉	四圖四甲 郝賈張
三圖十甲 袁劉玉	四圖一甲 胡蓮	四圖二甲 樂翁周	四圖三甲 彭九成	四圖四甲 魯藍鞠
三圖十甲 彭吳三				
三圖十甲 藍世傑				
三圖十甲 張顯	四圖一甲 姜榮二	四圖二甲 王興虎	四圖三甲 孫世鍾	四圖四甲 吳華貴

廣濟縣志　卷七　戶籍表　五

四圖五甲 熊元二	四圖六甲 鄭福	四圖七甲 裒努一	四圖八甲 居勝先	四圖九甲 張艮祖
四圖五甲 廖宗高	四圖六甲 陳俊傑	四圖七甲 張天二	四圖八甲 饒文玉	四圖九甲 王勝祖
四圖五甲 于興王	四圖六甲 庫世名	四圖七甲 魯宗興	四圖八甲 周梓	四圖九甲 陳祖四
四圖五甲 宋陳宗	四圖六甲 吳文貴	四圖七甲 張貞吳	四圖八甲 徐伏一	四圖九甲 邢世雄

四圖十甲 王貴	五圖一甲 田士清	五圖二甲 李元簡	五圖三甲 陳亨酉	五圖四甲 張才全
四圖十甲 周鑑	五圖一甲 魏從政	五圖二甲 陶榮茂	五圖三甲 胡道勝	五圖四甲 舒特達
四圖十甲 庫仲名				
四圖十甲 葉陳張	五圖一甲 余阿蘇	五圖二甲 梁華毛	五圖三甲 董仁傑	五圖四甲 徐和三

五圖五甲 梅勝均
五圖五甲 張子奇
五圖六甲 雷天林
五圖六甲 張遠二
五圖七甲 張勝
五圖七甲 許昱
五圖八甲 呂高二
五圖八甲 舒達
五圖九甲 陳祖亮
五圖九甲 夏同舒

五圖十甲 張才二
五圖十甲 夏勝六
六圖一甲 秦江達
六圖二甲 張孝鑾
六圖三甲 范亨二
六圖四甲 徐文海

五圖五甲 李受二
五圖六甲 胥盧魏
五圖七甲 岳喆二
五圖八甲 張李三
五圖九甲 南山寺
五圖十甲 張天英
六圖一甲 胡文郁
六圖二甲 陳興祖
六圖三甲 喻乍
六圖四甲 卜文興

六圖五甲 游受
六圖六甲 吳興
六圖七甲 田應祖
六圖八甲 方李通
六圖九甲 文王時

六圖十甲 方元慶

六圖五甲 陸政
六圖六甲 馮善
六圖七甲 奚賓
六圖八甲 王祥政
六圖九甲 陳繼祖
六圖十甲 樊祥
七圖一甲 陶世德
七圖二甲 劉福五
七圖三甲 解許姚
七圖四甲 方千涸

七圖五甲	七圖六甲	七圖七甲	七圖八甲	七圖九甲	七圖十甲	八圖一甲	八圖二甲	八圖三甲	八圖四甲
吳世永	劉勝傑	萬隆興	楊興	黎永清	劉后華	梅祥	徐文興	王文	張彥一

八圖五甲	八圖六甲	八圖七甲	八圖八甲	八圖九甲	八圖十甲	九圖一甲	九圖二甲	九圖三甲	九圖四甲
梅貞	張元祖	江華五	胡奇元	劉常	胡瑞二	金大成	胡世大	舒永貞	朱正九

九圖五甲 王鴻樊

九圖六甲 胡張福

九圖七甲 王洪楊

九圖八甲 謝李興

九圖九甲 陳楊程

九圖十甲 田郭張

十圖一甲 王元勝

十圖二甲 周世興

十圖三甲 劉榮常

十圖四甲 鄧永華

十圖五甲 趙劉慶

十圖六甲 梅鄧興

十圖七甲 黃方臣

十圖八甲 游受二

十圖九甲 熊際太

十圖十甲 朱涂周

十一圖一甲 詹方興

十一圖二甲 劉俊常

十一圖三甲 戚戴孔

十一圖四甲 汪永興

十一圖五甲	周高曾
十一圖六甲	夏榮朱
十一圖七甲	黄朱貴
十一圖八甲	湯勝法
十一圖九甲	涂任章
十一圖十甲	董韓王馮崔
十二圖一甲	孫福九
十二圖二甲	鄭豪
十二圖三甲	何勝宗
十二圖四甲	藍永興

十二圖五甲	何義宗
十二圖六甲	黄程劉
十二圖七甲	曹郭周
十二圖八甲	林鄧鄭
十二圖九甲	桂藥蘇
十二圖十甲	方董周
十三圖一甲	徐李江
十三圖二甲	劉愛欽
十三圖三甲	王永隆
十三圖四甲	干仲傑

十三圖五甲	柯陳林
十三圖六甲	周陳勝
十三圖七甲	潘唐貴
十三圖八甲	王貫茂
十三圖九甲	溫董遠
十三圖十甲	杜陳聶

戶陸千捌百壹拾戶口伍萬肆千壹百柒拾陸口丁
原額壹萬壹千柒百壹拾肆丁康熙肆年豁免運夫
人丁叁伯捌拾貳丁實壹萬壹千叁伯三十貳丁自
康熙貳拾伍年至伍拾年逐次編審增人丁拾玖丁
共壹萬壹千叁伯伍拾壹丁共徵丁銀叁千叁伯壹
拾陸兩陸錢壹分伍釐壹毫九絲柒忽貳微玖塵壹
纖一渺又彙同不在額徵丁銀以內之優免丁銀一
百三十四兩一錢六分三釐九毫九絲於雍正七年

題准丁隨糧派歸入闔省糧銀均攤加原額一百六十
兩八錢三分一釐八毫六絲二忽九微九纖六渺四
茫九沙六灰欽奉
上諭豁免實徵丁銀三千四百五十兩七錢七分九釐
一毫八絲七忽二微九塵一纖一渺其自康熙五十
五年至乾隆六年編審增益滋生人丁一千六百一
十四丁欽奉
恩詔永不加賦黃州府志
原額田四千二百五十四頃八十九畝一分三釐八
毫內上中下田三千五百四十六頃九十一畝七分

四釐一毫每畝科秋糧米六升五合五勺六抄四撮
九圭二粒該米二萬三千七百五十五擔三斗三升
四合九勺每米一擔徵新加顏料北絹等項共派銀
六錢六分六釐九毫一絲二忽二微八塵二纖共銀
一萬五千九百七十四兩三錢五分一釐九毫九忽
四微九塵八纖三渺丁未縣志
沙瘠田一百四頃二畝二釐每畝科秋糧米四升三
合七勺五抄二撮該米四百五十五擔一斗九合二
勺每擔照前則例派徵該銀三百一十二兩六錢一分九釐六
毫四絲四忽二塵二纖同上

山湖田六百三頃九十五畝三分七釐七毫每畝科秋糧三升五合該米二千一百一十三擔八斗三升八合二勺每擔照前則例派徵該銀一千四百五十二兩一分九釐三毫七忽九微二纖六渺三則照糧每擔帶科夏稅二麥二升二勺五抄一撮八圭該大麥一十擔六斗二升二合小麥五百一十二擔三斗七升二合併入糧內帶派每畝科夏稅桑絲一錢四分一釐一毫九絲九忽四微四塵該稅絲二百一十五觔三兩四分該桑絲一十二觔一十一兩三錢三分二釐九毫四絲六忽秋糧內派同上

地一千五百九頃一十九畝三分七釐五毫同上內上中下地併市基四百三十五頃八十畝八分六釐九毫每畝科秋糧米三升五合該米一千五百二十五擔三斗三升一合六勺每擔照前則例派徵該銀一千四十七兩七錢六分七釐四毫八絲四忽八微二塵一纖一渺同上

山湖併平基山基地一千三頃四十七畝九分五釐四毫每畝科秋糧米一升八合該米一千八百太担二斗六升三合二勺每担照前則例派徵該銀一千二百四十兩七錢四分二釐五毫七絲三微一塵一纖四渺

艸場湖地六十九頃九十畝五分五釐五毫每畝科秋糧米七合八勺該米五十四擔五斗二升六合三勺每担照前則例該銀三十七兩四錢五分四釐七毫三絲六微一塵五纖四渺三則地照糧每擔帶科夏稅小麥二升二勺五抄一撮八圭該麥六十八擔五斗六升七合七勺併入秋糧帶派每畝科夏稅桑絲一錢四分一釐一毫九絲九忽四微四塵該絲二十八觔三兩四錢五分七釐八毫共科桑絲一十兩六錢六分一釐三毫六絲二忽入秋糧內派同上

塘二百七十四頃三十二畝一分二釐五毫內上中下塘二百三十二頃九十三畝九分三釐七毫每畝科秋糧米六升五合五勺六抄五撮該米一千五百二十七擔二斗七升一合六勺每担照前則例徵派該銀一千四十九兩一錢九絲二忽七微一塵八纖二渺同上

山水鄉塘四十一頃三十八畝一分八釐八毫每畝科秋糧米三升五合該米一百四十四擔八斗三升六合六勺每担照前則例該銀九十九兩四錢八分九釐八毫九絲三忽一微五塵六纖五渺二則塘照糧每擔帶科夏稅小麥二升二勺五抄一撮八圭該麥三十三擔八斗六升二合六勺秋糧內帶派每畝科夏稅絲一

錢四分一釐一毫九絲九忽四微四塵該稅絲一十三觔一十四兩九錢三分五釐五毫每畝科桑絲一錢四分一釐一毫九絲九忽四微四塵該桑絲一觔一十三兩一錢六分五釐六毫九絲二忽 秋糧內帶派〇同上

田地塘原額六千三十八項四十畝六分三釐八毫載秋米三萬八百八十二擔五斗一升一合六勺其夏稅麥六百二十五擔四斗二升四合一勺夏稅絲桑絲俱入秋糧帶派共折徵銀二萬一千二百一十三兩五錢四分五釐六毫三絲三忽四塵五纖五渺

加增遼餉銀五千二百三十四兩三錢六分五釐七毫六忽五微麂皮京損銀一兩五錢一釐二毫通計徵銀二萬六千四百四十九兩四錢一分二釐五毫三絲九忽五微四塵五纖五渺 黃州府志

南糧驢脚米折銀九百七十二兩四錢八分 同上

人丁項下實徵銀數見前 同上

雜課徵銀三百二兩四錢二分七釐五毫一絲三忽一塵遇閏加銀二十四兩六錢七釐八毫四忽五徵

班匠銀九兩六錢共徵銀三百一十二兩二分七釐五毫一絲三忽一塵 同上

凡地丁正雜舊額新加除無徵豁免實徵銀三萬一千一百八十四兩六錢九分九釐二毫三絲九忽八微四塵六纖六渺除優免丁銀一百三十四兩一錢六分三釐九毫九絲八另欵登收外實起運存留銀三萬一千五十兩五錢三分五釐二毫四絲九忽八微四塵六纖六渺 同上

一起運戶禮工光四部地丁條遼麂皮京損雜課班匠解費等項共銀二萬九十五兩七錢八釐六毫四絲二忽九微五塵一纖四渺五漠七茫 同上

一撥運存留隨漕驢脚江濟官役俸食驛站祭祀廩

糧雜支解費等項共銀一萬九百五十四兩八錢二分六釐六毫六忽八微九塵五纖一渺四漠三茫 同上

一另欵奏裁優免充餉銀五百五十九兩三錢五分二釐九毫九絲八忽 同上

一蘆課原徵新增至乾隆四年以前除泥灘不載課外實稀蘆熟地一十一項七畝一分八釐二毫實徵銀一十二兩四錢九分八釐五毫五忽 同上

一南漕二糧漕糧本色正耗增貼米共五千一百八十六擔一斗六升南漕本色正耗米八千一百四擔同上

學田原額荒熟田五十七畝八分八釐坐落倉前壠古器陂師姑菴郭山岩郭家墩乾坡塘等處俱賑給貧生之用 賦役全書

滄浪書院田一十四石零五升有奇坐落西關外舊河口雙城驛舒祥及書院門首等處租穀每歲散給膏火內撥穀三十石付龍坪江漢書院掌教每年支領

武廟前後塘二口南抵塘岸外壩北抵官山腳東至山塹西至大路塹爲界傍東菜園屋二間傍西屋大小屋五間田一石三斗六升坐落下馬菴西門塘奚家堰等處并會文菴付田五斗

城隍廟田二石三斗三升八合銀課二十三兩四錢地三石九斗穀租大斛二十三石三斗八升小斛一石又左手鋪面一所僧人收租又右手鋪面一所廟側鋪面二間收充公用

目錄

名宦

宋

朱𪟝字子淵休寧人孝宗初知永安民立生祠改知廣濟請更合肥之兵從之徙知靖州 湖廣通志

明

胡昇號高軒新淦人洪武初以舉人知廣濟百廢具興縣署儒學分憲二司公館及武穴馬口二司署皆所創也秩滿民赴闕懇留特詔褒美後遂家廣濟萬歷癸丑祟祀名宦 丁未縣志

高偉浙江進士永樂中知廣濟縣事以善政稱 黄州府志

劉遜館陶人正統時以舉人知廣濟平易端愨奉公惟允時謂長者 丁未縣志

陳昱浙江人正統時以監生知廣濟清平嚴肅吏不敢欺節省民財事亦克濟三年致仕歸 同上

杜嶾蘭谿人成化時以舉人知廣濟惠政及民廉介自守壽擢知上元民蔽道留之 同上

江震錢塘人成化九年以舉人知廣濟文章政事爲時推重後官至吏部侍郎 同上

陳奎南昌人宏治己未進士知廣濟心存仁厚政有規條縣儒學舊在河東奎力遷縣署右側而絃誦丕振尋行取御史歷官山西憲副廣西布政使 同上

葉溥龍泉人正德中以進士知廣濟洞察民隱以誠心涖政無赫赫之威而吏不敢欺尤作興學校賓禮韋布有長者風 明一統志

汪倬貴溪人正德末以舉人知廣濟慈愛子民時鄉民流徙者田歸蘄人倬請於朝編得田者隸焉民賴以蘇至今繹思其德 同上

楊阜字弁西宜興人嘉靖中以舉人知廣濟先是邑

無城守市民寥寥阜始聚居民察地勢爲後街曰楊公街曰玉帶街建八門鑿九井西北有池曲轉叉改河流繞縣之右側接梅浦清流塞舊河口以培地氣創凝秀橋以關下流迄今水道環合梅浦迤邐而下稱楊公績焉 丁未縣志○以上祀名宦祠

侯嘉祥廣西人以舉人知廣濟治尚簡要政務寬平時廣濟困排夫之役已百年嘉祥申請除之民頌其德 同上

胡尚志號海陽嘉靖間知廣濟時景 一就國所經供費不貲龍坪造行殿諸儀制崇後過度王至諸侍從

驅役丁夫虧索官吏尚志以里民方溥泉有幹畧委之事事多辦民不知擾乃祠尚志龍坪江上 同上

劉則唐號元沙廬陵人隆慶辛未知廣濟惡衣疏食惟携琴書及二僮自隨剔弊政除奸猾未及一年而丁內艱民感其德持百金贈行拒不受 同上

朱邦華號雨峯南城人隆慶庚午爲廣濟丞中煦外嚴公例悉捐纖涅無近辛未夏大水武穴堤决邦華佐縣興役兩月而堤成民立祠祀石明年知縣以艱去當道疏其賢擢知本縣乃省里甲均夫馬序稅入稽役作崇禮賢士飭祭器鑿泮池多士悅之癸酉春

遷南都兵馬司 同上

姚翼字翔卿號海崖歸安人萬歷間以歲貢知廣濟始入界未及抱吏部牒聞縣行且審戶郎檄縣父老令各疏上中下之實民以令初到出受約遂以實聞翼按所疏參相覈甲乙遂若鱗次縣俗族屬以甲乙相婚姻翼下令除已婚會產男女者免罪外餘悉不得違布衣吳自守能服行古禮單車禮其廬於是邑大治數以垂午退食而卧扁其舍曰卧齋至今民猶稱之 同上

王廷俊號秀源任縣五年潔身清謹聽訟無重罰考清晋秩 丁未縣志

胡克儉字趨微光山人以進士爲御史降蘄水添注縣丞署縣事三月進父老問疾苦與諸子弟講詩禮未解衣推食而民如挾纊如獲乳焉荆王孫至邑索祿偶以疾死克儉坐鎮解紛民賴以安歸里十餘年見邑人至者必加禮天啟初復奉詔書過濟期以次日發而邑人扶老携幼自鄉藪來見遂尼不可往以公署隘約至南山寺與說六言爲別至學宫與諸生各賦一律見志縱觀者如在寺時越日始去民泣送之爲立生祠於西關道旁 同上

趙國華字太璞南昌人萬歷間以舉人知廣濟手爲會計法奸無所容民感頌之入覲里者祖道攀轅不忍舍 同上

周良弼以舉人知廣濟清正愛民築堤防水爲邑永利 同上

蔡洪輝同安人以舉人知廣濟父年八十每晨省必恭寢必捫摩凡催科獄訟必奉父訓體恤周詳初縣中徵比惟督里役至是挨比三百戶而里役之終事始易尤注意文學旌奬孝友値父艱去民設香案泣送徒步至不得行 同上

劉允昌字燕及桐城人萬歷甲辰進士知廣濟爲治皦練大吏重之凡疑獄多屬聽斷他邑多以訟來決蘄豪鄭長武斷殺人允昌拘繫之獄司吏徐某下逼書吏爲奸廉得詳治之建滄浪橋修梅浦閘又樹碑前賢墓祟祀孝子一邑向化 湖廣通志

夏可雷四川人初生時母夢金生田中年六十餘爲訓導僅邑人訝其志督學蜀中愛其文拔之遂中式其房師則麻城田生金也後知廣濟已七十餘歲清剛自勵旌奬孝節洗雪沉冤勢要請託不爲動任滿時自以譜系本縣夏氏遂率諸博士弟子員祀其祖

墓而去 丁未縣志

王世臣高安人爲政清平尤重士子二年擢衡州通判 同上

張燮任雲南人知廣濟時三王之國由江上先檄各郡邑爲綵帳行殿戲棚諸儀器具燮任白武昌推官鄧來鸞曰公能速其行俾無擾吾民乎鄧索善祈禱因擇日祭江禱東南風須臾王舟迅駛自龍坪沿江上民不疲困 同上

周驥號四如江津人崇正初以舉人知廣濟吏治皦給精勤左右無敢欺者徵比以單爲率法畫一山谷老稚皆自輸里胥無能爲僞至今法之租賦皆手冊細書一目可曉以是編書惟紀成數而已釐東四圖官米居半黠者憑爲多爲欺隱驥集諸書吏核校飛詭諸奸狀搜剔無遺 黃州府志

朱議灩南昌宗室知廣濟邑漕糧舊軍民兌於龍坪崇正間屢移蘄運軍皆家於蘄其弁旗折乾話會倍於常而外水盜竇歇保總催巧立淋尖踢斛拋剩等名民不堪命督糧使者臨倉閱視至鞭箠里正繫之竿首里役有經一兌家立破者灩溢任乃兌龍坪而害始減儆舟兌米親當其任着短衣混同胥吏至九

江其考炕兌會悉得要肯又有以彈壓之弁旗勢爲之戢民賴以安 丁未縣志

張登衡字埜心桂林舉人懷宗時以蜀令移知廣濟招聚士民於大江洲上防禦流寇胥吏素憚其嚴乘亂思爲不軌歃血盟曰義勇營諸紳士亦約洲民歃血盟曰保定營以敵之衡晏然若不知者時天旱齋戒步禱諸奸見其無督過意不復猜阻後進香江北廟諸奸皆從衡已與保定營長密計忽鳴鼓督衆擒其魁數十人投江中餘黨以靖陞蘄州知州 湖廣通志〇以上知縣

洪範建德人宣德時教諭師道尊嚴一時模範無游其右者 丁未縣志

羅珦泰和人以舉人爲教諭文學可[illegible]士多業服 同上

舒瑄貴池人正統壬戌由舉人[illegible]勤作幸師濟可嘉 同上

詹晟浙江人正德時由監生爲訓導和以接人勤以造士至今稱之 同上

粲文崇化人嘉靖初以歲貢爲訓導正心端行有古人風培養士氣訓誨諸生不倦捐俸以新廊廡給貧

寒後擢廣西遷江諭尋中鄉試 同上○以上祀名宦

龔善治南昌人嘉靖間以舉人署教諭培士氣振文風請修號舍簡拔得人 同上

陳道濟南康人萬歷辛卯舉人會試中禮闈副榜署邑教諭道濟居廬山之麓幼以茂才異等選入白鹿洞讀書同時諸君奉爲嚴師署邑學三載鼓舞多士 同上

甄秉忠廣昌人萬歷庚戌以武寧訓導遷邑教諭撰修邑乘時學宮久圮大爲整飭尋遷岳陽教授 同上

吳熊紀天啓時爲教諭教諸生以實行 同上

許煒江夏人崇禎戊辰由歲貢爲教諭朔望謁

廟及退卽發篋陳書名諸弟子前受教少與賀文忠公逢聖交好賀入相時便道訪於學舍微有所贈堅不肯受教洽累日去 同上

李苑號楚瑞宜都人治春秋博學有聲崇正間訓導日以課士爲念 同上

曾發祥字戩穀鍾祥人以明經任教諭明末乙亥流賊圍城發祥協力堅守城陷不屈死賊焚其屍於明倫堂 府志○以上教諭訓導

吳貞合肥人由監生爲縣丞寬仁簡重民甚德之 丁

未縣志

沈瓊德清人以監生爲縣丞不事依阿囊無遺羨 同上

樊守純西平人萬歷癸丑爲廣濟丞有幹畧縣自戊申江水破堤癸丑再決知縣劉允昌委守純創築堅堤自盤塘至龍坪接黃梅堤七十里計租起夫視舊堤倍增之畚揭杵築悉有程度比告成高固倍前民賴其利 黃州府志○以上縣丞

李養博白人以舉人爲主簿催科有法廉不苟取時稱賢佐 丁未縣志

張芳潁上人成化時以監生爲主簿署縣時有長定夏正華衆爲寇公計捕勦獲 同上○以上主簿

王素樂平人爲濟典史好讀書明制雜流許有司申舉遂中湖廣鄉試 同上

魏時光南昌人善舞雙刀崇正九年夏爲廣濟典史邑遭殘破長吏設排兵三百人委之教練其冬賊據蘄州河口憚時光不敢渡時光益募死士夜襲其營手殺數賊賊不敢逼俄賊大至部卒皆散時光單騎據高坡又殺數人賊環繞之劓斷被執不屈死其兄陳於上官卻不奏兄憤發病死友人收殮之哭盡哀

日弟爲國死兄爲弟死吾獨不能表暴之乎具牘力陳乃奏聞贈廣濟主簿予恤典 明史忠義傳○祀名宦

胡大輿紹興人爲縣典史崇正十六年義營之變民不安洲處與幸至縣斬棘披萊建治撫遺孑且耕且市邑稍零聚會兵入境輿獨死 丁未縣志○以上典史

王禮山東蒙陰人宏治四年任武穴巡檢領義兵殺賊殁於蘄水龍船埠 丁未縣志○以上巡檢

國朝

王名世字松谿山陰舉人順治初歷署蘄水黃陂知縣俱有政聲又署廣濟下車訪民疾苦廉諸吏奸狀嚴加懲創請免數年逋賦悉斥陋規弗取聽訟必盡兩家情事片言折之未幾新縣至邑民祈留不得焚香泣送數十里不絕 湖廣通志

閻國士號振華保定人由歲貢順治丁酉來任操持潔清不忍取民一錢與民柴米錢輒視常價溢之視撻民若撻己虐民不忍負也租稅不勞而辦卒以罷歎去其去也夫婦各乘一馬邑人思之凡丈量均差

修
文廟刻縣志等事皆自國士始 丁未縣志

孫謙亨號有終東安人由拔貢於順治己亥夏知廣濟邑自寇荒相乘饒田多隱奪其久荒者輒稅不能減欠至盈萬適縣方奉令丈量再四算校務求田與稅當又邑戶三百里役十年一受事凡編餉暨南北漕綱粟皆獨任費不貲乃請於上爲均差編餉南北漕米使先後分任之里役五年一周又積年米欠由近停北運各里長自解省會而支給遲留黠保因緣便侵損盜用無算及官臨倉責米罄其家無償當事

不得已仍責原里重納諫亨具詳兩臺請已亥年漕米折色以是輸解便易而奸人不得侵漁不數月幡所均兩差報竣御史臺才之書上考 同上

黄玉鉉字振公號漢𡸣洋縣人順治己亥進士授廣濟知縣值用兵鄖西發輔抚[illegible]波且凶囡請大吏以狀聞前後𨮁銀四萬餘兩其爲縣恩威有方招流亡勸農業明獄訟久之民競爲詩歌勒石衢巷又議爲祠圖御衆鏤姓字於版立學宫東牆外丙午分闈鄉試盡愼以求得八人皆名士聲氣之交揚帆結覯願一相識士之貧者未昏葬者捐俸賙急去之日殘書

做敝士民灑涕失聲或餞贈之一錢不受 白茅堂集

顔正色浙江進士以康熙甲子年知廣濟兑漕訖剩米三百餘石諭各里均領散給花戸 辛未縣志

劉臨渠縣人以副榜任邑故事南漕二糧各廒分納水腳銀分兑臨至以紛擾累民諭令歸併合一民咸德之歲戊寅螽災單騎出郭省驗惻然籲天泣拜攖蝗食之蝗輒止邑自甲子科後少登賢書臨改學宫櫺星門方向比年中式二人 同上

李世德滿洲貢生以康熙丙戌知廣濟是時邑屢旱殺騰貴世德詳請積貯減價平糶又山東大歉流民載道爲設粥廠於南山寺日給二次[illegible]寺後癘流行爲設藥死者具棺殮之置漏澤園於萬車舖多惠政焉 同上

蕭龔武平舉人歲丙申廣濟大水申報成災民邀𨮁賑丁酉丁糧俱詳豁免遷文昌閣於舊河口置有學田若干建義學於河西今廢 同上

高人傑興平舉人邑龍坪長堤下五鄉民命攸關積被水嚙幾潰歲庚戌集闔邑修建石堤數十餘丈 同上

李肇梅稲清貢生治廣濟有能聲重修學宫增築龍

坪石堤及新河堤壩建梅川書院於黄鵠山育嬰堂於西關外士民戴之 同上

劉光然[illegible]水力爲申報成災 同上

劉可考字先聲定陶人乾隆戊辰進士除廣濟知縣整綱飭紀小心嚴威民懷其德旋以庚辰同考被議改補鄖西 縣卷〇下同

陳策字陸可宛平人雍正己酉舉人選廣濟知縣廉潔自持清風兩袖並不受民間一文錢讞獄過以寬和未嘗倚法以削至今士民懷之 以上知縣

王禹錫字子鉞崇陽人順治五年教諭善爲詩 丁未縣志

傅鍠號正齋孝感人順治丁亥舉人署教諭時

文廟荒蕪未獲剏興與訓導胡敦順約諸生協力舉行親詣江上程材起工廟成中戊戌進士 同上

胡敦順字抒白郎陽貢生順治丁酉任廣濟訓導時

文廟兵燬丁祭行於佛寺乃與教諭傅鍠同力興造約諸生襄事新殿克成邑令以私忿辱衿士力護之士賴克抑及通邑痌苦悉爲陳辨捐俸倡修邑志自處布衾疏食澹如也 黃州府志

李廷春字大生宜城人順治戊戌冬以枝江訓導爲濟邑教諭律己清介嚴於月課勤訓諸生文風丕振李陞四川中江縣知縣 丁未縣志

李以範字仲叙號飲和江夏籍漢陽人壬午舉人廣濟教諭會新例裁缺每學裁一員以大小學分教諭訓導而以範得耑留廣濟廣濟大學也 同上

胡理字宗美武昌舉人蘄水籍爲廣濟教諭重葺學宮訓士有法 辛未縣志

劉國泰字次臨江夏人由廩貢任訓導樹品範勤講課士子向化後登賢書成庚戌進士補宜川縣知縣 同上

譚之琥字禮西京山人以歲貢任訓導宏覽博物工詩賦古文詞尤潛心性命之學自十三經漢儒注疏以洎歷代賢儒宗旨罔不研究著聖祀賢儒錄在任七年以老致仕歸 同上

熊紹祖字承哉孝感人雍正乙卯舉人選縣學教諭嚴師範厲清操而與諸生相劘切則飲人以和猶想見文端遺軌焉 縣卷〇以上教諭訓導

姜天棟仁和人順治十三年爲本縣典史縣無城親詣街巷率民濬溝積伐柵置守柝聲達旦又協議請

兵設防市賴以安值知縣閻國士告病代命徵數年逋糧任龍坑歲餘苦心勸輸時大兵東下拖疾料理芻餉戊戌夏江水暴漲堤幾潰天棟方病瘧強至堤上呼𠠍卒受事塞蟻穴補闕隙堤克全無害又歲旱偕龍坑人露頂跣足祈雨雨降歸縣署遇逃人在縣俾集衙署而地保不擾更申飭保甲稽浮寓嚴緝探市無盜警 丁未縣志

董天琇仁和人爲本縣典史到任歲餘值鄖西用兵押夫解米荊州等處于役三年皆以爲分內事乙巳冬歸任振刷激勵凡邑中保甲諸事更加申飭 丁未

縣志

耿基字慶長聊城人乾隆四十二年署典史事懸賞格捕賊魁趙奇兒等治以嚴刑羣盜斂跡城市村落外戶不閉 公呈○以上典史

廣濟縣志卷九

人物志　仕績

宋

余玠字義夫蘄州之廣濟人家貧落魄無行喜功名好大言少爲白鹿洞諸生嘗攜客入茶肆毆賣茶翁死脱身走襄淮時趙葵爲淮東制置使玠作長短句上謁葵壯之留之幕中未幾以功補進義副尉擢將作監主簿權發遣招進軍充制置司參議官進工部郎官嘉熙三年與元兵戰於汴城河陰有功授直華文閣淮東提點刑獄兼知淮安州兼淮東制置司參謀官淳祐元年玠提兵應援安豐拜大理少卿升制置副使進對帝曰卿人物議論皆不常可獨當一面卿宜少留當有擢用乃授權兵部侍郎四川宣諭使帝從容慰遣之玠亦自許當手挈全蜀還本朝其功日月可冀尋授兵部侍郎四川安撫制置使兼知重慶府兼四川總領兼夔路轉運使自寶慶三年至淳祐三年十六年間凡授宣撫三人制置使九人副四人或老或暫或庸或貪或愎或繆或遥領而不至或開隙而各謀終無成績於是東西川無復統律潰戚不聊生監司戎帥各專號令擅辟守宰蕩無紀

蜀日益壞及聞玠入蜀人心粗定始有安土之志玠大更敝政遴選守宰築招賢之館於府之左供張一如帥所居下令曰集衆思廣忠益諸葛孔明所以用蜀也欲有謀以告我者近則徑詣公府遠則自言於郡所在以禮遣之高爵重賞朝廷不吝以報功豪傑之士趨朝立事今其時矣士之至者玠不厭禮接咸得其歡心言有可用隨其才而任之苟不可用亦厚遣謝之播州冉氏兄弟璡璞有文武才隱居蠻中前後閫帥辟召堅不肯起聞玠賢相謂曰是可與語矣遂詣府上謁玠素聞冉氏兄弟剌入即出見之與分

廷抗禮賓館之奉冉安之若素有居數月無所言玠將謝之迺爲設宴玠親主之酒酣坐客方紛紛競言所長璡兄弟飲食而已玠以微言挑之卒黙然玠曰是觀我待士之禮何如耳明日更闢別館以處之且日使人窺其所爲兄弟終日不言惟對踞以堊畫地爲山川城池之形起則漫去如是又旬日請見玠屏人曰某兄弟辱明公禮遇思有以少裨益非敢同衆人也爲今日西蜀之計其在徙合州城乎玠不覺躍起執其手曰此玠志也但未得其所耳曰蜀口形勝之地莫若釣魚山請徙諸此若任得其人積粟以守

之賢於十萬師遠矣巴蜀不足守也玠大喜曰玠固疑先生非淺士先生之謀玠不敢掠以歸己遂不謀於衆密以其謀聞於朝請不次官之詔以璡爲承事郎權發遣合州璞爲承務郎權通判州事徙城之事悉以任之命下一府皆諠然同辭以爲不可玠怒曰城成則蜀賴以安不成玠獨坐之諸君無預也卒築青居大獲釣魚雲頂天生凡十餘城皆因山爲壘棊布星分爲諸郡治所屯兵聚糧爲必守計且誅潰將以肅軍令又移金戎於大獲以護蜀口移沔戎於青居興戎先駐合州舊城移守釣魚共備內水移利戎

於雲頂以備外水於是如臂使指氣勢聯絡又屬嘉定俞興開屯田於成都蜀以富實十年冬玠率諸將巡邊直擣興元元兵與之大戰十二年又大戰於嘉定初利司都統王夔素殘悍號王夜叉恃功驕恣桀驁不受節度所至劫掠每得富家穴箕加頸四面然箕謂之蓋蝕月以弓弦繫鼻下高懸於格謂之錯繫睺縛人兩股以木交壓謂之乾榨油以至用錯灌鼻惡水灌耳口等毒虐非一以脇取金帛稍不遂意即死其手蜀人患苦之且悉歛郡將倅馬以自入將戰迺高其估賣與之朝廷雖知其不法在遠不能詰也

大帥處分少不慊其意則百計撓之使不得有所爲玠至嘉定夔帥所部兵逆謁才羸弱二百人玠曰久聞都統兵精今疲敝若此殊不稱所望夔對曰夔兵非不精所以不敢即見者恐驚從人耳頃之班聲如雷江水如沸聲止圓陣即合旗幟精明器械森然沙上之人頓望若林立無一人敢亂行者舟中皆戰悼失色而玠自若也徐命吏班賞有差夔退謂人曰儒者中乃有此人玠久欲誅夔獨患其握重兵居外恐輕動危蜀謀於親將楊成成曰夔在蜀久所部兵精前時大帥夔皆勢出其右意不止此也視侍郎爲文

臣必不肯甘心從令今縱弗誅養成其勢後一舉足西蜀危矣玠曰我欲誅之久矣獨患其黨與衆未發耳成曰侍郎以夔任在蜀久有威名孰與吳氏夔因弗若也夫吳氏當中興危難之時能百戰以保蜀傳之四世恩威益張根本益固蜀人知有吳氏而不知有朝廷一旦曦爲畔逆諸將誅之如取孤豚況夔無吳氏之功而有曦之逆心恃豨突之勇敢慢法度縱兵殘民奴視同列非有吳氏得人之固也今誅之一夫力耳待其發而取之難矣玠意遂決夜召夔計事潛以成代領其衆夔才離營而新將已單騎入矣將

士皆愕眙相顧不知所爲成以帥指譬曉之遂相率拜賀夔至斬之成因察其所與爲惡者數人稍稍以法誅之乃薦成爲文州刺史戎帥欲舉統制姚世安爲代玠素欲革軍中舉代之敝以三千騎至雲頂山下遣都統金某往代世安閉關不納且有危言然常疑玠圖巳屬丞相謝方叔家子侄自永康避地雲頂世安厚結之求方叔爲援方叔因倡言玠失利戎之心非我調停且旦夕有變又陰嗾世安密求玠之短陳於帝前於是世安與玠抗玠鬱鬱不樂寶祐元年聞有召命愈不自安一夕暴卒或謂仰藥死蜀之人

莫不悲慕如失父母玠自入蜀進文華閣待制賜金帶權兵部尚書進徽猷閣學士大使又進龍圖閣學士端明殿學士及名拜資政殿學士恩例視執政其卒也帝輟朝特贈五官以監察御史陳大方言奪職六年復之玠之治蜀也任都統張實治軍旅安撫王惟忠治財賦監簿朱文炳接賓客皆有常度至於修學養士輕徭以寬民力薄征以通商賈蜀既富實乃罷京湖之餉邊關無警又撤東南之戍自寶慶以來蜀閫未有能及之者惜其遽以太平自詭進蜀錦蜀箋過於文飾久假便宜之權不顧嫌疑昧於勇退遂

來讒賊之口而又置機織官雖足以廉得事情然寄耳目於群小虛實相半故人多懷疑懼至於世安拒命玠威名頓挫齎志以沒有子曰如孫取當如孫伸誅之義遺論敗師忠歷大理寺丞爲賈似道所殺宋史本傳

梅應春廣濟人寶祐丙辰進士爲餘干令以趙葵薦授瀘州安撫使淳祐間進禮部侍郎明一統志

　按淳祐年號在寶祐之前疑誤丁未縣志載應春官尚書亦與統志不合又宋史張珏傳德祐二年六月珏遣趙安破神臂門執應春殺之復

瀘州云云證以應春望楚山賦中廣陵同根於李而所處異域亮瑾均樹於葛而所事殊國諸語可以得其槩矣

梅應申爲四川制置使區處各得其要應酬不匱其能丁未縣志

張晏然廣濟人咸淳間爲禮部尚書明一統志

　按丁未舊志稱晏然陷金不屈然金之亡在理宗端平元年而晏然係咸淳間人其說非是宋史言晏然以城降未知即其人否舊府志作淳祐丁未舉人當更考之

姜賢宋咸淳間以薦舉歷官副使有清譽號樵隱先生丁未縣志

張日靖字粹叔宋開禧進士仕兵馬副元帥守備荆湖士民不驚日靖之力也辛未縣志

游侶字同人寶慶丙戌進士歷官刑部左侍郎簡重明敏治獄多平允一時以爲于公再出端宗朝以原官致仕侶居官素廉潔及歸復不事産業常日遺子孫平安足矣奚營營溫飽爲哉元興數招隱不出至元庚辰以無疾卒享年九十有五世祖嘉其守勅有司塟午山沏爻子山石林寺側至今表石猶存居人

皆知爲游侍郎墳云子二琰翰俱成進士行事淹沒無所考同上

　按辛未縣志所增多據墓碑家譜今錄存丁未縣志後餘分見選舉士族二表中他皆放此

元

張紹祖字可成進士歷任寧國路總管操縱中度邊鄙肅然黃州府志

梅鎰元初與弟盛同登進士盛知昆陽築隄防水善政永譽人咸誦之丁未縣志

明

徐麟廣濟人洪武初授宣武衛鎮撫歷河南府同知時降臣宋玉集散卒謀夜叛以刻漏爲期麟廉知之戒司漏者故遲滯寇疑不發黎明遣邏卒盡獲之以功陞秩賜金帛後調蘄州歷承道房三州俱有政聲子文顯初隨任河南受學于客祿與權由孝弟力田薦授刑科給事中忠亶敢言隨擢刑部侍郎 同上并楚紀

張根字伯源廣濟人洪武中以歲貢爲順昌教諭累陞左春坊司諫永樂間侍皇孫講讀仁宗即位諭諸臣曰張根誠實可用然老矣宜優逸之遂以本官致仕歸 湖廣通志

鍾澄字榮伍洪武二十二年由歲貢官潁州知州有政聲孫載意國學生 辛未縣志

王佐廣濟監生永樂間同知嶶州府有惠政遷守饒州廉靜寡欲以德導民後免歸僚屬贐以金不受人益重之因立却金亭於江滸 楚紀

陳敉監生永樂中任監察御史振肅風紀歸休日僅無寸貯及歿其殯埜皆里人所賻 黄州府志

鄭達字叔通宣德乙卯舉人任盩厔令開渠溉田千頃調崑山值大荒尻羸塡街民哭達亦哭煮粥賑之疫作廣設醫藥全活遂多重學校恤窮嫠自奉清約圖書外一無所好 同上

陳愷正統辛卯舉人歷戶部郎中性敢言孤行一意不避權勢陞重慶知府矜孤㨿暴郡人多賴之 同上

張易宗字祖義宏治乙卯舉人任聊城諭訓士多所成就擢判瑞州有解餉四人私拆印封府欲致之死易宗爭之不能得因閉閣謝事適兩臺奬易宗廉使者至府乃釋焉陞雲南鹽井提舉致仕 湖廣通志

王欽正德時貢士任巫山學訓捐俸給貧士類稱義繼陞蜀府教授正道輔國登對不阿歸事繼母以孝足不抵公所鄉士夫咸器重焉祀鄉賢 丁未縣志

孫喬號木齋祖英孝豐知縣有政聲喬以嘉靖癸丑進士授戶部主事奉督南漕不激不隨人咸稱便復命道卒 同上

張步雲字子龍嘉靖戊午舉人任學正遷知太平府有土官繫獄論死其姪賄謀承襲誣其子非會出雲御其賂刺血以驗由是忤監司意罷歸會長隄兩決五縣爲魚雲時年八十四爲書數萬言控兩臺各捐金修築至今賴之 湖廣通志

王大謨字惟尹萬歷八年進士初授太湖令邑有無賴子弟鏞會破去亂俗大謨使衙幹誘其長八人與

之飲飲酣曰御史有所按問悉縛送御史及在刑部
外戚某錦衣卒孽子爭財自殺事聞下部訊治白儲
至暮內使詗問數輩尚書屬大謨大謨徉徑弔慰自
殺者子稱齒倉皇吐實歸具詞平允其罪錦衣嗣得
全上與中宮大悅歷官雲南督學副使廣西左參政
以母老致仕歸歷十六年而母八十有二卒服闋不
起卒年五十三贈朝議大夫 白茅堂集
舒其志字元緒癸賢事親至孝年四十夢神贈雙璧
始有子長其心次卽志也登萬歷乙未會魁授行人
擢四川督學江西按察使淮王欲立寵娼子而錮世

子於秘室娼子左右皆羣盜出沒彭蠡間志初弗問
忽夜半出片紙捕其黨寘之法面責王王立出世子
而殺娼子稅璫李道於湖口鳳凰磯爲暴志陰製飛
舸客令守戎夜聚蘆葦團磯縱火璫怖因乘機縛其
魁送九江獄衆梭爭投水志單騎馳至故爲之畫曰
若任此吾知不免惟束裝宵遁耳璫果遁去已得請
旨革除居民立祠祀之遷江西布政歸卒 湖廣通志
吳亮嗣字明仲萬歷甲辰進士以南充令治最擢兵
科給事受事五月四上疏而三得報神宗朝異數也
嗣感激益請勵精圖治節冗費裁稅璫時滿朝薦劉
光復皆因事繫詔獄嗣請釋之又疏理熊廷弼之誣
及董其昌張濤等人材可惜因張差事請申飭禁衛
又請飭京營武備條戰守事宜天啟初遷太常少卿
三年罷歸 同上
張金和字汝節以拔貢再任廣文遷武平令始至值
小河卒因府胥索賄滯糧聚詬太守和單騎諭解之
徐誅首事藩掾令妾誨淫得吳商金又殺妾與商和
得情誅掾李藩父子殺人郡納賄欲脫之和寘之法
在邑三年政平訟理解組歸年八十六卒 同上
金之純字健之萬歷乙卯舉人署醴陵諭補淅川令

以治績擢知興安州流賊突至倉皇登城誓以身殉
丁壯皆感激殊死守時久旱夜半雨大注城塹暴深
五尺賊始退一歲中賊薄城者四糧盡且晉各檄旁
郡遊擊唐通爲援夜縋敢死士會襲之斬獲甚衆賊
去民饑且疫設粥食調醫藥以撫之狀聞擢守漢中
會疾卒年四十六踰年寇至民見純絳衣大冠立堞
間若泣者遂廟祀爲純篤於友誼江夏吳裕中劾丁
紹軾語侵璫矯詔死杖下親故皆竄匿暴屍獄中純
獨臨其喪返其櫬於三千里外 同上○以上祀鄉賢
董熙永樂癸卯舉人安福教諭以春秋教諸生[illegible]

禰以春秋名江右官雲南卒時吳接爲南雍祭酒致數百金歸其柩哭之以詩有云鐸聲遺響留安羅歾影承恩到嶺南子三次子伯剛字文海十二歲始能言讀書目輒十行若宿解者入省闈作五經全藁竟以踰制罷歸卒年十七歲遺孤啟恕以義士聞 丁未縣志

王弼山西道御史糾貪墨決疑獄風紀獨持吏民畏服 同上

周原學字希古成化丙戌進士任行人司行人天性英敏學問該博人咸推重從孫時登以文學隱著有詩藁刻行 同上

張質號樸菴性忠謹以孝友聞宏治間由貢任光山壽昌安仁教諭造士有方遷伊府紀善二載謝歸王恩慕遣使再徵仍補俸二年特恩奏請進長史 同上

鄭傑號鹿門崑山令達之孫正德辛未進士除揚州推官歷陞北吏部文選郎中銓衡公正因言事謫臨邛單車就道遷廣西僉事轉南京大理寺卿猶子聽政頴異年十二爲諸生 同上

董儉伯剛孫也年二十正德間由選貢入京試第二授瓊州推官瓊人例獲巨蚌昇公廨儉初見之疾走幾遺履後竟以清廉著績瓊人祠之 同上

[illegible][illegible]明號三桐正德丙子舉人知四川開縣力變[illegible]風關素乏科甲明勤於課誦士子嚮化科貢聯拔四人後以事忤當道歸及卒蘄人張愚齋誌其墓 同上

張琳字竹山有至性負米膳親出妻財以給窮仗義振靡激辭止貪人多倚重爲由恩選任山東茌平丞歷任八月棄官歸林居二十年築茆三楹因自署曰閒叟蔣侯頤菴以秋霜春温目之 同上

呂用聘任祿豐知縣督民耕種俗桑麻成不知織紝躬教爲紡具使夜作民感之爲立教織亭郊多虎患作文驅之虎大哮而去 同上

張頴字平岡嘉靖乙酉舉人篤志好學知舞陽爲政務飭大體釐弊竇鋤強悍邑中神像皆易以木主曰鬼神何常形而儼然貌臨人乎盡毀之 湖廣通志

文大才字希周宋信國公兄天祯十世孫九歲爲諸生父早逝事母方祖母董色養不少怠嘉靖辛卯舉人壬辰副榜署諭泰和補上海令除封邱令親事甫三月百務犁然會當道以事怒他令因盛氣向大才語大才故負氣恚移疾自罷不待報徑歸兩臺才之檄勸敦諭還是時武進薛公應旂令慈谿亦不待報歸竟追還皆異數也大才還封邱益明習振刷晉守

嘉定嘉屬邑六向有茶稞吏胥緣爲奸大才悉剔罷商賈便之晉興化同知壬子檄充房考先是巳移疾乞休當道勉留以有成命力疾竣事疾增劇遂聽以本官致仕歸俸薪外無長物贖先世所鬻田百畝及故居悉推予庶弟卜築邑之南郊大才有知人鑒泰和羅理曾於拱胡亶羅時霖楊載春王勃上海顧名世屠寬潘允哲周思兼嘉定周希哲王藴茍延庚韡從稠人中識拔後皆爲名公卿有官於楚及取道濟者皆躬哭其墓盡哀里人榮之 丁未縣志

劉近臣字亦棐號藿童天啟甲子鄉舉第一崇正辛

未成進士金谿知縣金谿故多巨室貴公子兄弟鬩訟先後院司累訊弗能決近臣奉御史檄覈其事爲開陳人倫孝友大義兩造讋伏訟乃止御史以爲能學博陳時策卒官停櫬久近臣拊其孤捐俸歸其骨於鄉里崇正癸酉分校易闈得士爲多而楊學愿最知名居官五載稞最屬考滿遘疾卒金谿人有循吏之思焉父鳴卿有隱德輕財好施嘗鬻產以濟里人之乏絕者近臣生而慧稍長酷嗜學故老傳其貌寢短小然爲文嘔心鏤胃語必驚人其爲學一禀伯兄近甲舉人訓與中表弟藍舉人縉劘切良深 居業齋集

以烈字艮弼當靖難兵起吳楚騷動烈以文學薦名天府由廣文累陞福建提刑提學僉事後以憲副致仕 辛未縣志

周勝夏字中立號月山嘉靖丁酉舉人任河南汝寧府通判尊賢下士減利恤獄士民便之陞雲南府同知轉廣東分巡副使以老病未赴任致仕歸壽卒其祠由奉政大夫清廉扁額尚存嘉靖間贈也 同上

李觀字賓卿嘉靖丁酉副榜第一任四川瀘州知州瀘密邇牂牁烏羅雜處觀至葺雉堞詰奸宄地方以安瀘累年逋賦多流亡觀具劄以請獲免十之四奉

檄治餉烏撒軍民府當受代日存羨千金置不問主者遣吏持至中途以成例請觀曰不受羨即吾例也卒散之軍吏以疾告歸卒年六十一 同上

胡士宏字大常教菴第四子狀貌魁偉讀書雙行下過目不能忘爲文洸洋恣肆饒瀟以例入太學授四川路化縣教諭甫至葺學宮郄例金課諸生都有條理士風爲之一振 同上

張頌字用之號石岡易宗次子貢生博極羣籍工詩善古文書法性長厚言吶吶不出口父病衣不解帶者三月卒哀毀骨立幾不自全督學熊徐生某欲選

須須不忍奪竟謝去授潯州通判署桂平篆有富民王寶者爲仇家所陷獄已成㱔廉而脫之寶屢以苞苴壽峻拒之居三年解組歸潯民思之祀名宦卒年八十二 同上

張價號衢南秀宗子嘉靖癸卯舉人與江陵文忠公相得益歡署江西滓梁諭尋轉國子學正以病卒於京師相國哭之哀爲賻斂治其櫬與孤歸南神廟時相國歸省楚道經濟呼其孤諸生琫悼惜之贈之金十兩價劉氏目盲或恐以盲故易價曰吾不妻盲誰妻之者及卒劉泣血扶櫬南歸 同上

陳叔學號兩溪由歲貢授寧國訓導以身爲諸生先開講堂訓經義繩諸生以聖學後陞教諭致仕歸猶以獎勵後進爲務俸餘用給族里焉 同上

饒之初字子復號兩石嘉靖丙午舉人以父廣安州判繼學老不就官晚乃任河南孟縣知縣孟故孔道輪蹄輻輳始劑田租賦馬匹後田租轉徙不常里馬如故之初奏記所司請均賦置馬遂爲永規其他如招流亡除奸蠹建社學均徭役後補曹吏除樂籍息爭訟實政甚多值臬司行部索暮夜金不獲心啣之大計囑考功左遷岷府審理致仕歸閉門讀書不入城市歲祲爲粥食饑者全活甚衆孟縣民感哀糧候問及其卒也爲祠祀之 同上

徐鰲號豹山嘉靖己酉舉人授翰林院孔目鰲素深理學與廖道南等日夕講論名對賜宮扇宮陞子來聘字任卿以貢授臨洮推官火落赤之役總兵劉綎出上門關大中丞田樂委聘經畧有功奉旨欽賜宴一銀花二鼎爵一京菓品四陞永寧知州有徭僮仇殺上臺檄客勸之聘不忍單騎詣營開諭禍福以恩感之峒徭翕然而化後觧官士民崇祀名宦 同上

徐來建字明卿萬歷乙酉舉人署吳縣諭以國子監

學錄分校江西禮闈陞知壽州屬歲祲壽多流移建賑貸之無遺策壽故近濠河時爲鯁始制丁九等上上等豪貴多田者而單赤爲下下一切田租不復問其後田轉徙亦非舊而丁額如故貧民苦之建爲奏記臺使者懇均二賦租歸田庸歸丁悉劑其平壽之貧困者始甦轉蘇州海防同知與董思白王百穀張劭于鞏友善尋丁艱歸家無長物惟書畫鼎彝晚益好學日與同人舒尚孺劉寛伯饒汝順篇什酬唱汝順遺之詩曰窮來藥菓支生事病裡詩篇了宿逋蓋實語也子甲猷字伯辛諸生輕財好義以文著 同上

劉天衢守一登廣濟人隆慶辛未進士授中書舍人神宗即位選御史憂形於色耿定力怪問之曰監察職不易稱也無何御史傅應貞劉臺咸以論列元輔被逮衢毅然疏救卒獲保全累陞陝西少參駐興安先是興安水災民多流亡衢下車議賑且築隄濠全活甚衆未幾遷雲南憲副時廵按汰客兵兵鼓譟執同知強爲帥衢令於所過驛舍掘間道陰出之賊大沮轉金滄道左參政偪緬人入犯乃移駐賊衢集八郡材官及諸司土兵分討之凡四閱月盡復故所陷地遷山西按察使加太僕寺卿致仕　湖廣通志

游吉字子修一字西山以歲貢授武昌訓導會武昌令去官吉守之淮西大賈詐入私引鹽百萬貨邑中益求他奇綺物爲奸利私有獻遺吉察其奸將治之其人惶恐夜逃去及學教諭缺吉又代之有汪生者楚貴人通家子以賄入學會其仇家上書御史府中詞連吉事下府治守核汪生如法并窮治前爲汪生友者某生知吉素操豈不問吉請獨身抵罪守心難之吉即治裝歸性友愛與伯兄某析產自擇瘠者兄產廢輒復分予兄死收其子敬[illegible]如毋終其身　丁未縣志

湯之相字惟尹廣濟人少貧父爲縣吏不能自給相假市肆貿易取貲夜讀萬歷丙子舉人由學訓爲南助教晉刑部郎出知黎平府地雜苗獠相飭綱紀釐嫁娶科條使男女有別俗殺人不抵惟以銀贖故仇殺益多相不爲末減乃少戢清操自持不濫取一錢黎民說之　湖廣通志

宋元宰字廷弼萬歷辛卯舉人知堂邑縣能聲大起尋以疾卒於官後堂邑許惟新官通政使述元宰惠愛于吳給諫明仲不覺泣下其去思無窮如此子琬仲有詩名　丁未縣志

張嵩號太室萬歷甲午舉人仕京學錄出爲南雄推官有嘉政士民立遺愛祠晉南大理寺正與黃葵陽郭青螺相契尤深所在復書皆經時理政之言遷潯州知府有異教妖詞煽衆聚徒黨數萬謀作亂官兵率爲所拒嵩密計招諭遂散去臺臣以爲能章薦方超擢兵憲中忌者言遂致仕歸　同上

宋之琦號二室萬歷甲午舉人任長寧知縣歸杜門不事干謁邑有大議輒能剖別是非以爲資益　同上

蘇雨號洪池幼嗜學隨父某任蜀以文謁監司監司愛之扶父柩歸贈恤甚優以貢生三歷學職陞廣東

其府判致仕歸族婧汪氏苦節貧甚兩歲給穀助之
同上
張宗潢字祖泉萬歷間優貢肄業國雍期滿議叙除
南都武衛參軍擢陝西高陵縣令甫下車冘材修學
發廪賑饑稞農桑斥遊惰杜請謁置鋪於庭盛水其
中以明已志前令有一獄擬大辟者七潢廉得其情
力請上臺得生之尋卒於官子爲最字上卿自高陵
扶父櫬歸經紀喪葬悉如禮以國學生數入北闈不
第南歸旋爲督學太湖馬公涇陽所知以儒行選舉
授鹽運知事晉運判擢兩淮副使未三月以目疾致

仕子京然諸生荆府儀賓 辛未縣志
胡士完字五常教菴第五子邑諸生用例貢授臺莊
守備誥授明威將軍時流寇方熾士完整飭烽火訓
練士卒卒於官子熙成諸生早卒婦姜氏苦節數十
年營葬舅姑 同上
夏承緒字爾素署白河縣事愛民敬士釐奬剔奸明
末致仕歸 同上○以上文官
徐興字榮一樞密院使遷朝之孫御史萬立之子也
仕元至光祿大夫中書門下省平章事封蘄國公事
實見城市平章城注

[illegible]字元二元至正十年嘗爲飛騎尉戍守富川力
拒僞漢遷歷蘄春守備卒於任後籍廣濟 辛未縣志
陳受三有力善大刀麓川之役奉召進勦軍中號鐵
韓尉以功授義勇將軍 丁未縣志
翟志超字以大邑諸生不中就武試連中任四川會
鹽守備苗賊刦掠餉銀志超單騎入苗洞讓土官普
助執渠魁斬之追出餉銀上官上其事轉南操江兼
參將事 同上
胡嵩字是蓀士容長子長七尺膂力過人好騎射幼
爲縣諸生以侍養改國子學受業故事國子以貲粟

違期即脫籍嵩以隨鎭撫獄又歸楚脫籍崇正二年
士容起陝西按察副使備臨洮鞏昌兵後遷甘州士
容旣欲以功名報國日修營陳訓士卒令嵩往來燕
秦間相地勢嵩遂與府中諸有氣習戰陳者具得講
習諸利害壬申十月海會阿害囊素等入寇嵩尭從
軍諸軍并力敗敵於甘又敗於涼嵩獲首四級御史
上諸將士有功者諸官晉秩餘以次得除官適士容
卒嵩扶櫬歸服闋授蘄州衛百戸世襲 芝在堂集
陳士昂僱流寇時爲一方保障後就武舉試授六合
縣干部補廣洋屯政致仕歸子季宗諸生孫上璉諸

生辛未縣志

李甘來字李子爻觀四川瀘州知州原名之郢諸生
更名甘來癸卯中武舉甲辰成進士授岳州守備洞
庭湖有巨盜千人爲民害先是備兵者受賂容隱甘
來至盜以賂進受之且厚賜盜大喜一日甘來至其
營解衣痛飲約爲兄弟翼日邀盜飲預伏壯士甘來
酒盡數石盜魁皆沉醉伏起羣盜盡縛請官兵即搗
其巢盜平以功陞浙江遊擊山海關告警詔浙江發
帑十萬兩造軍械剋期解兵部浙撫命甘來任其事
事畢以疾予告歸同上

夏天長字時生受業李大復所大復剛直慷慨其及
門亦然義勇嘗倡亂天長輸家資充保定營用身提
大刀破賊斬首數十級年老家貧無怨長男繼舜孫
日瑚諸生曰寅府經會孫有年際昌有常暨元孫俱
諸生同上

李大來字桃尜觀第三子以諸生中武舉天啟元年
授南澳廣營千總鄭之龍反以防禦功陞柘林守備
降海寇黃育一調潮州中營守備鍾林秀據九連山
爲亂連歲損官兵無算又殺招撫同知謝定廷議發
閩楅二省兵往勦大來搗其巢功甚偉林秀挾致仕
長數十名大來力爲申救俾得脫以疾予告歸崇正
丁丑立寨獨山頂自春徂秋城塹畧備寇屢至攻寨
不克去卒年七十六同上○以上武功

國朝

張先基字開有順治己丑進士授棗強知縣生母早
喪事繼母如所生待異母弟極友愛兄嫂喪遺孤貢
金撫育教導得補邑庠親伯叔乏嗣基殯葬盡禮置
田供祀族黨貧乏者周恤之初至棗強讞大辟獄十
餘案活其矜疑十二人鑒拔人材尤有卓識如宗師
祁王佃等皆其所得士湖廣通志

胡一璉字公侑順治戊子拔貢任兗州通判先是香
爐口河決久弗治璉躬督畚鍤悉心籌畫功成總河
朱之錫特薦陞東昌府同知兼攝司李平反大案二
十餘事擢戶部員外歷郎中出榷龍江關以廉著會
荆襄長隄衝決璉請帑修築兩郡賴焉遷廣西監司
後以路梗留廣東兼筦學政逆藩陷城授以巡撫僞
劄抗節不受及大軍恢復事聞授廣西布政使以疾
致仕同上

金德嘉字會公順治庚子舉人教授安陸設敬業堂
課士以修明正學造就人材爲己任康熙壬戌領鄉

門第一授檢討纂修一統志明史禮經解義通鑑韻
辛丁卯典試貴州稱得人黔中文風自是丕變陞二
年予告歸杜門掃軌以著述自娛卒年七十八 湖廣
通志

梅朗中字雪僕以拔貢授甕安知縣甕安故播州地
犵獠雜落悍甚稍稍嗅咻之陞黃平州知州調建水
州值上司錄昌賢之變附郡被挾誘輒揭竿起朗中
請宣德威給牌示信凡赴治領牌者即爲良爨人變
人遂卒爲謹厚調上思州以疾去疾愈起補祁州擢
戶部郎最後以成都知府予告歸卒年八十八祀祁

州名宦 辛未縣志

朱翼治字簡臣之默孫例授兵部員外郎有湖南黜
革武生三人拘繫都門同官不聽回籍翼治以告任
可宥降從輕典三人得還未一年以疾予告家故饒
於財翼治承母王教多施予卒年六十一 同上○以
上祀鄉賢

胡來庭字叔憲順治己丑歲貢授漢陽訓導歷沔陽
學正轉武昌府教授所至必飭學宮理簋簠訓諸人
士以古義士皆傾嚮以藩撫交章薦陞廣東曲江知
縣有惠政尋致仕歸卒年六十有一 丁未縣志

李必泰字元闢一字巖詹奇觀從子補州諸生第一
中順治庚子鄉試武昌蒲圻教諭取家藏粟麥泛舟
西上葺廟學完垣墉增廨舍又搆雪堂待客騰觚飛
爵無算風流豪舉藉甚江漢間妻陳賢急則脫簪珥
治具家日落至手指皴裂未嘗言貧秩滿將遷遽以
疾卒子三之繩之經之綸皆以文行世其家康熙四
十五年宜興潘公宗洛督楚學政允蒲圻士民請入
蒲圻名宦 居業齋集

張佳晟字晉天仁熙長子邑山紫荆坪宋余義夫讀
書處也晟搆室其側五年徧覽羣籍淵雅有父風中

康熙甲子鄉試授沅陵教諭沅屆五溪苗獠學官廟
制荒簡無名宦鄉賢祠晟至申請撫憲趙某始捐金
修葺兼修縣志立學規凡事之有裨風化人文者悉
以次第舉沅士於是烝烝焉陞安陸教授歸卒年七
十三 辛未縣志

吳璉字瑛懷一字願餘順治辛卯舉人除武陵教諭
康熙庚戌成進士知萊陽縣課最擢知蒲川清馬政
減羨餘治行藉甚以外艱去服闋補滄州滄州旗丁
駐牧地瘠而賦多逋委曲籌畫輸將及額有宵壬馬
七馬八勾連黨與爲暴橫久爲河間諸郡患先是刑

章名捕莫能得瑾至榜諭曉譬禍福道以自新之路
羣奸讋伏羅拜階下乃上其名數於大府奸黨解散
入補刑部江西司員外郎以疾告歸至保定病劇同
年友參政郜九緘任含殮之役割俸賃夫舁櫬歸先
是瑾在蒲以古鑪餉參政欵識千年物參政乃出佯
其櫬以行寓書誡其家世守勿殉葬也　居業齋集
胡魁楚字爾大一字紫山順治七年貢禮部十五年
除知江南建平縣事建平俗獄委巷細民質其婦富
室貸緡錢子母刻期贖踰期既抱子猶襍處廡下忿
爭輒訟魁楚下令厲禁之由是無敢言質婦者建平

距省會百八十里童子試列縣名例得免更徭而選
首者率以賄魁楚拔單寒生二十人學使者取半之
邑人大服地丁按季徵斥羨耗庫吏謹司筦鑰無所
售其奸前令鄭汝南以虧空入羈魁楚捐俸倡邑人
義助汝南旋里去建平自海警後數起大獄先是有
我奸殺人者前令屢訊不能決魁楚齋宿城隍廟三
日夕庭鞫案乃具丙夜空中若有聲太息云岑有輔
者無子立從子期貴嗣亡賴尋養妻兄子汪雲隆覬
以載女岑強宗也其暱期貴乘上巳踏青郊遊聚徒
篡載女歸雲隆訟岑醵金請和議割昏而暮夜乘間

爲言魁楚竟抵奪昏罪岑乃以所郤賂所親越訴
於監司監司駁案遂慨然諧省致仕北去建平邑人
盆香祖道有至蕪湖闕者　同上
張元爵字其修康熙乙丑拔貢授湖南安化縣教諭
訓飭多士以敦實行崇正學爲務每月分題課藝獎
首選者助以膏火自是鄉試多獲雋者丁酉歲大祲
元爵具關代民借義倉粟五千石分給民賴以甦遷
漢陽府教授壽光知縣謝絕餽遺邑中積弊革除殆
盡甫百日以疾致仕卒年八十四　辛未縣志
劉洪璣康熙癸卯舉人任耒陽教諭應廣西甲子科

鄉試同考官聘俸滿陞福建建安知縣以病歸建安
士民賦詩贈行卒年七十　同上
舒芝生字瑤草詩古文皆有名由副榜任麻陽教諭
性孝友父母昆弟無間言好施予邑尉湯銘柩不能
歸芝生捐銀二十兩並募紳士佽助得回籍與黎蕪
生同入監卒名其子扶櫬賻百金在麻陽勤課諸生
士習丕變　同上
劉天成字鴻生號健中由歲貢任蒙城知縣蒙夙稱
悍瘠天成一以廉明鎮之摘伏發奸案無留獄建義
學拔單寒士風日振遇歲旱禱甘霖輒應蝗災拜之

其爲上官請免積逋竟致訶譴毅然告疾歸里後非公不至遇橋路欹亦甃橐鳩修族里閭婚喪匆自支者爲委曲佽助無倦心亦無德色年六十舉丈夫子二晚節益矍鑠卒年八十有二 同上

劉茂濬字華生登仕子以叔父都統志歷廕補中書催討黔苗從軍有功授都匀同知歷廣州知府州濱海三十六嶼船商貨雜盜常刼掠殺人與奸牙相表裏官其土者利其賂率不問濬廉知之與牙人約有刼商殺人巨盜即擒奸牙而寘諸法由是海嶼晏然建義學資膏火刻廣東文選卒年六十三茂濬自甘

淡泊以俸需族黨並爲舅氏置產 同上

梅奕庭字歷陛郎中子倜儻有氣節幼嗜學習舉子業以歲貢爲武岡州訓導每月朔聚諸生於明倫堂講學歷漢川教諭士有單寒者即留肄業凡飲食服物出自清俸試期并助以資斧丁內外憂補歸州荊門州學正轉銅鼓衛教授致仕歸卒年八十三 同上

梅玫庭字天士郎中子初爲婁縣丞署嘉定上海暨婁縣事皆有聲報最遷青浦知縣開浦滙塘故河四十里詳請黃浦鎮南漕改折六千石青浦便之部使者以巡查至玫庭剛直不阿遂落職交代官至貯積倘完節如故命太僕督理海塘惜其材以玫庭効力塘工事竣增秩錄用以病辭歸子永景國學生 同上

金啟洛字禹書德嘉長子康熙乙丑拔貢補教習期滿授廣宗知縣廣宗土瘠民貧啟洛撫以柔輯不名一錢值軍需騾馬他縣多取供里下啟洛悉出己貲丙申兩潞鄰民蜂擁幽防與廣宗民相持甚急啟洛懼釀禍單騎入稠人中問曰此水能倒流乎衆愧服而遁廣宗民德之行取刑部福建司主事擢東昌府知府除陋規金千數百兩又護城堤決民厄溺捐俸全活無算三載以寬罷効力台站積勞成疾以殁 同

上

吳世元字鼎文雍正五年以歲貢選孝廉方正任孝感諭加意訓戒無紹祖蕭惟耀屠祖賫屠用恒龔佐龍夏扶章夏扶英郭濼皆經指授先後取甲乙科有文名予告歸 同上

游挺秀字豹文雍正甲辰舉人授萬載知縣廉潔不名一錢上官以其無所獻也索鸜鵒百以示意挺秀佯不省籠百鸜鵒與之後罷官士民資之始得歸 薪增○下同

楊承綜字亮采號望盧拔貢生授黟縣知縣力懲才

悍頁民獲安以內艱去服闋補江浦調嘉興治獄多平反鄉民馮綸音被盜苦株連鞫得其實釋重罪者五人時稱明允改補石門以勞致疾卒遺腹子家淊諸生

方楚正字鍾靈號石齋乾隆丙辰進士授洛川知縣捐社倉米五百石添建書院房舍歲丁卯隣邑大祲就食洛川者踵至楚正嚴保甲法更不時親歷以安集之邑得安堵蒞任七年以疾致仕

張壯國字顯宇乾隆丙辰進士幼承父怡園庭訓以枕經葄史積善種義世其家官息縣知縣自矢冰蘗

勤于撫字及解組歸手一編不輟布衣疏食晏如也卒年八十有九

徐天球字卿石一字未菴乾隆乙丑進士除知威縣調繁刑臺擢四川順慶同知委辦西藏糧務西藏明烏斯藏地土人分爲三部曰康曰衞曰藏均有大員駐藏防護而漢官輸運糧糈凡內地回民與土番交易拊循無術輒致流亡天球加意懷來番民得所期滿當報最以舊案降補廣昌旋調清苑艱歸服闋補丹徒遽以疾卒大吏咸悼惜之

郭本才字楚士號人菴乾隆戊辰進士授安縣知縣剏書院購義穀嚴捕嚙匪究梟欽迹以吏議降訓導補崇明時颶風大作邑被潮災物産蕩然本才履畝詳勘立報大吏按戶給賑絕不假手吏胥無遺無冒調繁無錫一以寧靜治之吏民以畏以懷以捕蝗致疾卒于官

徐樹新字萬懷一字滌菴歲貢生安陸府訓導課士興賢實心盡職太守姚鐵松沈樹聲皆器重之乾隆甲午奉檄查社穀見鄉井苦旱中道而還具以實告旋監放賑米老弱不遺民咸德之遷石首教諭以老致仕樹新少孤兩兄皆早世養教諸從並身任之其

靈山別業所植雙桂忽成連理人以爲孝友所致蓋同居凡五世云

鍾銓字衡秩一字懋亭乾隆丙子舉人借補竹谿訓導竹谿僻遠人未知學銓至接誘恂恂翕然一變以修阻未便迎養告歸親歿遂不出

胡錫冕字服元一字弁廬歲貢生興國州訓導州諸生耳其名相率造其家敦請掭任後執經問字學舍至不能容錫冕善造就本邑徐進士天球劉舉人恩訓徐副榜光宙蘄州陳進士艮翼及其弟舉人艮琏皆出其門子洪謨監生孫丹貢諸生

陶文夔字典胄號紫峰雍正己酉舉人授大冶教諭大冶鄒令以其二子受業或有因是請託者槪謝絶之以終養歸服闋仍補大冶邑士皆額手稱慶陞宜昌教授以老致仕

陶文萃字錦集一字晴峰乾隆庚午舉人授孝感教諭師範清嚴署縣事湘潭何光晟極推重之致仕時餞送者近千人子大朋字有來號韋杳乾隆己卯舉人以知縣試用雲南甲午分校得士稱極盛旋以就養乞歸改授江陵訓導是時大朋子廷喜以丁酉選拔官嘉魚訓導祖孫三世同時學博人以爲榮

張錫崇字履平一字石濤瓊金茨子出嗣安陸教授佳晟中雍正丙午鄉試授枝江教諭課督諸生不少寬假無異家塾授經時邑中言師範者推焉○以上文官

胡振雄字英吾曾祖思明以嘉定丞陞山東布政司經歷祖邦寧諸生父顯邑學生振雄有膂力嫻韜畧康熙十九年吳逆反振雄從軍雲南有功總督趙將軍給振雄總兵銜隨征時逆猖獗甚圍城糧將盡振雄誓衆死守逆兵退補右鎮總兵官康熙二十年畧臨沅鎮左營游擊事後隨征馬鞍山振雄負重傷禽手刃二賊二十二年致仕歸子炳孫飛龍皆庠生飛龍吏目銜曾孫兆元壬午武舉授江西吉安所千總 辛未縣志

黄繼學少篤志好學値明季寇亂從軍有功由廣東廉州府中營守備陞本府水師營游擊康熙二十二年移病歸子承英國學生 同上○以上武功

廣濟縣志卷九之二

儒林

楊民服字信甫一字任菴性孝友弟遘疾齋沐露禱嘗讓弟廩餼應貢讓翟又讓趙曰翟以資淺趙以註誤吾不讓二君其遂已乎後司訓吳縣遷蔚州學正專心聖學以求放心爲本體爲訓 湖廣通志

蔻山人名學海字巨源楚之之廣濟人也苦志騷雅曾削髮入盤山中揵戶數載研究詩家妙旨大有所得而後畜髮出生平磊落慷慨不拘拘小節游道方廣而一疾歿矣詞場每爲之惋惜 詞林人物考

劉養徵字敬伯性淡泊工詩臨卒賦詩云辛苦人間白未休今朝忽作反眞遊玉樓作記非吾事一枕空山明月秋 湖廣通志

吳自守字介夫一字易菴爲諸生不得志慼念人生靡常奔逐碌碌枉自棄無益也遂潛心性理以家居俗務妨人攜篋往匡廬山閉關苦參會鍛鍊情識三年心胸豁然有所得乃歸自是日涉人事而本源澄徹愈加涵泳造詣漸純布衣蔬水朝夕養親極盡誠敬而繩簡端嚴以較前賢成德實無愧怍也易菴居大江之濱不求聲問而四方訪道者多遥聞之往造必過其廬耿楚侗赴南任維舟聒證引爲神契羅近恭徵行時亦相造留連累日然後別去繇是人知易菴道德淵備不敢以艮隱視之矣 同上

陳玉道字仁輔萬歷癸酉舉人嘗欲彷行范仲淹義田朱子社倉法是時廣濟歲苦漕運張居正爲相道與劉梅沙請改折色獲允其半後人賴之 湖廣通志

徐謙號紫霧以禮記起家濟舊習禮記或闕所由來謙遠求專經歸與弟煦討論精究授業里中當時禮記并出其門以貢任舞陽主簿 同上

胡篤生字孟培號入叟少負逸氣篤學專事性命之

旨時邑楊認菴司訓吳下事管東溟篤生亦東下執贄爲東溟之門稱楚中四君子祟祀鄉賢 辛未縣志

饒嘉元字仁倩號鈍菴于鼎子年十二工舉子業邑令尚取冠童子軍初爲詩不善同邑劉養徵目攝之遂止不爲讀書大藏寺遍覽古今人詩遂與養徵齊名邑令劉應昌獨愛重元每題咏必偕有倡和刊藁中天啟辛酉鄉試構河上草堂盆移時卉列堵上豁四牖讀書其中芬馨盈座元詩曰自供葅韲飯常辦買花錢蓋實語云先是江陰繆公西溪典辛酉試得元文大賞契後繆及於難元哭泣成疾死 辛未縣志

張琩字廷言一字文吾頒第三子母伍生琩兄弟三早卒琩事繼母江以孝聞多文學爲邑諸生 同上

陳懋對字長英博學多文辭有名諸生間弟懋績字仲英友愛無間懋對善書與同輩會文日持幅求書者集几案懋對交畢揮毫應之卒年三十七 同上

吳亮思字幼睿少時從劉敬伯學詩有聲諸生間錢塘葛屺瞻督楚學覽其文激賞之由是與黄岡何遷宿閔中樊亢宗維城黄美中正色王子雲一翥頡頏齊名仲兄少常亮嗣萬歷中給事黄門迎養母太恭人亮思侍京邸交遊多海内聞人而豫章姜曰廣涂

聚伯交尤厚已而歷試鄉闈不第學宫餼廪貢上春官當崇正十三年有詔搜才歲貢額外更試百人亮思不與遂歸隱石港山 居業齋集

奚所養字二思思溪子事繼母以孝聞季父世亮徙居郡城中嘉靖辛未進士所養讀書郡城十餘年歸從黄梅瞿公九思遊瞿公稱爲老友凡所纂修所養力爲多著有文集惜今多散佚弟所蘊貢生漢陽教諭所巽邑學生 丁未縣志

胡繼矩字成方父萬金有隱德繼矩讀書目數行下下筆千言立就成童補諸生屢試高等領嘉靖辛酉歲貢授孝感訓導時心學盛行繼矩厲禁之士無染其習者改合肥遷遠安教諭桂陽州學正先是孝感人物不大顯自繼矩遷學宫士子斌斌蔚盛所入俸資悉寄歸營家廟表先塋贍子姓之不給者自奉清苦寒素所不堪而繼矩處之晏如一時聲譽翕然撫治王世貞薦於朝詔以翰林院待詔徵尋卒子其大號兩衢萬歷癸未拔貢歷官雲夢訓導禹州學正有文風 辛未縣志

胡應中字廷道隆慶四年中茂才科内修端潔專積善起處依禮嘗置義田以贍宗族荒年捐貲濟人有

貸不償往往焚其券已所居屋僅存而別構涇瑩書屋招聚名賢講業因使其子從之遊學者稱教菴先生 居業齋集

劉養吉字脩仲敬伯弟也其人修而羸樸而都聲音笑貌閒宛然敬伯也性狷謹有氣岸喜譚說持論常依名節然非其人弗與語處内直方而兄弟之間怡怡如也敬伯死毁瘠骨立頃之母病旋卒強起飲食襄葬事顧謂弟曰余力竭矣老父幸賴汝卒年三十一無子妻亦守制不屈 拾仲遺紀事

楊大鰲字用極萬歷庚子舉人上春官不第遊南雍

甯雍諸生千餘人盡識之歸囊竭其父故人高聯
爲彭澤令邀之竟不雜舟年三十卒將瞑惟手書母
老不能終養爲憾葢大鰲父民表前卒惟事母蔡氏
故云妻盧生子晉字子馬諸生能繼父業　辛未縣志
劉秉錄字昇之事孀母孝母卒哀毁年四十妻喪不
復娶有僕少役於家後知其先嘗爲士焚契遣之隱
居授徒以明經終子洪芳字孔賓蚤歲詩文有聲孫
醇驥最知名　湖廣通志
張鏌號巨石歲貢性耿介前令姚海屋器重之延母
姚爲癸王藩憲畢延之教子鏌有紫微堂上春風璦

黃鶴樓中秋月明之句　辛未縣志
劉天夫字寬伯天衢長子少嗜古學喜吟咏侍天衢
於三千人蜀間歷險阻發爲詩歌時名士稱爲漢魏
樂府任蒲圻訓導逾年歸弟秉鈞字正叔諸生書法
爲時所重　丁未縣志
劉秉鈔字幼凝天衢少子少孤好學與劉千里張長
人共相劘切詩歌遂擅一時餼滿例得貢棄去故人
李賜谷官淮上秉鈔因遊吳越篇什益富　辛未縣志
張金鱗字汝漁歲貢少英傑能文章好施與喜勸進
族里子弟賢者鳩得百餘人月課之遴士良多性孝

衣父病衣不解帶者三月廬母墓於馬口湖去家六
十里而遥攜子孫吟廬間三年不歸麻城梅瓊宇邱
長儒諸先達咸善鱗郵寄不絕　同上
張金簡字汝初八歲應童子試性敏絕一經目即成
誦搦管爲文筆不停輟數千言立就年二十卒　同上
饒于豫字汝願之初子年十七爲邑諸生性軒豁薄
俗學不足爲獨喜古文辭爲文宗龍門司馬而於當
代則推元美極其才之所至卒成一家言九入省闈
不第卒年四十　丁未縣志
饒于鼎字季長號弱水之初子邑諸生嘗試全楚第

一卒不第其兄豫多傲睨諸生間而鼎必退謹恂恂
如也好讀書深明大故崇正丁丑避亂僑寓蘄州時
熊文燦奉命勦賊擁兵留蘄鼎見而嘆曰大司馬舉
動若此殆非能辦此事者後果如其言　辛未縣志
翟雄字儀玉諸生學使葛公岏瞻愛其才採其文載
江漢人文集中　丁未縣志
張楚甲字超儒持身嚴謹色笑不少假人孝友內外
無間族黨靡不敬憚之年方弱冠凜然以經濟爲己
任不徒事呫嗶業卒年三十三　辛未縣志
張楚鼎字凝叔歲貢性端方寡言笑幼時即不屑與

舉兒伍每獨立中庭無跛倚態人以是奇之三歲失父師事仲兄楚甲從遊惓謹年三十聞黃梅瞿九思講學江皋往師之坐語竟日識解過人瞿集其往來問答語附所著文集後 同上

張楚薇字宣之少爲諸生善詩畫僑濟南瑯琊文盛行因杜門學史漢家言 同上

梅調燮字理卿一字二樵爲諸生試武舉及會試不中歸就董子試復爲諸生會泰昌恩選學使以調燮名上由北監中天啟辛酉鄉試署江陵教諭以禮經分校四川鄉闈胡菊潭世安策語多切直調燮力薦

之補南雍學錄授六安知州致仕歸年八十餘卒子二長汝說有文名 丁未縣志

張楚璠字伯瑜中崇正壬午鄉試爲倪長玗先生門下士倪司李姑蘇往候倪爲梓隨齋近藝百餘首徐游九一先生作五經社序贈之東南知名士咸冉黃爲乙酉歲年四十六死於兵 辛未縣志

陸嗣、先字孟思父一揆諸生嗣先天才豪邁喜爲詩劉養徵見之大加賞識吳亮思受業養徵所語其兄亮嗣亮嗣遂與交好亮嗣宦遊歸劍菴靈谷岹嗣先讀書其中亮嗣卒乃歸賊張獻忠破黃梅胡篤生主燕子岩嗣先主萬安岩約誓甚嚴然終不能守賊授嗣先以僞官不屈墜馬死子延文被殺饒叔度編次其詩 丁未縣志

徐長猷字彥合年十七爲諸生試輒有聲與黃州何炯卿甄景石諸名士友善抵掌論天下事欲以功名自見於世然竟不第 辛未縣志

劉洪班字漢俟好學有聲 丁未縣志

張睿穆善詩歌與胡孟培楊子馬唱和最多 同上

王三聘字莘野習舉子業不售去爲椽得蜀黔江尉喜爲詩工草聖格不必古斂屋漏而墨濃筆飽落紙

自酣韻不必開元大歷而景會情生駢麗自得黔江歸吟嘯終老孫君宿收其遺稿示饒叔度君宿殁叔度哀其志付三聘外孫胡懷玉 同上

瞿九萬字鵬叔號景星子當萬歷間黃梅瞿聘君博學多識集生徒於其家開館舍講誦四方士多至者而九萬尤敏慧善記輒不爲有司所知日以貧困則以其躬就臧隸勞辱田於野耕耨力兼人叔宦蜀從之五年歸詰朝從弟九齡往勞則手斫門前松幹爲瀟山積束如堵焉授徒山寺雨中釋犁著笠披蓑跣而講門人環侍每同志抑擊遠伸旁證貫珠決溜使

人應接不暇也其先世有伯剛者蚤慧號神童及九
歲而與之齊故俗謂董多慧云芝在堂集
陳時務字宜初號雪濱神宗時爲名諸生懷奇好古
不肯逐隊行會遊金陵閩越歷佳蹟輒有題詠與韓
南皋陳求吾友善性摯孝事其父南湖或侍立不媟
不褻飲食必親年近七十勤亹敏靜爲一時物望之
宗云丁未縣志
朱文奇字伯正有操行授生徒經風雪中不移步履
家漸落行益堅年七十餘卒子芾丁未縣志
張振熙字伯繩性冲澹長五言詩自曹阮陶謝韋柳

諸家無不鏤心廢朝夕弟明熙字仲實甫八月父殁
母趙茹荼鞠育與兄振熙相繼有成辛未縣志
張洪載字坤維少敏捷讀書可數行下病嘔血卒弟
洪養字淳夫亦早卒妻程氏以節終同上
張復熙字一生崇正己卯科以禮經魁出禹元吉先
生門下先生闈中得其卷即許爲鄧定宇陶石簣一
流作序以贈之晚留心詩學不求仕進卒年八十二
同上
舒默號貞亭邑諸生觀察使其志次子倜儻有大志
尤工詩古文辭其著作悉除綺靡之習默子三長董

生字思兼諸生古詩似漢魏渾鈍難以句摘同上
金鼎亦字楚濱不治家產家日落日取漢魏三唐人
詩諷之意欣欣有得隨所歷山川人物風土寒燠陰
晴木石蟲魚禽鳥偶有所觸輒筆之於詩並著有自
警編卒年八十有一同上
金鼎調字太和縣學生以周易授徒祁湖阪其治易
論象學以荀九家未可盡非嘗言曰自士爲科舉之
文古學寖廢如朱子學校貢舉議著爲甲令以取士
庶幾其有救乎冠婚喪祭一遵家禮訓門人惟孝經
小學家禮講貫而力行之乃可以爲人孫德䄍爲文

有聲書得黃庭楷法居業齋集
藍季曙字霽若質魯嗜學每讀文糊几上刻以六日
始竟中天啟乙卯鄉試西江友人劉卿吾與其子之
蘄道經鴻腦洲忽暴亡其子囊空季曙聞即解橐中
裝買殯具復助金作扶櫬費戊寅歲大歉疫癘盛行
季曙給錢爲醫藥殯殮授眞隸獻縣知縣致仕歸丁
未縣志
舒觀生默子明季亂田園廬舍大半爲豪家奪觀生
與兄董生芝生惟讀書繼先世業而不爲訟爭有隣
人潛入內室竊衣服什物觀生覺曉之曰汝爲饑寒

廼然非丈夫事也以所竊物給之後隣人強耕織至溫飽語人曰舒君成我也兄弟三人俱以詩古文雄江漢間時人稱之 同上

舒逢吉字康伯益生子歲貢生天資敏捷文不加點兼嫻韜畧王甫臣之役參軍幕有籌畫功後任瀏陽訓導上官知其才令攝縣事判決如流獄多平反 湖廣通志

舒峻極字漸鴻益生子少常侍父緒交海內賢豪長者已而歸應試補諸生試輒有聲然久不第則攻詩書法旁通金石法兼三橋雪漁之長爲人伉直任俠

雖布衣諸生坐客常滿逆旅落魄饑寒無聊之士往往望山人草廬如歸儉歲餔糜茹蕨與共七箸交數十年如一日與人期雖嚴寒大暑涉險難不爽友人劉秀才子杜才而夭爲文告靈櫬以女字其孤王乘卒督課爲諸生他質行追古人率此類也 君業齋集

藍季暄字旦生父仲鉞性方嚴督課無間寒暑縣有長風山社劉廓菴王太生宋相文毛樸男每當文會咸推季暄兄季暎爲祭酒而季暄工科舉業亦有名諸生間然皆屢試不得志於塲屋而季暎年四十餘即下世季暄一痛幾絕傷其負儁才而年壽弗永[illegible]

是時流賊蹂籍鄉邑人無寧居季暄奉母走龍坪江上渡江中之新洲居焉賊退復奉母返舊宅亡何母卒季暄哀號骨立幾不勝喪兄沒兄子皆幼憐愛如己子順治庚子從子石雲舉於鄉季暄自是不復作科名想矣 存實堂稿

藍縉字曰復同邑劉治先藿童其中表也與藿童師事治先後皆爲邑知名士每試輒殊等及治先藿童後先第胥殁而縉久困諸生間崇正乙亥首關拔貢例縉始由廩餼入選是時中外多故懷宗破格求才於是臨軒策試期異數超用屬烏程相國以其子弗

與遂抵焉縉由南雍中應天鄉試歸踰年卒縉好管子書爲文章多似之治先殁每過必北面就子弟位拜畏如生存里中謂藍師事劉篤古云 辛未縣志

饒來中字厰修號待菴嘉亮子家世藏書充棟來中博觀約取該洽貫穿中崇正己卯鄉試性豪俠江右有同姓貴人據要津屢以書名來中便道一往用昆弟行通名刺閽人謂須稍降名稱來中謝絕之弗與通其舉於鄉也出江西萬公元吉門萬公以身殉國諸同門友俱落落負奇節來中感愴師友遂斂迹絕意進取與邑人周文長程雲章程元符張葝菴張[illegible]

持諸子友善狎主詩酒盟　同上

國朝

宋啟字象文一字蓼著順治辛卯舉人授桃源教諭辛丑成進士觀政大理寺踰三年卒年僅四十五啟績學攻文其入學及鄉會試每逾十年始一遇云　新增

毛炳字孝瞻順治丙戌進士又二年授龍泉知縣數年而躓再起沙縣終以不合其別劍川父老詩曰長吏多年不諱貧憐而父老更情親一錢擲向山陰道今日何曾愧古人又曰寒山踏遍雪霜侵多食深巖筍與葠寄謝山林恩似海養廉空有歲寒心劍川之

民至今誦之在劍川分授瀏闈最稱得士　藕灣集

張楚髦字烝我年十二爲諸生十歲有詩自況曰上界郭仙下界儒天宮謫我下蓬壺古言李白眞才子我視青蓮遜也無又嘗以鏡照其面曰來於何來往於何往實處見形空處見象是我非我嚬笑皆妄正襟端坐而逝　辛未縣志

藍士綱字握三諸生爲文樸實精切有先正遺風喜吟咏　同上

張金基字寶持卓然子父早喪事母以孝聞明季兵寇相乘偕其弟玉基奉母避亂江南峒山兵至斫玉基死並斫金基妻金氏碎腦死金氏太史豫齋姊也金基帶疵求釋母兵感之去母不食者累日命幾殆金基攜幼女嚼雪水喣之得甦後舉庚子鄉試授沔陽教諭教士有法卒於官祀安陸府名宦櫬歸庠士數百人哭送江上　同上

梅英庭字偉士成都知府明中子幼隨明中任好讀書尤精易理以歲貢謁選都門同鄉不得歸者英庭傾貲助之金盡不能得官遊吳越十餘年歸年七十四卒子永旭諸生　同上

劉醇驥字千里歲貢生性簡靜方直勤學不倦工爲

古文詞嘗歎宋元以來文體日卑因奉左國史漢爲矩矱同里顧景星張仁熙每亟稱之　湖廣通志

張仁熙字長人歲貢生少喪父廬墓生芝因編古孝行十卷以自勵事祖父母歷三十年誠敬盡禮及歿復廬墓側鄉人爲著孝子慈孫歌撫兩幼弟成立田宅悉推與善者聚族中子弟課以經術周其困乏癸丑甲子兩修本省通志年八十四卒子佳晟甲子舉人任安陸教授　同上

郭存會字聚五諸生敦行積學詩文日有聲値歲饑有鬻其少妻於存會者既至聽其有憂色詢知之慰

選其夫費錢二萬不計也性好遊閩里廬山諸名勝所至輒記之成帙闕里記伍涵芬選入日華堂刻聖節會約佽滄桂選入小學大全 同上

陳文簡字有斐一字松麓補弟子員科歲試輒高等是時諸子十數人學宮者數人一稟文簡教以馴謹閭文簡狷而戆其於義利之介確如也與人交不能炎熱以媚人然自邂逅以迄終身如一日當其意所不可即萬端諷之不能動一有所諾於人即暑雨風雪亂離間之不爽毫髮也友愛諸弟疾痛痾癢必撫摩調治昏喪祭祀一稟家禮居業齋集

張錫嶷字添律增生嗜學好古淹貫經史工書法著述極富詩文詞百有餘卷年七十歲卒次錫嶅字天乃諸生爲文不矜才氣章法一宗成宏其書法與兄齊名尤工小楷著有四勿齋詩草年七十六歲卒 辛未縣志

周學夜字書六七歲授以毛詩輒能解其義中乾隆丙辰鄉試公車歸讀書青蓮寺沉吟晝夜務窮六經之旨所作制義原本經術而出以清刻用心良苦以此成疾卒年三十五 同上

王臨本姓朱字泰生一字五宜家貧力學不輟流覽

至見臨獨坐大松樹下執卷微吟賊魁褁延枉素仰書其婦能讀孝經夜燒大炬出所挾書與相質天明攜臨去後因江行避雨得邑殘志於村店攜歸修輯成帙又嘗作禹貢圖及河洛考等書 湖廣通志

范于銓字對颺父應明諸生于銓受業王五宜所劉廓菴見其文奇之縣令黃公漢崖拔第一遂爲諸生家貧年二十五歲始有室郡守蘇公於天寧寺見于銓所作碑記後過縣城訪其家延爲經師以目疾辭于銓作詩伸紙疾書清老剛健諸詩人皆推爲不可及子二殿光殿溥孫秀書 辛未縣志

胡璧臣字公艮魁楚子倜儻有大志讀書務識大體不屑屑訓詁之學弱冠補諸生中歲隨魁楚之建平任魁楚性鯁直不能事上官璧臣從容請解組歸家故衛籍糧艘歲遭破蕩璧臣身任修復族衆安堵軍興官糧有隱䘏者璧臣升龠無漏好面折人過事已輒忘人以是諒其無物 同上

徐懋謹字敬公祖步上以禮經傳家父順國高才生流寇亂竄伏山谷不廢學年三十補諸生有聲里有布衣游姓者老而狂或詐嘑傅會觀察使風聞刊章名捕逮繫游宗人梏拲載道懋謹率黨正走興國州

奏記觀察使言狀狂夫獄解而諸詿誤者釋歸糧戶轉餉武昌城資用乏絕則垂橐貸諸逆旅其人貧無以償用子爲質懋謹焚其劵縣西二里徐家衕即徐氏家蘄歲久且圮懋謹庀材新之 居業齋集

張惟金字貢方步雲曾孫甫八歲讀書目數行下孝事孀母友愛弟金元遭家中落腴產悉推以予弟而肆力於學甫冠補邑諸生食餼試輒冠其曹時金豫齋爲海內宗工獨器惟金延致家塾教其子所爲詩文雄奇磊落尤邃性命之學言規行矩士林式之中康熙辛卯鄉魁尋授江陵教諭諸生以文事就正者

無虛日一時上官悉遣子弟就學後門下有由詞垣官御史者皆荷甄陶力也致仕歸縣尹僚佐咸祖道沙市江上諸紳士垂涕而返年八十卒學者私諡曰貞文載江陵名宦 辛未縣志

阮文茂字駿公一字竹巖初補蘄學官弟子學使者按籍判歸濟歷試有聲太倉王長源視楚學政以前矛食餼山右鄭崑璧試冠軍省闈垂雋者數矣然竟不第餼滿當康熙丁卯貢禮部學士盧琦翰林孟亮揆邂逅如舊識歸隱竹巖樅戶著書以老焉母徐早卒竹巖甫七歲號哭擗踊若成人已而事繼母克諧以孝先是家足於財鄉里緩急假貸歲有劵自父雲從捐館舍創篋焚之曰父命也子九人景入太學景彔昱國寧補縣諸生孫暨曾孫皆以經學世其家 居業齋集

藍生挺博學多文辭不喜自表著切近躬行時廣濟士夫稱爲學者其餘事詳藝術 辛未縣志

張瓊基字瑤長一字臥雲邑學生超然子瓊幼失怙恃少習舉子業貫穿經史值明季世亂遂不就試結廬授徒新洲積粟盈囷居民王姓春居被火夏洪水淹莤家累數十口坐困瓊基以囷粟悉予之子七四

子鋤金[illegible]有父風 同上

金啟汾字禹甸號望嵒德嘉次子年十二爲諸生十七食餼試輒冠軍喜讀書古文辭原本性靈貫穿經史浸淫諸子旁推交通而法派一本震川尤喜爲詩出入眉山劍南間後以詩文請益各有所造就兄啟洛登臺站卒啟汾往東郡迎櫬舟至蕪湖卒年六十一 同上

張環金字持正未弱冠爲諸生與兄碁集毅齋矩菴樹幟騷壇嘐聲楚南北其父仁熙修楚省志與陳省齋熊元獻胡康臣張石虹風雨聯牀環金亦與俱凡

詩酒唱和分韻即成一時諸先達皆曰藕灣詩文角稱當代此其嗣響矣癸酉秋仁熙即世環金哀毀骨立勺水粒米不入口者三日既埜於室內構齋奉像日夜作孺子哀絶意仕進妻父藍官當塗環金省之所過名都大川輒多吟咏 同上

張佳泉字斐詹諸生博極羣書草木蟲魚靡不考究尤精於春秋諸儒異同多所折衷與同里劉千里黃梅黃曉夫交好卒年八十 同上

藍之申字福周母章一產三男之申其一也妻九江廖氏廖父官四川營山縣殉難廖兄以廕為國子生

後任四川汶川縣令之申往汶川侯廖廖建義學以之申為山長數年歸 同上

毛同雖字忠移父炳知龍泉分校鄉闈得士凡七八六舉進士而陳靜公景仁官翰林改吏部毛會侯際可官司李俐改祥符知縣顧南樓高嘉官翰林俱有聲鵲以是遨遊郡國得縱覽宇內名山水某年補學官弟子食貧養母先意承志惟謹受經仲父尊素得毛詩解義蘊湛深然屢入棘闈不第卒年四十有八 居業齋集

陶永曜字毓彩弱冠為諸生食餼輒冠軍中康熙丁百鄉試喜作文援筆立就不尚奇巧悉本先輩大家法程公車一次不第遂絶意進取 辛未縣志

張粹金字醇儒號玉山父早喪家貧竭力作以養母苦讀書雖嚴寒溽暑書聲達旦中康熙壬午鄉試授善化教諭學官火圮捐俸建立訓士有法年七十卒於官 同上

劉洪御字乘六以歲貢任湖南沅江縣教諭訓士務崇經術一以敦本為先會學官傾頹捐貲崇修乞歸後讀書不倦卒年八十二 同上

藍季驊字亥若少承家學能樹立獵騁於百家諸子

之蘊尤多隱德晚年蔬食有物外想遍歷諸名山 同上

陳聖陛字紫巖歲貢性恬澹雅善誘人邑令李蔭其閭曰名世貞儒江州進士受業葉蓀為立傳 同上

金啟江字同九德崇第三子康熙壬午副榜乙酉舉人授徒里中遠近從遊者衆一經指授皆能成其材嘗端坐講堂生徒環立高聲大呼既句櫛字比復提挈綱領觸類遠引務令聽者犁然於心晚年學日進制義喜震川古詩喜漢魏他文不多作皆蕭錬淵灈而歸之大雅 存實堂稿

吳兆昇字東曙流寇亂避地江之南沙洲受書舅氏李大復所寇退侍從父亮思於多雲山房學詩濡染有詩癖布帽芒鞵遊山水興至則吟饑寒羸瘦毋憐而止之吟自若東曙言詩弟鼎貴東鮮言科舉文字兆徵東明言毛詩恂恂禮頌有世家子風 居業齋集

胡復亨字仲克魁楚孫曉節築補山樓讀書其上學者稱補山先生年四十補諸生復亨之學無所不窺一以程朱爲鵠深疾嘉隆以還講學招邀之習四方以著幣來者概謝不往布衣吳兆昇范于詮文世馨萬禮解松年皆負氣傲岸復亨與之交始終不渝工

諸體書卒年七十八兄肇亨字孟嘉亦諸生博通經籍工詩善書 辛未縣志

胡應亨字時夏明經父振龍諸生喜爲詩不尚雕飾發抒性情年七十八卒子錫冕歲貢 同上

胡繹思字綏文一玠第二子邑諸生與里中金傅堂張一齋李說仙輩交極篤風晨雨夕詩文切劘無虛日授子弟書首重經學制舉業次之丙申邑大祲設粥飯以賑饑者多所存活廩粟捐以濟人或止之曰如自處不贍何曰當下已自堪憐顧我之不足可從春麥耳其勇義如此年九十邑令鄭理旌其廬子士穀邑諸生家貧樂施予有父風 同上

于渾元字元沖年十二歲試童子冠軍爲諸生日攻周程張朱諸書反覆推究潛心靜會遂參正宗以恩貢老 同上

游璧選字用周中雍正癸卯鄉試弱冠失怙事母以孝聞弟某死撫其孤若己子年七十一卒子錫鵬錫龍俱諸生 同上

胡本寀字容鄉諸生鴻灝仲子本寀性倜儻不羣自其少時出語已驚其長老十三通經史大義兼治古文詩賦十五賦種花詩有一葉去留禁俗手半枝晴

雨奪天心句年十九補諸生第一明年舉於鄉屢上公車不第歸益肆力於學蚤歲至性過人事祖父母色養備至處兄弟間怡怡如也好接引後學嘗采曲禮弟子職等書爲家禮以課子弟三十後有志用世無何以營祖父母兆域勞瘁卒門人私謚曰文孝先生 同上

藍之奎字文玉生而穎異稍長奮志力學尤工書法能詩 同上

殷獻字泰來諸生善詩賦年六十一卒子庶諸生 同上

劉洪衍字蕃升貢生性倜儻博極羣書廣施予重言
諾年五十五卒 同上
饒起謡字子維弟起謙字子牧父軫中母方氏俱早
喪謡十齡謙四齡依曾祖母馮馮雖慈愛不作姑息
態教兩孫學極嚴謡穎敏謙稍遲鈍讀書史疑難輒
跪祖靈几前呼天自責以次補邑諸生馮殁謡謙供
本主書室出告反面若生存晚思祖母遺範不可得
謙遂閉戶揣摩繪就見者詫爲神似葢兩人孝友性
成而文學又足以世其家學博張惟金孝廉金啟江
詒薦紳後不墜先型者曰有二饒云 同上

舒籛字彭年父暹吉爲諸生有聲舒故世家多藏書
而籛尤早慧籛記誦既多詩古文辭一本家訓不詭
於法故同遊之士皆以爲不可及中乾隆丙辰副車
家故以孝友著而籛尤篤終其身不少變 同上
周茂才字基倩少孤家貧喜讀書爲諸生食餼教生
徒以館穀養母母殁哀毁踰禮仲弟秉家政課幼弟
讀書時人稱其孝友年六十五卒所著詩文悉本性
情 同上
楊國道字兆理博覽羣書爲文勃勃有奇氣教授鄉
里一時知名士多出其門日手一編誦吟不輟年七
十卒 同上
陳汝參字大生貢生於國子年十二補諸生與邑中
名士交多推重之好吟咏所著甚多年八十二口占
一絶云白髮僵然老便休浮生空自歎虛遊閒愁未
展後雲志一度春風明月秋吟畢而逝曾孫錫謀諸
生 辛未縣志
朱榮蔚字書溢鴻堡子榮蔚兄弟四兄榮藻增生弟
榮世歲貢生弟榮經中雍正癸丑進士榮蔚幼喜讀
書舒峻極稱之晚喜爲詩 同上
魏淇賓字禮赤一字玉岡增生酷嗜讀書尤精周易

踰八十猶能蠅頭細書好學不倦子本昌好著述本
相郡庠生孫雲琯訓導雲玠庠生 縣卷○下同
胡錫巴字雙川優庠生材任子繼伯父材棟爲嗣孝
友端方爲鄉曲楷模讀書一遵先訓不隨時趨九入
棘圍不售教授生徒劄館穀以養貧士訓子義方早
膺鶚薦世其家學焉
鍾卓然字自立一字松亭賦性絶人目所暫見了然
於心沈酣古籍詩畫兼長其孽窠大字尤爲識者鑒
賞生平醇謹自守昆季九人相友愛子四三濂堂剛
直好義

徐光宇字體元一字迂齋諸生幼孤力學不屑屑尋章摘句常言讀聖賢書非徒以博科第也教子姪及他子弟皆先器識後文藝一時經師人師兼焉

徐光宙字綸美一字鳳川乾隆庚辰副榜少食廩餼奮志力學從戛觀川靖果園兩先生遊皆以國士推之貢成均讀書司成咸拭目焉一時成均之士未有先之者

吳淳字漢貽一字惺齋恩貢生讀書一遵考亭白鹿洞規言動必謹雖笑嚬不以假人而接誘恂恂於後學多所成就乾隆元年舉孝廉方正

恩給六品頂帶以母老留家侍養不復仕進

張禮源字庸五優生少穎異父惟金嘗命録所作詩百餘篇揮筆疾書毫無疑滯楚中知名士見其所撰黄鶴樓賦咸與之訂交蘄州牧蔣京江素欽其學延爲麟山書院山長

胡本棨字赤韜廩生工詩賦所作竟陵詩歸論朱學使賞之性脫略不修邊幅每朋試郡人士輒相從問奇字彷李長吉錦囊所得句輒投其中身後半殘逸士林惜之

郭元哲字維乾父存會究心聖典貫串經史元哲守品敦行敬守家訓與人誠懇親疏無間好施與隣里多受其惠有佃人死遺令其妻嫁女償租元哲貸其租厚賻之前令汪舉鄉飲大賓二次

劉洪佑字弟純己酉拔貢授河南直隸光州州判有政聲以疾致仕歸撫姪如子嚴爲訓課皆有成就

廣濟縣志卷九之三

忠烈

元

張大九幼習左氏春秋元末見天下兵起遂隱陳友諒強致欲官之不可友諒怒剄其足後祀忠孝 湖廣通志

周國鎮武略超羣徐壽輝踞蘄水遠近皆降國鎮於石龍坡之北率鄉民合立周砦以忠義自矢血戰却賊衆賴以全赴京畿請勤王順帝壯之授汝寧招討使 辛未縣志

按丁未舊志山川條下載石龍坡北十里爲周砦元末邑人周楞率鄉民砦此紅巾賊攻之血戰却賊衆賴以全有司上其功官之楞即國鎮之五世祖時世差互疑繫傳聞

明

劉玉鑾任四川忠州吏目萬歷庚子春播州楊應龍率數萬人五道並出攻龍泉司玉鑾率家奴吏役挺身拒敵死之 辛未縣志

胡士容字仁常廣濟人初令長洲捕豪惡築婁江有政聲歷薊州參議數忤其鄉官崔呈秀呈秀銜之將

爲忠賢建祠士容又不奉命及士容遷江西副使道
通州遂誣以多乘驛馬盜倉儲捕下詔獄掠治坐贓
七千論死至秋將行刑而莊烈帝即位崔魏相繼伏
誅士容釋出獄二年除陝西副使進右參政卒於官
明史耿如杞傳
游之雲字飛卿以恩貢仕德州州判歷官陝西茶馬
寺監正流寇薄城雲死守七日不食與城俱亡　湖廣
通志
孫光宸庠生流寇盤踞其鄉執宸爲鄉導宸計免鄉
人於難紿之曰某地有金帛可掠也導賊出境及至

毫無蓋藏賊怒殺宸鄉人德之葬而祠焉　同上
張開熙字功人庠生素以忠孝自砥礪明季流賊亂
開熙罵賊不屈觸石以死　同上
舒益生字民裕幼尚奇節明末流寇抵黃梅益生率
死士四人偵於石壠賊驚疑未即至乃疾馳歸呼邑
人遠遁寇至居民數萬以預避得不死張獻忠遣人
持衣帛名益生手亦名者逃入山谷乏食采野蔬自
給凡三閱月後以高隱卒子逢吉峻極遂吉　俱有學
行　同上○以上祀忠孝祠
胡海字伯川宣德中以貢任安南夏華州縣黎利反

死之　黃州府志
胡士定字振常由選貢歷潁州衛經歷署潁州事值
張獻忠肆掠定集民兵日夜嚴守每出戰攻賊賊憤
甚竭力攻城城中矢石且盡爲賊所屠執定使降定
大罵不屈賊抽刀連斫中其腦及肢體撲墻下賊謂
已死舍去家人俱歿於賊剩蒼頭從積屍中尋扶灌
以湯藥得甦當事聞於朝旌其忠節擢知潁州以瘡
瘢未愈給假歸里築犸江樓杜門著述子玉成諸生
聞潁州信舟迎父歸後流寇掠鄉村執成脅爲盟帥
罵賊死　丁未縣志

按省志以士定罵賊死入忠臣傳府志據居業
齋集胡經歷傳改入儒林辛未縣志據胡氏家
傳仍附忠節茲仍其舊
張佐基崇正末協守潮州等處副總撫循有方邊鄙
整肅死於其事　丁未縣志
向雲字從龍善騎射以武舉任典國營千總訓練營
兵如臨敵然當正德改元江西羣盜蜂起終不敢逼
典國城又五年都御史陳金請合兵並勦明年春南
贛巡撫周南分兵三路並進雲依南節制奮勇前驅
攻破賊巢斬首級無算遂爲流矢所中病創死長子

國祚赴難繼殁兄從虎迎二喪歸塟於城北向郭園之陽以巳子元甫爲之後及元甫殁從虎長子光甫以萬歷某年鐫石於墓 辛未縣志

程紹川武穴鎮民萬歷初劉少溪之亂川率敢死士陷敵陣殁兩臺奬祀烈士 同上

吳國璋號隱華萬歷己酉任神機二營中軍兄亮嗣遷兵科遂解綬歸將所建第宅命諸子姪均分無所私崇正間歲荒出所藏穀數千石減價平糶活人頗多後避賊觀音砦被執罵賊死子斂行克嗣先業 同上

張楚勳字攜謙事父孝父命必身任之有弟三不以勞委也崇正癸未勳與妻吳氏及三幼子俱陷賊被縶詈罵不絕口賊怒焚其骸悉遭燬滅時長子開熙已死於賊次子簡熙在龍江獨得脫 同上

梁重其諸生流寇猖獗與弟之遴集衆保大符山壬午獻賊自黃梅猝至龍頭砦一時十餘砦俱降大符獨守殺賊頭領百十人賊怒奮力攻之砦破重其等支解衆俱屠 同上

夏文緒字爾開負膽畧崇正時賊蜂起文緒以功任四川總部張獻忠入蜀文緒陣殁僕隷死散妻董氏夜行晝伏子身歸 同上

張旦熙字象明崇正癸未熙率鄉人壘壁大佛山獻賊攻砦熙被縶罵賊不屈以家殉 同上

方大美字公遜諸生張獻忠據蘄州慕名不屈死於難 同上

張光環字君璉年十六補邑諸生明季流寇肆虐光環年八十餘率衆保聚四望山賊莫敢近一日賊故引衆去砦中咸喜欲歸視其家光環曰此紿我也皆不聽環亦不能獨留徐行至深溪邊賊數千騎忽擁至縛環曰若能招衆降乎不則我將刃汝環厲聲曰

吾忠肝義胆肯爲羣輩辱乎遂赴水死三日顏色如生 同上

胡之羆立寨於羊頭岔保鄉死事 丁未縣志

國朝

胡搢思字其讓廩生以父一璉廕授鎮安府通判値雲南土富州叛賊沈文崇之子紹基作亂踞府城搢思至蓮花嶺申詳請兵招集民衆并調各土司兵議勦賊偵知棄城遁搢思抵任後官兵猶未集土兵調赴者無幾九月初一日賊從上甲馬隘乘昏夜擁衆薄城同城把總皆被執搢思獨齧牙噴血厲聲詈賊

遂遇害時康熙二十年事也乾隆二十九年入祀昭忠祠鎮安府志

劉洪度字若千生有異徵負奇稟由國學生仕岑溪令狂獞雜處時出剽掠度團練鄉勇擒其渠魁諭以義而遣之遂感激向化擢知石屏以進藏功調師宗旋晉威遠同知適猓黑焚燒慢哈地方度率衆擒捕之又奉委密拏土官刁瀚除其患署鎮沅府事兼攝恩樂縣値改土歸流一切草創稽戶口清田賦悉心安輯奔馳不暇歲暮至鎮沅雍正五年正月猓黑騄圍城正部署間而武弁先遁城遂陷度奮勇手刃數

賊力戰而死事聞

贈鎮沅知府廕子恩謨入監並借弟恩識引

見賞給盤費歸籍父自理晉中憲大夫湖廣通志

廣濟縣志卷九之四

孝義

明

張本端宣德丙午舉人歷官四川副使性淳謹厲風節父歿廬墓三年有鹿常棲止於其側遠近異之祀鄉賢湖廣通志

伍伯啟靈西鄉人母病割左脅肉和粥進之立蘇知縣陳樊之額曰孝可格天同上

程希濂字勉哉庠生事父母極孝敬父病疽親吮之不幸早死父哭之時呼希濂孝子作哀詞云夜來一

片庭前月猶照當年事我心同上

史玉明早孤傭工養母母老起居甚艱每負置田畔奉食母卒搆茇舍於墓側後遂居此以終僧永鑑憐人顏友綠等憫之備棺營葬焉分省人物考

胡文太西鄉人少孤事母極孝冬溫夏凊問安視膳一循古禮見母衰老飲食調膳尤謹不敢少離其側邑令旌之湖廣通志

戴忭母年百有二歲事之極孝御史樊以聯云百二萱親天下少七旬孝子古來稀同上

張金榜年十六父病割股以進及父歿榜亦隨亡同

上
徐多猷字虛孺家貧嗜學性至孝友父任乾州學正卒櫬歸遇大雨不止停輀路側晨夕伏棺哭踊道傍主人感動破忌請移室內留數日乃行及葬廬墓三年母久病居一土室甚完固會天將雨多猷心動遷之未幾雨至屋壞母得無恙 同上
陶之哲字復九隱居不仕精五經性理諸書生八月而孤事母至孝母老爲著衣衽檢被席足不出里外者十餘年母年九十七卒哀毁廬墓前有古松旁天氣晴朗白雲聚其上經晝不散 同上

夏佾弼母病篤嘗穢妻于氏刲股救姑越二日而愈著有庭訓十二則 同上
劉秉鍜程有璋李敷倩俱割股救親 同上
盧應昇字時卿歲荒家貧母病危思肉食不得默禱於天割左股救之母以是愈 同上
劉洪甲字不先天性至孝祖母櫬自官邸歸或以舊宅爲忌洪甲獨以已宅殯後比屋遭寇燬而此室獨存母殁刻石像已跪墓下後歷官工部屯田郎 同上
翟近宸幼爲父病刲股後以壬午舉人署華容教諭同上

周以貞割股救親邑令旌奬 同上
何所白朱喬俱廬墓 同上
呂黙卿父晩竹十年目盲黙卿日夜吮之目復明 同上
韓紳字思忠父殁廬墓三年致悲烏繞塋之異篤志講學一時名儒咸樂與之爲友與楊民服胡篤生及江夏叚煥然有楚中四君子之號祀鄉賢 同上
陳類兒性穎慧少孤貧爲人飼鵞聽里塾讀書遂能代生徒捉筆塾師奇之予以衣食而授之經師飲客擲骰客屬對曰六面四方單點雙點色不一類兒應

聲曰一奇二偶內卦外卦象皆同後遇流賊侍母伏山澗母被獲類兒抱母痛哭以身捍賊求活母不得遂與母俱死 同上○以上祀忠孝祠
劉輔世永西鄉人家貧父母年俱八十輔世左右扶掖問視弗懈父母有疾糞穢躬滌及殁終身思慕 丁未縣志
蔡寅子事母至孝日鬻薪於市以養母病刻苦奉侍同上
饒世隆務農盡孝冬日爲母温寢夏爲扇枕 同上
劉養仲邑學生以孝著 同上

王育民安樂鄉人性孝友兄弟五人承父志不析爨家事任長而以次相黽勉育民年八十四弟得民年亦逾七十晚年授書南坂不忍暫遠遽歸雅好客家中落至并日食忍饑推讓閭門感化終身無詐語育民少給事縣庭嘉靖末有里民鍾聲望者發蠹奸狀于院司鍾艱嗣息起解日憫其無子也密令之歸遂有後 同上

龎耀事母孝母病赴横岡山禱與武黙禱以身代投捨身巖巖高千尺耀墜地不死母尋愈 黄州府志

張玉基字乃璞洞末奉母避兵江南山峒兵以峒側

險甚玉基以身餌賊死之母乃得脱 丁未縣志

張㻹準字朝彌幼勤學問因父疾遂棄舉子業躬事饘粥醫藥晝不遊庭夜不解衣及父殁泣血以從族人嘉其孝 辛未縣志

張楚俊字士升母王氏早逝流賊破湖全家避難登舟父肓病在床遇賊賊欲刃其父俊以身衛父身被十餘鎗賊憐而釋之 同上

胡之郁字簡若諸生獻賊自皖至郁與里人守峨峰拒之踰五月砦破遂掠其父與郁走湖湘父遇害時久雨無月色平地水深三尺郁裹遺骸望電光而走匝月始還鄉 同上

張光南獻賊陷蘄時全家被虜光南獨脱躡其後至金口驛安營伺賊舁驟負母晝夜奔馳抵家七日母旋卒兄弟妻子俱遇害再娶王氏生子之鸞 同上

楊光國明季流寇焚掠族屬逃亡二親繼逝賴世父時大撫養鞠育及長以親像懸諸壁朝夕哭奠其事世父至性寓盤匜殁則哀毁踰禮春秋享祀腆潔娶吳氏生子一遘疾卒守義不娶 同上

張顯易宗長子食餼母馮隨父任卒於官顯跣蹌萬里扶櫬滇路險峻洞庭波粘天顯朝夕泣奠旋寓心

力勞瘁哀毁滅性遂成疾歸卒無嗣鄉里至今稱其純孝 同上

朱大觀諸生老人墳爲荆府幷挖衣冠投大江而死 丁未縣志○以上孝

劉文煥廣濟人與兄文煇運糧愆期當死兄煇以長坐文煥詣吏叩頭流血所司上其狀命宥之則兄已死矣太祖特書義民二字奬之 明史孝義傳

藍懋忠與弟敬忠富而好義正統四年出粟一千五百石救饑勅旌其門寵以冠帶羊酒 丁未縣志

藍瓏懋忠從子成化時爲閭邑代輸春租 湖廣通志

稽孔良游棪毛恩學鄭德廣徐伯安梅衍桂希堂僎成化間輸穀救饑同上

程友愷劉禹清戴子俭徐萬貴程紹宗王應坤李正芳劉瓚饒仲魁呂用賢彭愊宏治間輸粟救饑事聞旌以冠帶同上

張本森字木齋讀書食貧遊學齊魯間授徒三年積館穀數十金値歲饑悉捐以周卹貧民赤手歸與婦相向怡如也後子孫鼎盛同上

徐萬隆有黄梅里役解公項銀數百投宿因醉遺於厠隆拾歸徧訪其人盡還之事聞旌其義

王友立嘗得橐金於舊河口求亡者不得以告於官則某里役領解之三百金也令義而旌之同上

藍孟文萬歷戊申水災出穀六百石以予貧民又爲本族代輸秋糧同上

陳叔牧萬歷間代闔族輸租千石同上

胡海字光伯萬歷癸丑武進士歷薊州副將歸俸餘所蓄悉與弟浩兄弟同居六十餘年未嘗有疾言遽色鄉人多爲所化黄州府志

饒嘉班字季雅諸生好周人之急於施棺至猝不能備遂鋸庭大枋以益之晚讓宅於兩兄自處數椽淡如也子彰中進士湖廣通志

王贊堂字參宇世居縣西王家腦路遇蘄州有張玉彩以命案解審須貲其家變産金一百六十餘兩令其子攜往時酷暑至王家腦林中乘蔭遺金於地參宇拾歸開囊見書乃知張玉彩活命物也攜金至路傍坐以待且次早玉彩子號泣而來叩其故出原金還之縣令周驥以聞院司給以扁曰清廉垂範辛未縣志〇以上祀忠孝祠

李勝惠永西鄉人性温厚能容人過有盜其物者惠見置不校仍與以牛穀諭使改行値火災拜之風返

火息當旱竭誠而禱雨驟至丁未縣志

李勝椿號獨山永西鄉人仁恕端謹有六子與諸孫庭訓嚴肅輕財寧族撫弟之孤愛踰於子父母遠葬往視惟勤寒暑不飾服遠近不乘馬鄉人敬慕之同上

胡繼洪字迒莊父文以孝著洪先疇數畝年五十而致大富倉廒數十楹甲於諸邑歲不登每設食以飯買穀者嘗夜獲數賊洪命無用燭及問之皆遠人勞以酒而予之穀生平退讓不與人忤知縣周旌之同上

吳士選號肖龍生平好義尊敬賢士周卹孤貧賓餞

四次年八十有二歿時命孫瑾搜積券數笥持至祠堂焚之計數約千有餘金是時瑾年十三初不知祖意所出焚訖告之曰此隣里借券也苦貧無所貸故命爾焚之 同上

夏伯則任劉宅於壁間得金還之 同上

夏尚印字柳溪自致千金而好行義萬歷十六七年歲饑道殍枕籍來春乏牛種尚印買牛數百頭并種子以散耕者秋成薄取其租隣多德之知縣王廷俊嘉其行舉鄉飲 同上

王應琦字珍儒幼攻舉子藝搆書室於邑東凡貧而

無藉者徙肄業焉子台鼎諸生 同上

梅啓南字南征諸生父長白以諸生敦孝友崇正辛巳歲大饑啓南與陳百順等議施粥飯饑者夜夢神降於庭曰人民大難施粥可濟啓南前跪許施粥十日神微笑次夜復夢如故云事已聞上帝矣宜愆行明日知縣朱議澅接引菴施粥啓南輸穀若千石以濟之存活甚衆子楷梧皆諸生 同上

吳國章字仲玉父樂以孝聞十歲而孤卽能哀毀縣主聞之曰此孝種也後年九十七而終生平語及父母輒泣然出涕國章事親亦孝兼尚氣誼爲郡諸生

子楚愚楚嶙皆諸生 同上

李調元弟敷倩以衛籍運漕艘邑黄義仲附舟北行染惡疾不可近李爲進藥餌湯酏數取衣澣浣濯之經數千里不斁死爲殮且載以還費數百金無德色友人龔晳以兵荒死鄒國昌以疫疾死皆出家財置棺具殮之調元素好武畧委團練龍坪總督袁授以副總時左兵東下以疾卒 同上

阮思槐邑西鄉人有隱德萬歷巳未歲大祲流移滿道思槐竭囷廪操壺漿以食饑者竟歲不倦後有飛穀來集倉皆滿人以爲善念所感云明末保衆壠頂

寨子雲從順治間僑邑屢荒亦出粟救饑 同上

饒於璉號石門經宿客華邸次天明人先發於璉獨後見遺囊多重鏹疾呼不應冐者踵至悉辨之次日持囊送縣懇招遺者令高其義旌之 同上

夏三九字天作元初卜居於濟之泉口散穀賙饑不五世而子孫蕃衍若冬六以義得官大德周郵得獎曰典爲人遷妾生子曰臻施棺殮貧尚鰲賊執不屈大廉刲股救伯大魁收瘞枯骨繑繑義烈皆有不可泯滅者 同上

周倫諸生成化十四五年邑大旱輸粟一千石存活

饑民萬計郡太守并縣令旌之 辛未縣志

吳伸美字原溪正統四年邑大祲美出穀八百石賙給鄉里不足又輸穀一千石助賑活人甚衆上聞旌義民賜冠帶後成化間復捐穀一千二百石以周貧乏嘗曰豐凶不常毋戀豐年玉常思凶歲穀傳爲格言子守坦有父風亦以救饑受旌 同上

張金璣字涵珍頗饒於財性儉樸衣不帛食不肉遇人艱則傾貲不惜萬歷三十六年水漲砍堤沿江廬舍漂沒婦子流離璣輸粟周之全活甚衆崇正初苦旱居民公奪人穀璣亦被搶邑令拘衆究 璣反爲辨

而寬之崇正十三年戶當里役時值薦荒且疫璣爲闔圖輸南漕三百戶獻賊屠戮遍野積骸如山璣親提筐收瘞之邑令朱以賊故移治新洲餉不敷璣助餉八百兩卒年八十四子七 同上

郭京元諸生與吳浮玉丹忠甫爲筆硯友時出家貲周人急以義行著 同上

鍾鼎字集之貌甚偉寡言語九歲喪父事母田以孝聞母卒三年不入內室逢忌日奉主悲鳴達戶外後中武舉益砥躬飭行族姪魁早孤爲之婚配歲給衣食令就學卒成諸生師母死無歸爲置葬具復劃產爲祀田以祀其師生平落落好施予見族人無力婚嫁者身任之鄉里以饑寒告者周之後周令驥得其狀深爲嘆服每稱鍾子爲邑中長者 同上

張楚偉字小損號雪巔金和子天啟甲子舉人好義仗俠喜爲人解紛難叔曾祖國子助教衢南藁葬道傍爲改祔祖墓 丁未縣志

國朝

劉登仕字希卓性醇謹事母以孝聞母久病咳唾汚穢躬侍榻手浣衣不解帶者累月母卒哀毀骨立三年不入內值歲荒捐廩救饑全活甚衆以子茂溶貴

贈中憲大夫祀鄉賢 湖廣通志

陳文允諸生事父孝父病劇躬親嘗糞父卒居喪廬墓事繼母亦如之乾隆四年建坊 黄州府志

蘇元周靈東鄉農民事親至孝竭力農事以盡孝養沒後廬墓哀切鄉族稱之乾隆四年建坊 同上

呂和寬國學生幼事雙親克盡子職親卒哀切廬墓乾隆六年建坊 同上

劉銘璋字玉佚事親以孝聞親卒前後廬墓者六年事繼祖妣克盡孫職無異所生乾隆十四年建坊冕銘鼎弟銘軾皆諸生 同上

陳治國幼事父母以孝聞於鄉黨母朱病瘓瘫偕婦王氏左右就養始終不懈及親沒廬墓三年乾隆二十八年建坊縣卷〇以上祀忠孝祠

吳熊字四維歲貢事親孝髫齡先意承志卽似成人侍疾視以身代每遜神祐不藥而愈弱冠失怙持哀毀骨立明末人多竄伏熊獨舂揭塡墓遇賊斷右臂而不去嗣後屆親忌辰至老猶匍匐至墓悲號康熙癸酉歲饑出粟周貧鄉黨稱之年八十有六卒三日前自製祭文戒作佛事辛未縣志

舒遵吉字王路增廣生父觀生諸生遵吉事親克供

丁職父歿撫庶弟還吉友愛無間工醫貧不能延醫者必授一方并給以藥活人甚衆同上

徐之潢字景南懋謹子之潢幼爲諸生博極羣書食餼事父兄以孝聞癸巳邑令蕭以舊魁閣有礙學宮之潢與貢士梅英庭諸生舒隨吉王棣楊日進各捐五十金改建南關外邑賴之同上

洪儁字子清國學生以孝友稱母歿廬墓三年兄弟友愛雍正乙巳夜將半家人擒賊孚某儁不忍鳴官反責酒勸諭助以穀石李大威悟卒爲良民子恩榮恩勝恩錫恩炤恩光皆諸生同上

楊齊賢字坤吉邑諸生流寇亂父仲虛攜家寓蘄城越四載仲虛歿殯未葬流寇薄城舉家驚惡齊賢年十歲建議出柩於城外柩甫出而城門扃齊賢以金囑守兵夜縋母出後陷賊中乘閒逸卒年八十四同上

叚可量字伯海武山湖人父守書母張氏兄弟凡四人可量行四七歲而孤母癱仆床蓐二載湯藥澣濯如一日母沒櫬中庭可量廬處戶外哀痛倍切踰二年買山葬山名馬頭與居隔一渺水苫塊塚旁露處七日夜鄰人爲作蓬以栖歲除妻子挐舟來迎量不歸會野燒蓬燬則露處如初腰鐮誅茆結小屋柴覆頂母生忌哭奠空山寂寥日夜有絲竹聲縣令西蜀

劉臨區曰孝勁鈞天同上

楊承緒字振宗箴封令復之曾孫父國遇卒繼母劉矢節撫孤備歷艱苦緒好讀書而體弱善病母以爲憂緒善體母志養身惟謹外家貧緒恐母心不慰迎養母父於家母病湯藥必親嘗泣禱願以身代歿後哀毀盡禮廬墓朝夕哭奠不輟卒年六十有四同上

張之金字輯玉諸生成童時母病劇刲股肉煮汁以進母飲而瘳居喪哀毀啜粥茹蔬三載不入內室弟早世撫其子如已出好施予宗黨有緩急必周之同上

藍之珏字廷獻灝第三子性最慧爲諸生父病篤焚
香禱天割股以進乃瘳 同上
梅殿元字月資家貧嗜學雖髦年猶誦讀不輟重氣
誼友朋貧乏者出館俸相助繼母病割股以救卒年
七十有七弟來儀亦以義聞 同上
劉自理字明水國學生登仕子甫二齡母卒繼母李
愛憐之稍長知身自徐出時於無人處掩泣父詰之
對曰母實鞠兒兒自痛不省所恃也年十二葬母徐
離家三十里伏冢呼號徹晝夜父誘之歸不聽禁之
不從廬墓三月強攜以歸父歿寢苫枕塊哀毀骨立

居繼母喪亦如之卒年八十四 同上
張魁卿父老寒冬不近妻子與其父同臥起者三十
年 同上
趙宗福家貧傭工養親父病篤思魚不得福呼天號
泣往釣水濱魚忽躍岸上攜歸奉父越日又於龍宕
見羣鳥爭食隨往得魚數尾以進人咸驚嘆後漸豐
裕康熙癸酉亢旱甲戌大疫捨棺六十餘具以葬餓
殍子安國國學生 同上
李纙武字昭遠弱冠爲諸生依父母流寓黄國常採
薪以供甘旨後歸父故名宿館穀豐盈入室用火燎

鐵器以灼其父武號泣跪求盜感去母歿盡哀既葬
欲廬墓父不許朝夕往視哭奠服闋始罷父沒廬墓
三年又鬻產創建宗祠并贍鄰族卒年七十有三 同
上
胡奇棟字任臣諸生幼孤事母孝母歿廬墓三年雍
正丁未歲歉出穀二百五石以貸鄰族至秋悉焚其
券 同上
魏芝芳字蘭若性孝父病焚香告天割股和藥以進
明季盜賊充斥父被虜傷痛幾絕曰吾不忍獨生或
曰汝死母何依乃收淚奉母後母又爲賊所得芳戇

呼曰願以身代賊義而兩釋之嘗奉母藏匿自出覓
食以養一日賊哭至見深谷疑有人因縱火比反母
遇害芳號泣負骨奔竄沙洲賊平改葬南郊廬於墓
側貧而好施遇水旱疾疫輒捐貲煮粥施藥捨棺無
吝色子尚志諸生尚忠別傳 同上
龔必勘字允武其先世素封父章性慷慨好施予勘
師事仲兄發憤讀書屢困於童子試遂棄去應武試
爲諸生多才幹膂過人有羣盜入室執伯兄勘持
梃擊其渠魁乃得脫後應試郡城聞母訃一慟幾絕
歸營葬事冒雪渡江舟人以少緩爲請勘叱曰母喪

在堂豈可以風雪阻耶促解纜中流舟覆溺水死仲兄沿江呼之忽躍出顔色如生年三十有一妻廖氏晝夜哭幾失明截髮持齋苦節自誓孫大魁國學生

同上

程之璽字蘭玉父文吾以之璽出嗣弟星斗星斗疾劇之璽刲股肉以進疾愈星斗晩舉二子星斗死之璽撫二幼弟以友聞 同上

藍愷文事母孝母病文詣横岡山捨身救母母即愈

同上

李六奇字秘成諸生父歿廬墓三年嶽郡汪某緣負債鬻妻奇贈以二十餘金保其家室拾菖蒲山李某賣田銀十三兩俟至次午還之康熙丁亥自郡歸途遇江西吳某傭工河南饑寒交廹夫婦投河奇攜至家欵留贈費得全其生年九十六歲卒孫廷寵諸生

同上

李本忠字季仲一秀第三子嘗刲股救母以孝聞事兄彬玉彬臣撫弟季武友愛有其姪母子流寓於濟子又他往母老家貧本忠衣食數載死爲殮葬子二一大材大謨國學生 同上

龔基顯字子璧年二十一妻死不再娶喪母哀毀後侍父於書館父病篤諸藥不效刲左股肉和羹以進乃瘳越三年卒居喪廬墓茹素飲泣 同上

伍承渾事母孝母疾刲股和羹進母愈 同上

田仲章廬墓後峰呰 同上

伍正遠八歲母卒擗踊如成人父生疽遠吮其膿血後病篤藥無效遠刲左股和羹以進尋愈父歿廬墓晝務農夜號泣家事聽命於兄男婦五十六口從無閒言鄉里高其義 同上

方君德字舜臣幼失恃事繼母張倍極敬愛母疾湯藥親嘗禱天願以身代及卒寢苫枕塊號泣不絶人

以孝稱 同上

呂生翰字士林幼孤事孀母孝母病割股療之當暑天患處隱隱見有吮之者翰終不言雖目不識丁而真摯出於天性 同上

胡棟元永西鄉人家貧釀酒爲業日出爲人釀夜必歸省或有人餉以肉食必懷歸以進母病劇禱天弗愈元晨起持香帛至横岡山謁真武叩頭流血誓以身代謁畢遽投巖下寺僧跡之則已墜矣急扺墜所則亂石荆棘叢立元墜適當空處竟不死僅損一齒舁歸母愈 同上

鄢成先幼喪父其母再嫁某生一子未幾又死成先無妻室迎母歸傭工以養母患癱瘓成先獨進饘粥洗滌穢汚扶掖起居終身無倦色母没哀號倍至鄉里爲感動 同上

彭華國字玉書諸生前後居喪廬墓六年父墓在祖塋側國疾革命其子捐二百五十金贖族人所鬻之墓木以保祖塋又捐百金贖族人所典田以供祭祀邑令邵鄭詳府旌獎遇歲歉減價半糶人多德之兩次重修車坊舖石龍舖橋費三百餘金子士博士厚諸生士高例授州同職銜 同上

陳崇鈜字鼐公幼喪父與兄元相友愛教諭歐陽遷顏其居曰怡怡堂事母四十餘年孝謹不倦康熙己亥母病割股和羹以進母愈子金貴 同上

呂和成字大友諸生生數月失怙甫二齡母他適祖母潘鞠育之成與妻左右就養幾三十載病則禱以身代鄉里稱之 同上

柯承緒字麟趾康熙乙酉副榜幼孤事母極孝工詩古文詞制藝尤守先民典則暮年以母張苦節請爲建坊立祠遂辭家室依母主以終其身 同上

王有恒字立方國學生母疾篤刲股和羹以進有頃母曰吾生矣問故曰適夢中見有神人謂汝能以孝思上格今益我算矣母後三年卒 同上

徐侯爵爲父吮疽父殁廬墓三年 同上

胡國英雍正甲辰割股救父庚戌割股救母 同上

胡士爵太東鄉人建九之子性至孝母彭病藥無效焚香默禱願以身代至橫岡山投捨身巖越日舁歸而卒母尋愈時長子正根甫三歲爵死七日生遺腹一子族黨名之曰孝遺 同上

藍士秀字文聪諸生有夙慧工詩文授生徒以供甘旨父母病輒衣不解帶者數月居喪茹素不入內室

視弟遺孤如己子 同上

李奇觀字大復一字巨海用經學爲里人師事父繼堂母馬以孝聞會錢塘葛公毗驄視楚學大復入縣庠葛公所拔萃知名士流寇亂左兵蹂躪瀕江郡邑里人徙去渡江以南洲居門闌錯互茅茨數火屬當崇正末造邑令張登衡不能御其下胥隸兇人擾縣印部署亡賴少年肆行暴虐日與士大夫家爲難父老陰謀團聚鄉兵禦之僉言非大復不可羣趨門請大復不得已强起應之討諸兇人渠魁伏誅事定角巾授徒如故嘗遇兵猝至剚其腦整容山立瞻顧如

平常兵帥曰君子也釋之後疾發卒祟祀鄉賢同上

金德崇字彥公之純長子十三歲侍李宜人扶之純櫬自興安歸補邑諸生餼滿上春官暴病卒年五十五歲性至孝友李宜人在淺土食糲衣麤殫心計經營兆域弟德嘉病咽喉劇焚告天地祖先嘉未有子請以身代爲文伸紙疾書不加點竄然闓肆自喜飲酒無算以酣故至目眚居業齋集

劉斯輿字廷直諸生幼孤事母鄭克孝母性嗜鱧魚斯輿每食必具朝夕求之不以道遠闕供及母歿後喪奠饋食亦必備設有王祥姜詩遺風縣卷○下同

戴邦材字大勳一字望屏父千智塟其父華玉於瑞昌廬於墓側邦材隨父居三年不忍令其獨處邦材母塟亦廬墓三年臨終時囑其子以從塟父墓

金業講字能侍一字典亭諸生事父母孝父啟汾病劇業講刺指血書疏願以身代既沒廬墓三年晚爲本邑江漢書院掌教後學多所造成温學使兩次獎其優行

劉文德字大型其先塋在蘄州之沙徑一日舟載祖父母櫬往祔塟遇大風雨未幾舟覆文德抱其櫬浮沉巨浪中悲號不已忽然泊岸若有推移之者人以爲孝感所致吳學使旌其門弟斌諸生居親喪廬墓三年後以子蔚良進階儒林郎文俊國學生築琢玉堂讀書肄業會城江漢書院以秋闈未遇致疾卒文儒國學生兄弟四人並式好無間言

吳世琰諸生瑞祥子父病反胃日事湯藥一切不假諸人凡三載母患瘓痺舌澁不能言世琰代舉代履適如其意所欲出胞叔棱苦病久世琰亦躬親奉事學使邊以白髮丹心旌其門

鄭氏二孝子次名綱三名組母許病綱割左右肱組割左股以進後父庠生光過得上氣疾二人復屢割

以救之其祖庠生本姬爲作二難傳

吕生欽字天極諸生甲午房薦母患手疾不能自飲食生欽親奉之始終無倦容母沒哀毀骨立悲泣三年

程炳武父瑞璠早卒事母楊氏進膳必視進藥必嘗定省温凊無間寒暑爲母性畏雷炳武偵陰雲驟起雖外出必歸恐母之驚怖也母沒廬墓學使王旌其門

查世泰號遜齋父洪俊抱疾七年艱於運動母旋喪明世泰服勞奉養未嘗片刻離左右與三弟同居無

斗粟尺布之私子克健諸生 以上孝

張泰字公美秉性醇謹不苟言笑里中子弟多畏憚之祟正末値寇亂泰持譜牒文券裹貲糧率其家及母黨范氏遠避山谷順治初始歸凡契約屬范姓者逐一發還張與范兩姓宗祀俱賴以不絶其他施棺捐穀建橋修路諸善事力行不倦知府戴以爲善最樂顏其廬年八十九卒子五四子鏜遠康熙戊子歲大旱於濟北寺立廠施粥一十六日丁酉歲荒於報國菴捐米三十石以濟貧乏鏜遠之妻姪女吳氏夫楊逃臣卒貧無依鏜遠周恤之并爲其子完婚五子鏜遂捐置祀產若干康熙戊子己丑二歲荒亦施粥 辛未縣志○祀忠孝祠

程命甫武鎭人祟正末寇賊焚殺遺骸遍野甫以銀物僱人收埋其有僻地遺漏常得諸夢寐而往瘞之卒無暴骨之慘里中饑餓特甚甫自江右載米歸多所全活順治間嵗人王時字少鹽課夫婦投水甫救之代還其值周子艮欠地課十六兩賣妻以償甫爲贖還夫婦克全 同上

范應明字起公諸生居喪寇至朝夕衰絰哭旣壟守墓哭伯兄死撫其子如已出弟夭無子以子主其祀寇掠里中婦女十餘人傾囊中裝贖之不給則繼以猪牛有夫陷賊久而未歸者食其婦且數年歲祲里有不能存者舉家鬻爲人僕應明賣產數畝贖歸之 居業齋集

千應採字擇可國學生順治癸巳己亥歲祲前後捐穀一千一百五十石又施被綿棺木歲以爲常子爾漸歲貢生遇端人正士必倒屣迎貧則解囊無吝色 辛未縣志

鍾汝瑞字景孚有義行康熙十年歲祲捐穀一千五十石救饑捐金修靈西橋 同上

朱之默字若訥孔當子之默兄弟七人遇流寇唯之默與父母及猶子臻年存之默撫之如已出性好施予族中不舉火者計口授穀康熙二年邑大水各里長將斂金爲費之默獨任其事會慕公天顏廵撫湖北道經廣濟上其災費稍省卒年七十四子懋乾諸生早卒孫翼治別傳 同上

胡一玠字石存號容圃一璉弟也弱冠偕仲兄一珙以七義高等補邑庠食餼雅好與賢士大夫遊瀕河茅屋知名士過從無虛日縣大夫列名以行優聞於學使者辛亥歲大祲鄰饑者數十家爲此屋賙卹存

活無算羅姓人鬻妻陳姓人質子皆垂橐助以金不足則繼之圖聚宗族故舊婚喪不舉遺孤不鄉而賴以竣事者蓋不可勝數　居業齋集

吳兆嶽字中望號石溪幼時負笈走鴻臚洲受業經師盧小相顧治聞爲增廣生會西山之役軍興旁午一切徭役煩重或欲廢縣縣人誓以死力爭之不果廢兆嶽率同志疏於上官會制閫姚制府下歆甲令楚北徐制府踵行之兆嶽舉觴言曰此誠百世利也　同上

胡之璽字欽若楚良長子生十歲而孤母顏撫之弱

冠爲諸生居父喪哀毀如成人母顏殯値火災長號擗踊哀禱返風輒應人以爲孝思所感弟甫三十死遺孤襁褓鞠之如己子長督課婚娶析産營居咸與己子均黃岡曾益之來濟一見如素交館穀無倦容其妻客居死爲治喪相高敞地以瘞益之死殯葬亦如之士大夫高其誼　同上

呂樂吾有虎負其弟入陶穴樂吾徑入穴中泣語虎曰汝殺吾弟吾誓殺汝虎若解語搖尾而起樂吾負其弟出　辛未縣志

伍齊聖字郢壁邑諸生幼時與弟齊賢同受父仲虛庭訓尤穎異超羣明季兵發兄弟同奉母朱於鋒鏑中不懈子職隨伯父伯陽之儀封任値縣試伯陽命持文衡人咸服其藻鑑晩棄舉子業購地數畝於城西接赦嶺收遺骨埋其中邑中修明倫堂建四高樓捐金爲倡且督理不殫勞卒年七十三　同上

吳士榮字簡伯明季兵荒雜沓親歿不以顛沛廢禮獻賊破黃梅烽煙不息榮挈家避武山砦後知賊已逼虔地隘不可恃因移湖畔弟凱留砦榮去十餘里賊突至復冒刃救弟有炮火入袖中而不能傷若有神護卒遁去闔門無恙　同上

吳應霖字公惠値明季亂奉其父避兵山谷叔兄應華爲左兵所縶以隻身護父得無患當鋒鏑間尚攜鹽佐父食後腰間有腐肉疤痕乃藏鹽故生平不問財利恣情山水專事詩書子洪秉字繩武諸生康熙丙申水災洪秉與弟全猷出米一百六十石鹽一百二十包周濟鄉人二十餘日嘗延名醫於家惠人藥餌貧不能殮者卽助以棺　同上

陳汝昌字廣生貢生於關子困守官墻數十年嗜古不倦每爲文輒抒胸臆不屑從時好性慷慨順治丁亥米價騰貴昌總糧排逋區釜以上者悉代納焉　同

上

張懋能字嶶如有隣人劉惠被誣當死能力救之卒脫於罪 同上

陳三鳳字東鳴少攻舉子業數奇不偶遂深自韜晦家非素封樂施予邑大疫捐貲賻棺千餘具至財竭折屋梁以代之卒之日聞者皆流涕子宣闡以弱齡隨父鋒鏑間屢以術智避賊全父母及身人以爲奇童子父卒躬耕奉母以孝謹聞亦樂施予克承父志置義塚於縣南之登高山子宗岱諸生康熙四十五年歲旱嘗出粟以分給其族黨 同上

伍惟曇字希祥幼岐嶷習舉子業肆志林泉性恬淡樂施予有堂弟惟經幼被賊虜長官貴州貧無歸曇訊知遂賣產辦盤費往返數千里接之歸給與田宅有族姪承吉零丁孤苦曇撫養成立視猶已子爲之定婚配以繼先祀亦給與田宅年七十七無疾卒 同上

張文熙字斌茲髫齡被獻賊執往荆州防守稍懈遂從間道遁歸後爲諸生厚重有大畧尤喜給施貧待以舉火者若干人死爲治棺殮者若干人 同上

張坤熙字資萬年弱冠自邑中歸中途得遺金六十兩驗其包封姓名知爲遠鄉賈人因假宿途中次日復候至午失金者方至盡還其金 同上

張浩熙字廣臣値康熙丁亥戊子兩歲荒疫浩熙施米百餘石棺木百十具周之 同上

劉之烜字賜孚事孀母張氏委曲就養居恒體無完衣而親極滋味母病湯藥親嘗衣不解帶夜則焚香默禱願以身代旣殁水漿不入口數日遇忌辰倍增悲痛終其身無二致仲兄之焜性曠達妻挐迭喪遊學都門因族兄令岑溪偕往有留蜀意烜匍匐數千里拉之歸且憫其無嗣爲置側室時焜年踰六旬矣

連生二子里黨傳爲美談 同上

張佳齡字士林多隱德有貧人貸其氏金數年未還將訟於官齡鬻已田以償之又有貧欲出妻者助以衣食得全 同上

張憲性公平倜儻有能有盜當死繫於獄比除夕盜丐憲保任出獄憲具保暫釋之後邑令訊原四吏曰張憲保出在外卽差人至憲家憲曰次午帶盜至邑令訊盜曰吾以女負憲矣何德以感之不伊負也盜曰張憲至誠服人豈忍負乎 同上

馮元會字集成家貧事嗜學先喪父事母以孝聞每

事必請母命一失所驩觖如也兼治岐黃業瀧坪瘦行不問貧富延治輒往全活甚衆妻家病歲黨屏迹無敢過其門元會入視妻父慮相染促之歸元會不聽妻父感異憂而愈嘗以家貧備養貨殖於蘄之漕源口投牙儈柯某家一日忽火不省親兼程歸柯忽有事在官盡以元會所付貲免比反柯擬償以子元會力拒之曰爲我而戕人骨肉吾不忍卽日拂衣歸子二長佐喬次琪諸生 同上

郭如環字藺玉諸生受業陳敬仲門濡染翟穿書法仿蘭亭洛神賦嘗東遊吳門吳人得環書輒傳示家

塾授徒里中臨文甲乙輒豫算其貴賤壽夭時號氷鑑歲祲人減田價以售踰一二年環名其人覤原券補償之 居業齋集

張佳璟字應聰廩生事母陳盡孝城東六里許曰雙河口乃蘄濟通衢徃徃水衝河決滅頂濡軌璟捐金建石梁復置亭其上便行人憩息兩屬賴之學徒王本燦貧不能具修脯璟誨不倦且飲食之王以是舉孝廉 辛未縣志

吳之璞字雖萬值歲荒捐穀施粲人多德之 同上

胡應奇字次平諸生富而好施康熙丙申丁酉饑饉薦臻民多菜色邑令蕭於城隍廟煮粥賑濟應奇踴躍輸前後三次共捐米一百五十石年八十卒子三錫爵錫三錫君孫洪成洪度洪學洪濟洪中洪仰洪宣并國學生洪驥洪驃俱諸生 同上

方大名字賓實好施予捐金建石洞凡四方忠孝節義無嗣者鐫名於石捐田二石五斗給僧人奉香火不絕 同上

方調鼎字象九歲荒煮粥救饑子席珍施藥療疫活人頗多 同上

劉逵章五世同居邑令劉顏其居曰風追張睦 同上

劉自澄州同銜康熙癸酉歲大饑四野流亡岀穀周之并約諸弟佽助匝三月儲積悉空全活甚衆有卒於官者收卹其家且敎其子數年克成立厚贈資斧旋里嘗置一婢價四十餘金後知已許字某呼其父領歸不索原值卒年七十有二 同上

胡公玉年五十無妻力耕奉母所居曰兩路口距城十里許一日晨起見郵亭壁上有遺橐橐中金八兩頃之失金者至公玉詰得其實還之其人撿少許奉酬公玉不受又嘗見亭有行囊手試之知爲金也謹護之其人至縣輸官無有始憶郵亭失去倉皇來公

玉察其狀一一合而與之同上

藍灝字含友父季暉灝少倜儻有大志長爲諸生康熙癸卯間濟連水災灝呈諸當道獲免丁糧之半性伉直而折人過不以勢豪少沮同上

藍煋字愷士季曙子垂髫抱異質年十八補諸生西山之役軍興旁午令按籍箕斂凡巨室俱以逋租被逮煋同族兄修倩跋涉荆襄困苦萬狀卒俾族人安堵康熙乙酉歲大祲煋捐穀百餘石以救饑者同上

朱鴻堡字大基諸生父芾諸生鴻堡於新河捐地五畝付白衣菴煮茶以濟暑渴灣塘壆帮堤捐地租三

兩爲義塚子榮經癸丑進士樂至知縣乾隆辛未縣舉鄉飲大賓榮世別傳同上

藍之枚字建宗灝子蚤慧爲諸生有聲性伉爽遇事輒引爲已任東鄉城塘橋圮枚與陳宗恪募有力者醵錢鳩工數月橋成又修官橋港年七十精力不少衰子二俱諸生士燁尤有名工詩與兄士焯相友愛年五十一卒同上

魏尚忠字孝資靈西鄉人少孤事母孝兄卒家計日索忠悉經紀之撫諸姪無異已子外祖鄢姓乏嗣忠爲伐石表墓置祀田使無歆祭康熙癸酉邑大旱忠有田租三百六十石近西鄉靜林寺即於本處分給諸人偶至湖口縣有同寓客蔡履仁被盜幾欲投繯忠傾囊與之戊巳蟲荒有張姓鬻妻於興國柯某妻不忍離忠一見惻然捐金贖之張願爲奴以報忠固却之其義行多此類子洪賓諸生孫本高國學同上

魏尚惠字際康父苾奎早卒母陳矢志教之貧無束修從鄉塾竊聽久之觸悟能文章得爲諸生尚惠有氣概中表弟貧爲僧以館俸爲娶妻得延舅氏祀故人胡天旭死敎養其子並爲娶妻丙戌丁亥旱前令李設粥施藥悉委尚惠子洪任國學生同上

鍾輝照字麗明國學生性慷慨雍正乙卯歲祲捐米三十石煮粥周濟乾隆癸亥捐貲創建靈東鄉聖壽橋行旅賴之同上

胡澤民字守宗諸生歲祲輒出穀以周貧乏雪夜見鄢亭無衾者憫之市絮百幅人各予一歲以爲常蘄之西河七省孔道公私病涉議建橋費甚鉅來募助百金蘄士夫歎曰盡如是數十人事集矣鐫石以紀姪名買一僕有淚容問之曰父爲債所窘立焚其券不索值年八十卒同上

張希集字臻成同族志德乏嗣廢祭集捐穀六十餘

石爲祭費雍正己酉歲祲族之貧者欲賣祖山集捐
給八十金祖山遂保張大勝苦饑將鬻子爲僧集爲
撫字十餘年且定婚配楚材見功二人貧不能娶集
助之娶俾得有後鄉隣于超萬苛窘將鬻妻償債約
已定矣集持金贈之給以柴米夫婦得全邑東鄉木
溪坂往來要路素無橋梁集獨力建造石橋年八十
四卒子大衢大世國學生　同上
陶唐嘉字孔彰裴五世孫少失怙攻舉子業家素貧
重義輕財恤災扶困嘗拾士人遺金并賑簿唐訪還
原主子五破產教讀長承復邑名諸生少承曜康熙

丁酉舉人別傳　同上
陳元字鼎公曾祖繼曾銅梁令祖大珪鄉飲賓明季
寇亂率鄉民集武山砦多方保護人甚德之父宮賜
諸生早卒元事孀母以孝聞撫幼弟友愛彌篤年弱
冠補諸生雍正丁未大水捐粥米三十五石乾隆癸
亥積雪人無所得食出穀五十石分給隣族倡捐修
官橋以便行旅子金橋　同上
胡虞睿字作聖事孀母以孝聞過宗黨空乏多方賙
卹里人視其負債百金不能生睿傾囊代償江右劉
某假睿金將鬻女以還睿不忍立焚其券　同上

許日昇字斗生國學毋濟人之困康熙五十五年捐
貲建造石橋於邑之西曰熊家橋菱角橋許家橋凡
蘄濟兩屬往來者多賴之年八十四卒子景松國學
生　同上
田逢聖字兆麟淹貫經史好拯人急年二十九卒子
本文字漣城國學生事孀母以孝聞康熙丁酉亢旱
出穀六百餘石周隣族修東湖橋治陽城山松山路
一帶平鋪大石以便行者施藥餌捨棺木邑人稱道
不置孫炳貢生即用州同　同上
胡星聚字泰階國學生事父母以孝聞遵遺命築亭

建菴於石步嶺顏曰象應捐田四畝屬僧烹茶以惠
行旅　同上
李如金里人谷某貧乏不能自存將鬻其妻於江右
客哭甚哀金聞之贈銀三十兩俾勿離散康熙丁酉
歲荒金售產富室獲穀二百石以周隣族戊戌大疫
捨棺二百具瘞男婦之無依者年八十六卒子錫訓
錫乾　同上
陳起鳳字翽展諸生白茅衝孔道古橋圯水驟漲行
旅病涉鳳獨任之甫落成舉一子名之曰橋自是日
益行善邑令劉爲立傳子寵錫諸生中錫國學生　同

上

董可棟字陳九諸生事親生盡養歿盡哀與弟同爨六十餘年未嘗有疾言遽色江右田姓居莊側鬻子葬妻棟徉收其券予以棺既殮名其人至焚之有從姪無依攜歸撫養教讀婚配并給家貲子繼昌諸生 同上

陳崇鑣字裕公諸生族有伯奇者年老無依鑣膳養七年卒備棺以殮瑞昌涂氏子年十二流丐於濟鑣收恤如己子婚配生男令其歸宗里人熊得先素譁厚被盜誣陷欲自經鑣以已田八斗典十四金營救

得脫 同上

熊啟聖字承三國學生幼失怙恃事諸兄友愛備至慷慨樂施遇宗黨緩急解囊無吝色每年捨棺木施絮衣率以為常乾隆癸亥歲凶捐米二百石助賑嘗買僕婢數口一日偶詢其家世其父故諸生也立還其券年七十卒子如浩如瀚國學生濰諸生 同上

于爾洽字陽公諸生聞關中王豐川與張石虹講學江漢書院往師之比[illegible]遂棄舉子業杜門教授子允誼國學生克遵父訓康熙辛丑歲祲捐穀三百石以周隣族 同上

吳光儒登麟子貢生每寒冬輒施絮衣遇疾病者濟以藥餌兼捨棺木乾隆癸亥於武鎮拾江西客貨本五十金次日訪其人與之有德化縣某鬻子易食儒贈之以金得保全有子龍 同上

張奇訏字仁字多義行捐貲建設義學歲儉煮粥救饑孫思斗字裕公諸生少失怙遭左兵擄入營夢神人指道得歸母胡氏因失子喪明斗舐之復明三子天聘性孝友同居六代無閒言好行善事捐修鳳港橋及郭家壩 同上

周于德字禹會怙思長子弱冠補諸生交名藉甚居

恒樂推解貧乏不能自給者輒多方周恤鄉黨稱之 同上

李郢字修萬國學生諸生如山長子幼孤事母梅以孝聞母沒哀毀盡禮三年如一日撫弱弟錫章恩勤周至比長延名師督責之為邑名諸生家非素封然事關孝義則慷慨獨任嘗置祀田建祖祠出貲數百金無吝色里中有貧乏不能自給而鬻其子者郢聞而贖之生平隱德多類此年六十三卒子澤禮國學生 同上

張士拱字大先例授縣丞事母孝撫諸弟曲盡友愛

里有湯姓貧鬻其子拱聞而贖之年七十五卒子昕
亭有文名時遇時行國學同上
周傅九性醇謹好善樂施子日進貢生亦樂施子曾
出穀全曾公勝夫婦捨棺施藥克承父志同上
趙安邦字魁五與兄安國析爨後兄貧乏邦以從
前兄所售產盡退還之鄉里稱其友愛同上
殷輅字蒼詒諸生性孝友五代同居鄉里稱之同上
胡錫正太東鄉人以掘藕爲生一日天未曉起行中
道觸物而躓暗中摸索得一囊啟視之則粲然白鏹
也因坐以待久之天漸明一人倉皇來疾呼曰吾售

田得金二百兩今失之吾何以生爲錫正舉囊授之
其人問姓名不告而去縣卷○下同
楊承穀字亦來一字南軒監生兄承綜官嘉興知縣
卒於任遺腹子家湣未生承穀聞信馳往一切交代
皆手了之扶其櫬歸里其時兄亡子幼或利其貲頗
有違言承穀身任其艱卒得安堵
劉超然字人表一日自會城歸得遺金於道上重三
十兩許驗其封裂則遠鄉賈人也超然守候累日失
金者至盡還之其人取少許爲酬却不受
胡栻字貞幹號北坡娶張氏女女病拘攣四支苦拳

曲或勸其改娶栻曰命也業聘之安忍棄之乎遂迎
之歸不數年張氏病卒栻作哀挽吟三十首誓不再
娶
徐光益字霞璧娶妻生子妻遽病卒光益義不再娶
時年纔十九耳性端重寡言笑族里重之
胡洪度字容趦監生乾隆丙子邑大饑邑令勸民助
賑洪度樂輸穀四百石令旌其門嘗以納糧之龍坪
得遺金百餘於廁上露坐守候則宿松王氏子以鬻
產得之將資以爲生者也洪度給還之其人泣拜而
去子燊優增生孫文慧諸生枝秀諸生

周之冕字雨溪監生長兄于德早卒子⿰木系馥幼之冕
養而教之不啻己出⿰木系馥字桂芳由監生授縣丞銜
乾隆十七年春大雪邑民阻饑之冕與其兄日進及
⿰木系馥出穀千餘石周之全活無算
陳振光字聖容監生叔父洪炅家素封遺腹子連光
煢煢無所恃振光庇其家事會計出入一無染指稍
長延師教讀俾底於成而處之恬然曾無德色人以
爲難
吳保璽字國玉州同銜乾隆三十三年歲大祲施粥
救饑民萬數陽城山爲縣鎮往來通衢羊腸一線險

瓦難行壅捐金開鑿砌成石道至今利賴牛肝積石等磯大石當中舟多覆沒壅於水涸時鳩工鑿平之商旅無恙

干陶元字成均增生庠生致治子也陶元母宋氏生陶兄弟七人宋氏卒事後母查無異所生友愛異母弟三人曾無間言後與蓮俱諸生皆陶訓迪之力

徐樹蓮字仙育增生肄業會城江漢書院山長夏環農極器之厲志躭古不問家人生產事胞兄樹新主家政羣從孫曾林立樹蓮僅一子絶不以食指繁寡生計較心

吳清字恒達祖兆岐以清居長而能文授錢百千以助膏火清爲置田累積至五石有奇析箸時與諸弟均分又負公債清私售己田償之人服其義

劉洪綱字尊三布政司理問銜敦孝友多慷慨邑中有大事踴躍奉公無一分顧藉心倡修儒學文昌閣日毋令讀書種子斷絶也

周楙相字廷弼邑諸生源禮遺腹子家世素封初不以少孤稍涉驕惰克自振拔積學工文歲科試輒高等尤急公尚義置祭產周困窮皆勇爲之鄉黨皆敘其文行

詹士賢秉性慷慨立品端方鄉里貧乏必周之紛難必解之兄弟怡怡有田荆姜被遺風子之鰲監生

劉洪偉字漢奇附貢生兄洪慶官鎮沅殉猓黑之難偉自會城聞信星夜馳道收其遺骸殯殮如禮卒孤姪等扶櫬歸間關萬里家口數十部署倍歷艱辛

張鳳英歲貢忠厚恂謹言呐呐不出諸口好讀書多著述閉門授徒生平不入城市有馬少游之風

夏有藻國學生慷慨好義周人急難鄰有不能養其母者延至家飲食之無惰容亦無德色里黨稱之

劉載德邑有李齊坂地濱湖濟渡艱載德議募田

置渡以爲永久計衆咸慫恿之既成而負其豹或紿以立姓名于石反陷之先後所置義渡田凡一石六斗皆載德自出己貲而家以破矣

胡是光倜儻多才工書法由北闈落卷取入四庫館議叙廣西藩經署灌陽縣事弟增光吏目借補高邑典史因會館傾慨捐百金爲續買會館之費士林義之以上義

劉斯輿字馭遠一字載軒乾隆庚辰進士母病逾年斯輿偕其妻百計求愈左右就養不間寒暑因成瘵疾未仕而卒里人以爲斯輿蓋死孝云補入孝

廣濟縣志卷九之五

隱逸

宋

宋琰字子文少年舉進士有聲場屋閒晚不得志退就西郊增完舊構一觴一詠優游終老以元祐七年卒濟南林遞祖爲之志墓宣德郎陳璞書今其墓碑尚存字畫端好有法邑中金石文字以此爲最

梅國淳字作所工詩賦隱居山中宋亡武昌程平章薦之屢聘不起爲詩以辭　湖廣通志

明

柯仲立號半山孝友恬靜博學苦吟作半山書舍聚一時文士講論經義窮年不倦後移雨山號雨峯居士　丁未縣志

胡疃字必暉邑學生曾祖念三安定裔宦遊楚遂家焉祖千八父勝湛深經術性好施子疃少聰穎過人詩古文辭下筆都有奇氣試輒冠軍洪武二十五年詔秀才隨詹事府左春坊分班直文華殿侍講應選赴京就職靖難兵起拂衣歸子孫三世皆不仕子二道昜道旻　辛未縣志

董啟如奇童伯剛之子淳謹睦姻居田園以自得有司高其誼應詔以壽官終年九十三　丁未縣志

張造端號烟村恂恂長者隱居高逸不以兄本端貴豪侈教子孫以禮好集諸名賢詩畫繪烟村圖搆一室松竹蓊翳吟咏其下意自得也子易宗別傳　辛未縣志

劉賓號渫泉隆萬間隱居講學與吳自守陳王道友善三子養微養吉養庚皆以詩文名家給諫吳亮嗣寄以詩云先生淨業已多年樸籔休風萬井烟銷盡溪途無一事但須石耳帶茶煎劉渭水稱爲卓隱先生　丁未縣志

程希闕爲文典雅以古人自期嘉靖辛酉舉於鄉屏跡深山力行孝弟　同上

徐東寵字玉吾博學恢諧晚年爲隱士服妻茅赤土山下顏曰蚓可齋客至即自起烹茗具膳不假一力子請代輒麾去曰吾自適志耳銘楹云灑掃一室以待死破除萬事以延生　同上

祝居士居邑東門外行高能詩詩多清慧有圃幽邃足不履圃外胡篤生愛重之每過訪遲留累日不去　同上

朱顯模字文宇靈西鄉人幼失父事母孝年三十爲

諸生即築半畝園於荷邱山側日講禮以訓族里閭有不法輒涕泣規勸里人感之終其世無訟者 辛未縣志

張鵾字圖南性嗜學博通古藝從遊日盛望重庠序者不下百人嘗覽羣書斷以已意四書五經俱有註釋子二長文仲次文旭皆諸生有文名 丁未縣志

張岳家產不豐而好行義屢試不遇遂放情詩酒間山巔水湄曠然自適人稱隱君子子拱治精於藥性多聚藥物求即與之且輸粟濟貧云 同上

饒嘉龍字猶倩性超邁當髫年即厭薄諸生佔嗶業

稍長好讀書開卷長哦適與心會反覆流連繼之以涕常謂袁安中郎人生五快即托鉢寺門求傭僧舍不失為奇男子豈與齷齪書生輩較盈寡哉遂散千金不惜晚寓蘄春與人言古今成敗娓娓不倦蘄人有饒半部之稱焉 同上

吳人玉字稚圭諸生性至孝為文淵古浩博著述甚富絕意仕進善卜筮豫知吉凶年七十自置棺題曰逸我亭 辛未縣志

國朝

呂楚奇字正孺篤志好學年既耄猶閉戶讀書生平正直不阿見少年喜事者或蹈不義楚奇必正色讓之鄉隣懾服好談陰德輕施予順治九年大旱楚奇竭力周濟人多戴德年四十遂脫然絕意功名自號汰沃山人假詩酒與鄉之達者結霞石盟分韻聯句自夜達旦知縣王名世以賓筵請懇辭獨策杖山水間與父老談世外事年八十二端坐而逝 丁未縣志

胡懷玉字楚瑛少喜遊俠長折節讀書知大義乃自隱於醫復隱於酒家貧不能時得酒家有大匏可注一石貰藥酤酒注匏中居日匏齋自名匏叟客至出匏飲輒醉醉輒高吟或枕匏臥臥起索筆疾書自古

近體以至塡詞小令往往雜出蓋又隱於詩 辛未縣志

黃綬字人長九錫子弱冠頴秀後值寇亂廬舍火依故人賈任啟建牙於江西諸帥幕府所過為上客倦遊歸結茅屋龍坪授書里中童子得錢輒治具延客為笑樂酒酣賦今體詩或潑墨為蘭竹書效歐陽率更體年八十卒兄紘弟綸皆諸生 同上

陳定中字大馬明季棄學籍隱於醫結茅湖曲柳陰承顏奉母以耕釣終其身 同上

廣濟縣志卷九之六

一行

後漢書立獨行傳歐陽文忠五代史仿之作一行傳義取乎葑菲之不遺也舊志以淳行標目則中庸既不可能而藏摸棱馮長樂又有不可爲訓者茲取歐公史例正其名曰一行東修自好之士庶幾知所裁焉

明

費宗昌字文叔萬歷間諸生食餼與陳求吾韓南皐兩先生講學既而從瞿慕川遊瞿纂述六經宗昌亦

著國風雅頌以兩京爲幽南以省會爲諸國郊廟朝宴各有詩歌會湖廣按察使徐疏表瞿慕川著述於朝神宗徵爲待詔而宗昌詩亦傳 丁未縣志

毛如顓字冲甫世有義聲父愛池以孝聞於鄉常厚修具爲其子擇外傳故如顓與兄如遂並爲名諸生如顓爲人正直中具和婉致處父母兄弟愉愉如也授子姪以經書纂錄成集尤篤於友誼有親死而子遠遊者代爲具殮撫族里孤兒俾之得所里中貧乏廹於催科者代爲完納道途枯骨必爲收瘞配郭氏有內範 同上

陳王化字仲宣少孤好義從學黃梅瞿慕川與新安張子遠爲忘年友事母湯盡孝雖蒸餅棗栗必就榻跪進母疾輒飲泣不止愈乃安萬歷乙卯苦疫闔門俱困化獨免母卒痛哭幾絕不食者三日夜感神人謂之曰吾憐子孝爲子揲斧驅疫旦起視斧入門寸許患者悉瘥莊失牛莊人奔告其盜牛化戒勿輕言後得實鄰右証之某願鬻子以償化曰無此事其牛已死矣其子獲全崇正戊寅督學使者王澄川優獎之子二時順定中明末皆隱居不應試 同上

梅熙春字景融性好恬退雖居市井泊如也列宮牆

二十餘載足跡不及公庭子國瑞諸生亦以淳厚稱 同上

張欽隆慶辛未歲貢篤於孝友兄弟多所玉成年四十四以鬱疾卒未廷試 辛未縣志

邢相明字長卿安樂鄉人事親孝持身介介不與流俗伍以故人皆遠之惟給諫吳亮嗣及諸名輩日夕往來以文章相酬酢數奇屢窘場屋晚年棄制藝工詩 同上

方勝大號省竹忻縣縣丞陞靜樂知縣生平以義聞劉湞水委同熊夢祥修四高樓菴亭堤梅皆所經理

也同上

陳至膚號思河嵋峨縣丞生平積善樂施好讀書年九十二猶能燈下作小楷每朔望必冠裳拜闕蓋不以小吏忘君也同上

張懋官字儀如崇正癸未獻逆踞邑數月官陷賊中賊命凡諸生皆得書名入試授僞官官獨不書名或言懋官實諸生賊怒幾罹不測及見懋官卒釋之同上

張楚芳字穉芳邑諸生性剛決語不可輒拂衣去每面折人過失人多敬憚之弟楚勝亦以妙年首童子試多奇策寇賊蠭起人必就楚勝商戰守計同上

鄭本號宏剛諸生嘗除夕有盜匿室中本危坐讀書室人辦酒漿果羞畢已就寢其人潛至厨下飲食醉飽又潛至臥所本猶讀書不輟乃匿於床下鼾聲透房屋本燭見其爲某也呼之起引至厨中手指供具分其半令速還元日妻至厨疑及僕婢本曰是吾取而餽人盛德如此丁未縣志

國朝

胡統思字恪先一玠子中康熙壬午乙酉兩試副榜其父晚患痰疾卧牀咳唾統必手承之居喪哀毀骨立督家政有條理尤好客然廉介自守邑令李延爲義學師邑子弟多所成就卒年六十七同上

朱榮世字薦三歲貢生垂髫善事父母成人弗能及嘗修家廟捐金爲宗族倡廟成捐田若干以永祭祀同上

夏文宣字聿宣少攻舉業後絕意仕進迨伯兄文緒卒於軍聞訃哀毀誓欲求原隰之裒以賊方猖獗路絕人稀乃不果憂鬱成疾同上

鍾汝義字宜先安甫子幼攻舉子業年十二歲試童子冠軍父病親侍湯藥五年無倦色父歿哀毀骨立幾不欲生母喪亦如之同上

夏大藩字豈仙諸生少失恃事父與繼母病則湯藥親嘗沒則苫塊循禮家素封遇貧乏輒周之有稱貸者不權子母縣令李贈之以贄子時謨國學孫嘉駿諸生同上

王大任字鵬雲諸生有善行同母兄陳明茂老無子任衣食之明茂死塟之高敞地姊死撫甥劉有艮姊夫死撫甥程趍犇賊入書館勸釋之不令人知後賊敗行年七十五卒子經世諸生同上

胡履亨字禮持年十五補諸生好讀書該貫宏博工詩古文辭父璧臣患足疾荏苒床蓐者十餘年亨頭

刻弗離左右事生母呂繼母趙俱孝養不衰撫幼弟友愛備至歲儉出粟周䘏隣里賴之子鴻賢國學生 同上

胡咸亨字聖觀履亨弟大父魁楚建平令建平致仕歸與邑令黃漢崕詩文唱和咸亨每隨侍黃令數以國器目之補諸生杜門自守晚築別業蒔花種竹涉獵經史客至則豪飲無算爵人服其達焉 同上

張洪節字義甫性厚重介操自如劉清水重其爲人請鄉飲不赴子佳生字坤資性至孝有盜入室執洪節坤資衛之請以身代被創幾死 同上

張傑字學先諸生以居積致富好行其德劉清水旌之 同上

程元璞有善行康熙戊午邑令潘行鄉飲禮舉元璞爲耆賓郡守戴旌其門 同上

梅修達字正邦幼失父母讀書成立家道日豊多所施予有方其貧窮將鬻妻修達完其夫婦卒年六十七子大魁國學生 同上

張懋純字孟常歲貢生不慕仕進晚卒里人爲忘機社遵袁坤儀先生所傳功過格卒年七十三立姪孫佳晟爲嗣 同上

方椐字國樞諸生生徒日衆館穀甚豐隣里貧乏者周之子之頴諸生孫治元孝友淳謹卒年九十一 同上

劉洪達字守信自理子嘉讀書能文章以父母老自任家事課弟讀書由歲貢候銓後以疾辭不就與弟洪佑承膝下歡佑以拔貢揀發河東次年聞兄病乞歸達年五十有三卒 同上

夏典字萬書國學生少孤事母晨昏不離側居喪三年處外舍撫幼弟友愛葺宗祠修譜牒足跡不入公門子有蔚國學生有濟諸生 同上

阮大訓字仲言事親孝兄弟友愛白首同居施棺木修橋梁邑令劉題扁旌獎雍正十二年奉文訪齒德兼優者以襄耕藉之儀紳士舉訓以應准給頂帶子魁光諸生學俊國學生 同上

徐之聯字士援弱冠失怙孝事寡母撫愛幼弟稟性寬厚雖以橫逆加未嘗與較族黨貧乏之贈遺恐後 同上

陳申錫字自天少失父母遭顛沛勵志讀書年及冠補諸生入國學仁厚好施篤於兄弟子四鴻乾鴻謨國學鴻俊鴻謙孫四本桂貢生 同上

方勤邦字賢獨考授州同例選以老辭不赴建玉芝亭延名師課子姪子桂諸生姪策中甲午鄉試同上

陳家晟字楚奇國學生性孝友父患痰喘終夜不寐晟衣不解帶侍奉湯藥必跪而進如是數十年母歿吞聲泣血事繼母無異所生弟家昌早卒視諸姪如己子妹家貧迎養二十餘年撫育三甥并爲婚配制祀田捐社穀修橋梁子常國學生謹厚好施克承父志次魁五榮五同上

徐之纘字演系幼孤家四壁立授徒養母甘旨克供侍疾居喪中禮兄弟友愛終身不析箸年八十卒孫

天藻諸生同上

龔必昌諸生居盤塘署府戴夢熊旌其門同上

方昱字東明先世祖雄堂任貴陽教授善課士祖正友任保昌令有政聲昱孝友性成與兄暹同居共爨家事惟兄命終身無間言族黨稱之顏其居曰怡怡堂同上

游應楚字雲輝諸生好讀書家貧乏膏火每對月吚唔不輟家近縣署足跡不入公門同上

程之桂字昇之從伯兄之彬學專一勤苦程累世淳樸之桂謹守先訓爲諸生五十年未至公庭同上

朱再然榮經子幼列宮牆旋食廩餼居家孝友檣品端方父令蜀愈自愛鍵戶讀書裹足不入城市乾隆己未學政張以優行咨部尋卒都人士多惜之同上

周錫崑字扶望邑諸生淳謹多隱德子武烈諸生事繼母以孝聞孫學棪別傳同上

陶夢熊字叶吉少攻舉業家貧爲吏考滿例補官不就退居林下放懷詩酒日與同里諸賢聯韻結社雍正甲辰制憲楊公行社倉法熊捐穀四十餘石劉令獎之曰盛世循良年八十卒同上

王世銘一名元佐諸生父暎株有隱德生子七銘其

三子也性孝侍母疾衣不解帶者數十晝夜及卒哀毀骨立父喪亦如之兄弟友愛無間雖居約好周人急人多稱之子世鋒諸生同上

朱懋乾字健行弱冠補諸生好讀書無間寒暑夜有盜入室執乾一盜疾聲曰是喜讀書者好人無加害盜遂持數十金而去家素封樂周人急堂兄某家貧乾贈以粟有姊適諸生呂懷萬抱病乾請於父母迎歸延名醫調治姊沒喪葬從厚撫其女如已出後竟以勤讀致疾卒年二十七子翼治別傳同上

范國柱爲人謹厚儒學鄧給以墓表子用立同上

胡從政字六吉諸生性端謹早歲喪妻流寇亂道值少婦願依焉政正色謝之連城橋爲南北孔道歲久圮政爲倡數月成功子之文之新皆諸生　同上

藍修倩鄉飲賓畏甫孫幼失怙事母孝生平多善行嘗夜歸遇虎當道揖之虎避道左復伴送數里而去子之翠諸生性孝友父母殁卜吉安葬獨任其事不以委兄弟歲荒出穀借貸焚其券年九十七卒　同上

奚錫經字天緯長兄病卒姪洪任甫四歲錫經竭力撫之如己出既而姪早逝又撫其子本潢教以有成族有以屋售者與之金不受券後其人復以故屋售

仍給價如初子洪範庠生　縣卷○下同

柯韞字巨珍諸生弟吉鰥於嗣息韞以爲己憂爲之禱於神已而弟生子光鑑甫四歲弟遽亡韞養而教之不啻己子後光鑑爲邑諸生

陳洪華字受彤監生孝子治國次子幼涉經史長秉家政公愼自矢人不敢干以私葺祠宇置祀田立墓碑皆捐貲爲之倡族人咸高其行誼

馮元命字永成一字恩士　雍正六年歲大祲設粥哺饑人全活甚衆里有惡少侵占其地畝元命改容禮之惡少愧悔歸所侵地長子燦字雅菴有父風乾隆二十九年大水里中義冢被衝突骼齒滿目燦鳩工修築俾完好如故

陳允元字垚文諸生兩膺房薦弟兄六人友愛無間析箸時髮鬖鬖白矣經理祠事一以至公族人無退有後言者

周報字元捷一字西園諸生屢膺房薦言行秩然肅而寬忠而能力諸子析箸時諄諄以讀書成德勉之日勿沾沾錢刀爲也其知輕重如此

董煥昴監生年十二事繼母陳氏無異所生養生送死不以前後異視周程兩學師以能盡子職許之

熊士健字曉著諸生篤學工文老而不倦然內行醇備非徒沾沾事帖括者子應龍歲貢生孫國霖廪生芹光諸生

胡士嶷字觀文諸生少孤績學以館穀承母歡兄士嵩早卒事孀嫂李氏兢兢無失禮教兩兒子少英少奇皆有成爲邑諸生

彭士博字廣存諸生每試高等屢膺房薦事庶母吳氏無異所生子錫仁國學生

徐樹禮字希夔少工文字父之潢劇愛憐之性醇樸與四兒可望閉戶讀書不屑屑家計年踰八十卒

許世錦字敬亭工隸草篆書能不失古法又嘗與胡赤韜遊討論詩律尤長於醫沉痾皆爲之起

張源濟字承易庠生自淡巴菰種入中土煙草之嗜比於熊魚源濟父母皆有嗜煙之癖源濟終日奉之惟謹既歿猶設於靈牀左右不以存亡而異

胡士翰字酉林監生隣人武庸績年老子亡夫婦煢獨士翰周其空乏使不失所及庸績卒身任殯瘞又養其妻梅氏於家始終賴之

胡鳴輔字愼哉邑諸生事兩繼母克盡孝道異母弟六人怡怡一堂叔砥菴早世遺孤四歲輔爲撫育二

十餘年不負所托逄厲疫捐藥濟人子杰亦諸生入齡失恃其事繼母翟干友愛諸弟皆不愧先人云

方世鏷字宣聲乾隆庚午武舉前母張氏無出立姪世銘爲嗣及世鏷兄弟生父令柝爨世鏷曲盡友恭婉求合爨及兄子源入邑庠始異財焉

劉桂附貢生偶買一婢聞其巳字人還之不問値

劉超儼字人望乾隆辛巳大水民乏食梅邑有鬻妻於官媒者儼捐金十六兩贖歸俾得完聚孫衍洙生監

張開羣號龍溪諸生胞叔士鑣夫婦相繼早逝遺弟二人開羣撫養教讀克保其家

廣濟縣志卷九之七

藝術

明

胡獻琛字克忠一字少溪幼業醫以疾來求治者輒效有饒秀才病酒伸頸期期不能出一言久之無聲他醫張皇獻琛曰是火在經絡投三劑而愈萬歷癸卯邑大疫製藥救活萬餘人縣令尚詳撫按給與冠帶後凡四方求者不較所酬人各厭願而去丁未縣志

蔡紹夔字惟益年二十餘卽精通醫理治蘄州張布政疾立效以術可回天四字顏其廬後荆王患痢症

諸醫罔治聞夔名遣使召之一服漸解數劑而疾全愈荆王贈以百金藥刀并藥研額云醫冠楚黃自是名震一時郡城紳士爭迎之歸過蘄州荆王延入問曰先生再造之恩銘刻不忘先生其欲富乎欲貴乎夔對曰富貴非吾願家有敝廬足蔽風雨薄田數畝足供衣食訓子孫務農桑致足樂也荆王益重其品令人送石碌一條上刻荆王賜三字更賜號曰省玉年逾七旬謝人事專事内養年老面色如童八十餘歲卒曾孫洪梧復以醫著辛未縣志

朱顯綬字熙菴少有隱德喜讀書尤深於易精卜筮

常學丹術於王雲鵠登樓設榻足不履地者數年自是解觀天象知世變有幾先之哲避亂江濱人士依之以安　丁未縣志

趙煥字克章號四休居士六歲父死母苦節撫之十歲知書畫殫知慮以盡其妙遂以書畫名世張太守步雲嘗云寇巨源詩趙克章書畫可稱雙絕　同上

趙飛鑰邑諸生字柱石號一菴道人畫邑中八景圖殊精絕　同上

國朝

藍生挺字是傚諸生自少好形家言讀書有得則走

山巔徧觀前朝兆域以自考驗聞某地山勢奇秀即策蹇裹糧以從出遊江漢間縉紳士大夫爭致爲上客吉安趙公署齋先是宦此者多齟齬以去是傚指署中某屋宜添某所宜去安福縣登賢書輒三五人後寢衰或數科始售一人是傚與令步學宮傍忽止步立而語令曰是必有異令使人掘之果得古溝兩傍石砌宛然是傚曰吾書中水法極備開此溝科名復盈矣令如言是科售者五人趙亦陞僉事去　存實堂稿

熊浚字如章年十七爲諸生善醫術求者甚衆不責其報人多德之　辛未縣志

胡錫鼎字永祚家世以儒醫著鼎生平以施濟爲事凡抱疴來求者不辭勞倦病愈不責謝人故爭趨之鼎堂弟繼武幼孤鼎撫之無異同父既成立給田數十畝令其祭祀衣食無缺有妹二長適王夫婦俱早喪遺一甥無依鼎爲之撫養婚配次適諸生黎淳治嫁數載即寡居且乏嗣凡菽水衣食之資鼎不時餽送焉年八十七卒子洪韶　同上

查啟嘉字子吉幼攻舉業屢試不售精於醫心存濟人不計貧富子覲光　同上

趙正煌工畫馬邑中人至今猶寶之嘗娶妻入門時知其本夫尚存乃貲而遣之已復娶老婦竟生一子　縣卷〇下同

閔貞字正齋始居縣之武穴鎮父母既沒求遺挂不獲乃手描得之遂工寫眞傾動一時卿大夫題其所作奉饌圖至目爲閔孝子

目錄

廣濟縣志卷十

列女

劉子政始傳列女范蔚宗因之固不獨紀節烈也然國制所褎名義至重歷代史傳皆不得而畧焉丁未縣志纔載六十餘人至辛未八十年間已五倍其數今相去四十餘年又增五之四千秋芳烈璀璨行間謹大書姓氏而以事實分注於下其賢媛則仍附於後云

明

徐宗妻朱氏年二十一守節洪武中旌○明一統志

蔡永忠妻王氏夫卒姑逼改嫁氏赴水死瘞於水滸是歲大旱陳愷爲之改葬雨隨降○同上

何儀妻張氏年十六儀卒撫姪華宗守節正德中旌年九十七卒○黃州府志

程啟妻查氏年十九夫死守節至七十七歲終○湖廣通志

張鳳妻劉氏鳳死氏年二十無嗣齧指自誓始終一節年八十卒○同上

徐九敘妻張氏年十九夫死殮時裂鏡納其半於棺誓無他志以節終裂鏡詞云夫鏡照妾心妾心死不變妾鏡照夫魂夫魂飛不散百年霜雪姿獨對寒天怨○丁未縣志

董傑妾李氏宜隸人初傑攜嫡寓京生子松甫周歲復娶月餘傑嫡俱亡氏年二十家人欲奪其節氏剪髮自誓歸夫及嫡柩於廣濟撫松成立事聞旌表○湖廣通志

張價妻劉氏價嘉靖庚子舉人浮梁教諭轉國子學錄未幾卒劉扶櫬挈孤歸里家故貧志

節益堅撫子琈爲諸生○丁未縣志

生員張鈍妻饒氏年二十餘夫卒無子守節以終○湖廣通志

張養孩妻趙氏孩性嚴急趙事之謹夫死撫兩孤事姑以孝聞○丁未縣志

胡嬌妻邢氏胡煥妻李氏胡敏德妻張氏邢早寡無子撫姪敏德爲嗣苦節數十年事聞獲旌嬌族弟煥妻李年十九撫遺腹子敏德爲諸生復早卒妻張氏撫姪承祀事姑以孝聞○湖廣通志

楊洪宇妻梅氏年十九夫卒遺孤僅三月父母欲奪其志氏以死自誓年五十卒○同上

鍾聲純妻董氏媳蕭氏董年二十生子僅一月夫亡孤長娶蕭氏生孫而子又亡蕭侍姑四十餘年董年八十九乃卒○同上

胡乙丑妻張氏年十八夫亡守節撫遺腹子順時成名年八十卒○黃州府志

廣濟縣志　卷十　明　列女　二

饒欽賭妻劉氏二十二夫死守節四十餘年獲旌○同上

翟斯岡妻張氏割股救夫守節以歿○同上

劉季忱妻陳氏二十四守節九十六歲卒○丁未縣志

粱我雲妻岳氏程元遜妻彭氏程希尹妻周氏程元憲妻陳氏程希契妻劉氏程才妻童氏張鞏基妻程氏俱早寡苦節終身○湖廣通志

張尚宗妻胡氏早寡父母欲嫁之不可孀居四十餘年○丁未縣志

舉人楊大鰲妻盧氏二十六夫亡遺孤甫十月氏矢志撫之守節三十年○辛未縣志

張淦妻程氏淦字凝湘中萬歷戊子副榜尋卒氏年二十六苦節自勵九十餘歲乃卒○辛未縣志

張楚芳妻吳氏年十九夫亡守節三十八年卒○以上節婦

潘龍躍妻唐氏崇正十三年避賊靈杲山賊至加刃龍躍歷索錢唐跪泣乞以身代夫不許女巽跪泣乞以身代父不許唐知夫不免投于塘女從之賊愴然釋其夫○明史列女傳

楊啟顏妻王氏夫病值流賊至氏侍側不離賊扶其夫氏以身翼護之掠之行見他婦皆縛馬上因紿賊曰吾何逃第劊重不勝再縛賊令乘馬行十餘里躍入道旁塘中越兩旬自塘直立面色如生○湖廣通志

查文生妻王氏姑病氏不離床褥流賊至被執不從遂遇害○同上

張成見妻劉氏罵賊被殺○同上

黃伯常妻魯氏流賊執欲污之氏罵不屈亂刀裂之○同上

廣濟縣志　卷十　明　列女　三

劉孟秩妻鄧氏流賊至偕女貽避於縣北事急投塘中賊追之不起○同上

饒燮中妻張氏饒起臣妻黃氏左兵東下張與媳黃氏俱爲所執張以所佩小刀自殺黃赴水死子起臣被繫逃歸尋母故處亦悲號而死○同上

饒牧夫妻劉氏張明育妻徐氏吳敏功妻王氏楊齊聖妻劉氏饒帝臣妻徐氏吳敏師妻劉氏俱遇賊投水死○同上

鍾儉甫妻陳氏饒全中妻梅氏胡是恭妻饒氏俱遇賊不辱罵賊被殺○同上

田廣生妻張氏避賊入棘中賊牽之不出遂倒曳之頭面破裂復被支解○同上

劉仲霖妻胡氏夫歿撫遺孤守節被賊執不屈賊奪懷中兒拉殺之氏愈憤詈賊撞以巨

挺腦裂而死○同上

周士龍妻費氏從夫避賊皆爲賊所執屢促夫去曰女子死則死耳丈夫獨不見幾乎士龍逃賊殺之○同上

呂彰美妻胡氏年十九夫亡撫孤爲左兵所執泣謂隣婦曰吾死矣幸視我孤兒語訖赴塘死隣婦感激亦死○同上

馮如集妻龔氏被賊執詭曰珍寶埋林中汝取之釋我可也賊往即將所佩刀自刺死○同上

張簡熙妻程氏舅姑俱陷賊氏毎滂泣悵望流賊至偕夫避深澗中賊搜得之乘間溺死○同上

許惟高妻江氏遇叛卒百計不屈賊先割其耳刃其背食其心乃死○同上

向日啟妻施氏小字蓉姑偕夫避流賊至斷水謂夫曰賊嗜殺書生携少婦能兩全乎君善自保翌日經池邊躍入死之向倉卒揮淚而去寄籍成都子廷賡丙子舉人官巴陵縣知縣○同上

朱邦僕妻曹氏事舅姑孝年三十無子納妾於夫生一子遇賊不屈被殺○同上

王凝鼎妻張氏避賊於殿衝砦砦破不爲賊屈投波縊洞岩不死子秉鉞後任貴州守備順治中贈恭人○同上

饒殉哥妻吳氏蒼石女適饒逾歲夫死守節舅姑不能奪避賊山中常懷利刃以防不測遘疾自知不起一日晨起盥沐更衣登輿坐積薪中火起合掌而逝○同上

劉官玉妻黃氏幼適劉劉早卒氏撫女守節避兵湖上携女及數婢同舟舟膠淺黃見勢急與女婢同投水死經三伏顏色如生○丁未縣志

李日逵妻陳氏崇正乙酉春遇寇赴深潭死侍兒從之○同上

趙家鼎妻徐氏死節赤砦○同上

郭存仁妻吳氏遇賊死節○同上

諸生張寅熙妻王氏媳王氏孫媳馬氏寅熙侍母避兵向家冲母卒寅熙繼卒王年二十五携子隹蘊逃竄山谷後徙居午湖隹蘊補諸生早卒媳王年二十五與姑同守其子錫衮衮又卒媳馬氏年二十九撫子元耀守志時稱一門三節○同上

生員楊戎妻朱氏同夫避寇夫亡寇廹城下氏計出夫柩藏家譜遺像于懷携二子縋城以免守節四十七年卒○同上

劉滋妻徐氏滋赴陝幕卒于忠州氏截髮茹苦事舅姑撫孤及三孫闖賊南竄氏年七十駡賊死○丁未縣志

胡汝行妻劉氏適胡數載夫亡流賊充斥氏避兵深山爲賊獲不屈遇害子皆祚皆仁○以上遇寇守節

楊貞女九姑永樂時永東鄉楊恩女幼字雷姓未醮而寡誓不再嫁父母曰他日若不終節當付之烈燄女因刺一目以見志年九十六卒○湖廣通志

胡烈女胡太僕女字周氏爲繼母所誣投江死屍浮出逆流而上衆咸寃縣令夏可雷爲白其事○湖廣通志

張氏二烈女一名福嫚舉人張伯瑜女隨父避兵見執鞭之流血駡不絕聲遂被害張科甫女亦被賊使乘女遂乘馬詈不介意至門首投塘死初兩女共誓不辱果踐其言○同上

張烈女父順早死女許聘未嫁流寇至自縊賊見而蘇之女怒駡不屈被殺至慘○同上

樟樹女女年及笄賊欲犯之女抱樟樹大駡曰我父母弟妹俱死汝手汝吾仇也有死而已賊覓

其志不移揮刃而死血着樟樹姓氏失傳因稱爲樟樹女云○辛未縣志

梅烈女孔木女隨父母避兵午山湖女被執縛馬上罵不絕口賊殺之遺屍笠兒腦道旁

查烈女勝姑用珍女隨兄避兵沙河被執脅以白刃不屈賊繫之至橋頭觸橋而死

張謙之女㚖陷賊罵不絕口被害○以上貞女烈女

呂楚蘭妻李氏幼爲父吮疽宗族稱之有司復其家○湖廣通志

呂國珍妻劉氏呂聲瑤妻于氏劉未嫁時父母病前後割股療之于氏亦爲姑割股焉○同上

吳亮嗣妻胡氏胡聯岡女十八歸吳結褵之三日郎解耳璫資舅姑薪米食指數十人悉營辦之值大寒氷雪卽脫服禦姑之寒而自啖蔬食单亮嗣久不過氏力貧支掠及亮嗣擢給事中乞養不遂氏馳歸躬調藥餌飲食必親奉厠牏未嘗假手浣濯姑卒擗踊如禮訓諸子以孝廉子不

巽已出年五十卒

金之純妻李氏有節操明大義當興安之圍之純將乘城與氏訣氏指後圃古井日公毋內顧吾得死所矣及之純卒於官氏間關歸葬於楚歲時懸夫像率二子哭奠田不盈百畝茅屋數椽與兒子二人共之遵夫志也教子如嚴君年四十六卒

張金和妻劉氏劉養素女金和少多病家人生產業氏身任之已從金和宦于外十年歸乃更以貧闔避兵蘄州嫌竊錢粟居停人告氏氏日予知之但刻政不得下和顧無令多盜耳年八十五卒

陳尚簡妻伍氏事舅姑孝明末流寇薄邑隨夫避兵江南夫死藏其屍深谷中兵熄歸葬于鄉躬耕紡績育遺孤娶媳生一孫未幾子媳俱夭氏辛勤撫孫以綿宗嗣

饒嘉會妻徐氏父赤山無子特教女故氏自幼授書事文翰不肖爲家人鉛澤刺繡長適饒夫四十無子氏勸之妾及納妾而生一女氏慰之曰是命夫然當得佳偶何必自生子哉擇婿得劉醇驥甫五齡氏一見奇之曰此百萬無雙他兒臧罔滿權奚盈卽留居親授句讀每與語古人大節饒世學而豪於酒不甚理家事內外皆氏整理家政肅然年五十卒○芝在堂集

張楚偉妻徐氏氏未生時夢緋衣貴人來十日生氏父存吾絕憐之聞楚偉雅才致遂聘焉初存吾之宰蘄州也氏十歲存吾病氏烹割臂肉存吾大痛恤十二能詩文於經史外一無所好及存吾丞蘇州楚偉就婚焉明年歸鄉試氏作詩送之曰送君入楚江悠悠歸路長一去隔千里夢魂伴瀟湘次章曰送君入楚城攜手淚縱橫安得衡楚者墨池近北溟書法森森入古歸楚道過京口報父書云四時之序成功者退山林觴詠暢敘幽情何必紆青拖紫乃稱貴乎他日存吾哭女詩有渡頭分手處京口寄書時之句卽是書也旣歸張布衣荆笄事舅姑惟謹庚戌夏生子仁熙未彌月氏遘疾脫玉彄環繫兒臂爲讖語以囑楚偉未幾卒年十九○白茅堂集○以上賢媛

總計節婦烈女賢媛共八十有七人

國朝

生員朱懋乾妻王氏年二十餘夫卒事舅姑盡孝撫八月遺孤翼治由歲貢官兵部員外郎雍正元年建坊○湖廣通志

劉子杜妻王氏二十五夫卒六閱月生子王乘事舅姑克盡婦道歲歉或勸鬻僕以濟氏不忍各遣歸宗守節五十九載雍正三年建坊○同上

田逢聖妻熊氏呂某妻田氏年二十適田生子本文甫三歲夫病革謂氏年少奈何氏取刀斷髮以示不二夫卒閉戶自經姑救甦貧苦守志女適呂彌月夫亡亦守節終身氏以雍正四年建坊○同上

生員張叔由妻陳氏夫卒諄諄以孤爲托氏刺血自誓祖姑及姑均未葬同夫柩力

厝之教子佳璟孫淳皆成名苦節四十三年卒雍正四年建坊○同上

胡士跡妻陳氏二十二夫亡無子立姪鍾復爲嗣姑患足疾氏朝夕扶掖稍劇則侍立達旦雍正九年建坊○同上

朱如竹妻胡氏夫早亡撫孤成立苦節四十七年乾隆元年建坊○同上

李大成妻周氏二十一夫亡勤紡績以事舅姑守節五十一年乾隆二年建坊○同上

湯右章妻項氏二十四夫亡撫孤景文守節三十六年乾隆三年建坊○同上

游錫封妻干氏撫孤楚義守節五十一年乾隆三年建坊○同上

程大德妻鞠氏適程三年夫亡守節三十八年乾隆八年建坊○同上

生員熊啟漢妻武氏二十七夫亡撫姪爲嗣孝舅姑守節三十九年乾隆四年建坊

建坊

柯應棟妻張氏年二十六夫亡守節四十二年乾隆四年建坊子承緒康熙戊午副榜○同上

梅汝和妻張氏二十六夫亡守節三十年乾隆五年建坊○同上○辛未志闕

藍季爕妻馮氏二十一夫亡守節六十三年乾隆五年建坊

生員藍炘妻劉氏年十九夫亡立姪生琎爲嗣守節五十一年乾隆五年建坊○辛未縣志

張士文妻周氏二十六夫亡撫孤成立乾隆五年建坊○辛未縣志

胡之信妻周氏二十一夫亡孤又亡立姪承祀守節四十一年乾隆六年建坊○同上

監生劉洪德妻程氏二十九洪德赴北闈卒氏與妾厲矢志守節乾隆六年建坊○嗣子恩沛孫煥采皆早逝煥采妻蔣氏亦立嗣守貞○同上

方世欽妻李氏二十三夫亡撫孤運濟守節三十三年乾隆六年建坊○黃州府志

李如俊妻舒氏二十四夫亡無子撫姪其五爲嗣乾隆七年建坊○辛未縣志

張心源妻金氏夫亡守節乾隆七年建坊○同上

生員向懋妻陳氏二十二夫亡孝事舅姑撫孤成立乾隆七年建坊○黃州府志

監生朱榮芝妻馮氏二十五夫歿事祖姑舅姑盡孝守節五十三年乾隆八年建坊○同上

監生干景伊妻程氏十九夫亡守節三十六年乾隆九年建坊○同上

監生葉自新妻李氏二十八夫亡事舅姑以孝聞姑歿事繼姑尤謹守節三十八年乾隆九年建坊○辛未縣志

徐樹揆妻張氏生員徐樹倫妻劉氏徐樹儀妻吳氏

建坊

俱年二十餘夫亡娣姒同心矢志一門三節乾隆十年建坊○黃州府志

費文中妻曾氏二十七夫亡苦節五十六年乾隆十年建坊○同上

董煥斗妻胡氏十八年夫亡持躬勤儉孝事舅姑守節三十四年乾隆十年建坊○辛未縣志

董煥愷妻方氏二十六夫亡守節三十五年乾隆十年建坊○同上

饒岳中妻程氏二十二夫亡守節三十三年乾隆十一年建坊○同上

監生藍之鳳妻張氏二十六夫亡守節三十九年乾隆十二年建坊○同上

呂御添妻田氏二十二夫亡守節三十八年乾隆十三年建坊

藍士絳妻劉氏二十一夫亡子未及周氏苦節撫之成立乾隆十四年建坊○辛未縣志

劉洪緒繼妻陳氏二十夫亡守節撫前子如已出乾隆十四年建坊○辛未縣志

鍾開仁妻田氏子恒次妻周氏孫永佳妻張氏田氏二十八夫亡撫遺腹子恒次守節四十二年恒次妻周氏二十三夫亡守節三十一年永佳妻張氏二十六夫亡守節三十九年三世節孝乾隆十六年建坊

張貞女生員張朝冠女幼字毛寅寅以遊學莫知所終氏矢志守節終身乾隆三年建坊○辛未縣志

胡嫒姑幼字張聖交未嫁而聖交病革女知不起更衣束髮自縊死父母環哭之目不瞑姑至撫其心有聲䃱然血出蘸姑衣遂瞑乾隆四年建坊○黃州府志

呂烈女名時大佐江女字王二和未嫁夫卒女聞訃自縊乾隆五年建坊○同上

張貞女德靜未嫁夫亡矢志守節乾隆五年建坊○同上

郭貞女生員應棻女幼字張楦芴未嫁夫卒女矢志守貞依父母以老乾隆八年建坊○同上

李貞女結姑幼字劉季未嫁季卒矢志不字乾隆八年建坊○同上

舒貞女仁公女字徐巨臣子年十八徐子亡女守貞三十五年乾隆十年建坊○黃州府志

彭貞女彭草臣女字解維翰年十七未嫁夫亡女聞計奔喪守貞三十六年乾隆十一年建坊○同上○以上舊志已建坊節婦貞女烈女

總計四十有八人

吳敏權妻饒氏舉人饒嘉元女適吳朞月夫死氏茹苦撫遺腹子兆烈○丁未縣志

呂鳳敔妻潘氏生員復亨女適呂五月而寡茹苦撫孤子孫俱夭窮守終身人咸憐之○同上

干應試妻李氏應試壬午舉人早歿氏年二十七以節自矢○同上

彭復一妻劉氏逵卿女二十而寡無子歸依父母孀節數十年卒○同上

陳暹生妻胡氏年十九夫死潔身抗節○以上舊志未建坊節婦

總計五人

夏日瑁妻胡氏弟日玖妻蔡氏胡年二十九夫亡子有慶方四齡先二年瑁弟玖卒蔡年二十八娣姒同心守節乾隆十七年建坊

監生陳中錫妻胡氏生員士奎女二十一適陳夫亡守節四十年乾隆十七年建坊

劉光珆妻陳氏弟光亨妻查氏陳二十五夫亡撫子懷五成名堂弟光亨亦早卒妻查撫姪超亰爲嗣并乾隆十七年建坊

周源禮妻劉氏二十九夫亡撫子楙相成名乾隆十七年建坊

劉斯世妻查氏二十二夫亡苦節乾隆二十二年建坊

胡洪熙妻游氏二十一夫亡孝養孀姑守節五十六年乾隆五十六年建坊

陳洪卓妻藍氏二十六夫亡孝事孀姑撫孤成立乾隆二十一年建坊

胡士莘妻周氏二十夫亡無子立姪爲嗣嗣又亡立洪順承祧事舅姑盡孝乾隆二十三年建坊

干允省妻彭氏生員永文女十九夫亡撫姪實苞爲嗣乾隆二十八年建坊

張懷遠妻伍氏二十三夫亡孝事舅姑乾隆二十七年建坊

武正鈞妻方氏二十二夫亡守節三十七年乾隆二十八年建坊

舒健行妻胡氏二十三夫亡守節三十七年乾隆三十四年建坊

監生朱本經妻吳氏世典女二十三夫亡撫姪光炯爲嗣乾隆三十四年建坊

張維輔妻江氏維翰妻殷氏並早年夫亡無子守節乾隆三十九年建坊

董升士妻郭氏監生郭泰女二十二夫亡守節三十八年乾隆四十一年建坊

趙安塤妻徐氏早年夫亡守節三十九年乾隆四十一年建坊

查錫鵬妻呂氏二十一夫亡立姪爲嗣守節四十三年乾隆五十三年建坊

張淳瑞妻方氏貢生運濟女二十二夫亡撫姪爲嗣事舅姑孝乾隆五十四年建坊

查萬選妻王氏夫亡守節夫弟強逼改嫁不從投塘死乾隆五十五年建坊

潘能任妻陳氏能任外出氏獨宿潘勝加乘間圖奸氏義憤填胸捐軀明志乾隆五十六年建坊

陳烈女細大聖謨女因陳扶五圖奸羞忿自縊乾隆二十一年建坊

居烈女懿姑昌泰女未嫁夫亡以死殉節乾隆二十二年建坊○自辛未志以後至五十六年已建坊節婦烈女

總計二十五人

張楚英妻夏氏十九夫亡守節媳董氏孫媳郭氏俱早寡矢志○辛未縣志

程在高妻陶氏二十夫亡撫孤守志○同上

呂安度妻馮氏二十二夫亡守節

胡致中妻楊氏三十夫亡族人迫嫁之氏投江其兄赴救得免子其舜諸生

毛鈇昌妻胡氏監生綸亨女二十二夫亡守節前縣張給扁示獎

藍翠皇妻王氏二十八夫亡守節

貢生蔡永治妻劉氏生員懋綸女二十六夫亡撫遺腹子士標守節

魏芝芬妻陳氏十九夫亡撫孤尚惠爲諸生孫洪任監生

程宗五妻李氏二十三夫亡無子守節縣尹立墓碑表之

胡質生妻潘氏二十五夫亡守節

張錫山妻王氏二十二夫亡撫周歲子淳英守節

胡繼宗妻龔氏二十四夫亡守節

柯廷任母劉氏生員洪玗孫女年二十五夫亡守節事姑以孝聞

張扶友妻魯氏二十三夫亡撫遺孤剛克成立事姑以孝族黨稱之

諸生張時巖妻吳氏年二十四夫亡守節

張家獻妻田氏田文子女年二十五夫亡守節子愈奇

諸生張錫瑧妻胡氏子淳厚妻陳氏胡氏年二十九夫亡守節子淳厚又早世媳陳氏年二十二撫八月孤林幹成立皆以節終

張錫嵐妻陳氏二十五夫亡守節姑周病臥氏身爲扶持歷三年如一日氏年六十抱病臥床其子淳壽媳伍氏朝夕奉飲食洗穢垢亦如氏之事姑焉

諸生楊國遇繼妻劉氏年十八適楊未朞夫歿或勸之易轍引刀破面以見志撫遺孤前令給扁示獎

張錫恭妻桂氏性至孝姑陳疾篤氏籲天求代夫歿百計求死不得撫孤守節不茹葷者四十餘年

諸生彭之緒妻張氏諸生張佳翥女年二十六夫亡苦節六十年子士坤國學

國學彭士坤妻梅氏國學梅宏中女年二十四夫亡苦節三十九年子銘國學

饒質甫妻舒氏舒祥瑞女年二十二夫亡守節六十年子杲會孫承信諸生

張錫光妻胡氏年二十六夫亡守節

諸生陳耀賓妻李氏貢生李三灣女年二十四夫亡守節三十四年子錫熙孫鴻文

李常芳妻劉氏劉懷甫女年十九適李奉舅姑以孝稱踰年夫亡無子苦節四十八年

徐樹楫妻張氏 縣丞士拱女年二十一適樹楫八載夫亡苦節卒年八十

饒承天妻徐氏 諸生之滋女年十九適承天八載夫亡苦節二十八年子振翼國學孫三

生員胡熙成妻姜氏 初熙成父士完以諸生援例授臺莊守備卒於官時熙成及弟總成俱幼柩歸不克葬及熙成夭無子氏葬舅於先人塋書屋旁誓志守節垂五十年

吳恒公妻李氏 瑞先女年十八適吳恒公四載夫亡苦節三十八年

生員王遴年妾簡氏羅氏黎氏 王妻查生二女蚤夭簡羅無出惟黎生女甫二齡遴年歿三氏同心矢志誓不他適茹素撫女四十餘年黎女適楊日進生子承綜官嘉興令

吳紹蘇妻張氏 張天倫女年二十五夫亡子桂廷復夭氏辛勤撫遺腹孫爲高成立

陳西庚妻周氏 周和甫女年三十夫亡無子守節五十八年

居漢雲妻余氏 余會友女年二十九夫亡苦節三十四年子名安吉

劉櫟睿妻李氏 李啟然女年二十二適劉越七年櫟睿墮水死氏聞信沿河號哭經三晝夜尸乃出氏生一子三年而夭乃携二女倚夫堂兄禹文未幾禹文亦殞嫂出帷氏卒撫禹文子戴成立年七十三終

劉帝輿妻吳氏 諸生吳公準女年二十夫亡無子守節四十九年

諸生郭永搆妻李氏 舉人必泰女年二十一歸郭越三載夫亡無子以頭觸床柱血淋漓殞而宗黨哀之

張佳嵩妻陳氏 年二十七夫亡苦節五十一年

朱雲占妻呂氏 呂廷獻女年二十四夫亡遺孤珍治甫數月氏撫孤守節五十一年

張文克妻李氏 幼適張張久染足疾卧床不起者十餘年氏事之無怠色年二十九夫亡所生一子復夭守節五十年

朱乾士妻郭氏 郭助榮女年二十一夫亡守節三十一年子本鰲

干榮九妻樊氏 樊燎章女年二十二夫亡氏守節立姪中鰲承夫後

朱特嘉妻樊氏 樊守先女年二十八夫亡守節三十二年子行健

諸生陳懋運妻干氏 諸生干君愉女年十六適陳生二子二十四夫亡守節六十年

朱世方妻郭氏 郭雍熙女二十二夫亡守節三十四年立姪冠楚爲嗣

吳帝助妻干氏 貢生干鳳元姪女年二十一夫亡守節三十年

熊如龍妻樊氏 年二十九夫亡守節五十二年前令給冰心鶴髮扁額表其門

張坤儒妻楊氏 諸生楊國遇孫女年二十二夫亡遺孤未周歲氏矢志守節

胡士嵩妻李氏 諸生李鴻來女年二十六夫亡苦節五十二年子少英諸生

諸生張錫爵妻樊氏 樊榮美女年廿九夫亡無子守節四十九年前令給扁表其門

吳陽昇妻王氏 王岱有女年二十四夫亡無子守節三十三年

諸生董鴻儒妻李氏 年二十六夫亡撫遺孤禮賢成立守節五十年

胡次臣妻張氏 年二十三適胡夫歿子甫二歲矢志守節家貧舅姑亡遺孤又歿貽薄產爲諸姪所攫取困苦不堪守節五十四年前令給扁表其門

諸生胡鴻仁妻吳氏 國學吳兆岐女年三十夫亡守節三十八年

胡裕昌妻舒氏 舒象公女年二十五夫亡無子事舅姑孝家貧勤紡績以供甘旨守節三十五年

國學許琮妻劉氏 國學顯生女年十九夫亡無子立堂姪獻魯爲嗣年未五十子媳俱夭遺孫遐甫四歲氏撫之辛勤備至

宋方懋妻胡氏 胡淑之女年二十四夫亡守節三十八年子錫蕃

魏士超妻夏氏夏成九女年二十一夫亡守節三十二年子若哲

阮會人妻張氏張公遜女年二十夫亡無子氏誓志守節立族姪三生爲嗣

張輝永妻郭氏郭生宮女年二十三夫亡苦節三十八年

游錫洪妻劉氏劉之程女年二十九夫亡守節三十二年

諸生饒承恩妻王氏諸生王樞女事繼姑毛以孝稱年二十五夫亡守節四十八年子振相

蘇周南妻朱氏朱永符女年二十九生子一夫亡守節四十年

諸生李如山妻梅氏諸生梅乃來女年二十八夫亡守節前令給匾表其門

張時正妻蔣氏國學蔣夏有妹也年二十六夫亡撫遺腹子守節

于爾奎繼妻武氏武扶日女年二十六適于甫三日夫亡侍公姑撫育穉子守節四十

八年

陸長友妻吳氏吳玉賢女年二十七夫亡無子守志舅姑歿氏經營喪葬如禮年五十一

歲卒

黎握臣妻鄢氏事舅姑孝年二十七夫亡撫諸子成立

胡瑞益妻秦氏年二十夫亡撫遺腹子守節

王省安妻龔氏洪遠女年二十三夫亡無子撫姪九章爲嗣

伍丞謨妻張氏貢生成熙女事舅及繼姑孝年二十一夫亡撫孤子體元守節

張敬侯妻李氏年十九夫亡苦節五十三年同居六世內外無閒言

張孟哲妻桂氏年二十夫亡守節病篤不受醫胗子天圭於氏爲繼母極孝養族黨稱之

向日章妻田氏年二十八夫亡矢志守節奉二老以撫遺孤苦節四十五年

向禹甸妻李氏克仁女年二十五夫亡無子苦節四十五年

劉光騰妻張氏貢生鋐基女年二十五夫亡守節撫孤超學爲諸生

夏時會妻邢氏年二十六夫亡無子立姪衡璣爲後生孫應隆甫七歲而衡璣夭氏與媳

陳共撫孤成立

龔鼎玉妻劉李氏黃梅劉信甫女年二十六夫亡苦節四十九年子永久

彭建章妻項氏諸生項士琦女年十八夫亡撫遺腹子成立卒年八十有九

彭銘妻石氏黃梅諸生石宏基女年二十三夫亡守節二十二年子二本澄本淮

于效瑾妻吳氏吳少艮長女年二十八夫亡守志苦節二十八年子忠劌

張源仕妻劉氏劉宜中女年二十三夫亡生子順元甫三月矢志撫孤守節數十年

周日白妻李氏年三十夫亡苦節三十年子廣

李舍子妻喻氏年三十夫亡苦節四十五年孫廷桂國學

張楹正妻蔣氏年二十六夫亡苦節五十二年子友光國學

諸生陶愷占妻馮氏年二十夫亡舅爲擇配氏不從一日舅卒迎者至門氏操利刃

欲自殺衆懼乃散氏乘間奔母家舅知志不可奪

以禮致之歸氏既歸事舅如父值歲歉躬鋤禾暴

日中自茹糠糲留米以飯舅苦節六十年

居玉林妻夏氏年二十七夫亡家貧事舅姑以孝稱撫孤成立守節五十七年子一孫五

陳家昆妻吳氏年十六適陳事舅姑孝越數年家昆卒有二子氏守節數十年撫其子成

立子光國光岳

張士鐵妻王氏年二十四夫亡誓志苦守撫兩孤成立卒年四十有八

諸生夏濬妻胡氏諸生胡俊女年二十一夫亡無子奉孀姑惟謹立族姪協以奉祀卒

年四十歲

諸生文啟甲妻方氏 方獻珍女年二十七夫亡事舅姑以孝稱撫孤子宗清爲諸生

劉相妻吳氏 吳世位女年二十三夫亡守節二十八年子煥仁煥義

彭洪濟妻劉氏子榮杲妻董氏 劉氏事姑孝年二十三夫亡守節立二姪榮杲榮杰爲嗣未幾杲卒其妻董氏誓以死守

熊宜泰妻喻氏 事舅姑孝年二十一夫亡苦節四十六年子兆渭

陳洪序妻劉氏 諸生劉相女年二十四夫亡守節後遭舅姑及伯叔相繼六喪皆氏辛勤營葬孫昌諸生

范宜周妻胡氏 年二十八夫亡撫孤守節五十四年子有山

陳樹韋妻郭氏 年二十夫亡無子守節四十五年

蔡學綸妻施氏 年二十三夫亡事舅姑孝紡績供甘旨守節數十年子時遠

諸生陳激昂妻胡氏 年二十九夫亡撫孤守節

蔡士資妻陳氏 年二十二夫亡矢志守節家貧灌園紡績以撫遺孤卒年六十七

陳紹坤妻郭氏 年二十一夫亡氏方孕踰七月生子天祐氏撫孤守節三十八年

熊仲臣妻萬氏 年二十三夫亡生子甫五齡舅姑俱歿無可依者氏矢志守節母方欲奪其志氏聞之入園拾蔬赴塘死有孫名善鑑

陳洪爽妻張氏 諸生張堤妹年二十二夫亡守節五十年

伍用享妻張氏 蘄州貢生無他女年二十二夫亡無子立姪承澤爲嗣苦節五十年孫干飛國學生

方敬常妻舒氏 舒雲鵬女年二十三夫亡苦節五十八年次子懋德廩生孫志汪諸生

殷光璨妻張氏 張公玉女年二十二夫亡苦節

李仁公妻張氏 諸生昌運女年二十五夫亡遺孤中光甫一歲氏矢志守節前令給額表之

劉裕生妻陳氏 蘄州人年二十九夫亡守節五十一年

諸生周應億妻張氏 饒升女年十七歸周夫歿氏年二十一無子守節六十四年

周日曦妻陶氏 年十七歸周事舅姑無惰容越六歲而日曦卒氏撫孤成立

饒子輿妻李氏 年十九夫亡無子守節以終

夏應勇母程氏 年二十七夫亡遺孤生四歲晝夜紡績給衣食苦節三十三年

蔡學喇妻呂氏 諸生先次女事舅姑以孝稱子時迎甫三歲年二十四夫亡守節卒年六十有三歲

吳景湘妻張氏 張爾才女年二十四夫亡守節四十年子德盛

陳華國妻李氏 李篤周女年十九夫亡或勸之易嚮氏引刀自割繼姑郭救之得免苦節三十四年

藍之錦妻郭氏 年二十二夫亡守節撫四歲孤士坦成立爲諸生

陸永思妻吳氏 吳康子女年二十八夫亡守節

文咫天妻吳氏 貢生兆烈女年二十二夫亡守節

張文仲妻馮氏 值寇亂抗節不屈死

徐月恒妻陳氏 君龍女年二十三夫亡撫週歲孤守節

吳小蓍妻張氏 諸生崇基女年二十六夫亡撫孤松友守節及舅姑繼殞子媳早亡氏勤紡績以餬口常數日不舉火

張大德妻吳氏進士吳瑾孫女年二十五夫亡矢節撫孤尚瑞尚貽不令廢學

呂嘉元妻張氏張巨友女年二十三姑亡夫病篤氏代夫成禮經營喪葬皆無闕未幾夫亦亡氏矢志守節家貧任汲薪以供朝夕

朱世鼎妻田氏伯華女年二十六夫亡無子立姪光令承嗣

張材秀妻宋氏年二十六夫亡守節子燦準

劉懋推妻呂氏子光經妻胡氏呂氏年二十一夫亡守節子光綸光經光經亦早卒媳胡氏年二十夫亡奉孀姑極孝養撫孤超坦成立

張博天妻陶氏年二十一夫亡守節

張福賜妻陶氏年十七夫亡守節祖姑年九十奉之極孝

張敷雲媳吳氏夫死氏年十八苦節五十四年事翁孝敎子成立

張祚江妻田氏年二十夫亡矢志

程序三妻吳氏年十九夫亡無子立姪爲後苦節四十年

張霞舉媳章氏年二十二夫亡姑性嚴急善承奉力任家職

張祚坤妻吳氏年十九夫亡守節

朱之亨妻許氏許梓仲女年十七適朱逮事姑以孝稱姑歿踰年夫亡越七月生遺腹子摺友子然矢節卒年七十九

王元英妻陳氏陳叔太女年二十九夫亡立姪殿詔爲嗣守節

藍敷奏妻干氏貢生允宜女奉孀姑維謹年二十一夫亡無子矢志守節立姪廷元爲嗣

張季胄妻毛氏毛端生女事姑孝年二十七夫亡守節

諸生曾鳳翔妻庫氏庫公遜女年二十一夫亡撫遺腹子元會成立爲諸生

查陞選妻陳氏陳于陸女年二十四夫亡撫孤子廸坤守節

劉光通妻舒氏貢生逢吉女年二十九夫亡子超明僅週歲氏矢志守節

諸生饒振棫妻徐氏年二十一夫亡苦節

張錫岱妻周氏九江籍鎮平知縣周儻女年二十五夫亡守節

張佳紐妻姜氏姜爾俊女年二十四夫亡守節

王大芳妻范氏范惟則女年二十六夫亡守節五十年前令顏希聖爲之贊

邢秉六妻趙氏趙魯臣女事繼姑梅以孝稱年三十夫亡苦節

劉藺賜妻呂氏諸生希存女年二十八夫亡苦節

劉魁五妻胡氏胡繩武女年二十七夫亡守節

庫楚萬妻馮氏年二十六夫亡守節撫二孤成立孫世膺乾隆丁卯副榜

徐如章妻童氏童世周女年二十六夫亡苦節

黎樹性妻干氏干欽文女事舅姑孝年二十四夫亡守節

王建侯妻陳氏陳永清女年二十六夫亡苦節

劉超嵩妻胡氏胡奇錫女年二十五夫亡守節

陳人表妻張氏張咨如女年二十五夫亡苦節

陳玉衡妻張氏張輔臣女年十九夫亡撫孤子周堂守節事舅及繼姑備極孝養

胡上進母游氏諸生聖訓女年二十四夫亡守節

張佳桂妻查氏年二十八夫亡守節

諸生柯廷栢母夏氏年二十七夫亡遺孤甫數月氏矢志撫之事其姑孝

藍章懷妻毛氏毛集周女年二十夫亡無子守節

諸生李亮臣妻田氏諸生文長女年十七歸李踰年生子先道又踰年夫亡守節孫益相諸生

夏應春妻王氏年十八適夏踰年夫亡撫遺腹子有實剪髮自誓守節

廩生吳兆岐妾楊氏年十七歸吳生子世釜甫二齡夫歿守節其堂有孤燕守巢數年不去

廖九皐妻戴氏戴榮生女年二十六夫亡撫孤斐池守節五十五年

范介蕃母張氏年二十夫亡守節

方世堅妻朱氏年二十夫亡守節

王天則妻呂氏年二十夫亡撫子金佩食貧守節

張如艮妻査氏九疇女年二十夫亡撫子卓山守節

饒承蔚妻趙氏趙靈英女年二十二夫亡氏撫周歲兒振鐸守節

諸生張錫晨妻楊氏年二十八夫亡守節

李如泰妻周氏廩生遜恭女年十七適李夫歿氏自誓守節

夏應業妻吳氏年二十夫亡守節前令高給扁旌其門

卜畯存妻陳氏陳彩玉女年二十五夫亡撫遺孤含萬守節

張時範妻蔣氏年十九夫亡撫遺腹子守節

呂義周妻尹氏尹煥先女年二十七夫亡撫孤子洪也守節

張楚甲妻趙氏年二十八夫亡撫子振熙明熙守節

蘇希國妻陳氏年三十三夫亡撫子文表守節

劉超治妻李氏國學尚龍女年二十一夫亡撫子斯奐守節

劉王育妻熊氏諸生熊繹女年二十八夫亡撫子斯興守節斯興乾隆庚辰進士

諸生程瑞茲妻王氏廩生王穉玉女年二十三夫亡無子撫孤姪以繼夫嗣前令劉給額旌其門

諸生黎渟治妻胡氏胡玉罍女夫亡撫子守節五十一年孫時宜

龔席珍妻李氏年二十六夫亡二子相繼夭氏矢志守節

胡啟璘妻孫氏年二十夫亡生子錫清甫三月氏矢志撫孤家貧奉舅姑備極孝養

徐甸英妻張氏貢生張繼皇女年二十八夫亡守節

徐甸弼妻舒氏舒舜章女年三十夫亡苦節

朱嘉謨妻庫氏年十九夫亡守節

王季仲妻胡氏諸生秉信女年二十五生子一夫亡氏撫孤富武成立

胡士岸妻陳氏諸生曾異女年二十八夫亡撫孤錫烜守節事舅姑以孝著

毛東昇妻劉氏年二十二夫亡無子立姪嘉賓爲嗣

王斐公妻朱氏壽先女年二十五夫亡守節

湯超凡妻胡氏年二十六夫亡守節

田本燦妻周氏縣丞國泰女夫亡守節子光灼國學

王有志妻陳氏夫亡撫子元士守節

居善長妻王氏年二十八夫亡撫子祥璇守節

陳超萬妻程氏年二十六夫亡撫子維允守節

陳起魁妻劉氏劉光政女年十八夫亡無子苦節四十年

邢佳猷妻吳氏年三才夫亡撫子世譽守節

蘓儀生妻柯氏年二十八夫亡守節四十六年前令張給扁旌其門
陳斗燦妻蘇氏蘓希聖女年二十三夫亡撫子兆祥守節
諸生李賓國妻王氏諸生王皇初女年二十四夫亡撫子洪基守節
藍孚文妻胡氏年二十九夫亡撫子朝型守節
張殿昇妻王氏年二十六夫亡撫子斗賜守節
郭應朋妻朱氏年二十歲夫亡無子守節
熊理伯妻梅氏年二十八夫亡撫子能友守節
湯大昌妻劉氏年二十六夫亡撫子超凡守節
湯巽天妻劉氏劉萬申女年二十六夫亡撫子萬資守節
藍士練妻鍾氏年二十五夫亡撫兩孤守節

阮林周妻吳氏年二十夫亡撫子佑天守節
劉超和妻鄭氏諸生本姬女年二十九夫亡撫子斯興成立
吳順天母游氏夫亡苦節
劉梯齡妻吳氏歲貢生亮思女年二十夫亡撫兩月遺孤光璧成立孫國興諸生
王容綰妻楊氏嘉我女年二十五夫亡撫子全會守節
呂調友妻劉氏年二十夫亡無子立姪六為嗣
張用樸妻費氏年二十二夫亡事姑以孝聞紡績至老不衰
諸生周必泰妻呂氏生子復昌甫三歲氏誓志撫孤守節
陳尚象妻劉氏年三十夫亡遺孤用經甫三歲氏矢志守節孫六時棟時圭時敬時俊時偉時膺皆諸生

程學伊祖母謝氏年二十八夫亡守節
徐天桂母朱氏年二十八夫亡守節
張金聲妻胡氏年二十守節前令劉旌曰貞節
朱有璐繼妻鄧氏鄧獻玉女年二十一夫亡守節
張楚芳妻吳氏年二十七夫亡守節
戴元長妻張氏年二十五夫亡撫子楚雄守節
陳福先妻李氏年二十六夫亡撫子發秀守節
劉光修妻阮氏年二十四夫亡撫子超驥守節
熊玉文妻張氏年二十五夫亡撫子有信守節
汪象南母甘氏甘有寶女年十九夫亡夫兄為擇配氏痛哭閉門剪髮事乃寢撫子成立

吳應考妻胡氏胡為學女年二十六夫亡守節
呂嘉典妻胡氏胡煥思女年十九夫亡撫子集猷守節
毛漢寧妻胡氏諸生鴻輔女年十八夫亡無子立姪文彬為嗣事姑孝守節五十二年○
以上辛未縣志
翟之泗妻桂氏桂古巖女年二十一夫亡守節
盧光肇妻許氏夫亡守節
李光遴妻鄭氏子首出妻周氏孫□妻張氏鄭氏年二十六夫亡撫子首出出亦早卒媳周氏撫孫守節孤[redacted]娶媳張氏年餘孤夭張與姑同守節
劉紹儒妻廖氏年二十六夫亡守節三十四年
生員呂和桂妻龔氏弟天祥妻吳氏龔氏年二十九夫亡逾年子殤

撫天祥子生霖爲嗣天祥亦早卒吳氏年二十六
乃立姪天露承夫後娣姒同心矢志不易
岳復興妻饒氏年二十六夫亡守節事舅姑克盡孝養○以上辛未志以前未詳請者總
計二百四十八人
生員吳之杞妻張氏生員斐仲女年二十四夫亡守節三十九年乾隆十六年詳請
匾額
游仲秀妻李氏夫歿踰年投宅前大江死翼日得其尸衣髮緊束顏色如生
陳鴻俊妻朱氏諸生榮蔚女年二十適陳生子本桂甫三歲夫亡苦志訓子
王家寧妻張氏年二十六夫亡守節
監生鍾輝熊妻葉氏年二十八夫亡守節
程應道妻王氏年二十八夫亡守節

吳子攀妻張氏年二十四夫亡守節
陳在聰妻阮氏在聰以父喪哀毀卒氏年二十四撫姪世琦爲嗣
陳殿光妻夏氏年二十二夫亡守節子本義監生孫輝琢諸生輝璋監生
夏有煥妻劉氏年二十夫亡守節撫子懋賢成名
藍士錫妻葉氏年二十四夫亡守節
劉斯銘妻楊氏年二十三夫亡守節家貧子幼備極艱辛撫孤成立克紹先業
張德偶妻吳氏及笄適張克盡婦道年方二九慘遭夫亡奉舅姑撫幼子守節五十餘年
程敬公妻張氏年二十七夫亡守節
張博也妻李氏十八適張二十歲夫亡氏矢志氷霜與姑吳氏同心茹苦守節三十二年
田本玉妻李氏年十七適田二十四歲夫亡氏上事舅姑下撫幼子矢志栢舟守節

解士表妻程氏年二十八夫亡守節
胡洪岱妻梅氏年二十三夫亡守節孝事舅姑姑有廢疾氏奉養不懈子棫諸生
生員楊斌妻張氏年二十夫亡守節次子希震早卒媳藍氏年十九守節姑憐其無子
以幼孫黼裳嗣之
干效溥妻藍氏年十九夫亡無子立姪中和守節以終
周煥章繼妻宋氏年二十八夫亡守節
藍朝桐妻項氏夫亡守節
劉人傑妻余氏年二十三夫亡無子撫姪清源爲嗣嘗爲姑吮癰人稱其孝
生員胡洪驥妻舒氏年二十九夫亡無子撫姪爲嗣守節以終子極國學
監生夏光前妻胡氏光前卒氏年二十二守節以終

邢履初妻郭氏年二十三夫亡守節
干辛元妻胡氏子效輅妻蔡氏胡氏年二十六夫亡守節子效輅亦早卒
媳蔡氏與姑撫孤中耀爲諸生
楊天澍妻毛氏年二十五夫亡守節
藍士鎧妻吳氏年二十六夫亡守節
藍朝陞妻鍾氏年二十四夫亡守節
張耿光妻程氏年十八夫亡守節
徐光發妻王氏年二十八夫亡守節
徐光穆妻廖氏年二十夫亡守節
生員鍾炳妻余氏年二十六夫亡守節子元基

朱祐年妻郭氏年二十七夫亡守節

田光煜妻周氏年二十八夫亡守節

毛同唐妻岳氏夫亡守節

張世祿妻劉氏年二十四夫亡守節

劉超莛妻張氏弟超萃妻張氏張氏年二十八夫亡守節超萃先卒妻張氏年二十四娣姒同心時稱一門兩節

張桂乾妻余氏弟桂坤妻王氏永年妻胡氏萬年妻胡氏桂乾等兄弟早卒余氏等娣姒同貞時稱一門四節

方榮顯妻劉氏年二十四夫亡守節撫姪應元爲嗣守節三十二年卒

徐光乾妻夏氏年二十四夫亡撫履中遺腹子正中矢志守節

彭士榜妻朱氏年二十一夫亡守節

居允玖妻張氏年二十七夫亡守節

居承瀚妻陶氏年十九夫亡守節

周楙義妻藍氏年二十二夫亡守節

知縣楊承綜妾王氏上元人嫡張無子娶氏爲妾未幾承綜卒於官遺腹子家湋生母陸氏繼卒氏扶柩歸里力保遺孤

于效松妻向氏年二十七夫亡守節嗣子忠炳監生

田光喆妻蔣氏年二十二夫亡守節

吳讓鳳妻王氏弟讓案妻鄭氏王氏年二十八夫亡無子鄭氏年二十三夫亡生遺腹子桂林娣姒同心養姑守節後以桂林次子夢里承讓鳳祀

盧士俊繼妻張氏子三貴妻毛氏張氏早年夫亡子亦夭與媳同守節

舒鑵妻鍾氏年二十四夫亡守節

劉杏妻胡氏年二十五夫亡無子撫姪煥節爲嗣

鍾大業妻藍氏年三十夫亡守節撫姪維鏞爲嗣

宋鍾應妻盧氏子源賓妻周氏盧夫早亡守節子源賓亦卒媳周氏矢志同心嗣子光朝邑諸生

劉斯錦妻伍氏年二十六夫亡守節

生員千爾昆妻陳氏子允曜妻郭氏陳氏年二十夫亡守節子允曜早卒媳郭氏年二十五遺孤僅一歲以姑同心時稱雙節

桂應纘妻李氏李對固女年十七夫亡撫遺腹子高祐守節

生員朱歆然妻胡氏年二十三夫亡苦節三十六年子藢堂增生孫錫綬壬子舉人

舒貫珠妻張氏子泝妻李氏張氏年二十五夫亡守節嘗捐金贖田保祭子泝亦早卒媳李氏同心守節

監生陳鴻桂妻查氏年二十八夫亡守節撫子本禮本智俱諸生

呂嘉勇妻張氏年二十二夫亡守節撫子集松國學集檜

李恩濟妻劉氏夫亡子幼守節不渝族人盜售祀田氏鬻巳產贖之

李繇章妻張氏年二十一夫亡無子立姪煒煌之賓爲嗣皆補弟子員

吳志中妻姜氏年十六夫亡守節

劉蔚瓚妻胡氏監生緒元女年二十一夫亡守節以終

彭本泰妻陳氏年二十二夫亡守節以終

彭本瑩妻陳氏年二十二夫亡撫遺腹子守節
吳志汝妻張氏年二十一夫亡守節
呂集正妻陳氏年二十四夫亡守節撫姪正庸爲嗣
胡光懋妻吳氏年十九夫亡無子守節以終
胡世鰲妻武氏年十九夫亡守節
王華夏妻李氏年二十八夫亡守節
武永叨妻廖氏年二十二夫亡守節
夏本榮妻周氏周氏年二十六夫亡弟本才妻陳氏年二十八夫亦亡俱無子惟本秀妻
朱氏生子炳驥秀亦早卒氏偕兩弟媳同心撫孤
生員吳德璜妻鍾氏年二十五夫亡守節

馮應麟妻黃氏年二十二夫亡守節撫姪世茂爲嗣
胡夏梗妻鍾氏年二十五夫亡守節
王鴻金妻劉氏早年夫亡撫遺腹子守節
王鴻基妻居氏年二十九夫亡守節
胡奇然妻郭氏弟超然妻王氏熊然妻吳氏郭氏年二十四
夫亡無子守節超然熊然皆早卒三人同心一門
貞節
張向日妻郭氏年二十八夫亡守節
胡廷颺妻汪氏年二十二夫亡守節
蔡朝聘妻劉氏年二十二夫亡守節
程有奇妻張氏年二十二夫亡守節

鍾錫琮妻徐氏年二十四夫亡守節
孝廉金本孜妻孫氏山東莘縣人銅陵知縣仲樞長女年二十八夫亡守節
盧洪渾妻劉氏年十八夫亡守節
周學純妻董氏年二十四夫亡撫遺腹子茂易守節
劉斯珍妻饒氏年二十四夫亡守節
陳本仁妻劉氏夫亡無子立姪守志姪輝璋監生
桂鍾翹妻朱氏年二十五夫亡守節
吳獻龍妻李氏年二十二夫亡守節
李來喜妻呂氏年二十一夫亡守節
陳斯陽妻庫氏年二十三夫亡守節撫子昌州成立

蔣紹韜妻田氏年二十六夫亡守節撫遺腹子洪永成立
李來聘妻吳氏年二十八夫亡守節後三子繼亡與二媳同撫孤孫
周備五妻劉氏年二十一夫亡守節
范宗隆妻陳氏年二十二夫亡撫四月孤守節
徐天秘妻宋氏年二十六夫亡守節
董之楷妻趙氏年二十二夫亡守節
張開富妻蔡氏年二十五夫亡守節
涂經緯妻陳氏弟經畧妻周氏陳氏年二十六夫亡守節立姪爲嗣同娣
周氏矢志不移人稱一門雙節
孔傳禮妻喻氏繼曾妻劉氏喻氏年十九夫亡守節撫兄子繼曾爲嗣繼曾

卒媳劉氏年二十二矢志不移事姑盡禮立嗣以承夫祀

朱效堂妻郭氏年二十五夫亡撫三月孤錫珍守節

劉宗亨妻張氏年二十五夫亡守節

劉斯秩妻干氏年二十四夫亡守節撫姪爲嗣

藍若泉妻王氏年二十三夫亡撫數月孤守節

藍廷瓚妻石氏年二十五夫亡守節

居承標妻伍氏年二十六夫亡守節遺孤旋夭立姪爲嗣

生員劉衍灝妻吳氏衍灝進士斯輿子早卒氏年三十歲孝事孀姑慈撫孤子輝祖孤又夭氏與孀媳吳氏安葬四世之喪

生員王者香妻徐氏事舅姑盡孝學憲李旌門

廖貞女幼字彭明瑛未嫁夫亡奔喪守志逾年卒

張烈女盛姑幼許字郭材明未嫁夫亡自縊殉節

胡貞女生員胡泉長女幼許張材熙未嫁夫亡冒雨奔喪撫侄燦牲爲嗣不渝

朱貞女幼字陳本烈未嫁夫亡奔喪守志撫侄燀緒爲嗣以承夫祀

李貞女幼字同里張錫元未嫁夫亡望門守志三十八年

陳貞女邑人濬哲女幼字詹雙喜未嫁夫亡奔喪守志立姪爲嗣現年五十三歲○以上係十六年以後至五十八年已經給匾節婦貞女總計一百二十八人

彭景美妻程氏景美病篤術者言尅妻可免氏即日自經死夫病果愈旋續娶生子始卒

饒承紳妻胡氏年二十二夫亡守節姑患癱三年氏事之惟謹課子業農氏身任勞役

饒起金妻胡氏年二十二夫亡守節

劉光甲妻蔣氏弟光第妻方氏蔣氏年二十六夫亡守節弟光第巳先卒氏與方氏同心矢志各撫遺孤

李來乙妻奚氏年二十四夫亡守節

奚洪任妻伍氏年二十七夫亡守節撫孤子本潢爲邑諸生

張楙光妻干氏年二十三夫亡守節立姪爲嗣

劉彪妻阮氏年二十八夫亡守節事孀姑盡禮

劉衍餉妻王氏年二十八夫亡撫子守節

周飛六妻陶氏年二十夫亡立姪守節

周元基妻呂氏年二十六夫亡守節姑瞽目氏事之盡孝

居昌壁妻簡氏年三十夫亡守節撫子成名

陳尚友妻郭氏年二十三夫亡守節

干效用妻藍氏年二十二夫亡守節

呂文斗妻徐氏年二十三夫亡撫遺腹子守節

呂嘉香妻王氏年十九夫亡守節子集勳國學生

盧兗子妻彭氏子鳳長妻陳氏彭氏年十六夫亡守節子鳳長生八月餘氏撫之爲邑諸生亦早卒媳陳氏同心矢志守節

于中冀妻藍氏年二十一夫亡撫姪艮乘守節以終

趙氏哲妻陳氏年二十七夫亡守節

居正驤妻蔣氏年二十五夫亡守節事舅曲盡孝養

呂集謀妻周氏年二十五夫亡守節

魏雲珖妻舒氏年二十五夫亡撫子德崙守節後德崙早喪與媳撫四齡孤孫
游正松妻饒氏年二十一夫亡撫子守節
胡雍章妻陳氏年二十夫亡守節立姪爲嗣事舅姑至孝
干效亨妻藍氏年二十六夫亡撫二子茹素守貞十八年而卒
彭士烈妻朱氏年二十九夫亡撫子起域守節
增生胡錫朋妻陳氏錫朋以苦讀致疾而卒氏年二十九甘貧守節
徐天智妻胡氏弟天勇妻程氏胡氏年二十八夫亡守節娣程氏夫亡年二十九同心矢節事孀姑張極孝養喪葬如禮
魯榮望妻胡氏年二十三夫亡守節
劉超羣妻蔡氏年二十三夫亡守節

胡洪理妻卜氏年二十五夫亡撫子守節
徐候茂妻蘇氏年二十三夫亡守節撫姪天才爲嗣後天才成明經
徐智厚妻張氏年二十一夫亡立姪守節事孀姑盡孝
舒煥慕妻徐氏年十九夫亡無子毀容矢志
劉行昇妻熊氏年二十八夫亡守節
劉繡章妻董氏年二十二夫亡撫數月孤守節
王文裕妻鍾氏年二十八夫亡守節
楊家佑妾劉氏家佑以妻袁氏無子娶氏氏生二子家佑遽亡氏年二十八矢志不移
龔材禮妻鍾氏年二十三夫亡撫遺腹守志
王本階妻吳氏年十九夫亡守節

簡登貴妻劉氏年二十一夫亡立姪高智守節
干中新妻藍氏年二十二夫亡守節
胡中茂妻戴氏年二十夫亡遺腹生一女氏矢志不移事舅極孝
吳枋妻郭氏年二十六夫亡守節
吳世炤妻熊氏年二十七夫以覆舟亡氏匍匐投江救之乃免撫孤守節
胡士望妻朱氏年二十三夫亡撫孤守節
張殿元妾魏氏儀封人殿元以妻夏氏無出娶氏氏亦無出而夫亡立姪守節
王從易妻張氏年二十夫亡撫遺腹子宗楷守節子又卒窮苦獨居
江日復妻徐氏年二十六夫亡守節遺腹子鏊遂食廩膳
呂天貴妻奚氏年二十四夫亡立姪守節

向康先妻楊氏
陳帝咨妻劉氏年二十二夫亡撫兩孤守節
陳旋乾妻郭氏年二十七夫亡撫兩孤守節
吳錫爵妻岳氏年二十七夫亡守節以終
吳廣璧妻藍氏年二十六夫亡守節
陳赤占妻宋氏年二十五夫亡撫兩孤守節
劉煥宋妻蔣氏年二十二夫亡子殤立姪基福守節
胡士巖妻劉氏年二十九夫亡守節以終
陳文璋妻李氏年二十六夫亡矢志完貞
陳智懷妻張氏年二十四夫亡守節

張賓光妻朱氏年二十四夫亡守節

張垣亭妻藍氏年二十七夫亡守節子鑾諸生

陳正來妻游氏年二十夫亡撫數月孤守節

陳洪軾妻伍氏年二十二夫亡守節

程一發妻許氏年十九夫亡守志

胡漢超妻蔡氏年二十四夫亡守節

陳勝凡妻湯氏年十九夫亡立姪守節

陳光階妻姜氏年二十二夫亡撫孤守節

吳介蕃妻胡氏年二十夫亡守節以終

舒西表妻胡氏年二十三夫亡守節

陳聞一妻楊氏年二十六夫亡守節

陳洪仁妻藍氏年二十七夫亡撫子榮光守節榮光卒與媳同撫遺孫

胡大雄妻程氏年二十三夫亡守節

陳時正妻黃氏年二十六夫亡守節踰八十而卒

陸厚壽妻呂氏年二十夫亡撫六月孤守節

陳正谷妻錢氏年二十四夫亡守節

陳光國妻陸氏年二十夫亡立姪爲嗣守節孝事八十老姑

張正綱妻陳氏年二十五夫亡守節

李益梗妻周氏年二十五夫亡子夭與媳張氏同心矢志守節

陳六吉妻劉氏年二十一夫亡守節

陳洪慶妻劉氏年二十夫亡無子立姪光志守節

胡希桂妻劉氏年二十八夫亡撫孤守節

陳華國妻李氏年十九夫亡無子守節

陳文憲妻藍氏年二十一夫亡撫遺腹子守節

廩生張楨彬妻劉氏年二十六夫亡守節

夏賓暘妻劉氏年二十八夫亡無子立姪守節

陳洪齊妻黃氏年二十四夫亡立姪守節

陳洪卓妻藍氏年二十五夫亡守志未幾子媳俱亡撫二幼孫年七十有五

程鋒旭繼妻毛氏年二十一夫亡撫前母子光基光國守節事姑克盡婦職

張懷能妻章氏年二十二夫亡撫周歲子砥柱守節

夏丹篆妻魏氏淮安人篆隨父時瑛爲常熟丞遊淮上氏舅周某遂以氏歸焉甫周月篆還里覆舟死氏誓不改操力勸翁回濟家徒壁立氏勤十指事翁始終盡禮立姪承夫後里人皆稱道之

邢方文妻陳氏年二十八夫亡守節

夏文華妻奚氏年二十五夫亡撫遺腹子守節

郭伯安妻陳氏年二十三夫亡守節邑侯張旌其門

洪寧輝妻孫氏年二十七夫亡守節

劉斯際妻向氏年二十八夫亡守節

郭紹宗妻周氏年二十六夫亡守節

周炳揚妻胡氏年二十六夫亡守節

劉超僎妻周氏年二十七夫亡守節
周朝鳳妻陳氏年二十四夫亡立姪守節
夏偉常妻陳氏年二十七夫亡守節
劉宗元妻江氏年二十七夫亡守節
胡康泰妻劉氏年二十二夫亡無子立姪奇元守節以終
胡名耀妻陶氏年二十二夫亡守節
周兆固妻蘇氏年二十夫亡撫週歲子守節
章鳳翥妻于氏年二十二夫亡守節
劉斯健妻周氏年二十六夫亡守節
蔡朝佐妻胡氏年二十二夫亡守節

蔡行芳妻宋氏年二十五夫亡守節撫姪正機爲嗣機諸生
劉萬貞妻鍾氏年二十一夫亡守節
朱擴然妻藍氏年二十四夫亡撫遺腹子守節子羣彭監生
詹錫獲妻程氏年二十三夫亡守節孤子志朝早游撫孫士輔爲邑諸生
毛正芳妻顏氏年二十七夫亡守節
張象五妻曹氏年二十一夫亡守節
馮世甬妻郭氏年二十七夫亡守節
郭榮綸妻李氏年二十一夫亡無子立姪奎琳守節
馮世哲妻朱氏年二十六夫亡守節
周偉議妻郭氏年二十夫亡遺腹子夭立姪佳驥爲嗣守節以終

郭洪任妻吳氏年二十八夫亡子材藻歿立姪孫爲嗣又歿與媳羅氏更立嗣守志
馮光宇妻陳氏年二十八夫亡守節
藍國棟妻姜氏年十九夫亡守節撫孤成立
劉學博妻徐氏年二十二夫亡守節
劉熙載妻胡氏年二十二夫亡無子撫姪玉成守節以終
劉煥觀妻周氏氏係煥觀繼妻年二十夫亡矢志不移撫前母子基元如已出
劉超文妻陳氏年二十二夫亡守節
李金槐妻向氏年二十九夫亡子夭撫姪守節
李載元妻張氏年二十二夫亡守節
向世勳妻王氏年二十八夫亡無子撫姪守節

向泉源妻呂氏年二十六夫亡守節
陳玉殿妻范氏年二十二夫亡子夭立姪天佑守節以終
陳東書妻毛氏年二十三夫亡守節四十九年
向玉龍妻郭氏年二十五夫亡矢志二子繼卒與兩媳撫孫守節
梅士傑妻劉氏子坤元妻周氏劉氏年二十二夫亡守節子坤元卒媳周氏年二十三與姑相依人稱雙節云
劉超才妻黃氏年二十一夫亡守節五十有二年
彭玉華妻張氏年二十三夫亡無子立姪仲元守節
彭克勤妻方氏年二十夫亡撫遺腹子守節
向寧模妻楊氏年二十四夫亡守節

陳茂烈妻劉氏年十九夫亡撫遺腹子守節
陳履端妻魯氏年十九夫亡無子立子青廉守節
陳德衡妻胡氏年二十二夫亡撫週歲子輔世守節
宋貢千妻毛氏年二十四夫亡守節
監生宋鍾高妻楊氏年二十七夫亡守節
宋鍾繩妻陳氏年二十四夫亡守節
宋鍾巖妻吳氏年二十七夫亡守節
郭居綏妻陳氏年二十五夫亡無子立姪守節
温東野妻陶氏年二十夫亡守節
劉衍常妻李氏年二十六夫亡守節

龔德純妻張氏年二十四夫亡守節
胡允若妻劉氏年二十五夫亡無子立姪守節
張材俊妻楊氏年十八夫亡守節
王本型妻郭氏年二十四夫亡無子立姪踐鰲守節
方金山妻田氏年二十七夫亡撫子月光守節月光又卒撫姪孫以居艱苦無怨
柯材洛妻邢氏年二十九夫亡守節
王楚材妻呂氏年二十五夫亡守節
邢道光妻彭氏年二十五夫亡守節
程家英妻汪氏年二十一夫亡撫遺腹子其昌守節
饒大美妻胡氏年二十七夫亡守節事姑盡禮

監生何本秀妻吳氏年二十四夫亡立姪學光守節
周煥愷妻劉氏年二十五夫亡撫孤守節
呂集義妻劉氏年二十一夫亡守節子效元諸生
邢光彝妻殷氏年二十九夫亡守節子邰諸生
陳秉釗妻呂氏年二十八夫亡撫子煥忠守節
程應熊妻胡氏年二十三夫亡守節
程道治妻楊氏年二十七夫亡守節
劉志山妻夏氏夫亡守節四十八年
張道遠妻方氏夫亡守節五十一年
胡本松妻向氏夫亡守節三十年

項太康妻夏氏年二十二夫亡守節
程布錫妻居氏年二十四夫亡守節
鄭爾常妻徐氏年二十八夫亡守節
饒承佑妻黎氏年二十四夫亡守節
劉金輅妻朱氏年二十一夫亡守節
饒行遠妻吳氏年二十二夫亡守節
范道岍妻武氏年二十一夫亡守節
王公亨妻胡氏年二十九夫亡守節
王鴻斌妻鄧氏年二十八夫亡守節
王懷璞妻汪氏年二十六夫亡守節

張尚慰妻胡氏年二十七夫亡守節

楊洪璧妻余氏年二十三夫亡守節

何其鳳妻陶氏年二十八夫亡守節

查錫著妻張氏年二十二夫亡守節

楊茂恩妻蘇氏年二十二夫亡守節

章廷書妻雷氏年二十二夫亡守節

李身茂妻吳氏年二十三夫亡守節

李身盛妻阮氏年二十七夫亡守節

李榮馥妻張氏年二十五夫亡守節

解錫榮妻程氏年二十五夫亡守節

向振家妻黃氏年二十九夫亡守節

李大元妻陳氏年二十六夫亡守節

蔡習然妻張氏年二十六夫亡守節

諸生舒汝翼妻周氏事翁姑克孝現年七十有六

程貞女幼許劉惟金未嫁夫亡聞訃奔喪矢志自守現年五十歲

朱烈女好姑幼許字陸氏子後其家中落女母兄欲改嫁之女觸石而死

張烈女均州廣文張汜女幼許字劉枌枌早卒女在父任聞訃不食而卒

吳貞女生員吳世柏女幼許字舉人王世銳之子竟歿未婚立姪守志

袁烈婦幼適阮楙坎年二十三夫亡不旬日氏拜辭先靈遂以身殉○以上貞女烈女節婦係十六年至五十八年未請旌給區者總計二百一人

金德嘉妻陳氏陳時宦女早喪父母會左良玉兵亂避之赤磯湖叔時憲遇德嘉於亂中異之曰少年遭竄伏神守如平常大器也遂約婚焉年十七歸金時大家皆被焚刻喪田宅德嘉及其兄讀書僧寺中氏與姒棲敗屋篝燈夜績戒旦雞鳴及德嘉改鉛職貧不能迎其家氏力持門戶及德嘉歸里家益貧而氏辛勤左右不以鹽米遺夫憂卒年七十六

徐鳳生妻劉氏年十七適徐時流寇作亂鳳生赴闖省授軍氏辛苦持家設饘粥奉舅姑而自掘野蔬以充口年二十二舅姑繼沒氏竭力營喪葬無闕禮已而不憚艱危尋夫千里至寧化遇鳳生時鳳生業以軍功擢汀州防守寧化居官舍十餘歲鳳生忽以病故氏年三十六攜二子扶櫬歸家勤紡績以撫遺孤雍正二年縣尹表其閭

生員李一森妻陳氏秉性溫恭事姑孝順姑年八十有八臥病久陳耐寒暑忘晝夜雖廁牏澣濯不假於婢女生子應壎庠生

馮鑑妻張氏庠生益基姪女也值鑑父臥病頻醫不愈氏奉藥餌衣不解帶者數十日時氏方孕踰月產一子一女子名是應年三十卒

生員徐樹欒妻夏氏諸生芳時女年二十適欒欒刻苦攻舉子業爲風濕所侵支離床笫氏朝夕扶持十年無倦色夫沒無子立姪爲嗣卒年七十子光宗監生

胡魁楚妻王氏事舅及繼姑以孝稱癸未獻賊盤踞邑中氏同夫徙他省艱苦備嘗及歸家業蕩盡氏勤儉加厲及夫官建平自劾歸氏怡然自若性儉約不服紈綺見人貧乏急難則周恤之卒年七十有九

諸生舒鎏妻胡氏年十九歸舒姑病奉湯藥晝夜無倦色疾甚嘗糞甘苦越二十二年乃終子漣諸生

金啟洛繼妻萬氏吉安教授映川女性至孝姑病誓於神斷葷血三年姑愈及舅病夫

咎京邸氏告於姑名夫還侍疾踰月夫自京歸里
得奉湯藥盡人子職者數日而舅乃亡後以夫貴
封安人

張在麟妻文氏性至孝舅病氏奉湯藥衣不解帶者五十日頻危更焚香告天願以身代
生子一名魁光

藍理恩妻劉氏事舅姑及繼姑以孝謹聞

張源舉妻楊氏正人女年十六歸張事繼姑極孝踰年夫病革氏奉湯藥衣不解帶者數
十日生子二長藻諸生

陳斌妻劉氏性淑慎年二十二歸陳克持婦道生子金大夭導其夫置妾有庫姓子夫欲立
爲己子氏曰異姓不可亂宗且奪人之子以爲己
嗣於義不可氏爲之給田宅令其歸宗鄉黨稱之

舒芝生妻張孝女名領大貢生懋純女也純老女事之孝

陳治國妻王氏王季可女貞靜肅儉相夫有成姑朱病支離床第者三年氏事之惟謹姑
色稍忤婉容承之即加箠楚無怨言族黨稱之乾
隆二十八年與夫同建坊表

周應黃妻梅氏歸周三十餘載生數子俱夭屢乘間勸夫納妾生子五人

張源魯母吳氏舉人洪範妹也事舅姑孝性好施予族黨中貧乏氏周恤之恐後

張遠臣妻董氏幼讀內則通書理姑病素蔬三年六病亦然

國學干效克母胡氏諸生胡俊女年十六適干事繼姑周奉養惟謹性慈愛族黨中
貧乏不能嫁娶埋葬者氏周恤之雍正十三年大
旱氏出穀賙饑並施衣被各數百件饑民戴之

彭士會妻陳氏黃梅陳淑茂女年十七歸彭踰年四月時疫盛行氏夫家皆染死亡過半
姑病篤氏禱於神願以身代即自經死時五月初
三日也未幾夫病驟愈闔鄉疫皆止人皆以爲孝
義所感乾隆二十四年建坊

龔材元妻吳氏事舅姑孝舅病足不良於行有一道人攜火針灸翁兩膝病良已亦竟不
受一文謝也人咸以爲孝感云子執桓丙午舉人

陳大經妻張氏諸生貢金女姑胡疾篤諸醫謝不治氏涕泗橫流焚香默禱病遂愈

陳光裕妻劉氏姑羅氏染病在床三年不起氏左右就養未嘗少怠

陳正元妻姜氏善事舅姑雖家貧甘旨不闕而自食糠糲及舅姑卒已逾年歲時令節猶
淚承兩睫其歷久不忘如此

郭元璧妻胡氏邑諸生胡之新女幼讀女誡孝經通曉大義適郭克盡婦道二十八夫亡
屢以身殉舅姑責以撫孤乃強起事舅姑先意承
志得堂上歡姑先歿舅年逾八旬氏身代子職數
年無倦容更憐孤獨如婺婦毛氏暨親族貧無所
葬者氏令至家中給養歿殮以棺子榮祖州同銜
能承母志甲申大水出粟賙族里之饑者孫八人
多列黌序皆氏厚德所遺云

周新基妻蘇氏蘇絡濱女年二十適周生子錫圭三十夫亡守節四十二年氏性貞淑事
舅姑盡孝娣姒雍和無疾言遽色家僅糊口長年
紡績所餘微貲常以周親族之貧乏者課子有方
不爲姑息子錫圭亦克成立身列成均不墜家法
〇以上自乾隆十六年至五十八年賢媛總計二
十五人

廣濟縣志卷十一

藝文

王大謨名山閣詩抄

劉養微康谷子集六卷

劉醇驥序初康谷子遊黃岡久黃岡何譔韋長何謙緘仲兄弟皆博學好結交見康谷子爲人疎率而詩獨精尤敬愛之歲時通有無均休戚如同氣然康谷子病萬且一年韋長緘仲朝夕念之數遣僮持藥餌令相繼聞病久柴骨妨木第礧砢取家紉藤皆船載往易之康谷子死即日登舟自造其廬慟而哭哀感旁人爲治喪事然後別去捐貲梓康谷子集以傳之在堂集

楊大鰲榛苓遺草一卷

金德嘉序楊舉人之卒也吳黃門刻其生平所爲詩而惜其不壽舉人之卒以二十九康谷子亦三十有四而殂兩家集歲久散落余購求漶滅殘篇爲重鐫之

劉允昌詩弱冠領羣英聲名滿人口下筆輒千言言言粲星斗與墳兼河洛舍是吾何有千金一笑盡叱咤英雄走咄咄問千秋公卿徒唾手誰知造

化忌好物故難久如此可憐人而無三十壽我讀榛苓篇淚下每盈肘

冦學海二餘齋集五卷

陳文燭山人才雄格高尤長近體如懷村居則溪雲侵座冷山雨入簾疎感貧則貧久交遊見時遠笑語非其五言佳境乎如題山居有藜杖濕扶花外雨竹籬寒抱石邊流懷謙之有從來詞賦人多忌莫怪江湖我獨醒送甯甫有帝自非熊先得兆士雖屠狗亦銜恩別子謙有主恩不淺君求去客路無媒我未歸送惟允有皖城月照湖山靜熙水風生海樹寒送惟寅有蓮花波色帷前静桃葉晴光掌上明其七言佳境乎至淮陰一作人人誦之所謂百戰堪憐千金自重恨不起韓侯而擊節焉

二酉園集

楊晉漁磯集

饒于豫待刪草二卷

國朝

楊復襄州漫草一卷河上草一卷西陵想稿一卷

復字伯陽民服孫由歲貢歷夔陵石首教諭擢儀封知縣楊氏故多詩人而復與晉最知名爲大鰲

後起之冠辛未縣志
劉醇驥芝在堂集十五卷
魏裔介序醇驥力學不倦保定王念尼督學楚中
訾延之以訓多士乙未至都於魏環溪座中晤之
因爲紹介而相顧芝在堂語其生平所著也余觀
其人淳謹自守無世俗交緒走虛名之態而其所
著書推尊周程識議俱非泛泛者是以樂爲稱述
之魏文毅公集
饒軫中便吟草二卷
舒逢吉序饒翼既殁二十餘年其子起誦持其詩

請序於余翼次爲諸生纔十二齡順治丁酉舉於
鄉己亥成進士遘疾遽卒世有家學讀太史公最
熟詩讀杜少陵幼有擬史闕部表及擬上左甯南
書世皆録之次妻五子惟翼次最知名綜雅集
舒芝生十洲偶集五卷
張仁熙藕灣詩集十卷續集十卷文抄十卷目菴野
録雨湖莊論别録草窓秘録四編凡三十卷
王衍治柳舟藏稿二卷
衍治字恂度一字侗菴歲貢生巴東訓導父握麟
諸生以碩德爲鄉邑重衍治博學多文詞與同里

張仁熙蘄州顧景星交好詩律清勁不事粉飾
金德嘉居業齋詩抄二十二卷文抄二十卷别集十
卷
劉子杜浣花溪詩
舒峻極葦園集十卷
郭瘠會綱目參一卷景濂堂詩畧二卷文畧四卷
張佳晟白石山人集四卷
胡復亨補山樓詩十卷
阮文茂竹巖詩文集六卷崇正録二卷
楊日進鋤荆園詩抄

陳種義中嶼遺草一卷
李賓起斗屏詩草
周源禮蓮亭遺草
夏賓石溪偶存
胡俊橘園詩選
俊字燕皇諸生之翼子兄景築齋讀書共相劘切
有鶺鴒來巢之異
楊承綜一嘯草二卷
徐之璜廻川舊圃集
胡錫冕養拙齋詩文鈔四卷

陳種義中嶼遺草一卷　別傳

李賓起斗屏詩草

賓起字深愚諸生早慧好學精九章算法明季歸隱詩古文高出流輩　辛未縣志

周源禮蓮亭遺草　別傳

夏賓石溪偶存　別傳

胡俊橘園詩選

俊字燕皇之璽幼子年十九歲爲諸生倜儻有大志凡山川戶口阨塞無不熟悉料事成敗如指諸掌伯兄昶築齋讀書兄弟四人共相劘切有鶺鴒來巢之異　辛未縣志

舒學古四書章解三卷學源璞岡遺草一卷三芝堂筆記十卷

學古字識㝢攻舉業屢試不售與兄學海學源日事吟咏多著述　同上

陳文濤徵古堂類稿四卷

文濤字濤生時泰子家世敦尚躬行文濤謹守家法其所著書由程子主敬以通新建良知之旨有功後儒　同上

徐之璜廻川舊圃集　別傳○縣卷○一下同

伆承綜一嘯草二卷　別傳

徐天球未菴詩鈔四卷　別傳

胡錫晃養拙齋詩文鈔四卷　別傳

劉本煒金石統録二十四卷居閒録二十卷　附見子杜傳

胡本寀亭亭文抄　別傳

吳淳壽樂齋詩抄　別傳

胡洪賓抱日樓詩抄一卷

梅開泰多識手箋三卷

張禮源泥鶴軒詩文集　別傳

向廷燕左幼學二卷

廷燕字出藩一字定菴篤志力學淹貫羣書長於著述以五經中庚午副榜授遠安教諭致仕歸以壽終

魏本相耘書軒詩草

本相字殿卿一字清渠郡庠生內行醇備文采爛然戊子舉優貢未會考卒嗣子雲玠庠生酷嗜讀書能詩賦遘疾早逝

胡材棟太音山四書解

以上書目現存

明

劉洪芳芝圃集

洪芳字孔賓號芝圃秉録子洪芳文不起草數千言立就青州曹公璜督楚學首拔之隨秉録遊吳與長洲諸名士飲酒賦詩有杜少陵之稱以歲貢廷試未行卒子醇驥別傳醇駿以詩文與驥齊名　辛未縣志

甘許國禮記隱談

許國字忠甫少廷諫邑學生許國年十一歲爲諸生十五歲食餼中乙卯鄉試任保定同知濟邑自

徐鰲後言禮經者頗不乏人許國取鄭氏而下說禮者五十餘家細爲考訂精思微論黄罔王伯固推許國隱談爲禮經第一　同上

樊士英瓦缶集

士英字奐父年九歲父死以孝聞爲諸生有聲喜爲詩與饒仁倩遊仁倩深契之　同上

饒嘉亮豹霧山房集

嘉亮字熙倩于鼎子善詩文以歲貢謁選南都以亂罷歸遂絶意仕進著作極繁燼于兵火性亢爽難爲苛細儀自少婚徐大夫壽春署中父隨之東吳聲名漸廣其後轗軻不耐家居遂客遊輿馬遍都會然義稍不合輒拂衣去　同上

饒嘉繩山中稿

嘉繩字木倩于鼎子治古文詩輒搦筆千言儘明季隱居不出專肆力於著述　同上

饒嘉軏觚光草十卷

嘉軏字叔度博學爲文益與古詩喜創闢師劉敬伯與敬伯弟叔夏季含陸孟思遊皆奇士也敬伯孟思諸人詩皆藉軏以存　同上

張皆然兩易子集

皆然字匪譽先是子龍太守以詩名江漢間後起治沂代有詩學至皆然肄業尤力萬歷甲寅補博士弟子員歷試不第嘗遊京師交游多海內賢者久之襆被策蹇驢歸濱月塘治圃手汲塘水灌之堦前穠楹花卉興至即事成詩客踵門不受刺小奚應門客遽退曰張先生隱矣　同上

張亭然念川集

亭然字翹若父爲楫邑諸生伯父光雲宦歸四方名士過從亭然唱和無虛日遂絶意進取以詩歌自豪　同上

張懋斯徵述録上下卷

懋斯字信未嘗書貧不能購或從人斷簡中得一二語輒展誦不釋手隆冬衣不重襲而吟哦聲不輟夜分無燈猶繞床吟嘯然後就寢劉醇驥常語人曰謂信未不識宗風誠然謂信未無所得則誣也 同上

王逄年兩使草兩湖漫興詩

逄年字長孺大謨子天啟初以廩監補鴻臚歷光祿寺丞兩奉使命於袁州臨清皆著能聲書法與米公萬鍾董公其昌相上下值亂避居兩湖 同上

王家駿蕭菴詩集

家駿字軼上邑增廣生博聞強記家多藏書工詩書與孝廉饒來中學正張金基文學周文長齊名爲人温淳篤實言動不苟喜交遊揮金結客雖壺飧無厭而里中寒士資其佽助者甚衆卒年七十有一歲 同上

以上書目散佚

方東白

東白字木生諸生博洽有聲試武舉中不就職 辛未縣志

張明熙

明熙字仲實甫八月受殁與兄振熙相繼有成 同上

張淦

淦字凝湘少攻苦暑寒無間萬歷戊子副榜尋疾卒妻程氏見列女 同上

以上三人舊列文苑

國朝

胡卓然覆瓿集

卓然字甫田諸生閉戶讀書潛通理奥與劉千里張長人舒漸鴻交好年九十一歲卒 辛未縣志

奚之廸周易講義

之廸字東臣諸生幼聰頴長益刻厲與同邑進士饒軫中明經王衍治輩結五子社以文章道義相切劘 同上

楊儀四書註解

儀字休臣邑學生儀封知縣復子孝友傳家博極羣書喜爲詩賦孫承緒以孝聞 同上

張輔龍湖山集

輔龍字效齡諸生六經子史遠覽旁搜而於詩學尤癖 同上

陳蒖國竹榴軒集
蒖國字猷先諸生與王五宜劉千里張長人編修邑乘 同上

陳光國迦旭軒詩集
光國字樸先諸生窮經力學以教諭後進爲巳任一時推爲大雅宗匠 同上

李日躋太極通書解恰受航詩集
日躋字湯生歲貢生大來子幼喜讀書與舒漸鴻饒翼次金豫齋交好年六十六歲卒 同上

胡承棟雪堂詩集

承棟字道元祖玉成父從祝胡累世相承從祝好俠多交賢豪長者家中落承棟晝夜讀書補諸生試輒高等晚喜爲詩邑某延爲江漢書院山長一時學者多從之遊 同上

龔鼎臣烟雨閣詩集
鼎臣字定邑邑學生喜爲詩孫大奇諸生 同上

張佳旵矩菴詩草
佳旵字宏讓歲貢生幼爲文下筆立就具精思壯采宋牧仲先生許爲儒林大器補諸生歲試冠軍食餼晚省率子姪裁成後學年七十歲卒子六長錫嶷增生嗜學好古工書法著述極富詩文詞百有餘卷年七十歲卒次錫嗒諸生爲文不矜才氣一宗成宏書法與兄齊名尤工小楷著有四勿齋詩草年七十六歲卒 同上

卜元裕講學明義書
元裕字含宏家貧晝則拾柴易粟夜則篝火讀書爲邑學生有聲子本任諸生本儒學生著有書經彙解 同上

毛同鵬雜咏詩草
同鵬字程萬中康熙壬子副榜鄭公其渠督楚學

延同鵬署中 同上

張兟基刊水詩集
兟基字進象棗強縣令先基弟歲貢上春官以詩名 同上

樊俊裔四書正義
俊裔字振宗諸生家無甔石授徒養親備極甘旨好讀書且喜成就後學子壽書諸生 同上

吳楚材五經彙解
楚材字步雲諸生嗜學弗倦子世寵諸生 同上

廖天龍省齋集

天龍字御六諸生厚重寡言工詩古文辭尤邃於易並諳聲律同上

張盤基清音堂集

盤基字乘石喜讀書精制舉義屢試輒冠軍不第以明經老詩專爲五言古體張藕湾稱其如澄潭秋月靜夜鐘聲金豫齋亦云肆力於古有悠然見南山之意舒韋園謂沖澹閑雅誠寢食陶靖節者孫江能世家學同上

饒起奐安和堂集

起奐字棐民諸生席世家業漸落折節讀書試輒

高等年七十以明經貢春官同上

方旭念修堂集

旭字東崑諸生沉靜嗜學經史外旁及諸子百家陰陽術數罔不搜羅尤工詩畫同上

楊玉謨芝草軒詩集

玉謨字敬敷學生善詩精書法鄂城黃鶴樓邑中顯佑殿六字猶存子楫能讀父書同上

胡之憲四子書要義

之憲字弼若諸生爲文厭棄靡雜一準先民矩蒦子時泰諸生以孝聞同上

王任春柳堂詩文集

任字荷亭博學能文性耽山水日以詩酒自娛子世銳中庚子鄉試耿介廉潔同上

張輔翰風月齋詩集

輔翰字内宗學生博覽羣書一過輒不忘同上

朱承詔曉坡詩草

承詔王臨孫承詔以文學承臨後不墜家聲尤工詩同上

楊勳六新堂詩畧

勳字介子學生喜爲詩古體清逸不愧作家同上

張艮金思留齋詩集

艮金華基子國學生喜讀書工詩七言近體壯麗雄俊與張長人舒嵩嶽交好同上

胡國道梓園詩稿

國道字卜遠諸生先世多以武功顯國道弱冠後折節讀書凡經籍子史下逮釋典道藏皆能熟記族兄復亨詩名籍甚國道北面受學久之有所解悟詩聲與復亨埒同上

李之經蓴廬詩文集

之經必泰子癸巳恩貢任武昌咸寧諭著述最夥

同上

胡杲竹隱軒集

杲字永揭之壐子少以孝聞補諸生爲文醇雅深古不屑時趣曉喜爲詩如其文 同上

楊國達周易合解

國達學生潛心經學教授生徒尤精易 同上

張國士詩經指南講義

國士字治亭諸生好讀書尤愛毛詩 同上

周士龍係軒詩草

士龍字卧子年少補諸生嗜古博洽喜爲詩豪放

雋逸無纖毫塵俗氣 同上

藍之甲行素堂怡草

之甲字商辟性孝謹嗜古文辭年六十九歲卒同上

以上書目散佚

王握麟

握麟大謨孫諸生以碩德爲鄉邑重 同上

晏嘉猷

嘉猷字炳文諸生喜吟咏 同上

文啟甲

啟甲字當仁戔世聲儒而隱於農祖森然木長當康熙甲寅吳逆叛時嘗用縕袍背負丞相信國公像走深山中避兵歲久磨滅啟甲裝潢新之禴諸家廟中家廟以廣濟枝官天禎爲始遷之祖禎信國兄也聞信國殉難遂棄官貧不克歸廬陵故占籍爲廣濟人越十世裔大才以鄉舉歷任興化府族益大啟甲髫而慧稍長嚮學有大志補諸生年三十一歲卒 同上

胡肇亨

肇亨字孟嘉諸生博通經籍工詩善書 同上

以上四人舊列文苑

廣濟縣志卷十二

雜記風俗　物產　軼事

廣濟縣風俗淳龎近古然好氣任俠　湖廣通志

廣濟俗多樸茂民愛稼穡士喜詩書以孝友爲先然其人椎而戇　丁未縣志

舊家大族以書爲業庶民不論貧富皆知重儒士尚氣節重廉恥有奔競者衆咸訾之　同

婚嫁務擇名族重媒妁一遵古禮加幣有度粧奩不奢猶見淳厚　同上

喪祭稱家有亡以古禮爲循間有用道釋者俗習也

同上

廣濟風俗大半聚族而居雖在齊民必立先祠春秋祭祀少長咸集焉頒胙均惠猶存敬宗合食遺風

四月八日浮屠謂之浴佛節兒童放紙鳶爲樂　丁未縣志

五月十七日棚會市民十家一棚祭瘟神會飲或醮禳焚蒼朮插桃葉　丁未縣志

六月二日縣祭費龍君備豕一口米一石天旱禱雨輒應邑人賴之　辛未縣志

初六日祀城隍神康熙三十四年始塑行像巡城　桑梓紀遺

七月七日士大夫家皆曬書是夕兒女穿針謂之乞巧　同上

十五日家薦錢楮祀祖　丁未縣志

九月九日飲菊酒佩茱萸登高或釀酒爲卒歲備或以重陽餻相餉　同上

臘月二十四日掃屋塵祀竈　同上

除夕守歲更春帖子易門神竟夕爆竹前數日相與餽問謂之年節　同上○以上風俗

廣濟縣有鐵　唐書地理志

縣有鐵石墩在西南舊開冶爐或謂此山產鐵非也　桑梓紀遺

靈山有麻石文理堅潤甲於他邑　同上

柳條糯即大糯長粒無芒香美可釀酒　埒稱黃荊糯　同上

元米即粳米沸湯浸一宿次日用細沙炒微黃謂之乾炒米　同上

棉花以武穴龍坪兩鎮爲佳　丁未縣志

廣濟上鄉紡織老布謂之家機布密厚勻細遠鄉爭購　桑梓紀遺

絹出廣濟解氏一族細膩輕勻爲裏衣最美同上
山藥一名薯蕷又名玉延龍坪武穴多有之丁未縣志
雨花菜一名珍珠菜東衝山最美桑梓紀遺
柑處處有之惟廣濟獅頭柑味甜美同上
香附子蒼术廣濟所產最夥同上
明黨功同甦參廣濟田家鎮一處獨產同上
鰣魚亦產田家鎮四月最盛逾四月則變種同上
青林湖有鯽魚食之肥美辟寒暑水經注
秧船蟲生秧田中首尾隆起背有帆竿似船形飽腹類重載常浮游水面農人以占歲稔鍾錫卣口述○以上物產

揭曼碩先生未達時多遊湖湘間一日泊舟江涘夜二鼓攬衣露坐明月如晝忽中流一櫂漸近舟側中有素妝女子斂衽而起容儀甚清雅先生問曰汝何人答曰商婦也良人久不歸聞君遠來故相迎耳因與談論皆世外恍惚事且曰妾與君有夙緣非同人間之淫奔者幸勿見却先生深異之迨曉戀戀不忍去臨別謂先生曰君大富貴人也亦宜自重因留詩曰盤塘江上是奴家郎若閒時來喫茶黄土築墻茅蓋屋庭前一樹紫荆花明日舟阻風上岸沽酒問其地即盤塘鎮行數步見一水仙祠墻垣皆黄土中庭紫荆芬然及登殿所設像與夜中女子無異輟耕錄
盤塘山最高處爲笠兒腦有蔡大官昇天遺跡相傳大官蔡姓名廣福弟廣善唐貞觀間勑爲神神初降於朱慕橋憇陰於張勝側飛昇於笠兒腦有李行思者因夢感覘馬跡所止爲嗣三處像幅巾道衣端拱執如意其傍將執鞭云楊臘兒蜀人父楊朗架木排至盤塘遇石鷹嘴排解朗死於水臘求父屍不得自四月至五月號呼江上亦投水死神感其孝收爲將今俗祀神四五月間民相聚和歌其尾聲相助必云楊臘兒尋楊朗兒那裏尋那裏尋丁未縣志

張伯原致仕仁宗勑曰爾以儒術事朕青宫將二十載勤慎小心久而不懈又以篤實今侍諸子講讀朝夕啟迪資益良多朕統承大位方將顯用顧爾蒼顏白髮趨步惟艱不忍勞以職務特賜鈔五十貫銀七十兩幣帛五表裏以本官致仕還鄉爾尚端志簡欲以逸餘齡勸善率人以惇里俗用副朕優待舊人之意欽哉故勑時永樂甲辰九月二十二也行日閣老卿大夫皆賦詩贈行而楊士奇爲之序楊溥楊榮王直羅汝敬陳山王文金幼孜錢習禮張楷曹曼齡江秉心黄裳王淪周孟簡林誌林長楙輩俱有詩歌伯

原子文焯成化初以耆德爲知縣江震所重出東里諸公名卷相示泰昌初元孫希孔猶携過省吳明仲云筆動墨飛恍與諸賢晤對因爲跋其後崇正末燼於火

楊士奇送左春坊張公伯原南歸詩序聖天子嗣大寶之初覃恩中外布維新之治無有遠邇咸蒙福澤乃延登二三大臣在師保之位簡擢賢俊列諸文武之重任而舊之宫臣亦皆叙進頌歌洋洋於道路矣於是左春坊張公伯原春秋雖未臻七十而鬢髮皓若玉雪上憫之不欲煩以職務寵之

璽書加以白金文幣之賜俾致仕歸伯原世家廣濟洪武中舉鄉貢爲順昌教官繼擢靖江王府教授遂陞左春坊司諫十餘載上在春宫嘗命侍皇孫講書又嘗親揮寶翰諭宫臣曰張根誠實可用然老矣宜優逸之蓋上知伯原爲深所以優遇之非一日而伯原之所以承上之眷顧者亦固有自矣臨行朝之卿大夫皆賦詩歌贈命予爲之序且士君子之壯也孰不欲推其知能効用於當世庶幾上以裨於國家下以裨於生民及其衰也亦孰不欲休其勞勩逸其餘年此人之同情然有不能皆得者矣今伯原歸日與鄉人朋輩逍遥雲林泉石之間尊俎酬而咏歌天子太平之德何其樂也于又以其餘暇引其子孫及鄉里之秀俊劘切乎詩書之習涵泳乎仁義之道月積歲累將使人皆善俗則伯原雖退不爲無所爲於聖明之時矣予與伯原同僚最久是行也有以欣羡之而又有所以屬望之也遂以書於簡首　東里集

楊榮送清紀郎張伯原詩服寵當盛世辭榮際時康懸車出都門冠蓋何輝光賓朋相祖餞車馬盈道傍羨此白髮老居官久爲郎官僚讓才傑佳譽

遠播揚一日荷恩眷優游歸故鄉維時秋已深木落鴻鴈翔天空霜露降籬菊花正黄長歌賦歸來對菊煮清觴此樂信難致予亦遠相望願以離別情裁詩寄玉堂　兩京類稿

王直送清紀郎張伯原詩湖海星霜入鬢絲九重優詔許歸時甘盤學術商規範甪里衣冠漢表儀玉佩聲閒山月曉松濤夢覺晝陰遲江鄉秋到飛鴻早天際雲停正爾思　楊文定公集

實録言洪武四年正月壬辰河南知府徐麟以母老居蘄之廣濟請終養詔改麟爲蘄州府知府俾就養

其母聖主之與坦懷待物其所以勸羣臣者至矣 明史

董熙初為椽給事縣庭好春秋學每就寓曹治之夜分不輟令得其故驚愕給筆札試之曰不凡之器也牘薦為諸生後以春秋入南雍舉永樂癸卯第五名署諭安福郎以春秋傳授諸生稱名江右 湖廣通志

郭濱湖任盤塘湖岸羅念菴先生過之郭以冬桃獻為書濱湖二字扁額經亂猶存 丁未縣志

嘉靖初陳友艮為布政司椽值司考一茂才對云鶯聲啼凍谷其人未郎答艮遽云雁影落寒江主大喜

為免京辦徑選羅源典史 同上

景泰庚午縣額科舉止三人縣人迎送對聯云李錦趙覲周原學狀元榜眼探花郎三人果同榜鄉舉後周原學南關高捷 同上

徐彥合嘗客遊返棹時有江西估客附舟病且死舟子利其貨夜取屍沉諸水僮僕聞之以告名舟子詰怒之舟子色恐彥合因好言以厚貲者與汝汝出其屍餘悉籍記以待其子言已呼隣舟買棺殮之舟抵估客鄉縣其子拜受籍而迎其殯以歸里居時有祖塋青岡嶺樵兒據顛斫伐彥合適見之恐其驚而墜也若為非徐氏者漫語曰此徐家山林也其人徐下執斧斤去明日乃知為彥合悟曰公慮我驚而墜公德厚矣敢不拜比隣盧姓人急而售其田於彥合事已悔彥合知之郎焚其劵其貲置不問 居業齋集

正德間藍瓏家產駒似龍超騰遠道惟一老僕御之尋聞於朝老僕御馬赴京師至黃河化為龍而去並老僕俱失所在 湖廣通志

彭廷獻以善銃名一日持火藥獨行山中遇二虎伏崖上下廷獻處其間崖上虎以足掌及其首一銃而斃轉視下虎方猙獰隨發郎倒後值流寇鳳凰山殺賊不可數計屢瀕危殆咸以銃自脫終九江 丁未縣志

寇淑者民稜仲子行多長者以藩司椽之京忽有洸某來必欲與淑偕行問其故曰我欲適京夢神語曰汝此行不得龍江寇公相救不免必公也遂與偕渡黃河風浪大作舟且覆忽一人拉洸坐命勿懼熟視之乃淑之故父稜勢方急洸不敢問抵岸忽失所在詢之舟人皆謂無所見神所謂寇公乃稜也救子兼及洸矣後淑夢稜謂上帝以已忠貲命為巡河神 同上

王三聘喜吟善寫生嘗曰怡情松菊酒生計漢唐詩又曰愛栽彭澤柳學畫輞川圖人之爲蜀黔江尉黔江人重翁詩與畫輙於馬上肆意揮灑項刻數十幅人人得意去有古梅臨市疎影橫斜植墻外翁過哦其下爲之佳嚮艮久一日聞斧聲梅梢顫動詢知將摧爲薪翁亟償其直以屬隣叟毛外翰爲梅主人而題其間曰閑傍永梅敲好句頻來騷客送清樽亟傳爲佳話遂呼王公梅云 同上

胡繼洪有貯穀厫數十間每歲不登設食待遠糶者而貸其息錢忽厫內一黃物似蛇鱗角四足長數尺

以穀爲巢其家祭之日飼以粥土人呼爲穀龍又阮思槐竭囷濟饑後飛粟來集倉皆滿 湖廣通志

饒繼先性嗜飲月夜醉歸忽有人相送饒吟詩曰山月迎眸白江風拂面清送者曰可憐黃壤客扶送醉中人饒曰汝鬼也遂不見 辛未縣志

劉近臣肄業黃牙寺每日搆思不覺以指掐柱成一大穴百餘年猶存 同上

劉近臣中天啟甲子解額先一歲麻城劉之臣家輒唱元不置後揭曉則近字貼角誤爲之也 同上

僧徹崖姓游名明已崇正初弃諸生爲僧嗣雪嶠大師自悟空宗其辭世偈云藕池香透舊金襴五印氷消一顆寒誰識故香千里月今朝圓照兩眉間 同上

景輝不知何許人或曰景清之後也懷宗時從襄漢遊楚携一琴夜嘈嘈彈又爲詩善飲酒好與文士交至廣濟望東衝山石錯落遂卜明水爲黃牛院以居乙亥流賊數十人由太湖入宿松歷楓香驛輝先有書謂其友舒民裕曰二月賊來當毋擾九月須遠避無不如其言 湖廣通志

饒定中定亢子增生嘉馬之子也年十六爲諸生値明季喪亂棄諸生服削髮於紫芝峰禪號海門每行

腳必載其父詩藏制袋中後邑舉人李必泰從江南歸過溧陽巢縣界云海門滅盤入龕三年有新邑令行香至寺見封室必欲開龕起視全身如生且頂記有某年月日開龕某人一字不爽令大異之詳請賜號鐵岸祖師 辛未縣志

崇正十六年張獻忠躪廣濟山砦數十所陷盡掠去諸生胡魁楚爾大舉族胥遁從行者三百口至巴東巴東土兵圍之曰賊也衆相對泣爾大飲啖言笑自如長揖砦長譚舉人參兩抗言陷賊狀參兩與語賢之遇以賓禮計口授薪粲餉之朞年爲送之江陵爾

大謁江陵幕府具言所以江陵資之以歸同上

胡順璉字爾忠驍勇善射授游擊將軍不仕年垂七十猶挽弓三百觔常飲於隣家適羣小鳥集於庭樹鄰以彈授璉璉曰吾欲中立高枝者之左目一發高枝鳥落視之果左目也同上

胡篤生高士也張仁熙王衍治言於知縣王世名郎呼數騎偕兩生燈夕於寒郊十里外訪之出俸萬錢爲壽劇譚達旦分韻聯句丁未縣志

元夕訪胡長者聯句雲深古洞訪春先名世 谷口誰當載酒年列宿光分花雨夜衍治高軒聲動竹

溪煙孤琴艸閣迷清逕仁熙 一衲寒林話遠天總爲邱園添逸事篤生 令人懷古思悠然名世○藕灣集

順治庚子廣濟鄉舉凡四人金德嘉豫齋張金基寶特藍應象石雲俱縣籍李必泰巖瞻蘄州諸生第一人故舉於蘄也辛丑遊燕市逢術人相骨相已徧徐問曰公等四人一縣同榜然無一知縣起家者已而寶特學正沔陽石雲教諭攸縣轉當塗令豫齋教授安陸壬戌成進士入翰林而巖詹卒以蒲圻教諭老術人之言其偶中與居業齋集

梅朗中官成都守府署有吳道子龜蛇碑每端午輒有龜蛇聚碑下至屋瓦庭樹皆滿朗中厭之鑿其目自後遂少其墨搨上方押成都府印可以鎮辟邪祟治瘧亦驗隴蜀餘聞

王世銳與諸生樊利身同年月日時生事無不同某年同患病王獨遇一異人與紅丸一顆而愈語樊氏其人已去踵之途疾馳難追向前牽衣則腴滑莫能名狀須臾遠颺後樊死世銳登庚子賢書辛未縣志

龍坪某僕從主人省試有一不知姓名人日與之偕及歸時隨地拙一莧草與之曰有疾病難醫者爾以

草投之無不愈後草貴如金四五年乃盡僕終身龍東不見別異同上

武穴月塘張氏先壟在焉冢旁一焦藤樹婆娑鬱盤相去箭許又一株亦叢茂居民於其下立土神祠頗著靈異率殺黑雞以祭輒償所欲張孝廉壁惡之以爲是邪祟所憑也率衆毁其祠斧纔及樹血流者旬日不止樹遂枯孔廣元廿蓮

胡兆元一峯幼習孫吳又右學然書法極工里人每延之教子弟年垂五十矣殊無應舉意乾隆壬午一夕夢虎入懷以告所善徐南莊南莊遂資給之漫赴

鄉闈受制府劇賞其字中是榜第二名一時以為奇
遇徐光籌口述

國朝太和翔洽五世同堂錫福庶民蔚生人瑞廣濟耆
民余錫臺現年八十有三歲而三子監生永仁等三
孫武庠捐千總銜材麟等曾孫例貢炳梓炳文等元
孫開機濟濟稱觴足徵太平盛事縣卷